실천윤리학

Practical Ethics
Copyright © Peter Singer 1980, 1993, 2011

Korean translation copyright © 2013 by Yeonamseoga
Korean translation rights arranged with Cambridge University Press
through EYA(Eric Yang Agency)

이 책의 한국어판 저작권은 EYA(Eric Yang Agency)를 통해 Cambridge University Press와
독점계약한 '연암서가'에 있습니다. 저작권법에 의하여 한국 내에서 보호를 받는 저작물이므로
무단전재와 복제를 금합니다.

실천윤리학

• 제3판 •

피터 싱어 지음 | 황경식 · 김성동 옮김

연암서가

옮긴이

황경식

서울대에서 철학을 공부하고 철학박사 학위를 받았으며, 미국 하버드 대학 대학원 철학과 객원연구원, 동국대와 서울대 철학과 교수를 거쳐 현재 서울대 철학과 명예교수·명경의료재단 이사장으로 있다. 한국윤리학회·철학연구회·한국철학회 회장과 국가생명윤리자문위원 등을 역임하였다. 주요 저서로는 『사회정의의 철학적 기초』, 『개방사회의 사회윤리』, 『이론과 실천』, 『철학과 현실의 접점』, 『자유주의는 진화하는가』, 『덕윤리의 현대적 의의』 등이 있으며, 옮긴 책으로는 『사회정의론』, 『윤리학』, 『응용윤리학』 등이 있다.

김성동

서울대에서 철학과 윤리학을 공부하고 철학박사 학위를 받았으며, 현재 호서대 문화기획학과 교수로 있다. 저서로는 『인간 열두 이야기』를 비롯하여 '열두 이야기 시리즈'로 『문화』, 『영화』, 『기술』, 『소비』 등이 있고, '아버지는 말하셨지 시리즈'로 『인간을 알아라』, 『너희는 행복하여라』, 『문화를 누려라』 등이 있다. 옮긴 책으로는 『기술철학』, 『현상학적 대화철학』, 『다원론적 상대주의』, 『윤리의 진화론적 기원』 등이 있다.

실천윤리학

2013년 3월 20일 초판 1쇄 발행
2021년 11월 20일 초판 7쇄 발행

지은이 | 피터 싱어
옮긴이 | 황경식·김성동
펴낸이 | 권오상
펴낸곳 | 연암서가

등 록 | 2007년 10월 8일(제396-2007-00107호)
주 소 | 경기도 고양시 일산서구 대화동 2232번지 402-1101
전 화 | 031-907-3010
팩 스 | 031-912-3012
이메일 | yeonamseoga@naver.com
ISBN 978-89-94054-34-6 03190

값 25,000원

서문

실천윤리의 적용 범위는 아주 넓다. 따져보면 알 수 있는 것처럼, 우리가 선택을 하는 대부분의 경우에 윤리적인 문제가 개입되어 있다. 그러나 이 책은 그러한 범위 전체를 다루지는 않는다. 이 책이 다루는 문제들의 선정근거는 두 가지이다. 그 하나는 현실성relevance이며, 다른 하나는 문제들에 대한 논의에서 철학적 추론philosophical reasoning의 기여 가능성이다.

우리가 매일 마주치는 문제들이 가장 현실적인 윤리적 문제들이다. 극단적으로 빈곤하게 살아가는 사람들을 돕는 데 쓸 수 있는 돈을 나의 즐거움을 위해서 사용하는 것이 옳은가? 동물을 그저 우리가 먹을 고기를 생산하는 기계로만 대우해도 좋은가? 우리가 걷거나 자전거를 타거나 대중교통을 이용할 수 있는데도 온실가스를 배출하여 지구온난화를 초래할 자가용을 이용해야 하는가? 임신중절이나 안락사와 같은 다른 문제들은 다행스럽게도 우리들 대부분이 일상적으로 결정할 문제는 아니다. 그러나 그러한 문제들도 여전히 현실적인 문제이다. 왜냐하면 우리가 살아가는 중에 언젠가 마주칠 수도 있기 때문이다. 그리고 또 그러한 문제들은 현재 관심을 모으고 있는 문제들로서 민주사회에 적극적으로 참여하고 있는 사람이라면 누구나 알고 숙고하여 의견을 가져야 할 문제들이기도 하다.

　어떤 문제를 철학적으로 논의하는 것이 얼마나 유용한가는 그 문제가 어떠한 종류의 것인가에 달려 있다. 어떤 문제들은 주로 사실들에 대한 공통된 이해가 없기 때문에 문제가 된다. 지구온난화의 한 주요원인인 화력발전소를 대체하기 위해 원자력발전소를 세워야 하는가? 이 물음에 대한 답은 주로 핵연료를 방사능물질 유출사고나 테러리스트의 공격으로부터 안전하게 관리하는 것이 가능한가 여부에 달려 있다. 철학자들이 이러한 가능 여부를 판단할 전문적인 지식을 가지고 있을 것 같지는 않다. (이는 그들이 말할 것이 아무것도 없다는 뜻은 아니다. 예를 들어, 그들은 일정한 위험을 안고서 원자력발전소를 가동하는 것을 받아들일 수 있느냐 여부에 대하여 여전히 유용한 어떤 것을 이야기할 수 있다.) 그렇지만 이와 달리, 사실들이 명백하고 쌍방이 이를 받아들이고 있는 그러한 경우에, 어떻게 할 것인가에 대하여 의견이 불일치하는 것은 각자가 대립적인 윤리적 견해를 가지고 있기 때문이다. 임신중절과 관련된 사실들에 대해서는 실제로 큰 이견이 없다. 우리가 제6장에서 살펴볼 것처럼, 인간의 생명이 언제 시작되느냐는 실제로 사실의 문제라기보다는 가치의 문제이다. 그래서 임신중절과 관련한 윤리적 논쟁은 아주 뜨겁다. 이러한 종류의 질문들에 대한 답은, 철학자가 어떠한 종류의 추론과 분석의 방법을 사용하느냐에 따라, 달라질 수 있다. 이 책에서 다루는 문제들은 사실적 불일치보다는 윤리적 불일치가 더 큰 역할을 하는 문제들이다. 이러한 문제들에 대하여 철학적으로 사유함으로써 우리는 우리가 내리는 결론들의 정당성을 더 높일 수 있다.

1980년에 처음 발간된 『실천윤리학』은 널리 퍼져나가 각 대학들의 많은 강의에서 활용되었고 15개의 언어로 번역되었다. 나는 많은 독자들이 내가 옹호하고 있는 결론들에 동의하지 않을 것이라고 언제나 예상하고 있다. 내가 예상하지 않았던 것은 어떤 이들이 이 책의 논변이 논의되는 것을 방해하려고 한 것이었다. 1980년대 후반과 1990년대 초반 독일, 오스트리아, 그리고 스위스에서 그러한 일들이 일어났다. 이 책에 포함된 안락사에 대한 견해에 반대하는 이들의 방해 때문에 내가 연사로 초청된 강의나 회합들이 취소되었다. 독일 대학들에서는 이 책을 사용하여 진행하던 강의들이 반복하여 방해를 받아 어쩔 수 없이 중단되었다. 1991년 취리히에서 내가 강연을 하려고 할 때, 한 항의자가 강단에 뛰어올라 내 얼굴에서 안경을 벗겨내어 바닥에 던지고 밟아 찌그러뜨렸다. 1999년 프린스턴 대학에서 내가 생명윤리 학과장으로 발령을 받았을 때 덜 폭력적인 항의가 있었다. 나의 견해에 반대하는 사람들은 대학의 중앙행정빌딩 입구를 가로막고 그러한 발령을 철회하도록 요구하였다. 대학의 평의원이자 그 당시 공화당의 미국 대통령 지명자 후보였던 포브스Steve Forbes는, 내가 대학에 있는 한, 대학에 추가적인 기부를 하지 않을 것이라고 선언하였다. 대학 총장과 나 두 사람은 살해위협을 받았다. 대학의 커다란 명성에 걸맞게, 대학은 확고한 태도로 양보하지 않았고, 학문적 자유를 방어하였다.

　그러한 항의들 때문에 나는 내가 이 책에서 옹호하고 있는 견해들이 그렇게까지 위험하고 잘못되어 입에 담지 않는 것이 더 좋을 것인가를 생각해 보았다. 비록 많은 항의자들이 내가 말하고 있는 것에 대하여 단순히 오해한 것이기는 하지만, 이 책이 하나의 금기사항, 아니 하나 이상의 금기사항들을 범하고 있다는 주장은 전혀 틀린 것은 아니다. 나치 시대 이후 독일에서는 여러 해 동안 안락사, 즉 너무도 비참하여 살 가치가 없을지도 모르는 인간의 삶이 있는가 여부에 대한 공공연한 논의가 불가능했다. 그렇지만 보다 더 근본적이고 독일에 한정되지 않는 금기사항은, 인간의 생명의 가치와 인간이 아닌 생명의 가치를 비교하는 것이다. 내가 연사로 초대받은 독일에서의 회합이 취소된 후 소동 중에, 그 회합의 주관 단체는 내 견해와의 관계를 부인하기 위해 일련의 동의를 통과시켰는데, 그 중의 하나는 다음과 같다. "인간의 생명의 독특성 때문에 인간과 다른 생물들의 생활 형태나 이익들의—동등시는 말할 것도 없고—비교는 금지한다." 인간의 생명과 동물의 생명의 비교, 그리고 어떤 경우들에서의 동등시, 이것이 바로 이 책의 몇 개의 장이 논하고 있는 것이다.

사실 인간의 평등, 임신중절, 안락사, 그리고 환경과 같은 문제들에 대한 다른 책들과 이 책이 특별히 다른 어떤 한 측면이 있다면 그것은 다음과 같은 점이라고 말할 수 있다. 즉 이 책은 우리 자신의 종족의 구성원 모두가 단지 그들이 우리 종족의 구성원이라는 이유만으로 다른 종족의 구성원들에 비해 어떤 특유의 혹은 본질적인 가치를 갖는다는 가정을 의식적으로 거부한 채 이러한 문제들을 다루고 있다. 인간의 우월성에 대한 신념은 매우 근본적인 것이며, 많은 민감한 영역에 대한 우리의 사고의 밑바닥에 깔려 있다. 이것에 도전하는 것은 사소한 일이 아니며, 그러한 도전이 강한 반발을 불러일으켰다고 해서 놀랄 필요도 없다. 그렇지만, 인간과 동물의 비교와 관련한 이러한 금기사항을 깨뜨리는 것이 부분적으로 그러한 항의의 원인이 되었다는 것을 우리가 일단 이해하면, 다시 되돌아갈 수 없다는 것이 명백해진다. 왜냐하면 곧 보게 될 장들에서 제시될 이유들 때문에, 종들 사이의 비교를 금지하는 것은 철학적으로 옹호될 수 없기 때문이다. 뿐만 아니라 그러한 금지는 우리가 지금 인간이 아닌 동물들에게 가하고 있는 잘못을 교정할 수 없게 만들 것이며, 우리 행성의 환경에 돌이킬 수 없는 거대한 손실을 가해 온 태도들을 강화할 것이기 때문이다.

그래서 나는 이렇게 많은 논쟁을 일으킨 이 책의 견해들로부터 물러서지 않았다. 이러한 견해들에 그 나름의 위험성들이 있다고 해도, 널리 받아들여지고 있는 이념들을 영속시키기 위하여 비판하는 입에 재갈을 물리고자 하는 시도의 위험성이 훨씬 더 크다. 플라톤Plato 이후로, 철학자들은 다른 철학자들의 견해에 동의하지 않는 이유들을 제시해 왔으며, 이에 따라 철학은 변증법적으로 발전해 왔다. 불일치로부터의 배움 learning from disagreement은, 우리가 더 강력하게 옹호할 수 있는 견해에 이를 수 있는 통로이며, 비록 내가 견지하고 있는 견해들이 잘못된 것들이라고 하더라도, 그것들이 논의되어야 하는 한 이유이다.

대부분의 항의자들이 겨냥했던 안락사와 임신중절 문제들에 대해서 나는 나의 견해를 바꾸지 않았지만, 제3판은 초판이나 개정판과는 상당히 다르다. 모든 장들을 새로 작성하였고, 사실적 자료들은 업데이트되었다. 그리고 나의 비판자들이 나의 입장을 오해한 부분들을 보다 명확하게 만들고자 노력하였다. 어떤 문제들과 관련해서는, 오래된 질문들과 연관된 새로운 질문들과 새로운 논변들이 등장하였다. 예를 들어, 인간 초기 생명의 도덕적 위상에 대한 논의에서, 과학적 진보에 따라 줄기 세포를 얻기 위해 인간수정란을 파괴하는 일과 관련된 새로운 논쟁이 생겨났다. 인간 초기 생명에 대한 과학적 이해의 발달은 질병치료에 중요한 전진이 있을 것이라는 희망만 주는 것이 아니다. 그것은 또한 수정란만이 아니라 많은 세포들이 새로운 인간 생명이 될 잠재성을 가지고 있음을 보여 주었다. 이것이 인간 수정란의 도덕적 위상에 대한 논변을 변화시키는지, 그리고 만약 그렇다면 어떤 방식으로 변화시키는지를 우리는 물을 필요가 있다.

  이 책에서 철학적으로 나에게 가장 크게 불확실하다고 보이는 부분들은 인간이든 인간이 아닌 동물이든 죽음을 당한 존재들을 보충하기 위해 비슷한 새로운 존재들을 만들어내는 것이 어떤 의미가 있는가 여부를 논의하는 제4장과 제5장의 일부이다. 그 문제에 답하기 위해서는 우선 최적의 인구 크기가 얼마일 것인가에 대한 질문에, 그리고 다른 조건들이 같다면 더 많은 감각적인 존재들이 자신들의 삶을 즐기는 것이 좋은 일일 것인가 여부에 대한 질문에, 답해야 한다. 이러한 질문들에 답하는 것은 난해할 것이다. 그리고 이 책의 제목 '실천윤리학'과 직접 관계가 없는 것으로 보인다. 그러나 이러한 질문들은 중요한 윤리적 함의들을 가지고 있다. 앞으로 보게 될 것이지만, 이렇게 묻고 답하는 것은 깊고 어려운 철학적 문제들에 대한 탐구가 무엇이 옳고 무엇이 그른지를 우리가 판단할 때 어떻게 정보를 제공해 줄 것인지에 대한 하나의 실례가 될 수 있다. 제3판을 내려고 이러한 절들을 새로 작성할 때, 나는 내가 이전 판에서 가졌던—오직 선호공리주의에 기초한—입장에 근거하여 이러한 곤경들에 대해 만족스런 답을 마련할 수 없다는 것을 자각하게 되었다.

나의 과거 입장에 대하여 다시 생각한 것이 제3판의 가장 중요한 철학적 변화이다. 그렇지만 실천적으로 가장 중요한 추가 사항은 우리 시대의 커다란 도덕적 도전인 기후변화를 다루는 새로운 장이다. 너무도 자주, 우리는 기후변화를 윤리적 문제로 보지 못하고 있다. 나는 이 새로운 장이 기후변화가 윤리적 문제임을 확실하게 보여 주기를 희망한다. 제3판은 개정판과 같이 12장으로 구성되어 있는데, 왜냐하면 개정판에 추가한 피난민을 수용해야 할 우리의 책무에 대한 한 장이 제3판에는 빠졌기 때문이다. 이렇게 한 이유는 피난민 수용의 문제가 1993년보다 덜 중요하게 되었기 때문이 아니다. 그 반대로, 그것은 지금 아마도 더 중요할 것이고 앞으로도 수십 년 동안 계속 더 중요하게 될 것이다. 왜냐하면 이제 우리는 '기후 피난민들', 즉 강우형태가 변하거나 해면이 상승하여 자신들의 부모와 조부모들이 살던 곳에서 더 이상 살 수 없게 된 사람들의 숫자가 증가하고 있는 것을 보고 있기 때문이다. 그러나 나는 개정판의 피난민 관련 장에 대하여 만족하지 못하게 되었다. 이것은 부분적으로는 그 문제, 예를 들자면 한 나라가 그 나라의 소수자 집단에게 해악을 끼칠 인종주의자들의 반발을 사지 않고 많은 수의 피난민들을 받아들일 가능성과 같은 사실들이 아주 중요한 문제이기 때문이다. 나는 또 이 문제와 관련된 국가들 간의 차이에 대해서도 더 잘 알게 되었다. 그래서 나는 국제적인 독자들을 대상으로 개정판에서처럼 책의 한 장에서 이 문제를 다루려는 시도가 피상적일 수밖에 없다는 결론을 마지못해 내렸다. 이 문제가 적합하게, 그리고 적절하게 미묘한 차이를 드러내는 방식으로 다루어질 수 없다면, 이 책에 포함시키지 않는 것이 더 나을 것이라고 결정했다. 특히 여기에는 이 문제가 어떤 개인적인 행위를 통해서가 아니라 어떤 정부 정책을 통해서만 의미 있는 차이가 나타나는 문제라는 이유도 작용했다.

  이 책을 서술하고 개정하면서, 나는 내가 전에 발간했던 소논문들과 책들을 광범위하게 이용하였다. 제3장은 나의 책『동물해방』제2판(1990)에 기초하고 있다. 물론 1975년 초판이 발간된 후에 받은 반대들을 고려하였다. 시험관수정, 잠재성으로부터의 논변, 수정란 실험, 그리고 태아 조직의 사용과 같은 문제들에 대한 제6장의 절들은 모두 내가 도슨Karen Dawson과 같이 저술한 글 "시험관수정과 잠재성으로부터의 논변"(1988)에서 가져왔다. 제3판의 제6장은 리Patrick Lee와 조지Robert George의 논변에 대응하는 내용을 포함하고 있는데, 이는 세이건Agata Sagan과 싱어Peter Singer의 "줄기세포의 도덕적 위상"(2007)에 처음 제시되었다. 제7장은 쿠즈Helga Kuhse와 내가『그 아이는 살아야 하는가?』(1985)에서 제시했던 심하게 장애가 있는 유아들의 안락사 문제에 대한 보다 자세한 연구로부터 가져온 내용을 포함하고 있다. 제8장은 "기아, 풍요, 그리고 도덕성"(1972)에서의 논변을 고쳐 서술하였고, 제3판을 위해『당신이 구할 수 있는 생명』(2009)에 있는 그 문제에 대한 나의 보다 최근의 포괄적인 설명을 가져왔다. 새로운 장인 제9장은『하나의 세계』(2002)에서 처음 발표된 내용들과 "윤리적 문제로서의 기후변화"(2009)의 내용들을 가져왔다. 제10장은 마시Ian Marsh가 편집한『환경의 도전』(1991)에 내가 기고했던 한 장 "환경의 가치들"에 기초하고 있다. 제11장의 부분들은 나의 첫 저서『민주주의와 불복종』(1973)에서 가져왔다. 제3판에는 『공격 받는 피터 싱어』(2009)에 수록된 비판들에 대한 나의 반론들에서도 몇 구절 가져왔다.

맥클로스키H. J. McCloskey, 파피트Derek Parfit 그리고 영Robert Young이 이 책의 초판의 초고를 읽고 유용한 조언을 해주었다. 영과 내가 이러한 문제들에 대하여 예전에 라 트로브 대학에서 한 강좌를 같이 가르쳤을 때, 그의 생각이 나의 초기단계의 사유에 또한 반영되었다. 특히 안락사에 관한 장은, 비록 그가 이 장의 모든 내용에 동의하지 않을지도 모르지만, 그의 생각에서 많은 것을 가져왔다. 훨씬 더 거슬러 올라가면, 운 좋게도 학부시절에 내가 은사로 모실 수 있었던 맥클로스키에 의해서 윤리학에 대한 나의 관심이 촉발되어졌으며, 이 책에서 내가 취하고 있는 입장의 바탕이 되고 있는 윤리학적 기초들은 옥스퍼드 대학의 은사이신 헤어R. M. Hare에게서 영향을 받은 것이다. 케임브리지 대학 출판사의 마이노트 Jeremy Mynott가 이 책을 쓰도록 용기를 주었으며, 일이 진행됨에 따라 내가 이 책의 형태를 잡고 개선해 나가는 데 도움을 주었다. 이 책의 개정판에 대해서는 나와 같이 작업을 했던 도슨, 카발리에리Paola Cavalieri, 레나타 싱어Renata Singer, 그리고 특히 쿠즈에게 많은 빚을 지고 있다. 제3판에 대해서, 나는 슬프게도 돌아가신 하워드Brent Howard에게 감사를 표해야만 한다. 그는 몇 년 전에 나에게 개정판의 있을 수 있는 재개정을 위한 광범위한 메모들을 보내 주었다. 나는 또 세이건에게 이 책의 재개정 내내 해준 제안들과 연구조력에 대하여 최고의 감사를 표한다. 그녀의 기여는 수정란과 줄기세포의 도덕적 위상에 대한 논의에서 가장 두드러지지만, 그녀의 생각과 제안들은 이 책의 몇몇 다른 영역의 개선에도 기여했다.

 물론 이 책의 주제가 된 문제들을 함께 논의한 많은 사람들이 있다. 1984년으로 돌아가면 제미선Dale Jamieson이 윤리적 문제로서의 기후변화의 의미를 알게 하였고, 나는 그 문제와 다른 문제들에 대하여 그와 나의 생각들을 계속 점검하였다. 나는 맥마헌Jeff McMahan과의 개인적인 접촉을 통하여, 우리가 같이 가르친 삶과 죽음의 문제들에 대한 대학원 세미나를 통하여, 그리고 그의 많은 저술들을 통하여, 그에게서 많은 것을 배웠다. 프린스턴 대학에서 나의 동료들로부터, 인간가치센터의 방문교수들로부터, 그리고 학부와 대학원의 학생들로부터, 내 작업에 대한 조언들을 자주 얻었다. 마르퀴스Don Marquis와 베나타David Benatar는 센터에서 1년씩을 보냈는데, 그들의 방문은 많은 좋은 논의들의 기회가 되었다. 나는 또한 멜버른 대학의 응용철학 및 공중윤리센터의 동료들과 대학원생들에게도 내가 내 연구를 제시했던 특별 강의들과 세미나들에서 해준 조언들에 대하여 감사를 표한다.

 존슨Harriet McBryde Johnson과 나는 심각한 장애를 가진 유아들의 안락사와 관련하여 격렬하게 논쟁을 벌였지만 우리들 사이에는 아무런 악의도 결코 없고, 그녀는 언제나 나의 견해들을 아주 공정하게 다루어 주었다. 슬프게도, 우리의 교류는 2008년 그녀의 죽음으로 끝이 났고, 나는 그녀의 비판적인 제안들이 그립다.

 제3판과 이전 판들을 비교하는 빈틈없는 독자들은, 어떤 사람이 욕구하는 것으로부터 독립되어 있는 객관적인 윤리적 진리가 있다는 생각을, 이제 내가, 아직 얼싸안을 정도는 아니지만, 즐길 준비가 조금 더 되어 있다는 것을 알아챌지도 모르겠다. 이러한 변화는—이는 이 책과 같은 성격의 책에서는 적합하게 탐구할 수 없는 것인데—파피트의 엄청나게 인상적인 곧 발간될 저서 『중요한 것에 대하여』의 초고를 읽었기 때문이다. 다른 기회에 이 문제에 대하여 좀 더 자세히 논의하기를 희망한다.

2010년 프린스턴과 멜버른에서
피터 싱어

---

* 본문을 번잡하게 만들지 않으려고, 주석, 참고문헌, 그리고 추천도서 등은 책의 말미에 함께 모아 두었다. [역주: 역주는 대괄호 안에 두었으며, 인명과 지명의 원어표현은 찾아보기를 참조하기 바란다.]

차례

서문 5

제1장 윤리에 대하여 · 20

제1절 윤리가 아닌 것 · 21
1. 윤리는 주로 성에 관한 것이 아니다 | 2. 윤리는 '이론적으로는 좋으나 실천적으로는 좋지 않은 것'이 아니다 | 3. 윤리는 종교에 기초하지 않는다 | 4. 윤리는 당신이 살고 있는 사회에 따라 상대적이지 않다 | 5. 윤리는 단순히 주관적인 취향이나 의견의 문제가 아니다

제2절 윤리인 것: 하나의 견해 · 33

제2장 평등과 그 함축 · 46

제1절 평등의 근거 · 46
제2절 평등과 유전적 다양성 · 60
1. 인종 간의 차이와 인종 간의 평등 | 2. 남녀 간의 차이와 남녀 간의 평등

제3절 기회의 평등으로부터 고려의 평등으로 · 77
제4절 차별시정조치 · 84
제5절 맺는 말: 평등과 장애 · 94

제3장 동물에게도 평등을? · 99

제1절 인종주의와 종족주의 · 99
제2절 종족주의의 실제 · 108
1. 음식으로서의 동물 | 2. 동물실험 | 3. 종족주의의 다른 형태들

제3절 몇 가지 반론들 • 117
1. 동물들이 고통을 느끼는 것을 어떻게 아는가? | 2. 동물들은 서로 잡아먹는데, 우리는 왜 그것들을 먹지 말아야 해? | 3. 윤리와 상호성 | 4. 인간과 동물의 차이들 | 5. 종족주의를 옹호하기

제4장 살생이 그릇된 까닭은? • 137

제1절 인간의 생명 • 138
1. 호모 사피엔스라는 종족의 구성원 죽이기 | 2. 인격체 죽이기 | 3. 인격체는 생명에의 권리를 가지는가? | 4. 자율성 존중

제2절 의식이 있는 생명 • 161
1. 단지 의식만을 가진 존재 죽이기 | 2. 다른 생명들 간의 가치 비교하기

제5장 살생: 동물 • 175

제1절 인간이 아닌 동물도 인격체일 수 있는가? • 175
제2절 인간 아닌 인격체를 죽이는 것 • 186
제3절 다른 동물을 죽이는 것 • 192
제4절 맺는 말 • 218

제6장 살생: 수정란과 태아 • 224

제1절 임신중절이라는 문제 • 224
제2절 보수주의적 입장 • 228
1. 출생 | 2. 체외생존 가능성 | 3. 태동 | 4. 의식

제3절 자유주의적 논변들 • 234
1. 임신중절제한법의 결과 | 2. 법의 문제가 아니지 않은가? | 3. 여권주의자의 논변

제4절 태아의 생명의 가치 • 244
제5절 감각적 존재로서의 태아 • 246
제6절 잠재적 생명으로서의 태아 • 249

제7절 임신중절에 반대하는 추가적인 두 논변 • 255
제8절 실험실에서의 수정란의 위상 • 261
제9절 임신중절과 유아살해 • 271

제7장 살생: 인간 • 278

제1절 죽음을 돕는 일의 형태들 • 279
1. 자의적 안락사 | 2. 반자의적 안락사 | 3. 비자의적 안락사
제2절 유아살해와 비자의적 안락사의 정당화 • 286
1. 장애를 가진 유아에 대한 삶과 죽음의 결정들 | 2. 다른 비자의적인 삶과 죽음의 결정들
제3절 자의적 안락사의 정당화 • 301
제4절 반자의적인 안락사의 부당성 입증 • 313
제5절 적극적 안락사와 소극적 안락사 • 317
제6절 미끄러운 비탈길: 안락사로부터 대량학살로? • 331

제8장 빈부의 문제 • 337

제1절 빈곤에 관한 몇 가지 사실들 • 337
제2절 풍요에 관한 몇 가지 사실들 • 340
제3절 살인과 도덕적으로 동일한 게 아닌가? • 342
제4절 원조의 책무 • 352
1. 원조의 책무에 찬성하는 논변 | 2. 앞의 논변에 대한 반론들

제9장 기후변화 380

제1절 충분히 그리고 양질의 • 383
제2절 평등한 분배란 무엇인가? • 386
1. 역사적 책임 | 2. 평등한 몫 | 3. 사치 대 생계
제3절 공격의 한 형태? • 401
제4절 개인들은 마땅히 무엇을 해야 하는가? • 403

제10장 환경 • 416

    제1절 서구의 전통 • 418
    제2절 미래 세대들 • 422
    제3절 감각이 없는 존재에게도 가치가 있는가? • 428
        1. 생명에의 외경 | 2. 심층생태학
    제4절 환경윤리의 개발 • 445

제11장 시민불복종, 폭력, 그리고 테러리즘 • 447

    제1절 개인의 양심과 법 • 452
    제2절 법과 질서 • 457
    제3절 민주주의 • 460
    제4절 시민불복종 혹은 기타 불복종 • 466
    제5절 폭력과 테러리즘 • 473

제12장 왜 도덕적으로 행위해야 하는가? • 481

    제1절 물음에 대한 이해 • 482
    제2절 합리성과 윤리 • 487
    제3절 윤리와 자기이익 • 495
    제4절 삶은 의미 있는 것인가? • 509

주석, 참고문헌, 그리고 더 읽을거리 • 517
역자 후기 • 554
찾아보기 • 557

제1장

윤리에 대하여

　이 책은 실천윤리에 관한 책이다. 다시 말해서 이 책은 실천적인 문제들에 대한 윤리ethics 내지 도덕morality의—앞으로 나는 이 표현들을 상호교환 가능한 것으로 사용하고자 한다—적용을 다루고 있는 책이다. 틀림없이 독자들은 이러한 문제들을 곧바로 다루기를 원할지도 모르겠지만, 윤리 **내에서**within 유용한 논의를 진행하기 위해서는 윤리에 **대해서**about 조금 이야기할 필요가 있다. 그래야 우리가 윤리적인 문제를 논의하고 있을 때, 그때 우리가 하고 있는 일이 어떠한 것인가를, 명백히 알게 될 것이다. 그래서 제1장은 이 책의 나머지 장들의 무대장치인 셈이다. 제1장이 완전히 책 한 권이 되지 않도록 하기 위해, 간략하고 때로는 독선적으로 서술하였다. 독선적일 수밖에 없었던 이유는 내가 옹호하는 생각들과 대립될 수 있는 갖가지 다른 생각들을 적절히 고려할 지면이 없었기 때문이다. 그러나 이 장은 최소한 이 책의 나머지 장들이 근거하고 있는 가정들을 보여 주기는 할 것이다.

제1절 윤리가 아닌 것

1. 윤리는 주로 성에 관한 것이 아니다

1950년대 즈음에 신문에서 "종교지도자가 도덕적 기준의 하락을 개탄"이라는 머리기사를 읽었을 때, 우리는 또 무분별한 성행위, 동성애, 도색물 등에 관해 읽게 될 것이라고 기대했었지, 해외의 빈곤한 나라들에 대한 우리의 보잘것없는 원조액이나 우리가 지구환경에 가하고 있는 피해에 대해 읽게 되리라고 기대하지 않았다. 이러한 좁은 의미의 도덕이 통용되고 있는 것에 대한 저항으로, 도덕을 주로 사람들이 쾌락을 누리는 것을 방지하기 위해 고안된 불편한 청교도적인 금지조항들의 체계로 간주하는 태도가 세상에서는 유행하게 되었다.

다행스럽게도 그러한 시대는 지나갔다. 우리는 더 이상 도덕이나 윤리를 특히 성sex과 관련된 일련의 금지조항들로 더 이상 생각하지 않는다. 종교지도자들조차도 지구 곳곳의 빈곤이나 기후 변화에 대하여 더 많이 이야기하고 무분별한 성행위나 포르노에 대해서는 더 적게 말하고 있다. 성에 관한 판단에는 정직성, 타인에 대한 배려, 사리분별, 타인에게 피해를 주지 않기 등의 고려사항들이 포함될지도 모른다. 그러나 똑같은 것이 자동차 운전에 대한 판단에도 적용될 수 있다. (사실 자동차 운전이 일으키는 도덕적 문제들은, 환경적인 관점에서든 안전적인 관점에서든, 성이 일으키는 문제들보다 더욱 심각하다.) 따라서 이 책에는 성도덕에 대한 논의는 없다. 고려해야 할 더욱 중요한 윤리적 문제들이 있기 때문이다.

2. 윤리는 '이론적으로는 좋으나 실천적으로는 좋지 않은 것'이 아니다

윤리가 아닌 두 번째 것은, 이론적으로는 매우 고상하나 실천적으로는 아무 쓸모없는 이상적인 체계이다. 이것의 역이 오히려 진실에 가깝다. 즉 실천에서 쓸모없는 윤리적 판단은 이론적으로도 결점을 가지고 있음에 틀림없다. 왜냐하면 윤리적 판단의 궁극적 요지는 실천을 인도하는 것이기 때문이다.

사람들은 때때로 윤리가 실제 세계에 적용 불가능한 것으로 생각하고 있다. 왜냐하면 그들이 보기에, 윤리란 '거짓말하지 말라', '훔치지 말라', '죽이지 말라' 등의 짧고 간단한 규칙들의 체계이기 때문이다. 윤리에 대해 이러한 견해를 가진 사람들이 윤리가 복잡한 삶에 적합하지 않다고 생각하는 것은 놀라운 일이 아니다. 특수한 상황에서는 단순한 규칙들이 상충하기도 하고, 상충하지 않는다 해도, 규칙을 따르는 것이 나쁜 결과를 가져올 수도 있다. 일반적으로 거짓말을 하는 것은 아마도 잘못된 일일 것이다. 그러나 만약 나치 치하의 독일에 당신이 살고 있고, 비밀경찰이 당신 집에 유대인이 숨어 있나 하고 찾으려 왔다면, 당신네 다락방에 숨어 있는 유대인 가족이 없다고 말하는 것이 확실히 옳은 일이 될 것이다.

성적 행위의 통제를 목적으로 하는 도덕처럼, 단순한 규칙들로 이루어진 윤리가 성공적이지 않다고 해서, 윤리 전체가 성공적이지 못한 것으로 간주될 필요는 없다. 그런 것들은 단지 윤리에 대한 한 견해의 실패일 뿐이며, 또 교정 불가능한 실패조차도 아니다. 윤리가 규칙들의 체계라고 생각하는 의무주의자deontologist들은 상충하지 않는 보다 복잡하고 보다 특별한 규칙들을 찾아냄으로써, 혹은 규칙 간의 상충을 해결할 수 있도록 규칙들에 위계적인 순서를 부여함으로써, 그들의 입장을 구해낼 수 있을 것이다. 더구나 윤리에는, 간단한 규칙들을 적용하기 어렵게 만드는 삶의 복잡성에 의해 전혀 영향을 받지 않는 오래된 입장이 있다. 그것은 결과주의자consequentialist들의 견해이다. 결과주의자들은 도덕규칙이 아니라 목적에서부터 출발한다. 그들은 행위가 이러한 목적을 달성하는 정도에 따라 행위를 평가한다. 다른 결과주의도 있지만 가장 유명한 결과주의는 공리주의이다. 고전적 공리주의는, 하나의 행위가 그 행위에 의해서 영향을 받는 모든 사람의 행복을 다른 행위보다 더 많이 증가시킬 때 그러한 행위를 옳은 행위로 보며, 그렇지 못한 행위는 그른 행위로 본다. 이러한 진술에는 두 가지 추가규정이 필요하다. 여기서 '더 많은 행복'은 그 행위에 의해서 야기될지도 모르는 고통이나 불행을 뺀 후 남는 순수 행복을 의미한다. 그리고 두 다른 행위가 최대행복을 똑같이 산출한다면, 어느 행위나 옳다.

행위의 결과는 그 행위가 수행되는 상황에 따라서 변한다. 따라서 공리주의자를 현실감이 결여되었다거나, 실천적인 경험을 무시하고 이상에 엄격히 매달린다고 비판할 수는 없다. 공리주의자는 거짓말의 결과에 의거해서, 어떤 상황에서는 거짓말이 나쁘다고 판단하고, 다른 상황에서는 거짓말이 좋다고 판단한다.

3. 윤리는 종교에 기초하지 않는다

세 번째로 윤리가 아닌 것은 단지 종교적인 맥락에서만 이해 가능한 것들이다. 나는 윤리를 종교와 완전히 독립된 것으로 다루고자 한다. 어떤 유신론자들은 '좋은'이란 말의 의미가 '하나님이 동의하는'이라는 바로 그 뜻이기 때문에 윤리는 종교 없이는 성립할 수 없다고 말한다. 플라톤은 2천 년도 훨씬 전에 비슷한 주장을 다음과 같은 방식으로 반박하고 있다. 만약 신들이 어떤 행위에 동의한다면, 그 까닭은 그 행위가 좋은 것이기 때문이며, 그러한 경우에 그 행위를 좋게 만드는 것은 신의 동의일 수 없다. 만약 이렇지 않다면 신들의 동의는 완전히 자의적인 것이 되고 만다. 만약 신들이 고문에 동의하고 이웃을 돕는 것에 동의하지 않는다면, 고문이 좋은 것이 되고 이웃을 돕는 것이 나쁜 것이 될 것이다. [그러나 어떻든 간에 고문은 나쁜 것이고, 이웃을 돕는 것은 좋은 일이 아닌가?] 어떤 유신론자들은 하나님은 좋은 분이며 그러므로 아마도 고문에 동의할 수 없을 것이라고 주장함으로써 이러한 유형의 딜레마로부터 자신을 구해내려고 시도하고 있다. 그러나 이러한 유신론자는 자기가 쳐 놓은 덫에 스스로 걸리게 된다. 하나님이 좋은 분이라는 주장은 어떤 의미를 가지는가? 하나님이 하나님에게 동의한다는 의미인가?

전통적으로 종교와 윤리의 더욱 중요한 연결점은 종교가 올바른 행위를 해야 할 이유를 제공한다는 것이다. 덕이 있는 사람은 천국의 영원한 행복을 누리는 반면, 그렇지 못한 사람은 지옥불의 고통을 당한다는 것이, 종교가 제시하는 올바른 행위를 해야 할 이유이다. 모든 종교적인 사상가들이 이러한 주장을 받아들이는 것은 아니다. 매우 경건한 기독교인이었던 칸트는 도덕법칙에 복종하고자 하는 어떠한 이기적인 동기도 경멸했다. 그는 도덕법칙은 도덕법칙이기 때문에 그것에 복종해야만 한다고 주장했다. 전통적인 종교가 제시하는 [이기적인] 동기화 없이 올바른 일을 하기 위해, 반드시 칸트주의자가 될 필요는 없다. 윤리의 근거를 대부분의 사람들이 타자에 대하여 가지는 자비와 동정의 경향에서 찾는 오랜 사상노선이 있다. 그러나 이것은 복잡한 문제이고 이 책의 마지막 장의 주제이기 때문에 이곳에서는 이를 다루지 않겠다. 여기서는 우리 주변사람들을 일상적으로 관찰해 볼 때, 윤리적 행위에 천국과 지옥에 대한 신앙이 필수적이지는 않으며, 오히려 천국과 지옥에 대한 신앙이 언제나 윤리적 행위를 이끄는 것도 아님을 지적하는 것으로 충분하다.

만약 도덕이 신이라는 창조자에 의해 주어진 것이 아니라면, 어디서 기인한 것일까? 우리는 우리가 우리의 친척인 침팬지나 보노보 같은 사회적 포유류에서 진화했다는 것을 알고 있다. 이러한 긴 진화기간 동안에 옳고 그름을 직관할 수 있는 도덕적 능력을 발달시킨 것으로 보인다. 이러한 직관들 중 약간을 우리는 우리의 영장류 친척들과 공유하고 있다. 그들 또한 강력한 상호성을 가지고 있다. 그래서 선의에 대하여 당연히 돌려주어야 할 선의를 되돌리지 않을 경우 그들은 때때로 난폭한 반응을 보이는데, 우리는 여기서 우리 자신의 정의감의 시작을 찾아볼 수 있다. 같이 살고 있는 한 무리의 침팬지를 관찰하여, 드 발Frans de Waal은 다음과 같은 사실을 알아내었다. 니키Nikkie라는 침팬지가 루이트Luit라는 침팬지를 공격했을 때 루이트는 니키의 공격에 대하여 방어했고, 이를 푸이스트Puist라는 침팬지가 도왔다. 그 후에 니키가 이번에는 푸이스트를 공격했는데, 푸이스트는 루이트에게 지원을 요청했지만 루이트는 아무 일도 하지 않았다. 니키의 푸이스트에 대한 공격이 끝나자, 푸이스트는 격렬하게 루이트를 공격하였다. 이에 대하여 드 발은 이렇게 지적하고 있다. "만약 실제로 푸이스트의 분노가 푸이스트가 루이트를 도운 다음에 루이트가 푸이스트에게 보답하지 않은 결과라면, 이것은 침팬지들의 상호성이 인간들과 같은 도덕적 올바름과 정의감에 의해서 작동되고 있음을 시사한다."

우리가 언어를 획득함에 따라, 도덕은 다른 사회적 포유류들과 공유하고 있는 이러한 직관적 반응들로부터 발달해 왔다. 도덕은 다양한 문화에 따라 여러 다른 형태들을 보이지만, 독자들도 아마 대개 공유하고 있을, 놀라울 정도로 큰 공통의 근거가 여전히 남아 있다. 앞으로 이 책에서 논의될 모든 것들에서 중요한 것은, 이렇게 진화된 직관들이 반드시 도덕적인 문제들에 대하여 올바른 대답을 제공하는 것은 아니라는 점을 이해하는 것이다. 우리 선조들에게 좋았던 것이, 우리가 살고 있는 지구나 지구에 살고 있는 모든 다른 생명체들은 말할 것도 없고, 오늘날의 전체 인류에게 좋은 것이 아닐 수도 있다. 인구가 희소한 지구 위의 조그만 인간 공동체들이 "자식을 많이 낳고 번성하여라"라는 윤리를 가지고, 이에 따라 식구수가 많은 가족들을 선호하고 동성애를 반대한다면, 의심할 여지없이 살아남을 가능성이 높다. 오늘날 우리는 그러한 관행들에 대하여 비판적으로 검토할 수 있고, 검토하여야 한다. 그리고 우리가 살고 있는 세계에 대하여 식구수가 많은 가족들이나 동성애가 가져올 결과들도 고려할 수 있고 고려해야만 한다.

많은 사람들이 자연적인 것은 좋다고 가정한다. 그들은 만약 우리의 도덕적 직관들이 자연적이라면, 우리는 그것들을 따라야만 한다고 생각한다. 그러나 이것은 잘못일 수 있다. 밀John Stuart Mill이 그의 에세이 『자연에 대하여』에서 지적하였듯이, '자연'이라는 단어는 인간들과 인간들이 창조한 모든 것들까지를 포함하여 우주 내에 존재하는 모든 것을 의미하거나, 아니면 인간과 인간이 생성한 것들과 따로 존재하는 세계를 의미한다. 첫 번째 의미로는 인간이 행하는 어떤 것도 '반자연적'일 수 없다. 두 번째 의미로는 인간이 하는 어떤 일이 '반자연적'이라는 주장은 그러한 일을 하지 말아야 할 이유가 전혀 되지 않는다. 왜냐하면 우리가 하는 모든 일은 자연에 대한 간섭이며 (질병을 다루는 것과 같이) 그러한 간섭들 중의 많은 것은 아주 바람직하기 때문이다.

그러므로 도덕의 기원에 대한 이해는 우리를 우리의 추정상의 두 주인, 즉 하나님과 자연으로부터 해방시킨다. 우리는 우리의 조상들로부터 일련의 도덕적 직관들을 상속받았다. 이제 우리는 그것들 중의 어떤 것을 바꿀 것인가를 궁리해야 한다.

4. 윤리는 당신이 살고 있는 사회에 따라 상대적이지 않다

내가 제1장에서 부정하고자 하는 윤리에 대한 견해들 중에서 철학적으로 가장 도전적인 것은, 윤리가 상대적이라거나 주관적이라는 주장이다. 이러한 주장들이 보통 의미하고 있는 것들 중의 일부분을 나는 적어도 부정하고자 한다. 이러한 이유로 앞의 셋과 달리 보다 자세히 논의하고자 한다.

윤리란, 우리가 우연히 속하게 된 사회에 따라, 상대적이라는 일반적인 생각을 우선 살펴보자. 이러한 주장은 어떤 의미에선 참이고, 또 어떤 의미에선 거짓이다. 우리가 이미 결과주의를 논의하면서 보았던 것처럼 어떤 상황에서 그것이 가져오는 좋은 결과 때문에 올바르던 행동이 다른 상황에선 그것이 가져오는 나쁜 결과 때문에 올바르지 못할지도 모른다. 그래서 우발적인 성교는 적절히 돌볼 수 없는 아기를 낳게 된다면 그릇된 것일지도 모르지만, 효과적인 피임법이 실시되면 아기가 태어나지 않기 때문에 그릇되지 않을 수도 있다. 그러나 이것은 단지 피상적인 형태의 상대주의이다. 그것은 "우발적인 성교는 나쁘다"라는 특정한 원칙이 때와 장소에 따라 상대적일 수도 있다는 것을 보여 주고 있으며, 그러한 원칙을 상황이 어떠하든 간에 우발적인 성교의 모든 경우에 적용하는 것은 객관적으로 타당하지 않다는 주장과도 모순되지 않는다. 그러나 이러한 형태의 상대주의는 "행복을 증가시키고 고통을 감소시키는 행위를 하라"와 같은 보다 일반적인 원칙의 보편적인 적용 가능성을 거부할 어떤 이유도 제시하지 않는다.

보다 근본적인 형태의 상대주의는, 멀리 떨어져 있었던 사회들의 도덕적 신념과 관행에 관한 자료가 쏟아져 들어오기 시작한 19세기에 보다 일반화되었다. 엄격한 고상함을 특징으로 했던 빅토리아 여왕 시대에, 결혼하지 않은 사람들 사이의 성관계가 완전히 건전한 것으로 간주되는 그러한 곳이 있다는 지식은, 성적 태도에 혁명의 씨앗을 뿌렸다. 그러한 새로운 지식이 19세기 유럽의 도덕규범이 객관적으로 타당한 것이 아닐 뿐만 아니라, 어떠한 도덕적 판단도 그러한 도덕 판단이 행해지는 사회의 관습을 반영할 뿐이라는 것으로 사람들에게 받아들여진 것은 놀라운 일이 아니다.

마르크스주의자들은 자신들의 이론에 맞추어 이러한 형태의 상대주의를 채택했다. 각 시대의 지배적인 관념은 지배계급의 관념이며, 그래서 한 사회의 도덕은 그 사회의 주도적인 경제계급과 관련이 있으며, 그리하여 간접적으로는 그 사회의 경제적 토대와 관련이 있다고 그들은 주장했다. 그래서 그들은 봉건적 도덕과 부르주아적 도덕을 객관적이고 보편적인 타당성에 비추어 의기양양하게 비판했다. 그러나 몇몇 마르크스주의자들은 이러한 비판에 다음과 같은 문제가 있다는 것을 알아채었다. 만약 모든 도덕이 상대적이라면 공산주의라고 특별한 것이 무엇이 있겠는가? 왜 부르주아보다는 프롤레타리아를 편들어야 하는가?

마르크스Marx의 공저자였던 엥겔스Friedrich Engels는 이러한 문제를 피할 수 있는 유일한 방법을 동원하여 이 문제를 해결하였다. 즉 그는 다음과 같은 보다 제한된 주장, 즉 계급으로 분할된 사회의 도덕은 언제나 그 사회의 주도적인 계급에 따르는 상대적인 것이지만, 계급대립이 없는 사회의 도덕은 '참으로 인간적인' 도덕일 수 있다는 주장을 지지하고, 상대주의를 포기함으로써, 이 문제를 해결하였다. 이러한 주장은 더 이상 우리가 무엇을 마땅히 해야만 하는가에 대한 상대주의, 즉 규범적 상대주의가 결코 아니다. 그럼에도 불구하고 마르크스주의는 여전히, 뒤섞인 방식으로, 많은 뚜렷하지 않은 상대주의적 관념들을, 종종 '탈근대주의postmodernism'라는 옷을 입혀 만들어내고 있다.

엥겔스로 하여금 상대주의를 포기하도록 만든 그 문제가 윤리적 상대주의 일반도 또한 성립하지 못하게 만든다. 요모조모 생각하여 어려운 윤리적 결심을 해본 사람이라면 누구나, 우리 사회가 우리가 어떻게 해야만 한다고 일러주었다고 해서 그것이 어려움을 해결해 주지 못한다는 것을 알고 있다. 우리는 우리 자신의 결론을 내려야만 한다. 우리가 그 속에서 자라난 신념과 관습들이 아마도 우리에게 많은 영향을 미칠 것이다. 그러나 일단 우리가 그러한 것들에 대하여 반성하기 시작하면, 우리는 그것들에 일치해서 행동할 것인가, 혹은 그것에 반해서 행동할 것인가를 결정할 수 있다. [그러므로 어떤 사람의 도덕적 판단이 그 사람이 소속된 사회에 따라 다르다는 입장은 성립하지 않는다.]

이러한 입장에 반하는 견해, 즉 윤리란 언제나 특정한 사회에 따라 상대적이라는 견해는 아주 받아들이기 어려운 결론으로 귀결된다. 만약 우리 사회가 노예제도를 부정하는 반면 다른 사회가 그것을 긍정하고 있다면, 이러한 종류의 상대주의에 따르자면, 우리는 이러한 상충되는 견해들 중에서 어떤 것을 선택할 아무런 근거도 가지지 못한다. 실제로 상대주의적 분석에서는 아무런 실질적인 상충이 존재하지 않는다. 왜냐하면 내가 노예제도는 그릇된 것이라고 말할 때, 내가 실질적으로 말하고 있는 것은 단지 우리 사회는 노예제도를 부인한다는 것이며, 다른 사회의 노예주가 노예제도는 옳다고 말할 때, 그가 말하고 있는 것은 단지 그가 속한 사회가 노예제도를 시인한다는 것이기 때문이다. 왜 논쟁을 해야 하는가? 확실히 우리는 둘 다 진실을 말하고 있다.

더욱 곤란한 것은 상대주의자가 사회일반의 의견에 동조하지 않는 비동조주의자nonconformist들을 만족스럽게 설명할 수 없다는 점이다. 만약 "노예제도는 그릇되다"라는 것이 "우리 사회는 노예제도를 인정하지 않는다"는 것을 의미한다면, 노예제도를 부인하지 않는 사회에 사는 어떤 사람이, 노예제도는 나쁘다고 주장하는 것은, 단순히 사실적인 오류를 범하고 있는 셈이 된다. 그러므로 여론조사가 윤리적 판단의 옳고 그름을 결정할 수 있게 된다. 그래서 개혁을 의도하는 사람들은 곤란한 상황에 빠지게 된다. 그들이 동료시민들의 윤리적 견해를 변화시키는 일에 착수할 때, 그들은 필연적으로 오류를 범하게 된다. 그들이 그 사회의 대부분에게 자신의 견해를 받아들이도록 하는 데 성공했을 때에만, 그들의 견해는 옳은 것이 된다.

5. 윤리는 단순히 주관적인 취향이나 의견의 문제가 아니다

이러한 어려움들은 윤리적 상대주의를 침몰시키기에 충분하다. 그러나 윤리적 주관주의는 적어도 도덕적 개혁을 시도하는 사람들의 영웅적인 노력을 말 안 되는 소리[즉 사실적인 오류]로 만들지는 않는다. 왜냐하면 윤리적 주관주의는 윤리적 판단이 개인이 속한 사회가 아니라, 판단을 하는 바로 그 개인의 시인과 부인에 따라 좌우된다고 보기 때문이다. 그렇지만 어떤 형태의 윤리적 주관주의로서는 해결할 수 없는 다른 문제들이 있다.

만약 윤리가 주관적이라고 말함으로써 사람들이, 한 사람이 동물학대는 그릇된 것이라고 말할 때 그가 실제로 말하고 있는 것은 단지 그가 동물학대를 부인한다는 것뿐이라고 주장한다면, 그런 사람들은 상대주의자들의 난점들 중에서 성가신 형태의 한 난점에 직면하게 될 것이다. 즉 그것은 윤리적 불일치를 설명할 수 없다는 어려움이다. 각각 다른 사회에 속한 사람들 간의 불일치를 논하는 상대주의자relativist에게 해당되는 것은, 어떤 두 사람간의 불일치를 논하는 주관주의자subjectivist에게도 해당된다. 나는 동물학대가 그르다고 말하고 어떤 다른 사람은 그르지 않다고 말했을 때, 이것이 나는 동물학대를 부인하고 그는 동물학대를 부인하지 않는다는 것을 의미할 뿐이라면, 아마도 두 진술은 모두 참일 것이며, 그렇다면 논쟁할 거리가 아무것도 없다.

넓은 의미에서 '주관주의'라고 부를 수 있는 다른 이론들에는 이러한 비판이 해당되지 않는다. 윤리적 판단은 아무것도 서술하고 있지 않기 때문에—객관적인 도덕적 사실뿐만 아니라 주관적인 심리상태를 서술하고 있는 것도 아니기 때문에—참일 수도 거짓일 수도 없다고 주장하는 사람을 생각해 보자. 이러한 이론은 윤리적 판단이 태도를 서술describe한다기보다는 태도를 표현express하는 것이라고 주장할 수도 있다. 이러한 견해는 스티븐슨C. L. Stevenson에 의해 처음 제기되었으며, 이모티비즘emotivism이라고 불린다. 혹은 그러한 이론은, 헤어가 주장했던 것처럼, 윤리적 판단은 처방이며, 따라서 사실의 진술statement 보다는 명령command에 더 밀접하게 관련되어 있다고 주장할 수도 있다. 헤어는 이를 보편적 처방주의universal prescriptivism라고 불렀는데, 우리는 이를 나중에 좀 더 자세히 살펴볼 것이다. 이러한 견해에 나는 의견을 같이 하지 않는다. 왜냐하면 나는 사람들이 무엇을 행하는가에 관심을 가지기 때문이다. 매키J. L. Mackie가 옹호한 세 번째 견해는 우리가 윤리에 대하여 생각하고 말하는 방식의 여러 측면들이 객관적 도덕적 기준을 포함하고 있다는 것은 인정한다. 하지만 우리의 사유와 대화의 이러한 특징들이 우리를 일종의 오류에 빠지게 만든다고 주장한다. 윤리는 하나님이 부여한 법칙체계라는 전통적 믿음에 빠지거나 또는 개인적인 필요나 선호를 객관화하는 경향의 오직 다른 사례일 뿐이라는 판단을 하게 된다는 것이다.

위와 같은 견해들은, 윤리적 판단이 화자의 태도를 서술하는 것이라고 보는 투박한 형태의 주관주의로부터 정밀하게 잘 구분된다면, 윤리에 대한 그럴듯한 설명이 된다. 우리와 완전히 독립적으로 존재하는, 실제 세계의 일부분인 윤리적 사실의 영역을 거부한다는 점에서 아마 그들이 옳을 것이다. 그들이 옳다고 가정해 보자. 그러면 윤리적 판단에 대해서는 아무런 비판도 불가능한가? 이성의 관점에서 볼 때 어떠한 윤리적 판단도 다른 판단과 마찬가지로 좋은 것이라는 주장이 도출될 수 있는가? 나는 그렇지 않다고 생각하며, 앞 단락에서 언급된 세 철학자 중 어느 누구도 윤리에서의 이성과 논변의 역할을, 비록 그들이 이러한 역할의 중요성에 대해서는 의견을 달리한다 해도, 부정하지 않는다.

윤리 내에서의 이성의 역할이라는 이러한 문제는, 윤리가 주관적이라고 주장하는 사람들이 집중적으로 공격하는 지점이다. 실천윤리를 단단한 기초 위에 세우기 위해서는 윤리적 추론이 가능하다는 것을 보여 주어야만 한다. 객관적 윤리적 사실의 부정이 윤리적 추론의 거부를 의미하는 것은 아니다. 여기에서 나는 푸딩이 있다는 증거는 먹는 데 있듯이, 윤리에 대한 이성적 논의가 가능하다는 증거는 이 책의 나머지 장들에서 발견될 수 있다고 간단히 말하고 싶은 유혹을 느낀다. 그러나 이는 완전히 만족스런 것은 아니다. 이론적인 관점에서 볼 때, 우리는 실제로 윤리에 관한 이성적 논의가 어떻게 가능한지를 이해하지 않고서도 윤리에 관하여 이성적으로 논의할 수 있기 때문이다. 또 실천적인 관점에서 볼 때, 우리의 이성적 논의는 우리가 그것의 기초를 파악하지 못할 때 더욱 쉽게 잘못될 수 있기 때문이다. 그래서 나는 우리가 윤리에 대하여 어떻게 이성적으로 논의할 수 있는가에 관하여 조금 이야기해 보고자 한다.

제2절 윤리인 것: 하나의 견해

아래에서 이야기하려고 하는 것은 이성이 윤리적 결심에서 중요한 역할을 하도록 허용하는 윤리에 대한 하나의 요약된 견해이다. 이것이 윤리에 대해서 가능한 유일한 견해는 아니지만, 하나의 그럴듯한 견해이다. 그렇지만 나는 또다시 그 자체로서 한 장씩을 이룰 만한 이에 대한 해명이나 반론들을 생략하여야만 하겠다. 이처럼 논의되지 않는 반론이 내가 제시하고 있는 입장을 붕괴시킬 것이라고 생각하는 사람들에게, 나는 제1장 전체가 이 책이 기초하고 있는 가정들에 대한 진술로 간주되어도 좋다고 이야기할 수 있을 뿐이다. 그러한 방식으로 이 장은 적어도 내가 윤리라고 생각하고 있는 것의 명백한 모습을 드러내 줄 것이다.

도덕적 판단을 한다는 것, 윤리적 문제를 논의한다는 것, 또는 윤리적 기준에 맞추어 산다는 것, 그러한 것들은 어떠한 것인가? 어떤 점에서 도덕적 판단은 다른 실천적 판단과 다른가? 윤리적 기준에 따라서 사는 사람과 그렇지 않은 사람 간의 차이는 무엇인가?

이런 모든 문제는 서로 연관되어 있으며, 그래서 우리는 그들 중의 하나만을 생각해 봐도 된다. 그러나 이렇게 하기 위해서 우리는 윤리의 본성에 관하여 몇 마디 할 필요가 있다. 우리가 많은 다른 사람들의 삶을 연구해 왔기에, 그들이 어떤 일을 하는지, 그들이 어떤 것을 믿고 있는지 등등에 관해서 잘 알고 있다고 가정해 보자. 그러할 때 우리는 그들 중의 어떤 사람들이 윤리적 기준에 따라 살고 있고, 또 어떤 사람들은 그렇지 않다고 구분할 수 있겠는가?

이러한 구분을 할 수 있는 방법은 거짓말, 사기, 도적질 등을 그르다고 믿고 이러한 일들을 행하지 않는 자가 누구이며, 또 그런 일들이 그르지 않다고 믿고 자신의 행위에 아무런 제약을 가하지 않는 자가 누구인지를 알아내는 것이라고 생각할 수 있다. 그러할 때 전자에 속하는 사람은 윤리적 기준에 맞추어 살아가는 사람이고, 후자에 속하는 사람은 그렇지 않은 사람일 것이다. 그러나 이러한 일처리는 서로 다른 두 쌍의 것을 같은 것으로 잘못 생각하고 있다. 즉 하나는 (우리가 생각건대) 올바른right 윤리적 기준에 따라서 살아가는 것과 (우리가 생각건대) 잘못된mistaken 윤리적 기준에 따라서 살아가는 것이며, 다른 하나는 어떤some 윤리적 기준에 따라서 살아가는 것과 아무런no 윤리적 기준도 생각하지 않고 살아가는 것이다. 거짓말하고 사기를 치지만 그러한 행동이 나쁜 일이라고 믿지 않는 사람은 아마도 윤리적 기준에 따라서 살아가고 있을 것이다. 있을 수 있는 수많은 이유 중의 어떠한 것을 대어서라도 거짓말하고, 사기치고, 훔치는 등등이 옳다고 아마 믿고 있을 것이다. 이러한 사람들은 관습적인 윤리적 기준에 따라 살고 있는 것은 아니지만, 아마 어떤 다른 윤리적 기준에 따라 살고 있을 것이다.

윤리적인 사람과 비윤리적인 사람을 구분하려는 첫 번째 시도는 잘못되었지만, 우리는 이러한 실패로부터 교훈을 얻을 수 있다. 즉 관습에 반하는 윤리적 신념을 가지고 있는 사람들도, 만약 그들이 **어떤 이유든지 간에 그들이 하고 있는 대로 하는 것이 옳다고 믿는다면**, 그들도 여전히 윤리적 기준에 따라 살고 있다는 것을 인정해야만 한다는 것이다. 굵은 글씨로 된 조건문이 우리가 찾고 있는 해답에 이를 실마리를 우리에게 제공한다. 윤리적 기준에 따라서 산다는 것은, 어떤 사람이 자신이 사는 방식을 옹호하고, 그것의 근거를 제시하고, 그것을 정당화 justification한다는 것과 연관되어 있다. 그래서 사람들은, 만약 자신이 하는 짓거리에 대하여 옹호하고 정당화할 준비만 되어 있다면, 우리가 그릇된 일이라고 보는 갖가지 일들을 다 해도 된다. 그렇게 하면서도 여전히 윤리적인 기준에 따라서 살 수가 있다. 우리는 그러한 정당화가 적합하지 않다는 것을 알아채고 그러한 행동이 나쁘다고 주장할지도 모른다. 그러나 정당화를 시도하는 것은, 그것이 성공적이든 그렇지 못하든 간에, 그 인간의 행위를 비윤리the non-ethical의 영역이 아닌 윤리the ethical의 영역에 갖다 놓기에 충분하다. 반면에 어떤 사람이 자기가 하고 있는 일에 대하여 어떠한 정당화도 제시할 수 없다면, 그가 하는 일이 비록 관습적인 도덕적 원칙에 일치한다 해도, 윤리적 기준에 따라서 살고 있다는 그의 주장을 우리는 거부해도 된다.

그러나 문제는 여기에서 끝나지 않는다. 어떤 사람이 윤리적 기준에 따라서 살고 있다는 것을 우리가 받아들이려면, [그 사람이 제시하는] 정당화는 어떤 특정한 종류의 것이어야 한다. 예컨대 자기이익self-interest 이라는 하나의 관점에서만 수행되는 정당화는 곤란하다. 셰익스피어 Shakespeare의 희곡 〈맥베스〉에서 맥베스Macbeth가 던컨Duncan의 살해를 계획하면서 오직 '타오르는 야망' 때문에 그가 그 일을 하였다는 것을 인정하였을 때, 그는 그 행위가 윤리적으로 정당화될 수 없음을 인정하고 있는 것이다. "그렇게 하면 내가 그 대신에 왕이 될 수 있다"라는 이유는 암살을 윤리적으로 눈곱만큼도 정당화시켜 줄 수 없다. 그러한 이유는 윤리적 정당화로서 간주될 수 있는 그러한 종류의 이유가 아니다. 이기적인 행위가 윤리적으로 옹호되기 위해서는, 그 이기적 행위가 보다 넓은 토대를 가지는 윤리적 원칙과도 병립할 수 있다는 것을 보여 주어야만 한다. 왜냐하면 윤리라는 개념은 개인적인 것보다는 좀 더 큰 어떤 것에 대한 고려를 담고 있기 때문이다. 내가 나의 행위를 윤리적 근거에서 옹호하려고 한다면, 그것이 나에게 가져오는 이익만을 지적할 수는 없다. 나는 보다 많은 청중에게 호소해야만 한다. "그렇게 하면 내가 잔인한 폭군의 통치를 종식시킬 수 있다"는 것이 적어도 왕을 죽이는 일의 윤리적 정당화를 꾀하는 한 시도일 수 있다. 물론 셰익스피어가 '점잖은 던컨'이라고 묘사했지만 그것이 틀린 것일 수 있지 않겠는가.

옛날부터 철학자와 도덕가들은 윤리적 행위가 여하튼 **보편적인** universal 관점에서 받아들여질 수 있는 것이라는 생각을 제시해 왔다.

『성서』 레위기에 실려 있으며, 모세Moses가 말했다고 하고, 나중에 예수Jesus에 의해 되풀이된, '황금률Golden Rule'은 우리에게 우리의 개인적 이익을 넘어서, "남이 너희에게 해주기를 바라는 그대로 너희도 남에게 해주어라"라고 가르친다. 달리 말하자면, 자신의 이익에 두는 것과 같은 비중을 다른 사람의 이익에도 두라는 것이다. 나를 다른 사람의 입장에 놓는다는 똑같은 생각이 (적어도 '이웃'을 충분히 넓게 해석한다면) 우리 이웃을 우리 자신처럼 사랑하라는 기독교의 다른 계명 속에도 들어 있다. 고대 그리스의 철학자들과 로마의 스토아학파 철학자들도 또한 이를 이야기하고 있다. 스토아학파 철학자들은 윤리가 보편적인 자연법칙에서부터 도출된다고 주장하였고, 칸트Kant는 이러한 생각을 그의 유명한 공식, 즉 "너의 개인적 격률maxim이 동시에 보편적 법칙universal law이 되기를 의욕할 수 있도록 그렇게 행동하라"라는 공식으로 발전시켰다. 칸트의 이론은 헤어에 의해서 더 발전되어졌는데, 그는 보편화 가능성universalizability을 도덕적 판단의 논리적 특징으로 보았다. 18세기의 영국의 철학자 허치슨Hutcheson과 흄Hume 그리고 스미스Adam Smith는 '불편부당한 관망자impartial spectator'를 가상하여 도덕적 판단을 시험할 것을 주장하였다. 벤담Jeremy Bentham에서부터 현재에 이르기까지의 공리주의자utilitarian들은 도덕적 문제를 판단할 때 '각각의 사람은 한 사람으로서 간주되며, 어느 누구도 한 사람 이상으로 간주되지 않는다'라는 것을 자명한 이치로 삼았다. 롤스John Rawls는, 어떤 원칙을 선택함으로써 자신이 이득을 얻을지 손해를 볼지 모르는 채로, 즉 '무지의 베일veil of ignorance' 뒤에서, 원칙을 선택하는 가상적인 선택상황으로부터 기본적인 윤리적 원칙들을 도출해냄으로써 그 자신의 이론에 공리주의자들의 바로 이러한 자명한 이치를 본질적으로 결합시켰다. 실존주의자인 사르트르Jean-Paul Sartre나 비판이론가인 하버마스 Jürgen Habermas와 같은 유럽 대륙의 철학자도, 비록 많은 점에서 영어권의 철학자들과 다르고 또 자기네들끼리도 다르지만, 윤리가 어떤 의미에서 보편적이라는 점에는 동의한다.

이러한 윤리에 대한 규정들 각각이 지니는 장점들에 대해 끝없이 이야기할 수 있을 것이다. 그러나 보다 중요한 것은 그것들의 차이점이 아니라 그것들의 공통점이다. 그것들은 윤리적 원칙이 어떤 당파적인 혹은 파벌적인 집단과 관련하여 정당화될 수 없다는 점에 동의한다. 윤리는 보편적 관점을 취한다. 이는 어떤 특정한 윤리적 판단이 보편적으로 적용될 수 있어야 한다는 것을 의미하지는 않는다. 우리가 이미 본 것처럼 상황이 경우를 변경시킨다. 윤리가 보편적인 관점을 취한다는 말의 의미는 윤리적인 판단을 할 때 우리는 우리 자신의 좋음과 나쁨을 넘어서야 한다는 것이다. 윤리적 관점에서 볼 때, 사기를 쳐서 이익을 얻는 자가 나이고 잃는 자가 너라는 것은 중요하지 않다. 윤리는 '나'와 '너'를 넘어서서 보편적인 법칙, 보편화 가능한 판단, 불편부당한 관망자 혹은 이상적인 관찰자의 입장, 그것을 무엇이라 부르든 간에, 그러한 관점으로 나아갈 것을 요구한다.

윤리의 이러한 보편적 측면을 이용하여 우리에게 옳음과 그릇됨을 알려주는 윤리적 이론을 도출할 수 있을까? 스토아학파 철학자들로부터 헤어와 롤스에 이르기까지 철학자들은 이를 시도해 왔다. 아직까지는 어떠한 이론도 일반적으로 받아들여지고 있지는 않다. 우리가 윤리의 보편적 측면을 있는 그대로 형식적으로 서술한다면, 광범위한 여러 이론들이 이러한 보편성이란 개념과 양립 가능한데, 이러한 이론들 중에는 결코 융화될 수 없는 윤리적 이론들이 또한 포함된다. 이 점이 문제가 된다. 다른 한편으로 우리가 윤리의 보편적 측면을 계속 서술하다가 불가피하게 하나의 특정한 윤리적 이론에 다다르게 된다면, 우리는 윤리에 대한 정의에 우리 자신의 윤리적 신념을 슬그머니 집어넣었다는 비난을 받게 될 것이다. 게다가 윤리가 보편적 관점을 취해야 한다는 이러한 정의는, '윤리이론'이라고 부를 수 있는 모든 중요한 후보들을 포괄할 정도로 충분히 넓고 충분히 중립적이어야만 한다고 가정된다. 수많은 사람들이 윤리의 보편적인 측면에서부터 하나의 윤리이론을 연역해내는 데 놓여 있는 이러한 장애물들을 극복하지 못하였기 때문에, 완전히 다른 목적을 가지고 있는 작업에 대한 간단한 소개의 자리인 이곳에서 그러한 일을 시도하는 것은 대단히 어리석은 일이 될 것이다. 그 대신에 나는 단지 조금 덜 야심적인 제안을 하고자 한다. 내가 말하고자 하는 것은, 윤리의 보편적인 측면이 적어도 출발점에서는 넓은 의미로 공리주의적인 입장을 취할 근거를 제공한다는 것이다. 만약 우리가 공리주의를 넘어서야 한다면, 왜 그렇게 해야만 하는가에 대한 충분한 이유를 제시할 필요가 있다.

내가 이러한 제안을 하는 이유는 다음과 같다. 윤리적 판단이 보편적인 관점에서 내려져야만 한다는 것을 받아들이게 되면, 나 자신의 필요, 요구, 그리고 욕망이, 단지 그것이 나의 선호들이라는 이유만으로, 어떤 다른 사람의 필요, 요구, 그리고 욕망보다 더 중요한 것으로 간주될 수 없다는 것을 또한 받아들이게 된다. 그러므로 나 자신의 필요, 요구, 그리고 욕망이—앞으로 나는 이것들을 '선호들preferences'이라고 부를 것인데—존중되어야 한다는 나의 대단히 자연스런 관심은, 내가 윤리적으로 사고하는 한, 다른 사람의 선호들에까지 확장되어야만 한다. 이제 내가 숲에서 음식을 채집하여 살고 있는 집단의 한 사람이라고 상상해 보자. 내가 혼자일 때 아주 좋은 과일 나무를 하나 발견하고, 모든 과일들을 나 혼자 다 먹을지, 아니면 그것들을 다른 사람들과 나누어 먹을지 선택하는 상황에 직면했다고 생각해 보자. 그리고 또 내가 완전한 윤리적 진공상태에서 그러한 결정을 내린다고, 즉 윤리적 고려를 전혀 하지 않고, 이른바 윤리 이전의 사고단계pre-ethical stage of thinking에서 그러한 결정을 내린다고 가정해 보자. 어떻게 내 마음을 정할 것인가? 그래도 여전히 고려해야만 하는 한 가지는—이는 윤리 이전의 단계에서는 아마도 **유일한** 하나일 것인데—내가 하는 선택이 나의 선호들에게 어떤 영향을 끼칠 것인가 하는 것이다.

그러면 이제 나 자신을 나의 결정에 의해 영향을 받을 다른 사람들의 입장에 둘 정도로 윤리적으로 생각하기 시작해 보자. 그들의 입장에 처한다는 것이 어떤 것인지를 알기 위해 나는 그들의 선호를 헤아려 보아야만 한다. 그들이 얼마나 배가 고프며, 그들이 과일을 얼마나 좋아할지 등을 상상해 보아야만 한다. 일단 이렇게 하게 되면, 나는 내가 윤리적으로 생각하는 한, 나 자신의 선호들에 대하여, 그것이 나 자신의 것이라는 이유로, 다른 사람들의 선호에 부여하는 이상의 비중을 둘 수 없다는 것을 인정하게 된다. 그러므로 이제 나 자신의 선호들 대신에, 나의 결정에 의해서 영향을 받을 모든 사람들의 선호들을 고려해야만 한다. 만약에 윤리적으로 중요한 다른 고려사항들이 없다면, 이러한 고려는 나에게 모든 선호들을 측정해서 영향 받는 사람들의 선호들을 최대화할 것으로 보이는 행동을 채택하도록 인도한다. 그래서 적어도 어떤 수준에서 내가 도덕적인 추론을 할 때, 윤리는 결국 영향 받는 모든 사람들에게 최선의 결과를 가져올 그러한 행위를 해야 한다고 가리킨다.

앞 단락에서 나는 '가리킨다point toward'라는 표현을 사용했는데, 왜냐하면, 곧 보게 되겠지만, 다른 방향을 가리키는 다른 고려가 있을 수 있기 때문이다. 나는 "어떤 수준에서 내가 도덕적 추론을 할 때"라고 말했는데, 이는 나중에 보게 되겠지만, 우리가 일상에서 하는 모든 윤리적 결정에서는 이러한 계산을 시도하지 말아야 하며, 오직 매우 특별한 상황에서나, 또는 앞으로 우리가 일반적인 원칙으로 삼을 것을 선택하기 위해 숙고할 때에만 이렇게 해야 한다고 믿을 공리주의적인 이유가 있기 때문이다. 달리 말하자면, 과일을 두고 고민하는 앞의 예에서, 내가 딴 과일들을 나누지 않는 것보다 나누는 것이 영향 받는 모든 사람들에게 명백하게 더 좋은 결과라고 우선 생각할 수 있다. 이것이 결국에는 또한 우리 모두가 채택할 최선의 일반적인 원칙일지도 모른다. 그러나 이것이 당연히 그렇다고 믿을 수 있으려면, 우리는 채집한 과일들을 나누는 일반적인 관행이 영향을 받을 모든 사람에게 이득을 줄 것인지, 아니면 그들에게 해가 될 것인지를 또한 먼저 고려하여야 한다. 영향을 받을 어떤 사람은 다른 사람이 채집한 것을 나누어 가짐으로써 자신이 충분히 가질 것을 알게 되어 더 이상 과일을 채집하지 않을 수도 있다. 이렇게 되면 채집되는 과일의 양이 줄어들어 모든 사람에게 이득이 되는 것이 아니라 손해가 될 수도 있다. 이러한 점들을 먼저 고려하여야 한다.

내가 이제까지 약술한 것은 공리주의의 한 형태이다. 그러나 이는 벤담이나 밀이나 시지윅Henry Sidgwick과 같은 고전적 공리주의자들이 옹호하는 공리주의 버전은 아니다. 그들은 우리가 언제나 쾌락, 즉 행복을 최대화하고 고통, 즉 불행을 최소화할 것을 주장하였다. 이것은 '쾌락주의적 공리주의hedonistic utilitarianism'이다. —'쾌락주의자hedonist'

라는 단어는 즐거움을 의미하는 그리스어를 어원으로 한다.—이에 반해 우리가 도달한 견해는 '선호공리주의preference utilitarianism'라고 부른다. 왜냐하면 그것은 결국 영향을 받는 모든 사람들의 선호들을 증대시키는 것을 우리가 해야 한다고 주장하기 때문이다. 어떤 학자들은 벤담과 밀이 '쾌락'과 '고통'이라는 말들을 아마도 넓은 의미로 사용했기 때문에 사람들이 욕망하는 것을 '쾌락'으로 그 반대의 것을 '고통'으로 볼 수 있다고 주장한다. 이러한 해석이 옳다면, 선호공리주의와 벤담과 밀의 공리주의의 차이는 사라진다. (시지윅은 늘 그렇지만 더욱 엄밀하다. 『윤리학의 방법들』에서 그는 선호주의 견해와 쾌락주의 견해를 주의 깊게 구분하였고 후자를 채택했다.)

나는 선호공리주의가 윤리의 보편적인 측면에서부터 연역될 수 있다고 주장하고 있는 것은 아니다. 나의 선호들을 보편화하는 대신, 나는 나의 윤리적 견해를 나의 선호들과 완전히 다른 어떤 것에 기초할 수도 있다. 선호공리주의와 마찬가지로 쾌락주의적 공리주의도 개인들을 충분히 공평하게 대우하며 보편화 가능성이라는 요구사항을 만족시킨다. 개인적 권리들, 공정성, 생명의 존엄성, 정의, 청렴 등과 같은 다른 윤리적 이념들도 그러하다. 그러한 것들은 적어도 어떤 버전에서는 어떤 형태의 공리주의와는 병립할 수 없다. 많은 과일을 발견하고 그것들을 다른 사람들과 나눌 것인지를 정하는 사람의 예로 돌아가 보면, 그는 과일에 대한 권리를 가질 수 있다. 왜냐하면 그가 발견했기 때문이다. 아니면 그가 과일을 갖는 것이 공정하다고 주장할 수 있다. 왜냐하면 그가 애써 과일나무를 발견했기 때문이다. 다른 입장에서 보면, 자연이 제공하는 산물에 대해서는 모든 사람이 동등한 권리를 가지고 있고, 그래서 과일을 평등하게 나누어야만 한다고 사람들이 주장할 수도 있다.

만약 내가 이러한 견해들 중의 하나를 취하고, **내가** 그것을 선호한다는 것 외에 그것을 주장할 다른 이유를 제시할 수 없다면—나는 자연물을 발견한 사람이 그것에 대한 권리를 가지는 그런 사회를 선호한다든가, 노력에 대해서는 보상이 있는 그러한 공정성을 갖는 사회를 선호한다든가, 아니면 모든 것이 평등하게 나누어지는 사회를 선호한다고만 이야기한다면—그때 나의 선호는 대립적인 타자들의 선호들과 견주어 비교되어야만 한다. 그렇지만 나는 아마도 이러한 견해가 단순히 나의 선호만은 아니라고 주장할 것이며, **실제로** 나는 내가 발견한 과일에 대한 권리를 가진다든지, **실제로** 모든 사람에게 자연의 산물을 평등하게 공유할 권리가 있다고 주장하기를 원할 것이다. 만약 그렇다면 그러한 주장은 어떤 종류의 윤리 이론에 의해서 옹호될 필요가 있다. 우리는 어디서 그러한 이론을 얻을 수 있을까? 어떤 실질적인 도덕 논변이 필요하다.

이와 같은 사실에서, 일단 우리가 윤리 이전의 단순한 의사결정에 윤리의 보편적인 측면을 적용하게 되면, 아주 빠르고 쉽게 우선 선호공리주의 입장에 도달하게 된다는 것을 알 수 있다. 선호공리주의 입장은 자기중심적인 의사 결정을 보편화함으로써 우리가 도달하는 첫 번째 지점이자, 최소한의 입장이다. 우리가 윤리적으로 생각하고자 한다면, 우리는 이러한 단계를 취하지 않을 수 없다. 선호공리주의를 넘어서기 위해서는 무엇인가를 더 해야만 한다. 비록 아주 많은 사람들이 공유하고 있는 것이라고 해도 우리의 직관들에만 의존할 수는 없다. 왜냐하면 이러한 것들은, 우리가 이미 보았듯이, 우리의 진화의 유산이며, 그래서 무엇을 옳은지를 안내할 믿을 수 있는 안내자가 아니기 때문이다.

[무엇인가를 더 하기 위해] 논변을 하는 한 가지 방법은 선호들의 만족이 우리의 궁극적인 목적이라는 주장을 계속하여 비판적으로 반성하고 검사하는 것이 될 것이다. 사람들은 복권에 당첨되기를 아주 강력하게 선호한다. 물론 연구에 따르면, 주요한 복권에 당첨된 사람들은, 일단 처음의 흥분이 가시고 나면, 이전보다 훨씬 행복한 것은 아니라고 한다. 그럼에도 불구하고 그들이 원하는 것, 즉 복권에 당첨되는 것은 좋은 것인가? 그러한 보고서를 볼 때, 선호공리주의자들은 사람들이 그들의 선호가 충족되었을 때 상황이 어떨 것인가에 대하여 잘못된 정보를 근거로 종종 선호들을 갖는다고 생각하는 것 같다. 고려되어야만 하는 선호들은, 우리에게 충분한 정보가 있고 평정심을 가지고 명확하게 사유할 때, 우리가 갖게 되는 선호라고 선호공리주의자들은 말할 것이다. 다른 한편으로, 쾌락주의적 공리주의자들은, 선호들의 만족이 우리에게 행복을 가져오지 않을 것임을 우리가 알게 된다면, 우리가 우리 선호들 중의 많은 것을 포기할 것이라고 이야기하며, 우리가 실제로 고려해야 할 것은 선호들의 만족이 아니라 행복이라고 말할 것이다. 여기에 대하여 선호공리주의자들은, 시인이고자 하는 사람은 덜 행복한 삶이라고 하더라도 그러한 삶을 살아 위대한 시를 쓸 수만 있다면 아마 그러한 삶을 선택할 것이라고 반박할지도 모른다. 이러한 이야기들은 어떤 공리주의가 더 견고한 형태의 공리주의인가를 정하기 위해 검토해야 할 그러한 종류의 논변들이다. 그렇다면 또 우리는 다양한 공리주의들에 반하며 아주 다른 윤리적 이론들을 펴드는 논변들도 고려해야만 한다. 그렇지만 이것은 이 책이 아닌 다른 책의 주제이다.

이 책은 선호공리주의가 많은 대립적인 문제들을 어떻게 일관성 있게 다룰 수 있는지를 보여 주고자 하는 시도로 볼 수 있다. 지금 막 언급한 어려움에도 불구하고, 선호공리주의는 최소한의 형이상학적 전제들을 요구하는 간단한 윤리이론이다. 우리 모두는 선호들이 어떤 것인지 알고 있다. 반면에 어떤 것이 원래 도덕적으로 그르다거나, 자연적 권리를 침해한다거나, 혹은 인간의 존엄성에 어긋난다는 주장은 덜 명확한 개념들에 호소하기 때문에 진위를 판단하기가 더욱 어렵다. 그러나 선호공리주의가 결국에는 윤리적 문제에 대한 최선의 접근방식이 아니라고 드러날지도 모르기 때문에, 나는 여러 곳에서, 쾌락주의적 공리주의, 권리, 정의, 절대적 도덕규범 등의 이론들이 논의되고 있는 문제들에 어떤 의미를 가지는지도 고려할 것이다. 이러한 방식으로, 독자들은 윤리에서의 이성과 논변의 가능성에 관하여, 그리고 윤리에 대한 공리주의적 접근과 비공리주의적 접근의 장점들에 대하여 자기 나름의 결론에 도달할 수 있을 것이다.

제2장
평등과 그 함축

제1절 평등의 근거

　제2차 세계대전이 끝난 이후 임신중절, 혼외정사, 동성연애, 포르노그래피, 안락사, 그리고 자살과 같은 문제들에 대한 도덕적 태도는 극적으로 변화되었다. 변화의 정도가 큰 만큼, 새로운 의견일치도 이루어지고 있지 않다. 이러한 문제들은 논쟁거리로 남아 있으며, 전통적 견해들의 훌륭한 옹호자들도 여전히 존재하고 있다.
　평등equality과 관련해서는 사정이 달라 보인다. 불평등, 특히 인종적 불평등에 대한 태도의 변화는 성에 대한 태도의 변화와 마찬가지로 갑작스럽고 극적이었다. 그러나 평등에 대한 태도의 변화는 더 완벽했다. 20세기 초에 대부분의 유럽인들이 가지고 있었던 인종주의적 편견은 이제 적어도 공적인 영역에서는 완전히 받아들일 수 없게 되었다. 오늘날 시인들은 1897년의 키플링Rudyard Kipling과는 달리 "법도 없는 비천한

족속"이라는 식의 표현으로는 자신의 명성을 드높이는 것은 고사하고 유지할 수조차 없다. 물론 이제 더 이상 인종차별주의자가 없다는 말은 아니다. 그렇지만 적어도 그들의 견해나 정책이 일반적으로 받아들여지도록 하려면 자신들의 인종차별주의를 위장해야만 하는 것이 오늘날의 상황이다. 모든 인류가 평등하다는 원칙은 이제 통용되고 있는 정치적 윤리적 정설의 한 부분이다. 그러나 그 원칙이 의미하는 것은 정확히 무엇인가? 그리고 왜 우리는 그것을 받아들여야만 하는가?

일단 우리가 공공연한 형태의 인종차별은 그르다는 의견일치를 넘어서게 되면, 다시 말해서 우리가 모든 인간은 평등하다는 원칙의 근거에 관해서 묻게 되면, 일치는 약해지기 시작한다. 우리가 평등의 원칙을 특별한 경우들에 적용하려고 하면, 그러한 일치는 더욱 약해진다. 이러한 사실을 보여 주는 한 예는 캘리포니아 대학교의 교육심리학 교수인 젠센Arthur Jensen과 런던 대학교의 심리학 교수인 아이센크 H. J. Eysenck가 1970년대에 제기했던 주장에 대한 논란이다. 그들은 여러 인종들 간의 지능의 차이가 유전적 요소에 기인한다고 주장했다. 이 문제는 1994년 헤른슈타인Richard Herrnstein과 머레이Charles Murray의 책 『종형 곡선』의 발간에 의해 되살아났다. 젠센, 아이센크, 헤른슈타인, 그리고 머레이에 아주 강력하게 반대하는 많은 사람들은 이러한 주장이, 만일 사실이라고 하더라도, 인종차별을 정당화할 것이라고 생각했다. 그들의 견해는 옳은가? 비슷한 질문이 2005년 서머스Lawrence Summers의 생각에 대해서도 제기되었다. 당시 그는 하버드 대학교의 총장이었는데, 남성과 여성의 생물학적 차이가 대학이 수학과 과학 영역에서 더 많은 여교수를 선발하는 데 어려움을 겪는 이유일 수 있다고 이야기하였다. 이후 서머스가 총장직을 사임하게 된 데는 뒤이은 [성차별주의자라는 비판과] 소동이 한 이유가 되었다고 대개 보고 있다. 그는 성차별주의자였던가?

평등에 대한 우리의 이해를 다시 생각하게 하는 다른 문제는, 불리한 처지에 있는 소수자들에게 고용이나 대학 입학에서 우선적인 대우를 해야만 하는가 여부이다. 어떤 철학자들이나 법률가들은 평등이 이러한 우선적인 대우 즉 차별시정조치affirmative action를 요구한다고 주장하는 반면, 다른 사람들은 평등은 인종, 민족, 혹은 성을 근거로 한 어떤 차별이라도, 불리한 집단의 구성원에게 그것이 유리하든 불리하든 간에, 배제하는 것이라고 주장한다.

이러한 질문들에 답하기 위해서는, 먼저 모든 인간은 평등하다고 주장할 때 우리가 정당하게 말할 수 있는 것이 무엇인지를 명백히 해야 한다. 그러므로 평등이라는 원칙의 윤리적 근거들에 대한 탐구가 먼저 필요하다.

인간은 인종이나 성별과 관련 없이 모두 평등하다고 말할 때, 우리가 주장하고 있는 것은 정확히 무엇인가? 인종차별주의자나 남녀차별주의자나 평등에 대한 그 밖의 반대자들은, 우리가 어떤 검사를 하든지 간에, 모든 인간이 평등하다는 것은 결코 사실이 아님을 자주 지적해 왔다. 어떤 사람은 키가 크고, 어떤 사람은 작다. 어떤 사람은 수학을 잘 하는데, 다른 사람은 덧셈도 거의 못한다. 어떤 사람은 100미터를 10초에 뛰는데, 다른 사람은 전혀 달리지 못한다. 어떤 사람은 의도적으로는 결코 다른 존재를 해치지 않지만, 다른 사람은 가지고 도망칠 수만 있다면 100달러 때문에 낯선 이를 죽인다. 어떤 사람은 극도의 황홀과 깊숙한 절망을 경험하는 감정적인 삶을 살지만, 다른 사람들은 보다 평탄한, 자기 주변의 일들에 의하여 비교적 영향을 받지 않는 삶을 살아간다…… 이러한 차별목록은 상당히 많다. 인간이 서로 다르다는 것은 명백한 사실이며, 너무나 많은 점에서 다르기 때문에, 평등의 원칙을 세울 사실적 근거를 찾는 일은 가망 없어 보인다.

롤스는 그의 영향력 있는 저서 『정의론』에서, 그가 '영역속성range property'이라고 부르는 것을 우리가 채택한다면, 평등을 인간의 자연적 특성에 기초하여 요구할 수 있다고 주장하였다. 우리가 종이 위에 원을 그린다고 생각해 보자. 그때 그 원 안의—이것이 '영역'인데—모든 점은 그 원 안의 존재라는 속성을 가지며, 그래서 그것들은 이러한 속성을 똑같이 가진다. 어떤 점들은 아마 중심에 더 가깝고 다른 점들은 주변에 더 가깝다. 그러나 그 모두는 똑같이 원 내부의 점이다. 비슷하게 롤스는 '도덕적 인격moral personality'이라는 속성은 사실상 모든 인간이 소유하고 있는 속성이며, 이러한 속성을 소유하고 있는 모든 인간은 이를 똑같이 소유하고 있다고 주장한다. '도덕적 인격'이라는 말로써 롤스는 '도덕적으로 훌륭한 인격'을 의미하고 있는 것이 아니다. 그는 '도덕적moral'이라는 말을 '도덕과 무관한amoral'이라는 말에 대비시켜 사용하고 있다. 롤스에 따르면 도덕적 인간은 정의감을 가져야만 한다. 좀 더 넓게 말하자면 도덕적 인간이 된다는 것은, 도덕적 호소가 가능한 인간, 그러한 호소에 관심을 기울이는 그런 종류의 인간이 된다는 것이다.

롤스는 도덕적 인격이 인간 평등의 근거라고 주장하는데, 이는 그가 사회계약의 전통에서부터 유래되는 정의의 문제에 집착함으로써 비롯된 견해이다. 이러한 전통은 윤리를 상호적으로 이익이 되는 합의의 일종으로 본다. "나를 때리지 마라 그러면 나도 너를 때리지 않겠다"와 같은 것이다. (이것은 너무나 거친 설명이기는 하지만, 일반적인 이해를 갖게 해준다.) 따라서 자신이 얻어맞고 있지 않음을 알고, 그에 따라 남을 때리지 않도록 자신을 통제할 수 있는 사람들만이 윤리의 영역 내에 있을 수 있다.

도덕적 인격을 평등의 근거로 사용하는 데는 문제가 있다. 한 가지 반론은 도덕적 인격을 갖는다는 것이 정도의 문제라는 것이다. 어떤 사람들은 정의와 윤리의 문제에 대하여 일반적으로 대단히 민감하지만, 다른 어떤 사람들은 다양한 이유로 인하여 그러한 원칙들에 대하여 제한된 인식만을 가진다. 도덕적 인간이 된다는 것이 평등의 원칙이 적용되는 영역 내에 들어오기 위한 최소한의 필요조건이 된다는 주장은, 이러한 최소한의 선이 어디에 그어져야만 하는가라는 문제를 여전히 남겨놓고 있다. 도덕적 인격이 그렇게 중요하다면, 각자의 정의감의 세련 정도에 상응해서 권리와 의무를 가지는 도덕적 위계를 갖지 말아야 할 이유 또한 직관적으로 명백하지가 않다.

보다 더 심각한 반론은 모든 인간이 도덕적 인간이라는 주장은 가장 최소한의 의미에서조차도 참이 아니라는 것이다. 유아나 어린 아이들은, 정신적으로 장애를 가지고 있는 사람들과 마찬가지로, 요청되고 있는 정의감을 결여하고 있다. 그렇다면 우리는 아주 어린 사람들이나 정신장애자들을 제외하고, 모든 사람들이 평등하다고 말할 것인가? 이것은 확실히 우리가 일상적으로 이해하고 있는 평등의 원칙과 어긋난다. 만약 이렇게 수정된 원칙이 우리가 매우 어리거나 지적으로 장애가 있는 사람들의 이익을, 만약 그들이 더 나이 먹었거나 더 지성적이었으면 그릇된 것이었을 그러한 방식으로 무시해도 좋다는 것을 의미한다면, 이러한 원칙을 받아들이도록 우리 자신을 설득하기 위해서는 더욱 강력한 논변이 있어야만 할 것이다. (롤스는 유아와 어린이를 평등의 원칙이 적용되는 영역 내에, 실제적인 도덕적 인간과 마찬가지로, **잠재적인** 도덕적 인간으로 포함시킴으로써 이 문제를 해결하고 있다. 그러나 이는 그것에 대한 독립적인 논변이 가능한 어떤 것이라기보다는, 우리의 일상적인 도덕적 직관에 그의 이론을 일치시키기 위해 만들어진 것이 명백한, 임시변통적인 고안품이다. 게다가 롤스는 치료할 수 없는 지적 장애를 가진 사람들이 [자신의 이론을 주장하는 데] '하나의 난점이 될지도 모른다'라고 인정했지만, 이러한 난점을 해결하기 위해 아무런 제안도 하지 않았다.)

그러므로 '도덕적 인격'의 소유라는 이러한 고안은 모든 인간이 평등하다는 원칙의 만족스러운 근거를 제공하지 못한다. 나는 어떤 자연적 특징도, 그것이 '영역속성'이든 아니든 간에, 이러한 근거를 제공할 수 없을 것이라고 생각한다. 왜냐하면 나는 모든 인간이 평등하게 소유하고 있는 도덕적으로 유의미한 어떤 속성이 없을 것이라고 생각하기 때문이다.

인종차별주의나 남녀차별주의를 금지하는 평등의 원칙에 사실적인 근거가 있다고 주장할 수 있는 다른 노선도 있다. 우리는 인간이 개별적으로 차이가 있다는 것은 인정하지만, 인종이나 남녀 간에 도덕적으로 유의미한 차이는 없다고 주장할 수 있다. 어떤 사람이 아프리카 혈통이라든가 유럽 혈통이라든가, 여성이라든가 남성이라는 것으로부터, 지성, 정의감, 감정의 깊이, 혹은 무엇이든지 간에, 우리가 그녀나 그를 평등하지 않고 열등하게 대우해도 좋을 이유를 찾아낼 수는 없다. 유럽계 사람들이 다른 인종의 사람들보다 이러한 능력들이 탁월하다는 인종차별주의자들의 주장은 이러한 의미에서 거짓이다. 이러한 능력들에서 개인적인 차이는 인종적인 혈통과 무관하다. 똑같은 것이, 여성을 남성보다 더 감정적이고 더 친절하지만 또한 덜 공격적이고 덜 모험적이라고 보는 남녀차별주의자의 고정관념에도 적용된다. 이러한 생각이 모든 여성에게 들어맞는 것이 아니라는 것은 명백하다. 어떤 여성은 어떤 남성보다 덜 감정적이고 덜 친절하며 더 공격적이고 더 모험적이다.

인간이 개인으로서는 차이가 있으나, 인종으로서 또는 남성이나 여성으로서 차이가 있지 않다는 사실은 중요하다. 젠센, 아이센크, 그리고 그 밖의 사람들이 내놓고 있는 주장들의 의미를 논의하게 될 때, 우리는 이러한 사실에 주목할 것이다. 그러나 이것으로는 아직 만족스러운 평등의 원칙을 제시할 수 없으며, 공공연한 인종차별주의자나 남녀차별주의자들과 달리 보다 세련된 차별주의자들에 대해서는 적절한 방어도 할 수 없다. 사람들에게 지능검사를 실시한 다음, 검사결과에 따라서 높은 점수를 받은 사람들과 낮은 점수를 받은 사람들을 범주별로 나눈다고 가정해 보자. 아마 125 이상의 점수를 받은 사람은 노예소유계급이 될 것이고, 100부터 125 사이의 점수를 받은 사람은 노예를 소유할 권리가 없는 자유민이 될 것이다. 반면에 100 이하의 점수를 받은 사람은, 125 이상의 점수를 받은 사람의 노예가 될 것이다. 이러한 종류의 위계적인 사회는 인종이나 성별에 기초한 사회와 마찬가지로 마음에 들지 않는다. 그러나 개인적인 차이가 인종이나 성별 경계와 일치하지 않는다는 사실적인 주장에 근거하여 우리가 평등의 원칙을 지지하게 되면, 우리는 위와 같은 종류의 위계적 사회를 반대할 근거를 가질 수가 없다. 왜냐하면 이러한 위계적 사회는 사람들 간의 실제적 차이에 근거할 것이기 때문이다.

우리의 평등에 대한 주장이 지성, 도덕적 인격, 합리성 혹은 그와 비슷한 사실적인 어떤 것에도 기초하지 않음을 명백히 함으로써만, 우리는 이러한 '지능의 위계'나 그와 비슷한 상상적인 틀들을 배격할 수 있다. 두 사람의 능력이 다르기 때문에 그들의 이익에 대한 고려의 정도도 마땅히 달라야 한다는 주장을, 받아들여야만 할 아무런 논리적으로 강제적인 이유가 없다. 평등은 하나의 기본적인 윤리적 원칙an basic ethical principle이지, 하나의 사실 주장an assertion of fact이 아니다. 우리는 이를 윤리적 판단의 보편적 측면에 대한 앞의 논의로 돌아가 봄으로써 확인할 수 있다.

우리는 앞 장에서, 그렇게 하지 않아야 할 정당한 윤리적 근거가 없다면, 윤리적 판단을 할 때, 우리는 개인적이고 파당적인 관점을 넘어서서, 영향을 받는 모든 사람들의 이익을 고려해야만 한다는 점을 확인했다. 이는 우리가 이익을 측정할 때, 이익을 단순히 이익 그 자체로 고려해야지, 나의 이익이나, 유럽계 사람들의 이익이나, IQ가 100 이상인 사람의 이익으로 따로 고려하지는 말아야 한다는 것을 의미한다. 이것이 우리에게 평등의 기본적인 원칙, 즉 이익들에 대한 평등한 고려를 요구하는 이익 평등고려의 원칙the principle of equal consideration of interests을 제시한다.

이 원칙의 본질은 우리가 도덕적 사고에서 우리의 행위에 의해서 영향을 받을 모든 사람들의 같은 이익들에 대하여 동등한 비중을 둔다는 것이다. 이 말은, 만일 어떤 있을 수 있는 행위에 의하여 X라는 사람과 Y라는 사람 둘만이 영향을 받고, 이때 X가 잃게 될 것이 Y가 얻게 될 것보다 더 많다면, 그 행위를 하지 않는 것이 좋다는 것을 의미한다. 만약 우리가 이익 평등고려의 원칙을 받아들인다면, 설혹 우리가 X보다는 Y에게 더 관심을 가지기 때문에 그 일을 하는 것이 우리에게 [개인적으로는] 좋다고 하더라도, 그 일을 하는 것이 [윤리적으로] 좋다고 인정할 수는 없다. 위와 같은 원칙이 궁극적으로 의미하는 것은, 이익은 그것이 누구의 이익이든지 간에 이익이라는 명제이다.

우리는 이러한 점을 어떤 특정한 이익, 말하자면 고통에서 벗어나는 이익을 고려해 봄으로써 더욱 구체화할 수 있을 것이다. 이익 평등고려의 원칙에서 보면, 고통을 덜어주어야 할 궁극적인 도덕적 이유는 단순히 고통 그 자체의 바람직하지 못함 때문이지, Y의 고통의 바람직하지 못함과 다를 수 있는 X의 고통의 바람직하지 못함 때문은 아니다. 물론 X의 고통이 Y의 고통보다 더 크기 때문에 X의 고통이 Y의 고통보다 더 바람직하지 못할 수도 있다. 그러할 때 이익 평등고려의 원칙은 X의 고통의 해소에 더 큰 비중을 둘 것이다. 그리고 비록 고통이 같을 경우라도 다른 요소들이 중요할 수도 있다. 특히 다른 사람들이 영향을 받을 경우가 그렇다. 만약 지진이 났다면 우리는 의사의 고통을 덜어주는 것에 우선순위를 부여할 수 있다. 왜냐하면 그 의사는 다른 피해자들을 돌볼 수 있기 때문이다. 그러나 의사의 고통 그 자체는 다른 사람들의 고통과 동등하게 간주되지, 더 중요하게 간주되지는 않는다. 이익 평등고려의 원칙은 양쪽으로 기울어지는 저울처럼 작동해서 이익들을 공평하게 측정한다. 제대로 된 저울은 이익이 보다 강한 쪽으로, 또 비슷한 이익들이라면 소수의 이익보다는 다수의 이익 쪽으로 기울어진다. 그러나 자신이 재고 있는 이익들이 누구의 이익인가는 염두에 두지 않는다.

이러한 관점에서 볼 때, 인종은 이익을 고려하는 데 아무런 상관이 없다. 왜냐하면 중요한 것은 오직 이익 자체이기 때문이다. 어떤 특정한 양의 고통에 대하여 그것이 어떤 특정한 인종이 겪는 고통이라고 해서 고려를 덜 한다면 이는 자의적인 차별이 될 것이다. 왜 인종만 골라 문제 삼는가? 윤년에 태어났는지는 왜 문제 삼지 않는가? 아니면 이름에 하나 이상의 모음이 있는가 여부는 왜 문제 삼지 않는가? 이 모든 특징들은 보편적인 관점에서 볼 때 고통의 바람직하지 못함과는 똑같이 상관이 없다. 그래서 이익 평등고려의 원칙은 바로 가장 공공연한 형태의 인종차별주의, 예컨대 나치의 정책이 왜 그릇된 것인지를 바로 보여 준다. 나치가 그릇된 것은 그들이 오직 '아리안'족 사람들에게 좋은 것에 기초하여 정책을 수립하였으며, 유대인들이나 집시들, 그리고 슬라브족들의 고통은 전혀 그들의 관심사항이 아니었기 때문이다.

이익 평등고려의 원칙은 완전히 형식적인 원칙으로서 실질적 내용이 결여되어 있으며, 어떤 불평등한 관행을 배제시키기에는 너무 미약하다는 비난을 때로 받는다. 그렇지만 우리는 이미 이러한 원칙이 인종차별주의와 남녀차별주의를, 적어도 아주 적나라한 형태에서는, 배제하고 있음을 보았다. 그러나 이 원칙을 지능검사에 의해 위계적으로 구성되는 가상적인 사회에 적용해 보면, 이 원칙은 보다 세련된 형태의 불평등주의를 배격할 근거를 제공할 수 있을 정도로 충분히 강하다는 것도 알 수 있다.

이익 평등고려의 원칙은, 이익을 가진다는 특성 외에, 능력이나 어떤 다른 특성에 근거해서 타자들의 이익을 고려하려고 하는 우리들의 의향을 금하고 있다. 사람들에게 어떤 것이 이익이 되는지를 알 때까지 이 원칙에 따라서 우리가 해야 될 일이 어떤 일인지 알 수 없다는 것은 사실이다. 그리고 사람들의 이익은 그들의 능력과 그 밖의 특징에 따라 아마도 바뀔 것이다. 수학적인 재능을 가진 어린이들의 이익을 고려해서 그들에게 고등수학을 가르칠지도 모른다. 하지만 다른 아이들에게 그렇게 한다면 그것은 전적으로 부적절하고 실질적으로 해를 가하는 일이 될 것이다. 그러나 그 사람이 어떤 사람이든 간에 그 개인의 이익을 고려한다는 기본적인 요소는 인종이나, 남녀나, 지능검사 점수와 상관없이 모든 사람에게 적용되어져야 한다. 지능검사에서 특정한 점수 이하의 점수를 받은 사람들을 노예화하는 것은, 인간 본성에 대한 믿을 수 없는 특수한 신념을 허용하지 않는 한, 평등한 고려와 양립할 수 없을 것이다. 지능은 인간이 가지는 많은 중요한 이익들, 예컨대 고통을 피하고, 먹고 자는 기본적인 욕구를 충족시키고, 아이들이 있을 때 그들을 사랑하고 돌보고, 다른 사람들과 우정과 애정을 즐거이 교환하고, 타인들로부터 불필요한 간섭을 받지 않고 자신의 [삶의] 계획을 자유로이 추구하는 그러한 이익들과, 상관이 없다. 노예제도는 노예들이 자신들이 원하는 대로 이러한 이익들을 충족시키는 것을 방해한다. 노예제도가 노예소유주에게 주는 이익은, 그것이 노예에게 끼치는 해악과 비교하면, 그 중요성에서 상대가 되지 않는다.

그래서 이익 평등고려의 원칙은 단순한 형태의 인종차별주의나 남녀차별주의와 마찬가지로, 지능에 근거한 노예제 사회를 부정하기에 충분하다. 그리고 이 원칙은 또 정신적이거나 신체적인 장애에 근거하는 차별을, 그러한 장애가 고려되고 있는 이익과 상관이 없는 한, 배제한다. (예를 들어, 선거에서 투표하는 이익을 고려할 때 심각한 정신적 장애는 상관이 있을 수 있다.) 그러므로 이익 평등고려의 원칙은 모든 인간이 평등하다는 원칙의 옹호할 수 있는 한 형태일지도 모르며, 의견이 분분한 평등에 관한 문제들을 논의할 때에 이용할 수 있다. 이러한 문제들을 다루기 전에, 이 원칙의 본성에 대하여 조금 더 이야기하는 것이 유용할 것이다.

이익들에 대한 평등한 고려는, 그것이 평등한 대우를 지칭하지 않는다는 의미에서, 평등의 최소한의 원칙이다. 이익의 비교적 직접적인 예, 즉 신체적 고통에서 해방되는 이익을 생각해 보자. 지진이 있은 다음 우리가 두 피해자를 만났는데, 한 사람은 다리가 부러져서 심한 통증에 괴로워하고 있고, 다른 한 사람은 넓적다리에 상처를 입어 조금 아파하고 있는데, 우리가 단 두 대의 모르핀 주사약을 가지고 있는 그러한 상황을 가정해 보자. 우리가 각각에게 모르핀 한 대씩을 놓아주는 것이 평등한 대우가 될 것이다. 그러나 모르핀 한 대로는 다리가 부러진 사람의 고통을 별로 덜어줄 수가 없을 것이다. 다리가 부러진 사람에게 먼저 주사를 놓는다 해도 그 사람은 여전히 다른 사람보다 더 큰 고통을 겪고 있을 것이다. 다리가 부러진 사람에게 이미 모르핀주사를 한 대 놓았지만, 가벼운 고통을 받고 있는 사람에게 주사를 한 대 놓는 것보다는, 다리가 부러진 사람에게 주사를 한 대 더 놓는 것이 좀 더 많은 고통을 더는 것이 될 것이다. 그러므로 이러한 상황에서 이익에 대한 평등한 고려는 어떤 사람에게는 불평등한 일이라고 생각될지도 모르는 결과, 즉 한 사람에게 모르핀을 두 대 주사하고 다른 사람에게는 한 대도 주사하지 않는 그러한 결과에 이르게 한다.

이익 평등고려의 원칙 속에는 이보다 훨씬 더 논의의 여지가 있는 불평등한 내용이 들어 있다. 위의 경우에서 비록 이익에 대한 평등한 고려가 불평등한 대우를 하도록 하였지만, 이러한 불평등한 대우는 보다 평등주의적인 결과를 산출한다. 더욱 심하게 다친 사람에게 두 배의 약을 줌으로써, 각각에게 하나씩을 주었을 경우보다도 두 피해자가 보다 비슷한 고통을 겪는 상황을 우리는 만들어내었다. 결국 한 사람에게 상당한 고통이 있고 다른 사람에게는 아무런 고통이 없는 그러한 상황 대신에, 두 사람이 약간씩의 고통을 가지는 그러한 상황에 이르게 되었다. 이것은 경제학자들에게는 유명한 원칙인 한계효용체감의 원칙the principle of declining marginal utility에 합치하는 것인데, 그 원칙에 따르면 일정한 양의 재화는 어떤 사람이 그것을 많이 가지고 있을 경우 보다 적게 가지고 있을 경우 효용이 보다 크다는 것이다. 만약 내가 하루에 200그램의 쌀을 가지고 겨우겨우 살아가고 있는데, 당신이 매일 50그램씩의 쌀을 지원해 준다면, 당신은 나의 형편을 상당히 개선시킬 것이다. 그러나 내가 이미 하루에 1,000그램씩의 쌀을 소비하고 있는데, 50그램의 쌀을 더 받는다면, 나는 추가된 그 쌀에 대하여 별로 관심을 가지지 않을 것이다. 같은 것이 돈에도 적용된다. 주급 100달러를 받는 사람에게 100달러는 상당히 큰돈이다. 그러나 억만장자에게 100달러는 거의 의미가 없다. 한계효용이 고려될 경우, 의욕을 꺾는 효과를 제쳐두면 이익 평등고려의 원칙은 우리로 하여금 소득의 평등한 분배를 지지하도록 하는 경향이 있으며, 여기까지는 평등주의자들도 이익 평등고려의 원칙이 끌어내는 결론을 지지한다. 그러나 한계효용체감의 원칙이 해당되지 않거나, 반대되는 요소에 의해서 한계효용체감의 원칙이 무효화되는 경우가 있는데, 이러한 경우에는 평등주의자와 이익 평등고려의 원칙은 충돌하게 될 것 같다.

  이를 예시하기 위해 지진피해자의 예를 변화시켜 보자. 두 피해자가 있는데, 한 사람이 다른 사람보다 심하게 다쳤다. 그런데, 이번에는 심하게 다친 사람 A는 한 쪽 다리를 잃었고, 남아 있는 다른 쪽 다리의 발가락을 잃을 위험에 처해 있는 반면, 덜 다친 다른 사람 B는 다리를 다치긴 했으나 치료될 수가 있는 상황이다. 그런데 우리는 단지 한 사람에게만 의료지원을 할 수 있다고 해보자. 만약 우리가 더 심하게 다친 A에게 의료지원을 한다면 잘해야 그의 발가락을 구할 것이나, 덜 심하게 다친 B에게 의료지원을 한다면 그의 다리를 구할 수 있을 것이다. 다시 말해서 우리가 가정한 상황은 다음과 같다. 만약 의사의 치료를 받지 못한다면 A는 한 다리와 한 발가락을 잃게 되어 있고, B는 한 다리를 잃게 되어 있다. 우리가 A를 치료한다면 A도 한 다리를 잃고 B도 한 다리를 잃을 것이나, B를 치료한다면 A는 한 다리와 한 발가락을 잃고 B는 아무것도 잃지 않을 것이다.

발가락 하나를 잃는 것은, 비록 그 발가락이 하나밖에 없는 발의 발가락이라 해도, 다리 하나를 잃는 것보다는 덜 중요하다고 가정한다면, 한계효용체감의 원칙은 이러한 상황에서 올바른 해답을 줄 수가 없다. 우리가 우리의 제한된 [의료] 자원을 더 심하게 다친 사람보다도 덜 심하게 다친 사람에게 사용한다면, 우리는 우리의 행동에 의해서 영향을 받는 사람들의, 공평하게 고려된, 이익을 더욱 많이 증진시킬 것이다. 그러므로 이익 평등고려의 원칙은 우리에게 위와 같이 행위를 하도록 결론짓는다. 그래서 이익들에 대한 평등한 고려는, 특별한 경우에는, 다른 복지수준에 있는 두 사람간의 갭을 줄이기보다는 넓힐 수도 있다. 이러한 이유로 이 원칙은 전적으로 평등주의적인 원칙이라기보다는 평등의 최소한의 원칙이다. 보다 더 철저한 형태의 평등주의는, 일반적으로 말할 경우나, 바로 위에서 서술된 것과 같은 특별한 상황에 적용하는 경우나, 똑같이 정당화하기가 어려울 것이다.

이익 평등고려의 원칙은 최소한의 것이긴 하지만 어떤 경우들에서는 지나치게 많은 것을 요구하는 것으로 보일 수도 있다. 우리들 중의 누가 내 가족의 복지와 낯선 사람의 복지를 평등하게 고려할 수 있겠는가? 이러한 질문은 세계의 빈곤한 지역에서 살고 있는 어려운 사람들을 도와야 하는 우리의 책무에 관해서 논하는 제8장에서 다룰 것이다. 그곳에서 나는, 이익 평등고려의 원칙이 윤리적으로 사는 것이 어떤 것인지에 대한 일반적인 견해들과 충돌할지도 모르지만, 우리가 거부해야만 하는 것은 이런 일반적인 견해들이지, 이익 평등고려의 원칙은 아니라는 점을 보여 줄 것이다. 그 전에 여기서는 이 원칙이, 평등해야 한다는 요구에 의해서 제기되는 의견이 분분한 문제들을 논의하는데, 어떻게 도움이 되는지를 설명하고자 한다.

제2절 평등과 유전적 다양성

1969년에 젠센은 『하버드 교육평론』이라는 잡지에 "우리는 IQ와 학문적 성취를 얼마나 높일 수 있는가?"라는 제목의 긴 논문을 발표하였다. 이 논문의 한 절에서 그는 논의의 여지가 없는 사실, 즉 평균적으로 아프리카계 미국인이 대부분의 다른 미국인들에 비해 표준 IQ 검사에서 낮은 점수를 받는다는 사실의 있을 수 있는 원인에 대하여 논의하였다. 젠센은 이 절의 결론을 다음과 같이 요약하고 있다.

> 우리는 여러 갈래의 다양한 증거들을 가지고 있으나, 그중 어느 한 갈래의 증거도 그것만으로는 결정적이지 못하다. 그것들을 한꺼번에 고려해 보면, 유럽계 미국인과 아프리카계 미국인 간의 평균적인 지능 차이에는, 유전적인 요소가 강력하게 작용하고 있다는 가정이 불합리한 것이 아님을 알게 된다. 내 의견으로는 엄격한 환경적 가설보다는 유전적 가설과 일치하는 증거들이 우세하다. 물론 유전적 가설들이 환경의 영향이나 유전적 요소와 환경

적 요소의 상호작용을 배제하는 것은 아니다.

위와 같이 엄격한 제한조건들이 붙은 진술이 하나의 복잡한 과학적 주제에 대한 세밀한 논의 중에 제시되었으며, 전문적인 학술잡지에 게재되었다. 심리학이나 유전학에 관계하는 과학자들 외에 아무도 이를 보지 못했다면 이는 별로 놀랄 일도 아니었을 것이다. 그러나 그렇지 못하고 대중적인 신문들이 이를 인종차별주의를 과학적인 근거에서 옹호하려는 시도라고 널리 보도하였다. 젠센은 인종차별주의적인 선전을 퍼뜨린다는 죄목으로 비방을 받았고, 히틀러에 비유되어졌다. 그는 비방자들의 소요 때문에 강의를 하지 못했다. 학생들은 그를 대학에서 쫓아낼 것을 요구했다. 젠센의 이론을 지지한 영국의 심리학교수 아이센크도 영국이나 오스트레일리아에서, 그리고 미국에서도 비슷한 대우를 받았다. 아이센크가 유럽계 미국인들이 미국인들 중에서 최고의 점수를 받았다는 시사를 하지 않았다는 것이 흥미롭다. 그 대신 그는 일본계나 중국계 미국인들이 추상적인 추리능력에 대한 검사에서 (사회경제적으로 덜 좋은 배경을 가지고 있음에도 불구하고) 유럽계 미국인들보다 더 좋은 점수를 받았음을 지적하였다.

이른바 인종 간의 지능 차이에 대한 유전적 설명에 가해진 이러한 반대는, 사회적으로 민감한 다른 영역에 대한 유전적 설명에 가해진 보다 일반적인 반대의 한 사례에 불과하다. 예를 들어, 남성이 정치나 사업에서 주도적인 역할을 하는 남성우세male dominance에는 생물학적인 요인이 있다는 생각에 대하여 1970년대의 여권주의자feminist들이 보였던 적의도 이와 거의 같은 것이다. (오늘날 여권주의자들은 남녀 간의 생물학적인 차이가, 예를 들어, 남성들의 보다 큰 공격성이나 여성들의 보다 큰 친절성에 영향을 미치고 있다는 생각을 훨씬 기꺼이 받아들인다.) 인간의 행위에 대한 진화론적 연구에 가해지는 강한 반발 또한 이러한 유전적 설명에 대한 반대와 확실히 관련되어 있다. 진화론적 연구에 대한 걱정은, 만약 인간의 사회적 행위가 수백만 년에 걸쳐 진화되어 왔고 다른 사회적인 포유동물의 행위와 연결된 것이라면, 우리는 우리 사회의 계급조직, 남성우세, 불평등 등을 우리의 진화된 본성의 일부로, 그리하여 변경 불가능한 것으로 생각하게 될 것이라는 것이다. 그럼에도 불구하고 인간행위에 대한 진화론적 설명은 이제 1970년대보다 훨씬 광범위하게 받아들여지고 있다. 인간 유전 정보의 본성과 기능을 더 잘 이해하기 위해 착수된 커다란 과학적 사업의 한 부분인 인간 유전자지도 작성mapping of the human genome도, 그러한 지도가 인간간의 유전적 차이를 드러내 보여 주게 되며, 그러한 차이에 대한 정보가 나쁘게 사용될 수 있다는 이유로, 관심거리가 되었다.

    내가 인간행위 일반이나 특정한 인종적 차이점들 그리고 남녀의 차이점들에 대한 생물학적 설명의 과학적인 장점들을 논하는 것은 적합하지 않을 것이다. 내가 관심을 가지는 것은 오히려 이러한 이론들이 평등이라는 이념에 대하여 어떤 의미를 가지고 있는가이다. 따라서 우리에게 필요한 것은 그 이론이 옳은가 그른가를 확정하는 것이 아니다. 우리가 물어야 할 질문은, 한 민족 집단이 다른 민족 집단보다 평균적으로 높은 IQ 점수를 받으며, 이러한 차이의 일부분이 유전적 근거를 가졌다고 가정하더라도, 이것이 인종차별주의가 옹호 가능하고, 평등의 원칙을 거부해야만 하는 이유가 되는가 하는 것이다. 비슷한 질문이 남녀 간의 생물학적 차이에 대한 이론들이 가져오는 결과에 대해서도 제기될 수 있다. 어떤 경우든지 간에 이러한 질문은 그러한 이론들이 정당하다는 것을 가정하고 있는 것은 아니다. [그러한 이론들이 정당하지 않으리라는] 그러한 일들에 대한 우리의 의심으로 인해서 우리가 [그러한 이론이 정당하더라도 그것이 차별주의의 정당화 근거가 될 수 있는지를 묻는] 그러한 물음을 묻지 않았는데, 그때 예기치 않던 증거가 나타나 그러한 이론들을 지지하게 되었다고 가정해 보자. 아무런 준비도 없고 당황한 대중들은 그러한 이론들이 평등이라는 원칙에 대해서 실제로 갖지도 않는 함축을 갖는 것으로 간주할 수도 있다. [이는 아주 불행한 일이 될 것이다.]

 나는 다른 두 민족 집단 간에 평균적인 지능 차이가 있고 적어도 이러한 차이의 일부는 유전적인 요소에 기인한다는 견해가 함축하는 바를 먼저 살펴보고자 한다. 그 다음에 이른바 남성과 여성 간의 기질과 능력의 차이에서 비롯되는 결과에 대하여 살펴보겠다.

1. 인종 간의 차이와 인종 간의 평등

 인류의 다양한 민족 집단들 간에 지능의 차이가 있다는 가설을 지지하는 증거가 축적되었다고 가정해 보자. 물론 이러한 가정은 이러한 가정으로부터 도출되는 결론을 알아보고자 하는 오직 그 의도에서 만들어진 것이다. (이러한 가정이 유럽계가 최고라는 것을 의미한다고 생각할 필요는 없다. 우리가 이미 보았듯이, 그 반대의 증거들도 있다.) 이러한 가정이 인간이 인종에 상관없이 평등하다는 우리의 견해에 대해서 갖는 의미는 무엇인가?

 우선 주의해야 할 용어가 하나 있다. 민족 집단 간의 지능 차이에 관하여 사람들이 말할 때, 그들은 일반적으로 표준 IQ 검사에서의 점수

차이를 말하고 있다. 그런데 'IQ'는 지능지수를 뜻하는 'Intelligence Quotient'의 약자인데, IQ 검사는 일상적인 맥락에서 우리가 '지능'이라는 말로써 의미하는 바를 실제로 측정하고 있는 것은 아니다. 분명히 이 양자 간에 약간의 상관관계는 있다. 만약 선생들이 볼 때 높은 지능을 가진 학생이 정상적 지능 아래의 학생들보다 낮은 IQ 검사 점수를 받는다면, 그 IQ 검사는 수정되어야 할 것이다. 실제로 과거에 그러한 수정이 있었다. 그렇다고 해도 IQ와 지능이 얼마나 가까운 관계에 있는지 우리는 알 수 없다. 왜냐하면 지능이라는 우리의 일상적인 개념이 애매하여 확실히 구별해서 규정할 수 있는 방법이 없기 때문이다. 어떤 심리학자들은 이러한 어려움을 '지능'이라는 것을 "지능검사가 측정하는 것"이라고 간단히 정의함으로써 극복하려고 한다. 그러나 이러한 일은 단지 '지능'에 대한 새로운 개념을 도입하는 것일 뿐이며, 이러한 개념의 지능은 우리가 말하는 일상적인 개념의 지능보다 측정하기는 쉽지만, 그 의미는 완전히 다를지도 모른다. '지능'이라는 말이 일상적으로 사용되는 말이기 때문에, 똑같은 말을 다른 의미로 사용하는 것은 필연적으로 혼동을 일으키게 된다. 그러므로 우리가 논의하고 있는 것은 지능에서의 차이가 아니라, IQ에서의 차이이다. 왜냐하면 이용 가능한 증거를 가지고 우리가 정당하게 말할 수 있는 것은 바로 이것뿐이기 때문이다.

지능과 IQ 검사 점수와의 차이 때문에 IQ가 중요하지 않다고, 즉 지능과 IQ는 대립되는 것이라고 생각하는 사람들도 있다. 하지만 이는 IQ가 지능 그 자체라고 보는 견해와 반대되기는 하지만, 마찬가지로 잘못된 극단적 견해이다. 우리 사회에서 IQ는 중요하다. 사람의 IQ는 그 사람의 직업적인 지위, 소득, 그리고 사회적 신분의 전망을 결정하는 한 요소가 된다. 만약 인종간의 IQ 차이에 유전적 요소가 있다면 직업적인 지위, 소득, 그리고 사회적 신분에서의 인종 간의 차이에 유전적인 요소가 있게 된다. 그래서 평등에 관심을 갖는 한, 우리는 IQ를 무시할 수 없다.

인종적 기원이 다른 사람들에게 IQ 검사가 실시되었을 때, 그들이 받는 평균점에는 차이가 나는 경향이 있다. 그러한 차이가 있다는 사실에 대해서는 젠센과 아이센크가, 그리고 『종형곡선』의 저자들이 제시한 견해에 아주 열렬히 반대하는 사람들도 별다른 이의를 제기하지 않는다. 열렬히 토론되는 것은 그러한 차이가 주로 형질유전heredity에 의한 것이냐, 아니면 환경environment에 의한 것이냐 — 다시 말해서 이러한 차이가 다양한 인간 집단들 간의 천부적인 차이를 반영하느냐, 아니면 이들이 처해 있는 다양한 사회적 교육적 환경에 기인하는 것이냐 — 여부이다. 거의 모든 사람들이 집단들 간의 IQ 차이에 환경적 요소가 한 역할을 한다는 것을 인정하고 있다. 논쟁은 환경적 요소들이 모든 차이 혹은 사실상 모든 차이를 설명하느냐 여부이다.

유전적 가설이 옳은 것으로 판명되었다고 가정해 보자. (이러한 가정을 하는 것은, 앞에서도 말했지만, 그것이 사실이라고 우리가 믿기 때문이 아니라 그것의 의미를 알아보기 위해서이다.) 유전에 기인하는 다양한 민족들 간의 IQ 차이가 의미하는 것은 무엇인가? 나는 이러한 가정의 의미가 흔히 생각되고 있는 것만큼 대단한 것이 못되며, 인종차별주의자들을 안심시킬 근거가 되지 못한다고 생각한다. 이렇게 생각하는 데는 세 가지 이유가 있다.

첫 번째로, 유전적 가설은 사람들 간에 불평등을 일으키는 다른 원인들을, 예를 들어, 형편이 나쁜 사람들이 이용하는 주택이나 학교의 질을 개선하고자 하는 노력을 감소시켜야 할 이유가 되지 못한다. 유전적 가설이 옳다면 그러한 노력이 이루어진다 할지라도, 다른 인종집단이 동일한 IQ를 갖게 되지는 않을 것이다. 그러나 이러한 것이 어떤 사람이 환경 때문에 자신의 가능성을 충분히 발휘하지 못하는 그러한 상황을 받아들여야만 할 이유는 아니다. 아마도 우리는 불리한 입장에서 출발하는 사람들을 돕기 위해 특별한 노력을 기울여야 할 것이며, 이리하여 우리는 보다 평등주의적인 결과에 이를 수 있을 것이다.

두 번째로, 한 인종집단의 평균 IQ가 다른 인종집단의 평균 IQ보다 몇 점이 높다고 해도, 그것이 높은 IQ 집단의 모든 구성원이 낮은 IQ 집단의 모든 구성원보다 높은 IQ를 가진다거나—이것은 어떤 인종집단에 대해서도 명백히 거짓이다—혹은 높은 IQ 집단에서 무작위로 선택된 개인이 낮은 IQ 집단에서 무작위로 선택된 개인보다 높은 IQ를 가진다는 것을—이는 종종 거짓이다—의미하지는 않는다. 한 마디로 말해 이러한 특징들은 평균에 불과하며 개인에 적용될 수 없다. 두 집단 간의 IQ 점수에는 겹치는 부분이 상당히 있을 것이며, 그래서 평균적인 IQ의 차이의 원인이 무엇이든지 간에, 교육이나 다른 영역에서 인종을 분리하는 것은 정당화될 수 없다. 다양한 인종집단의 구성원들이, 인종과 무관하게, 개인으로서 다루어져야 한다는 것은 여전히 참이다.

유전적 가설이 인종차별주의를 정당화할 아무런 근거도 제시하지 못한다는 세 번째 이유는 세 가지 이유 중에서 가장 기본적인 것이다. 세 번째 이유는, 앞에서 우리가 이미 보았듯이, 평등의 원칙이 모든 인간이 공유하고 있는 어떤 비도덕적인 특성에 근거하고 있지 않다는 바로 그것이다. 나는 평등의 원칙을 옹호할 수 있는 유일한 근거가 이익 평등고려의 원칙이라고 주장해 왔다. 그리고 또 나는 가장 중요한 인간의 이익들, 즉 고통을 피하고, 먹고 자는 데 대한 기본적 욕구를 충족시키고, 다른 사람들과 따뜻한 인간관계를 누리고, 방해받지 않고 자유로이 자신의 계획을 추구하는 등과 같은 이익들이 지능의 차이에 의해서 영향을 받지 않는다는 것도 주장해 왔다. 미국 독립선언문의 서두에 실린 평등에 관한 강력한 주장을 기초한 제퍼슨Thomas Jefferson은 이러한 사실을 알고 있었다. 아프리카계가 지능을 결여하고 있다는 그 당시의 일반적 견해를 반박하기 위해 애써 온 한 작가에게 답하는 글에서, 그는 이렇게 말하고 있다.

> 그들[아프리카계 사람들]이 천부적으로 가지고 있는 이해력의 수준에 대하여 나 자신이 가져 왔고 표현해 온 그러한 의심에 대한 완벽한 반대증거를 보기를, 또 그리하여 그들이 우리와 동등하다는 것을 알 수 있기를, 나는 이 세상 누구보다도 열렬히 바라고 있다고 확실히 말씀드릴 수 있습니다……그러나 그들의 재능이 어떻든 간에, 그것이 그들의 권리의 척도가 될 수는 없습니다. 뉴턴Isaac Newton 경의 이해력이 다른 사람들보다 뛰어나다 해도, 그렇다고 해서 그가 다른 사람의 재산이나 인격의 주인이 될 수는 없습니다.

제퍼슨은 옳았다. 평등한 지위는 지능에 달려 있는 것이 아니다. 그 반대의 것을 주장하는 인종차별주의자들은 그들이 다음에 만나게 될 천재에게 강제적으로 무릎을 꿇는 위험에 처하게 될 것이다.

이러한 세 이유만 보더라도, IQ 검사에서 유전적인 이유로 한 인종집단이 다른 인종집단보다 좋은 점수를 못 받는다는 사실이 모든 인간은 평등하다는 도덕적 원칙을 부정할 수 있는 근거가 될 수 없다는 것이 입증된다. 그러나 세 번째 이유에 대해서는 좀 더 이야기할 것이 있는데, 이는 남녀 간의 차이에 대하여 논의한 다음에 더욱 자세히 다루겠다.

2. 남녀 간의 차이와 남녀 간의 평등

여성과 남성의 심리학적 차이에 대한 논쟁은 IQ 일반에 관한 것이 아니라, IQ 검사의 다양한 질문들을 통해 측정되는 다양한 능력들에 관한 것이다. 여성이 남성보다 큰 언어적 능력verbal ability을 가진다는 증거들이 있다. 이것은 여성들이 복잡한 글들을 보다 잘 이해하고 단어들을 보다 창의적으로 사용한다는 의미이다. 반면에 남성은 '시공간' 능력visual-spatial ability이라고 알려져 있는 것을 포함하는 검사에서 더 높은 점수를 받는다. 지도를 읽고 그것을 이용하여 항행하는 일에는 시공간 능력이 포함된다. 하지만 남녀 간의 차이는 심적 회전검사mental rotation test에서 가장 명백히 나타난다. 이는 두 개의 삼차원 형상을 제시하고 이 둘이 같은지 다른지를 묻는 것인데, 사실 이 두 형상은 각각 회전된 것이거나 거울 영상이다.

다른 사람들의 정서적 상태를 알아채거나 정서적 상태로부터 그들의 행위를 예언하기를 요구하는 검사에서 소녀들은 소년들보다 높은 점수를 받는다. 소년들이 소녀들보다 수학을 더 잘한다고 사람들이 믿지만, 평균점수를 보면 거의 차이가 없거나 때로 소녀들이 더 낫다. 소년들의 점수는 척도의 양 끝으로 보다 넓게 퍼져 있지만, 소녀들의 점수는 중간을 중심으로 무리지어 있다. 이는 소년들이 수학과목에서 최고점이나 최하점을 받기가 쉽다는 것을 의미한다.

지적인 능력에서 나타나는 이러한 비교적 작은 차이의 의미에 대해서는 조금 후에 논의할 것이다. 남녀 간의 차이가 확실한 나타나는 다른 주요한 지적이지 않은 특성이 있는데, 그것은 바로 공격성aggression이다. 몇 개의 다른 문화권에 살고 있는 어린이들에 대한 연구는, 오랫동안 부모들이 생각해 온 대로, 남자 아이들은 여자 아이들보다 더 거칠게 놀고 서로 공격하며, 공격을 받았을 때 반격하는 경향이 더 강하다는 사실을 확증하고 있다. 남성들은 여성들보다 쉽게 남을 해친다. 이러한 경향은 거의 모든 폭력범들이 남성이라는 사실에서 반영되고 있다. 공격성은 경쟁심과 관련되어 있으며, 또 자신이 어떤 피라미드형 집단에 속해 있든지 간에 그 정상에 올라 남을 지배하고자 하는 충동과 관련되어 있다고 시사되어 왔다. 이에 반해 여성들은 남을 돌보는 역할을 보다 쉽게 선택한다.

이러한 것들이 남성과 여성에 대한 많은 연구에서 반복적으로 관찰되어 온 주요한 심리학적 차이들이다. 이러한 차이들은 물론 평균값을 취할 때에 나타난다. 남녀 간에도 상당히 포개지는 부분이 있다. 이러한 차이의 기원은 무엇인가? 여기에 대해서도 또다시 환경적 설명과 생물학적 설명이 대립된다. 비록 이러한 기원의 문제가 어떤 특별한 맥락에서는 중요한 것이긴 하지만, 환경결정설을 받아들이는 것이 여성해방론의 논거가 된다고 생각한 1970년대의 여권주의자들에 의해서 너무 강조되었다고 생각한다. 인종차별에서 타당했던 것이 여기에도 또한 타당하다. 알려진 심리학적 차이의 원인이 무엇이든지 간에 차별은 부당한 것임을 보여 줄 수 있다. 그러나 우선 대립되는 견해들을 간단히 살펴보자.

어린아이를 곁에서 본 사람이라면 누구나, 어린 아이들이 갖가지 방식으로 남자와 여자가 다른 역할을 한다는 것을 배우고 있음을 알 것이다. 1970년대의 여권주의 운동 이후 40년이 지났지만, 남자 아이들은 여전히 생일선물로 트럭이나 총을 얻게 되나, 여자 아이들은 인형이나 솔과 빗을 얻게 된다. 여자 아이들은 드레스를 입고서 예쁘다는 칭찬을 듣게 되지만, 남자 아이들은 청바지를 입고서 씩씩하다는 칭찬을 받게 된다. 1970년대 이전에 어린이용 책은 보통 거의 변화 없이 아빠는 일하러 나가지만, 엄마는 집안을 청소하고 요리를 하는 것으로 묘사하고 있다. 많은 나라에서 이런 유형의 글들에 대한 여권주의자들의 비판이, 그리고 더 많은 여성들이 노동을 하고 있다는 사실이, 어린이들에게 전달되는 영상을 변경시키기는 했지만, 아직도 약간은 그렇다.

사회적 조건화social conditioning는 틀림없이 존재한다. 그러나 사회화가 남녀 간에 차이가 있다는 사실을 잘 설명하는가? 기껏해야 그것은 불완전한 설명일 뿐이다. 우리는 여전히 **왜** 우리 사회가—사실은 우리 사회뿐만 아니라 거의 모든 인류 사회가—아이들을 이러한 방식으로 길러내는지에 대하여 알 필요가 있다. 한 가지 인기 있는 대답은 다음과 같다. 인류가 살았던 초기의 보다 단순한 사회에서 남녀는 각각 다른 역할을 가졌었는데, 여자는 아기가 젖을 뗄 때까지 아기에게 오랜 기간 동안 젖을 먹여야만 했기 때문에 그러할 수밖에 없었다는 것이다. 이런 까닭에 여자는 집에 가까이 머물러야 했던 반면, 남자는 사냥하러 밖으로 나갔다. 이러한 결과로 여자는 보다 사교적이고 감정적인 성격을 발달시킨 반면, 남자는 보다 거칠고 공격적이게 되었다. 이같이 단순한 사회에서는 육체적 힘과 공격성이 권력의 궁극적 형태이었기 때문에 남성이 지배적이게 되었다. 오늘날 존재하는 남녀의 역할은, 이러한 견해에 따르면, 이러한 단순한 환경으로부터의 유산이다.

그러나 이러한 유산은, 아무리 힘이 약한 사람이라도 50톤짜리 물체를 들어 올리는 크레인을 조종할 수 있고 수백만의 사람들을 살상할 미사일을 발사시킬 수 있는 기술시대에서는, 더 이상 타당하지 못하다. 그리고 여성들은 과거에 그러했듯이 가정과 어린 아이들에게 묶여 있을 필요가 없다. 왜냐하면 여성은 이제 어머니로서의 역할과 직업인으로서의 역할을 함께 해 나갈 수 있기 때문이다.

이와 다른 견해는, 사회적 조건화가 남녀 간의 심리학적 차이를 결정하는 데 영향을 주기도 하지만, 생물학적 요소 또한 작용하고 있다는 것이다. 이는 태어난 지 단 하루밖에 안 된 영아들에게 사람들의 얼굴이나 기계적인 모빌을 보여 주었을 때 보이는 반응에 대한 연구에 의해서도 드러난다. 여자 아이들은 얼굴을 보는 데 더 많은 시간을 보냈고, 남자 아이들은 모빌을 보는 데 그러했다. 게다가 어린 여자가 인형을 가지고 노는 것을 선호하고 어린 남자가 장난감 트럭을 가지고 노는 것을 선호하는 것은 버빗 긴꼬리원숭이vervet monkey에서도 같은 것으로 드러났다. 부모들이 자기 아이들이 가장 바라고 가장 가지고 놀 것 같은 장난감들은 준 것은 놀라운 일이 아니다.

공격성에서 남녀 간의 차이가 생물학적 근거를 가지다는 증거는 맥코비Eleanor Emmons Maccoby와 재클린Carol Nagy Jacklin이 『남녀 차이의 심리학』에서 요약하였다.

(1) 남녀 차이를 연구한 모든 인간사회에서 남성은 여성보다 더 공격적이었다.
(2) 이러한 차이는 인간에서뿐만 아니라 짧은꼬리원숭이ape와 다른 가까운 종에서도 비슷하게 나타났다.

(3) 이러한 차이는 매우 어린 아이들, 이러한 방향으로의 사회적 조건화가 실시되었다는 증거가 없는 어린 아이들에게서도 발견된다. (맥코비와 재클린은 공격성을 보였을 때 남자 아이들이 여자 아이들보다 더 심하게 처벌받는다는 증거들도 실제로 발견했다.)
(4) 공격성은 성호르몬에 따라 다르게 나타났는데, 여성도 남성호르몬을 섭취했을 경우에는 보다 공격적으로 된다.

시공간 능력에서의 차이가 생물학적인 원인을 가진다는 증거는 좀 더 복잡하다. 이러한 증거는 주로 유전학적 연구에 의해 제시되고 있는데, 그 내용은 이러한 능력이 성과 관련된 열성 유전인자에 의해서 영향을 받는다는 것이다. 이런 까닭에 대략 남성의 50%가 시공간 능력을 요구하는 상황에서 유전적 우세를 보이는 데 반해, 단지 여성의 25%만이 이러한 우세를 보일 뿐이라고 판단되고 있다. 반면에 환경적 요인들은 이러한 영역에서의 남성의 우세를 상당히 줄일 수 있다.

여성이 언어능력에서 뛰어나다든가 (앞에서 지적하였듯이 남성의 수학 능력은 넓게 분포되어 있기 때문에) 높은 수학점수를 받는 남성이 수학능력에서 뛰어나다는 데 대해서는, 생물학적 원인이 있다는 증거나 없다는 증거가 현재로서는 양쪽 모두 미약해서, 어느 한쪽으로 결정을 내릴 수 없다.

앞에서 인종과 IQ를 다룰 때 사용했던 전략을 채택하여, 더 이상 남성과 여성의 차이에 대한 생물학적 설명의 가능여부를 따지지 않기로 하겠다. 그 대신에 나는 생물학적 가설이 어떤 의미를 가지는가를 알아보려고 한다.

남녀 간의 지적인 강약의 차이는 우리 사회에서 남성과 여성이 차지하고 있는 지위상의 차이의 조그만 부분도 설명해낼 수 없다. 예를 들어, 우수한 시공간 능력이 건축이나 공학과 같은 직업, 즉 시공간 능력을 요구하는 것처럼 보이는 직업에 종사하는 남성이 여성보다 왜 많아야 하는가를, 즉 남성우세를 설명할 수 있다면, 여성이 남성과 같거나 더 나은 점수를 받는 능력이 관련되는 직업에서 남성과 여성이 평등하지 않은 까닭은 무엇인가? 고도의 언어능력을 요구하는 직업들이 그러한 예가 된다. 여성 공학자보다는 여성 저널리스트가 많고, 소설가로서 불멸의 명성을 얻은 여성이 많다. 하지만 여성 저널리스트와 텔레비전 평론가들보다는 남성 저널리스트와 텔레비전 평론가가 계속 더 많다. 그러므로 우리가 이러한 능력들이 남녀에게 그러한 방식으로 주어진다는 생물학적인 설명을 수용한다 하더라도, 가지고 있는 능력을 최대로 발휘하여 그들의 영역에서 최고가 될 기회를 여자들이 남자들과 동등하게 가지지 못하고 있다고 여전히 주장할 수 있다.

반면에, 수학능력의 양 극단에 더 많은 남자들이 있고, 평균수준 주변에 여자들이 모여 있는 경향이 있다는 사실은, 수학적 능력이 중심역할을 하는 과학과 공학 영역의 하버드 대학교 교수직에 적합한 여성 후보자가 상대적으로 많지 않다는 서머스의 운 나쁜 이야기를 지지한다. 예외적인 능력을 가진 사람들만이 교수가 되고, 그러한 선택된 집단 내에서도 아주 뛰어난 사람들만이 하버드 대학교와 같은 엘리트 기관의 교수가 될 가능성이 있다. 수학적 재능의 최상위 지역에 남자들이 많이 나타날 것이라고 예측하는 것은 어렵지 않다.

공격성에서의 차이는 어떨까? 남성들의 공격성이 보다 크다는 생물학적 증거가 있다는 주장에 대하여, 아마도 여권주의자들이 먼저 여성의 윤리적 우월성을 보여 주는 방식으로 이를 채택할 것이다. 왜냐하면 이는 타인을 해치려는 마음이 적은 것이 여성의 본성이라는 의미가 되기 때문이다. 그러나 대부분의 폭력범죄자들이 남성이라는 사실은 남성이 보다 공격적이라는 사실의 단지 한 측면일 뿐일지도 모른다. 남성이 권력을 장악하기 위해 보다 많은 경쟁, 야심, 충동을 가진다는 것이 그것의 다른 측면이 될 수 있을 것이다. 이것은 여권주의자들은 좋아하지 않을 다른 의미를 가진다. 몇 년 전에 미국의 사회학자 골드버그Steven Goldberg는 『가부장제의 불가피성』이라는 충격적인 이름의 책을 저술했는데, 이는 남성이 보다 공격적이라는 생물학적인 원인 때문에 여성이 남성만큼 많은 정치적 권력을 가지는 사회가 나타나는 것이 불가능할 것이라는 명제를 다루고 있다. 이러한 주장으로부터 다음과 같은 견해로 쉽게 옮겨갈 수 있다. 즉 여성은 사회 내에서의 자신의 열등한 입장을 받아들여야만 하며, 남성들과 경쟁하려 하거나 딸들을 정치적 권력이라는 측면에서 남성들과 경쟁하도록 키우려고 하지는 말아야 되고, 대신에 가정과 어린이를 돌보는 그들의 전통적 영역으로 되돌아가야만 한다. 이러한 종류의 논변이야말로 여권주의자들로 하여금 남성우세에 대한 생물학적 설명에 대해 적의를 품도록 해온 바로 그러한 논변이다.

  인종과 IQ의 경우에서와 같이, 이러한 생물학적 이론에서 도출된다고 하는 도덕적 결론은 실제로는 결코 그렇게 도출될 수 없는 것이다. 여기에도 앞에서와 비슷한 논의가 적용된다.

  첫 번째로, 남녀 간의 심리학적 차이의 원인이 무엇이든지 간에, 사회적 조건화가 이러한 차이를 강화하거나 약화시킬 수 있다. 맥코비와 재클린이 강조한 것처럼, 이른바 남성의 시공간 능력이 우월하다는 생물학적인 편견은 실제로는 남성이 이러한 기술을 배울 수 있는 자연적 성향이 훨씬 더 크다는 것이다. 여성이 독립적이도록 키워지는 곳에서의 여성의 시공간능력은 집에 갇혀 남성에 의존할 때보다는 훨씬 더 큰 것으로 나타난다. 이러한 점은 다른 차이에서도 의심할 여지없이 마찬가지이다. 그러므로 여권주의자들이 우리가 소년소녀들을 각각의 방향으로 커가도록 고무하는 것이, 비록 남녀 간의 심리적 차이를 창조하는 것은 아니고 앞서 있는 타고난 기질을 강화시킬 뿐이라 할지라도, 그릇된 일이라고 공격하는 것은 당연하다.

  두 번째로, 남녀 간의 심리적인 차이의 원인이 무엇이든지 간에, 그러한 차이는 오직 평균적으로만 존재한다. 어떤 여성은 어떤 남성보다 더 공격적이며 보다 좋은 시공간 능력을 가진다. 남성의 시공간능력의 우월성을 설명하기 위해 제시된 유전적 가설까지도 모든 여성의 25%가 모든 남성의 50%보다 더 좋은 시공간능력을 가질 것이라고 설명하고 있음을 우리는 이미 보았다. 어떤 여성은 수학적 능력에서 남녀를 통틀어 상위 1%에 해당한다. 우리가 일상에서 보아도 어떤 남성보다 더 공격적인 여성들이 있음은 틀림없다. 그러므로 생물학적 설명이 맞든 안 맞든 간에, "너는 여자다, 그러니까 너는 공학이나 수학 교수가 될 수 없다"라든지 "너는 여성이므로 정치에서 성공하는 데 필요한 야심이나 충동을 가지려고 하지 말아야 한다"라고 말할 수 있는 입장에 우리는 있지 않다. 마찬가지로 우리는 어떠한 남성도, 아내가 일하러 나갔을 때, 집에서 아기를 돌보는 데 충분한 온화함과 부드러움을 가질 수 없을 것이라고 가정하지 말아야 한다. 우리가 사람들을 제대로 이해하기 위해서는 그들을 '남성'이나 '여성'이라고 단지 덩어리로만 보지 말아야 한다. 그리고 사람들이 자신들에게 가장 알맞은 일을 할 수 있도록 하려면 남성이나 여성들이 맡고 있는 일들이 고정적이지 않도록 해야만 한다.

  세 번째 이유도, 앞의 두 이유와 마찬가지로, IQ가 인종에 따라 다르다는 생물학적인 설명이 인종차별주의를 정당화하지 못한다는 신념을 입증하기 위해 내가 제시했던 이유들과 상통한다. 인간에게서 가장 중요한 이익들이 지능의 차이에 의해서 영향을 받지 않는 것처럼 공격성의 차이에 의해서도 영향을 받지 않는다. 덜 공격적인 사람도 더 공격적인 사람과 마찬가지로 고통을 피하고, 능력을 계발하고, 적당한 음식과 주거를 가지고, 좋은 인간관계를 누리는 등의 이익을 가진다. 더 공격적인 사람이라고 해서 그들의 공격성 때문에 이러한 이익들을 더 잘 달성시켜 줄 수 있는 높은 봉급을 받거나 권력을 가져야만 할 이유는 없다.

  공격성이 지성과는 달리 일반적으로 바람직한 특징으로 간주되지 않기 때문에, 보다 큰 공격성 그 자체가 정치나 사업이나 대학이나 직장에서 지도적인 역할을 하는 남성이 훨씬 많다는 것을 윤리적으로 정당화하지 못한다는 것은 쉽게 알 수 있다. 그렇지만 이는 현재의 상황이 남성과 여성이 동일한 기회라는 조건 아래서 경쟁한 결과일 뿐이라고 주장하는 데 이용될지도 모른다. 그렇다면 현재 상황이 불공정한 것이 아니라고 말할 수도 있다. 이러한 시사는 다시 또 사람들 산의 생물학적인 차이에 대한 보다 더 자세한 논의를 불러일으키는데, 인종과 IQ 문제에 대한 우리의 논의를 끝낼 무렵에 말했던 바와 같이, 이는 다음에서 보다 깊이 다룰 필요가 있다.

제3절 기회의 평등으로부터 고려의 평등으로

우리 사회에서는 소득이나 사회적 지위에서의 큰 차이들도, 그것이 평등한 기회라는 조건하에서 만들어진 것이라면, 일반적으로 문제가 없는 것으로 생각한다. 이러한 생각은 질Jill이라는 사람이 30만 달러를 버는 것과 잭Jack이라는 사람이 10만 달러를 버는 것이, 질이 지금 차지하고 있는 지위를 얻을 수 있는 기회가 잭에게도 동등하게 주어졌다면, 정의롭지 않은 것이 아니라는 것이다. 그러한 소득의 차이가 질이 의사인 반면, 잭은 농장 노동자라는 사실에 기인한다고 가정해 보자. 잭이 질과 마찬가지로 의사가 될 수 있는 기회를 가졌다면, 그리고 이것이 인종이나 종교나 의사가 되는 능력과 무관한 장애 때문에 의과대학에 들어가지 못했던 것이 아니라는 것을 의미한다면, 이러한 차별대우는 [합당한 것으로] 받아들일 수 있다는 것이다. 실제로 만일 잭의 학교성적이 질처럼 좋았다면, 아니면 질처럼 그가 의학을 연습할 수 있기 위해 충족시켜야 할 다른 중요한 기준들을 충족시켰다면, 그는 의학을 공부할 수 있었을 것이고, 의사가 되어서 한 해에 30만 달러를 벌 수 있었을 것이다. 이러한 견해에서 보면 삶이란 모두가 똑같이 출발하는 한, 승리자가 상을 타는 것이 정당한 그러한 종류의 경주이다. 이러할 때 같이 출발하는 것은 기회의 평등equality of opportunity을 의미하며, 어떤 사람들은 이를 평등이 의미하는 최대한이라고 말한다.

잭이 질처럼 성적이 좋았다면 그도 의과대학에 갔을 것이기 때문에 잭과 질이 의사가 될 수 있는 평등한 기회를 가졌었다고 말하는 것은, 평등한 기회에 대한 피상적인 견해에 불과하다. 이를 좀 더 자세히 검토하면 타당하지 않음을 알 수 있다. 우리는 잭의 성적이 왜 질처럼 좋지 않았느냐고 물을 필요가 있다. 아마도 그 시점까지의 그의 교육이 열등했을 수 있다. 과밀학급, 자질이 부족한 교사, 그리고 부족한 교재 등등. 만약 그렇다면 결국 잭은 질과 평등한 조건으로 경쟁한 것이 아니다. 참된 기회의 평등을 확보하려면 학교가 누구에게나 똑같은 이득을 주도록 보장해야만 한다.

학교를 동등하게 만드는 것은 대단히 어려울 것이다. 그러나 그것은 평등한 기회를 철두철미하게 주장하려는 사람이 해야 할 일 중에서 가장 쉬운 일이다. 비록 학교가 똑같다고 해도 어떤 어린이들은 가정환경 때문에 더 이득을 볼 것이다. 조용한 공부방, 많은 책, 학교에서 열심히 공부하라고 고무하는 부모가 질이 왜 성공했는지, 그 반면 어린 두 동생과 방을 같이 사용해야만 하고 생계를 돕기 위해 파트타임 일을 해야만 했던 잭이 왜 실패했는지를 설명할 수 있다. 그러나 어떻게 가정을 동등하게 만들 수 있겠는가? 어떻게 부모를 똑같게 만들 수 있겠는가? 우리가 전통적인 가족제도를 포기하고 우리의 아이들을 공공의 보호기관에서 키울 자세가 되어 있지 않는 한, 이는 불가능하다.

이것만으로도 기회의 평등이 평등의 이상으로서 부적합한 것임을 보이기에는 충분할 것이다. 그러나 평등에 대한 앞에서의 논의와 관련되어 있는 궁극적인 반대근거가 아직 남아 있다. 우리가 우리의 아이들을 이스라엘의 키부츠kibbutz에서와 같이 공동으로 키운다고 해도, 그들은 다양한 수준의 공격성과 다양한 IQ와 같이 다양한 능력과 성격적 특성을 유전적으로 가지고 있을 것이다. 아이들의 환경적 차이를 제거한다 해도 아이들의 유전적 자질의 차이에 영향을 끼치지는 못할 것이다. 분명히 환경의 평준화는 IQ 점수와 같은 것에서의 차이를 줄일 것이다. 왜냐하면 현재로서는 사회적 차이가 유전적 차이를 강화하는 경향이 있기 때문이다. 그러나 유전적 차이는 여전히 남을 것이며, 대부분의 연구에서 유전적 차이가 IQ 차이의 주요 요인이다. (우리는 지금 **개인**에 대하여 말하고 있음을 기억하라. 인종이 IQ에 영향을 끼치는지 않는지 우리는 모른다. 그러나 같은 인종에 속하는 개인 간의 IQ 차이가, 부분적으로는, 유전적으로 결정된다는 것은 거의 의심의 여지가 없다.)

그러므로 기회의 평등이란 매력적인 이념이 못된다. 그것은 재미있고 소득이 높은 직업을 추구할 능력을 타고난 운 좋은 사람에게는 상을 주고, 비슷한 성공을 거두기 어렵게 만드는 유전자를 자진 불운한 사람에게는 벌을 주는 그러한 것이다.

우리는 이제 인종과 남녀의 차이에 대한 앞의 논의를 보다 넓은 영역에 확대할 수 있다. 인종에 따라 IQ 차이가 나는 사회적 원인이나 유전적 원인이 실제로 어떠하든지 간에, 사회적인 불리함을 제거하는 것만으론 소득에 대한 평등한 혹은 정의로운 분배를 달성하는 데 충분하지 않다. 높은 IQ와 관련된 능력을 타고난 사람이 그렇지 못한 사람보다 계속하여 더 많은 소득을 올릴 것이기 때문에 평등한 분배가 되지 못하며, 타고난 능력에 따른 분배는 필요나 노력의 대가와는 아무런 상관없기 때문에 정의로운 분배가 되지 못한다. 시공간 능력이나 공격성이 보다 높은 소득이나 위치를 가능케 한다면, 이러한 것에 대해서도 같은 말을 할 수 있다. 내가 주장했던 것처럼, 평등의 토대가 이익에 대한 평등한 고려라면, 그리고 가장 중요한 인간의 이익들이 IQ나 공격성이나 시공간 능력 등의 요소들과 거의 관계가 없다면, 소득과 사회적 지위가 이러한 것들과 상당한 정도로 관계가 있는 사회는, 도덕적 문제를 가지고 있는 셈이다.

우리가 컴퓨터 프로그래머에게 많은 급료를 주고 사무실을 청소하 사람에게 적은 급료를 준다면, 결과적으로 우리는 아마도 상당한 정도로 유전된 아주 특정한 능력에 대하여 더 높은 급료를 주는 것이다. 이는 결국 사람들이 자신의 행위에 대하여 책임을 질 수 있는 나이에 이르기 전에 거의 대부분이 결정된 것에 대하여 급료를 주는 것이다. 정의와 유용성의 관점에서 볼 때, 여기에는 무언가 잘못된 것이 있다. "각자로부터 그의 능력에 따라서, 각자에게 그의 필요에 따라서"라는 유명한 마르크스의 구호를 채택하는 사회라면 양자를 더 잘 대접할 것이다. 만약 이것이 성취될 수 있다면, 인종과 남녀의 차이는 그 사회적 의미를 상실할 것이다. 오직 그럴 때에만 우리는 이익에 대한 평등한 고려라는 원칙에 진정으로 기초하고 있는 사회에 살 수 있을 것이다.

사람들에게 그들의 IQ나, 공격성이나, 다른 유전된 능력에 따라서가 아니라 그들의 필요에 따라 보상하는 사회를 추구하는 것이 실현 가능한가? 우리는 본질적으로, 의사나 법관이나 대학 교수나 컴퓨터 프로그래머가 되도록, 즉 우리들의 복지에 필수적인 지적인 능력을 요구하는 일을 하도록, 더 많은 급료를 지불할 필요가 없는가?

사람들에게 유전된 능력 대신에 그들의 필요에 따라 급료를 지불하는 데는 여러 가지 어려움이 있다. 만약 한 나라가 그러한 제도를 도입하는 반면 다른 나라는 그렇게 하지 않는다면, 두뇌유출이라는 결과가 생기기 쉽다. 이에 대해서는 이미 많은 예들이 있다. 조그만 규모이기는 하지만 다수의 의사들이 캐나다를 떠나 미국에서 일한다. 이는 캐나다가 유전된 능력보다는 필요에 따라 급료를 지불했기 때문이 아니라, 의사들이 캐나다에서보다 미국에서 더 많은 소득을 올리기 때문이다. 어떤 나라든 의사의 급료와 육체노동자의 급료를 같게 하려는 진지한 시도를 수행한다면, 이민 가는 의사들의 숫자가 크게 늘어날 것임에 틀림없다. 소련과 그 위성국가들의 공산주의 통치시기에 이민은 엄격하게 제한되었다. 왜냐하면 공산주의 국가 간에도 여전히 급격한 임금 차이가 있었지만, 그러한 제한 없이는 기술에 대하여 더 높은 급료를 지불하는 자본주의 국가에로 수많은 기술자의 심각한 유출이 있었을 것이기 때문이다. 그래서 동독국경의 경비병들은 서독으로 도망하려는 사람들을 쏴 죽이라는 명령을 받았다. 한 나라에서 소득을 보다 공정하게 분배하기 위해 그 나라를 커다란 감옥으로 만든다면, 공정한 분배의 대가가 아마도 너무 큰 것으로 보인다.

이러한 어려움들 때문에 지금 자본주의 사회에 존재하고 있는 소득의 분배 상태를 개선하기 위해 우리가 아무것도 할 수 없다는 결론을 내린다면, 그것은 너무 비관적인 일이다. 풍요로운 서구국가들에서는, 급여의 차이가 줄어들어 상당한 수의 사람들이 이민을 생각하기 시작하는 그러한 수준이 될 때까지, 급여의 차이를 대단히 많이 줄일 수 있다. 물론 이는 특히, 미국과 같이, 현재 급료의 차이가 매우 큰 나라들에 해당된다. 바로 여기에 보다 평등한 분배를 주장하는 압력이 가장 잘 적용될 수 있다.

만약 우리가 의사나 대학 교수에게 많은 돈을 지불하지 않으면 그들이 그 직업을 얻기 위한 공부를 하지 않을 것이라고 어떤 이들은 주장할 지도 모른다. 나는 이러한 가정을 지지하는 어떤 증거가 있는지 알지 못하며, 오히려 이는 나에게 매우 의심스럽게 보인다. 나 자신의 월급은 학교가 잔디를 깎거나 운동장을 청소하기 위해 고용한 사람들의 월급보다 상당히 높다. 그러나 만약 나의 월급이 그들과 같다고 해도 —비록 그들의 일이 봉급이 적은 다른 일보다도 상당히 즐거운 일이라고 할지라도—나는 여전히 그들과 나의 자리를 바꾸기를 원하지 않을 것이다. 뿐만 아니라 나는 내 주치의가 봉급이 같다고 해서 그의 접수계원과 자리를 바꿀 기회를 낚아채지는 않을 것이라고 믿는다. 내 주치의나 내가 지금 있는 위치에 오르기 위해서 여러 해 동안 공부해야만 했었다는 것은 사실이다. 그러나 적어도 나로서는 내 학창시절을 되돌아보면 그때가 내 생애에서 가장 재미있었던 시절 중의 하나였다고 생각된다.

비록 나는 돈 때문에 사람들이 접수계원이 되기보다는 의사가 되고자 한다고 생각하지는 않지만, 급료가 능력보다는 필요에 기초해야 한다는 제안에 대해서는 제한조건이 하나 있다고 본다. 돈을 많이 벌 수 있을 것이라는 전망이 때때로 사람들이 자기가 가진 능력을 사용하는 데 더 큰 노력을 기울이게 하고, 이러한 노력이 환자나 고객이나 학생이나 공중 전체에 이익이 될 수 있다. 그러므로 노력에 대하여 보상하려고 하는 것, 다시 말해서 그들의 능력이 어떠하든 간에 그들의 능력의 상한선 가까이까지 일하는 사람들에게 보다 많은 돈을 지불할 필요가 있을 것이다. 그러나 이는 사람들이 우연히 가지게 된, 자신들로서는 어찌할 수 없는 능력의 수준에 따라 급료를 지불하는 것과는 완전히 다르다. 영국의 심리학 교수인 그레이Jeffrey Gray가 지적했듯이, IQ가 유전적으로 좌우된다는 증거를 받아들일 경우, 우리가 '상류' 직업과 '하류' 직업에 급료를 달리하는 것은, "'유인'을 명분삼아 사람들로 하여금 자기능력 이상의 것을 하도록 유혹하거나, 그들이 한 것 이상의 보상을 어떻든 해줌으로써, 자원을 낭비하는 것"이다.

우리는 이제까지 대학 교수나 의사들에 대해서 생각해 왔다. (적어도 어떤 나라에서는) 정부가 교수에게 봉급을 지불한다. 국립의료국과 같은 것이 있는 나라에서는 정부기관이 의사의 소득을 결정한다. 그렇지 않더라도, 보다 낮은 가격으로 비슷한 서비스를 제공하고자 하는 무자격자들을 배제할 수 있도록 하는 의사협회와 같은 직업협회에 정부가 기준을 제시할 수도 있다. 그러므로 이런 방식으로 결정되는 소득들은, 이미 정부의 통제 하에 있으며, 정부권력을 과감하게 변화시키지 않고서도, 변경 가능하다. 그러나 사업 영역에서는 문제가 다르다. 똑똑하고 사업가적 재능을 가진 사람들은, 어떤 사유기업체계에서도, 다른 사람들보다 더 많은 돈을 모을 것이다. 세금제도가 이러한 보다 많은 소득의 재분배에 도움이 될 수 있다. 그러나 누진세 제도가 얼마나 효과적인가 하는 데는 한계가 있다. 왜냐하면 앞서 가는 똑똑한 사람들은 엄청난 양의 시간과 에너지를 투자하여 세금 내는 것을 피할 수 있는 교묘한 새로운 방법을 찾을 것이기 때문이다.

이러한 논변을 이용하여 어떤 사람들은 정의를 실현하기 위해서는 우리가 사기업을 전 세계적으로 폐지해야 한다고 주장한다. 그것은 좋은 생각일지도 모르지만, 실현되지 않을 것이다. 사기업은 가장 적대적인 조건 아래서도 다시 고개를 쳐드는 그런 습관을 가지고 있다. 러시아 사람들과 동유럽 사람들이 곧 발견하게 된 것처럼, 공산주의사회에서도 여전히 암시장이 생겨나며, 만일 막힌 하수도를 빨리 뚫기를 원한다면 여분의 급행료를 지불하는 것이 좋다. 중국은 비록 명목상으로는 여전히 공산주의 국가이지만 사기업을 수용하고 나서야 훨씬 더 번창하게 되었다. 인간 본성의 근본적인 변화 즉 자기중심적인 소유욕의 쇠퇴를 통해서만, 사기업을 억압하는 어떤 시스템이든 그 모두를 우회할 수 있는 길을 찾아내는 사람들의 경향을 극복할 수 있을 것이다. 인간 본성에서의 그러한 변화가 일어나지 않았으므로 우리는 아마도 최대의 필요를 가진 사람에게보다 유전된 능력을 가진 사람에게 경제적 보상이 돌아가는 것을 수용하는 것이 좋을 것이다.

이것은 우리가 유전된 능력보다 필요와 노력에 따라 지불한다는 원칙을 모두 잊어버려야 한다는 것을 의미하지는 않는다. 2008년에서 2009년까지의 세계적인 재정 위기 동안, 회사들이 파산을 면하기 위해 공적 자금에 도움을 요청하고 있는 상황에서도, 많은 고급 임원들이 받았던 엄청난 봉급과 상여금은 광범위한 대중들의 반발을 샀다. 이러할 당시에, 그들의 재정적인 판단이 더욱 빈틈이 없었다고 해도, 이들 임원들은 그러한 돈을 받을 만한 자격이 없었다는 것을 기억해야 한다. 내가 옹호하고자 하는 정의의 원칙의 실제적인 내용은, 고급 임원들의 과도한 소득을 줄이고 필요에 해당하는 소득을 거의 올리지 못하는 사람들의 소득을 늘리도록 하는 여론을 형성해야만 한다는 것이다. 문제는 이것을 경건한 소망 이상의 것으로 어떻게 만들 것인가이다.

제4절 차별시정조치

앞 절에서 우리는 소득의 차이가 크지 않은 보다 평등주의적인 사회로 옮겨가는 것이 윤리적으로는 바람직하지만 [실현하기가] 어려울 것이라는 점을 보았다. 소득의 평등이라는 커다란 목표를 달성하지 못하더라도, 불리한 인종이나 민족 집단의 구성원들이 전체사회에서 그들이 차지하는 구성비에 걸맞지 않게 소득, 지위 혹은 권력 상에서 더 불리한 쪽에 있지 않도록 보장하고자 할 수는 있을 것이다. 같은 민족 집단의 구성원들 간의 불평등도 여러 민족 집단들 구성원 간의 불평등이나 남녀 간의 불평등과 마찬가지로 정당화하지 말아야 한다. 그러나 이러한 불평등이 아프리카계 미국인들과 유럽계 미국인들 간의 명백한 차이나 남성과 여성 간의 명백한 차이와 일치할 때, 이러한 불평등은 한 쪽에는 우월감을 다른 쪽에는 열등감을 줌으로써 사회를 더욱 분열시킨다. 인종이나 남녀 간의 불평등은 그래서 다른 형태의 불평등보다도 더욱 심각한 결과를 가져올지도 모른다. 그러한 불평등은 또한 열등집단 내에 절망감을 더욱 크게 할지도 모른다. 왜냐하면 성별이나 인종은 그들 자신의 행위의 결과가 아니며, 그것을 변경시키기 위해 그들이 할 수 있는 일이 아무것도 없기 때문이다.

불평등한 사회 내에서 어떻게 인종 간이나 남녀 간의 평등이 성취될 수 있겠는가? 우리는 기회의 평등이 실제적으로 실현될 수 없음을 보았다. 만약 그것이 실현될 수 있다 해도, 공격성이나 IQ에서의 타고난 차이들이 누가 상류계층의 구성원이 될 것인지를 공정하지 않게 결정할 수도 있다. 이러한 장애를 극복하는 한 방법은 기회의 평등을 넘어서서 불리한 집단의 구성원들에게 우선적인 대우를 해주는 것이다. 이것이 차별시정조치affirmative action이다. (때로 이것을 '역차별reverse discrimination'이라고 부르기도 한다.) 이는 오랫동안 지속되어 온 불평등을 감소시킬 수 있는 최선의 희망적인 방법일지도 모른다. 그러나 이는 평등의 원칙 그 자체에 위배되는 것으로 보인다.

차별시정조치는 교육이나 고용에서 가장 자주 사용된다. 교육은 특별히 중요한 영역이다. 왜냐하면 그것은 높은 소득을 얻거나 만족스러운 직업을 잡거나 공동체 내에서 권력과 지위를 장악할 전망에 중요한 영향을 끼치기 때문이다. 미국에서는 교육이 차별시정조치에 관한 논쟁의 핵심에 놓이게 되었는데, 왜냐하면 대법원이 불리한 집단에게 유리한 어떤 대학 입학 절차를 거부했기 때문이다. 이 소송이 제기된 이유는 합격된 아프리카계 학생보다 학교성적이나 입학시험점수가 좋은 유럽계 학생이 불합격했기 때문이었다. 대학들은 이를 부정하지 않았다. 대학들은 자신들이 불우한 처지에 있는, [즉 다른 사람들처럼 혜택을 못 받아 온] 학생들을 돕고자 하는 입학제도를 시행했다고 설명함으로써 이를 정당화하고자 했다.

여러 해 동안, 대표적인 소송은 캘리포니아 대학교 운영이사들과 배키Regents of the University of California v. Bakke라는 학생 간의 사건이었다. 배키Alan Bakke는 데이비스Davis에 있는 캘리포니아 대학교 의과대학에 지원하였다. 의과대학에 다니는 소수집단 학생의 수를 늘리기 위해 대학은 입학정원의 16%를 불리한 소수집단 학생에게 할당하기로 하였다. 이들 학생들이 공개경쟁에서는 그렇게 많이 입학하지 못하기 때문에 그러한 할당이 없었다면 입학했을 유럽계 학생들 중 몇몇이 입학하지 못하게 되었다. 불리한 소수집단 출신이었다면 그 입학시험점수로도 틀림없이 합격했을 몇 명의 유럽계 학생들이 불합격한 것이다. 배키는 불합격된 유럽계 학생들 중의 한 사람이었고 불합격을 당하자 그는 학교를 상대로 소송을 제기했다. 우리는 이러한 소송사건을 차별시정조치의 표준적인 경우로 생각해 보자. 과연 이러한 차별대우는 옹호될 수 있을 것인가?

우선 나는 불리한 집단 구성원에 유리한 차별을 정당화하기 위해 때때로 사용되는 한 논변을 제쳐놓고자 한다. 예컨대 만약 인구의 20%가 인종적 소수자인데 단지 2%의 의사만이 이 인종적 소수자라면, 이는 어느 점에선가 인종을 근거로 차별을 하고 있다는 충분한 증거라고 종종 주장된다. (비슷한 논의가 남녀차별론을 지지하기 위해서도 제시되어 왔다.) 유전결정론과 환경결정론에 대한 우리의 논의가 왜 이러한 논변이 결정적일 수 없는가를 보여 준다. 의사 숫자가 적은 인종집단의 사람들이 의사가 되기 위해 해야만 하는 그런 종류의 공부에 대해 자질이, **평균적으로**, 부족할지도 모른다. 나는 이것이 사실이라거나 그럴 수 있다는 것을 말하려는 것이 아니다. 그러나 이는 인구비율과 달리 다수의 아프리카계 미국인 운동선수가 미국 올림픽 대표선수인 것 자체가 유럽계 미국인에 대한 인종차별의 증거가 될 수 없는 것과 같이, 완전히 배제하기는 어렵다. 물론 소수집단 출신 의사가 소수라는 것이 실제로 인종차별의 결과라는 다른 증거도 있을 수 있지만, 이것도 사실여부가 입증될 필요가 있다. 인종차별에 대한 적극적인 증거가 없는 한, 사회 내에 존재하는 차별을 교정한다는 것만을 근거로, 차별시정조치를 정당화하는 것은 불가능하다.

입학시험에서 더 높은 점수를 받은 다수집단 학생을 제치고 소수집단 학생을 입학시키기로 한 결정을 옹호하는 다른 방법은, 표준적인 시험이 어떤 학생이 매우 불리한 환경에서 자랐을 때에는 그 능력을 정확히 드러내 보여 주지 못한다고 주장하는 것이다. 이는 앞 절에서 기회의 평등이 달성될 수 없다고 주장한 점과 상통된다. 추측건대 교육과 가정환경이 시험점수에 영향을 끼칠 수 있다. 입학시험에서 55점을 받은 불우한 환경의 학생이 70점을 받은 보다 좋은 환경의 다른 학생보다도 최소한의 기간 내에 졸업할 가망이 더 클지도 모른다. 시험점수를 이러한 근거에 따라 조정하는 것은 자질이 나은 학생들을 제치고 불리한 소수집단 학생을 우선적으로 입학시킨다는 것을 의미하지는 않는다. 이는 불리한 학생이 다른 학생보다 실제로는 더 자질이 뛰어나다는 판단을 반영하는 것이다. 이는 인종차별이 아니다.

캘리포니아 대학교는 이러한 변명을 시도할 수 없었다. 왜냐하면 데

이비스에 있는 의과대학은 단순히 16%의 입학정원을 소수집단 학생에게 할당했을 뿐이기 때문이다. 그 쿼터는 소수집단 지원자들이 보여주는 능력에 따라 변하는 것이 아니었다. 차별시정조치에 의하여 이득을 본 소수집단 학생들이 더 높은 입학시험 점수를 받은 다른 학생들보다 실제로 자질이 낮다는 견해를 지지할 증거도 없었다. 차별시정조치에 의해서 입학한 학생들의 학점들은 평균적으로 전체 학급의 학점보다 낮았다.

 이 장에서 우리는 모든 인간이 평등하다는 주장의 유일한 옹호 가능한 근거가 이익 평등고려의 원칙이라는 것을 보았다. 이 원칙은 차별받는 사람들의 이익을 덜 중요시하는 그러한 형태의 인종차별이나 남녀차별을 금하고 있다. 배키는 그의 지원을 거절함으로써 의과대학이 아프리카계 미국인 학생들의 이익보다 자신의 이익을 덜 중요시하였다고 주장할 수 있는가?

 이러한 질문을 해보면 우리는 입학여부가 보통으로는 지원자 각각의 이익에 대한 고려의 결과가 아니라는 것을 알 수 있다. 입학여부는 오히려 대학이 어떤 정책을 마음에 품고 설정한 기준에 지원자들이 적합한가에 달려 있다. 가장 직접적인 예를 들어보자. 즉 입학허가가 엄격하게 지능검사 점수에 달려 있는 경우를 생각해 보자. 이러한 설자에 따라 불합격한 사람이 자신의 이익보다 지능지수가 높은 사람의 이익이 더 중요시되었다고 불평을 한다면, 대학은 그 절차는 지원자의 이익을 전혀 고려하지 않았고 따라서 어떤 지원자의 이익을 다른 지원자의 이익보다 덜 중요시할 수가 없었다고 대답할 것이다. 그렇다면 우리는 왜 대학이 합격의 기준으로 지능을 선택했느냐고 물을 수 있다. 학교는 우선 졸업에 필요한 시험에 합격하기 위해서는 높은 지능을 가져야만 하기 때문이라고 대답할 것이다. 졸업시험에 합격하지 못할 학생을 입학시키는 것은 소용없는 일이다. 왜냐하면 그들은 그들의 시간과 대학의 자원을 낭비시킬 것이기 때문이다. 두 번째로, 학교는 우리 졸업생들의 지능이 높을수록 우리 사회에 더욱 유용할 것 같기 때문이라고 대답할지도 모른다. 의사의 지적 능력이 크면 클수록 그만큼 더 잘 질병을 예방하고 치료할 것이다. 그러므로 지능이 높은 학생을 선택한 의과대학이, 의사교육을 위해서 공동체가 한 투자에 대해, 더 나은 성과를 거둘 것 같다.

이러한 특정한 입학절차는 물론 일방적인 것이다. 좋은 의사는 높은 지능과 아울러 다른 자질 또한 가져야 한다. 그러나 이는 단지 하나의 예일 뿐이며, 그러한 비판은 내가 이 예로써 보여 주고자 하는 점과 무관하다. 내가 보여 주고자 하는 요점은 어느 누구도 인종을 기준으로 삼는 것을 비판하듯이 그렇게 지능을 기준으로 삼는 것을 비판할 수는 없다는 것이다. 그러나 지능기준으로 입학한 지능 높은 사람이 역차별에 의해 입학한 사람들보다 입학에서 더 많은 본질적 권리를 갖지는 못한다. 앞에서도 지적했듯이, 지능이 높다는 것이 우리 사회가 제공하는 재화를 더 많이 요구할 권리나 정당성을 의미하지 않는다. 만약 대학이 보다 높은 지능을 가진 학생들을 입학토록 한다면, 그것은 입학에서 얻어지는 그들의 보다 큰 이익을 고려해서가 아니며, 그들의 입학할 권리를 인정해서도 아니다. 그 이유는 그렇게 하는 것이 대학이 입학절차에 따라 촉진될 것으로 믿고 있는 목표에 유리하기 때문이다. 그러므로 똑같은 대학이 새로운 목표를 채택하고 그것을 진작시키기 위해 차별시정조치를 사용한다 해도, 과거의 절차에 의해서라면 입학했을 지원자들이 새로운 절차가 그들의 입학할 권리를 침해했다거나 그들을 다른 사람들보다 덜 존중했다고 주장할 수는 없다. 그들이 우선적으로 입학해야 할 특별한 권리는 없다. 그들은 옛날 정책의 운 좋은 수혜자였을 뿐이다. 이제는 정책이 그들이 아니라 다른 사람들에게 유리하도록 바뀌었다. 그것이 정당하지 못한 것처럼 보인다 해도 그것은 우리가 옛날 정책에 익숙해 있는 까닭일 뿐이다.

그러므로 차별시정조치를 그것이 대학지원자의 권리를 침해했다거나, 그들에게 불평등한 고려를 했다는 것을 이유로 비난하는 것은 정당하지 못한 일이다. 입학과 관련하여 [반드시 행사되어야 할] 본질적인 권리는 없으며, 일반적인 경우 입학시험에서 지원자들의 이익에 대한 평등한 고려는 염두에 두지 않는다. 차별시정조치가 비난을 받을 수 있다면, 그것은 그것이 추구하는 목표가 나쁘다거나 그것이 실제로 이러한 목표를 촉진시키지 못하기 때문이어야 한다. 아니면 목표가 좋고 차별시정조치가 그것을 촉진시키더라도, 차별시정조치 프로그램을 시행하는 데 훨씬 많은 비용이 들 때이다.

평등의 원리는 인종차별적인 입학절차의 목표를 비난하는 근거가 될 수 있다. 대학이 이미 불리한 소수자들에게 차별을 한다면, 우리는 그 차별이 실제로 소수자의 이익에 대한 무시에서 비롯되었다고 의심할 수 있다. 그렇지 않다면 왜 미국 남부의 대학들이 아프리카계 미국인을 입학시키도록 강제당할 때까지 그들을 배척했던가? 이처럼 차별시정조치에 반대되는 상황에서 입학이 거부된 사람들은 자기들의 이익이 입학이 허용된 유럽계 미국인들의 이익과 동등하게 고려되지 않았다고 정당하게 주장할 수 있다. 입학이 거부된 데 대한 다른 설명이 제시될지도 모르겠지만, 그런 것들은 확실히 구실에 불과하다.

차별시정조치의 반대자들은 사회적 평등이라는 목표나 소수집단의 사람들이 전문 직업에 더 많이 종사하게 되는 것을 반대하지는 않았다. 그들이 그렇게 하기는 어려웠을 것이다. 이익에 대한 평등한 고려는 한계효용체감의 법칙으로 인해서 평등에로 움직여 나간다. 어떤 인종이나 성별에 속한 사람들이 다른 인종이나 성별에 비해 언제나 불리한 처지에 있을 경우 평등에로의 진보는 소수자의 절망적인 열등감을 감소시켜 줄 것이기 때문이다. 그리고 또 인종 간의 심각한 불평등은 그것에 따르는 인종 간의 긴장 때문에 공동체를 분열시키기 때문이다.

사회적 평등이라는 전체적인 목표에서 보면, 법관이나 의사 같은 전문 직업에 보다 많은 소수집단 구성원이 종사하는 것이 몇 가지 이유로 바람직하다. 소수집단의 구성원들은 주류 민족 출신보다는 그들 집단의 사람들 속에서 일할 가능성이 많고, 이는 불리한 소수자들 대부분의 구성원들이 살고 있는 동네의 불리한 이웃들을 돌볼 의사나 변호사의 부족을 타개하는 데 아마 도움이 될 것이다. 그리고 또 그들은 어떤 외부자보다도 불리한 처지에 있는 그러한 사람들의 문제를 아마 보다 잘 이해할 것이다. 소수집단 출신이나 여자인 의사나 변호사는 소수집단의 다른 구성원들에게나 여성들에게 그러한 자리를 희망하는 데 작용하는 무의식적인 정신적 장벽을 깨뜨리는 모델로서의 역할도 할 수 있다. 마지막으로 다양한 학생 집단이 있는 것은 다수 민족 집단의 구성원들이 소수 민족 집단 구성원들의 태도에 대하여 더 많이 배우고, 이리하여 의사나 변호사로서 전체 공동체에 더 낫게 봉사할 수 있도록 도울 것이다.

차별시정조치의 반대자들은 차별시정조치가 평등을 진작시키지 못한다고 주장할 때 보다 강력한 근거를 갖게 된다. 배키 사건에서 포웰 Powell 판사가 말했듯이 "우대 프로그램은 어떤 집단의 사람들이 특별한 보호 없이는 성공을 거두지 못한다는 일반적인 고정관념을 강화할 뿐일지도 모른다." 진짜 평등을 성취하기 위해서는 소수집단의 구성원들이나 여자들도 자신의 능력으로 자신의 자리를 획득해야 한다고 말할 수도 있다. 그들이 법대에 다른 사람들보다 더 쉽게 입학하는 한, 공개경쟁에서도 입학했었을 사람들까지 포함해서, 불리한 소수집단 출신의 법학과 졸업자들은 열등한 것으로 간주될 것이다. 보다 최근에 어떤 사람들은 차별시정조치가, 소수집단학생들을 대개는 자신들보다 더 많은 학문적 재능을 가지는 학생들과 한 학급에서 공부하게 하는, 잘못된 학문적 배정을 하는 것이라고 주장한다. 결과적으로 그들은 그들 학급의 거의 바닥에 있기 쉽고, 그들과 능력과 더 잘 맞는 학급에서 공부할 때보다 졸업하기가 어렵게 된다.

이러한 실천적인 비난은 어려운 사실적 문제를 일으킨다. 이러한 비난들이 배키의 소송사건에서 언급되고 있기는 하지만, 차별시정조치에 대한 미국의 법정논쟁에서는 중심적이지 못하다. 판사들은 당연히 자신들이 특별히 전문적 지식을 가지고 있지 않은 사실들을 근거로 판결을 내리기를 꺼려한다. 배키는 그의 재판에서 이겼다. 왜냐하면 다수의 판사들은 미국 헌법이나 1964년의 미국 시민권리 법령이 어떠한 사람이라도 피부색, 인종, 혹은 원래의 국적을 이유로 연방재정지원을 받고 있는 어떠한 활동으로부터도 제외될 수 없다고 천명하고 있음을 지적하였기 때문이다.

그렇지만 포웰 판사가 작성한 다수 의견서는 대학이 다양한 학생들을 선발하는 것을 반대할 수 없으며, 이러한 목적을 추구하면서, 대학이 체육 능력이나 예술 능력, 현장 실습, 동정심의 발현, 장애 극복역사, 잠재적인 지도력과 같은 많은 요소들 중의 하나로 인종을 포함시킬 수 있다고 덧붙였다. 그래서 법원은, 쿼터를 사용하지 않는 한, 실질적으로 대학이 학생들을 자신들의 목적에 맞도록 선택할 수 있게 허용했다.

미시간 대학교의 법학대학이 관련된 2003년의 그루터 대 볼링거 Grutter v. Bollinger 사건에 대한 대법원의 판결도 이러한 견해를 견지하고 있다. 오코너 O'Connor 판사는 다수 의견서에서 법학대학의 프로그램이 "각 지원자들의 입학서류들에 대하여 아주 개별화된 전반적인 검토를 수행하고, 지원자들이 다양한 교육환경에 기여할 수 있는 모든 방식들을 진지하게 고려해야" 한다는 조건을 충족시켰는지 고려하였다. 동시에 그라츠 대 볼링거 Gratz v. Bollinger 사건에서 법원은, 법학대학의 각각의 지원자들에 대하여 개별적이고 융통성 있는 평가를 수행하지 않고 재학생이 많지 않은 소수집단의 모든 구성원들에게 입학사정에서 일정한 추가점수를 자동적으로 부여한, 미시간 대학교 학부의 차별시정조치를 거부하였다.

미국에서는 다양성을 확보하기 위한 입학절차를 수행하는 것이 허용된다. 그러나 인종이나 민족에 대한 쿼터는 허용되지 않는다. 다른 나라들에서는—그리고 일반적으로, 법률적인 관점이 아니라 윤리적인 관점에서 이 문제를 보면—불리한 집단에 대해 쿼터로 우대하느냐 다른 방법으로 우대하느냐 하는 구분은 아마 그렇게 중요하지 않을 것이다. 중요한 점은 쿼터든 다른 방법이든 간에, 차별시정조치가 평등의 어떤 정당한 원칙에 어긋나지 않는가, 그리고 차별시정조치에 의해 손해를 본 사람의 권리를 침해하지 않는가이다. 제대로만 적용된다면 그것은 이익에 대한 평등한 고려와 일치하거나, 적어도 그것을 고무할 것이다. 유일한 실제적인 의심은 차별시정조치가 어떻게 잘 작동할 것인가이다. 이 점에 대해서는 여전히 증거들이 수집되고 축적되고 있다.

제5절 맺는 말: 평등과 장애

이 장에서 우리는 평등이라는 도덕적 원칙과 특정 집단의 구성원들 간의 실제적인 혹은 억측된 차이가 어떻게 맞물리는지를 살펴보았다. IQ나 특정한 능력이 평등이라는 도덕적 원칙과 상관이 없다는 것을 보는 가장 명백한 방법은 신체적 혹은 정신적 장애를 가진 사람들의 상황을 생각해 보는 것이다. 그러한 사람들을 어떻게 대우해야 하는가를 생각해 볼 때, 그들의 능력이 장애가 없는 사람들과 같은가에 대해서는 논란의 여지가 없다. 정의상, 그들은 적어도 정상적인 사람이 가지는 어떤 능력을 결여하고 있다. 이러한 장애가 때때로 그들이 다른 사람들과 다르게 대우받아야만 하는 이유가 된다. 우리가 소방관을 구할 때, 휠체어를 타야만 하는 사람은 정당하게 배제할 수 있다. 우리가 교정 보는 사람을 구한다면 맹인은 지원할 필요가 없다. 그렇지만 특정한 장애가 특정한 직업을 가질 가능성을 배제할지도 모른다는 사실이 그러한 사람의 이익을 다른 어떤 사람의 이익보다도 덜 중요하게 고려해야 한다는 것을 의미하지는 않는다. 또 이러한 사실은 어떤 사람이 가진 특정한 장애가 제시된 업무와 상관이 없는 경우에 장애인에 불리한 차별대우를 하는 것을 정당화하지 않는다.

여러 세기 동안, 장애인들은 편견의 희생물이 되어 왔는데, 어떤 경우에는 인종적 소수자들이 겪었던 것보다 덜 한 것도 아니었다. 장애인들은 감금되어, 다른 사람들의 눈에 띄지 않았고, 비참한 사정에 처해 있었다. 어떤 이들은 실제로는 노예였고, 가정에서나 공장에서 값싼 노동력으로 착취당했다. 이른바 안락사 프로그램으로 나치는 자신의 삶을 즐길 수 있는 수만 명의 정신적 장애인들을 "소용없는 입들"로, 아리안족의 오점으로 간주하고 살해했다. 오늘날에도 어떤 회사는 휠체어에 앉아서도, 다른 사람과 마찬가지로, 잘 할 수 있는 일에도 그러한 사람들을 고용하려 하지 않는다. 판매인을 모집하는 어떤 다른 회사는 용모가 비정상적이어서 판매실적이 낮아질까 두려워 그러한 사람을 고용하지 않는다. 비슷한 주장이 인종적 소수자를 고용하지 않는 이유로 이용될 수 있다. 우리는 우리와 다른 사람들에 보다 익숙해짐으로써 그러한 편견을 쉽게 극복할 수 있는데, 그들이 사회의 많은 사람들을 만나는 일에 고용되지 않는다면 이러한 익숙함은 생겨날 수 없다.

우리는 이제 겨우 장애인들에 가해지는 부정의에 관하여 생각하기 시작하였으며, 그들을 불리한 집단으로 간주하기 시작하였다. 이제 겨우 이렇게 하게 된 까닭은 당연히 제2장의 앞부분에서 논의했던 사실적 평등과 도덕적 평등의 차이를 혼동했기 때문이었다. 장애인들이 어떤 중요한 점에서 다르기 때문에, 우리는 그들을 다르게 대우하는 것을 차별이라고 생각하지 않았다. 앞에서 제시된 예에서 볼 수 있듯이, 우리는 장애인의 무능력이 다른 대우나 불리한 대우와 상관이 없다는 사실을 간과해 왔다. 그러므로 인종이나 민족이나 성을 근거로 차별하는 것을 금지하는 법이 필요하다. 또한 장애가 제시된 업무와 상관이 있다는 것이 입증되지 않는 한, 장애를 근거로 차별하는 것도 금하도록 보장해야 한다.

그러나 이것이 전부는 아니다. 인종이나 성별에 의해 불리한 대우를 받는 사람들에 대한 차별시정조치를 찬성하는 많은 논변은 장애인들에게는 더욱 강력하게 적용된다. 장애가 공동체의 평등한 구성원이 되는 것을 불가능하게 만드는 상황에서 기회의 평등만으로는 충분하지 않다. 장애인들에게 대학에 다닐 평등한 기회를 주는 것은, 도서관에 가기 위해서 그들이 사용할 수 없는 계단을 올라가야만 한다면, 별로 큰 소용이 없다. 많은 장애아동들은 정상적인 학교에 다님으로써 이득을 얻을 수 있다. 그러나 그들은 그러한 학교에 다닐 수 없다. 왜냐하면 그들의 특별한 필요를 충족시키는 데 필요한 추가적인 자원이 없기 때문이다. 그러한 필요가 장애인들의 삶에서는 보통 매우 중요한 것이기 때문에, 이익 평등고려의 원칙에 따른다면 우리는 그들의 필요에 다른 사람들의 보다 작은 필요보다도 큰 비중을 두어야 한다. 이러한 이유로 장애인들을 위해 돈을 사용하는 것은 다른 사람들을 위해 사용할 때보다도 일반적으로 더 잘 정당화된다. 물론 얼마나 더 그러할 것인가를 정하는 것은 어려운 문제이다. 재원이 부족한 곳에서는 어떤 한계가 있어야만 한다. 장애를 가진 사람들의 이익을 평등하게 고려하고 우리 자신이 그들의 입장에 놓였다고 감정이입을 통하여 상상해 봄으로써, 우리는 올바른 답에 가까이 갈 수 있을 것이다.

어떤 사람들은 장애인들을 정당화할 수 없는 차별대우를 받아 온 집단으로 인정하는 것과 이 책의 후반부에 등장하는 심각한 장애를 가진 태아나 유아의 경우와 관련하여 임신중절과 안락사를 옹호하는 논변 간에는 모순이 있다고 주장할 것이다. 왜냐하면 이러한 논변은 장애가 있는 삶보다는 장애가 없는 삶이 더 좋다는 것을 전제하고 있기 때문이다. 이것은 장애가 없는 사람들이 가지는 일종의 편견 그 자체가 아닌가? 그리고 이는 아프리카계 사람이 되거나 여성이 되는 것보다 유럽계 사람이 되거나 남성이 되는 것이 더 낫다는 편견과 같은 것이 아닌가?

  이러한 주장의 잘못을 지적하는 것은 어렵지 않다. 자신의 삶을 충분히 살기를 원하는 장애를 가진 사람들이 그렇게 하도록 가능한 모든 지원을 해야만 한다고 주장하는 일과, 우리가 우리의 다음 아이가 장애를 가지고 삶을 시작할지 가지지 않고 시작할지를 선택할 수 있는 입장에 있을 때 장애를 가지지 않는 아이를 선택하는 이유가 선입견 내지 편견에 불과한 것이라고 주장하는 것은 다른, 전혀 다른 일이다. 만약 돌아다니기 위해 휠체어를 사용해야만 하는 장애인에게 부작용 없이 자신들의 다리를 완전히 사용하게 해주는 기적의 약을 먹으라고 한다면, 얼마나 많은 장애인들이 장애를 가진 삶이 장애가 없는 삶보다도 결코 열등하지 않다는 것을 근거로 약을 먹지 않겠다고 하겠는가? 장애를 극복하거나 예방하기 위한 연구기금을 확대하려고 하는 장애인들 자체가 장애 없는 삶을 선호하는 것이 단순한 편견이 아님을 보여 주고 있다. 어떤 장애인들은 자신들이 이러한 선택을 하는 유일한 이유는 사회가 장애인들에게 너무 많은 어려움을 부과하기 때문이라고 말할 수도 있다. 그들은 그들을 장애인으로 만드는 것은 그들의 신체적 혹은 지적인 조건들이 아니라 사회적 조건들이라고 주장한다. 이러한 주장은, 사회적 조건이 장애인들의 삶을 그러할 수밖에 없는 것보다 더 어렵게 만든다는 단순한 진실을 수용하지만, 그것을 꼬아 진리를 완전히 잘못된 것으로 만들어 버린다. 걷고, 보고, 듣고, 고통과 불편으로부터 비교적 자유롭고, 효과적으로 의사소통을 할 수 있는 것, 이런 모든 것들은, 실제적으로 어떤 사회적 조건하에서도, 참된 이득이다. 이렇게 말하는 것은 이러한 이득을 결여하고 있는 사람들이 그들의 장애를 극복하고 놀랍도록 풍부하고 다양한 삶을 살지도 모른다는 것을 부정하는 것이 아니다. 그럼에도 불구하고 우리 자신이나 우리 아이들이, 장애가 너무 심각해서 그것을 극복하는 것만으로도 큰 승리가 될, 그러한 장애에 봉착하지 않는 것을 선호하는 것은, 장애인들에 반하여 편견을 가지는 것이 아니다.

제3장
동물에게도 평등을?

제1절 인종주의와 종족주의

앞 장에서 인간의 평등을 보장해 줄 평등의 근본적인 원칙이 이익 평등고려의 원칙이라고 내가 믿는 이유를 제시했었다. 이러한 기본적인 도덕적 원칙만이, 인간간의 모든 차이에도 불구하고, 모든 인간을 포괄하는 그러한 형태의 평등을 옹호할 수 있도록 해줄 것이다. (단 의식을 가지지 않거나 결코 의식을 가져본 적이 없어서 고려될 아무런 이익이 없는 사람들, 이들은 제6장과 제7장에서 다룰 예정인데, 이들은 예외이다.) 이익 평등고려의 원칙이 인간의 평등을 위한 가능한 최선의 토대이기는 하지만, 그것의 영역은 인간에게 한정되지 않는다. 우리가 인간에 대해 평등의 원칙을 받아들인다면, 우리는 또한 그것을 인간이 아닌 동물들nonhuman animals에게 확장하는 것도 받아들여야만 한다.

1979년 이 책의 초판에서 나는 독자들에게 내가 여기서 하는 제안이

기이하게 보일 수도 있다고 경고하였다. 그때는 일반적으로 인종적 소수자와 여성에 반하는 차별이 가장 중요한 도덕적 정치적 문제로 받아들여지고 있었다. 그렇지만 동물복지의 문제는, 개나 고양이를 열렬히 좋아하는 사람들을 제외하고 나면, 실제적인 의미가 없는 문제로 보통 간주되었다. 일반적으로 수용되는 것처럼, 사람들에 대한 문제가 동물들에 대한 문제보다 언제나 우선되어야 한다. 이제 '동물에 대한 윤리적 대우를 촉구하는 사람들People for the Ethical Treatment of Animals'과 같은 조직들과 전 세계에서 동물을 옹호하는 많은 목소리들 덕분에, 동물도 어떤 의미에서 우리와 동등하다는 견해가 '자다가 봉창'이라는 눈길을 받을 것 같지 않게 되었다. 이러한 견해는, 여전히 소수 의견이고 종종 오해받고 있기는 하지만, 보다 익숙하게 되었다.

  사람들에 대한 문제가 동물들에 대한 문제보다 언제나 우선되어야 한다는 믿음은 동물의 이익을 진지하게 고려하는 데 반하는 대중적인 편견을 반영하고 있다. 이러한 편견은 아프리카계 노예들의 이익을 진지하게 고려하는 데 반대한 백인 노예소유주들의 편견보다 더 나은 근거를 갖지 못한다. 우리의 아버지 세대가 스스로 벗어났던 우리 할아버지 세대의 편견을 비판하는 것은 쉽다. 그러나 우리가 견지하는 신념과 가치들로부터 자신의 편견을 찾아내는 것은 훨씬 더 어렵다. 지금 우리에게 필요한 것은, 그 문제에는 관심을 둘 필요가 없다는 섣부른 가정을 버리고, 논의가 이끄는 데로 기꺼이 따라가는 것이다.

  우리 자신의 종족 바깥으로 평등의 원칙을 확장하는 것을 찬성하는 논변은 간단하다. 너무나 간단해서 그것은 이익 평등고려의 원칙이 가지는 성격을 명백히 이해하는 것 이상이 아니다. 우리는 이 원칙이, 타인에 대한 우리의 관심이 그가 무엇과 닮았느냐, 혹은 그가 어떤 능력을 가지고 있는가에 따라 좌우되지 말아야 한다는 것을 함축하고 있음을 보았다. (물론 이러한 관심에 따라 우리가 해야 할 일이 정확히 무엇이냐는, 우리의 행위에 의해서 영향을 받을 사람들의 특성에 따라 아마 달라질 것이다.) 바로 이 원칙에 따라서, 우리는 인종이 우리와 다른 사람들을 착취할 권리가 우리에게 있다거나, 지능이 다른 사람보다 못한 사람들의 이익을 평가절하하거나 무시해도 좋다고 주장할 수 없게 된다. 그러나 이 원칙은 종족이 우리와 다르다는 것을 이유로 다른 존재들을 착취할 권리가 우리에게 없으며, 지능이 우리보다 못한 다른 동물들의 이익을 평가절하거나 무시하지 말아야 한다는 점 또한 내포하고 있다.

앞 장에서 보았듯이, 많은 철학자들은 이러저러한 형태의 이익에 대한 평등한 고려가 기본적인 도덕 원칙이라고 주장해 왔다. 그러나 이 원칙이 우리 종족 바깥에까지 적용된다는 것을 인정한 사람은 별로 없었다. 몇 안 되는 사람 중의 하나가 근대 공리주의의 시조인 벤담이다. 영국의 통치권이 적용되는 지역에서 아프리카계 노예가 지금 우리가 동물을 다루듯이 여전히 그렇게 다루어지고 있을 때, 벤담은 미래를 내다보는 한 에세이에서 이렇게 쓰고 있다.

> 인간 외의 동물세계가, 폭군이 아닌 어느 누구도 그들에게서 **빼앗아 갈 수 없는** 자신의 권리를 허락받는 날이 아마 올 것이다. 프랑스인들은 피부가 검다는 것이 한 인간에게 멋대로 고통을 주고 보상하지 않아도 될 이유가 될 수 없음을 이미 발견했다. 언젠가 다리의 수, 피부의 융모 여부, 천골의 끝 모양 등이 감각이 있는 존재에게 고통을 주고도 보상하지 않는 그러한 대우를 할 충분한 이유가 마찬가지로 될 수 없다는 것을 아마 인정할 것이다. 뛰어넘을 수 없는 경계로 간주되어야 할 것이 그 밖에 무엇이겠는가? 이성의

능력인가 아니면 혹시 담화의 능력인가? 하지만 완전히 자란 말이나 개는 하루나 1주일이나 1개월이 된 유아와는 비교할 수 없을 정도로 말이 더 잘 통하고 더 합리적이다. 그렇지만 그것들이 그렇지 않다고 하더라도, 무엇이 달라지겠는가? 문제가 되는 것은 그들이 **이성**을 가질 수 있는가, 그들이 **말을 할 수 있는가**가 아니라, **그들이 고통을 겪을 수 있는가**이다.

이 글에서 벤담은, 한 존재가 평등한 고려를 받을 권리를 갖게 하는 결정적 특징은 고통을 겪는 능력이라고 지적하고 있다. 고통을—아니 더 엄격히는, 고통 그리고/혹은 즐거움이나 행복을—느끼는 능력은 언어능력이나 고도의 수학능력과 같은 그러한 종류의 능력이 아니다. 벤담은 한 존재의 이익을 고려해야 할 것인가 여부를 결정해 줄 '뛰어 넘을 수 없는 경계선'을 그리고자 한 사람들이 우연히 잘못된 특징을 골랐다고 말하고 있는 것이 아니다. 고통을 받거나 기쁨을 얻는 능력은 이익 일반을 가지기 위한 전제이며, 우리가 어떻게든 의미 있게 이익을 이야기하기 전에 충족되어야만 하는 조건이다. 학생들이 길에서 돌멩이를 차는 것이 돌멩이에게 이익이 되지 않는다고 말하는 것은 무의미할 것이다. 돌멩이는 이익을 가지지 않는다. 왜냐하면 그것은 고통을 받지 않기 때문이다. 우리가 돌멩이에게 할 수 있는 어떠한 일도 돌멩이의 복리에 변화를 가져올 수 없을 것이다. 반면에 쥐는 차인다면 고통을 받을 것이기 때문에, 학대받지 않는다는 이익을 가진다.

만일 한 존재가 고통을 받는다면, 그러한 고통을 고려하지 말아야 할 도덕적 이유가 있을 수 없다. 그 존재가 어떤 본성을 가졌든 간에, 평등의 원칙은 그 존재의 고통을—어떤 다른 존재와 대략의 비교가 이루어질 수 있는 한—다른 존재들의 비슷한 고통과 동등한 것으로 볼 것을 요구한다. 만약 한 존재가 고통이나 행복이나 즐거움을 겪을 수 없다면, 고려해야 할 것은 아무것도 없다. 이러한 것이 타자의 이익을 고려할 때 감각sentience이라는 경계선이 유일한 옹호 가능한 경계선이 되는 까닭이다. (엄격히 들어맞지는 않는다 해도 편리하고 간단하다는 이유로, 나는 감각이라는 말을 고통을 겪거나 행복이나 즐거움을 누릴 수 있는 능력이라는 의미로 사용하고자 한다.) 지능이나 합리성과 같은 특징을 이러한 경계선으로 삼는 것은 자의적인 일이 될 것이다. 지능이나 합리성을 선택한다면 피부색과 같은 다른 특징들을 선택하지 않을 이유는 어디에 있겠는가?

인종주의자racist는 자기네들과 다른 인종 간에 이익충돌이 있을 때, 자기 인종 사람들의 이익을 더 중요시함으로써 평등의 원칙을 위배한다. 노예제도를 지지하는 유럽계 인종주의자들은 전형적으로, 아프리카계 사람들이 느끼는 고통을 유럽계 사람들이 느끼는 고통과 같이 중요한 것으로 받아들이지 않았다. 마찬가지로 종족주의자speciesist들도 자기네들과 다른 종족에 속하는 존재들 간에 이익충돌이 있을 때, 자기 종족의 구성원들의 이익을 보다 중요시한다. 인간종족주의자들은 돼지나 쥐의 고통을 인간의 고통과 같이 나쁜 것이라고 받아들이지 않는다.

이것이 인간이 아닌 동물에게 평등의 원칙을 확장하는 논변 전부이다. 그러나 이러한 평등이 실제에서 무엇을 의미하는가에 대해서는 약간의 의문이 있을지도 모른다. 특히 앞 단락 마지막 문장에 대하여 사람들은 이렇게 대답하고자 할지도 모른다. "확실히 쥐가 느끼는 고통 자체는 인간이 느끼는 고통만큼 나쁘지 않다. 인간은 자신에게 어떤 일이 일어나고 있는지를 보다 잘 알고 있으며, 이것이 인간의 고통을 더욱 나쁘게 만든다. 예컨대 암으로 천천히 죽어 가고 있는 사람의 고통과 실험실에서 같은 운명에 처한 쥐의 고통이 같다고 할 수 없다."

위와 같은 경우에 암으로 죽는 인간이 마찬가지 상황에 놓인 인간이 아닌 것들보다 일반적으로 더 많은 고통을 겪는다는 것을 나는 충분히 인정한다. 그러나 이것으로 인하여 인간 아닌 것들에게 이익에 대한 평등한 고려를 확장시키는 것이 좌절되지는 않는다. 오히려 이는 우리가 다른 종들 간의 이익을 비교할 때 주의를 해야만 한다는 것을 의미한다. 어떤 상황에서는 어떤 종의 구성원은 다른 종의 구성원보다 더 큰 고통을 겪을 것이다. 이런 경우에도 여전히 우리는 이익 평등고려의 원칙을 적용해야만 한다. 그러나 이런 경우, 우리는 우선 더 큰 고통을 덜어 주어야 한다. 보다 간단한 경우를 생각해 보면 아마 이를 확실히 알 수 있을 것이다.

만약 내가 손바닥으로 말의 엉덩이를 세게 친다면 아마 말은 움직이기 시작할 것이다. 그러나 말은 짐작건대 거의 고통을 느끼지 않을 것이다. 말의 피부는 단순히 치는 것을 견뎌 낼 수 있을 만큼 충분히 두텁다. 그러나 내가 똑같은 방식으로 아기를 친다면 아기는 울 것이며, 아마도 고통을 느낄 것이다. 왜냐하면 아기의 피부는 훨씬 민감하기 때문이다. 그러므로 똑같은 힘으로 친다고 해도 아기를 치는 것이 말을 치는 것보다 더욱 나쁘다. 우리가 손바닥으로 아기를 쳐서 주는 것과 같은 고통을 말에게 주려면 그에 걸맞은 타격방식이 있을 것이다. 그것이 정확히 어떤 것일지는 잘 모르겠지만 아마 큰 매로써 두들겨 패야 할 것이다. 이것이 내가 말하는 '같은 양의 고통'을 의미하는 것이다. 만약 우리가 아기에게 마땅한 이유 없이 그만한 고통을 가하는 것이 잘못이라고 생각한다면, 우리가 종족주의자가 되지 않기 위해서는,

마땅한 이유 없이 말에게 같은 양의 고통을 가하는 것도 동등하게 잘못이라고 간주해야만 한다.

다른 복잡한 문제를 일으키는 인간과 동물 간의 다른 차이점들이 있다. 정상적인 성인은 그가 가지고 있는 정신능력 때문에 어떤 경우에는 같은 경우에 처해 있는 동물보다도 더 많은 고통을 느낄 수 있다. 예를 들어서, 만일 우리가 극도로 고통스러운 치명적인 과학적 실험을, 공원에서 무작위로 납치되어 온 사람에게 수행한다면, 공원에 가는 성인들은 납치될지도 모른다는 두려움을 느낄 것이다. 이렇게 생겨나는 공포는 실험의 고통에 더하여지는 그러한 종류의 고통이 될 것이다. 똑같은 실험이 동물에 수행된다면, 고통을 덜 일으킬 것이다. 왜냐하면 동물은 납치되어 실험대상이 될지도 모른다는 예기적인 두려움을 느끼지 않을 것이기 때문이다. 물론 이는 동물에게 실험을 하는 것이 **옳을** 것이다가 아니라, 만약 실험이 어쨌든 행하여져야만 한다면, 정상적인 성인보다는 동물을 이용해야 할 종족주의적이지 않은 이유가 있다는 것을 의미할 뿐이다. 그러나 바로 이와 같은 논변이 정상적인 성인보다는 심각한 정신적 장애를 가진 사람들이나 어린이들, 아마도 고아들을 실험에 사용할 이유를 보여 준다는 점에 주목해야만 한다. 왜냐하면 어린이나 심각한 정신적 장애를 가진 사람들은 그들에게 어떤 일이 일어날 것인지를 또한 모를 것이기 때문이다. 이러한 논의에서는, 동물이나, 어린이나, 심각한 정신적 장애를 가진 사람들은 같은 범주에 속한다. 그래서 동물에 대한 실험을 정당화하기 위해 이러한 논변을 사용한다면, 우리는 어린이나 심각한 정신적 장애를 가진 어른에게도 역시 실험을 허용할 준비가 되어 있는지를 스스로에게 물어야만 한다. 만약 우리가 동물과 이러한 사람들을 구분하고자 한다면, 도덕적으로 옹호할 수 없는 우리 종족에 대한 선호 외에 그 어떤 것을 근거로 삼을 수 있겠는가?

　기대, 보다 자세한 기억, 현재 진행되고 있는 일에 대한 보다 자세한 의식 등과 같이 정상적인 성인의 보다 탁월한 정신적 능력 때문에 차이가 나는 많은 영역들이 있다. 이러한 차이들에 의해 암으로 죽어 가는 인간이 암으로 죽어 가는 쥐보다 왜 더 많은 고통을 겪을 것 같은가를 설명할 수 있다. 인간의 입장을 더 참기 어렵게 만드는 것은 정신적 고통이다. 그러나 이러한 차이들이 정상적인 인간 쪽에서 겪는 더 큰 고통들만 지적하고 있지는 않다. 때때로 동물이 그들의 보다 제한된 이해력 때문에 더욱 큰 고통을 겪을지도 모른다. 예컨대, 전시에 포로를 잡았을 때 우리는 그들에게 체포, 수색, 감금에 그들이 복종해야 하며, 그렇게 하지 않으면 해를 입을 것이고, 전쟁이 끝나면 석방될 것이라는 것을 설명할 수 있다. 그러나 우리가 야생동물을 잡았을 때는, 우리가 생명을 앗아갈 것이 아니라는 사실을 설명할 수 없다. 야생동물은 강제하고 구속하려는 시도와 죽이려는 시도를 구분할 수 없다. 어느 것이든 마찬가지로 큰 공포감을 일으킨다.

　여러 종족들의 고통을 비교하는 것이 불가능하며, 이런 이유로 동물과 인간의 이익이 충돌할 때 평등의 원칙이 아무런 지침이 되지 못한다는 반대가 있을지도 모른다. 다양한 종들의 고통이 정확히 비교될 수 없다는 것은 사실이다. 그렇다고 한다면 여러 인간들 간의 고통도 정확히 비교될 수 없다. 정확성은 본질적인 것이 아니다. 곧 보게 될 것이지만, 인간의 이익이 그로 인해 생기는 동물의 손해보다 클 때에만 동물에게 고통을 가하는 것을 허락하려 해도, 우리가 동물을 다루는 방식들, 즉 육식, 사육방법, 많은 과학영역에서의 실험절차, 야생과 사냥에 대한 우리의 태도, 올가미사냥과 모피 의복, 서커스, 로데오, 동물원과 같은 오락영역 등에서 근본적인 변화를 일으켜야만 한다. 이렇게 된다면 우리가 부과하는 엄청난 양의 고통이 덜어질 것이다.

이제까지 동물들에게 고통을 가하는 것에 대하여 많은 것을 말해 왔지만 죽이는 것에 대해서는 아무 말도 안했다. 이는 의도적인 것이었다. 고통을 가하는 데 평등의 원칙을 적용하는 것은 적어도 이론적으로는 매우 직접적인 것이다. 아픔과 고통은 나쁘며, 그것을 겪고 있는 존재의 인종, 성, 종족에 관계없이 방지되거나 최소화되어야 한다. 고통이 얼마나 나쁘냐 하는 것은 그것이 얼마나 강한가, 그것이 얼마나 지속적인가에 달려 있다. 그러므로 똑같은 강도와 지속성을 가지는 고통은 인간이 느끼든 동물이 느끼든 마찬가지로 나쁜 것이다. 그러나 생명의 가치를 고려하게 될 때는, 인간의 생명이든 동물의 생명이든 생명은 생명이고, 동등한 가치를 가진다고 그렇게 아주 자신 있게 말할 수는 없다. 자기를 알고 있고, 추상적인 사고를 하고, 미래를 계획할 수 있고, 복잡한 의사소통 등의 능력을 가진 존재의 생명을 이러한 능력을 가지지 못한 존재의 생명보다 더 중요하다고 주장하는 것이 종족주의는 아닐 것이다. (지금 단계에서, 나는 이러한 견해가 정당화될 수 있느냐 없느냐를 말하고 있는 것이 아니라, 그러한 것이 종족주의적인 것으로 간단히 배격될 수 없다고 말하고 있는 것이다. 왜냐하면 종족 그 자체를 근거로 하여 한 생명이 다른 생명보다 더 중요하다고 주장하고 있는 것이 아니기 때문이다.) 생명의 가치는 어려운 윤리적 문제로서 악명 높다. 우리는 생명 일반의 가치를 논의한 다음에만, 인간 생명과 동물 생명의 상대적 가치에 관하여 합리적인 결론에 도달할 수 있을 것이다. 이것은 다음 장의 주제이다. 우선은, 생명의 가치에 대한 우리의 결론과 관계없이, 이익 평등고려의 원칙을 우리 종족 바깥에 적용함으로써 도출되는 중요한 결론들을 살펴보자.

제2절 종족주의의 실제

1. 음식으로서의 동물

현대 도시사회에서 대부분의 사람들이 인간이 아닌 동물과 마주치는 주된 형태는 식사이다. 동물을 음식으로 이용하는 것은 아마도 가장 오래되고 가장 널리 퍼진 동물 이용방식일 것이다. 그리고 이는 이것이 동물을 이용하는 가장 기본적인 방식이며, 동물이 우리의 필요와 이익을 충족시키기 위해 우리가 사용해야 할 물건이라고 보는 윤리의 주춧돌이기도 하다.

동물 자신의 권리를 고려한다면, 우리가 동물을 음식으로 이용하는 것은 문제가 있다. 북극권에서 전통적인 생활방식으로 살고 있는 이누이트Inuit는 동물을 죽여 음식으로 삼지 않으면 굶어 죽어야 하는 그러한 환경에 살고 있기 때문에, 자신들의 생존이라는 이익이 그들이 죽이는 동물의 생존이라는 이익을 능가한다고 합리적으로 주장할 수도 있다. 우리들 대부분은 이런 방식으로 우리의 식단을 옹호할 수 없다. 산업화된 사회의 시민들은 동물의 고기를 이용하지 않고서도 적합한 음식을 쉽게 얻을 수 있다. 동물의 고기가 좋은 건강이나 장수를 위해 필수적이지도 않다. 물론 철저한 채식주의 식사를 하기 위해서는, 특히 어린 아이들의 경우에는, 상당한 주의를 기울여야 하고, 또 비타민

B_{12}를 섭취해야 하지만, 실제로 인간은 어떤 동물 생산물을 먹지 않고도 건강하게 살 수 있다. 산업사회에서 동물의 고기는 음식을 생산하는 효과적인 방식도 아니다. 왜냐하면 산업사회에서 소비되는 대부분의 동물들은 우리가 직접 먹을 수 있는 곡물이나 다른 음식을 먹여서 살을 찌우기 때문이다. 우리가 곡물을 동물에게 먹일 때, 단지 영양가의 25% 정도만, 그리고 어떤 경우에는 겨우 10%만이 인간이 소비할 수 있는 고기로서 남게 된다. 그래서 곡물을 심기에 부적합한 방목지에서 동물을 키우는 경우를 제외하고, 동물을 먹는다는 것은 건강을 위해서도, 식량증산을 위해서도 적합하지 않다. 동물의 고기는 사람들이 그 맛을 좋아하기 때문에 먹는 사치품이다. (가축산업은 또 전체 수송산업보다 지구온난화에 더 크게 기여한다.)

산업사회에서 인간이 동물의 고기를 음식으로 사용하는 것을 윤리적으로 생각해 보려 한다면, 그 상황에서 상대적으로 작은 인간의 이익과 먹혀지는 동물의 생명과 복지가 정말 균형을 이루는가를 따져보아야 한다. 이익 평등고려의 원칙에 따를 때, 작은 이익 때문에 큰 이익을 희생하지 말아야 하기 때문이다.

동물들을 음식으로 사용하는 것에 반대하는 주장은, 동물들의 고기를 아주 값싸게 생산하기 위해 동물들의 삶을 비참하게 만들 때, 최고조에 이르게 된다. 현대의 집중적인 형태의 농장들은, 동물이 우리가 이용할 대상이라는 태도에 입각하여, 과학과 기술을 응용하고 있다. 시장에서의 경쟁 때문에 고기 생산자들은, 동물들의 삶을 더욱 비참하게 만듦으로써 가격을 쉽게 낮추는 경쟁자들을 따라 할 수밖에 없다. 이러한 방식으로 생산된 고기, 달걀, 그리고 우유를 산다면, 우리는 감각이 있는 동물을 평생 동안 답답하고 부적합한 환경 속에 감금하는 육류생산방식을 감내해야 한다. 동물들은 사료를 고기로 전환시키는 기계와 같이 다루어지고 있다. 더 높은 '전환율'을 이룩할 어떠한 기술혁신도 채택될 것 같다. 이 문제에 대한 한 권위자가 말했듯이, "이득이 있는 한 잔인성은 문제가 되지 않는다." 종족주의를 피하기 위해서 우리는 이러한 관행을 중단해야만 한다. 우리가 지금의 태도를 바꾸지 않는다면 이는 공장식 농장주들을 지지하게 된다. 이러한 지지를 철회하기로 결심하는 것은 어려울지도 모른다. 그러나 그것은 남부의 백인들이 그들 사회의 전통을 거슬러 그들의 노예를 해방하는 것이 어려웠을 것보다는 덜 어렵다. 만약 우리가 우리의 식사습관을 바꾸려 하지 않는다면 어떻게 자신의 생활방식을 바꾸지 않으려고 했던 노예소유주들을 책망할 수 있겠는가?

이러한 논변은 공장식 농장factory farm에서 길러지는 동물들에게 적용된다. 이는, 우리가 먹는 고기가 공장식 농장에서 생산된 것이 아니라는 것을 알지 못하는 한, 우리가 닭이나 돼지고기나 송아지고기를 먹지 말아야 한다는 것을 의미한다. 똑같은 것이 (대부분의 미국의 쇠고기가 그렇듯이) 북적대는 사육장에 갇혀 있던 소에서 나온 쇠고기에도 적용된다. 달걀이 '조롱 없이' 또는 '자유 방목지'에서 길러진 닭이 낳은 것으로 특별히 팔리지 않는 한, 닭살은 너무 좁아서 날개조차도 펼칠 수 없는 철망조롱에 갇혀 있는 닭에서 생산된다. (이 글을 작성하고 있는 지금, 스위스는 아파트식 닭장을 금지하였고, 유럽연합은 이러한 금지를 단계적으로 실시하는 과정 중에 있다. 미국의 캘리포니아 주는 2008년에 이를 금지하는 투표를 실시하였는데 2015년에 효력이 발생할 예정이다. 2009년에 미국의 미시간 주에서 통과된 법은 아파트식 닭장을 10년에 걸쳐서 단계적으로 폐지하도록 하고 있다.) 유제품 또한 보통 우리에 갇혀 초원으로 나갈 수 없는 젖소로부터 나온다. 게다가 젖이 계속 나오도록 하기 위해, 낙농장의 젖소는 매년 임신을 하도록 하고, 송아지가 태어난 직후 바로 새끼와 분리시킨다. 그래서 우리가 우유를 마실 수 있다. 이러한 일은 암소와 송아지 모두를 슬프게 한다.

  공장식 농장의 동물들이 겪는 고통에 관심을 가진다고 해서 우리 모두가 채식주의 식단을 차릴 필요는 없다. 왜냐하면 야외에서 방목된 동물들로부터의 축산물들을 살 수 있기 때문이다. (축산물에 '유기농'이라는 표식이 있다면, 이는 동물이 야외에 나갔다는 의미여야 하지만, 이러한 규칙에 대한 해석은 때로 느슨하다.) 자유롭게 방목된 동물들의 삶은 의심할 여지없이 공장식 농장에서 사육되는 동물들의 삶보다는 낫다. 그러나 방목되는 동물들을 음식으로 이용하는 것이 이익의 평등한 고려와 병립할 수 있는지는 여전히 의심스럽다. 물론 한 가지 문제는 그들을 음식으로 사용하기 위해서는 그들을 죽여야 한다는 것이다. (알을 낳는 암탉과 우유를 내는 암소들조차도 그것들의 생산성이 떨어지기 시작하면 죽인다. 이러한 죽음은 그들의 자연적인 수명보다 훨씬 이른 것이다.) 그러나 이 문제는 앞에서 말했듯이 다음 장에서 다루게 될 것이다. 동물들의 생명을 빼앗는 것 외에도 동물들을 값싸게 우리의 저녁식탁에 올려놓기 위해서 해야 하는 많은 일들이 있다. 거세, 어미와 새끼의 분리, 무리의 분리, 낙인, 수송, 도살장 운영, 그리고 마지막으로 도살의 시간, 이 모든 것들에서 동물들은 고통을 받기 쉽고 동물들의 이익은 고려되지 않는다. 아마도 이러한 방식으로 동물들에게 고통을 주지 않기 위해서는 소규모로만 동물을 사육해야 할 것이다. 어떤 농부들은 '자비로이 길러진' 축산물을 생산한다는 긍지를 가진다. 그러나 '자비로움'의 기준은 크게 다르다. 동물을 보다 더 자비로이 다루기 위한 변화는 어떤 것이든 환영이다. 그러한 이러한 방식들로 우리의 거대한 도시 인구가 지금 소비하고 있는 광대한 축산물을 생산할 것 같지 않다. 적어도 우리는 우리가 소비하고 있는 고기, 달걀, 그리고 여러 축산물들의 양을 상당히 줄여야만 할 것이다. 어쨌든 중요한 문제는 동물의 고기가 고통 없이 생산**될 수 있느냐** 여부가 아니라, 우리가 사려고 하는 고기가 고통 없이 생산**되었느냐** 여부이다. 그런지 아닌지를 확신할 수 없다면, 이익 평등고려의 원칙에 따를 때, 우리 자신의 보다 작은 이익을 위해 동물의 중요한 이익을 희생시키는 것은 그릇된 일이다. 이러한 생산 과정의 결과물을 사는 것은 이러한 생산과정을 지지하고 생산자들이 그 일을 계속하도록 격려하는 것이다. 발전된 사회에서 살고 있는 우리는 넓게 음식을 선택할 수 있고 이러한 산물들을 먹을 필요가 없기 때문에, 우리가 축산물들을 생산하는 잔인한 시스템이 계속되도록 격려하는 것은 옳지 않다.

우리가 먹게 될 동물이 어떻게 살아왔고 어떻게 죽었는지 알기 어려운 도시에 살고 있는 우리에게, 위와 같은 결론은 우리를 채식주의자들의 생활방식에 가까운 방식을 취하도록 한다. 이 장의 마지막 절에서 이에 대한 몇 가지 반론을 살펴보겠다.

2. 동물실험

종족주의가 가장 명백히 나타나는 영역은 아마 동물을 실험에 사용하는 경우일 것이다. 이 경우에 문제는 적나라하게 나타난다. 왜냐하면 실험자들은 종종 동물에 대한 실험을, 그것이 인간에 대한 어떤 것을 발견하게 해준다고 주장함으로써, 정당화하려 하기 때문이다. 그러나 만약 그렇다면 실험자는 인간과 인간이 아닌 동물이 중요한 점에서 비슷하다는 주장에 동의해야만 한다. 예를 들어서, 쥐에게 굶어 죽거나 음식을 얻기 위해서 전기철망을 통과하거나 둘 중의 하나를 선택하도록 강요하는 것이, 인간이 스트레스에 대하여 어떤 반응을 보일지를 알게 한다면, 우리는 이러한 종류의 상황에서 쥐가 스트레스를 받고 있음을 가정해야만 한다.

사람들은 때때로 모든 동물실험이 중요한 의학적 목표에 기여하고 있으며, 실험이 만들어내는 고통보다 덜어주는 고통이 더욱 크기 때문에 실험은 정당화될 수 있다고 생각한다. 이러한 안이한 생각은 잘못된 것이다. 1920년대에 '치사량Lethal Dose'이나 샘플 동물의 50%가 죽게 되는 흡수율을 발견하기 위해 고안된 검사인 LD$_{50}$은 오늘날에도 여전히 다양한 목적으로 사용되고 있다. 예를 들자면, 인기 있는 주름개선 처치제인 보톡스라는 화장품을 시험하기 위해 사용된다. 이러한 목적을 위해서, 쥐에게 다양한 양을 투여한다. 충분히 높은 양이 투여된 쥐들은 호흡 근육이 마비됨에 따라 천천히 질식하여 죽는데, 물론 상당한 고통을 겪은 다음에 죽는다. 이러한 시험들은 인간의 고통을 방지하기 위해 필요하지 않다. [인간의 미용을 위해서만 필요하다.] 생산물들의 안전성을 시험하기 위해 동물을 이용하는 것 외에 대안이 없다고 하더라도, 대부분의 나이든 이들이 언제나 그러하듯이, 그러한 것들 없이, 주름을 가지고 살아가는 것을 배우는 것이 더 나을 것이다.

대학에서 행해지는 모든 실험이, 가하는 고통보다 덜어주는 고통이 많다는 주장을 근거로, 옹호될 수는 없다. 15년 이상 계속된 유명한 일련의 실험들에서, 위스콘신 주의 매디슨Madison에 있는 영장류연구센터에서 할로H. F. Harlow는 긴꼬리원숭이들을 어미에서 떼어내어 고립시켜 길렀다. 이러한 긴꼬리원숭이들을 정상적인 긴꼬리원숭이 사이에 집어넣었더니 그 긴꼬리원숭이는 계속 질리고 두려워하며 귀퉁이에 움츠리고 앉아 있었다. 그는 이러한 방식으로 긴꼬리원숭이를 조작하였다. 할로는 또 어미 긴꼬리원숭이를 신경질적으로 만들어서 새끼 긴꼬리원숭이의 얼굴을 쳐서 바닥에 쓰러뜨리고 얼굴을 바닥에 문대도록 하였다. 할로는 이미 죽었지만, 그가 죽은 후에도 여러 해 동안, 그의 어떤 제자들은 다른 미국 대학들에서 그의 실험을 변화시켜 가며 계속 수행했다.

이러한 경우나 이와 같은 많은 다른 경우에서, 인간의 이익이란 있지도 않거나 매우 불확실하다. 반면에 다른 종의 구성원들이 잃게 되는 것은 확실하고 실제적이다. 따라서 이러한 실험들은 종에 무관하게 모든 존재들의 이익을 평등하게 고려하고 있지 않음을 보여 준다. 과거에 있었던 동물실험에 대한 논의는 이 점을 종종 간과하였다. 왜냐하면 그러한 논의는 절대적인 표현으로 이루어졌기 때문이다. [동물실험 찬성론자들이 던진 물음은 다음과 같은 것이었다.] 동물실험 반대론자들은 한 마리의 동물에 실험을 행함으로써 치유할 수 있을 무서운 질병으로 수천 명의 사람이 죽도록 내버려두려고 하는가? 이는 순전히 가설적 질문이다. 왜냐하면 어떤 실험도 그러한 극적인 결과를 가져올 것이라고 예견될 수 없기 때문이다. 그러나 나는 이러한 질문의 가설적 성격이 명백히 인정되는 한도 내에서는 긍정적인 답이 주어져야 한다고 생각한다. 다시 말해서 하나 혹은 심지어는 한 다스의 동물이 수천을 구하기 위해 실험의 고통을 겪어야만 한다면, 나는 그렇게 하는 것이 옳고 이익에 대한 평등한 고려와도 일치한다고 생각한다.

제한된 숫자의 동물실험으로 수천의 사람을 구한다는 가설적 질문에 대해, 종족주의에 반대하는 사람들은 그들 나름의 가설적 질문으로 답할 수 있다. 실험을 하는 것이 수천을 구하는 유일한 방법이라 할 때, 실험자들은 심각하고 회복 불가능한 뇌손상을 입은 고아에게 그 실험을 하려고 하는가? (내가 '고아'라고 한정한 것은 부모의 감정이라는 복잡한 문제를 피하려고 했기 때문이다.) 그러한 고아를 실험자들이 사용하려 하지 않는다면, 그들이 인간이 아닌 동물을 사용하려고 하는 것은, 종족만을 이유로 해서 동물을 차별하고 있는 것으로 생각된다. 왜냐하면 짧은꼬리원숭이, 긴꼬리원숭이, 개, 고양이, 심지어는 쥐와 생쥐까지도 병실이나 다른 기관에서 겨우겨우 연명하고 있는 많은 심각한 뇌손상 환자들보다도 더욱 지성적이고, 자신에게 어떤 일이 일어나고 있는지를 더 잘 알고, 고통에 더욱 민감하다는 등의 이유 때문이다. 인간이 아닌 동물들은 가지고 있지 못하나 뇌손상 환자들이 가지고 있는 특징으로서 도덕적으로 유관한 것은 아무것도 없는 것으로 보인다. 이런 까닭으로, 동물과 동등하거나 더 낮은 감각, 의식, 감수성 등을 갖는 인간을 실험에 사용하는 것이 정당화될 수 없는 경우에, 동물에게 그러한 실험을 하는 것은 언제나 자기종족의 선호라는 편견을 드러내게 된다. 만약 이러한 편견이 제거된다면, 동물실험수가 엄청나게 줄어들 것이다.

    동물에 대한 소수의 실제적 실험들은, 내가 앞에서 받아들인 가설적 정당화 노선들에 따라, 이익 평등고려의 원칙을 범하지 않고서, 정당화될 수도 있다. 실제 실험에서 얻는 이득들이 가설적 예에서처럼 결코 확실하지 않더라도, 만약 이득이 충분히 크다면, 그러한 이득을 얻을 개연성이 충분히 높고 동물들이 겪을 고통이 충분히 작다면, 공리주의자들은 그렇게 하는 것이 나쁘다고 말할 수 없다. 이것은 실험이

고아인 뇌손상 환자인 인간에게 행해질 때에도 마찬가지이다. 특별한 동물시험의 정당화가 가능하든 않든, 동물을 연구에 사용하는 기관들의 현재의 관행은 정당화가 불가능하다. 지난 30년 동안의 약간의 개선에도 불구하고, 이러한 관행들은 여전히 동물의 이익에 대하여 동등한 고려에 결코 가까이 다가가지 못했다. 그러므로 지금 동물시험에 투여되고 있는 자금을, 동의하는 환자들이 참여하는 임상적 연구나 동물이나 인간이나 간에 어느 누구도 고통스럽게 하지 않는 다른 연구방법의 개발에 돌리는 것이 더 나을 것이다.

3. 종족주의의 다른 형태들

이제까지 동물을 음식으로 이용하는 것과 실험에 이용하는 것을 주로 다루어 왔다. 왜냐하면 이것들이 광범위하고 체계적인 종족주의의 실례들이기 때문이다. 물론 이것들이 인간이라는 종을 넘어서 이익평등고려의 원칙이 실천적으로 적용될 수 있는 유일한 영역들은 아니다. 모피무역, 여러 종류의 사냥, 서커스, 로데오, 동물원, 애완동물 사업 등 비슷한 문제를 일으키는 많은 다른 영역들이 있다. 이러한 문제들이 제기하는 철학적 물음들은 음식이나 시료로 동물을 이용하는 경우에 제기되는 물음들과 크게 다르지 않다. 이러한 문제들에 대해서는 독자들이 적합한 윤리원칙을 적용해 보기 바란다.

제3절 몇 가지 반론들

이 장에서 약술된 견해를 나는 1973년에 처음 제시했다. 그때는 아무런 동물해방운동이나 동물권리운동이 없었다. 이제 그러한 운동들이 있고, 수많은 동물 활동가들이 열심히 노력하여 많은 대중이 동물 오용에 대하여 알게 되었고, 매우 다양한 영역들에서 동물들의 구체적인 이득들 또한 증가하였다. 동물들의 이익들에 대한 평등한 고려라는 주장이 많은 측면들에서 점차 더 받아들여지고 있고 동물들을 위한 느리지만 확실한 진보가 아주 다양한 영역들에서 이루어지고 있지만, 많은 반대들도 계속 제기되고 있다. 이 장의 마지막 절인 이곳에서는 이러한 반대들 중 가장 중요한 것들에 대해서 답하고자 한다.

1. 동물들이 고통을 느끼는 것을 어떻게 아는가?

우리는 다른 존재의 고통을, 그것이 인간이든 아니든 간에, 직접적으로 경험할 수는 없다. 내 딸이 넘어져 무릎이 긁히는 것을 보았을 때, 나는 그 아이가 하는 행위방식을 보고 아이가 고통을 느끼고 있음을 알 수 있다. 아이는 울거나, 무릎을 다쳤다고 내게 말하거나, 긁힌 부위를 쓰다듬거나 한다. 나는 나 자신도 고통을 느낄 경우, 더 자제된 방식이기는 하겠지만, 그와 다소 비슷한 방식으로 행위할 것임을 알고 있다. 그래서 나는 그 아이가, 내가 무릎을 긁혔을 때 느끼는 것과 같은 것을 느끼고 있음을 받아들인다.

동물이 고통을 느낀다고 보는 근거도 내 딸이 고통을 느낀다고 보는 근거와 비슷하다. 고통을 당하고 있는 동물도 고통을 당하고 있는 인간과 같은 방식으로 행동한다. 동물들의 행동은 고통을 느끼고 있다고 믿기에 충분한 이유가 된다. 인간언어로 우리와 의사소통을 하도록 훈련받은 몇몇 동물을 제외하고, 동물이 자신이 고통을 느끼고 있다고 실제로 말할 수 없음은 사실이다. 그러나 영아와 유아들도 말할 수 없다. 그들은 자신의 내적인 상태를 드러내는 다른 방식을 찾아낸다. 이는 어떤 존재가 언어를 사용할 수 없다고 하더라도 그 존재가 고통을 느끼고 있다는 것을 우리가 확신할 수 있음을 보여 준다.

　동물의 행위로부터의 이러한 추론을 뒷받침하기 위해, 모든 척추동물, 특히 새나 포유동물의 신경체계들이 근본적으로 유사하다는 사실을 지적할 수 있다. 인간의 신경체계 중에 고통을 느끼는 것과 관련된 부분은 진화론적으로 볼 때 비교적 오래 된 것들이다. 우리 조상들이 다른 포유류로부터 떨어져 나온 후에야 비로소 발달된 대뇌피질과 달리, 기본적인 신경체계는 우리와 다른 '고등' 동물 모두가 비롯된 보다 먼 조상 때부터 진화된 것이다. 이러한 해부학적 유사성이 척추동물의 감각능력이 우리와 비슷하다는 주장을 그럴듯하게 해준다.

　무척추동물의 신경체계들은 우리와 그렇게 같지 않다. 이런 이유로 그것들도 고통을 느끼리라고 같은 정도로 확신을 가질 수는 없다. 굴, 홍합, 대합조개와 같은 쌍각류 조개늘의 경우, 고통이나 어떤 다른 형태의 의식능력이 없는 것으로 보이고, 그렇다면 이익 평등고려의 원칙은 그것들에는 적용되지 않을 것이다. 다른 한편으로, 전기 충격과 같은 자극에 대한 게나 참새우의 반응들 혹은 더듬이에 대한 자극을 연구한 과학자들은 고통을 시사하는 증거를 발견하였다. 게다가 어떤 무척추동물, 특히 맛난 음식이 들어 있는 유리그릇의 나사 뚜껑을 여는 것과 같은 어려운 문제의 해결법을 배울 수 있는 문어의 행동은 적어도 어떤 무척추동물에서 의식이 또한 진화하였다는 것을 수용하지 않고서는 설명하기 어렵다.

동물이 고통을 느낀다고 믿을 수 있게 하는 어떤 근거도 식물에는 적용되지 않는다는 것이 중요하다. 우리는 고통을 시사하는 행위를 식물에서는 발견할 수 없다. 식물들에 거짓말 탐지기를 붙여서 식물들의 감정을 감지했다는 놀라운 주장은 재현이 불가능한 것으로 판명되었다. 식물은 우리와 같이 중앙 집중적으로 조직된 신경체계를 갖고 있지 않다.

2. 동물들은 서로 잡아먹는데, 우리는 왜 그것들을 먹지 말아야 해?

이러한 반대는 프랭클린Benjamin Franklin의 반대라고 부를 수도 있다. 프랭클린은 그의 『자서전』에서 그가 한때 채식주의자였지만 그의 친구가 막 잡은 생선을 튀기기 위해 준비하고 있는 것을 보았을 때, 동물고기에 대한 절식을 그만두게 되었다고 회상하고 있다. 친구가 생선의 배를 갈랐을 때, 그 생선의 위 속에 더 작은 생선이 들어 있었다는 것이다. 그래서 프랭클린은 "그래, 너희들이 서로 먹는다면, 내가 너희들을 먹어서 안 될 이유가 없지"라고 생각하고, 그 이후로는 동물고기를 먹었다고 한다.

프랭클린은 적어도 정직했다. 이러한 이야기를 하는 중에, 그는 이러한 반대가 타당함을, 생선이 프라이팬에 이미 얹어져서 '아주 맛있는' 냄새를 풍긴 다음에야, 확신할 수 있었다고 고백하고 있다. 그리고 그는 '이성적인 존재'의 특권 중의 하나가 하고자 하는 모든 일에 이유를 발견할 수 있는 것이라고 지적하고 있다. 이러한 반대의견에 대해 제기될 수 있는 반박은 너무 명백해서, 프랭클린이 이렇게 생각을 바꾼 것은 그때의 배고픔이 그의 이성 능력을 압도했음을 입증하고 있다. 먼저, 음식을 마련하기 위해 다른 동물을 죽이는 대부분의 동물들은 만약 그렇게 하지 않으면 살아남을 수 없을 것인 데 반해, 우리는 [생존을 위해] 반드시 동물고기를 먹을 필요는 없다. 다음으로, 일반적으로 동물의 행위를 '야수적'이라고 생각하는 인간이, 자신들이 야만스런 행위를 하려 할 때, 동물들로부터 도덕적 지침을 구해야만 한다는 그러한 논변을 사용하는 것은 기이하다. 그러나 가장 결정적인 반박은 동물은 그들에게 개방되어 있는 여러 대안을 고려할 능력이나 그들의 식사의 윤리성을 반성할 능력이 없다는 것이다. 그러므로 동물들에게 그들이 하는 일에 대해 책임을 지게 하거나, 그들이 다른 동물을 죽인다고 해서 비슷한 방식으로 '대접'받아야 한다고 판정하는 것은 불가능하다. 반면에 독자들은 자신들의 식사습관의 정당화 가능성을 고려해야만 한다. 대안을 선택할 능력이 없는 존재의 흉내를 낸다고 해서 여러분들이 책임을 피할 수는 없다.

사람들은 때때로 동물들이 서로 잡아먹는다는 사실을 지적함으로써 약간 다른 주장을 한다. 그들은 이러한 사실이, 동물은 먹어도 좋다는 것을 의미하는 것이 아니라, 하나의 자연법칙이 있다는 것을 의미하고 있다고 생각한다. 이는 보다 강한 놈이 보다 약한 놈을 먹고 산다는 일종의 다윈적인 '적자생존'의 법칙인데, 이에 따를 때 우리가 동물을 먹는 것은 이러한 법칙 내에서 우리의 역할을 하는 것일 뿐이다.

동물은 서로 잡아먹는데, 우리는 왜 먹지 말아야 하는가라는 반문을 이렇게 해석하는 것은 두 가지 기본적인 잘못을 범하고 있다. 하나는 사실상의 잘못이고, 다른 하나는 추론상의 잘못이다. 사실적인 잘못은 우리가 동물을 먹는 것이 자연적인 진화과정의 한 부분이라는 가정이다. 이것은 음식을 구하기 위해 아직도 사냥을 하는 사람들에 대해서는 여전히 참일 수 있다. 그러나 공장식 농장에서 가축을 대규모로 길러내는 것과는 아무런 상관이 없다.

그렇지만 우리가 음식을 구하기 위해 사냥을 하고 이것이 자연적 진화과정의 일부분이라고 가정하자. 그러나 이러한 과정이 자연적이기 때문에 옳다는 가정에는 추론상의 잘못이 있다. 사춘기로부터 폐경기에 이르기까지 여자들이 매년 혹은 2년마다 아기를 낳는 것은 의심할 여지없이 '자연적인' 것이다. 그러나 이것이 자연적이라는 것이 이와 같은 과정에 간섭하는 것이 그릇된 것임을 의미하지는 않는다. 자연을 이해하고, 사물들이 왜 그러한가를 설명하기 위한 최선의 이론을 개발할 필요가 있다. 왜냐하면 그러한 방식으로만 우리는 우리의 행위가 어떤 결과를 가져올 것인가를 알 수 있기 때문이다. 그러나 어떤 일을 하는 자연적인 방식이 개선될 수 없는 것이라고 가정하는 것은 심각한 실수일 것이다.

3. 윤리와 상호성

서구의 전통적인 도덕철학의 주저 중에서 남아 전하는 가장 초기의 것인 플라톤의 『국가론』에는 윤리학에 대한 다음과 같은 견해가 실려 있다.

> 부정의를 행하는 것은 원래 좋은 것이며, 부정의를 겪는 것은 원래 나쁜 것이나, 전자의 좋음보다 후자의 나쁨이 더 크다고 그들은 말한다. 그래서

사람들이 부정의를 행하기도 하고 겪기도 하여 양자를 모두 경험하게 되면, 후자를 피하면서 전자를 얻을 수 없는 사람들은 누구나, 그들 중의 아무도 둘 다 하지 않기로 동의하는 것이 좋겠다고 생각하게 된다. 이렇게 하여 그들은 법과 상호적인 계약을 성립시킨다. 법에 의하여 정해진 것은 합법적이고 공정하다고 말한다. 이것이 이른바 정의의 기원이고 본질이다. 다시 말해서 정의는 모든 것 중에 가장 좋은 것, 즉 부정의를 행하고도 벌 받지 않는 것과 모든 것 중에서 가장 나쁜 것, 즉 보복할 힘없이 부정의를 겪는 것 간의 중용 내지 절충이다.

이것은 플라톤 자신의 견해는 아니다. 그는 그의 대화편의 주인공인 소크라테스Socrates가 이를 반박할 수 있도록 글라우콘Glaucon의 입을 빌려 이를 제시하고 있다. 이는 결코 일반적인 동의를 얻지 못해 온 견해이기는 하지만 또한 사라져 버리지도 않았다. 그것의 반향이 롤스나 고티에르David Gauthier와 같은 현대철학자들의 윤리이론 속에서 발견된다. 그리고 이는 이들 철학자들이나 다른 이들에 의해 동물을 윤리의 영역에서, 적어도 그 핵심에서, 제외시키는 것을 정당화하는 데 사용되었다. 왜냐하면 윤리의 근거가 타인이 나에게 불쾌한 일을 않는 한 나도 그에게 불쾌한 일을 않겠다는 것이라면, 내가 자제하고 있다는 것을 이해할 수 없고, 따라서 나에 대한 자신의 행위를 조절하지 못하는 존재에게 내가 불쾌한 일을 하지 말아야 할 아무런 이유가 없기 때문이다. 동물이 대체로 이러한 범주에 속한다. 내가 파도타기를 하고 있는데, 상어가 공격한다면, 동물의 이익에 대한 나의 존중은 아무 도움도 되지 않을 것이다. 서핑을 않을 때 보트의 안전을 위해 상어를 낚는 옆의 서핑하는 사람과 꼭 마찬가지로 나도 먹이가 되고 말 것이다.

동물은 상호작용을 할 수 없기 때문에, 이러한 견해에 의하면 동물은 윤리적 계약의 경계 밖에 있게 된다.

윤리에 대한 이러한 견해를 평가할 때, 우리는 윤리적 판단의 기원에 대한 **설명**과 이러한 판단의 **정당화**를 구분해야 한다. 윤리의 기원을 상호적인 이익을 위한 묵시적인 계약으로 설명하는 것은 그럴듯하다. (물론 다른 포유류 사회에서 볼 수 있는 유사 윤리적인 사회적 규칙들을 보면, 이러한 설명은 확실히 역사적인 상상에 불과하다.) 역사적 설명으로서 우리가 이러한 견해를 받아들인다 할지라도, 그로 인해 생겨나는 윤리체계의 옳음이나 그름에 대한 견해를 무엇이나 받아들여야만 하는 것은 아니다. 윤리의 기원이 아무리 자기이익적인 것이라 해도, 일단 우리가 윤리적으로 사고하기 시작하면, 이러한 세속적인 전제를 넘어서는 것이 가능하다. 왜냐하면 우리는 이성의 능력이 있고, 이성은 자기이익에 종속되어 있지 않기 때문이다. 우리가 윤리에 관해 이성을 발휘하면, 제1장에서 이미 보았듯이, 우리 자신의 개인적 이익이나 심지어는 어떤 분파 집단의 이익도 넘어서도록 하는 개념을 사용하게 된다. 윤리에 대한 계약론적인 견해에 따르면, 이러한 보편화 과정은 우리 인간들의 공동체라는 경계에서 멈추게 된다. 그러나 일단 이러한 과정이 시작되면, 그 점에서 멈춘다는 것이 우리의 다른 신념들과 일치하지 않음을 아마 알게 될 것이다. 아마도 자기 부족 사람의 숫자를 알기 위해서 수를 세기 시작한 최초의 수학자가 무한산법에로 이를 도정에 첫발을 내디뎠음을 알지 못하듯이, 윤리의 기원은 윤리의 종착점에 관하여 아무것도 말해 주지 못한다.

정당화의 문제로 돌아가 보면 계약론적 윤리설이 많은 문제들을 가지고 있음을 알 수 있다. 확실히 그러한 설명은 윤리의 영역에서 인간이 아닌 동물보다 더 많은 존재들을 배제시킨다. 심각한 정신적 장애를 가진 사람들은 동물과 마찬가지로 상호작용을 할 수 없기 때문에, 그들 또한 배제될 수밖에 없다. 이는 유아나 아주 어린 아이들에게도 적용된다. 그러나 계약론적 견해의 문제는 이러한 특별한 경우에만 한정되지 않는다. 계약론적 견해에 따르면 윤리적 계약을 하게 되는 궁극적 이유는 자기이익이다. 어떤 추가적인 보편적인 요소가 도입되지 않는다면, 어떤 집단의 사람들이 다른 집단의 사람들을 윤리적으로 대하는 것이 자신들의 이익이 되지 않을 경우, 그들은 그렇게 할 이유가 없게 된다. 만약 우리가 이를 실제로 받아들이면 우리의 윤리적 판단을 매우 극단적으로 변경시켜야만 한다. 예를 들어서, 아프리카계 노예를 잡아서 미국에 가져가 파는 백인 노예상인은 그들이 실제로 했던 것보다 더 좋게 흑인을 대우할 아무런 자기이익적인 이유가 없었다. 아프리카계 노예들은 복수할 수 있는 아무런 길이 없었다. 만약 노예상인들이 계약론자였다면, 윤리는 공동체의 경계에서 끝나게 되는데, 흑인은 그들 공동체의 일부분이 아니며—그때는 일부분이 아니었다.—따라서 그들에 대해서는 아무런 의무도 없다는 것을 설명함으로써, 그들은 노예폐지론자들에게 반박할 수 있었을 것이다.

그러나 계약론적 모델이 가져오는 가장 충격적인 결과는 미래에 올 세대들에 대한 우리의 태도와 관련된 것이다. 상호작용을 할 수 없는 사람들에게 우리가 아무런 책무를 갖지 않는다면 "왜 나는 후손들을 위해 무엇을 해야 하는가? 후손들이 내게 무엇을 해주었는가?"라는 물음을 제기할 수 있다. 어떻게 서기 2150년에 살 사람들이 우리의 삶을 좋게 또는 나쁘게 할 어떤 일을 할 수 있겠는가? 따라서 계약론적 견해에 따르면, 우리는 핵폐기물처리와 같은 문제를 걱정할 필요가 없다.

실제로 어떤 핵폐기물은 25만 년 동안 여전히 치명적일 수 있다. 그러나 그 폐기물을 100년 동안 우리에게 노출시키지 않을 캡슐에 담아 두는 것으로, 우리는 윤리가 우리에게 요구하는 모든 것을 한 셈이 된다.

이러한 예들을 볼 때, 윤리의 기원이 무엇이든지 간에, 우리가 지금 가지고 있는 윤리는 상호작용이 가능한 존재들 간의 암묵적인 양해를 넘어서 있다. 그리고 그러한 계약론적 토대로 돌아가는 일도 별로 가망 없어 보인다. 윤리의 기원에 대한 어떠한 설명도 우리의 도덕을 상호성에 기초하도록 강제하지 못하기 때문에, 그리고 이러한 결론을 옹호하는 어떤 다른 논변도 제시되지 않았기 때문에, 우리는 윤리에 대한 이러한 견해를 거부해야 한다.

논의가 여기쯤 진행되면, 어떤 계약이론가들은 계약에 대한 보다 느슨한 견해를 제시한다. 이는 우리가 도덕적 공동체 내에 있는데, 이들 공동체의 구성원 모두는, 실제로 그들이 상호작용을 할 수 있느냐와 무관하게, 그리고 그들이 언제 이러한 능력을 가지느냐와 무관하게, 상호적인 협약에 참여할 능력을 가지고 있거나, 가질 것이라고 주장한다. 간단히 말하자면, 이러한 견해는 더 이상 결코 상호성에 근거하고 있지 않다. 왜냐하면 (우리가 우리의 무덤이 말끔하기를, 혹은 우리의 기억이 영원히 보존되기를 열렬히 원하지 않는다면) 나중 세대가 언젠가 상호작용할 능력을 갖게 된다 하더라도 분명히 우리와의 상호적인 관계에 들어설 수는 없을 것이기 때문이다. 계약이론이 이러한 방식으로 상호성을 포기한다면, 계약론적 설명에서 남는 것이 과연 무엇이겠는가? 왜 계약론을 채택하겠는가? 어떤 사람들이 실제로 결코 우리와 합의할 수 없다면, 우리와 합의하는 능력을 가지는 사람들에게 도덕성을 한정하는 이유는 무엇인가? 핵심을 잃어버린 계약론의 껍데기에 매달리기보다는, 계약론을 몽땅 포기하고, 보편화 가능성을 근거로, 어떤 존재들이 도덕의 범위에 포함되는 것이 마땅한가를 고려하는 것이 오히려 나을 것이다.

4. 인간과 동물의 차이들

인간과 동물은 전혀 다른 **종류**의 존재라는 것은 서구문명의 대부분의 역사 중에 의심을 받지 않았다. 이러한 가정의 기초가 훼손된 것은, 우리가 동물로부터 발생했다는 것을 다윈이 발견함에 따라, 하나님이 자신의 모습을 본떠 인간을 창조했다는 이야기의 신빙성이 약해졌기 때문이다. 다윈 자신은 우리와 동물간의 차이가 종류kind의 차이라기 보다는 정도degree의 차이라고 주장하였다. 어떤 사람들은 오늘날에도 이러한 견해를 받아들이기가 어렵다고 생각한다. 그들은 인간과 동물을 구별할 기준을 찾아 나섰다. 지금까지 이러한 경계선들은 오래가지 못하고 폐기되었다. 예를 들어서 인간만이 도구를 사용한다는 사실이 주장되곤 했다. 그러나 [남미 동태평양의] 갈라파고스제도의 딱따구리는 나무의 틈 속에서 벌레를 파내기 위해서 선인장가시를 사용하고 있음이 관찰되었다. 다음으로 다른 동물들이 도구를 **사용**한다고 해도, 인간만이 유일하게 도구를 **만드는** 동물이라고 주장되었다. 그러나 구달Jane Goodall은 탄자니아의 정글에 사는 침팬지가 나뭇잎을 씹어 물을 적실 스펀지를 만들고, 벌레를 잡을 도구를 만들기 위해 가지에서 잎을 훑는 것을 발견했다. 언어의 사용이 또 인간과 동물의 경계라고 주장되기도 하였다. 그러나 침팬지, 보노보, 고릴라, 그리고 오랑우탄은 미국에서 귀머거리들이 사용하는 신호언어를 배웠으며, 앵무새는—그리고 앵무새뿐만은 아니지만—영어를 말하는 것을 배웠다.

　인간과 동물 간에 경계선을 그을려는 이러한 시도들이 사실과 일치해서 성공한다고 해도, 이것들은 지금 우리가 동물을 다루는 방식을 정당화하는 데 필요한 아무런 도덕적 근거를 제공할 수 없을 것이다. 벤담이 지적한 것처럼, 한 존재가 언어를 사용하지 않는다는 것이 그 존재의 고통을 무시할 이유가 결코 될 수 없다. 이는 그 존재가 도구를 사용하지 않는다고 해도 마찬가지이다.

　어떤 철학자들은 보다 근본적인 차이가 있다고 주장한다. 그들은 동물들은 생각할 수도 없고 추론할 수도 없으며, 따라서 자신에 대한 어떤 생각, 즉 자기에 대한 앎을 가지지 않는다고 주장한다. 동물들은 순간순간으로만 살고 있으며, 그리고 자신을 과거와 미래를 가지는 개별적 존재로 보지 못한다. 동물들에게는 자율성, 즉 어떻게 자신의 삶을 살아갈 것인가를 선택할 수 있는 능력이 없다. 자율적이고 자기를 아는 존재가 어떤 점에서는, 자신을 과거와 미래를 가지는 개별적 존재로 볼 능력을 가지지 못하고 순간순간 살아가는 존재보다도, 도덕적으로 더 중요하다고 주장되어 왔다. 이에 따르면 자율적이고 자기를 아는 존재의 이익이 다른 존재의 이익보다 도덕적으로 우선권을 갖는 것은 일반적으로 마땅하다. 지금으로서는 인간이 아닌 어떤 동물들이 자기를 알고 자율적인지 여부를 고려하지는 않겠다. 이를 생략하는 이유는 지금의 맥락에서는 이 물음에 달려 있는 것이 별로 많지 않다고 생각하는 까닭이다. 지금 우리는 이익 평등고려의 원칙을 적용하는 문제만을 고려하고 있다. 생명을 빼앗는 것을 그릇된 일로 만드는 것이 무엇인가를 다루는 다음 장에서 자기에 대한 앎이, 한 존재가 생명에의 권리를 가지느냐 여부에 대한 토론에서, 중요하다고 주장할 이유가 있음을 보게 될 것이다. 그 다음에 인간이 아닌 동물에게 자기에 대한 앎이 있다는 증거를 조사할 것이다. 그 전에 다루어야 할 보다 중요한 문제는, 한 존재가 자기를 안다는 사실이 어떤 우선적인 고려를 받을 자격을 그 존재에게 부여하는가이다.

자기를 아는 존재가 다른 존재보다 우선적인 고려를 받을 자격이 있다는 주장은, 자기를 아는 존재에게 일어난 어떤 일이 그의 이익에 반할 수 있지만, 비슷한 사건이 자기를 알지 못하는 존재의 이익에는 반하지 않을 것이라고 주장하는 정도라면, 이익 평등고려의 원칙과 양립할 수 있다. 자기를 아는 존재는 사건들을 보다 긴 시기의 전체적인 틀 속에 넣어서 고려할 수 있기 때문에, 다양한 욕망들을 가지기 때문에, 그리고 그 밖의 등등의 이유 때문에, 위와 같을 수도 있다. 그러나 이는 내가 이 장의 첫머리에서 이미 인정한 점이며, 극단적으로 우스꽝스러운 경우가 아니라면, 예컨대 나는 자기를 알고 있고 육용 송아지는 그렇지 못한데, 나에게 송아지고기를 빼앗아가는 것이 송아지에게 걷고 움직이고 풀을 뜯을 자유를 빼앗는 것보다 더욱 큰 고통을 일으킨다고 주장하는 것과 같은 것이 아니라면, 동물실험이나 공장식 농장에 가한 비판에서도 부정되지 않는다.

그렇지만 자기를 아는 존재가 단순히 감각만 있는 존재보다 더 많은 고통을 겪지 않을 경우에도, 자신에 대한 앎을 가지는 존재가 본래 더 가치 있는 유형의 존재이기 때문에 자신에 대한 앎을 가지는 존재의 고통이 더욱 중요하다고 주장한다면 그것은 다른 문제이다. 이는 비공리주의적 가치주장, 즉 제1장의 마지막 절에서 서술된 대로의 보편적 관점에서부터 간단히 도출될 수 없는 주장이다. 그곳에서 전개된 공리주의를 찬성하는 논변은 물론 잠정적인 것이었던 까닭에 그 논변을 사용하여 모든 비공리주의적 가치를 배제할 수는 없다. 그럼에도 불구하고 우리는 **왜** 자신에 대한 앎을 가지는 존재가 더욱 가치 있는 것으로 고려되어야 하는지, 특히 소위 자신에 대한 앎을 가지는 존재를 보다 가치 있게 보는 것이 결국, 자신에 대한 앎을 가지는 존재의 자기에 대한 앎이 문제되고 있지 않은 경우에서도, 그러한 존재의 보다 작은 이익을 오직 감각만 있는 존재의 보다 큰 이익보다 선호하게 하는지를 물을 권리가 있다. 자신에 대한 앎을 가지는 존재의 자기에 대한 앎이 문제되고 있지 않다는 점이 중요하다. 왜냐하면 우리는 지금 자신에 대한 앎을 가지는 존재의 생명이 위험에 처해 있는 경우가 아니라, 우리가 어떤 결정을 하든지 간에 자신의 능력을 보전한 채, 자신에 대한 앎을 가지는 존재가 계속 살아갈 경우를 고려하고 있기 때문이다. 이러한 경우에, 자신에 대한 앎이 있다는 것이, 자기를 아는 존재의 이익들이 자기를 알지 못하는 존재들의 이익보다 크거나 보다 불리하게 영향을 받지 않는다는 것을 의미하지 않는다면 왜 우리가 자신에 대한 앎을 논의에 도입해야 하는지, 비슷한 논의에 종족, 인종, 성을 끌어들이는 이유가 분명하지 않듯이, 마찬가지로 분명하지 않다.

자기에 대한 앎이나 자율성 혹은 그와 비슷한 특징이 인간과 인간이 아닌 동물을 구별하도록 해준다는 주장에 대해서 다른 반박이 가능하다. 즉 인간이 아닌 많은 동물보다 자기에 대해 더 알고 더 자율적이라고 주장할 수 없는 지적으로 장애가 있는 사람들이 있음을 환기시키는 것이다. 우리가 이러한 특징들을 이용해서 인간과 다른 동물들 사이에 간격을 둔다면, 우리는 이러한 덜 유능한 인간들을 우리 반대쪽에 놓아야 할 것이다. 그리고 이러한 간격이 도덕적 위상에서도 차이가 있음을 드러내는 것이라면, 이러한 사람들은 인간으로서보다는 동물로서의 도덕적 위상을 가지게 될 것이다.

5. 종족주의를 옹호하기

자신들의 입장이 지금 우리가 인간이 아닌 동물들을 다루는 방식으로 심각하게 지적인 장애를 가진 사람들을 다룰 자격을 우리에게 주게 된다는 반박을 받게 되면, 어떤 철학자들은 종족주의의 도구적인 가치를 대거나, 혹은 보다 대담하게는 종족의 구성원이라는 것 자체가 도덕적으로 유의미하다는 근거를 대며 종족주의를 옹호한다.

종족주의에 대한 도구적 옹호는 널리 사용되고 있는 '미끄러운 비탈길 slippery slope'이라는 논변을 동원한다. 이는 일단 우리가 어떤 방향으로 한 발자국 내딛게 되면, 우리는 미끄러운 비탈길에 서게 되어, 도덕적 심연 속으로 미끄러지는 것을 멈출 수 없게 된다는 주장이다. 현재 맥락에서 이 논변은, 실험을 하거나 먹기 위해 살찌워도 좋은 존재와 그렇게 하지 말아야 되는 존재를 구분할 명백한 선이 우리에게 필요하다는 것을 제시하기 위해 사용되고 있다. 어떤 종족의 구성원인가는 날카롭고 좋은 구분기준인 반면, 자기에 대한 앎, 자율성, 감각의 수준은 그렇지 못하다. 이러한 논변에 따르면, 일단 우리가 정신적 상애가 아무리 심각하다 하더라도 어떤 사람이 동물보다 더 높은 도덕적 위상을 가질 수 없다는 것을 허용하면, 우리는 내리막길을 미끄러져 내려가기 시작한다. 그 다음 단계는 사회적 부적응자의 권리를 부정하는 것이고, 가장 아래쪽에서는 자신이 좋아하지 않는 누구든 인간 이하로 분류함으로써 제거해 버리는 것이다.

미끄러운 비탈길 논변에 대응하기 위해서, 나의 논변의 목적이 어떤 인간들의 위상을 낮추기 위해서가 아니라 동물들의 위상을 높이기 위해서라는 것을 기억하는 것이 중요하다. 나는 지적으로 장애가 있는 사람들에게 그들이 병들거나 죽을 때까지 식품착색제를 강제로 먹여야 한다고 주장하고자 하지 않는다. 이렇게 하는 것이, 이러한 일을 토끼나 개에게 하는 것보다는, 그 물질이 인간에게 안전한가 여부를 보다 정확히 알려주기는 할 것이다. 나는 지적으로 장애가 있는 사람들을 비슷한 수준의 자신에 대한 앎이나 비슷한 고통수용 능력을 가진 인간이 아닌 동물에게 전이될 수 있는 이러한 방식으로 다루는 것은 옳지 못하다고 확신한다. 우리가 지금 지적으로 장애가 있는 사람들에게 기울이고 있는 보다 큰 관심을 동물들에게 주기보다는 우리가 지금 동물들을 관심 없이 다루듯이 지적으로 장애가 있는 사람들도 관심 없이 다룰 수도 있다는 것을 근거로, 우리가 동물을 다루는 방식을 변화시키려 하지 않는 것은 지나치게 비관적이다. 진짜로 미끄러운 비탈길의 위험을 확신한다면, 모든 감각 있는 존재들 즉 감각적 존재들은 자신에 대한 앎을 가지든 않든 기본적인 권리들을 가져야만 한다고 주장함으로써 위험을 피할 수 있다.

  미끄러운 비탈길 논변은 어떤 맥락에서는 소중한 경고로 기능할지도 모른다. 그러나 이른바 미끄러짐이 일어날 실제적인 가능성이 있다고 믿을 만한 특정한 이유들이 없다면, 이 논변에 너무 큰 비중을 둘 수는 없다. 왜냐하면 우리가 동물을 다루는 방식과 우리가 인간을 다루는 방식 사이의 연결이 있는데, 이는 [미끄러운 비탈길 논변과는] 반대 방향을 가리키고 있다고 꼭 마찬가지로 주장할 수 있기 때문이다. 많은 심리학과 범죄학 연구들은 폭력적인 범죄자들은 유아기나 사춘기 때 동물학대의 경험을 가졌을 가능성이 높다고 지적하고 있다. 아마 우리가 동물들을 더 잘 대한다면, 우리는 또한 우리 동료 인간들도 더 잘 대할 것이다. 틀림없이, 이것은 사변적 주장이다. 그러나 미끄러운 비탈길 논변도 또한 사변적인 주장이다. 그래서 두 주장은 서로를 상쇄하는 것으로 간주될 수 있다. 어쨌든, 우리가 지금 인간에게 부여하는 특별한 위상이 우리로 하여금 수없는 감각적 존재들의 이익을 무시하게 허용한다면, 이러한 상황을 개선하려는 우리의 시도가 기초하고 있는 원칙들이 나쁜 사람들에 의해 그들 나름의 목적에 맞춰 오용될 수도 있다는 단순한 가능성 때문에, 그러한 시도 자체가 단념되지는 말아야 한다. 그 대신에 우리는 이러한 오용에 대한 경계를 높여야 한다.

종족을 본질적인 도덕적 의미를 가지는 일로 만드는 데 보다 성공적인 한 논변은 심각한 정신적인 장애를 가진 사람들은 정상적인 인간을 다른 동물로부터 구분하게 하는 능력을 소유하지는 못했지만, 그럼에도 불구하고 마치 그러한 능력을 가진 것처럼 다루어져야만 한다고 주장한다. 왜냐하면 그들은 정상적으로는 그러한 능력을 소유하는 종에 속하는 구성원이기 때문이다. 말을 바꾸자면 이러한 제안은 우리가 개인들을 그들의 실제적 자질에 따라 다루지 말고 그가 속하는 종족의 일반적인 자질에 따라 다루어야 한다는 것이다.

이러한 제안이 우리 인종이나 성에 속하는 사람들을 다른 인종이나 성에 속하는 사람들보다 더 잘 대하는 것을 정당화하기 위해 사용된다면 단호하게 거부될 것임에도 불구하고, 우리 종족의 구성원을 다른 종족의 구성원보다 더 잘 대하는 것을 옹호하기 위해서는 채택된다는 사실은 흥미롭다. 앞 장에서 여러 민족 집단 간의 있을 수 있는 IQ 차이의 영향에 관하여 논의하면서, 나는 민족 집단들의 **평균** 점수의 차이가 어떻든 간에, 낮은 평균점수를 받은 집단의 어떤 구성원이 높은 평균점수를 받은 다른 집단의 어떤 구성원보다 점수가 더 높을 수 있고, 그래서 그러한 평균에 대한 해석이 어떻든 간에 그들 민족 집단의 평균점과 상관없이 사람들을 개인으로 다루어야만 한다는 점을 명백히 했다. 우리가 이를 받아들여 일관성을 유지하려 한다면, 심각하게 지적으로 장애가 있는 사람들을 다룰 때에도 그들에게 그들 종족의 정상적인 구성원에게 부여되는 권리나 위상을 부여해야 한다는 제안은 받아들일 수 없다. 인종이나 성별이 아니라 이번에는 종족 간에 구분선이 그어진다는 사실이 왜 특별한 중요성을 갖는가? 어떤 존재가 이런 경우에는 개인으로 다루어지고 저런 경우에는 집단의 성원으로 다루어져야 한다고 주장할 수는 없다.

또 이렇게 주장할 수도 있다. 심각한 지적 장애가 있는 사람들이 비록 다른 동물들보다 더 높은 능력을 가지지 못할지도 모르지만, 그래도 그들은 '우리'이며, 바로 그런 이유로 '우리'가 아닌 존재에게 우리가 가지지 못하는 책무를 그들에게 가진다는 것이다. 이러한 논변은 우리가 우리 자신을 누구라고 생각하는가라는 질문을 제기한다. 우리는 본질적으로 호모 사피엔스라는 종족의 구성원들이 아닌가? 아니면 우리는 본질적으로 자기를 아는 존재이거나 아마도 본질적으로 감각적 존재인가? 개인적으로 나는, 나와 의사소통을 할 수 있고 감정을 나눌 수 있는 지적인 외계인이, 생김새에서는 나와 훨씬 더 비슷하게 **보이더라도** 아주 심각한 장애를 가지고 있어서 어떤 의식 경험도 전혀 할 수 없는 우리 종족의 한 구성원보다, 나와 공유하고 있는 것이 더 많다고 느낄 것이다.

나와 같은 모습을 하고 있는 인간이, 외계인이나 어떤 다른 동물이 아마 일으키지 못할, 따뜻한 느낌을 일으킨다는 것은 이해 가능하다. 그렇지만 도덕성을 우리의 애정과 너무 밀접하게 묶는 것은 실수일 수 있다. 물론 어떤 사람들은 아주 심한 지적 장애를 가진 사람들과, 인간이 아닌 어떤 동물과 가지는 것보다, 더 가까운 관계를 가질지도 모른다. 그리고 그들에게 이러한 방식의 느낌을 가지지 않도록 이야기하는 것은 터무니없는 일이다. 그들은 단순히 그렇게 할 뿐이며, 그 자체로서 여기에는 좋은 것도 나쁜 것도 없다. 문제는 한 존재에 대한 우리의 도덕적 책무가 이러한 방식으로 우리의 느낌에 의거하여 주어져야만 하는가 여부이다. 잘 알려져 있듯이, 어떤 사람들은 그들의 이웃보다도 그들의 고양이와 더 밀접한 관계를 가진다. 도덕성과 애정을 연관시키는 사람들은, 고양이 애호가들이 불이 났을 때 이웃을 구하기에 앞서 고양이를 구한다면, 그 일이 정당하다고 할 것인가? 이러한 질문에 긍정적인 답을 할 사람들조차도, 사람들이 자신의 피부 색깔이 같거나 같은 종류의 머리칼을 가진 사람들에게 더 개인적인 관계와 더 큰 애정을 가진다면 그러한 사람들의 이익을 우선적으로 고려하는 것이 옳다고 주장하는, 인종주의자에게 찬성하기를 원치 않을 것이라고 나는 믿는다. 윤리가 우리에게 요구하는 것은 개인적 관계나 당파적 애정을 배제하라는 것이 아니라, 우리가 행동할 때, 우리의 행위에 의하여 영향 받는 사람들의 도덕적 요구를, 그들의 대한 우리의 감정과 어느 정도 독립시켜서, 평가하라는 것이다.

영국의 철학자 윌리엄스Bernard Williams는 2003년 죽기 직전에 "인간의 편견"이라는 아주 적절한 제목을 가진 글에서 종족주의를 옹호하였다. 윌리엄스는 우리의 모든 가치는 필연적으로 '인간적 가치'라는 주장으로부터 출발하였다. 물론 어떤 의미로 그것들은 그렇다. 우리는 아직 자신들의 가치를 설명하고, 반성하고, 논의하는 인간이 아닌 어떤 것을 만나지 못했기 때문에, 토론에 붙여지는 모든 가치들은 인간에 의해 형성되고 설명되었다는 의미에서 인간적이다. 우리의 가치들이 이러한 의미로 인간적이라는 사실은, 다른 존재에 대한 감정이입의 능력을 가지고 있는 어떤 합리적인 존재에 의해 받아들여질 수 있는 가치를 개발할 가능성을 배제하는 것은 아니다. 게다가, 그리고 이것이 가장 중요한 점인데, 우리 가치의 인간적 본성은, 우리의 가치가 어떠할 수 있고 어떠해야 하는지에 대하여, 특히 우리가 인간이 아닌 동물들의 고통들, 쾌락들, 그리고 삶들을 우리 자신들의 고통들, 쾌락들, 그리고 삶들보다 덜 중요하게 평가해야 하는지 여부에 대하여, 아무것도 이야기하지 않는다. 윌리엄스는 자신의 이름으로 "어떻게 동물을 다루어야만 하는가에 대한 관심은 인간적인, 다시 말해 자비로운 모습의 한 부분이다. 내가 말한 것 속에는 우리가 그것에 관심을 가지지 말아야 한다는 이야기는 하나도 없다"는 것을 인정한다. 그렇다면 우리의 가치가 인간적 가치라는 사실의 의미는 무엇인가? '인간의 편견'에 대한 윌리엄스의 궁극적인 옹호는 놀랍게도 투박한 것이다. 그는 우리에게, 자비로운 공정한 마음을 지니고 멀리 내다보기에 우리를 제거하는 것이 필요하다고 판단하는 외계인에 의해 지구가 식민화되었다고 상상해 보라고 요구한다. 그 다음에 그는, 그러한 결정이 아무리 공정한 마음으로 아무리 충분한 정보에 의해서 이루어졌다고 하더라도, (아마도 우리는 우리의 고칠 수 없는 공격성이 조만간 지구를 파괴할 것이라고 상상할 수 있다.) 우리는 이러한 외계인들에 대하여 우리 종족의 편을 드는 것이 올바를 것이라고 주장한다. 윌리엄스가 말하는 궁극적 질문은 "너는 어느 편인가?"이다.

우리는 그러한 질문을 전에도 들은 적이 있다. 전쟁 시에, 혹은 인종적, 민족적, 종교적, 혹은 이데올로기적인 갈등의 시기에, "너는 어느 편인가?"는 집단을 연대시키기 위해 그리고 투쟁에 대한 어떠한 의문시도 배반이라는 것을 지적하기 위해 이용되었다. 1950년대 미국에서 매카시Joseph McCarthy 상원의원의 추종자들은 공산주의와 싸우는 자신들의 방법들에 반대하는 사람들에게 이를 물었다. 미국의 부시George W. Bush 대통령 행정부의 고위 인물들은 자신들을 비판하고 있는 사람들이 테러리스트들을 지지하고 있다는 것을 보여 주기 위해 이를 사용하였다. 그러한 질문은 세계를 '우리'와 '그들'로 분할하고, 이러한 구분이라는 단순한 사실이 아주 다른 질문, 즉 "해야 할 올바른 일이 무엇인가?"를 초월해야 한다고 요구한다. 이러한 환경에서 해야 할 올바르고 용기 있는 일은 "나의 부족 (나라, 인종, 민족 집단, 종교 등)이 옳거나 그르다"라고 말하도록 자극하는 부족의 본능을 편들지 말고, "나는 옳은 일을 하는 쪽이다"라고 말하는 것이다. 공정한 마음을 가지고 충분한 정보를 가지고 멀리 내다보는 판사가 보다 큰 부정의와 불행을 피하기 위해 우리 종족의 '제거' 외에는 대안이 없다고 결정할 수도 있다고 상상하는 것은 터무니없는 것이기는 하지만, 만약 이것이 실제라고 한다면, 우리는 부족, 즉 종족적 본능을 거부하고 윌리엄스의 질문에 같은 방식으로 [즉, 옳은 일을 하는 쪽이라고] 대답해야 한다.

제4장

살생이 그릇된 까닭은?

앞의 세 장의 내용을 단 몇 마디로 요약하면, 제1장에서는 윤리의 개념을 정립했으며, 제2장에서는 이로부터 이익 평등고려의 원칙을 추출하고 이 원칙을 이용하여 인간의 평등에 관한 문제들을 해명했고, 제3장에서는 이 원칙을 인간이 아닌 동물에 적용했다.

그래서 이익 평등고려의 원칙은 이제까지의 많은 논의에 배경이 되어 왔다. 그러나 앞 장에서 지적했듯이, 고통을 피하거나 쾌락을 경험하는 것과 같은 이익과 관련해서는 바로 이 원칙을 적용할 수 있지만, 생명이 문제가 될 때에는 그렇지 못하다. 이 장에서는 살생의 그릇됨에 관한 견해들을 살펴보고자 한다. 이러한 것들이 다음 장들에서 어떠할 때 어떤 이를 죽이는 것이 그릇된 일인가, 그리고 어떠할 때 어떤 이가 죽도록 방치하는 것이 그릇된 일인가와 같은 실천적인 문제들을 다루기 위한 기초가 될 것이다.

제1절 인간의 생명

 사람들은 종종 생명이 신성한sacred 것이라고 말한다. 사람들이 말하는 것이 말 그대로일 경우는 거의 없다. 그들이 의미하고 있는 것은, 그들의 말 그대로, 모든 생명이 신성하다는 것이 아니다. 만약 그렇다면, 돼지를 잡거나 배추를 뽑아 내는 일도 인간을 죽이는 것과 마찬가지로 질색할 일이 될 것이다. 사람들이 생명이 신성하다고 말할 때, 그들이 생각하고 있는 것은 사람의 생명이다. 그렇다면 왜 사람의 생명에만 특별한 가치가 있는가?
 인간의 생명이 신성하다는 이론에 대해 논의할 때, 나는 '신성sanctity'이라는 말을 특별히 종교적인 의미로 생각하지는 않겠다. 당연히 그 이론은 종교적 기원을 가지고 있다. 그러나 생명의 신성함은 세속적 윤리의 한 부분이다. 세속적인 윤리의 한 부분으로서 오늘날 대단한 영향력을 가지고 있다. 나는 생명이 신성하다는 이론을 인간의 생명을 해치는 것은 **언제나** 그릇된 일이라는 주장으로 보지는 않겠다. 왜냐하면 이러한 주장은 절대적 평화주의를 의미할 것인데, 인간의 생명의 신성함에 대한 지지자들 중에서도 자기방어를 위해서는 죽여도 좋다는 것을 인정하거나 사형을 지지하는 사람도 많기 때문이다. 우리는 인간의 생명이 신성하다는 이론을, 인간의 생명에 어떤 특별한 가치가, 즉 다른 생물의 생명에 있는 것과는 아주 다른 가치가 있다는 것을 말하는 한 방식에 불과하다고 봐도 좋을 것이다.
 인간의 생명에 독특한 가치가 있다는 견해는 우리 사회에 깊이 뿌리 박혀 있으며 법에도 반영되어 있다. 이러한 견해가 얼마나 강한지는 미국 펜실베이니아 주의 학교 교사였고 임신 24주째였던 페기 스틴슨

Peggy Stinson이 조산아실로 들어갔을 때 어떤 일이 생겼는지 보면 알 수 있다. 페기와 그녀의 남편이 앤드루Andrew라는 이름을 지어 주었던 아기는 거의 생존 불가능한 상태였다. 부모 모두가 '영웅적인 일'을 바라지 않는다고 확실하게 말했음에도 불구하고, 그들의 아기를 담당했던 의사들은 현대의학의 모든 기술을 동원하여 거의 6개월 동안이나 아기를 살아 있도록 하였다. 앤드루는 주기적으로 경기를 하였다. 6개월이 다 되었을 때, 설혹 그가 살아남는다 해도, 심각하게 그리고 영구히 문제를 가질 것이라는 점이 확실해졌다. 게다가 앤드루는 상당한 고통을 겪고 있었다. 한번은 의사가 스틴슨 부부에게 앤드루가 숨을 쉴 때마다 '엄청나게 아플 것'임에 틀림없다고 말했다. 앤드루의 처치료는 10만 4천 달러였다. 이 일은 1977년에 일어났다. 오늘날 유아를 6개월 동안 집중적으로 치료하는 데 드는 비용은 쉽게 100만 달러를 넘는다.

앤드루의 목숨은, 그 부모의 소망에 반해서, 상당한 경제적 비용을 들여서, 명백히 고통 받고 있음에도 불구하고, 그리고 어떤 시점 이후에는 그가 결코 독립적인 삶을 살 수 없을 것이며, 또 대부분의 사람들이 하듯이 그런 방식으로 생각하거나 말할 수 없을 것임이 명백함에도 불구하고, 연장되어졌다. 인간의 유아에 대한 이러한 처우가 해야 할 옳은 일인지 여부에 대해서는 제7장에서 다시 논의하겠다. 여기에서 나는 한 인간의 생명을 유지하려는 그러한 노력과 우리가 길 잃은 개나, 실험용 긴꼬리원숭이나, 우리가 먹는 소, 돼지, 그리고 닭들의 생명을 빼앗는 무심한 방식이 두드러지게 대조된다는 것을 지적하고자 한다. 무엇이 그러한 차이를 정당화하는가?

우리가 알고 있는 모든 사회에는 생명을 빼앗는 것에 대한 금지조항들이 있다. 사회구성원들이 서로 죽이는 것을 아무런 제한 없이 허용한다면 아마 어떤 사회도 존속할 수 없을 것이다. 그러나 보호되어야 할 사람이 누군가는 사회에 따라서 각각 다르다. 많은 부족사회에서는 자기 부족의 무고한 구성원을 죽이는 것만이 심각한 법규위반이 된다. 다른 부족의 구성원을 죽였을 때는 처벌받지 않아도 된다. 보다 세련된 민족국가에서는 일반적으로 보호가 국가의 영토 내의 모든 사람에게 확대된다. 물론 그중 소수의 사람들이 배제되는 악명 높은 경우들도 있어 왔다. 오늘날에는, 실제로는 아니라 해도 이론적으로는, 자기방어나 전쟁, 아마도 사형 그리고 한두 가지 의심스런 영역과 같은 특별한 경우를 제외하고는, 인종이나 종교나 계급이나 국적과 상관없이 인간을 죽이는 것은 그릇된 일이라는 데 대부분 동의하고 있다. 자기 부족, 자기 인종, 자기 국민의 생명만을 존중하는 보다 편협한 원칙은 당연히 도덕적으로 부당하다고 여긴다. 그러나 앞 장의 논의에 따를 때, 보호되어야 할 영역의 범위를 우리 종족이라는 경계로 한정하는 것이 과연 옹호될 수 있는 것인가라는 의문이 있게 된다.

여기서 우리는 잠시 멈추어 '인간의 생명'이나 '인간 존재'라는 말로써 우리가 의미하는 것이 무엇인가를 물어야 하겠다. 이러한 용어는 예컨대 임신중절이나 수정란embryo[8주까지의 태아]에 대한 실험에 관한 논쟁에서 중요하다. "태아fetus[8주 이후의 태아]는 인간인가?"라는 물음은 임신중절 논쟁에서는 결정적인 물음으로 종종 간주된다. 그러나 이러한 용어들에 대하여 주의 깊게 생각하지 않는다면, 그러한 질문에 답할 수 없다.

'인간 존재'라는 말에 정확한 의미를 부여하는 것이 가능하다. 우리는 그 말을 '호모 사피엔스라는 종족의 구성원'이라는 말과 같은 것으로 사용할 수 있다. 어떤 존재가 어떤 종족의 일원인가 여부는 과학적으로, 즉 살아 있는 유기체의 세포 속에 있는 염색체의 성질을 검사함으로써 결정할 수 있다. 이러한 의미에서는 인간의 난자와 정자에 의해 형성된 8주 전 태아는 존재하게 되는 첫 순간부터 인간이라는 데 의심의 여지가 없다. 아주 심하게 그리고 치유 불가능하게 정신적 장애를 가진 인간도 인간이며, 뇌관 형성의 결함으로 인하여 두뇌를 가지지 못하고 태어난 무뇌증 아이도 인간이다.

'인간'이라는 말의 다른 용법은, 생명윤리의 전개에서 주요한 인물인 플레처Joseph Fletcher가 제안한 것이다. 그는 그가 '인간성의 표식'이라고 부르는 것들의 목록을 작성했는데, 여기에는 자기에 대한 앎, 자기통제, 미래감, 과거감, 타인과 관계 맺는 능력, 타인에 대한 관심, 의사소통, 호기심 등이 속한다. 이것이 우리가 그녀는 '참된 인간'이라고 말하거나 '참된 인간성'을 가졌다고 말함으로써 어떤 인물을 칭찬할 때, 우리가 마음에 품고 있는 인간이라는 말의 의미이다. 어떤 사람이 참된 인간성을 가졌다고 말할 때 우리가 의미하는 것은 그녀가 호모 사피엔스라는 종족의 구성원이며, 이는 생물학적 사실로서 거의 의심의 여지가 없다는 것이 물론 아니다. 우리가 말하고 있는 것은 인간은 어떤 성질을 특징적으로 가지고 있는데, 그녀는 그것을 아주 월등하게 가지고 있다는 것이다.

'인간 존재'라는 말의 이 두 의미는 겹쳐지기는 하나, 일치하지는 않는다. 수정란, 태아, 심한 정신장애아, 심지어 갓 태어난 유아, 이 모두가 말할 필요도 없이 호모 사피엔스라는 종족의 구성원들이다. 그러나 그들 중 어느 누구도 자기에 대해 알지도, 미래감이나 타인과 관계를 맺는 능력을 가지고 있지 못하다. 따라서 두 의미 중에 어느 것을 택하느냐가 "태아는 인간인가?"와 같은 질문에 답하는 데 중요한 차이를 빚어낼 수 있다.

 이와 같은 상황에서 사용할 단어를 고를 때, 우리는 우리의 뜻을 명백히 표현하면서도, 실질적인 문제에 대한 답을 미리 정하지 않는 단어를 선택해야만 한다. 우리는 '인간'이라는 단어를 앞에서 제시된 두 의미 중 앞의 의미로 규정하고, 그래서 태아는 인간이고 임신중절이 부도덕하다고 규정하는 것은 이런 의미로 적합하지 않다. 두 번째 의미로 그 말을 사용하여 그것을 근거로 임신중절이 인정될 수 있다고 주장하는 것도 마찬가지이다. 임신중절의 도덕성은 실질적인 문제이며, 그것에 대한 해답이 우리가 용어들을 어떻게 규정하는가에 달려 있을 수 없다. 아직 해결되지 않은 문제를 토대로 해서 논의를 전개하는 것을 피하도록, 잠시 동안 '인간human'이라는 다루기 힘든 말을 한쪽으로 제쳐놓고, '인간'이라는 말의 두 의미와 상관되는 두 용어를 대신 사용하겠다. 인간이란 말의 첫 번째 의미, 즉 생물학적 의미를 나타내기 위해 나는 거추장스럽기는 하지만 정확한 표현인 '호모 사피엔스라는 종족의 구성원member of the species Homo sapiens'이라는 말을 사용하겠다. 반면에 두 번째 의미를 나타내기 위해서는 '인격체person'라는 말을 사용하겠다.

 '인격체'라는 말을 이런 식으로 사용하는 것은 불행히도 오해받기 쉽다. 왜냐하면 '인격체'라는 말은 '인간 존재'라는 말과 같은 것을 의미하는 것으로 종종 사용되기 때문이다. 그러나 두 말이 대등한 것은 아니다. 우리 종족의 구성원이 아닌 인격체가 있을 수 있다. 또 인격체가 아닌 우리 종족의 구성원도 있을 수 있다. '인격체'라는 말은 고대 연극에서 배우가 착용했던 가면을 지칭하는 라틴어 단어에 그 어원을 두고 있다. 가면을 착용함으로써 배우는 자기가 어떤 역할을 하고 있음을 표시한다. 따라서 '인격체'란 삶에서 어떤 역할을 하고 있는 사람, 즉 행위자를 의미하게 된다. 『옥스퍼드 사전』에 따르면 '인격체'라는 말의 현대적 의미 중의 하나는 "자의식적이거나 합리적인 존재"이다. 이러한 의미는 나무랄 데 없는 철학적 전례를 가지고 있다. 로크 John Locke는 인격체를 "이성과 반성력을 가지고 있는 사유하는 지성적 존재로서 자신을 자신으로, 즉 다른 시간과 공간에서도 여전히 동일한 사유존재로 인식할 수 있는 존재"라고 정의했다.

이러한 정의는 '인격체'를, 플레처가 '인간'이라는 말로써 의미하려고 했던 것과 가깝게 한다. 물론 인격체가 개념의 핵심으로써 합리성과 자의식이라는 두 가지 결정적 특징을 선택하고 있음은 다르다. 그러나 플레처도 아마 이 둘이 중심적인 것이며, 다른 것들은 대체로 그것들에서 도출된다는 것을 인정할 것이다. 어쨌든 간에 나는 합리적이고 자기를 아는 존재라는 의미의 '인격체'라는 말을 '인간 존재'라는 말의 일반적인 의미 중에서 '호모 사피엔스라는 종족의 구성원'이라는 말에 의해 의미되지 않는 요소들을 가리키기 위해 사용하겠다. (나는 자기에 대한 앎self-awarenesss과 자의식self-consciousness을 같은 의미로 사용한다.)

1. 호모 사피엔스라는 종족의 구성원 죽이기

논의를 벗어나 용어상의 문제를 다룸으로써 얻게 된 용어의 명백성과 앞 장의 논변을 이용하면, 이 절은 매우 간단해질 수 있다. 존재에 고통을 가하는 것의 그릇됨은 그 존재의 종에 달려 있을 수 없으며, 존재를 죽이는 것의 그릇됨도 마찬가지이다. 우리 종족의 경계를 정하는 생물학적인 사실은 도덕적 의미를 가지지 못한다. 우리가 우리 종족의 구성원이라고 해서 그 존재의 생명을 더 중요시한다면, 우리는 자기 인종의 구성원을 더 중요시하는 인종주의자들과 같은 불편한 입장에 처하게 될 것이다.

이 책의 앞 장들을 읽어 온 사람들에게, 이러한 결론은 아마 명백한 것으로 보일 것이다. 왜냐하면 우리는 이 결론을 향해 점진적으로 작업해 왔기 때문이다. 그러나 이는 우리 사회에 퍼져 있는 태도와는 현저하게 다르다. 앞에서 본 것처럼 우리는 우리 종족의 모든 구성원의 생명에 독특한 가치가 있다고 생각한다. 비판적으로 검토해 보면 당장에 무너지는 그러한 견해를 우리 사회는 어떻게 받아들이게 되었던가? 잠깐 벗어나 역사를 간단히 살펴보는 것이 아마 도움이 될 것이다.

서구문명의 기원, 즉 그리스 로마 시대로 돌아가 보면, 우리는 호모 사피엔스에 속한다는 것이 충분히 생명을 보장받을 수 있는 근거가 되지 못했다는 것을 발견하게 된다. 노예나 다른 '야만인'의 생명은 존중되지 않았다. 그리고 그리스 로마인들 중에서도 유아는 아무런 자동적인 생존권이 없었다. 그리스인들과 로마인들은 불구나 허약한 유아들을 언덕 꼭대기에 무방비상태로 내버려둠으로써 죽였다. 플라톤과 아리스토텔레스는 국가가 불구아의 살해를 강제해야 한다고 생각했다. 리쿠르구스Lycurgus와 솔론Solon에 의해서 작성되었다고 하는 유명한 법전에도 비슷한 조항이 들어 있다. 이 당시에는 불행하게 시작되는 삶을, 그것이 가져올 문제들에도 불구하고 연장시키려고 시도하기보다는, 끝내는 것이 더 좋다고 생각하였다.

우리의 현재의 태도는 기독교가 출현한 때부터 시작된다. 기독교인들이 우리 종족의 구성원이라는 점을 중요시하게 된 데는 특별한 신학적인 동기가 있었다. 인간인 부모로부터 태어난 모든 것은 불멸하며 영원한 행복이나 영원히 계속되는 고통을 받을 운명이라는 믿음이 그 것이다. 이러한 믿음에 따르면 호모 사피엔스를 죽이는 것은 두려운 결과를 가져오게 된다. 왜냐하면 이렇게 하는 것은 한 존재에게 그나 그녀의 영원한 운명에 처하게 만들기 때문이다. 동일한 결론을 가져오 게 되는 기독교 교리 중 두 번째 것은 우리가 하나님에 의해 창조되었 기에 우리는 그의 소유이며, 인간을 죽이는 것은 우리가 살 때와 죽을 때를 결정하는 하나님의 권리를 침해하는 것이라는 믿음이다. 아퀴나 스Thomas Aquinas가 주장했듯이 인간의 생명을 빼앗는 것은, 노예를 죽 이는 것이 그 노예를 소유하고 있는 주인에게 죄가 되듯이, 하나님에 게 죄가 된다. 반면에 인간이 아닌 동물은 성서(「창세기」1장 29절 그리고 9장 1절에서 3절)에 기록된 대로 하나님이 인간에게 다스리라고 명한 것 으로 믿어졌다. 그래서 인간이 아닌 동물은, 그것이 다른 사람의 소유 가 아닌 한, 인간이 원하는 대로 죽일 수 있었다.

기독교가 유럽 사상을 지배하고 있던 여러 세기 동안, 이러한 교리 에 근거한 윤리적 태도가, 의문의 여지가 없는 유럽 문화의 도덕적 정 설의 일부분이 되었다. 오늘날 그러한 교리들은 더 이상 보편적으로 받아들여지지 않고 있지만, 그것들이 발생시킨 윤리적 태도는, 우리 종족이 독특하며 특별한 권리를 가진다는 서구의 근원적인 신념과 어 우러져 아직까지 존속하고 있다. 이제 우리는 우리의 종족주의적 자연 관을 재평가하고 있는 중이지만, 마찬가지로 우리 종족의 구성원의 생 명의 신성함에 대한 우리의 신념도 재평가해야 할 때이다.

2. 인격체 죽이기

우리는 인간 생명의 신성함에 대한 이론을 두 종류의 주장으로 분리시켰다. 그 하나는 우리 종족의 구성원의 생명을 취하는 것이 특별히 심각한 일이라는 주장이었고, 다른 하나는 인격체의 생명을 취하는 것이 특별히 심각한 일이라는 주장이었다. 우리는 앞의 주장이 옹호될 수 없음을 보았다. 후자는 어떠한가? 오직 감각만 있는 존재와 구별되는 합리적이고 자의식적인 존재의 생명에는 특별한 무엇이 있어, 전자보다 후자의 생명을 취하는 것을 훨씬 심각한 일로 만드는가?

이러한 질문에 긍정적으로 답하는 한 논변은 다음과 같은 것이다. 자의식적인 존재는 자신이 과거와 미래를 가지는 개별적 존재임을 알고 있다. (바로 이것이 로크의 인격체의 기준이었음을 기억하라.) 이러한 방식으로 자신을 알고 있는 존재는 자신의 미래에 대한 욕망을 가질 수 있을 것이다. 아마 학생은 졸업을 기대할 것이고, 아이는 생일 파티에 가기를 원할 것이며, 철학 교수는 널리 받아들여지고 있는 윤리적 신념들을 비판하는 책을 저술하고자 희망할 것이다. 이러한 사람 어느 누구에게서라도 그의 동의 없이 생명을 빼앗는 것은 그들의 미래에의 욕구를 좌절시키는 것이 된다. 대부분의 성숙한 인간에게서, 이러한 앞으로의 욕망들은 우리의 삶에서 절대적으로 중심적이다. 그래서 정상적인 한 사람을 그나 그녀의 소망에 반하여 죽이는 것은 그 인격체의 가장 중요한 욕망을 좌절시키는 것이다. 달팽이를 죽이는 것은 이러한 종류의 욕망을 좌절시키는 것은 아니다. 왜냐하면 달팽이는 그러한 욕망을 가질 수 없기 때문이다. (그렇지만 이러한 점에서 인간의 태아나 새로 태어난 유아들도 달팽이와 같은 상황에 처해 있다. 우리는 이것의 함축

의미를 다른 장에서 탐구할 것이다.)

한 인격체가 살해되었을 때, 건조한 지역을 도보로 여행하다가 갈증이 나 물을 마시기 위해 멈추었는데 수통에 구멍이 나 있었을 때 가지게 되는 좌절된 욕망과 같은, 그러한 좌절된 욕망이 우리에게 있게 되는 것은 아니다. 수통에 구멍이 나 있었을 때 나는 충족시킬 수 없는 욕망을 가지며, 물에 대한 욕구가 계속 충족되지 않기 때문에 좌절과 불편을 느낀다. 그러나 내가 죽었을 때는 내가 가졌던 미래에 대한 욕망은 나의 죽음 후에는 지속되지 않으며, 그것이 충족되지 않는다고 해도 나는 고통을 느끼지도 않는다. 그러나 이러한 것이 이러한 욕망의 충족을 방해하는 것이 문제가 되지 않는다는 것을 말해 주는가?

우리가 이미 지적한 것처럼, 고전적 공리주의나 쾌락주의적 공리주의는 쾌락이나 행복을 극대화하거나 고통이나 불행을 극소화하는 경향에 의해 행위를 평가한다. '쾌락'이나 '행복'과 같은 말들이 정확성을 결여하고 있기는 하지만, 경험되거나 느껴진 어떤 것을, 다른 말로, 의식의 상태들을 지칭하고 있음은 명백하다. 그러므로 쾌락주의적 공리주의자에 따르면, 사람이 죽었을 때 미래에 대한 욕망이 충족되지 않는다는 사실에는 직접적인 의미가 없다. 만약 당신이 즉시 죽는다면, 당신이 미래에 대해 어떤 욕망을 가지고 있느냐 여부는 당신이 경험하는 쾌락이나 고통의 양에 아무런 차이를 낳지 않는다. 그래서 쾌락주의적 공리주의자들에게 있어서 '인격체'라는 위상은 살생의 그릇됨과는 **직접적인** 연관이 없다.

그렇지만, 간접적으로는 인격체라는 것이 쾌락주의적 공리주의자에게도 아마 중요할 것이다. 그것이 중요한 까닭은 다음과 같다. 만약 내가 인격체이면, 나는 내가 미래를 가질 것이라는 것을 알고 있다. 또

나의 미래의 삶이 중단될 수 있다는 것도 알고 있다. 이러한 일이 언제라도 일어날 수 있다고 생각한다면, 나의 현재의 삶은, 당분간 그러한 일이 일어나지 않을 것이라고 생각할 때보다, 불안에 빠질 것이며 아마도 덜 즐거울 것이다. 나와 같은 사람이 살해당하는 경우가 아주 적다는 것을 안다면, 그렇지 않은 경우보다 나는 덜 걱정을 할 것이다. 따라서 쾌락주의적 공리주의자들은, 인격체를 죽이는 것을 금지하는 것이, 그렇지 않을 경우에 죽임을 당할까 봐 두려워할 사람들의 행복을 증대시킬 것이라는 간접적인 이유로 이를 지지한다. 나는 이것을 **간접적인** 근거라고 부르겠다. 왜냐하면 그것이 피살자에게 행해진 어떤 직접적인 잘못을 지적하지 않고 오히려 그것이 다른 사람들에게 미칠 결과를 지적하기 때문이다. 물론 살인을 그 희생자에게 저질러질 잘못을 이유로 반대하지 않고, 그것이 다른 사람에게 가져오는 결과를 이유로 반대하는 것은 기이한 일이다. 이러한 기이함에 개의치 않기 위해서는 감정에 좌우되지 않는 쾌락주의적 공리주의자가 되어야만 한다. 그러나 지금 우리는 다른 종류의 존재가 아니라 **인격체**라는 존재를 죽일 때 무엇이 **특별히** 문제가 되는가에 대해서만 고려하고 있다는 점을 기억하라. 쾌락주의적 공리주의자도 또한 살해를 희생자에 대해 저질러진 그릇된 일로 간주할 수도 있다. 왜냐하면 그것은 희생자로부터 그녀가 살았다면 그녀가 누렸을 행복을 빼앗기 때문이다. 살해에 대한 이러한 반대는, 그 존재가 인격체이든 아니든 간에, 행복한 미래를 가질 것 같은 어떠한 존재에도 적용될 것이다. 그러나 지금 주목해야 할 점은 이러한 간접적 근거가, 어떤 조건하에서는, 인격적인 존재를 죽이는 것이 비인격적인 존재를 죽이는 것보다 더 심각하다고 볼 이유를 제공한다는 것이다. 만약 한 존재가 자신이 일정한 시기에 걸쳐서 존재한다는 것을 생각할 능력이 없다면, 자신의 목숨이 미래에 중단될 것이라는 예상 때문에 그 존재가 두려워 할 가능성을 고려할 필요가 없다. 그러한 존재는 이를 걱정하지 않는다. 왜냐하면 그러한 존재는 자신의 미래에 대해 아무런 생각도 갖지 않기 때문이다.

나는 인격체를 죽이는 것이 인격체가 아닌 존재를 죽이는 것보다 더 심각한 일이라고 간주해야 할 쾌락주의적 공리주의의 간접적 이유가 '어떤 조건하에서' 타당하다고 주장했다. 이러한 조건들 중에 가장 명백한 것은 인격체의 살해가 다른 인격체에게 알려지는 것이다. 왜냐하면 이럴 경우 이를 안 인격체가 고령에 이르기까지 자신이 살아남을 기회를 더욱 비관적으로 보게 된다거나, 아니면 단순히 죽임을 당할까 두려워하게 되기 때문이다. 물론 한 인격체가 완전히 비밀스럽게 살해되는 것도 가능하며, 그럴 경우 살인자 외 누구도 살인이 범해졌다는 것을 모를 수도 있다. 이러할 때 살인에 반대하는 이러한 간접적인 이유는 적용될 수 없을 것이다.

그렇지만 바로 이러한 점에 대하여 제한을 두어야 하겠다. 바로 앞 단락에서 서술된 것과 같은 상황에서, 고전적 공리주의가 살생을 반대하는 간접적인 이유는, **우리가 이러한 개별적인 경우에 대하여 판단하는 한**, 적용되지 않는다. 그렇지만 공리주의를, 그것이 고전적 쾌락주의적 공리주의든 선호공리주의든, 단순히 혹은 일차적으로, 각각의 개별적인 경우에 적용하는 데 나는 반대한다. 아마도 결국에는, 우리가 보다 나은 결과를, 즉 보다 큰 전체적인 행복을 얻으려고 한다면, 우리가 사람들로 하여금 각 개인의 행위를 유용성이라는 기준에 따라 판단하게 하지 말고, 그 대신 우리가 마주칠 것 같은 모든 상황, 사실상의 모든 상황을 포괄하는 어떤 넓은 원칙을 따라 생각하도록 하는 것이 좋을 것이다.

이러한 접근법을 지지할 몇 가지 이유가 제시되어 왔다. 헤어는 도덕적 추론의 두 수준에 대한 유용한 구분을 제시하였다. 그 하나는 직관적인intuitive 것이며, 다른 하나는 비판적인critical 것이다. 계속 살고자 하는 어떤 사람을 비밀스럽게 죽임으로써 아마도 효율성을 극대화할 수 있는 그러한 상황이 어떤 것인지를 이론적으로 고려하는 것은 비판적 수준에서 추론하는 것이다. 반성적이거나 자기비판적이거나 철학적인 경향을 가진 사람들에게 그러한 일반적이지 않은 가설적 경우에 관하여 생각하는 것은 아마 재미있고 도움이 될 것이다. 그렇지만, 실제 삶에서 우리는 보통 우리가 하는 선택의 모든 복잡성을 예견할 수 없다. 우리가 하는 모든 선택의 결과들을 미리 계산해 보고자 하는 것은 결코 실천적이지 않다. 우리가 보다 중요한 선택들에 한정한다고 해도, 많은 경우에 우리가 이상적이지 못한 처지에서 계산할 위험이 있을 것이다. 우리는 서두르거나 당황할 수도 있다. 우리는 화가 났을 수도, 아플 수도, 경쟁적일 수도 있다. 우리의 생각은 탐욕에 의하여, 성적 욕망에 의하여, 아니면 앙갚음할 생각으로 채색될 수 있다. 우리 자신의 이익이나 우리가 사랑하는 사람의 이익이 위험에 처할 수도 있다. 아니면 중요한 선택을 했을 경우 생겨날 것 같은 결과와 같은 그러한 복잡한 문제를 생각하는 데 그리 똑똑하지 않을 수도 있다. 이런 모든 이유로, 헤어는 일상적인 윤리적 삶에서 우리는 다소간 넓은 윤리적 원칙들을 채택하고 그것들로부터 이탈하지 않는 것이 훨씬 좋을 것이라고 제안한다. 이러한 원칙들은 최선의 결과를 산출하는 데 일반적으로 유익한 것이라고 수세기에 걸쳐 경험이 입증해 온 것들이다. 헤어의 견해에 따르면, 그것들은 예컨대 진실을 말하거나, 약속을 지키거나, 다른 사람을 해치지 않는 등 많은 표준적인 도덕 원칙들이다. 계속 살아가고자 하는 사람들의 삶을 존중하는 것은 아마도 이러한 원칙들 중의 하나일 것이다. 비판적인 수준에서라면, 우리가 이러한 원칙들 중의 하나나 둘에 반해서 행위하는 것으로부터 더 좋은 결과가 나오는 그러한 경우를 생각할 수 있다고 하더라도, 이러한 원칙들을 따르지 않는 것보다는 따르는 것이 전체적으로는 사람들에게 더 좋을 것이다.

  이러한 견해에 따르면, 우리가 살아가며 채택하는 도덕 원칙들은 좋은 테니스 코치가 선수에게 하는 지시와 같은 것이다. 그러한 지시는 대개의 경우 도움이 될 것임을 염두에 두고 내려진다. 그러한 지시는 '퍼센티지 테니스'를 하는 지침이다. 때때로 베이스라인에서 시합하는 것을 장기로 삼는 선수는 네트로 달려가 모든 사람이 칭찬하는 우승자를 이길 수도 있다. 그러나 코치가 어쨌든 훌륭하다면, 내려진 지시를 어길 때는 지킬 때보다 더 자주 질 것이다. 그래서 베이스라인 선수는, 주의 깊게 정의된 상황들 외에는, 아마도 네트로 가려는 생각을 마음에서 버리는 것이 더 좋다. 비슷하게, 우리가 잘 선정된 직관적 원칙들을 지침으로 삼는다면, 즉 우리가 해야만 하는 각각의 중요한 도덕적 선택의 결과를 계산해 보고자 하지 않고 그 대신 어떤 원칙들이 그것에 적용되는지를 생각하고 그것들에 맞추어 행동한다면, 결과가 아마 더 좋을 것이다. 아마도 어쩌다가 가끔 원칙들을 벗어나는 것이 원칙들에 매달렸을 때보다 확실히 더 좋은 결과를 산출할 그런 경우를 만날 수도 있을 것이다. 그럴 때는 원칙을 넘어서는 것이 아마 정당화될 것이다. 그러나 우리들 대부분에게, 그리고 대부분의 시기에, 그러한 경우들은 드물 것이며 무시될 수 있다. 그러므로 비판적 수준에서 공리주의자들은, 한 인격체가 계속 살아가고자 하는 욕망을 존중하지 않는 것이 더 나을 수도 있는 경우가 가능함을 생각해야 한다. 예를 들어, 한 인간을 완전히 비밀리에 죽일 수 있기 때문에, 그리고 그렇게 하여 덜어질 수 없는 커다란 불행이 방지되기 때문이다. 하지만 이러한 종류의 사유는 우리의 일상적인 행위의 지침이 되는 직관적 수준에서는 존재할 여지가 없다. 적어도 공리주의자들은 그렇게 주장할 수 있다.

내 생각으로는, 이것이 쾌락주의적 공리주의자가 인격체를 살해하는 것과 다른 유형의 존재를 살해하는 것과의 차이에 관하여 말하고 있는 것의 요지이다. 이 책의 제1장에서 서술된 방식으로 우리의 선호를 보편화함으로써 도달하게 되는 선호공리주의는 이러한 차이에 더 큰 비중을 둔다. 선호공리주의에 따르면, 어떤 존재의 선호에 반대되는 행위는, 그 선호가 다른 선호보다 약한 것이 아니라면, 그릇된 것이다. 그래서 계속 살기를 선호하는 사람을 죽이는 것은 다른 조건이 같다면 그릇된 것이다. 행위가 있은 다음에는 자신들의 선호가 무시되었다는 사실에 애통해 할 희생자가 존재하지 않는다는 사실은, 선호공리주의자들에게는 아무런 의미가 없다. 선호가 좌절되었다면 그것은 그릇된 것이다. (계속 살고자 하는 당신 자신의 선호에 대하여 생각해 보라. 당신은 그것이 좌절되기를 원하지 않을 것이다. 당신이 즉각 살해된다면 계속 살고자 하는 당신의 욕망이 좌절되었다는 사실로부터 결코 고통을 받지 않을 것이라는 설득을 받아들여 당신이 계속 살고자 하는 당신의 마음을 변화시키려 할 것인지 나는 아주 의심한다.)

선호공리주의자들에게 있어서 인격체의 생명을 빼앗는 것은 일반적으로 다른 존재의 생명을 빼앗는 것보다 더욱 나쁘다. 왜냐하면 인격체는 그들의 선호에서 대단히 미래 정향적이기 때문이다. 그러므로 한 인격체를 죽이는 것은 일반적으로는 하나의 선호를 침범하는 것이 아니라 한 존재가 가질 수 있는 가장 중심적이고 중요한 선호의 광범위한 영역을 침범하는 것이다. 인격체를 죽이는 것은, 매우 자주, 그 희생자가 지난 며칠, 몇 달, 심지어 몇 년 동안 하고자 했던 모든 것을 무의미하게 만들게 된다. 이에 반해, 자신을 미래를 가지는 존재로 볼 수 없는 존재는 자신의 미래에 대하여 선호를 가질 수 없다. 그렇다고 해서 낚싯바늘에 걸린 물고기가 풀려나려고 버둥대는 것처럼, 그러한 존재가 자신의 생명이 위험에 처한 상황에서 투쟁한다는 것을 부정하는 것은 아니다. 그러나 이는 고통스러운 것이거나 위협적인 것으로 지각된 사태의 중지에 대한 선호 이상을 나타내지 않는다. 낚싯바늘에 걸린 물고기의 행위는, 그 방법으로 물고기를 죽이지 않을 이유는 제시하지만, 선호공리주의자가 먼저 고통이나 괴로움을 주지 않고 즉시 죽도록 하는 방식으로 물고기를 죽이는 것을 반대할 이유가 되지는 않는다. 위험이나 고통에 반하여 투쟁하는 것은 물고기가 자신의 존재하지 않음보다 자신이 미래에 존재함을 선호할 수 있다는 것을 시사하지 않는다. (다시, 우리가 여기서 고려하고 있는 것은 인격체를 죽이는 일에서 특별히 잘못된 것이 무엇인가라는 점임을 기억해야 하겠다. 나는 인격체가 아닌 감각적 존재를 죽이는 것에 반대할 선호공리주의적인 이유가 전혀 없다고 말하고 있는 것이 아니다.)

3. 인격체는 생명에의 권리를 가지는가?

비록 선호공리주의가 인격체를 죽이지 말아야 할 직접적인 이유를 제시하고 있기는 하지만, 어떠한 형태의 공리주의라도 고려할 중요한 간접적인 이유와 결합될 경우라도, 그 이유가 충분히 설득력 있는 것이 못 된다고 볼 수도 있다. 선호공리주의자들의 관점에서, 피살된 사람에게 행해진 잘못은, 심각하지만, 필연적으로 결정적인 것은 아니다. 계속되는 삶에 대한 희생자의 선호는 때로 다른 사람들의 선호에 의해 능가될 수도 있다. 많은 이들은 사람을 죽이는 것에 대한 금지는 어떤 종류의 공리주의적 계산이 의미할 수 있는 것보다 더 절대적이라고 믿는다. 우리의 생명은 우리가 그것에 대해 **권리**를 가지는 어떤 것이며, 권리들은 다른 사람의 선호나 쾌락과 서로 거래될 수 없는 것으로 우리는 느낀다.

나는 도덕적 권리라는 개념이, 보다 근본적인 도덕적 고려를 가리키는 간편한 방식, 즉 앞 절에서 제시된 이유들 때문에 모든 정상적인 환경에서는 우리가 계속 살아가고자 하는 사람들을 죽이겠다는 생각을 우리 마음으로부터 완전히 제거해 버려야 한다는 견해로 사용될 경우를 제외하고, 도움이 되거나 의미 있는 것인지 확신하지 못한다. 그럼에도 불구하고 우리가 '생명에의 권리right to life'를 가진다는 생각이 인기 있는 것이기 때문에, 다른 살아 있는 존재와 구별되는 인격체에 이러한 권리를 부여하는 것이 근거가 있는지 여부를 물어볼 가치가 있다.

현대 미국 철학자인 툴리Michael Tooley는 생명에의 권리를 갖는 유일한 존재는 자신이 일정한 시기에 걸쳐서 존재하는 개별적 존재라고 생각할 수 있는 존재, 즉 우리가 말하는 인격체라고 주장했다. 그의 논변은 한 존재가 가질 수 있는 욕망과 그 존재가 가졌다고 할 수 있는 권리 사이에는 개념적 관계가 있다는 주장에 기초하고 있다. 그는 다음과 같이 주장했다.

기본적인 직관에 따르면, 권리는 침해될 수 있는 어떤 것이며 일반적으로 어떤 것에 대한 개인의 권리를 침해한다는 것은 그것에 관련된 욕망을 좌절시키는 것이다. 예들 들어서 당신이 차를 가지고 있다고 가정해 보자. 그럴 때 나는 우선 그것을 당신으로부터 빼앗지 말아야 한다는 의무를 가진다. 그러나 그 의무는 무조건적인 것이 아니다. 그것은 부분적으로 당신이 그것에 상관된 욕망을 가지고 있음에 달려 있다. 만약 당신이 당신의 차를 빼앗든지 말든지 관여치 않는다면, 일반적으로 내가 당신의 차를 빼앗음으로써 당신의 권리를 침해할 수 없다.

툴리는 권리와 욕망 간의 관계를 정확히 설명하는 것이 어렵다는 것을 인정했다. 왜냐하면 졸고 있다든지 일시적으로 의식을 잃었다든지 하는 것과 같은 문제 상황이 있기 때문이다. 그들이 그러한 순간에 욕망을 가지지 않는다고 해서 그러한 사람들에게 권리가 없다고 그는 말하고자 하지는 않았다. 그럼에도 불구하고 툴리는 권리의 소유가, 실제적 욕망 자체와 연결되지는 않는다 하더라도, 어떤 방식으로든 상관된 욕망을 갖는 능력과 연결되어야만 한다고 주장했다.

권리에 대한 이러한 견해를 생명에의 권리라는 경우에 적용시키는 것이 이제 할 일이다. 문제를 가능한 한 간단히 해보면, 툴리 자신이 했던 것보다 더 간단히, 그리고 의심할 여지없이 너무 간단히 해보면, 생명에의 권리가 개별적 존재의 생존을 지속시킬 권리라면, 그때 생명에의 권리를 소유하는 데 상관되는 욕망은 개별 존재로서의 생존을 지속시키고자 하는 욕망이다. 그러나 자신을 일정한 시기에 걸쳐서 존재하는 개별적 존재로 파악할 수 있는 존재, 즉 인격체만이 이러한 욕망을 가질 수 있다. 그러므로 인격체만이 생명에의 권리를 가질 수 있다.

이것이 툴리가 1972년에 발표한 "임신중절과 유아살해"라는 놀라운 소논문에서 처음 자신의 입장을 정식화한 방식이다. 그렇지만 권리와 욕망 간의 연결을 어떻게 정확하게 정식화하느냐의 문제 때문에 그는 그 다음에 나온 같은 이름의 책 『임신중절과 유아살해』에서 자신의 입장을 바꾸었다. 그 책에서 그는 한 개인은 어떤 주어진 시간, 말하자면 지금, 만약 그 개인이 계속 존재하는 것이 지금 그의 이익이 될 수 있는 그러한 존재가 아니라면 계속 존재할 권리를 가질 수 없다고 주장했다. 이는 툴리의 입장으로부터 나오는 결론에 극적인 차이를 일으킨다고 생각할 수도 있다. 왜냐하면 새로 태어난 유아는 자신을 일정한 시기에 걸쳐서 존재하는 개별적 존재라고 생각할 수 없는 것으로 보이겠지만, 죽음이 완전히 고통이나 괴로움이 없는 것이라 하더라도 죽음을 모면하는 것이 유아의 이익이 될 수 있다고 우리는 일반적으로 생각하기 때문이다. 회상을 할 때 우리는 확실히 이렇게 생각한다. 내가 아기였을 때 나의 유모차가 기차가 빠르게 다니는 기찻길로 굴러 들어갔고 낯선 이의 신속한 행위 때문에 내가 목숨을 구했다고 어머니가 나에게 이야기해 준다면, 나는 그 낯선 이가 나의 최대의 은인이라고 말할 수 있다. 왜냐하면 그녀의 재빠른 판단이 없었다면, 나는 내가 지금 살고 있는 행복하고 충만한 삶을 살 수 없었을 것이기 때문이다. 그렇지만 툴리는 삶의 이익을 유아에게 회상하는 방식으로 부여하는 것은 잘못이라고 주장했다. 나는 지금의 내가 비롯된 유아가 아니다. 유아는 지금 나와 같은 종류의 존재로, 아니 지금의 나와 과거의 유아 사이의 어떤 중간적인 존재로도 발전할 것이라고 기대될 수 없었다. 나는 유아였음을 상기할 수도 없다. 유아와 나 사이에는 아무런 정신적 연결도 없다. 계속 존재하는 일이, 계속적으로 존재하는 자아라는 개념을 **결코** 가지지 **못했던** 존재, 즉 일정한 시기에 걸쳐서 존재하는 자신을 결코 생각할 수 없었던 존재의 이익이 될 수 없다. 만약 기차가 즉시 그 유아를 죽였다면, 그 죽음은 유아의 이익에 반하지 않았을 것이다. 왜냐하면 유아는 일정한 시기에 걸쳐서 존재한다는 개념을 가지고 있지 않았을 것이기 때문이다. 그랬다면 사실 나는 살아 있지 않았을 것이다. 그러나 살아 있는 것은 나의 이익이라고 말할 수 있다. 그 유일한 이유는 계속적인 자아라는 개념을 내가 가지고 있기 때문이다. 내 부모가 서로 만났던 것이 나의 이익이라고 마찬가지로 말할 수 있다. 왜냐하면 그들이 만나지 않았더라면, 내가 비롯된 수정란을 그들은 창조하지 않았을 것이고, 그랬다면 나는 살아 있을 수 없을 것이기 때문이다. 이것은 이러한 태아의 창조가 숨어서 존재하게 되기를 기다리고 있는 어떤 잠재적 존재의 이익이라는 의미는 아니다. 그러한 존재는 없으며, 만약 내가 존재하게 되지 않았다면, 내가 즐겼던 삶이 없어 애석해 할 사람은 아무도 없을 것이다. 이와 비슷하게, 우리가 태어난 지 하루밖에 안 되어 계속적인 있음이라는 개념을 가지지 못하고 나와 어떤 정신적 연결도 없는 유아의 미래의 삶의 이익을 구성한다면 그것도 잘못이다.

그러므로 툴리는 그의 책에서도, 비록 더 돌아서 오기는 했지만, 실제로는 그가 소논문에서 도달했던 결론과 동일한 결론에 도달했다. 생명에의 권리를 가지기 위해 인간은 반드시, 아니면 적어도 언제가 한 번은, 계속적으로 존재한다는 개념을 가져야만 한다. 이러한 정식화가 자고 있거나 의식이 없는 사람들을 다루는 문제를 피할 수 있음을 주목하라. 그들이 한번 계속적으로 존재한다는 개념을 가지는 것으로, 우리는 계속되는 삶이 아마 그들의 이익이 될 것이라고 충분히 말할 수 있다. 이것은 말이 된다. 삶을 계속하고자 하는, 혹은 내가 쓰고 있는 책을 완성하고자 하는, 또는 내년에 네팔을 여행하고자 하는 나의 욕망은 내가 이러한 일들에 대해 의식적으로 생각하지 않을 때라도 중단되지 않는다는 것이다. 우리는 종종 우리 마음의 전면에 그 욕망을 두지 않고도 어떤 것을 욕망한다. 우리가 욕망을 가졌다는 것은, 우리가 그것을 상기할 때 혹은 갑자기 우리가 두 종류의 행위 중에 하나를 선택해야만 하는데, 그중 하나가 그 욕망을 충족시키지 않을 것 같은 그러한 상황에 직면했을 때, 명백해진다. 비슷한 방식으로, 우리가 잠들었을 때, 미래에 대한 우리의 욕망은 멈추어진 것이 아니다. 깨어나면 욕망은 여전히 있다. 그러므로 또 욕망이 여전히 우리의 부분인 동안, 계속되는 삶에 대한 우리의 이익은 우리가 자고 있을 때나 의식이 없을 때나 우리의 부분으로 남아 있다.

4. 자율성 존중

이제까지 사람을 죽이는 것의 그릇됨에 대한 우리의 논의는, 자신의 미래를 그려볼 수 있는 능력과, 그것에 관련된 욕망을 가지는 능력에 초점을 맞추어 왔다. 인격체가 된다는 것의 다른 의미가 살생의 그릇됨과 관련될지도 모른다. 칸트와 관련이 있으나 칸트주의자가 아닌 현대의 많은 철학자들도 포함된 하나의 윤리사조가 있는데, 이에 따르면, 자율성 존중이 기본적인 도덕 원칙이다. '자율성 autonomy'이란 말이 의미하는 것은 선택하고 그리고 결심에 따라 행위하는 능력이다. 합리적이고 자기를 아는 존재는 아마도 이러한 능력을 가질 것이다. 반면에 자신에게 열려 있는 선택사항들을 고려할 수 없는 존재는 위와 같은 의미의 선택능력을 가질 수 없으며, 따라서 자율적일 수 없다. 특히 죽는 것과 계속 살아가는 것 간의 차이를 파악할 수 있는 존재만이 자율적으로 삶을 선택할 수 있다. 그러므로 죽기를 선택하지 않는 인격체를 죽이는 것은 그 인격체의 자율성을 존중하지 않는 것이다. 그리고 삶과 죽음의 선택은 어느 누구라도 할 수 있는 가장 근본적인 선택이며, 다른 그 밖의 선택은 그 선택에 달려 있기에, 죽음을 선택하지 않은 인격체를 죽이는 것은 인간의 자율성에 대한 있을 수 있는 가장 심각한 침해이다.

  모든 사람들이 자율성 존중이 기본적인 도덕 원칙이라거나 타당한 도덕적 원칙이라는 데 동의하는 것은 아니다. 공리주의자들은 자율성 그 자체를 존중하지는 않는다. 물론 앞에서 본 것처럼 공리주의자들은 한 인격체의 계속 살아가고자 하는 욕망을, 선호공리주의적인 방식으로 직접적으로, 혹은 쾌락 공리주의적인 방식으로 그 인격체의 삶이 전체적으로 행복하다는 것을 보여 주는 증거로, 대단히 중요시하기는 한다. 그렇지만 공리주의자들은 자율성 존중을 독립적인 도덕 원칙으로 보는 사람들이 하듯이 그렇게 자율성을 강조할 수는 없다. 쾌락주의적 공리주의자는 어떤 경우에는, 즉 죽지 않는다면 비참한 삶을 살 그런 경우에는, 죽기를 선택하지 않은 인격체라도 죽이는 것이 옳다는 판단을 받아들여야 할 수도 있다. 그리고 선호공리주의자는 만약 인격체의 계속 살고자 하는 욕망이 다른 사람의 마찬가지로 강력한 욕망보다 크지 못할 경우, 비슷한 결론에 도달할지도 모른다. 그렇지만, 이는 도덕적 추론의 비판적 수준에서만 타당하다. 앞에서 보았듯이, 공리주의자들은 사람들이 일상적인 삶에서 거의 대부분의 경우 어떤 다른 행위보다 더 좋은 결과를 가져올 원칙을 채택하도록 아마 장려할 것이다. 자율성 존중이라는 원칙은 그러한 원칙의 일차적인 예일 수 있다. 이러한 문제를 일으키는 실질적인 경우를 안락사를 다루는 제7장에서 논의할 것이다.

여기에서 인격체의 생명을 취하는 것과 관련한 우리의 결론을 요약하는 것이 아마 유용할 것이다. 인격체의 생명을 취하는 것이 특별히 심각한 일이라는 주장을 뒷받침할 수 있는 네 가지 이유가 있음을 우리는 보았다. 즉 살생이 다른 이들에게 미치는 영향에 대한 쾌락주의적 공리주의자들의 관심, 희생자의 미래에 대한 욕망과 계획의 좌절에 대한 선호공리주의자들의 관심, 자신을 일정한 시기에 걸쳐서 존재하는 것으로 생각할 수 있는 능력이 생명에의 권리의 필수조건이라는 논변, 그리고 자율성 존중, 이 넷이다. 비판적 추론의 수준에서 보면 쾌락주의적 공리주의자는 오직 간접적인 첫 번째 이유만을 받아들일 것이고, 선호공리주의자는 앞의 두 이유들만을 받아들이겠지만, 직관적인 수준에서 이들 두 종류의 공리주의자들은 아마도 생명에의 권리라는 생각이나 자율성 존중도 옹호할 것이다. 그러므로 비판적 수준과 직관적 수준을 구분하는 것은, 일상적인 도덕적 의사 결정에서는, 공리주의자들과 비공리주의자들을 상당한 정도로 수렴시키는데, 이러한 수렴의 정도는 우리가 오직 비판적 수준에서의 추론만을 고려할 때 볼 수 있는 것보다는 훨씬 높다. 어쨌든 간에, 인격체의 생명을 특별히 보호해야 할 네 이유 중의 어느 것도 즉각적으로 거부될 수는 없다. 그러므로 우리가 살생이 포함된 실천적 문제를 다룰 때에는 이 네 가지 모두를 염두에 둘 것이다.

그러나 살생에 관한 실천적인 문제를 다루기 전에, 죽임을 당하는 존재가 우리 종족의 구성원도 아니고 인격체도 아닐 때 생명을 취하는 것이 그릇된 것인가 여부를 먼저 다루어야만 하겠다.

제2절 의식이 있는 생명

감각이 있고 쾌락과 고통을 경험할 수 있으나 합리적이지도 자의식적이지도 않아서 인격체가 아닌 많은 존재들이 있다. 이러한 존재들을 나는 '단지 의식만을 가진merely conscious' 존재라고 부르겠다. 인간이 아닌 많은 동물들은 이러한 범주에 속한다. 신생아와 약간의 정신적 장애인들도 이 범주에 속할 것임에 틀림없다. 이들 중에서 정확히 어떤 것이 자신에 대한 앎을 결여하고 있는가는 우리가 다음 장에서 다룰 문제이다. 만약 툴리가 옳다면, 자신에 대한 앎을 갖지 못하는 그러한 존재들은 권리라는 말의 완전한 의미로는 생명에의 권리를 가진다고 말할 수 없다. 그렇지만 다른 이유로 그들을 죽이는 것이 그릇된 일일 수는 있다. 이 절에서는 단지 의식만을 가진 존재의 생명을 취하는 것이 그릇된 일인지, 그렇다고 하면 왜 그러한지를 묻고자 한다.

1. 단지 의식만을 가진 존재 죽이기

쾌락이나 고통을 경험할 수 있는 존재를 죽이는 일이 그르다고 생각할 가장 명백한 이유는 쾌락주의적 공리주의가 제시한 이유이다. 그것은 바로 그 존재가 경험할 수 있는 쾌락이다. 우리가 먹고, 섹스하고, 일광욕을 즐기고, 더위에 수영하는 것과 같은 쾌락에 가치를 부여한다면, 윤리적 판단의 보편적 측면을 고려할 때, 우리 자신이 경험하는 이러한 쾌락에 내리는 긍정적인 평가를 그러한 것을 경험할 수 있는 모든 존재의 비슷한 쾌락에 확장하지 않을 수 없다. 그러나 죽음은 모든 쾌락적인 경험의 끝이다. 그러므로 한 존재가 미래에 쾌락을 경험할 것이라는 사실이 그러한 존재를 죽이는 것이 그릇된 일이라고 말할 이유가 된다. 물론 고통에 대한 비슷한 논변이 반대방향을 가리킬 수 있다. 그래서 한 존재가 경험할 것 같은 쾌락이, 그 존재가 경험할 것 같은 고통보다 더 크다고 믿을 때에만, 앞의 논변이 살생에 반대하여 적용된다. 그래서 이러한 논변의 결론은 즐거운 삶을 중단시키지 말아야 한다는 것이 된다.

이는 아주 간단하게 보인다. 우리는 쾌락을 중요하게 여기는데, 즐거운 삶을 살아가고 있는 존재를 죽이는 것은 죽지 않으면 경험할 쾌락을 제거하는 것이며, 그래서 그러한 살생은 그릇된 일이다. 이러한 주장이 내가 제1장에서 개관한 나 자신의 선호의 보편화에 기초한 선호공리주의를 편드는 간단한 논증을 넘어서고 있음을 주목해야 한다. 단지 의식만을 가진 존재는 계속되는 삶에 대한 선호를 가지지 못한다. 아마 즐거운 경험을 가지는 동안에는 그 존재는 그러한 경험이 계속되기를 선호할 것이고, 고통스런 경험을 갖는 동안에는 그 존재는 그러한 경험이 끝나기를 선호할 것이지만, 그 존재는 장기적인 미래에 대한 선호를 갖지는 않을 것이다. 그리고 그것이 가지는 욕망들은 잠들었을 때나 일시적으로 의식이 없는 시기에는 남지 않을 것이다. 왜냐하면 자기의식적인 존재와 달리, 잠이 깬 다음의 자신의 미래 존재라는 개념을 가지지 않기 때문이다. 그래서 우리는 단지 의식만을 가진 존재에 대하여 선호의 좌절에만 관심을 가진다면, 고통 없이 죽이거나 마취제를 투약하는 것은 같은 것으로 보인다. 죽이는 것은 잠들게 만드는 것보다 더 많은 욕망을 좌절시키는 것이 아니다. 깨어난 후에 그 존재는 계속하여 자신의 선호를 만족시킬 수 있을 것이다. 그러나 그 존재의 주관적인 관점에서 보면, 그것은 마치 새로운 선호들을 가진 새로운 존재가 존재하게 된 것과 같다. 신생아에 대한 툴리의 주장은 여기에서는 단지 의식만을 가진 모든 존재들에게 적용된다. 그러한 존재 자체의 주관적인 관점에서 보면, 그것이 잠들기 전의 정신적 삶과 그것이 깨어난 후의 정신적 삶 사이에는 어떠한 연속성도 없다. 이 단락 두 번째 문장의 "우리가 쾌락을 중요하게 여긴다"는 주장이 선호공리주의적인 윤리학의 출발점을 넘어서는 것으로 이해할 필요가 있다고 말하는 이유가 바로 이것이다. 이것은 쾌락이 가치임을 주장하고 있다. 그리고 그래서 그것을 선호하는 존재와 무관하게 가치 있는 것이 있음을 주장하고 있다.

이러한 특정한 가치는 쉽게 받아들일 수 있다. 쾌락이 긍정적인 가치이고, 고통이 부정적인 가치인 것은 명백하지 않은가? 공리주의 학파의 창시자인 벤담은 "이득, 유리, 쾌락, 선, 그리고 행복", 이러한 말들 모두는 같은 것이며, "한 사물이 한 개인의 쾌락의 총량을 증대시키거나, 같은 의미이지만, 그의 고통의 총량을 감소시키는 경향이 있을 때, 그 사물이 그의 이익을 증진시킨다거나 그의 이익에 **도움이 된다**고 말한다"라고 말하기까지 했다. 어떤 철학자들은 벤담이 이 점에서 틀렸다고 생각한다. 그들은 어떤 것이 내가 가장 원하는 것일 때, 그것이 나에게 가장 많은 쾌락을 주거나 가장 적은 고통을 주든 말든, 그것이 나의 이익이 된다고 생각한다. 벤담의 견해를 옹호하기 위해서, 우리는 쾌락이나 고통을, 우리의 선호의 보편화에 단순히 기초하지 않는, 객관적 가치로 (고통의 경우에는 객관적 부정적 가치, 즉 반대가치로) 보아야만 한다. 그러한 주장을 옹호하기 위해서, 우리는 그러한 객관적 가치의 본성과 어떻게 우리가 그것들을 알 수 있는가를 설명할 필요가 있다. 이러한 것들은 철학적으로 논의가 분분한 주장들이지만, 반드시 옹호 불가능한 것은 아니다.

그렇다면, 쾌락이 객관적인 선이며 고통이 객관적인 악이라는 생각을 받아들인다고 가정해 보자. 그리고 벤담의 주장에 동의하여 어떤 것이 개인의 이익을 증진시킨다고 말하는 것이 그 어떤 것이 고통을 감한 다음 그나 그녀의 쾌락들의 총량을 증대시키는 경향이 있다고 말하는 것이라고 가정해 보자. 우리는 이제 다른 어려운 문제에 봉착한다. 한 개인의 이익들에 의거하는 이러한 논변은 세상에서 쾌락의 양을 감소시키는 두 방법이 있다는 사실을 은폐하고 있다. 하나는 즐거운 삶을 살고 있는 존재의 삶에서 쾌락을 제거하는 것이며, 다른 하나는 즐거운 삶을 살고 있는 존재를 제거하는 것이다. 전자는 그렇게 되지 않았을 경우 경험했을 것보다 작은 쾌락을 누리는 존재를 남겨 놓지만, 후자는 그렇지 않다. 이것이 의미하는 것은 우리가 즐겁지 못한 삶보다는 즐거운 삶을 가치 있게 여기는 것으로부터 자동적으로 죽음보다는 즐거운 삶을 가치 있게 여기는 것으로 옮겨갈 수는 없다는 것이다. 왜냐하면 죽음을 당하는 것이 우리를 더 나쁘게 만드는 것이 아니고 그것은 존재를 멈추게 하는 것일 뿐이라고 반박할 수 있기 때문이다. 일단 우리가 존재하기를 멈추게 되면, 우리는 우리가 경험할 쾌락을 놓치는 일은 없다. [왜냐하면 존재하지 않는 존재가 경험할 쾌락은 존재할 수 없기 때문이다.]

이는 궤변적인 것으로 보일 수도 있다. 아무런 중요한 의미도 없는 차이를 찾아내는 강단 철학자의 솜씨를 과시하는 예처럼 보일 수도 있다. 왜 한 존재를 죽이는 것을 단순히 현존하는 존재의 쾌락들을 제로로 낮추는 것과 같은 것이라고 보지 않는가라고 아마 물을 것이다. 세상에서 쾌락의 양을 감소시키는 두 방법 간에는 도덕적으로 중요한 차이가 있을 수 있다고 생각하는 한 이유는, 세상에서 쾌락의 양을 증대시키는 병행하는 두 방법, 즉 지금 존재하는 존재들의 쾌락을 증대시키는 것과 쾌락적인 삶을 누릴 존재들의 수를 늘리는 것 간에는 중요한 차이가 있다고 우리가 생각하기 때문이다. 만약 즐거운 삶을 사는 사람을 죽이는 것이 쾌락의 감소 때문에 나쁘다면, 즐거운 삶을 살 존재의 숫자를 증대시키는 것은 좋은 일처럼 보일 것이다. 우리가 아이들을 더 낳았을 때, 그 아이들이 삶이 즐거울 것임을 합리적으로 기대할 수 있다면, 아이들을 더 낳음으로써 그 즐거운 삶을 살 사람의 숫자를 늘릴 수 있다. 또 동물들의 삶이 즐거울 것이라는 것을 보장하는 상황에서라면, 보다 많은 수의 동물을 사육함으로써 그렇게 할 수 있다. 그러나 보다 많은 즐거운 존재를 만들어냄으로써 보다 많은 쾌락을 창조하는 것이 실제적으로 좋은 일인가?

이러한 복잡한 문제에 접근할 수 있는 두 가지 방식이 있는 것으로 보인다. 하나는 즐거운 삶을 사는 존재의 수를 증가시킴으로써 세상의 쾌락의 양을 증대시키는 것이 좋은 것이며, 즐거운 삶을 사는 존재의 수를 감소시킴으로써 세상의 쾌락의 양을 감소시키는 것은 나쁜 것이라는 주장을 받아들이는 것이다. 이러한 접근은 명쾌하고 확실히 일관성이 있다는 이점은 가지지만, 우리에게 다른 상황을 나쁘게 만들지 않는 한 즐거운 삶을 살 존재의 수를 늘릴 수 있다면, 그렇게 하는 것이 좋은 것이라는 주장을 하도록 요구한다. 이러한 결론이 우리를 난처하게 만들지 여부를 알아보기 위해 특정한 경우를 고려해 보는 것이 아마 도움이 될 것이다. 한 부부가 아기를 낳을지 말지를 정하려고 한다고 가정해 보자. 그들 자신의 행복에 관한 한 유리와 불리가 같다고 해두자. 아이들이 그들의 직업생활의 결정적 단계에서 그들의 성공을 방해할 것이며, 적어도 몇 년간은 그들이 가장 좋아하는 취미활동인 오지 도보여행을 포기해야만 할 것이다. 반면에 대부분의 부모들처럼 그들은 자식을 가지고 그들이 자라는 것을 보면서 기쁨과 만족을 느낄 것이라는 것도 그들은 알고 있다. 만약 다른 사람들이 영향을 받는다면 그 결과의 좋고 나쁨이 상쇄된다고 가정해 보자. 마지막으로 그 부부가 자식들이 인생을 성공적으로 시작토록 해줄 것이며, 그 어린이들은 높은 생활수준을 가지는 발전된 나라의 국민이 될 것이기 때문에, 아마도 즐거운 삶을 살 것이라고 가정해 보자. 그 부부는 자기 자식들이 미래에 쾌락을 누릴 것 같다는 점을 아기를 가질 중요한 이유로 생각해야만 하는가? 나는 많은 부부들이 그렇게 하지 않을 것이라고 생각하는데, 만약 첫 번째 접근법을 수용한다면 그렇게 해야만 한다.

나는 이러한 접근방식을 '전체적 견해 total view'라고 부르겠다. 왜냐하면 이러한 견해에 따를 때 우리는 쾌락의 전체량(정확하게는 고통의 전체량을 제거한 다음에 남는 순수 쾌락의 전체량)의 증대에 관심을 가지며, 그리고 이러한 증대가 현존하고 있는 자의 쾌락을 증대시켜서이든 존재자의 숫자를 증대시켜서이든 관여치 않기 때문이다.

두 번째 접근방식은 우리가 무엇을 하는가에 상관없이 존재하거나 존재할 자들만을 고려하는 것이다. 우리가 윤리에 대한 사회계약적 견해를 논의하면서 지적했던 것처럼, 미래 세대가 지금 존재하지 않는다는 이유만으로 그들의 이익을 무시하는 것은 잘못된 일일 것이다. 우리는 이를 '사전 존재적 견해 prior existence view'라고 부를 수 있을 것이다. 왜냐하면 이는 우리가 결정을 내리기 전에 존재하거나 그 존재가 결정된 자들에 대해서만 관심을 가지기 때문이다. 사전 존재적 견해는 추가적인 존재자들을 창조함으로서 쾌락을 증대시키는 것이 가치가 있음을 부정한다. 이는 (내가 생각건대) 대부분의 사람들이 가질 직관적인 판단, 즉 아이들이 즐거운 삶을 살 것 같고 다른 누구에게도 좋지 못한 영향을 주지 않는다 해도 부모가 아이를 낳을 아무런 도덕적 의무를 가지지 않는다는 판단과 더 잘 들어맞는다. 그러나 그 반대되는 경우, 즉 한 부부가 아이를 낳을 것을 고려하고 있는데, 아마도 그 아이가 유전적 결함을 타고날 것이기 때문에, 완전히 비참한 삶을 살거나 두 살이 되기도 전에 죽을 그러한 경우에 대한 우리의 직관과 사전 존재적 견해를 어떻게 맞출 것인가? 우리는 그러한 부부가 알고서 그러한 아이를 낳는 것을 그릇된 일이라고 생각할 것이다. 그러나 생길 아이가 경험할 수 있을 쾌락이 그 아이를 **낳을** 이유가 되지 못한다면, 생길 아이가 경험할 수 있을 고통은 왜 그 아이를 **낳지 말아야** 할 이유가 되겠는가? 사전 존재적 견해는 비참할 존재를 낳는 것이 잘못일 수가 없다고 주장하거나, 아니면 즐거운 삶을 살 것 같은 아기의 경우와 비참한 삶을 살 것 같은 아기의 경우 간의 불균형을 어떻게든 설명해야만 할 것이다.

    비참한 삶을 살 아기를 알고서도 낳는 것이 나쁜 일이라는 것을 부정하는 것은, 사전 존재적 견해를 채택하는 사람들에게 우선 거의 받아들여지지 않을 것 같다. 왜냐하면 사전 존재적 견해가 전체적 견해보다 우리의 직관적 판단과 더 일치하는 것으로 보이기 때문이다. 그러나 불균형에 대한 설득력 있는 설명도 찾기가 쉽지 않다. 아마 최선의 답은, 이것도 별로 좋은 것은 아니지만, 비참한 삶을 살게 될 아기를 낳는 것이 직접적으로 그릇된 것은 아니라는 것이다. 그러나 일단 그러한 아기가 존재하게 되면, 그녀의 삶은 오직 비참함뿐이기 때문에, 안락사를 수행함으로써 세상의 고통의 양을 감소시켜야만 한다. 기껏해야 이것은 역설적이다. 왜냐하면 이것은, 일단 아이가 태어나면 그것을 죽이는 것이 도덕적인 책무가 될 것임을 알고 있으면서도, 그 아이를 낳는 일에 아무런 그릇된 것이 없다는 뜻이기 때문이다. 게다가, 오늘날 대부분의 사회에서처럼, 만약 안락사가 그러한 일을 하는 사람을 장기 복역시킬 범죄라면, 일단 불행한 아이가 존재할 때 그 아이를 죽이지 **말아야** 할 압도적인 이유가 있기 때문이다. 이러한 경우에, 이러한 견해에 따르자면, 우리는 일단 아이가 존재하게 되면 그 생명을 끝내지 말아야 할 압도적인 이유가 있을 때조차도 불행한 삶을 살 아이를 낳는 것에 반대할 이유는 없다. 부모들은 그들이 존재하도록 만들 아이가 수십 년 동안 불행하게 살 것 같다고 예견할 수 있다. 그러나 사전 존재적 견해에 따르면 그들은 아무것도 그릇된 일을 하지 않은 것이다.

    이것은 전체적 견해나 사전 존재적 견해 모두가 직관과 일치하지 않는다는 결과를 가져온다. 이것은 우리의 원래의 질문 즉 즐거운 삶을 일찍 끝내는 것이 그릇된 일인가와 관련하여 우리를 어디로 데려갈 것인가? 전체적 견해를 따르나 사전 존재적 견해를 따르나, 우리는 그것이 그릇된 일이라고 주장할 수 있다. 그러나 우리의 대답은 우리를 각각의 경우에 다른 일에 관여시킨다. 만약 우리가 불행한 존재를 존재하게 하는 것이 잘못이 아님을 받아들이거나, 아니면 왜 이것이 그릇된 일인지, 그리고 즐거운 삶을 살 존재를 존재하도록 하지 않는 것이 왜 그릇된 일이 아닌지를 설명한다면, 우리는 사전 존재적 견해를 취할 수 있을 뿐이다. 그렇지 않다면 우리는 전체적 견해를 취해야 하는데, 그때 우리는 즐거운 삶을 살 존재를 더 많이 만들어내는 것 또한 옳다는 것을 받아 들여야만 한다. 그러나 이는 몇몇의 기이한 실천적 의미를 가진다. 이 두 견해들 중에서 하나를 선택하는 일의 중요성은 다음 장들에서 더욱 명백해질 것이다.

2. 다른 생명들 간의 가치 비교하기

단지 의식만을 가진 생명이 어떤 가치를 갖는가라는 질문에 비록 약간 위태롭기는 하지만 긍정적인 답을 할 수 있다면, 우리는 또 다른 수준의 의식이나 자신에 대한 앎을 갖는 다른 생명들 간의 가치를 비교할 수 있을까? 물론, 우리는 다른 존재들의 생명의 가치를 숫자로 평가하거나, 순서 목록이라도 만들려고 시도하는 것은 아니다. 우리가 희망할 수 있는 최선은, 다른 존재의 생명에 대하여 적합한 자세한 정보가 제공될 때, 그러한 순서 목록의 기초가 될 수 있는 원칙들이 어떤 것일지 생각해 보는 것이다. 그렇지만 가장 근본적인 문제는 다른 생명들 간의 가치에 순서를 부여한다는 생각을 도대체 받아들일 수 있느냐 여부이다.

어떤 사람들은 다양한 생명의 가치를 위계적으로 서열 짓는 것은 인간중심적이거나, 심지어 종족주의라고 말한다. 만약 우리가 그렇게 한다면, 어쩔 수 없이 우리는 우리를 제일 위에다 놓고 다른 존재들은 우리와의 유사성 정도에 따라 우리에게 보다 가까이 배열할 것이라고 그들은 지적한다. 하지만 그들은 이렇게 해서는 안 되고, 각각의 삶에 동등한 가치를 부여해야만 한다고 주장한다. 이러한 견해를 취하는 사람도 물론 인격체의 삶에는 철학 공부가 포함될지도 모르나 쥐의 삶에는 그럴 수 없다는 것을 인정한다. 그러나 쥐의 삶에서의 쾌락은, 쥐가 가지는 모든 것이며, 그래서 그것은 쥐에게는 철학 공부의 즐거움이 철학을 열정적으로 공부하는 학생에게 중요한 것과 마찬가지로 중요하다고 그들은 말한다.

우리 종족의 정상적인 어른 구성원의 삶이 정상적인 어른 쥐의 삶보다 더 큰 가치를 가진다고 판단하는 것이 종족주의인가? 비교를 가능케 하는 어떤 중립적인 근거, 어떤 불편부당한 관점을 발견할 수 있을 때에만, 그러한 판단을 옹호하는 것이 가능할 것이다.

중립적인 근거를 찾아내는 것은 실제 실천적으로 아주 어렵다. 그러나 그러한 어려움이 해결할 수 없는 이론적인 문제를 제기한다고 믿지는 않는다. 우리가 묻고자 하는 물음을 다음과 같은 방식으로 정리하겠다. 내가 나 자신을 동물로 둔갑시키는 특수한 재주를 가졌다고 상상해 보자. 그래서 〈한 여름 밤의 꿈〉의 요정처럼 '때로는 말이 되고 때로는 개가 된다'고 상상해 보자. 그리고 내가 말이 되었을 때 나는 실제로 한 마리의 말이어서 오직 말로서의 정신적 경험을 가지고, 내가 인간일 때는 오직 인간으로서의 정신적 경험을 가진다고 가정하자. 그리고 또 나는 제3의 상태가 될 수도 있는데, 이때 나는 말이 된다는 것이 어떠한 것인지를, 사람이 된다는 것이 어떠한 것인지를 정확히 기억한다고 가정해 보자. 이 세 번째 상태는 어떤 것과 같겠는가? 어떤 점에서는—예를 들자면 자신에 대한 앎이나 합리성의 정도에서는—말 같은 것이라기보다는 인간과 같은 것이겠지만, 모든 점에서 인간이지는 않을 것이다. 이 세 번째 상태에서 나는 말이라는 존재와 인간이라는 존재를 비교할 수 있을 것이다. 나에게 다시 한 번 살 기회가 제공되었는데, 말이나 인간으로서의 삶을 선택해야 하며, 선택할 삶은 각각의 경우에 말이나 인간의 삶으로서는 일반적으로 적당하게 기대할 수 있는 좋은 것이라고 가정해 보자. 그러할 때 나는 실제적으로 (말에 대한) 말의 생명의 가치와 (인간에 대한) 인간의 생명의 가치를 판정하게 될 것이다.

 의심할 여지없이, 이러한 시나리오는 결코 생길 수 없는 많은 일들과 상상을 요하는 어떤 일들을 가정하고 있다. 말도 아니고 인간도 아니면서 그 양자가 어떤 것 같았다는 것을 기억하는 그러한 존재는 결코 있을 것 같지 않다. 그럼에도 불구하고 나는 이러한 입장에서 선택한다는 생각에 어떤 의미가 있을 수 있다고 본다. 이러한 입장에서는 어떤 형태의 삶이 다른 형태의 삶보다 더 좋은 것으로 보일 것이라고 굳게 믿는다.

 만약 우리가 말로서의 삶과 인간으로서의 삶 중에 선택을 하는 것이 유의미하다고 볼 수 있다면—선택이 어떻게 이루어지든—그때는 한 종류의 동물의 삶이 다른 종류의 동물의 삶보다 더 큰 가치를 가진다는 생각도 유의미하다고 볼 수 있다. 그리고 만약 이렇다면, 모든 존재의 생명은 동등한 가치를 가진다는 주장은 매우 취약하게 된다. 모든 존재의 생명은 그것 자체에게는 절대적으로 중요하다고 말함으로써 이러한 주장을 옹호할 수 없다. 왜냐하면 우리는 이제 보다 객관적인—아니 적어도 상호주관적인—태도를 취하는 비교를 수용했으며, 그리하여 바로 그 존재 자체의 관점에서만 고려되는 그 존재의 생명의 가치를 넘어섰기 때문이다.

 그래서 다양한 생명체들의 가치를 위계적인 서열 속에 위치시키는 것이 필연적으로 종족주의는 아닐 것이다. **어떻게 우리가 이를 할 것인**

가는 다른 문제이다. 내가 할 수 있는 것은 기껏해야 다양한 종류의 존
재가 된다는 것이 어떠한 것과 같을까라는 상상적 재구성 정도이다.
어떤 비교는 너무 어려울지도 모른다. 물고기와 뱀 중 어느 것이 좋을
지 도대체 알 수가 없다고 아마 말해야만 할 것이다. 그렇지만 물고기
와 뱀 중 어느 것을 죽여야 할지 선택해야만 하는 때는 그리 흔하지 않
다. 다른 비교들은 그렇게 어렵지 않을 수도 있다. 일반적으로 존재의
정신생활이 높게 발달되면 될수록, 자기에 대한 앎과 합리성의 정도
가 크면 클수록, 가능한 경험의 영역이 넓으면 넓을수록, 그것과 그보
다 낮은 수준의 의식을 가지는 존재 중에 선택하는 경우라면, 높은 종
류의 것이 많이 선택될 것으로 보인다. 공리주의자들은 이러한 선택을
옹호할 수 있을까? 밀은 유명한 구절에서 그렇게 하려고 하고 있다.

    야수의 모든 쾌락을 누리게 될 것이라고 약속받는다고 해도, 어떤 저급한
동물로 변화되겠다고 동의할 사람은 거의 없을 것이다. 어떠한 지적인 인간
도 바보가 되기를 동의하지 않을 것이며, 배움이 있는 사람은 아무도 무식꾼
이 되고자 아니할 것이고, 분별이 있고 양심이 있는 사람이라면, 비록 바보,
지진아, 불량배의 세상살이가 자신의 세상살이보다 더 만족스러운 것이라고
설득당해도, 이기적이 되거나 비열하게 되고자 아니할 것이다⋯⋯ 만속한
돼지보다는 불만족한 인간이 되는 것이 낫고, 만족한 바보보다는 불만족한
소크라테스가 되는 것이 낫다. 바보나 돼지는 의견이 다르겠지만, 그들은 단
지 문제에서 자신들의 쪽만을 알기 때문에 그렇다. 비교되는 다른 쪽, 즉 소
크라테스나 인간은 양쪽을 다 안다.

  많은 비판가들이 지적해 왔듯이, 이러한 논증은 허약하다. 소크라테

스가 바보가 된다는 것이 어떤 것인지 실제로 알았을까? 세계를 이해하고 개선하고자 하는 욕망에 의해 괴로워하지 않고 단순한 일에서 기뻐하는 게으른 자의 즐거움을 그가 진실로 경험할 수 있었겠는가? 아마 그렇지 않았을 것이다. 그러나 이 구절의 다른 중요한 측면은 별로 지적되지 않고 있다. 동물의 삶보다도 인간의 삶을 선호한다는 밀의 논변은 (이에 대해 대부분의 현대의 독자들은 아주 마음 편해 할 것인데) 바보의 삶보다 지적인 인간의 삶을 선호한다는 논변과 정확하게 평행되고 있다. '바보'라는 말이 그 당시에 일반적으로 사용되었던 맥락과 방식을 고려한다면, 이 단어로 그가 의미하고자 했던 것은 지금 우리가 정신적 장애를 가진 사람이라는 말로 의미하는 것 같아 보인다. 이러한 확장된 결론에 대해 현대의 어떤 독자들은 확실히 마음 편해 하지 않을 것이다. 그러나 밀의 논의가 제시하고 있는 것처럼, 인간이 아닌 것의 삶보다 인간의 삶을 선호하는 것을 받아들인다면, 앞의 비교에서 언급된 인간이 아닌 동물과 비슷한 지적 수준에 있는 다른 인간의 삶보다 정상적인 인간의 삶에 대한 선호를 시인하지 않기가 쉽지 않다.

밀의 논의는 쾌락주의적 공리주의와는 일치하기 어렵다. 왜냐하면 보다 지적인 존재가 필연적으로 보다 큰 행복에의 능력을 가진다는 것은 참이 아닌 것으로 보이기 때문이다. 그리고 우리가 능력이 크다고 받아들인다 하더라도, 밀이 인정했듯이, 이러한 능력은 가끔 채워지지 않는다는 (바보는 만족하지만 소크라테스는 만족하지 않는다는) 사실도 고려해야만 한다. 선호공리주의는 밀이 하고 있는 주장을 옹호할 전망이 더 큰가? 이는 다양한 정도의 앎과 자의식을 가진 존재들의 다양한 선호들을 어떻게 비교하느냐에 달려 있을 것이다. 그러한 다양한 선호들에 순위를 매기는 방식을 찾아내는 것이 불가능하게 보이지는 않다.

그러나 지금으로서는 아직 문제가 해결되지 않았다.

이 장에서는 자기를 아는, 아니면 적어도 의식을 갖는 존재를 죽이는 것에 초점을 맞추었다. 이렇게 한 것은 인간이 아닌 동물, 수정란과 태아, 죽기를 소망하는 사람, 심각한 장애를 가지고 있어 부모들이 죽는 것이 낫겠다고 생각하는 아이들, 이러한 존재들을 죽이는 일에 대한 앞으로의 논의에 토대로 삼기 위해서였다. 의식이 없는 생명, 예컨대 나무나 풀의 생명을 취하는 것에는 어떤 잘못이 없는가 여부는 제10장에서 다룰 것이다.

제5장
살생: 동물

제4장에서, 생명의 가치에 대한 몇 가지 일반적인 원칙을 검토하였다. 이 장과 다음 두 장에서는 이러한 논의로부터 격렬한 논쟁의 주제가 되어 왔던 세 가지 종류의 살생, 즉 임신중절과 안락사, 그리고 동물살생에 관한 결론들을 도출하고자 한다. 이 셋 중에 동물살생의 문제가 아마도 가장 논란이 적을 것이다. 그럼에도 불구하고, 나중에 명백해질 이유 때문에, 동물살생에 대해 먼저 어떤 견해를 취하지 않고서는, 임신중절과 안락사에 관한 한 입장을 옹호하기가 불가능하다. 그래서 동물살생 문제를 먼저 살펴보겠다.

제1절 인간이 아닌 동물도 인격체일 수 있는가?

인격체를 죽이는 것이 인격체가 아닌 존재를 죽이는 것보다 더욱 심각하게 그릇된 일이라고 주장할 이유들이 있음을 이미 보았다. 선호공리주의, 생명에의 권리에 대한 툴리의 논증, 자율성 존중의 원칙, 그 어느 것을 받아들여도 이는 사실이다. 심지어는 쾌락주의적 공리주의조차도 인격체를 죽이는 것이 더 나쁘다고 볼 간접적 이유가 있을지도 모른다고 말할 것이다. 그래서 인간이 아닌 동물을 죽이는 것의 그릇됨을 논의하는 데는, 그러한 동물 중에 어떤 것이 인격체인가를 따지는 것이 중요하다.

동물을 인격체라고 부르는 것은 이상하게 들린다. 이러한 이상함은 우리 종족과 다른 종족을 엄격하게 구분하는 우리들의 습관이 드러난 징후에 불과할지도 모른다. 어쨌든 간에, 이 물음을 우리의 '인격체'에 대한 정의에 의거하여 고쳐 물음으로써, 이러한 언어상의 이상함은 피할 수 있다. 우리가 실제로 묻고 있는 것은, 인간이 아닌 어떤 동물들은 합리적이고 자의식적인 존재인가, 자신들을 과거와 미래를 가지는 개별적 존재라고 알고 있는가라는 물음이다.

고대신화에서나 현대의 이야기들에서나 그리고 영화들에서, 우리는 동물들에게 이야기할 수 있다고 상상한다. 이러한 꿈은 부분적으로는 1967년 네바다 대학의 두 과학자 앨런과 비어트리스 가드너Allen and Beatrice Gardner에 의해서 이루어졌다. 침팬지에게 말하는 것을 가르치고자 했던 예전의 시도가 실패한 것은, 침팬지가 언어를 사용하는 데 필요한 지능을 가지고 있지 않기 때문이 아니라, 인간의 말소리를 발생시키는 데 필요한 음성기관을 가지고 있지 않기 때문이라고 그들은 추측했다. 그래서 이들은 어린 침팬지를 성대가 없는 어린 아이처럼 대하기로 결정했다. 그들은 귀머거리인 미국 사람들에게 널리 쓰이는 언어인 수화법American Sign Language으로 어린 침팬지와 의사소통을 했으며, 침팬지 앞에서는 그들 간의 의사소통도 수화법으로 했다.

이러한 기법은 성공했다. 그들이 '와슈Washoe'라고 불렀던 침팬지는 350여 개의 수신호들을 이해하게 되었으며, 250여 개는 정확히 사용하게 되었다. 침팬지는 수신호들을 묶어서 간단한 문장을 만들었다. 그렇게 하는 중에, 자아감a sense of self에 대한 강력한 증거를 제공하였다. 거울에 비친 자신의 모습을 보여 주면서 "저게 누구냐?"라고 물었을 때 "나, 와슈"라고 대답했다. 나중에 와슈는 워싱턴 주의 엘렌스버그Ellensburg로 옮겨졌는데, 그곳에서 그는 로저와 데보라 푸츠Roger and Deborah Fouts의 보살핌 아래 다른 침팬지들과 함께 살았다. 여기서 와슈는 유아 침팬지를 양자로 삼았는데, 곧 아들에게 수신호를 하기 시작했을 뿐만 아니라 일부러 수신호를 가르치기도 했다. 예를 들어, 적합한 맥락에서는 아들의 손을 붙들어 '음식'에 해당하는 수신호를 만들어 보였다. 와슈는 2007년 42세의 나이로 죽었다.

고릴라, 보노보, 그리고 오랑우탄도 수신호를 배울 수 있었다. 물론 그들의 능력이 어디까지인가에 대해서는 논란이 있다. 30년 이상, 패터슨Francine Patterson은 저지 고릴라lowland gorilla인 코코Koko에게 영어를 말하며 또 수신호를 했다. 코코는 이제 500개 이상의 수신호 어휘를 조작할 수 있으며, 상당한 숫자의 발음된 영어 단어들을 이해한다. 거울 앞에서 코코는 표정을 짓거나, 자신의 치아를 검사한다. 마일스Lyn Miles는 오랑우탄인 찬텍Chantek에게 수신호를 가르쳤다. 자신의 코를 가리키고 있는 고릴라의 사진을 보자, 찬텍은 자기 자신의 코를 가리키며 고릴라를 흉내 낼 수 있었다. 짧은꼬리원숭이들은 또 과거나 미래의 사건을 가리키는 데 수신호를 사용하는데, 이는 시간감a sense of time을 보여 주는 것이다. 푸츠는 엘렌스버그에서 침팬지들을 위해 정기적인 축제를 열었다. 매년 추수감사절 후에, 로저와 데보라 푸츠는 먹을 수 있는 장식품들로 치장된 크리스마스트리를 세웠다. 침팬지들은 '과자 나무'라는 결합된 수신호로 이 크리스마스트리를 지칭했다. 1989년 추수감사절 직후에 눈이 오기 시작했는데, 크리스마스트리는 아직 준비되지 않았다. 타투Tatu라고 이름 붙여진 한 침팬지가 "과자 나무는?"이라고 물었다. 푸츠는 이를 타투가 크리스마스트리를 기억할 뿐만 아니라 지금이 그러한 시기라는 것을 알고 있음을 보여 주는 것이라고 해석하고 있다. 나중에 타투는 침팬지들 중의 하나인 다르Dar의 생일이 데보라 푸츠의 생일에 곧 이어 온다는 것도 기억했다. 침팬지들은 자신들의 생일날 아이스크림을 먹었는데, 데보라의 생일잔치가 끝난 다음, 타투는 "다르 아이스크림은?"이라고 물었다.

이러한 증거를 토대로 하여 수신호를 하는 짧은꼬리원숭이들이 자의식적임을 우리가 받아들인다고 가정해 보자. 그들이 언어를 사용하기 때문에 인간이 아닌 모든 동물들 중에서 예외적인가, 아니면 이러한 동물들과 다른 동물들이 내내 가지고 있었던 특징이 언어를 통해서 우리에게 드러난 것에 불과한가?

어떤 철학자들은 사유가 언어를 필요로 한다고 주장해 왔다. 한 존재가 자신의 생각을 단어들로 정식화하지 않고서는 생각할 수 없다는 주장이다. 예를 들자면 옥스퍼드 대학교의 철학자 햄프셔Stuart Hampshire는 다음과 같이 말했다.

> 여기에서 인간과 동물과의 차이는 인간이 자신의 의도를 표현할 수 있다는 것, 즉 자신의 이익이나 다른 사람의 이익을 위해 이러저러하겠다는 그의 의도를 언어화할 수 있다는 것이다. 이 차이는 동물이 실제로 의사소통의 수

단을 가지지 못하고, 또 자신의 의도를 기록할 수단을 가지지 못하기 때문에 아무도 동물의 의도가 어떠한 것인지 알 수 없다는 것만을 의미하지 않는다. 이 차이의 의미는 보다 강력한 것인데, 보다 정확히 말하자면, 자신을 반성할 수단과 자신의 미래의 행위를 자신이나 다른 이들에게 알릴 수단을 갖지 못한 동물에게 의도를 부여하는 것이 무의미하다는 것이다······ 동물이 과거에 일어난 일의 순서를 구분하는 기억을 가지고 있다고 생각하는 것이나, 미래에 일어날 일의 순서에 대한 예상을 가지고 있다고 생각하는 것은 무의미할 것이다. 동물은 순서의 개념, 아니 어떠한 개념도 갖지 못한다.

햄프셔가 그릇되게도 인간과 동물을 너무 투박하게 구분했다는 것은 명백하다. 왜냐하면 우리가 지금 막 보았듯이, 수신호를 하는 짧은 꼬리원숭이들은 그들이 '미래에 일어날 일의 순서에 대한 예상'을 가지고 있음을 확실히 보여 주었기 때문이다. 그러나 햄프셔는 원숭이가 신호언어사용을 배우기 전에 글을 썼기 때문에, 이러한 실수를 용서받을 수 있다. 그의 논변이 모든 동물에 대해서라기보다 언어사용을 배우지 못한 동물들을 가리키고 있다고 그의 논변을 고쳤다고 가정해 보자. 그렇다면 그 논변은 옳은가? 만약 그렇다면 언어를 가지고 있지 않은 모든 존재는 인격체일 수 없을 것이다. 이는 아마도 수신호를 하지 않는 동물들과 마찬가지로 어린 인간들에게도 적용될 것이다. 많은 종의 동물들이, 우리 언어는 아니라고 해도, 언어를 사용하고 있다고 주장할 수도 있다. 확실히 대개의 사회적 동물들은 서로 간에 어떤 의사소통의 수단을 가지고 있다. 예를 들자면, 곱사고래의 선율적인 노래, 돌고래의 윙윙거리는 소리나 휘파람 소리, 버빗 긴꼬리원숭이가 포식자들을 보았을 때 포식자에 따라 달라지는 경고음, 개가 으르렁대고 짖는 소리, 새들의 노래 소리, 심지어는 벌통으로 돌아온 벌이 자신이 보고 온 음식이 어느 방향에 얼마나 떨어져 있는지를 다른 벌들에게 알리기 위해 추는 춤 등이 있다. 그러나 이러한 형태의 의사소통이, 언어로 인정받기 위해 요구되는 수준에 이르렀는지 여부는 의심스럽다. 이러한 문제를 탐구하는 것은 우리의 문제로부터 너무 멀리 떨어져 있으므로, 나는 그것들이 언어에 이르지 못했다고 가정하고, 이러한 동물의 비언어적인 행위로부터 무엇을 배울 수 있는지를 생각해 보기로 하겠다.

햄프셔의 논변은 실제 세계를 탐구하면서 풀어야 할 문제를 안락의자에 앉아서 풀려고 했다는 점에서, 앞 세대의 철학자들이 특히 빠지기 쉬웠던 함정의 예이다. 언어를 가지지는 않지만 개념적 사유능력을 가지는 존재를 생각하지 못할 이유가 전혀 없다. 동물의 행위 중에는 동물이 개념적으로 생각한다고 가정하지 않는다면, 설명하기가 완전히 불가능한 것은 아니라 해도, 설명하기가 몹시 어려운 그러한 예들이 있다. 예를 들자면, 독일의 연구자는 한 실험에서 줄리아Julia라고 이름 붙여진 침팬지에게 두 열의 다섯 개의 닫힌, 그러나 투명한 상자를 제시하였다. 한 열의 마지막 상자에는 바나나가 있고, 다른 열의 마지막 상자에는 바나나가 없었다. 바나나가 든 상자는 특별하게 생긴 열쇠로만 열리도록 되어 있었는데, 이는 상자를 쳐다보면 분명히 알 수 있었다. 바나나 상자를 열 수 있는 열쇠는 다른 닫힌 상자의 내부에 들어 있는 것이 보였고, 이 열쇠 상자를 열려면 줄리아는 다른 특별하게 생긴 열쇠를 필요로 했는데, 이는 세 번째 박스 속에 들어 있었고, 이 세 번째 박스 또한 그 박스에 맞는 열쇠로만 열리도록 되어 있었는데, 이 열쇠는 잠긴 네 번째 박스에 놓여 있었다. 마지막으로 줄리아 앞에, 두 첫 번째 박스가 열려 있는데, 여기에는 각각 특별하게 생긴 열쇠들이 들어 있었다. 줄리아는 올바른 첫 번째 열쇠를 찾을 수 있었고, 이것을 가지고 다음 상자를 열고 그 속에 있는 다른 열쇠로 그 다음 상자를 여는 방식으로 바나나를 꺼내 먹었다. 이렇게 하기 위해서, 줄리아는 바나나가 들어 있는 상자를 열려고 하는 자신의 욕망으로부터 그 상자를 열 열쇠를 가질 자신의 필요성으로, 그리고 다시 열쇠가 들어 있는 상자를 열 열쇠에 대한 필요성으로 등등 소급해서 추리할 수 있어야만 한다. 줄리아는 어떤 형태의 언어도 배우지 않았으므로, 그녀의 행위는 언어가 없는 존재도 아주 복잡한 방식으로 생각할 수 있음을 입증한다.

동물들이 과거에 대한 기억과 미래에 대한 예견을 가지고, 자신을 알며, 의도를 수립하고 그것에 따라 행동한다는 그러한 결론을 가리키는 동물들의 행위는 연구실의 실험들에서만 볼 수 있었던 것이 아니다. 드 발Frans de Waal과 그의 동료들은 여러 해 동안 아른헴 동물원Arnhem Zoo의 2에이커의 숲속에서 반쯤 자연 상태에서 살고 있는 침팬지들을 관찰하였다. 그들은 종종 계획이 필요한 협동 작업을 보여 주었다. 예를 들어, 침팬지는 나무에 기어 올라가 가지를 부러뜨리는 것을 좋아한다. 그렇게 해서 나뭇잎을 먹을 수 있다. 조그만 숲이 금방 망가지는 것을 방지하기 위해, 동물원 관리자는 나무밑동 주위에 전기 철망을 가설하였다. 침팬지들은 (전기 철망이 가설되지 않은) 죽은 나무의 큰 가지를 꺾어 이를 해결하였다. 죽은 나뭇가지를 살아 있는 나무의 밑동에 끌고 가 한 침팬지가 죽은 가지를 밑동에 대고 붙잡고 있는 동안, 다른 침팬지가 기어 올라가 전기 철망을 넘어 나무속으로 들어갔다. 이러한 방식으로 나무속으로 들어간 침팬지는 이렇게 해서 딴 나뭇잎을 가지를 붙잡고 있었던 침팬지와 나누었다.

드 발은 또한 침팬지가 자신에 대한 앎을 가지며, 다른 침팬지의 의도를 알고 있음을 보여 주는 신중한 기만적 행위도 관찰했다. 침팬지는 집단적으로 살아가는데, 한 집단에서는 으레 한 수컷이 지배적이고 수용적인 암컷과 짝을 짓는 다른 수컷을 공격한다. 이럼에도 불구하고, 많은 성적 행위가 지배적인 수컷이 보지 않을 때 이루어진다. 수컷 침팬지는 종종 다리를 벌리고 앉아서 발기된 페니스를 보임으로써 암컷이 성적인 행위에 흥미를 갖도록 유도한다. (이와 유사한 방식을 취하는 남성 노출증환자는 사회적으로 온당치 못한 것으로 된 침팬지의 이러한 행위형태를 계속하고 있는 것일지도 모른다.) 한 번은 한 하급 수컷이 이러한 방식으로 한 암컷을 유혹하고 있는데, 지배적인 수컷이 지나가게 되었다. 하급 수컷은 손으로 발기된 페니스를 가려 지배적인 수컷이 이를 보지 못하도록 하였다.

햄프셔 같은 철학자들만이 아니라, 몇몇 과학자들도 '정신적인 시간여행', 즉 미래 사건을 상상하는 능력이 인간에게 고유한 것이라고 주장하였다. 인간과 동물을 구별하고자 하는 시도에서 보통 그러하듯이, 이러한 주장이 강한 설득력을 가지려면 매우 확실한 형태로 진술되어야만 한다. 반려동물로 개를 기르는 사람은 누구나 개가 산책 갈 것을 예감할 수 있다는 것을 알고 있다. 그러므로 인간에게 고유한 능력이란 자신의 현재의 동기화들을 넘어서 미래를 예견하는 능력이라는 의미이다. 그래서 이러한 주장은 개 끄는 줄을 가져와서 반려인간의 다리 가에 놓는 개에 의해서 반박되지 않는다. 그것이 의미하는 것은, 개는 산책을 가고자 하는 욕구에 단순히 사로잡혀 있을 뿐이며, 그러한 욕구에 의거하여 행위하고 있는 중이라는 것이다. 이에 반해, **비록** 우리가 지금 시장하지 않다고 해도 저녁으로 먹을 어떤 것을 마련하기 위해 쇼핑을 갈 때처럼, 인간은 그들이 지금 느끼지 못하는 동기화를 만족시키기 위해 계획을 세울 수 있다. 많은 동물들이, 다람쥐가 그러하듯이, 미래에 사용하기 위해 음식을 숨길 것이다. 그러나 이것이 순전히 본능적인 행위가 아니라 의식적인 선견지명을 포함하고 있다고 입증할 수 있겠는가?

구달Jane Goodall은 탄자니아의 곰베Gombe 지역의 한 어린 야생 침팬지인 피건Figan이 미래에의 계획을 보여 주었던 일을 보고하고 있다. 관찰 장소에 동물들이 보다 가까이 다가오도록 구달은 나무에 약간의 바나나를 숨겨 두었다.

어느 날 무리들이 식사를 한 후에 피건은 무리들이 못 본 바나나 하나를 발견했다. 그러나 무리의 서열로 보아 피건보다 상위인 어른 침팬지인 골리앗Goliath이 그 바나나 바로 밑에 앉아 있었다. 과일을 보고 그 밑의 골리앗을 순간적으로 한 번 본 다음 피건은 저쪽으로 가서 더 이상 과일을 볼 수 없는 텐트 반대편에 앉았다. 15분이 지난 다음 골리앗이 일어나 떠나자, 피건은 일순간도 지체하지 않고 건너와 바나나를 따먹었다. 피건이 전체 상황을 파악했음은 아주 명백하다. 만약 그가 더 일찍이 기어 올라갔더라면, 골리앗이 그것을 가로챘을 것은 거의 확실하다. 만약 그가 바나나에 가까이 있었더라면, 아마도 때때로 바나나를 쳐다보았을 것이다. 침팬지는 동료들의 눈의 움직임을 아주 빨리 감지하고 알아본다. 그래서 아마 골리앗도 직접 그 과일을 보았을 것이다. 그래서 피건은 자신의 욕망을 즉각적으로 충족시키는 것을 억제했을 뿐만 아니라, 바나나를 쳐다봄으로써 '산통 깨지' 않도록 저쪽으로 피하기까지 하였다.

여러 해 동안, 구달의 관찰은 단순한 일화로서 무시되었다. 그렇지만 이제 비슷한 행위가, 자연 환경에서나 통제된 실험에서, 돼지에게서도 관찰되었다. 어디에 음식이 있는지 아는 돼지는 그것을 모르는 더 큰 돼지가 자신을 따라올 때는 음식이 있는 곳으로 가지 않는다. 돼지는 큰 돼지가 자신을 밀치고 음식을 먹어버릴 것임을 아는 듯이 보인다. 그 대신, 돼지는 다른 돼지가 자신의 음식을 먹을 수 있게 될 기회를 최소화하는 방식으로 행위하는 것을 배운다. 예를 들어, 돼지는 큰 돼지가 보이지 않거나 자신보다 훨씬 멀리 떨어져 있을 때에만 음식이 있는 곳으로 간다.

앞으로 있을 시점을 내다보는 능력을 보여 주는 다른 예는 스웨덴의 동물원에 있는 침팬지 산티노Santino에 대한 오스바트Mathias Osvath의 계속적인 관찰로부터 나왔다. 10년 이상, 산티노는 정기적으로 돌멩이들을 모아서 저장하였다. 그는 이것을 아침에, 방문자들이 동물원에 입장하기 전에 했다. 몇 시간 후 그는 방문자들이 나타나는 그의 우리 가장자리, 즉 그가 돌멩이들을 쌓아놓은 곳으로 가서, 그것들을 방문자들을 향해 던졌다. 심지어 그는 두들겨보아 그의 우리의 콘크리트의 어디가 얇은지를 탐지하는 방법도 알고 있었다. 그는 약한 곳을 깨뜨려서 던지기에 적합한 크기로 콘크리트를 조각내서, 자연 상태의 돌멩이들을 모아놓은 곳에 그 조각들을 가져다 놓았다. 동물원이 폐쇄되어 방문자들이 오지 않는 겨울에는 돌멩이들을 모으지 않았다. 돌멩이를 던지는 것은 침팬지에게 본능적인 것이 아니다. 그리고 콘크리트를 깨뜨리는 것도 물론 아니다. 산티노는 이러한 일들을 방문자들이 없는 곳에서 조용하게 했다. 그래서 그는 방문자들로 인하여 흥분하였을 때 그가 가지는 [돌멩이를 던지고자 하는] 바로 그 동기에 사로잡히지 않을 수 있었다.

동물이 자신의 미래 욕구를 예감할 수 있다는 훨씬 더 엄격한 예시는 짧은꼬리원숭이들이나 다른 영장류에 대한 실험이 아니라 미국어치scrub jay에 대한 실험에서 아주 충분히 나온다. 과학자들은 이 새들의 두 특성을 이용하여 교묘한 실험을 설계하였다. 우리처럼, 어치는 나중에 먹기 위해 음식을 저장한다. 또 우리처럼, 한 종류를 배불리 먹고 나면 그것에 물려서 다른 것을 선호한다. 실험자들은 한 그룹의 어치에게 소나무 열매를 제공하고 어치들이 소나무 열매나 곡물 알갱이를 저장하게 허용하였다. 어치들이 저장고에 접근하기 전에, 어치들에게 다시 소나무 열매를 제공하여 먹게 했다. 이러한 절차에 익숙해진 다음, 어치들은 곡물 알갱이 저장을 선호하였다. 소나무 열매 대신 곡물 알갱이가 대신 계속 제공된 경우에는, 어치들은 소나무 열매 저장을 선호하였다. 이는 음식을 저장할 때, 어치는 먹고 있는 것에 물리고 그래서 다른 종류의 음식 저장을 선호한다고 해석될 수 있다. 그러나 실험자들은 다른 그룹의 어치에게 실험절차를 변경하였다. 이번에는 어치들에게 하나의 음식만을 제공하고 그것을 저장하도록 허용하였다. 하지만 어치들이 저장고에 접근하기 전에, 어치들에게 음식을 저장하기 전에 어치가 먹었던 것과 **다른** 종류의 음식을 제공하여 먹게 했다. 두 번째 그룹의 어치들은 자기들이 이제 막 먹은 음식에 물리기는 했지만 그래도 그 음식 저장을 선호하였다. 어치들의 다른 행동에 대해서는, 저장된 음식에 도달하기 전에 어치들은 지금 막 먹은 음식이 아니라 다른 종류의 음식에 물릴 것으로 예상할 수 있었을 것이고, 그래서 지금 원하는 것이 아니라 그 다음에 원할 것을 선호한다는 설명 외에 다른 설명을 생각하기는 어렵다. 이것이 이런 경우라면, 어치는 햄

제5장 살생: 동물 **185**

프셔가 말한 그대로 언어가 없지만 '미래에 일어날 일의 순서에 대한 예상'을 하는 존재이다. 특히나 더욱이, 어치들은 미래의 욕망이 현재의 욕망과 다를 것이라는 앎에 기초한 욕망을 또한 가진다.

제2절 인간 아닌 인격체를 죽이는 것

앞에서 요약된 증거들을 기초로, 인간이 아닌 어떤 동물들은, 우리의 정의에 따라, 인격체라고 결론을 내려야 한다고 나는 생각한다. 이러한 사실의 중요성을 판단하기 위해서는 이것을 앞서 있었던 논의의 맥락에서 보아야 한다. 앞에서 나는 인간 생명의 신성함에 관한 이론 중에서 옹호될 수 있는 유일한 이론은 이른바 "인격체의 생명을 취하는 것이 특별히 중요하다는 이론"이라고 주장했다. 대부분의 인간들이 특별히 중요한 생명을 가진다거나 그들의 생명에 보호되어야 할 특별한 자격이 있다면, 이는 대부분의 인간이 인격체라는 사실과 연결되어야만 한다고 나는 지적했다. 그래서 만약 인간이 아닌 어떤 동물이 또한 인격체라면, 이러한 동물들도 그것들의 생명에도 보호되어야 할 특별한 자격이 있다. 인간 인격체의 생명이 가지는 특별한 도덕적 특징을 어떤 근거로 주장하든 간에, 선호공리주의든, 자신을 계속적인 자아로 파악하는 능력으로부터 도출되는 생명에의 권리든, 자율성 존중이든 간에, 이러한 논변들은 인간이 아닌 인격체에게도 마찬가지로 적용되어야만 한다. 인격체를 죽이는 것이 다른 인격체에 일으킬 것 같은 공포가 인격체를 죽이지 말아야 할 간접적인 공리주의적인 입장만이, 인간이 아닌 인격체에게는 적용하기가 조금 어렵다. 왜냐하면 인간이 아닌 것들은 멀리서 발생된 살생에 대하여 인간처럼 쉽게 알 것 같지는 않기 때문이다. 그리고 또 이러한 이유는 인간인 인격체를 죽이는 모든 경우에 적용할 수도 없다. 왜냐하면 인격체를 죽였음을 아무도 알지 못하도록 하는 그러한 방식으로 어떤 인격체를 죽이는 것이 가능하기 때문이다.

따라서 우리는 우리 종족의 생명을 다른 종족의 생명보다 중요시하는 이론을 배격해야만 한다. 왜냐하면 다른 종족의 어떤 구성원은 인격체이며, 우리 종족의 구성원 중의 어떤 이는 인격체가 아니기 때문이다. 어떠한 객관적인 평가에 따르더라도 인격체인 다른 종족의 구성원보다 인격체가 아닌 우리 종족의 구성원을 죽이는 것이 언제나 더 나쁘다는 견해를 지지할 수 없다. 반대로 우리가 이미 보았듯이, 인격체의 생명을 빼앗는 것은, 그 자체로, 인격체가 아닌 것의 생명을 빼앗는 것보다 더욱 심각한 일이라고 생각해야 한다는 강력한 논변이 있다. 그래서 말하자면 침팬지를 죽이는 것은, 다른 조건이 같다면, 심각한 지적인 장애 때문에 지금 인격체가 아니고 결코 인격체가 될 수 없는 인간 존재를 죽이는 것보다 더욱 나쁜 일로 보인다.

대형 짧은꼬리원숭이들은 인간이 아닌 인격체의 아마 가장 명백한 예들일 것이다. 그러나 앞에서 보았듯이, 몇몇 다른 종족들에게도 미래를 가리키는 사유의 증거가 있다. 자기에 대한 앎은 때때로 거울을 볼 때 다른 존재가 아닌 자신을 보고 있다는 것을 아는 일과 연결된다. 이것은 거울을 보면 보이지만 그렇지 않고서는 볼 수 없는 동물의 신체 일부, 예를 들자면 짧은꼬리원숭이의 이마에 색칠을 하고, 원숭이가 사전에 익숙해 있는 거울을 줌으로써 시험할 수 있다. (색칠은 눈치 채지 못하게 동물이 자고 있을 때 한다.) 만약 그녀가 거울을 들여다보고 색칠한 자신의 일부분을 만진다면 이것은 그녀가 거울 속의 영상이 자신이라는 것을 알고 있음을 가리킨다. 모든 대형 영장류는 거울시험mirror test을 통과한다. 그러나 코끼리, 돌고래, 그리고 심지어 까치도 통과할 수 있다. 까치는, 우리가 이미 보았듯이 자신들의 미래의 욕망들을 고려할 수 있는 어치와 함께, 까마귀 종류에 속한다. 페퍼버그 Irene Pepperberg가 50~100개의 단어들을 가르쳤던 아프리카 회색 앵무새인 알렉스Alex는 '색깔'이나 '모양'과 같은 개념들과 함께 '같은'이나 '다른'이라는 개념도 이해했다. 페퍼버그는 알렉스에게 거울시험을 하지는 않았지만, 알렉스의 능력과 행위에 대한 매우 신중한 페퍼버그의 기록된 설명을 보면, 알렉스가 어느 정도까지 자신에 대한 앎을 가졌을 것임에는 의심이 없다. 한 살이 못된 인간 아이들은 일반적으로 거울시험을 통과하지 못한다. 그러나 18개월 정도가 되면, 대부분이 통과할 수 있다.

거울시험을 통과하는 것이 자기에 대해 알고 있음을 보여 줄지도 모른다. 그러나 통과하지 못한다고 해서 그 동물에게 자신에 대한 앎이 없다는 확증이 되지는 않는다. 짧은꼬리원숭이와 달리, 긴꼬리원숭이는 거울을 이용하여 그렇지 않았다면 볼 수 없었을 음식을 찾을 수는 있지만, 자기 확인의 징조를 보이지는 않는다. 개들은 거울시험을 통과하지 못한다. 이는 아마도 그것들이 시각보다는 후각에 더 많이 의존하기 때문에 그럴지도 모른다. 개나 고양이와 함께 사는 많은 사람들은 그들의 반려동물들이 자의식과 미래감a sense of future을 가진다고 확신한다. 만약 개와 고양이가 인격체라는 자격을 가진다면, 우리가 음식으로 이용하는 포유동물들도 그리 멀리 있지 않을 것이다. 우리는 개가 돼지보다 더 '인간적'인 존재라고 생각한다. 그러나 이미 보았듯이 돼지는 미리 계획할 수 있으며 다른 돼지가 음식 있는 곳을 아는지 모르는지도 파악한다. 우리가 인격체를 베이컨으로 만들고 있는가? 게다가 적어도 어떤 새들은 인격체로 보인다. 닭이 인격체가 아니라고 배제하는 데도 주의해야 한다. 아흔 마리에 이르는 집단에서, 닭들은 서로를 개별자로 식별하는 것으로 보이고 쪼아 먹는 순서에서 다른 새가 자기보다 위인지 아래인지 늘 알고 있다. 닭들은 또한 자기통제의 능력을 가지고 있고 적어도 가까운 미래를 내다본다. 한 실험에서, 닭에게 어떤 건반을 쪼면 2초 후에 3초 동안 먹이를 먹을 수 있게 하고, 다른 건반을 쪼면 6초 후에 22초 동안 먹을 수 있다는 것을 알게 했다. 암탉은 더 오래 먹을 수 있는 기회를 선호했다. 보다 일화적인 수준에서는, 닭을 놓아서 기르며 밤에는 가두어 놓는 많은 사람들은 닭들이 아침에는 열심히 바깥으로 나가려 한다고 서술한다. 이러한 태도는 미래를 예상한다는 것을 가리킨다.

우리 접시에 정기적으로 올라오는 동물들 중에서, 물고기는 가장 인격체가 아닐 것 같다. 그러나 물고기라는 범주는 극단적으로 넓다. 대략 2만 8천 종의 물고기가 있는데, 이는 모든 다른 척추동물들의 합보다도 더 많다. 물고기들은 능력이 아주 다양하다. 2003년에 『어류와 어업』이라는 잡지는 물고기의 학습능력에 대한 특별판을 발간하였는데, 그 서문에서 물고기를 "사회적 지능이 배어 있고, 조작, 처벌, 그리고 협상이라는 마키아벨리적인 전략들을 추구하며 …… 포식자를 감시하거나 먹이를 얻기 위해서는 협동하는 것"으로 묘사하고 있다. 이러한 것들이 의식적 기획인지는 확실하지 않다. 그러나 물고기가 오직 3초 동안만 기억한다는 대중적인 신화가 완전히 틀린 것임을 우리는 알고 있다. 실험들은 물고기들이 11개월 동안이나 그물 근처에 있지 않았음에도 그물에 구멍이 있는 장소를 기억할 수 있었음을 보여 준다. 무척추동물로서는, 줄무늬 문어가 여행객들이 버린 코코넛 반쪽 껍질들을 주어서, 나중에 그것을 결합하여 일종의 방어용 주거를 만들기 위해, 상당한 거리를 운반하는 것이 관찰되었다. 이러한 거리를 움직이는 것은 작은 문어로서는 아주 대단한 일이다. 문어의 학습능력에 대하여 우리가 알고 있는 것을 인정한다면, 이러한 행위가 문어가 미래에 주거가 필요하다는 것을 알고 있고 미리 계획을 세운다는 것을 가리킨다고 해석해도 그렇게 무리는 아니다.

  다른 존재가 자아감이나 미래감과 과거감a sense of past을 어떠할 때 갖는지를 정하는 것은 어렵다. 우리가 피할 수 있을 때 인격체를 죽이는 것이 잘못된 일이라면, 그리고 우리가 죽이려고 생각하는 존재가 인격체인지 여부에 실제적인 의심이 든다면, 할 수 있는 최선의 일은 우리가 그 존재에게 의심의 이득the benefit of the doubt을 주는 것이다. 이럴 때 이 규칙은 사슴사냥꾼들 사이의 규칙과 같은 것이다. 즉 만약 덤불 속에서 움직이고 있는 무엇을 보았는데, 그것이 사슴인지 사냥꾼인지 확실하지 않다면, 쏘지 말아야 한다는 것이다. (우리는 사슴이든 사냥꾼이든 모두 쏘지 말아야 한다고 생각할지도 모른다. 그러나 이 규칙은 사냥꾼들이 사용하는 윤리적 틀 내에서는 타당한 것이다.) 이러한 이유들에 근거해서 인간이 아닌 많은 동물들을 죽이는 것은 비난 받아 마땅하다. 그러한 일은 물론 능가하는 이유들이 있을 때에는 정당화될지도 모르지만, 정당화의 필요가 있다.

  다른 한편으로, 자신에 대해 알고 그래서 우리의 "인격"에 대한 정의에 들어맞는 인간이 아닌 동물들조차도 여전히 정상적인 인간이 하는 것과 거의 같이 그렇게 미래에 초점을 맞출 것 같지는 않다. 바너Gary

Varner는 『헤어의 두 수준 공리주의에서 인격성과 동물들』에서 내가 사용해 온 인격체에 대한 정의보다 더 많은 것을 요구하는 논변을 펼쳤다. 그의 견해에 따르면, 인격체는 전기적인 자아감a biographical sense of self을 가져야만 한다. 인간들은 자신의 삶에 대한 이야기들을 하는데, 이러한 이야기들을 함께 엮으면, 그들이 어디서 왔으며, 지금 어디에 있으며, 미래에 무엇을 희망하는지를 알 수 있다고 그는 지적했다. 바너의 주장에 따르면, 오직 세련된 언어를 가진 존재들만이 자신들의 삶에 대하여 이러한 종류의 전기적인 감을 가지는데, 이는 오직 인간만이 이를 가진다는 의미이다. 모든 인간이 그러한 것은 아니다. 왜냐하면 모든 인간이 언어능력을 가지는 것은 아니기 때문이다. 바너는 삶에 대한 이러한 전기적인 감이 다른 존재들의 삶에는 빠져 있는 특별한 중요성을 인간의 삶에게 부여한다고 믿었다. 그의 견해에 따르면, 인간이 아닌 어떤 동물들은 자기에 대한 어떤 앎을 가지고 있지만 전기적인 자아감을 갖고 있지 못하다는 의미에서 '유사인격체near-person'일 뿐이다.

영국의 철학자인 스크루턴Roger Scruton은 한 인간의 요절은 비극인데, 왜냐하면 그녀가 달성하기를 원했지만 이제는 성취할 수 없는 일들이 있을 것 같기 때문이라고 말했다. 이러한 의미에서 한 암소의 요절은 비극이 아니다. 왜냐하면 암소들이 1년을 살든 10년을 살든, 그들이 성취하기를 원하는 것은 없기 때문이다. 수신호를 사용할 수 있는 대형 짧은꼬리원숭이들조차도 먼 미래에 대한 그들의 계획에 대해 말하지 않는다. 여치는 다음 날을 위해 음식을 숨기지만, 우리가 아는 한, 여러 해 후에 이익이 될 장기 계획에 착수하지 않는다. (겨울 동안을 위해 음식을 숨기는 다람쥐나 다른 동물들은 미래의 필요를 의식적으로 예견하고 이러한 일을 한다. 이는 인상적인 반대사례일 것이나, 이러한 행위는 아마 본능적일 것이다.)

정상적인 성인인 인간과 인간이 아닌 동물들 간의 이러한 차이들을 받아들이면, 우리는 살생의 그릇됨을, 죽임을 당하는 존재가 인격체냐 인격체가 아니냐에 달려 있는 흑백의 문제a black and white matter가 아니라, 다른 일들 중에서 죽임을 당하는 존재가 완전히 인격체인가 아니면 유사인격체인가 아니면 전혀 자신에 대한 앎을 가지고 있지 않은가, 최선의 정보에 따를 때 그 존재가 어느 정도나 미래를 가리키는 욕망들을 가지고 있는가, 그러한 욕망들이 그 존재의 삶에서 얼마나 중심적인가에 달려 있는 정도의 문제a matter of degree임을 알 수 있다. 날카로운 구분선을 가진 법이 공공정책에 더 잘 기여할 것임을 근거로 형법은 당연히 다른 견해를 가질 수 있다. 하지만 관련된 도덕적인 고려들은 연속성을 시사한다.

제3절 다른 동물을 죽이는 것

자신을 일정한 시기에 걸쳐서 존재하는 동일한 개체로 인식하는 능력에 근거하여 살생을 반대하는 논변은 약간의 동물에게만 적용될 뿐이다. 아마도 의식을 가질 것이지만, 인격체가 아닌 다른 동물들이 있을 것이다. 인격체가 아니며, 유사인격체도 아니라고 우리가 확신하는 어떤 동물들이 있다고 가정하자. 그러면 이러한 동물들을 죽이는 것의 옳고 그름은 공리주의적 고려에 달려 있는 것으로 보인다. 왜냐하면 그들은 자율적이지 않고—툴리의 권리에 대한 분석이 맞는다면—생명에의 권리를 가질 자격이 없기 때문이다.

　살생 그 자체에 대한 공리주의적 접근방식을 논의하기 전에, 우리는 매우 다양한 간접적 이유들이 공리주의적 계산에 등장한다는 것을 유념해야 하겠다. 동물을 죽이는 데 사용되는 많은 방식들은 동물에게 즉각적인 죽음을 주지 않는다. 그래서 죽어 가는 과정에 고통이 있게 된다. 또 한 동물의 죽음이, 짝이나 그 무리의 다른 구성원에게 주는 영향도 있다. 암컷과 수컷의 정분이 일생 동안 지속되는 많은 종류의 새들이나 몇몇 포유동물들이 있다. 이러한 짝의 한쪽의 죽음은 살아남은 쪽을 비탄에 빠지게 하며, 상실감과 슬픔을 안겨준다. 포유동물에서 모자관계에 있는 어느 한쪽이 죽임을 당하거나 그들이 분리되는 것도 비탄의 근원이 될 수 있다. (젖을 짜는 농장에서는 관례적으로 송아지들을 어미들로부터 일찍 떼어놓는다. 그래야만 사람들이 우유를 사용할 수 있기 때문이다. 낙농장에 살아 본 사람이면 누구나 송아지가 가버린 후 며칠 동안 암소가 송아지를 계속 불러댄다는 것을 알 것이다.) 어떤 종에서는 한 개체의 죽음이 보다 큰 집단에 의해 느껴질 수도 있다. 늑대와 코끼리의 행위가 그러한 것을 시사하고 있다. 이러한 모든 요소들이 공리주의자들로 하여금 동물이 인격체이든 아니든 간에 동물에 대한 어떤 살생을 반대하게 한다. 그러나 이러한 요소들은, 살생이 일으킬지도 모르는 고통이나 비탄이 문제되지 않는다면, 그 자체로서는 살생을 반대할 이유가 아닐 것이다.

　고통을 주지 않으며 다른 것들에게 어떤 손해도 끼치지 않는 그러한 살생에 대하여 정확히 공리주의적으로 판단하고 이러한 판단에 기초하여 윤리적 결정을 내리는 일은 복잡하다. 왜냐하면 그러한 결정은 앞 장에서 개괄한 공리주의적 견해들 중에서 어떤 것을, 즉 전체적 견해냐 사전 존재적 견해냐, 또 쾌락주의적 공리주의냐 선호공리주의냐를 선택하느냐에 따라 달라지기 때문이다. 나는 우리가 쾌락주의적 공리주의자라고 가정하고 시작하고자 한다. 왜냐하면 이것이 전체적 견해와 사전 존재적 견해를 보다 직접적으로 만들기 때문이다. 그리고 그 이후에 나는 선호공리주의로 입장을 변경하는 것이 어떤 효과가 있는지 고려할 것이다.

사전 존재적 견해를 취한다면, 고통보다 많은 쾌락이 있을 것 같거나 있도록 길러질 수 있을 것 같은 그러한 삶을 살 존재를 죽이는 것은 그릇되다. 이러한 견해에 따르면 음식으로 사용하기 위해 동물을 죽이는 것은 일반적으로 그릇되다. 왜냐하면 이러한 동물이 죽기 전에 즐거운 시간을 몇 달이나 몇 년을 가지도록 할 수 있는데, 그들을 먹음으로써 우리가 얻는 쾌락은 그들이 누릴 즐거움을 능가하지 못할 것이기 때문이다. 이에 반해 전체적 견해는 다른 결론을 맺을 수 있다. 영국의 소설가 버지니아 울프Virginia Woolf의 아버지이자 에세이 작가인 스테픈 Leslie Stephen은 자신의 에세이와 강의록을 모아 1896년에 발간한 『사회적 권리들과 의무들』에서 다음과 같이 적고 있다.

> 채식주의를 옹호하는 모든 논증들 중에서 자비심으로부터의 논증이 가장 취약하다. 돼지는 훈제한 돼지고기인 베이컨을 필요로 하는 누구보다도 [베이컨 때문에] 더 큰 이익을 갖는다. 세상에 [구약 신명기의 율법에 따라 돼지고기를 먹지 않는] 유대인들만 있다면 [돼지를 키울 사람이 아무도 없어서] 돼지는 아마 존재하지 않을 것이다.

스테픈의 요점은 다음과 같다. 비록 고기를 먹는 사람들이 그들이 먹는 동물의 죽음과 그 동물이 경험할 쾌락의 상실에 이바지하지만, 그들은 또한 더 많은 동물들을 만들어내는 일에도 이바지한다. 왜냐하면 아무도 고기를 먹지 않으면, 육용으로 키우는 동물은 더 이상 없을 것이기 때문이다. 그래서 고기를 먹는 사람이 한 동물에 가하는 상실은 그들이 다음 동물에 베푸는 이익에 의해서 보충된다. 이러한 논증은 주기적으로 육식을 옹호하려는 사람들에 의해 재생되었다. 예를 들자면 21세기에는 베스트셀러 『잡식동물의 딜레마』를 쓴 폴란 Michael Pollan이나 또 영국의 주방장이자 음식저술가인 펀리-휘팅스톨 Hugh Fearnley-Whittingstall이 그러했다. 우리는 이를 '대체 가능성 논변 the replaceability arguement'이라고 불러도 좋을 것이다. 왜냐하면 이는 우리가 한 동물을 죽이면, 우리는 그것을 다른 동물로, 그 다른 동물이 죽은 동물이 계속 살았으면 가졌을 것과 같은 즐거운 삶을 가지는 한, 대체할 수 있다고 가정하기 때문이다. 전체적 견해를 받아들이는 쾌락주의적 공리주의자는 이에 동의해야만 한다. 왜냐하면 그러한 버전의 공리주의는 감각적 존재들은 그것들이 쾌락과 같이 본질적으로 가치 있는 경험을 가능하게 하는 한 가치 있다고 간주하기 때문이다. 감각적 존재는 가치 있는 것을 담는 그릇과 같은 것이며, 그릇이 깨진다 해도, 내용물이 흘리지 않고 옮겨질 수 있는 다른 그릇이 있는 한, 그릇이 깨지는 것은 문제가 되지 않는다. (그렇지만 이러한 은유를 너무 심각하게 받아들일 필요는 없다. 귀한 액체와 달리, 쾌락이나 다른 경험들은 의식을 가진 존재로부터 독립적으로 존재할 수 없다. 그래서 전체적 견해에서도 감각적 존재가 단순히 그릇으로 간주되는 것은 적합할 수 없다.)

대체 가능성 논변에 대해 첫 번째로 지적해야 할 점은, 문제가 되고 있는 동물이 즐거운 삶을 가진다면 그러한 논변이 타당하겠지만, 동물들이 너무 북적대고 운동에 너무 제한을 받아서 삶이 이득이 된다기보다 부담이 되는 것처럼 보이는 현대의 공장식 농장에서 사육되는 동물의 고기를 먹는 것을 정당화할 수는 없을 것이라는 점이다. 폴란과 펀리-휘팅스톨은 이를 알고 있었다. 그들은 공장식 농장을 솔직하게 비난하고 우리가 그러한 생산물을 피할 것을 권고하였다.

두 번째로 지적할 점은, 만약 행복한 생명을 만들어내는 것이 좋은 일이라면, 아마도 지구상에 지구가 부양할 수 있는 최대한의 존재들이 있는 것이 좋은 일이 될 것이다. 육식옹호자들은 왜 가능한 최대다수의 행복한 존재들이 아니라 행복한 사람들이 있는 것이 더 좋은지 그 이유를 찾아낼 수 있기를 희망하는 것이 신상에 이로울 것이다. 그러한 이유를 찾지 못한다면, 그러한 논변은, 인간들을 지속적으로 대체할 더 많은 숫자의 더 작은 행복한 동물들에게 길을 내어주기 위해, 우리가 거의 모든 인간들을 제거해야만 한다는 것을 함축하기 때문이다. 그렇지만 육식옹호자들이, 말하자면, 행복한 쥐를 만드는 것보다 행복한 사람들을 만드는 것을 더 좋아해야 할 이유를 생각해 낸다고 해도, 그들의 논변은 육식을 전혀 지지하지 못할 것이다. 왜냐하면 목초를 키우기에만 적합한 어떤 지역이라는 예외를 제쳐놓고 나면, 지구의 표면에 동물을 키울 때보다 식물성 양식을 키울 때 더 많은 사람을 먹여 살릴 수 있기 때문이다.

세 번째로 지적할 점은, 만약 대체 가능성이 동물에게 적용된다면, 이는 비슷한 수준의 인간에게도 적용되어만 한다는 것이다. 다음과 같이 가정해 보자. 아이가 태어날 때마다 부모들은 그 아이가 살아가면서 혹시 나중에 필요할지도 모르는 장기 기증자가 되도록 그들 아이의 복제아를 만들지 말지 선택을 하도록 제안을 받는다. 복제아들은 인공

자궁에 착상되고, 부모들이 복제아에게 애착을 갖게 되어 복제아의 기관을 제거하기를 내켜하지 않게 되는 것을 방지하도록, 인간 존재들로부터 분리되어 길러진다. 수정란일 때 복제아들은 유전적으로 조정되어, 그들의 지적 능력은 인간 유아의 지적 능력을 결코 넘어서지 못한다. 지적으로 자신들의 운명을 이해할 수 없기 때문에, 물론 자비로이 죽음을 당하는 순간이 올 때까지 그들은 행복하고 좋은 돌봄을 받는 유아의 삶과 비슷한 삶을 살 것이다. 그들의 심장이나 다른 기관들은 그들의 원본인 아이들의—이제는 보통 어른들의—생명을 연장시키는 데 사용된다. 기관을 제공받은 사람들은 비용을 지불하고, 이러한 거래의 수입은 다음 세대의 아이들로부터 새로운 복제아들을 키우는 것을 가능하게 한다. 한 종교 집단이, 말하자면 불교가, 이러한 관행에 반대하여, 복제아를 사용하기를 거부하고, 불교도들이 생명을 연장하기 위해 복제아의 기관을 사용하는 것보다 윤리적으로 더 좋은 것으로 보는, 자연 수명을 산다는 생각을 수용하도록 강요한다고 가정해 보자. 이에 대해 현대의 스테픈은 이렇게 대응할 것이다. "자연수명을 옹호하는 모든 논증 중에서 자비심으로부터의 논증이 가장 취약하다. 복제아는 복제아의 생체기관을 필요로 하는 누구보다도 [생체기관 때문에] 더 큰 이익을 갖는다. 세상에 불교도들만 있다면 [복제아들을 키울 사람이 아무도 없어서] 복제아들은 아마 존재하지 않을 것이다." 앞에서 우리가 종족주의를 거부한 것이 옳다면, 육식을 옹호하기 위해 대체 가능성 논변을, 그것이 이러한 형태의 장기은행을 옹호하는 것으로 또한 받아들이지 않고서, 어떻게 이용할 수 있을 것인지 알기가 어렵다.

  이 세 가지 지적이 의심할 여지없이 육식을 옹호하려는 대체 가능성 논변의 호소력을 감소시킨다. 그러나 이것들도 문제의 핵심에 도달한 것은 아니다. 어떤 감각적 존재가 실제로 대체 가능한가? 전체적 견해와 대체 가능성 논변은 널리 비판을 받았으나, 비판자들 중의 어느 누구도, [자신들이 비판하고 있는] 이러한 입장들이 비록 적합하지는 않지만 일관성 있는 대답들을 제시하고 있는 근본적인 문제들에 대하여 만족한 해결책들을 제시하지는 못했다.

19세기 영국의 채식주의자이고 『동물들의 권리들』이라는 책의 저자였던 솔트Henry Salt는 대체 가능성 논변이 간단한 철학적 실수에 근거하고 있다고 생각했다.

오류는 존재와 비존재의 비교를 시도하는 사고의 혼동에 기인한다. 이미 존재하고 있는 사람은 죽기보다는 사는 것이 좋다고 생각할 것이다. 그러나 그는 틀림없이 논변의 기초가 되는 존재라는 지반을 가지고 있다. 그가 비존재라는 심연과 같은 것으로부터 논변하기 시작하자마자 무의미한 말을 하게 된다. 왜냐하면 그러할 경우 우리는 술어를 부여할 수 없는 것에 대하여 선이니 악이니 행복하다느니 불행하다느니 하고 술어를 부여하게 되기 때문이다.

솔트는 기원전 1세기의 로마 철학자 루크레티우스Lucretius가 『사물의 본성에 대하여』라는 시집의 다음과 구절에서 스테픈의 '저속한 궤변'을 반박했다고 주장하였다.

우리가 태어남을 알지 못한다 해서 잃을 것은 무엇인가?
살아 있는 자는 더 오래 살기를 갈망토록 하라,
따뜻한 애정이 그들의 가슴과 대지를 묶고 있는 한.

그러나 삶의 욕망을 결코 맛보지 못한 자들,

안 태어난 것들, 인격이 아닌 것들은 결핍을 느낄 수 없다.

내가 『동물해방』의 초판을 썼을 때, 나는 솔트의 견해를 받아들였다. 한 존재를 존재토록 하는 것이 그 존재에게 이득을 주는 것처럼 말하는 것은, 이러한 이득을 줄 당시에는 그 존재가 존재하지 않기에, 무의미한 것이라고 그때는 생각했었다. 그러나 이 점에 대하여 나는 이후에 마음을 바꾸었다. 제4장에서 보았듯이, 어떤 존재가 비참한 삶을 살 것이라는 것을 알고서도 그 존재를 존재케 하는 것은 무언가 나쁜 일을 하는 것이라고 보면서도, 그 존재가 행복한 삶을 살 것이라는 것을 알고서도 그러한 존재를 존재케 하는 것이 왜 무언가 좋은 일을 하는 것이 아닌지를 설명하기가 어렵다.

파피트Derek Parfit는 하나의 사유 실험을 제안하였는데, 이는 대체 가능성 견해를 더욱 강하게 옹호하는 주장이 되었다. 그는 우리에게 다음을 상상해 보라고 요청한다. 두 여인이 각각 아기를 가질 계획을 가지고 있다. 첫 번째 여인은 이미 임신 3개월이 되었을 때 의사가 좋은 소식과 나쁜 소식을 전해 주었다. 나쁜 소식은 그녀의 태아가 결함을 가지고 있는데, 이것이 아이의 삶을 완전히 비참하게 만들거나 전혀 살 가치가 없도록 만들 정도로 그렇게까지 나쁜 것은 아니지만, 아이의 미래의 삶의 질을 상당히 낮출 것이라는 이야기였다. 좋은 소식은 이러한 결함이 쉽게 치료 가능하다는 것이었다. 그녀가 해야 하는 일은 전혀 부작용이 없을 알약을 하나 먹는 것뿐이고, 그렇게 되면 아이는 나중에 아무런 결함을 가지지 않게 된다는 소식이다. 이런 상황에서 그녀가 알약을 먹어야 하며, 먹지 않으려 한다면 그것은 나쁜 일을 하는 것이라는 데 우리 모두가 동의할 것이라고 파피트는 아주 그럴듯하게 주장하고 있다.

　두 번째 여인은 임신을 하기 위하여 피임도구를 사용하는 것을 그만두려고 할 때, 의사를 찾아가서 마찬가지로 나쁜 소식과 좋은 소식을 들었다. 나쁜 소식은 그녀의 건강상태 때문에 3개월 내에 아기를 가지면 그 아이가 중요한 결함을 가지게 되는데, 이 결함은 첫 번째 여성의 아이가 그 약을 먹지 않을 때 가질 결함과 같은 결함일 것이며, 이 결함은 치료할 수 없다는 소식이다. 좋은 소식은 그녀의 건강상태가 일시적인 것이기 때문에 3개월이 지난 다음 임신한다면, 그녀의 아이는 그러한 결함을 가지지 않을 것이라는 소식이다. 그녀가 기다렸다가 임신을 해야 하며 기다리지 않는다면 잘못된 일을 하는 것이라는 데 우리 모두가 동의할 것이라고 파피트는 여기에서도 또한 주장하고 있다.

　첫 번째 여인이 약을 먹지 않았고, 두 번째 여인이 기다리지 않고 임신을 하여, 결과적으로 각자가 중요한 장애를 가진 아이를 낳았다고 가정해 보자. 그들이 무엇인가 그릇된 일을 했다고 보일 것이다. 그들의 잘못이 똑같은 것인가? 3개월을 기다려 임신했어야 했던 여인이나 약을 먹었어야 했던 여인이나 동일한 어려움을 가졌다고 가정한다면, 그 대답은 "그렇다"일 것으로 보인다. 각자가 한 일은 마찬가지로 그릇된 것이었다. 그러나 이제 이러한 대답이 의미하는 바가 무엇인지 생각해 보자. 첫 번째 여인은 그녀의 아이에게 해를 끼쳤다. 그 아이는 그녀의 어머니에게 이렇게 말할 것이다. "어머니는 약을 먹었어야 했다. 그랬다면 나는 지금 이러한 장애를 가지고 있지 않았을 것이며, 나의 삶은 훨씬 좋았을 것이다." 그러나 두 번째 여인의 아이가 똑같은 주장을 시도한다면, 그녀의 어머니는 이렇게 대답할 수 있다. "만약 내가 3개월을 기다려 임신했다면, 너는 태어나지도 않았을 것이다. 나는 다른 정자와 다른 난자로부터 아이를 낳았을 것이다. 너의 삶은, 비록 장애를 가지고 있기는 하지만, 살 만한 가치를 가지고 있다. 장애를 가지지 않고서라면 너는 태어날 기회도 가지지 못했을 것이다. 그러므로 나는 너에게 전혀 잘못한 것이 없다." 이러한 대답은 지금은 존재하고 있는 아이에게 해를 끼쳤다는 비난에 대한 완벽한 방어로 보인다. 이럼에도 불구하고 우리가 계속하여, 임신을 연기하지 않은 여인이 잘못했다고 믿는다면, 그 잘못은 어디에 있는 것인가? 그녀가 아이를 낳아 존재하게 하였다는 것이 잘못일 수 없다. 왜냐하면 아이는 적합한 질의 삶을 가지기 때문이다. 가능한 존재를 존재하도록 하지 않은 것, 정확히 말하자면 만약 그녀가 세 달을 기다렸더라면 가졌을 아기를 존재하게 하지 않은 것, 그것이 잘못인가? 우리가 두 번째 여인의 잘못을 이러한 방식으로 해석한다면, 우리는 전체적 견해나 그에 가까운 편을 들어 사전 존재적 견해를 거부하는 셈이다. 우리는 또 대체 가능성을 받아들이는 것에 한 발 더 가깝게 되었다. 왜냐하면 우리의 설명은 우리가 존재들을 존재하도록 하기로 선택한다면, 존재하게 될 그러한 존재들의 이익에 비중을 두어야 한다는 의미이기 때문이다.

어떤 사람들은 두 여인과 관련하여 말하고 있는 것에 대해, 특히 그들이 똑같이 잘못했는지 여부에 대해 확신하지 못하기 때문에, 나는 하나의 예를 더하고자 한다. 이는 파피트가 '고갈Depletion'이라고 부른 것을 번안한 것인데, 이것은 선진국들이 기후변화에 대해 무엇을 해야 할 것인가와 관련하여 당면하고 있는 선택과 바로 같은 것이다. 우리는 우리 자신들에게, 우리 아이들에게, 그리고 우리 손자들에게 높은 생활수준을 제공하기 위해 사용 가능한 가장 값싼 에너지를 계속 사용하고 있다. 기후 정책에 대한 논의에서, 이것은 종종 '지금 그대로 Business As Usual'라고 부른다. 그렇지만 우리가 이를 하면, 지구온난화는 가속되어 다음 세기 언젠가에 미래 세대에게는 상황이 더욱 나빠져서 그 상태가 몇 세기 지속될 것이다. 지금 논의의 목표를 달성하기 위해 우리는 이들 미래 세기의 사람들의 상황이 그렇게까지 나쁘지는 않아서 살아갈 만한 가치가 없을 정도가 아니라고 가정한다. [물론 더 심할지도 모른다.] 대안으로서, 우리는 우리가 '지속 가능성Sustainability'이라고 부르는 정책을 따를 수도 있다. 이것은 화석연료의 사용을 즉각 중지하고 크게 변화된 생활방식, [지금과는] 다른 산업들, 적은 여행, 적은 고기 그리고 많은 다른 변화를 수행하는 것이다. 우리와 우리 아이들, 그리고 아마도 우리 손자들은 지금 그대로 아래에서보다는 지속 가능성 아래서 약간 좋지 않은 상황에 처할 것이다. 그러나 조금 먼 미래 세대는 여러 세기 동안 훨씬 더 좋을 것이다. 전체적으로, 우리가 예견할 수 있는 한, 우리가 우리를 포함하여 모든 세대의 복지를 생각한다면, 지속 가능성이 지금 그대로보다는 훨씬 나은 결과를 가진다. 그러나 우리가 이기적이고, 우리 자신의 손자 세대를 넘어서는 미래 세대에 대하여 크게 염려하지 않고, 그래서 지금 그대로를 채택하기로 결정했다고 상상해 보자.

우리가 잘못된 무엇을 했는가? 확실히 우리는 했다. 그러나 우리가 누구에게 나쁜 일을 했는가? 우리는 나중 세기들을 살아갈 사람들에게 나쁜 일을 했다. 왜냐하면 그들은 우리가 지속 가능성을 선택했다면 그들이 가졌을 것보다 덜 좋은 삶을 가질 것이기 때문이다. 그러나 이러한 반응은 우리의 정책선택이 아주 광범위한 결과를 가져와 누가 누구를 만나고 누가 누구와 어린이를 낳을지를 변경할 것이라는 사실을 간과하고 있다. 예를 들어, 사람들이 여행을 덜하고 그러면 다른 사람들을 만날 것이다. 새로운 산업들이 나라의 다른 지역들에서 발달하고 사람들은 일자리를 찾아 그곳으로 갈 것이다. 우리가 누구냐는 부모가 누구냐에 달려 있다. 만약 나의 부모가 결코 만나지 않았다면, 나는 존재하지 않을 것이다. 아마도 나의 어머니와 나의 아버지는 다른 상대방들과 다른 아이들을 가졌을 것이다. 그러한 아이들 중 어느 누구도 나일 수 없다. 그래서 만약 우리가 지금 그대로를 선택하면, 우리는 23세기의 사람들로부터의 어떤 불평이든, 만약 우리가 지속 가능성을 선택했다면 그들은 더 좋지 않았을 것이라고, 아니 오히려 그들은 전혀 존재하지도 않았을 것이라고 설명하는 문서를 남김으로써, 미리 방어할 수 있다. 게다가 그들의 삶이 살 가치가 없을 정도로 그렇게 나쁘지 않다면, 존재하지 않는 것보다는 존재하는 것이 더 낫다.

    지금 그대로를 이렇게 정당화하는 일에서는 무엇이 잘못되었는가? 사전 존재적 견해에 의하면, 여기에서 무엇이 잘못된 것인지 알기 어렵다. 사전 존재적 견해는 우리에게 존재하거나 어쨌든 존재하게 될 것들에게 최선인 것을 하라고 말한다. 그리고 지금 그대로를 따르는 것이 바로 그것이다. 우리가 지금 그대로를 계속함으로써 더 나쁘게 될 사람들은 만약 우리가 지속 가능성을 선택하면 존재하지도 않을 사람들이다. 이 예가 보여 주는 것은 존재하거나 어쨌든 존재할 것들에만 초점을 맞추는 것이 이러한 결정과 관련된 윤리에서 핵심적인 어떤 것을 빠뜨리고 있다는 사실이다. 만약 우리가 다르게 행동하려면, 우리는 존재할 사람들의 삶과 함께 존재할지도 모르는 사람들의 삶도 비교할 수 있고 해야 한다. 솔트에 반대해서, 우리는 '비존재라는 심연과 같은 것으로부터 논변'할 수 있고, 해야 한다. 우리가 지금 그대로를 계속하겠다는 결정을 비난할 수 있는 유일한 방법은 만약 우리가 지속 가능성으로 전환한다면 존재할 자들의 삶이 지금 그대로 하에서 존재할 자들의 삶보다도 훨씬 나을 것이라는 사실을 고려하는 것이다. 당연히, 우리가 지속 가능성으로 전환함으로써 위하고자 하는 사람들은, 루크레티우스의 표현을 빌리자면, 만약 우리가 전환을 하지 않는다면 '안 태어난 것들, 인격이 아닌 것들'이다. '삶의 욕망'을 결코 맛보지 않은 그들은 '결핍을 느끼지도 않을' 것이다. 그렇지만 그들이 살아갈 삶의 질은 우리의 결정에 불가피하게 영향을 받을 것이다.

이제 우리가 윤리적 결정을 할 경우에, 최소한 때때로, 우리가 결정을 하는 시점에서는 그 존재가 확실하지 않은 그러한 사람들의 삶에 미치는 결과를 고려해야 한다면, 우리는 다음과 같이 물을 필요가 있다. 우리가 존재하게 할 사람들로부터 실제로 존재하는 사람들에로 전개될 때 어떤 단계에서 대체 가능성이 더 이상 적용되지 않는가? 어떤 특징이 그러한 차이를 낳는가?

여기가 선호공리주의와 쾌락 공리주의 사이에 차이가 있는 곳이다. 선호공리주의자들은 그 자신의 삶을 영위하고 계속하여 살기를 원하는 자기를 아는 개체들과 미래를 가리키는 아무런 선호들을 가지지 못하는 개체들을 구분할 수 있다. 그들은 '더 오래 살기를 갈망하는' 자들을 죽이는 것과 태어나지 않았고 인격적이지도 않아서 생명의 상실을 느낄 수 없는 자들을 만들어내지 못하는 것 사이에 차이가 있다고 한 루크레티우스에 동의할 것이다. 그러나 살아 있기는 하지만 자신이 미래를 가지는 존재라는 개념을 결여하고 있어 더 오래 살기를 갈망할 수 없는 사람들은 어떠한가? 이러한 존재들은 어떤 의미로는 '인격이 아닌 것들'이다. 우리는 그들에게 어떠한 인격적 잘못도 범하지 않았다고 말할 수 있고 선호공리주의자들은 이를 이해할 것이다. 선호공리주의에 따르면 그들은 미래를 가리키는 아무런 선호들을 가지고 있지 않으므로, 우리가 그들을 즉각 그리고 고통 없이 죽인다면, 우리는 그들의 어떤 선호들에도 반하여 행동하지 않은 셈이기 때문이다. 그래서 아마도 자신을 일정한 시간에 걸쳐서 존재하고 그래서 더 오래 살기를 갈망하는 (아울러 순간적이지 않은 다른 미래 정향적인 이익들을 갖는) 능력이 교체 가능한 것으로 간주될 수 없는 존재들을 구분하는 특징일 것이다.

이러한 결론은 생명에의 권리를 가진다는 것이 어떠한 것인가에 대한 툴리의 견해와 일치한다. 고통이나 행복의 경험들보다는 선호의 만족에 관심을 가지는 선호공리주의자에게는, 합리적이고 자의식적인 존재를 죽이는 것과 그렇지 못한 존재를 죽이는 사이에 이미 내려진 구분과 비슷하게 맞는 것이 있다. 합리적이고 자의식적인 존재는 자신의 삶을 영위하는 개별자이고 어떤 의미로든 단순히 어떤 양의 행복을 담고 있는 그릇으로만 간주될 수 없다. 다른 한편으로 의식은 가지지만, 자의식을 가지지 않는 존재들은 쾌락이나 고통의 경험을 담는 그릇 이미지에 훨씬 가깝다. 왜냐하면 그들의 선호는 더 즉각적인 종류일 것이기 때문이다. 우리가 앞에서 본 증거들을 받아들인다면, 동물들은 아마도 의식을 가지겠지만 자의식을 가지지는 않는다고 확신을 가지고 말하기는 쉽지 않다. 그러나 동물들 중에서 어떤 것들이 이러한 범주에 든다고 가정하는 것은 합리적이다. 그것들은 그들 자신의 존재 이미지를 미래로 투사하고자 하는 욕망을 가지지 않을 것이다. 그것들의 의식 상태는 일정 시간에 걸쳐서 내적으로 연결되어 있지 않을 것이다. 만약 그것들이 예를 들어 잠들어서 무의식 상태에 들어간다면, 의식의 상실 이전에 앞으로 일어날 수 있는 어떤 것에 대한 아무런 기대나 욕망을 갖지 않을 것이다. 그리고 그것들이 의식을 다시 차린다면, 그것들은 이전에 존재했었다는 것을 알지 못할 것이다. 그러므로 그것들이 의식이 없을 때 죽임을 당하고 그것들이 죽임을 당했을 때에만 만들어질 비슷한 숫자의 그 종의 구성원들에 의해 대체된다면, 그것들의 앎의 관점에서 보면, 이러한 상황과 의식을 잃고 다시 찾은 같은 동물들 간에 아무런 차이가 없을 것이다.

단지 의식만을 가진 존재에게, 죽음은 경험의 중단이며, 이와 마찬가지 방식으로 태어남은 경험의 시작이다. 태어남이 생명을 시작하는 이익과 일치하는 것과 마찬가지로 죽음은 삶을 계속하고자 하는 이익과 대립되지 않는다. 이러한 정도까지, 단순히 의식적이기만 한 존재들에게, 태어남과 죽음은 서로를 상쇄한다. 반면에 자의식적인 존재와 관련하여 생각해 보면, 그녀가 삶을 계속하기를 욕망할 수 있다는 사실은, 죽음이 그녀에게 다른 존재의 태어남에 의해 충분히 보상될 수 없는 손실을 부과한다는 것을 의미한다.

보편화 가능성의 시험이 이러한 견해를 지지한다. 만약 내가 자의식적인 존재가 되었다가 다음에 단지 의식만을 가진 존재로 되었다고 차례로 상상해 보면, 전자의 경우에만 나는 잠잘 때나 일시적인 무의식 상태를 넘어 확장되는 앞을 내다보려는 욕구를 가질 수 있다. 예를 들어, 연구를 완성하려는 욕구, 아이를 가지려는 욕구, 아니면 단순히 계속 살고자 하는 욕구 등인데, 이는 즉각적인 만족이나 쾌락을 얻으려는 욕구나 고통스럽고 곤란한 상황으로부터 벗어나려는 욕구에 덧붙여지는 욕구들이다. 그러므로 오직 전자의 경우에서만, 나의 죽음은 일시적인 의식의 상실보다도 큰 상실이 되며, 비슷하게 즐거운 삶을 살 것 같은 전망을 가지는 존재를 만들어내는 것만으로는 적합하게 보완될 수 없다.

이 책의 초판에 대한 서평에서 20세기 법철학계의 주요 인물이었던 하트H. L. A. Hart는 공리주의자에게는 자의식적인 존재도 비자의식적인 존재와 꼭 마찬가지 방식으로 대체 가능해야만 한다고 주장하였다. 공리주의자가 견지하고 있는 공리주의의 유형은 하트의 견해에서는 아무런 차이가 없을 것이다. 왜냐하면 하트는 다음과 같이 생각하고 있기 때문이다.

> 선호공리주의는 결국 극대화하는 공리주의의 한 형태이다. 이는, 고전적 공리주의가 경험되는 전체적인 행복이 극대화되기를 요구했던 것처럼, 다양한 사람들의 선호가 전체적으로 충족되는 것이 극대화될 것을 요구한다…… 만약 선호들이, 심지어 살고자 하는 욕구까지도, 다른 존재의 선호에 의해서 능가될 수도 있다면, 왜 그것들을 대체하도록 만들어진 새로운 선호들에 의해서는 능가될 수 없겠는가?

물론 선호공리주의가, 선호의 충족을 극대화하라고 우리에게 요구한다는 의미에서, 극대화하는 공리주의의 한 형태라는 말은 맞는 말이다. 그러나 새로운 선호들을 만듦으로써—현존하는 존재에서나 [새롭게] 만들어내는 존재에서—현존하는 선호를 능가할 수 있다는 하트의 주장에는 문제가 있다. 왜냐하면 현존하는 선호의 만족은 좋은 일인데 반해, 하나의 [새로운] 선호를 만들어내고 그것을 충족시키는 일괄거래를 우리가 어떻게 평가할 것인가는 아주 다른 문제이기 때문이다. 만약 내가 충족되지 않은 선호를 가지는 다른 사람의 입장이 되어 나에게, 다른 조건이 같다면, 선호가 충족되기를 원하느냐고 자문하면, 그

답은 자명하게 "그렇다"이다. 왜냐하면 충족되지 않은 선호를 충족시키는 것이 바로 내가 원하는 것이기 때문이다. [즉 내가 원하는 것이 선호이기 때문이다.] 다른 한편으로 내가 새로운 선호를 만들어 그것이 충족되기를 원하느냐고 자문한다면, 나는 그 선호가 어떤 것이냐에 전적으로 달려 있다고 말할지도 모른다. 만약 선호의 만족이 아마 아주 기쁜 일이 되는 그런 경우라고 내가 생각한다면, 나는 "그렇다"라고 말할지도 모른다. 만약 우리가 저녁에 잘 차려 먹을 것을 알고 있다면, 왕성한 식욕을 확실히 갖도록 하기 위해 미리 산책을 갈지도 모른다. 사람들은 성적 욕망을 만족시킬 환경이 순조로울 것을 알면, 성욕을 자극하기 위해 사랑에 좋다고 생각되는 온갖 미약을 먹는다. 이러한 경우들에서는, 새로운 욕구를 만드는 것이 더 큰 쾌락을 주며, 대부분의 사람들은 더 큰 쾌락을 선호한다. 그래서 새로운 욕구를 만들어내는 것은 어쨌든 내가 욕구하는 어떤 것을 성취하는 수단이다. 다른 한편으로 내가 선호를 만들어내는 것이 박탈과 같은 것이라고 생각하면, 나는 "아니오"라고 말할 것이다. 내가 그러한 선호를 충족시킬 수 있을 때조차도 나는 그것을 원하지 않는다. 우리는 일부러 자신을 목마르게 하지 않는다. 왜냐하면 손닿는 곳에 갈증을 풀어 줄 많은 물이 있을 것을 알기 때문이다. 이는 선호의 창조와 만족은 그 자체로서는 좋은 것도 나쁜 것도 아니라는 것이다. 선호를 창조하고 충족시킨다는 생각에 대한 우리의 반응은, 우리가 가지고 있을 다른 오래 계속되는 선호들에 의해서 그러한 경험이 전체적으로 바람직할 것인가 여부에 달려 있다. 그렇지 않다면, 만족시킬 수 있도록 새로운 욕구를 만드는 것은 아무런 가치가 없다.

이러한 결론과 일관되게, 충족되지 않은 선호를 만드는 것은 일종의 도덕장부moral ledger의 차변debit과 대변credit에서 차변을 더하는 것으로 우리는 생각할 수도 있다. 선호의 만족은 단순히 그러한 차변을 삭제하는 것이다. 선호의 윤리적 의미에 대한 이러한 '차변 모델'은 제4장에서 언급했던 어린이를 낳는 일과 관련된 우리의 책무의 당혹스러운 불균형을 설명해 주는 이점을 가진다. 유전적 장애 때문에 완전히 비참한 삶을 한두 해 살다가 죽을 아이를 낳는 것은 그릇된 일이라고 우리는 생각한다. 하지만 모든 개연성을 살펴 볼 때 행복한 삶을 살 것 같은 아이를 낳는 것이 좋은 일이거나 우리의 책무가 된다고 생각하지는 않는다. 선호에 대한 차변 견해는 왜 이것이 그러해야 하는지를 설명한다. 아이들의 대부분의 선호를 우리가 충족시킬 수 없을 아이를 낳는 것은, 우리가 삭제할 수 없는 차변을 만든 것이고 그래서 나쁘다. 선호가 충족될 아이를 낳는 것은 욕망이 만족되면 지워질 차변을 만드는 것이다. 차변 견해에서 보면, 이것은 윤리적으로는 중립적이다. 이러한 모델은 또, 파피트의 예에서, 왜 두 여성이 한 일이 똑같이 그릇된 일인가도 설명한다. 어떤 현존하는 선호들도 좌절시키지 않았지만, 두 여성은 완전히 불필요하게 그들이 낳을 수 있었을 아이보다 도덕장부에서 훨씬 큰 적자를 볼 것 같은 아이들을 낳았다. 비슷하게 지금 그대로를 계속하는 것이 왜 나쁜지도 이러한 모델은 설명한다. 그것은 우리가 지속 가능성으로 전환했을 경우보다 도덕장부에서 훨씬 큰 적자를 남기기 때문이다.

그렇지만 선호에 대한 이러한 설명에는 한 가지 심각한 반론이 있다. 만약 각각의 선호를 만드는 것이 욕구가 충족될 때 삭제되는 차변이라면, 다른 조건이 같다면, 전체적으로 아주 행복하고 그녀의 거의 모든 선호를 충족시킬 수 있지만, 그러나 완전히 다 충족시킬 수는 없을 아이를 낳는 것은 그릇된 일이다. 누구나 만족되지 않는 욕구를 약간은 가지기 때문에, 실제적으로 희망할 수 있는 최선의 삶도 장부에 조그만 차변은 남길 것이다. 여기서부터 우리 누구도 태어나지 않는 것이 더 좋았을 것이라는 결론이 내려진다!

이를 심각하게 받아들이는 것은 너무 우스꽝스런 일인가? 이것은 19세기 독일 철학자 쇼펜하우어Schopenhauer가 옹호한 염세주의 철학이나 불교 사상의 어떤 분파의 철학을 생각나게 한다. 쇼펜하우어나 아마도 부처가 볼 때, 우리는 언제나 어떤 것을 추구하지만 우리가 그것을 얻었을 때, 지속적인 만족을 성취하는 것이 아니라, 충족될 필요가 있는 새로운 욕구가 생겨난다. 우리가 성취할 수 있는 충족은 오직 부정적인 상태로부터의 일시적인 해방이기 때문에, 삶은 살 가치가 없으며, 우리가 희망할 수 있는 최선은 태어남과 죽음의 순환으로부터 탈출하는 것이다. 남아프리카의 철학자 베나타David Benatar는 최근에 그의 책 『태어나지 않는 것이 낫다: 존재하게 되는 일의 손해』에서 쇼펜하우어의 염세주의와 같은 어떤 것을 옹호하였다. 베나타는 어떤 이를 존재하게 하는 것은 그들이 가질지도 모르는 긍정적인 경험에 의해서 보상될 수 없는 그러한 방식으로 손해를 끼치는 일이라고 주장한다. 이러한 주장을 하는 베나타의 논변들 중의 하나는 선호의 차변적 견해와 같은 것에 근거하고 있다. 충족되지 않는 욕구를 가지는 것은 불만족의 상태에 빠지는 것이며, 이것은 나쁜 일이라고 그는 주장한다. 게다가 우리는 우리 삶의 대부분을 욕망을 충족시키지 못한 채 보내며, 대부분의 우리가 성취할 수 있는 전부인 때때로의 충족은 이러한 연장된 부정적인 상태들을 능가하기에 충분하지 않다.

기후변화 시나리오로 돌아가서, 이러한 종류의 염세주의가 지적하는 세 번째 선택을 덧붙이자. 우리는 그것을 '파티하고 가자Party & Go' 선택이라고 부를 수 있다. 이러한 선택의 옹호자들은 지금 그대로 시나리오보다 에너지 소비를 우리가 훨씬 낭비적으로 할 것을 원한다. 하지만 우리의 행위가 지구의 전체적인 도덕장부에는 어떤 종류의 더 이상의 적자를 남기지 않도록 확실히 하기를 원한다. 그들은 우리 모두가 불임이 되도록 재촉한다. 지금 존재하고 있는 사람들이 지구의 마지막 세대가 될 것이다. 그럴 것 같지는 않지만, 모든 사람들이 여기에 동의한다고 가정해 보자. 아무도 마지막 세대가 되는 데 반대하지 않을 것이며, 우리의 행위가 인간이 아닌 동물을 더 나쁘게 만들지 않을 것이다. (아니면 아마도 우리는 동물들도 모두 또한 불임으로 만들 것이다.) 이러한 염세주의가 옳다면, 이것은 해야 할 옳은 일일 것이며, 선호의 차변 견해를 지지하는 사람들은 그것이 옳거나 적어도 그르지 않을 것임을 수용해야만 한다고, 우리는 생각할 수도 있다. 왜냐하면 어떤 이를 존재하게 하는 것이 불가피하게 도덕장부에 적자를 남기는 것이라면, 왜 우리가 어떤 이를 존재하게 해야 하겠는가? 우리가 그것을 해야 하는 유일한 경우는, 추측건대, 그렇게 하지 않으면 이미 존재하는 사람들의 도덕장부에 더 큰 적자가 있을 때이다. 다시 말해, 그들이 아이들을 가지기를 원하거나 혹은 그들 다음에 다음 세대가 있기를 원할 때이다. 그렇지만 만약 '파티하고 가자'가 근거하고 있는 가정이 수용될 수 있다면, 그것은 그렇지 않다. 이미 존재하는 사람들은 미래 세대가 없다면 더 나은 삶을 누릴 것이다.

선호에 대한 차변 견해가 '파티하고 가자'를 거부할 어떤 근거를 제공하는가? 지금 문제가 되고 있는 것이 무엇인지에 대해서 기억을 새롭게 해보자. 선호의 차변 견해는 선호공리주의도 **모든** 존재를 그것이 계속 살기를 욕구하거나 않거나 간에 대체 가능한 것으로 간주해야 한다는 하트의 논증에 대한 반론이었다. 만약 선호에 대한 차변 견해가 우리로 하여금 '파티하고 가자'를 받아들이기를 요구한다면, 많은 사람들은 그것을 차변 견해에 대해 반대할, 그래서 인격체가 대체 가능하지 않다고 주장하려는 나의 시도에 대해 반대할 이유라고 간주할 것이다. 그렇지만 나는 선호에 대한 차변 견해를 유지하면서도 우리가 '파티하고 가자'를 거부할 수 있다고 생각한다. 그러나 그렇게 하기 위해서는, 이 책의 제1장에서 개관한 선호공리주의의 최소한의 근거를 넘어서는 가치 개념을 동원해야만 한다.

 두 가지 다른 우주를 생각해 보자. 비감각 우주Nonsentient Universe에는 어떠한 감각 있는 생명도 결코 없다. 인간 우주Peopled Universe에는 수십 억의 자기를 아는 존재들이 있다. 그들은 풍요롭고 완전한 삶을 살고, 사랑과 우정, 충족과 의미 있는 작업, 그리고 어린이를 기르는 기쁨을 경험한다. 그들은 지식을 추구하여, 성공적으로 자신들과 자신들이 살고 있는 우주에 대한 이해를 더해 간다. 그들은 자연의 아름다움에 반응하고 자신들보다 앞서 존재하기 시작한 숲과 동물들을 소중히 하고, 셰익스피어와 모차르트의 작품들과 동등한 수준의 문학과 음악을 창조한다. 그들은 많은 형태의 고통을 방지하거나 덜기 위해 노력하지만, 그들은 죽을 운명이며 그들의 모든 욕구들을 충족시킬 수는 없다. 인간 우주가 존재하는 것이 비감각 우주가 존재하는 것보다 더 좋겠는가?

 우리 자신의 선호들을 보편화함으로써 이러한 질문에 답할 수 있을까? 우리는 우리가 도대체 살지 않는 것보다는 인간 우주에서 사는 그러한 종류의 삶을 살기를 선호할 것이라고 말할 수도 있다. 헤어는 한때 이러한 접근법을 임신중절에도 적용할 수도 있다고 주장했다. 나는 나의 삶을 즐기기 때문에, 나의 부모가 내가 생겨난 태아를 중절시키지 않은 것이 기쁘다. 그래서 다른 조건이 같다면, 만약 태아가 살아 있음을 즐길 인격체로 발달하리라고 우리가 믿을 이유를 가지고 있다면, 그리고 만약 태아가 중절되어 그러한 인격체가 있을 것 같지 않다면, (즉, 중절된 태아가 나중에 그렇지 않았으면 존재하지 않았을 다른 태아에 의해서 대치되지 않을 것이라면) 태아를 우리는 중절하지 말아야 한다고 그는 주장했다. 그러나 당신의 행위에 의해 영향을 받을 다른 현존하는 존재들의 입장이 되는 것과 전혀 존재하지 않을 수도 있는 존재의 입장이 되는 것 사이에는 중요한 차이가 있다. 한 경우에, 우리는 현존하는 선호들을 충족시키지만, 다른 경우에는, 선호를 만들어내는 것이다. 내가 이미 언급했든 예를 살펴보자. 만약 사람들이 목마르면 그것이 그들에게 물을 줄 이유이다. 그러나 그렇다고 해서 우리가 사람들을 목마르게 하고 그 다음에 그들에게 물을 줄 이유를 갖는 것은 아니다. 비슷하게, 더 많은 존재를 만들어내면 그들이 그들의 대부분의 선호들을 충족시킬 것이라는 사실로부터 우리가 그렇게 해야 한다는 책무가 생기지는 않는다. 그래서 단지 있을 수 있는 미래 존재들의 이익을 고려하는 것은—어떤 시나리오에서는 우리는 거의 이렇게 하는데—우리 자신의 선호를 보편화하는 것에 기초하는 선호공리주의라는 원래의 최소주의 이념을 넘어선다. 이것은 어떤 종류의 생명에는 가치가 있다는 판단에 아마 기초할 것이다. 우리는 두 종류의 가치들을 구분하고자 시도할 수 있다. 그 하나는 선호의존적인 가치인데, 이는 선호를 가진 존재자의 존재에 의존하며 그러한 특정한 존재자들의 선호들에 연결되어 있다. 다른 하나는 선호로부터 독립되어 있는 가치이다. 우리가 인간 우주가 비감각 우주보다 더 좋다고 말할 때, 우리는 선호로부터 독립되어 있는 가치를 말하고 있다. 19세기 공리주의자인 시지윅은 우리가 주의 깊게 반성한다면 본질적으로, 그리고 궁극적으로, 그 자체로서 좋은 유일한 것은 우리가 바람직한 것으로 간주하는 한 의식형태, 즉 마음의 상태라는 것을 알게 될 것이라고 말했다. 그는 이러한 바람직한 의식이 쾌락이라고 생각하였으며, 그리고 다른 쾌락주의적 공리주의자들과 같이, 인간 우주가 더 낫다고 생각했다. 왜냐하면 인간 우주는 고통을 감하고 남는 쾌락을 포함하고 있는 데 반해 비감각 우주는 그것을 포함하고 있지 않기 때문이다. 쾌락이 선이고 고통이 악이라고 말하는 것은 선호로부터 독립되어 있는 가치들이 있다는 것만을 주장하는 것이 아니라, 쾌락과 고통이 그러한 가치들이라고 말하는 것이다. 선호로부터 독립되어 있는 가치가 있다면, 가치가 있는 것이 어떤 것들인가에 대하여 많은 다른 가능한 견해들이 있을 것이다. 이러한 의미로, 인간 우주에 대한 나의 설명은 어떤 종류의 의식이 바람직한가에 대한 다양한 가능한 견해들을 포착하기 위해 고안되었다. 우리는 가치에 대하여 다원론적 견해를 취할 수 있고, 사랑, 우주, 지식 그리고 미의 평가를, 쾌락과 행복과 마찬가지로, 가치가 있는 것으로 고려할 수 있다 여기서 나의 요점은 선호로부터 독립되어 있는 가치의 본성을 결정하는 것이 아니라, 이러한 가치에 대한 어떤 개념이, 지금 그대로에 대해서와 마찬가지로, 파티하고 가자에 반대할 근거를 제공해 준다는 사실을 보이는 것이다.

 쾌락주의적 공리주의자들은 다른 반대에 직면할 것임에 틀림없다. 왜냐하면 그들은 고통을 감하고 남는 쾌락을 포함하는 우주라면 어떠한 것이든, 쾌락도 고통도 없는 세계보다, 선호할 것이기 때문이다. 그들은 비감각 우주보다는 인간 우주를 선호할 것이며, 또 비감각 우주보다는 감각적 존재라곤 양밖에 없고 그들이 뜯을 많은 풀이 있는 '행복한 양 우주Happy Sheep Universe'를 선호할 것임에 틀림없다. 어린 양들은 들판에서 행복하게 뛰어놀며, 성장하고, 생식하여, 그들의 후손들이 성숙하면 고통 없이 신속하게 죽는 그런 우주를 선호할 것이다. 쾌락주의적 공리주의자들이 행복한 양 우주를 인간 우주보다 선호할 것인가 여부는 어떤 것이 고통을 제하고 더 큰 쾌락이 남길 것인가에 달려 있고, 또 우리가 제4장의 끝에서 본 것처럼, 동물과 정상적인 인간 존재의 쾌락과 고통에 대한 밀의 평가에 동의하느냐 여부에 달려 있다.

인간 우주와 행복한 양 우주 양자가 비감각 우주보다 더 좋다는 것은 나에게는 명백하게 보인다. 그러나 여기서 우리는 이것을 부정하는 사람을 설득할 논변을 찾기 어려운 그러한 기본적인 가치를 다루고 있다. 인간 우주가 우리의 실제 우주가 아니라는 점을 기억하라. 우리가 특히 실제 우주 속에 존재하는 극단적인 고통들을 고려하면, 우리의 실제 세계에서는 행복보다 고통과 비참이 더 많을지도 모른다. 그래서 나는 여기서 우리의 실제 우주에 대하여 낙관적인 견해를 가지지 않겠다. 나는 단지 삶이 실제로 끔찍한 고통 없이 모든 사람에게 좋다면, 그것이 비감각 우주보다는 더 좋은 우주일 것이라는 견해만을 견지하겠다. 그렇지만 나는 선호공리주의자가 여기서 이를 악물고 비감각 우주도 인간 우주와 마찬가지로 좋다고 말하는 것이, 그리고 우리가 이러한 결론을 받아들이기를 꺼려하는 이유가 우리의 후손들을 재생산하고 돌보려는 우리의 진화된 본능의 결과라고 설명하는 것이, 불가능하지 않을 것이라고 인정한다.

우주들의 선택에 대한 이러한 논의에서, 나는 비감각 우주가 윤리적으로 어떤 다른 우주와 비교될 수 없다는 다음과 같은 반대를 받았다. 비감각 우주는 어떤 다른 우주보다 더 나쁘지도 더 좋지도 않다. 그것은 인간 우주에 긍정적인 값을 주는 척도 상에서 제로 값을 갖는 것이 아니다. 그것은 윤리의 영역 바깥에 있을 뿐이며, 어떠한 가치 척도도 그것에 적용되지 않는다. 이러한 반론은 우리가 심각한 고통을 몇 년간 겪다가 삶이 나아지는 측면도 없이 결국 죽고 마는 작은 어린이들만이 배타적으로 거주하는 '지옥 우주Hellish Universe'를 상상할 때까지는 그럴듯하게 보일 수도 있다. 우리가 인간 우주와 비감각 우주를 구분할 수 있다는 것을 부정하는 바로 그 사람들은 지옥 우주가 비감각 우주보다 더 나쁘다는 것에 동의할 준비가 되어 있다. 그것은 우리가 비감각 우주와 감각적 존재들을 포함하는 우주를 비교할 수 있다는 것을 의미한다. 게다가, 우리는 점점 더 감각적 존재가 적게 존재하는, 인간 우주에서 비감각 우주에 이르는, 여러 단계의 우주들을 상상할 수 있다. 비감각 우주에 가장 가까운 우주는 생명을 가지고 살지만, 짧은 의식의 번쩍임이 있고, 그 다음에 죽는 한 마리의 새우를 제외하고는 아무런 감각적 존재가 없는 그러한 우주일 수도 있다. 우리는 이러한 우주에 대하여 인간 우주와 동일한 척도 위에서 순위를 매길 수 있는데, 그러한 우주가 그러한 순간적 의식을 잃자마자 [그 새우가 죽자마자] 그것이 다른 우주와는 비교 불가능하게 된다고 주장하는 것은 매우 이상하게 보인다.

이 책의 초판이 나온 후 30년 동안, 많은 철학자들이 존재할 사람들에게 영향을 줄 결정에 대하여 어떻게 생각해야 하는가라는 문제에 대한 정교한 해결책을 제시하였다. 대부분의 철학자들이 웬만큼 만족스럽다고 할 그러한 견해조차 여전히 나오지 않았고, 어떤 새로운 제안도 꼭 어떤 어려움들이나 반직관적인 결과를 불러일으킨다. 이것 자체로는 그러한 견해를 거부할 이유는 아니다. 왜냐하면 그러한 어려움들은 모든 다른 견해가 가지는 어려움들보다 덜 심각할지도 모르기 때문이다. 그래서 내가 제안하고 있는 것은 가치의 종류 구분에 찬성하는 고려이다. 이것은 선호에 대한 차변 견해와 짝을 이루어 이러한 까다로운 질문들에 대한 대답을 우리가 처방해 내도록 도울 것이다. 이것은 모든 감각적 존재들, 심지어는 자기를 아는 존재들도 대체 가능할 수 있다는 것을 우리에게 강요하지 않고도, 이러한 질문들 중의 약간을 다루기에는 명백히 부적합한 사전 존재적 견해를 우리가 넘어설 수 있게 한다. 게다가, 이것은 기후변화를 다루는 전략인 '파티하고 가자'를 거부할 근거를 제공한다. 그럼에도 불구하고, 선호공리주의와 선호에 의존하지 않는 본질적 가치라는 이념의 이러한 결합은 어떠한 공리주의라도 가지는 큰 이점들 중의 하나, 즉 공리주의는 오직 하나의 가치에만 근거하며 그래서 다양한 가치들이 서로 간에 어떻게 교환되는지 설명할 필요가 없다는 이점을 희생시킨다. 그보다도, 이러한 견해는 두 종류의 가치, 인격적이고 선호에 기초하는 하나의 가치와 비인격적인 다른 하나의 가치가 있다고 주장한다. 그러한 두 종류의 가치가 충돌할 때, 어떻게 처리할 것인지는 알기가 쉽지 않다.

  동물 살해라는 주제를 마감하기에 앞서, 단지 의식만을 가진 존재들이 대체 가능하다고 주장하는 것은 그것들의 이익이 중요하지 않다고 말하는 것이 아님을 나는 강조하고자 한다. 나는 이 책의 제3장이 그것들의 이익이 중요하다는 것을 명백히 하였기를 희망한다. 감각적 존재들은 의식을 가지는 한, 그것들의 욕구를 충족시킨다는 이익, 가능한 한 많은 쾌락과 적은 고통을 경험한다는 이득을 갖는다. 감각은 한 존재를 이익 평등고려의 영역에 들어가도록 하는 데 충분하다. 그러나 이것이 그 존재가 계속 살고자 하는 인격적 이익을 갖는다는 의미는 아니다.

제4절 맺는 말

이 장에서의 논변이 올바르다면, "동물을 죽이는 것은 일반적으로 그릇된 일인가?"라는 질문에 대하여 하나의 답이 있을 수 없다. '인간이 아닌 동물'이라는 제한된 의미에서의 '동물'이라는 용어도, 그들 모두에 하나의 원칙을 적용하기에는 너무 다양한 생명영역들을 포괄하고 있다.

어떤 인간이 아닌 동물은 자신을 과거와 미래를 가지는 개별적 존재로 생각하는 것으로 보인다. 그리고 이것은 그들을 죽이는 데 반대할 직접적인 한 이유를 제공한다. 이러한 이유가 얼마나 강력한가는 그 동물이 미래에 대하여 욕구를 가질 수 있는 정도에 따라 다를 것이다. 인간이 아닌 동물의 지적인 능력들에 대한 우리의 지식이 증대함에 따라, 죽이는 데 반대하는 이러한 이유가 합리적으로 적용될 수 있는 종족의 숫자가 확대되고 있다. 20년 전만 해도, 우리는 대형 짧은꼬리원숭이들만이 자기에 대한 앎을 가진다고 자신 있게 이야기할 수 있었다. 이제 우리는 코끼리와 돌고래뿐만 아니라 어떤 새들에 대해서도 그렇게 이야기할 수 있다. 앞으로의 연구가 무엇을 보여 줄 것인지를 알기는 어렵다. 그래서 우리는 긴꼬리원숭이, 개, 고양이, 돼지, 물개, 곰, 소, 양 등에게도, 아마도 심지어 새와 물고기에게도 의심의 이득을 부여하려고 해야 한다. 의심이 존재하는 곳에서는 얼마나 멀리 우리가 의심의 이득을 확장할 준비가 되어 있느냐에 많은 것이 달려 있다. 우리의 논의는 인간에 의해 수행되는 많은 동물 살생이, 고통 없이 그리고 그 동물 공동체의 다른 구성원들에게 고통을 일으키지 않고 진행될 때도, 정당화될 수 있느냐는 의문을 제기하였다. (물론 대부분의 이러한 살생은 그러한 이상적인 조건들 아래서 일어나지는 않는다.)

우리의 최선의 지식에 따를 때, 자신에 대한 앎을 결여하고 있는 동물의 경우에는 살생을 반대할 최선의 직접적인 이유가 즐겁고 재미있는 생명의 손실이다. 죽음을 당한 생명이 따져 볼 때 즐겁고 재미있을 것 같지 않다면, 직접적으로 그릇된 것은 없다. 죽음을 당한 동물이 즐겁게 살 것이었다고 할 때도, 죽음을 당한 동물이, 그러한 죽임의 결과로서, 똑같이 즐거운 삶을 살아갈 다른 동물로 대체된다면, 아무런 나쁜 일이 행해지지 않았다고 적어도 주장할 수 있다. 이러한 견해를 취하는 것은 현존하는 존재에게 가해진 그릇됨이 아직 존재하지 않는 존재에 주어지는 이익에 의해서 보완될 수 있다고 주장하는 것이다. 그래서 단지 의식만을 가진 동물들을, 미래감을 갖는 존재들에게는 통용되지 않는 방식으로, 상호 교환 가능한 것으로 간주될 수 있다. 이는 어떤 환경에서는, 동물들이 즐거운 삶을 살고 있고, 고통 없이 죽임을 당하고, 그들의 죽음이 다른 동물에게 고통을 일으키지 않고, 한 동물의 죽음이 그렇지 않았다면 태어나지 않았을 다른 동물의 삶에 의해 대체된다면, 자기에 대한 앎이 없는 동물을 죽이는 것은 그릇된 일이 아니라는 의미이다.

이러한 노선들을 따르면, 고기를 얻기 위해 어떤 동물을 공장식 농장이라는 조건에서가 아니라 농장 뜰을 자유롭게 오가도록 하면서 키우는 것을 정당화할 수 있다. 예를 들어, 닭이 자신이 일정한 시간에 걸쳐서 존재한다는 것을 알지 못한다고 가정해 보자. (앞에서 본 것처럼, 이러한 가정은 의심의 여지가 있다.) 새들이 고통 없이 죽임을 당할 수 있으며, 생존자들은 동료들 중의 하나의 죽음에 의해서 영향을 받는 것으로 보이지 않는다고 또 가정해 보자. 마지막으로, 경제적인 이유들 때문에, 우리가 닭을 먹지 않는다면 닭을 키울 수 없다고 가정해 보자. 이러할 때 대체 가능성 논변은 그 새들을 죽이는 것을 정당화하는 것으로 보인다. 왜냐하면 닭에게서 존재의 쾌락을 빼앗는 것은, 현존하는 닭이 죽임을 당할 경우에만 존재하게 될 아직 존재하지 않는 닭의 쾌락에 의하여 상쇄될 수 있기 때문이다.

비판적인 도덕적 추론critical moral reasoning의 하나로서, 이러한 논변은 타당할지도 모르겠다. 그러나 이것의 적용은 제한적이다. 이는 동물이 즐거운 삶을 살지 않는 공장식 농장을 정당화할 수 없다. 이는 또 일반적으로 야생동물의 살생을 정당화하지 못한다. (논변을 위해 오리가 자신에 대한 알지 못한다고, 그리고 사냥꾼이 틀림없이 오리를 즉시 죽일 것이라고 가정을 해도) 사냥꾼이 쏘아 맞춘 오리는 아마 즐거운 삶을 살 수 있었을 것이지만, 이렇게 오리를 쏘아 죽인다고 해서, 다른 오리에 의해 대체되는 일은 생겨나지 않는다. 오리의 숫자가 가용한 먹이공급이 지탱할 수 있는 최대한에 머물러 있는 경우가 아니라면, 오리를 죽이는 것은 다른 오리를 태어나게 하지 않으면서, 하나의 즐거운 생명을 끝내는 일이다. 이러한 이유로 이것은 직접적으로 공리주의적 근거에서 그릇된 일이다.

자신에 대한 어떤 앎을 가지고 있는 동물들의 경우에도, 음식을 위해 죽이는 것이 언제나 그릇된 일은 아닐 것이다. 공장식 농장에서 만들어진 햄이나 닭을 슈퍼마켓에서 사면서 아무것도 생각하지 않는 많은 사람들도 쉽게 사냥을 비난한다. 그러나 사냥은 공장식 농장보다 훨씬 옹호 가능하다. 사슴의 숫자를 억제할 인간 외의 포식자가 더 이상 없는 미국의 여러 지역에서의 사슴사냥을 고려해 보자. 그럴 때 사슴은 더 이상 충분한 먹을거리가 없을 점까지 재생산을 하고, 환경을 훼손시키기 시작한다. 결국 많은 사슴은 굶어 죽는다. 사냥꾼들은 총을 쏘아 순간적으로 죽이는 것이 서서히 굶어 죽는 것보다 사슴에게 더 좋다고 주장한다. 그리고 환경주의자들은 사슴의 높은 밀도가 다른 종족들을, 식물들이나 동물들 모두를 위험에 처하게 한다고 지적한다. 명중된 총알 때문에 죽는 것이 굶어 죽는 것보다 낫다는 것을 부정할 수는 없다. 이것은 사슴이 자기를 알아도 해당된다. 실제로, 모든 사냥꾼이 명사수는 아니고 어떤 사냥꾼은 동물들을 죽이기보다는 상처를 줄 것이기 때문에, 어떤 형태의 번식통제는 사냥을 허용하는 것보다는 나을 것이다. (야생동물들을 피임시키거나 불임시킬 수 있는 실천적인 방법들을 개발하는 연구가 거의 없는 것은 동물살생에 대해 우리가 관심을 가지고 있지 않다는 사실을 보여 준다.) 그렇지만, 가능한 번식통제 방법이 없고, 사냥꾼이 고통 없이 사슴을 쏴죽일 수 정도로 명사수이며, 사슴이 총으로 사살되지 않는다면 오는 겨울에 천천히, 그리고 고통스럽게 죽을 것이라고 가정해 보자. 상황이 이렇다면, 결과주의자들은 사슴사냥을 반대할 수 없을 것으로 보인다. 사슴사냥을 반대하기 위해서는 우리가 가하는 죽음에 대해서는 우리에게 책임이 있지만, 우리가 아무것도 하지 않아 '자연'이 일으킬 죽음에 대해서는 우리에게 책임이 없다고 주장해야만 한다. 그러한 논변은 적극적인 안락사를 죽음이 '자연스레 진행되도록 허용하는 것'과 구분하기 위해 사용하는 논변과 비슷하다. 우리가 제7장에서 안락사를 논의할 때 볼 것이지만, 이것은 옹호할 수 없는 논변이다. 그렇지만 이러한 환경 아래서의 사냥은 인간이 매년 동물들에게 가하는 수십억의 요절을 감추고 있다.

채식주의자조차도 살생에 대한 책임을 피할 수 없다는 주장도 때로 있다. 왜냐하면 농작물을 심기 위해 들판을 쟁기질 하는 트랙터가 들쥐를 으깨고, 두더지의 은신처가 쟁기에 의해 파괴될 때 두더지도 살해될 수 있기 때문이다. 농작물 수확은 조그만 동물들이 거주하는 지피식물을 제거하는데, 이것이 포식자들이 그러한 동물들을 죽이는 것을 가능하게 만든다. 오리건 주립 대학의 동물과학자인 데이비스Steven Davis는 농작물을 키우기 때문에 죽는 동물의 숫자가 초원에서 가축을 키우기 때문에 죽는 동물의 숫자보다, 그 가축들의 죽음의 숫자를 포함해도 더 많다고 주장하였다. 폴란을 포함하여 다른 육식옹호자들이 그의 발견들을 이용하고 있다. 그렇지만 데이비스는 같은 크기의 땅을 사용할 때 농작물을 키우면 풀을 먹여 키우는 쇠고기를 생산할 때보다 열 배나 많은 사람들을 먹일 수 있다는 사실을 고려하지는 못했다. 그러한 차이가 계산에 포함되면, 데이비스의 논변은 거꾸로 채식주의자들은 풀을 먹여 키우는 쇠고기를 먹는 사람보다 동물들의 죽음에 대하여 5분의 1밖에 책임이 없음을 입증해 준다.

이러한 논의들 중의 어느 것도 생존하기 위해 동물들을 죽일 필요가 있는 사람들이—빈곤하게 살면서 자신이나 가족들을 먹이기에 충분한 음식을 얻기 위해 싸우고 있는 사람들이, 혹은 전통적인 수렵, 그리고 채집 생활을 하는 사람들이—그렇게 하지 말아야 한다고 주장할 의도로 수행되지는 않았다. 만약 우리가 보통 먹는 소, 돼지, 닭, 그리고 다른 동물들이 자기를 안다고 해도, 그들은 인간들이 정상적으로 아는 정도에 가깝게 자기를 알지는 못할 것이다. 한 존재가 자신의 삶을 아직 여전히 작성되어야 할 장들이 있는 이야기로 생각하면 할수록, 그리고 앞으로 달성할 성취들에 대한 희망이 크면 클수록, 죽임을 당함으로써 잃는 것이 그만큼 더 많다는 점에서, 나는 바너와 스크루턴에 동의한다. 이런 이유로, 동물들과 정상적인 인간들의 생존을 위한 기초적 필요와 관련하여 타협할 수 없는 갈등이 있을 때, 자신의 삶에 대해 전기적인 의미를 가지거나 미래를 향해 더 강한 정향성을 가지는 존재의 생명에 우선권을 주는 것은 종족주의가 아니다.

제6장

살생: 수정란과 태아

제1절 임신중절이라는 문제

지난 40년 동안 임신중절abortion만큼 심각하게 논쟁해 온 윤리적 문제도 없었다. 어느 쪽도 상대편의 의견을 변화시키는 데 큰 성공을 거두지 못했다. 1967년까지 스웨덴과 덴마크를 제외한 거의 모든 서구 민주국가에서 임신중절은 불법이었다. 그때 영국은 광범위한 사회적 이유들을 근거로 법을 변경하였으며, 1973년에 로 대 웨이드Roe v. Wade 사건에서 미국 대법원은 임신 6개월 내에는 산모가 중절할 헌법적 권리를 가진다는 판결을 내렸다. 보수적인 대통령이 대법원의 구성을 변경시켰지만, 현재까지 대법원은 로 대 웨이드 판결의 핵심을 계속하여 유지하고 있다. 반면에 각각의 주들이 다양한 사소한 방법들로 임신중절을 통제하도록 허락하고 있기는 하다. 최근 수십 년 사이 유럽의 국가들은, 이탈리아, 스페인, 프랑스와 같은 가톨릭 국가들까지도 포함하여, 모두 임신중절 법률들을 관대하게 만들었다. 아일랜드와 폴란드조차도 이제 어떤 상황에서는 임신중절을 허용하고 있다. 세계적으로 보면, 대개 라틴아메리카의 몇몇 나라들만이 임신중절을 전적으로 금지하고 있다.

1978년 인체 바깥에서 수정된 수정란에서 발생한 최초의 인간인 브라운Louise Brown이 태어남에 따라, 발생의 초기 단계에 있는 인간의 위상에 대한 새로운 문제가 제기되었다. 에드워즈Robert Edwards와 스텝토Patrick Steptoe가 시험관수정IVF: In Vitro Fertilization이 가능함을 보여 주는 데 성공하기까지 수년간에 걸쳐 초기 인간 수정란embryo들에 대한 실험이 있었고, 이들 수정란들은 살아남지 못했다. 그리고 그 후에 더 많은 수정란들이, 시험관수정을 하지 않으면 임신하지 못했을 부부들이 아이들을 가지도록 하는 그 방법의 성공률을 개선할 목적으로, 실험에 사용되었다. IVF는 이제 어떤 유형의 불임에 대응하는 관례적인 절차가 되었으며, 이에 의해 수백만의 아기들이 태어나고 있다. 시험관수정은 유전적 이상을 가진 아이를 낳을 위험이 큰 부부들도 이용할 수 있다. 실험실에서 그들의 수정란들이 유전적 이상을 가지고 있는지 조사한 후에, 이상을 가지지 않는 그러한 수정란들만 산모에게 착상된다. 이렇게 하면 태아진단과 임신중절은 필요 없게 되지만, 여전히 인간의 수정란들은 파괴된다.

시험관수정 절차상 종종 난자를 제공한 여성의 자궁에 안전하게 이식될 수 있는 것보다 많은 수정란이 생산되기 때문에, 수정란 냉동 보존법이 개발되어, 잉여 수정란들은 얼려서 필요할 때까지 보관되고 있다. 정상적인 아이들이 이러한 수정란들로부터 발달할 수 있다. 그러나 만약 처음 이식한 '생생한' 수정란이 바라던 아이로 발달하게 되면,

얼린 수정란들은 아마 필요 없을 것이다. 결과적으로 지금 많은 수정란들이 전 세계의 특별한 냉동고에 보관되어 있다. (미국에서만 40만 이상의 냉동 수정란들이 있다.) 이러한 불필요한 냉동 수정란 중의 약간은 자신의 난자나 정자를 생산할 수 없는 다른 불임 부부들에게 아마 주어질 것이다. 그러나 나머지의 운명은 확실하지 않다. 대부분의 경우, 난자와 정자를 제공한 부부와의 연락은 두절된다. 과학자들은 이러한 잉여적인 혹은 포기된 수정란들을 사용하여, 그들이 믿기로, 파킨슨씨병, 소아당뇨, 알츠하이머병, 척수손상, 심장질환 그리고 다른 의료질환을 치료할 잠재성을 제공할지도 모르는 줄기세포stem cell들을 얻어내는 데 관심을 가지고 있다. 그렇지만 줄기세포를 얻는 과정에 수정란이 파괴되기 때문에, 이는 언제 초기 인간 생명을 파괴하는 것이 그릇된 일이 되는가라는 문제로서 임신중절과 같은 윤리적이고 정치적인 논쟁의 주제가 되었다. 2001년 부시George W. Bush 대통령은 자신이 선언한 날 이후에 수정란으로부터 도출된 줄기세포계를 사용하는 연구에 연방기금의 사용을 금지하였다. 이러한 결정은 오바마Barack Obama 대통령이 2009년에 취임하자 즉시 번복되었다. 연방기금 사용을 허용하는 그의 실행 명령은 2010년 그 명령이 수정란을 파괴하는 연구에 연방기금의 사용을 금지하는 법에 반한다고 판결한 연방 판사에 의해 뒤집혔다.

   이 장에서 우리는 초기 수정란embryo과 태아fetus의 도덕적 위상을 고려하고자 한다. 나는 대개 '태아'라는 용어를 사용하지만, 태아에 수정란이 포함되지 않는다는 것이 명백한 맥락이 아닐 때는, 태아에 수정란이 포함된다고 이해하기 바란다.

   언제 초기 인간 생명을 파괴하는 것이 그릇된 일인가라는 문제는 주의 깊은 사유를 필요로 한다. 왜냐하면 인간의 발달은 점진적인 과정이기 때문이다. 수태 직후에, 수정된 난자는 단지 하나의 세포에 불과하다. 그것의 죽음은 대부분의 우리들에게 정서적인 반향을 거의 일으키지 않는다. 사실 정상적인 수태에서, 그 몸에서 수정이 일어난 여성은 난자가 수정되었는지, 혹은 초기 유산이 있는 경우에, 수태가 소멸되었다는 것조차도 모를 것이다. 며칠이 지난 후에도, 그것은 여전히 단지 세포들의 작은 송이에 불과하며, 그것이 나중에 될 인간 존재의 아무런 해부학적 특징도 가지고 있지 않다. 결국에는 제대로 된 수정란이 될 이 세포들은 이 단계에서는 태반이나 양막낭이 될 세포들과 구분될 수 없다. 수정 후 약 14일이 되기까지 우리는 그 수정란이 한 사람이 될지 두 사람이 될지도 알 수 없다. 왜냐하면 분할이 일어나서, 일란성 쌍둥이가 형성될 수도 있기 때문이다. 14일에 이르러서야, 첫 번째 해부학적 특징, 즉 이른바 원시선 primitive streak이 나타나는데, 여기에 나중에 등뼈가 발달하게 된다. 이 시점에서 수정란은 아마 의식을 가지지 않을 것이며 고통도 느끼지 않을 것이다. 그러나 이러한 수정란은 정상적인 발달과정을 거쳐 점진적으로 성인 인간 존재로 발달한다. 성인인 인간을 죽이는 것은 살인이며, 제7장에서 논의될 그러한 특별한 상황을 제외하고, 망설임 없이 그리고 보편적으로 비난을 받는다. 수정된 난자와 성인을 구분하는 명백하고 날카로운 선이 없기 때문에 문제가 생긴다.

    나는 임신중절에 반대하는 사람들의 입장, 즉 내가 보수주의적이라고 부르는 입장에 관하여 먼저 이야기하겠다. 그리고 난 후 표준적인 약간의 자유주의적인 대응들을 검토하여, 그것들이 왜 부적합한지를 보이겠다. 마지막으로 앞에서의 생명의 가치에 대한 논의를 이용하여 보다 넓은 관점에서 이 문제에 접근하도록 하겠다. 임신중절과 관련된 도덕적 문제는 해결책이 없는 딜레마라고 보는 일반적인 의견과 달리, 나는 적어도 비종교적인 윤리학의 범위 내에서는, 명쾌한 대답이 있으며 다른 견해를 취하는 것은 실수라는 것을 보이도록 하겠다.

제2절 보수주의적 입장

임신중절에 반대하는 핵심적 논변은, 형식적으로 설명하자면, 다음과 같을 것이다.

첫 번째 전제: 무고한 인간을 죽이는 것은 그릇된 일이다.
두 번째 전제: 인간의 태아는 무고한 인간이다.
결   론: 그래서 인간의 태아를 죽이는 것은 그릇된 일이다.

자유주의자들의 일반적인 대응은 이러한 논변의 두 번째 전제를 부정하는 것이다. 그래서 이 문제는 "태아가 인간이냐 아니냐"라는 문제와 연결되며, 임신중절에 관한 논쟁은 종종 인간의 생명이 언제 시작되느냐에 대한 논쟁으로 간주되기도 한다.

인간의 생명이 언제 시작되느냐는 문제와 관련해서는 보수주의적인 입장을 떨쳐버리기가 쉽지 않다. 보수주의자들은 수정란과 아이 간의 연속성을 지적하며, 자유주의자들에게 이러한 점진적 과정 중의 어떤 단계가 도덕적으로 의미 있는 구분선인지를 지적하라고 요구한다. 만약 그러한 선이 있지 않다면, 초기 수정란의 위치를 아이의 위치로 올리거나, 아이의 위치를 수정란의 위치로 내려야만 한다고 보수주의자들은 주장한다. 그러나 어느 누구도 아이들이 부모의 요청에 따라 살해되는 것을 허락하지 않을 것이며, 따라서 유지할 수 있는 유일한 입장은 지금 우리가 아이를 보호하듯이 태아를 보호해야 한다는 것이다.

  수정란과 아이 사이에 도덕적으로 의미 있는 구분선이 없다는 것은 사실인가? 일반적으로 제시되는 구분선으로는 출생, 체외생존 가능성, 태동, 그리고 의식의 시작이 있다. 이들을 차례대로 보기로 하자.

1. 출생

  출생birth은 가장 눈에 잘 띄는 가능한 구분선으로서 자유주의자에게 가장 잘 맞는 것이다. 이는 우리의 공감과도 어느 정도 일치한다. 우리가 전적으로 보고, 듣고, 껴안을 수 있는 존재의 죽음보다는 전혀 본 적이 없는 태아의 죽음에 덜 동요한다. 그러나 이것이 죽여도 좋은 존재와 죽여서는 안 되는 존재를 결정하는 선이 출생이라고 할 충분한 이유가 되겠는가? 보수주의자들은 태아와 아이는, 자궁 안에 있든 밖에 있든 동일한 존재이며, (우리가 볼 수 있든 없든) 동일한 인간적 특징을 지니며, 동일한 정도로 무엇을 알고 또 고통을 느끼는 능력을 갖는다고 그럴듯하게 반박할 수 있다. 이런 점들에서, 조산아는 정상적인 임신 말기에 있는 태아보다 당연히 덜 발달되어 있다. 조산아를 죽여서는 안 되지만, 이보다 더 발달된 태아를 죽여도 된다는 주장은 기이하게 보인다. 자궁 속에 있는가 밖에 있는가라는, 존재의 위치가 그 존재를 죽이는 일의 그릇됨에 별다른 차이를 일으키지는 않을 것이다.

2. 체외생존 가능성

만약 출생이 결정적인 도덕적 구분선이 아니라면, 그 선을 태아가 자궁 바깥에서 살아남을 수 있는 시기로 후퇴시켜야만 하는가? 이것은 출생을 결정적 시점으로 보는 입장에 대한 한 반론을 극복할 수 있다. 왜냐하면 이는 생존 가능한 태아를 같은 발달단계에 있는 조산아와 대등하게 대우하기 때문이다. 생존 가능성은 미국 대법원이 로 대 웨이드 사건에서 채택한 구분선이다. 법원은 국가가 잠재적 생명을 보호할 합법적인 관심을 가지며, 이러한 관심은 체외생존이 가능할 때에는 '강제적인' 것이 된다고 주장했다. "왜냐하면 태아는 아마도 그때 산모의 자궁 바깥에서 의미 있는 삶을 영위할 능력을 가질 것이기 때문이다." 그래서 생존 가능성을 갖게 된 이후의 태아에 대한 중절을 금하는 법률은 위헌이 아니라고 법원은 판결했다. 그러나 다수의견을 기록한 판사는, 자궁 바깥에서 존재할 수 있다는 단순한 능력에 따라, 왜 잠재적 생명을 보호하고자 하는 국가의 관심이 달라져야만 하는지를 지적하지는 않았다. 법원이 말한 대로 우리도 말한다면, 결국 체외생존이 불가능한 태아도 체외생존이 가능한 태아와 마찬가지로 **잠재적인** 성인 인간이다. (조금 후 잠재성이라는 이 문제를 다시 보겠다. 그러나 이는 우리가 지금 다루고 있는 보수주의적 논변, 즉 태아는 인간이고, 잠재적 인간에 불과한 것이 아니라는 논변과는 다른 문제이다.)

생존 가능성viability을 구분선으로 보는 입장에 대해서, 다른 중요한 반대논변이 있다. 태아가 산모의 몸 바깥에서 살아남을 수 있는 시점은 의료기술 상태에 따라 변한다. 근대적인 집중 간호 방법이 개발될 때까지, 두 달 이상 먼저 태어난 아기는 살아남을 수 없는 것으로 일반적으로 받아들여졌다. 이제는 6개월 된 태아도, 즉 세 달 먼저 태어난 아기도 세련된 의료기술 덕분에 흔히 살아남을 수 있게 되었고, 5개월 반밖에 뱃속에 들어 있지 않았던 태아도 살아남은 적이 있다.

이러한 의술의 발달을 고려해서, 지금은 6개월 된 태아를 중절시켜서는 안 되지만, 50년 전에 태아가 생존할 것 같지 않았을 때는 중절시켜도 괜찮았다고 말해야 하는가? 같은 비교가 현재와 과거 사이에만 아니라 다른 장소들 사이에도 또한 적용될 수 있다. 6개월 된 태아가 최신의 의료기술이 사용되고 있는 도시에 태어난다면, 살아남을 상당한 기회를 갖게 될 것이다. 그러나 뉴기니의 외딴 마을에 태어난다면 전혀 그럴 기회를 갖지 못할 것이다. 어떤 이유로 임신 6개월인 여인이 뉴욕에서 비행기를 타고 뉴기니로 가서 어느 마을에 도착했는데, 일단 도착하고 나서는 신속하게 현대적인 의료시설이 있는 도시로 되돌아갈 수 있는 방법이 없다고 가정해 보자. 그녀가 뉴욕을 떠나기 전에 임신중절을 하면 그릇된 일이 되었을 텐데, 이제 그 마을에서는 그 일을 해도 좋다고 말할 수 있겠는가? 그 여행은 태아의 본질을 변화시키지 않았다. 그런데 왜 그 여행이 태아의 생명에의 권리를 박탈하는가?

자유주의자들은 태아가 살아남기 위해서 전적으로 산모에게 의존한다는 사실을 이유로 산모의 소망과 독립해서 태아가 생명에의 권리를 가지지 못한다고 주장할 수도 있다. 그러나 [엇비슷한] 다른 경우에는 어떤 인간이 다른 인간에 전적으로 의존하고 있다고 해서 그 인간의 삶과 죽음을 다른 인간이 결정해도 된다고 말하지는 않는다. 젖을 먹일 다른 여자가 없거나 젖병으로 젖을 먹일 수단이 없는 고립된 장소에 신생아가 태어난다면 그 신생아는 전적으로 그 어머니에 의존하게 된다. 노파는 그녀를 돌보는 아들에게 전적으로 의존하고 있을 수도 있다. 가장 가까운 길에서 닷새나 걸어 들어가야 하는 곳에서 다리가 부러진 도보여행자는 만약 그녀의 동료가 도와주지 않는다면 아마 죽게 될 것이다. 이러한 상황들에서 어머니가 아기의 생명을 빼앗거나, 아들이 나이든 어머니의 생명을 빼앗거나, 여행자가 다친 동료의 생명을 빼앗아도 좋다고 생각하지는 않는다. 그래서 체외생존이 불가능한 태아가 산모에 의존하고 있다는 것 때문에 산모가 태아를 죽일 권리를 갖는다고 주장하는 것은 그럴듯하지 못하다. 만약 의존성이 생존 가능성이라는 구분선을 정당화해 주지 못한다면, 무엇이 그것을 정당화해 줄지 알기 어렵다.

3. 태동

출생이나 생존 가능성이 도덕적으로 의미 있는 구분선이 못된다면, 세 번째 가능성인 태동quickening에 대해서는 별로 말할 필요도 없다. 태동이란 태아가 움직인다는 것을 산모가 처음으로 느끼는 때이다. 전통적인 가톨릭 신학에 따르면, 이때가 태아에게 영혼이 깃들게 되는 때이다. 이러한 견해를 받아들인다면, 태동을 중요한 것으로 볼 수도 있다. 왜냐하면 기독교적 견해에서 영혼은 인간을 동물로부터 구분시키는 기준이 되기 때문이다. 그러나 태동 때 영혼이 태아에게 깃든다는 생각은 시대에 뒤떨어진 미신의 일부이며, 이제 가톨릭 신학자들조차 이를 폐기하였다. 이러한 종교적 교리를 무시하게 되면 태동은 무의미하게 된다. 그것은 태아가 스스로 움직이는 것이 처음으로 느껴지는 때에 불과하다. 태아는 이 순간 전에도 살아 있었다. 초음파검사는 태아들이 실제로는 수정 후 6주에도 이미 움직이기 시작한다는 것을 보여 주는데, 이는 태동이 느껴지기 훨씬 전이다. 어쨌든 신체적 운동이나 그러한 능력의 결여는 한 존재가 계속하여 살아가고자 하는 진지한 요구와 아무런 관련이 없다. 우리는 마비된 인간이 물리적 운동능력을 결하고 있다고 해서 그가 계속 살아가기를 요구할 권리를 가지지 못한다고 보지는 않는다.

4. 의식

운동은 그것이 어떤 형태의 앎의 표식인 한에서 간접적으로 도덕적 의미를 가진다고 생각할 수도 있다. 우리가 이미 보았던 대로, 쾌락과 고통을 느끼는 능력과 의식은 실제적으로 도덕적인 의미를 가진다. 이럼에도 불구하고, 임신중절을 논하는 어떤 쪽에서도 태아에서의 의식 consciousness의 발달에 대해서는 별로 언급을 하고 있지 않다. 임신중절에 반대하는 사람들은 중절되는 태아의 '침묵의 비명'에 관한 영화를 보여 줄지도 모른다. 그러나 그러한 영화에 숨겨진 의도는 중립적인 사람들의 감정을 흔들어 놓는 것뿐이다. 임신중절 반대자들은 실제로는, 태아가 의식이 있든 없든 상관없이, 인간이 수태 때부터 생명에의 권리를 가진다고 주장하고자 한다. 임신중절에 찬성하는 사람들이 의식능력이 없다는 것에 의거하여 찬성하는 것은 위험한 전략이라고 보인다. 수정 후 6주에 이미 운동이 발생한다는 연구와 어떤 두뇌 활동이 7주에도 발견된다는 다른 연구 등을 결합하여, 태아는 임신의 초기 단계에서 고통을 느낄 수 있다고 주장되어 왔다. 이러한 가능성 때문에 자유주의자들은 태아가 생명에의 권리를 갖게 되는 때가 의식이 시작되는 그 시점이라는 주장을 하지 않았다. 우리는 이 장에서 나중에 태아의 의식이라는 문제로 되돌아갈 것이다.

임신중절과 관련한 이제까지의 논의로부터 우리가 알게 된 것은, 신생아와 태아 사이에 도덕적으로 결정적인 구분선을 찾으려는 자유주의자들의 탐구는 실패하였다는 것이다. 즉 그들은 생명에의 권리를 가진 존재들을 그러한 권리를 갖지 못한 존재들로부터 구분시킬 그러한 비중을 가지는 어떤 사건이나 발생단계를 지적하고, 또 대부분의 임신중절이 시행되는 때에 태아가 후자의 범주에 드는 발생단계에 있다는 것을 보여 주지 못했다. 수정란에서 유아에 이르기까지의 발생이 완전히 점진적인 과정이이어서, 유아를 죽이는 것은 살인으로 간주하고 태아를 죽이는 것은 임신부가 원하는 대로 자유롭게 선택할 수도 있는 어떤 것으로 간주할 정도로, 그들 간의 차이를 정당화하기에 충분한 도덕적 위상의 변화를 주는 어떤 명백한 지점을 표시할 수 없다고 보는 보수주의자들의 주장은 강한 근거를 가지고 있다.

제3절 자유주의적 논변들

어떤 자유주의자들은 태아가 무고한 인간이라는 보수주의자들의 주장에 도전하지 않으면서도, 임신중절은 그럼에도 불구하고 허용 가능하다고 주장한다. 이러한 입장을 보이는 세 논변을 살펴보자.

1. 임신중절제한법의 결과

첫 번째 논변은 임신중절을 금하는 법이 임신중절을 중지시키지 못하며, 단지 그것을 지하로 숨게 만들 뿐이라는 것이다. 임신중절을 원하는 여성들은 종종 필사적이다. 그들은 허가 없이 임신중절을 시켜 주는 사람을 찾아 가거나 민간요법을 시도할 것이다. 자격 있는 의료 시술자가 하는 임신중절은 다른 수술처럼 안전하다. 그러나 자격 없는 사람들에 의해 시행되는 임신중절은 종종 심각한 합병증을 가져오고 때때로 생명을 잃게도 만든다. 그래서 임신중절금지법은 원하지 않은 임신을 한 여성들에게 어려움과 위험을 증가시키는 반면 그만큼 임신중절 시술 숫자를 줄이지는 못한다. 게다가, 임신중절이 합법적이지 않으면, 어떤 임신중절 시술자들은 자신들이 하고 있는 일을 묵인하도록 경찰에 뇌물을 주는데, 이는 경찰을 부패시키는 결과를 가져온다.

이러한 논변은 보다 자유로운 임신중절 법률에 대한 지지를 얻는 데 효과적이었다. 캐나다 왕립여성지위위원회는 이를 채택하여 이렇게 주장했다. "하나의 법이 좋은 결과보다 나쁜 결과를 더 많이 가져온다면 그것은 나쁜 법이다······ 그것이 현재와 같은 방식으로 있는 한, 수천의 여성이 그것을 위반하게 될 것이다." 임신중절을 금지하거나 매우 제한된 경우에만 임신중절을 허용하는 라틴아메리카 국가들에서는, 불법적인 임신중절이 널리 퍼져 있으며, 젊은 여성의 사망이나 상해의 주요한 원인이다.

이 논변에서 주목해야 할 주요한 점은, 이것이 임신중절이 도덕적으로 그르다는 견해에 대한 반대논변이 아니라, 임신중절 금지에 대한 반대논변이라는 것이다. 이 점이 임신중절에 관한 논쟁에서 종종 간과되고 있는 중요한 차이이다. 지금의 논변은 그 차이를 잘 보여 주고 있다. 왜냐하면 이러한 논변을 받아들이고 법이 산모의 요청에 의한 임신중절을 허용해야 한다고 일관되게 주장하는 사람도, 다른 한편으론

동시에, 자신이 임신 중이라면 자신에게 아니면 임신 중인 다른 사람에게 중절을 하는 것은 그릇된 일이라고 생각하고 조언할 수 있기 때문이다. 법이 언제나 도덕을 강요해야만 한다고 가정하는 것은 실수이다. 옳은 행위를 강요하려는 시도가 아무도 원하지 않는 결과를 가져오고, 부도덕한 행위의 아무런 감소를 가져오지 못할 수도 있다. 사실이 그렇다면, 그러한 시도는 하지 않는 것이 낫다.

그러므로 이 첫 번째 논변은 임신중절 법률에 관한 논변이지 임신중절의 윤리에 관한 논변은 아니다. 그러나 이러한 한계 내에서도 비판의 여지가 있다. 왜냐하면 그것은 임신중절이 무고한 인간을 자의적으로 죽이는 것이며, 살인과 마찬가지의 범주에 드는 것이라는 보수주의자들의 견해를 논박하지 못하기 때문이다. 보수주의자들은 임신중절 금지법이 여성들로 하여금 불법적인 임신중절 시술자를 찾아가게 할 뿐이라는 주장을 그냥 넘기려고 하지 않을 것이다. 그들은 이러한 상황이 변경될 수 있으며, 법이 적절히 강요되어야 한다고 주장할 것이다. 그들은 원하지 않은 임신을 한 여성들에게 임신을 보다 쉽게 받아들일 수 있도록 하는 방책을 제시할지도 모른다. 보수주의자들은 법이 적절하게 강요되지 않는다고 하더라도 방지하는 효과가 있을 것이고, 이러한 방지하는 효과에 의해 구조된 태어나지 않은 생명들은 뒷골목의 임신중절 시술자가 여성들에게 가하는 해를 능가할 것이라고 또한 주장할지도 모른다.

임신중절을 반대하는 애초의 보수주의 논변이 반박되지 않는다면, 이러한 것들이 합리적인 반응이다. 이런 이유로 첫 번째 논변은 태아를 죽이는 것이 그릇된 일이라는 중심적인 윤리적 문제를 회피하는 데 성공하지 못한다.

2. 법의 문제가 아니지 않은가?

두 번째 논변도 마찬가지로 임신중절의 윤리에 관한 것이라기보다는 임신중절의 법률에 관한 것이다. 1950년대 영국 정부는 울펜든 경Sir John Wolfenden을 위원장으로 하나의 위원회를 만들어서 동성애와 매춘이 계속 범죄여야 하는가를 연구하게 했다. 울펜든의 보고서는, 그러한 행위들의 부도덕성에 이의를 제기하지 않았지만, "간단하고 투박하게 표현하자면 법이 다룰 일이 아닌 사적인 도덕이나 부도덕의 영역이 있어야만 하기" 때문에 법이 변화되어야 한다고 권고하였다. 자유주의 사상가들에게 널리 받아들여지고 있는 이러한 견해는 밀의 『자유론』에까지 소급될 수 있다. 이 저술의 '매우 간단한 하나의 원칙'에 대해 밀은 다음과 같이 이야기하고 있다.

> 문명화된 사회의 어떤 구성원에게 그의 의지에 반해서 권력이 정당하게 행사될 수 있는 유일한 이유는 다른 사람에 대한 해악을 방지하기 위해서이다…… 어떤 사람에게 무엇을 하도록 하거나 무엇을 참도록 강요하는 이유가, 그렇게 하는 것이 그에게 더욱 좋을 것이라거나, 그것이 그를 행복하게 할 것이라거나, 다른 사람들의 의견으로는 그것이 현명하거나 심지어는 옳은 일이라고 하는 것은 정당화될 수 없다.

밀의 견해는, '피해자 없는 범죄victimless crimes'를 만들어내는 법, 즉 동의하는 성인들 간의 동성애, 마리화나나 그 밖의 다른 약품의 사용, 매춘, 도박 등의 범죄를 금지하는 법의 폐지를 지지하기 위해 종종 인용되며, 이는 또한 적절하다. 임신중절도 종종 이러한 범죄목록에 포함된다. 임신중절을 피해자 없는 범죄라고 보는 사람들은, 모든 사람이 임신중절의 도덕성에 대하여 자신의 견해를 주장하고 그에 따라 행위할 권리를 가지는 반면, 사회의 어떤 부문도 다른 부문에게 그 자신의 특정한 견해를 강요하지 말아야 한다고 주장한다. 다원주의 사회에서, 다른 도덕적 견해를 가진 사람을 용인해야만 하며, 임신중절에 대한 결정은 관련된 여성에게 맡겨야만 한다는 것이다.

임신중절을 피해자 없는 범죄 중의 하나로 드는 것은 명백히 잘못된 일이다. 임신중절에 관한 논쟁은 대개 임신중절이 '피해자'를 가지느냐 여부에 관한 논쟁이다. 임신중절 반대자들은 임신중절의 피해자가 태아라고 주장한다. 임신중절에 반대하지 않는 사람들은 아마 태아를 피해자라고 보기를 거부할 것이다. 예를 들자면, 그들은 한 존재가 자신의 이익을 침해당하지 않고는 피해자가 될 수가 없는데, 태아는 아무런 이익을 가지지 않는다고 말할 것이다. 이러한 논쟁은 다양한 방식으로 해결될 수 있다. 그러나 이러한 논쟁이 어떻게 진행되더라도, 다른 사람들에게 자신의 도덕적 견해를 따르도록 강요하지 말아야 한다는 것을 근거로 임신중절 반대자들의 주장을 쉽게 무시할 수는 없다. [예컨대] 히틀러가 유대인들에게 했던 일은 그릇된 것이었다는 나의 견해는 도덕적 견해이다. 만약 나치즘이 부활하려는 어떠한 전망이라도 있다면, 다른 사람들이 나의 이러한 견해에 일치하여 행동하도록 강요하는 데 나는 확실히 최선을 다할 것이다. 밀의 원칙은, 밀이 제한했듯이, 다른 사람에게 해를 가하지 않는 행위로 제한될 경우에만 옹호 가능하다. 임신중절에 관한 윤리적 논쟁을 결말짓는 어려움을 피할 수단으로 그 원칙을 사용하는 것은 임신중절이 '다른' 사람에게 해를 가하지 않는다는 것을 당연시하는 것이다. 우리가 밀의 원칙을 임신중절의 경우에 정당하게 적용할 수 있기 위해서는 바로 이 점을 먼저 입증할 필요가 있다.

3. 여권주의자의 논변

태아가 무고한 인간이라는 것을 부정하지 않고 임신중절을 정당화하려는 세 논변 중 마지막 것은, 여성은 자신의 몸에 일어난 일을 선택할 권리를 갖는다는 것이다. 이는 1970년대 여성운동의 시작과 더불어 유명해졌으며, 여권주의에 공감했던 미국의 철학자들에 의해서 정교화되었다. 톰슨Judith Jarvis Thomson은 교묘한 유비를 통하여 영향력 있는 한 논변을 제시하였다. 그녀는 이렇게 상상해 보라고 말한다. 당신이 어느 날 깨어나 보니 병원침대에 누워 있는데, 어쨌든 옆 침대의 의식이 없는 남자에게 연결되어 있다는 것을 발견했다. 이야기를 들어보니, 그 사람은 신장병을 앓고 있는 유명한 바이올린 연주자인데, 그 사람이 살아남을 수 있는 유일한 방법은 그의 순환계통을 그와 같은 유형의 피를 가진 어떤 다른 사람의 순환계통과 연결시키는 것이고, 그렇게 피가 적합한 유일한 사람이 바로 당신이었으며, 그래서 음악애호가협회에서 당신을 납치하여 연결수술을 한 끝에 당신이 그러한 처지에 있게 되었다고 한다. 그런데 이제는 이름 있는 병원에 있게 되었으므로, 만일 원한다면 의사에게 당신과 바이올린 연주자를 분리시키도록 명령할 수 있다. 만약 선택을 하여, 의사에게 당신과 바이올린 연주자를 분리시키라고 명령을 한다면, 그 바이올린 연주자는 확실히 죽을 것이다. 반면에 당신이 그와 연결된 채로 단지(?) 9개월만 있다면, 그 바이올린 연주자는 회복될 것이며, 그를 위험에 빠뜨리지 않고도 연결을 끊을 수 있을 것이다.

톰슨은 우리가 이러한 예기치 못한 곤경에 처했을 때, 우리에게 바이올린 연주자가 9개월 동안 우리의 신장을 사용토록 허락하라고 도덕적으로 요구할 수는 없을 것이라고 생각한다. 허락한다면 그것은 자비로운 또는 친절한 일이 될 것이다. 그러나 이렇게 말하는 것은 그렇게 하지 않으면 그릇된 일이 될 것이라고 말하는 것과는 완전히 다른 것이라고 톰슨은 주장한다.

톰슨의 결론이, 바이올린 연주자가 무고한 인간임을, 그리고 다른 무고한 인간과 마찬가지로 생명에의 권리를 가지고 있음을 부정하지 않는다는 점을 주목하라. 반대로 톰슨은 바이올린 연주자가 생명에의 권리를 가지고 있음을 긍정하고 있다. 그러나 그러한 권리를 가졌다는 것은, 그렇게 하지 않을 경우 죽게 된다 하더라도, 그녀가 말한 대로, 다른 사람의 신체를 사용할 권리를 포함하는 것은 아니다.

임신과의 유사성은, 특히 강간에 의한 임신과의 유사성은 명백하다. 강간에 의해 임신한 여성은 자신이 선택하지 않았음에도, 앞의 가상적 예의 여성이 바이올린 연주자에게 연결된 것과 같은 방식으로, 태아에 연결되어 있음을 알아채게 될 것이다. 확실히 임신부가 보통 9개월을 침대에서 보내야 할 필요는 없다. 그러나 그녀가 그녀의 전체 임신 기간 동안 침대에 누워 있어야 할 의료적 상태에 있다고 하더라도, 임신중절을 반대하는 사람들은 이것을 임신중절을 정당화해 줄 충분한 이유로 보지 않으려고 한다. 양자로 입양시키기 위해 이제 막 태어난 신생아를 포기하는 것은, 바이올린 연주자가 회복된 다음에 연결을 끊는 것보다는 심리적으로 훨씬 어려울 수도 있다. 그러나 이것 또한 태아를 죽일 충분한 이유가 될 것으로 보이지는 않는다. 논변을 위해 태아가 완전히 자란 인간과 같은 존재로서 상응하는 도덕적으로 중요한 이익들을 가진다고 가정하면, 체외 생존이 불가능한 한 태아를 중절시키는 것은 바이올린 연주자로부터 자신을 분리시키는 것과 같은 도덕적 의미를 지닌다. 그래서 자신을 바이올린 연주자와 분리시키는 것은 그릇된 일이 되지 않는다는 톰슨의 주장을 우리가 받아들이게 되면, 또 우리는 태아의 위상이 어떠하든 간에 임신중절은 그릇된 일이 아니라는 것도 받아들여야만 한다. 적어도 강간에 의한 임신의 경우에는 그렇다.

톰슨의 논변은 강간의 경우를 넘어서 확장될 수 있는가? 바이올린 연주자에게 연결된 당신이 그렇게 된 까닭이, 음악애호가들에 의해 납치되었기 때문이 아니라, 아픈 친구를 방문하러 병원에 가서 엘리베이터를 탔는데 버튼을 잘못 눌렀기 때문이라고 가정해 보자. 엘리베이터는 그렇게 하지 않으면 살아남을 수 없는 환자에게 연결될 자원자들만이 보통 오게 되는 병원의 한 구역에 당신을 내리게 하였고, 그리하여 다음 자원자를 기다리고 있던 의사들이 당신을 자원자라고 생각하고 마취를 시켜서 그 바이올린 연주자와 연결시켰다고 가정해 보자. 납치되었을 경우에 톰슨의 논변이 타당하다면, 이럴 경우에도 아마 역시 타당할 것이다. 왜냐하면 본의 아니게 9개월 동안 다른 사람을 지원한다는 것은 무지나 부주의에 대한 대가치고는 너무 크기 때문이다. 이러한 방식으로 톰슨의 논변은 강간의 경우를 넘어서, 무지나, 부주의나, 피임의 실패로 하여 임신하게 된 수많은 여성들에게 적용될 수도 있을 것이다.

그러나 톰슨의 논변은 타당한가? 간단한 대답은 그 논변 밑에 깔려 있는 특별한 권리이론이 옳다면 타당하고, 권리이론이 옳지 않다면 타당하지 않다는 것이다.

 문제가 되는 권리이론은 톰슨의 다른 환상적인 예를 보면 잘 알 수 있다. 내가 지독하게 아픈데, 내가 좋아하는 영화배우의 차가운 손을 끓는 내 이마에 대는 것이 나의 생명을 구할 수 있는 유일한 방법이라고 가정해 보자. 그럴 때 나는 생명에의 권리를 가지지만, 이것이 그 배우를 나에게 오도록 강제할 권리가 나에게 있다거나, 비행기를 타고 와서 나를 구해 줄 어떤 도덕적 의무가 그에게 있다는 것을 의미하지는 않는다. 물론 그렇게 해준다면 엄청나게 좋은 일이긴 하겠지만 말이다. 그래서 톰슨은, 우리가 모든 것을 고려할 때 최선인 그러한 행동을 해야 하거나, 언제나 최선의 결과를 가져올 행위를 해야 할 의무가 있다는 것을 받아들이지 않는다. 그 대신에 그녀는 그 결과와 상관없이 우리의 행위를 정당화하는 하나의 권리의무체계를 받아들인다.

 이러한 권리의 개념에 대해서는 8장에서 더 자세히 다루겠다. 여기에서는 공리주의자들이 이러한 권리이론을 반대할 것이며, 바이올린 연주자와 관련된 톰슨의 판단을 배격할 것임을 아는 것으로 충분하다. 공리주의자들은 아무리 폭력적으로 납치를 당했다 하더라도, 바이올린 연주자와 자신을 분리시켰을 때의 결과가, 전체적으로 그리고 관련되는 모든 사람의 이익을 고려할 때, 연결된 채 남아 있는 것보다 더 나쁘다면, 연결된 채로 있어야만 한다고 주장할 것이다. 그렇다고 해서 공리주의자가 분리시키는 여성을 사악하다든가 비난 받아 마땅하다고 반드시 생각하는 것은 아니다. 그들은 그녀가 옳은 일을 하는 것이 상당한 희생을 요구하는 특별히 어려운 상황에 처했다는 것을 아마 인정할 것이다. 그들은 이런 상황에서 대부분의 사람들은 옳은 일을 하기보다는 자기 이익을 따를 것이라는 사실조차도 아마 인정할 것이다. 그럼에도 불구하고 그들은 분리하는 것이 그릇된 일이라고 주장하려 할 것이다.

톰슨의 권리이론과 바이올린 연주자와 관련된 그녀의 판단을 배격함으로써, 공리주의자들은 임신중절에 찬성하는 그녀의 논변 또한 배격할 것이다. 톰슨은 그녀의 논변이, 설혹 우리가 태아의 생명을 정상적인 인격체의 생명과 같이 아주 중요하게 본다고 해도, 임신중절을 정당화할 수 있다고 주장했다. 공리주의자들은 9개월 동안 한 인간을 부양하는 것을 거부하는 것은, 그것이 그 인격체가 살아남을 수 있는 유일한 길인 경우에는, 그릇된 일이라고 말할 것이다. 그래서 태아의 생명에 정상적인 인격체와 같은 비중을 두게 된다면, 공리주의자들은 태아가 자궁 바깥에서 살아남을 수 있을 때까지 태아를 품기를 거부하는 것은 그릇된 일이라고 말할 것이다.

이것이 임신중절을 반대하는 보수주의자들의 논변에 대한 자유주의자들의 일반적인 반박을 논의한 우리의 결론이다. 우리는 자유주의자들이 신생아와 태아 사이에 도덕적으로 의미 있는 구분선을 설정하는 데 실패했으며, 톰슨의 권리이론이 옳다면 그녀의 논변을 제외시킬 수 있겠지만, 태아가 무고한 인간이라는 보수주의자들의 주장에 도전하지 않고서 임신중절을 정당화시키는 데 실패했음을 보았다. 그럼에도 불구하고 보수주의자들이 임신중절에 반대하는 그들의 주장이 타당하다고 생각하기에는 아직 이르다. 이제 이 논쟁에 생명의 가치에 대한 보다 일반적인 결론을 도입할 때가 되었다.

제4절 태아의 생명의 가치

처음으로 되돌아가자. 우리가 그곳에서부터 논의를 시작했던 임신중절을 반대하는 핵심적 논변은 다음과 같은 것이었다.

첫 번째 전제: 무고한 인간을 죽이는 것은 그릇된 일이다.
두 번째 전제: 인간의 태아는 무고한 인간이다.
결   론: 그래서 인간의 태아를 죽이는 것은 그릇된 일이다.

우리가 보았던 첫 번째 종류의 대응은 이 논변의 첫 번째 전제는 받아들이되, 두 번째 전제는 거부하는 것이었다. 두 번째 종류의 대응은 어떤 전제도 거부하지 않으나, 이들 전제로부터 결론을 이끌어내는 것을 거부한다. (혹은 임신중절은 법에 의해 금지되어야 한다는 그 다음 결론을 거부한다.) 이러한 대응 중의 어느 것도 논변의 첫 번째 전제를 문제시하지 않고 있다. 인간 생명의 신성함이란 교리가 널리 받아들여지고 있는 것을 고려하면, 이는 놀라운 일이 아니다. 그러나 앞 장에서 이러한 교리에 대해서 가했던 우리의 비판은 첫 번째 전제가 많은 사람들이 생각하는 것보다 덜 확실하다는 것을 보여 주고 있다.

보수주의적인 논변의 첫 번째 전제는 **인간** 생명의 특별한 위상에 대한 우리의 수용에 근거하고 있다는 약점을 가지고 있다. 우리는 '인간'이라는 말이 두 개의 다른 개념, 즉 호모 사피엔스라는 종족의 구성원과 인격체, 이 양쪽에 발을 디디고 있음을 보았다. 이 말이 이렇게 일단 분리되면, 보수주의자들의 첫 번째 전제의 취약성은 명백해진다. 만약 '인간'이 '인격'과 같은 뜻으로 사용되게 되면, 태아가 인간이라는 두 번째 전제가 거짓임이 확실하다. 왜냐하면 태아를 합리적이라거나 자의식적이라고 그럴듯하게 주장할 수는 없을 것이기 때문이다. 반면에 '인간'이 '호모 사피엔스라는 종족의 구성원'만을 의미한다고 보면, 이때는 보수주의자들의 태아의 생명에 대한 옹호가 도덕성을 결여하고 있는 특징에 기초하게 되고, 그래서 첫 번째 전제가 거짓이 된다. 이렇게 되는 이유가 이제 우리에게는 익숙하다. 즉 한 존재가 우리 종족의 일원이냐 여부는 그 자체로서는, 한 존재가 우리 인종의 일원이냐 여부와 마찬가지로, 그 존재를 죽이는 것의 그릇됨과는 무관하기 때문이다. 다른 특징과 상관없이 한 존재가 우리 종족의 일원이라는 것이 그 존재를 죽이는 것의 그릇됨을 크게 좌우한다는 믿음은, 임신중절에 반대하는 사람들조차도 논쟁에 끌어들이기를 주저할, 종교적인 교리의 유물이다.

이와 같은 간단한 논점을 인정하게 되면 임신중절문제는 변한다. 중심 질문은 더 이상 "언제 인간 생명이 시작되는가?"가 아니다. 왜냐하면 이제 우리는 태아가 살아 있는 인간이라는 것을 인정하더라도, 태아를 죽이는 것이 그릇된 일인지 여부를 결정할 수 없음을 알기 때문이다. 우리는 이제 태아에게서 태아가 무엇인지를, 즉 그것이 소유하고 있는 실제적 특징이 무엇인지를 알아볼 수 있으며, 태아의 생명을 우리 종족의 일원은 아니나 비슷한 특징을 가진 다른 존재의 생명을 재는 것과 같은 척도로 평가할 수 있다. 이렇게 관점을 변경하고 보면 '친생명Pro Life' 운동이나 '생명권리Right to Life' 운동의 이름들이 잘못 지어졌다는 것이 명백하다. 임신중절에 대해서 항변하면서 정기적으로 닭과 돼지와 소의 육신을 먹어대는 사람들은 '생명' 그 자체에 대해 관심을 가진다고 결코 주장할 수 없다. 수정란과 태아에 대한 그들의 관심은 오직 자기 종족의 구성원들의 생명에 대한 편향된 관심일 뿐이다. 합리성, 자의식, 앎, 자율성, 쾌락과 고통 등과 같은 도덕적으로 중요한 특성들을 어느 것이든 공정하게만 비교한다면, 소나 돼지, 그리고 그렇게 비웃어지는 닭이 발달중인 어떤 단계의 태아보다도 훨씬 앞서 있는 것으로 판명되기 때문이다. 만약 우리가 수정란이나 3개월 이전의 태아와 비교한다면, 물고기도 태아보다 더 많은 앎을 가진다는 것을 볼 수 있다.

따라서 나는 태아와 비슷한 수준의 합리성, 자의식, 앎, 감각능력 등을 가진 동물의 생명에 부여하는 것 이상의 가치를 태아의 생명에 부여하지 말자고 제안한다. 태아는 인격체가 아닌 까닭에, 어떠한 태아도 인격체와 같은 생명에의 권리를 가지지 못한다. 태아가 의식적 경험을 할 수 있는 능력을 가질 때까지 임신중절은, 태아의 현재 상태를 고려할 때, 그리고 그것의 잠재성을 고려하지 않으면, 개나 소와 같은 감각 있는 동물보다는 보다 식물과 같은 존재를 죽이는 것이다.

제5절 감각적 존재로서의 태아

일단 태아가 충분히 발달하여 의식을 갖게 되면, 비록 자의식을 갖지 않더라도, (만약 혹시라도 여성이 임신중절을 가볍게 본다면) 임신중절을 가볍게 보지 말아야 한다. 그래서 우리는 언제 태아가 의식을 갖느냐고 물을 필요가 있다. 임신중절 논쟁에서 대립하고 있는 사람들이 이 질문에 대하여 다른 답을 내는 경향이 있다는 것은 놀랄 일은 아니다. 태아가 임신 초기에 의식을 가진다고 주장하고, 그들이 믿기에, 임신중절 과정에서 태아가 경험하는 고통을 서술함으로써, 임신중절에 반대하는 사람들은 임신중절에 대한 그들의 반대주장에 정서적으로 강력한 논변을 덧붙인다. 임신중절에 대하여 자유주의적 견해를 가지는 사람들은 임신중절 과정 중에 태아가 고통을 느낄 수 있을 개연성에 대하여 보통 생각하지 않으려 한다.

이러한 문제를 해결하기 위해, 우리는, 태아의 두뇌와 신경체계의 발달에 대한 과학적 지식과 의식과 고통을 경험하는 능력이 존재하기 위해서 어떤 수준의 발달이 있어야 하는가에 대한 견해, 양자를 필요로 한다. 왜냐하면 과학자들은 고통을 직접 관찰하는 것이 아니라 우리가 믿기로 고통의 생리학적 상관 현상들을 관찰하기 때문이다. 우리가 무척추동물처럼 우리와는 아주 다른 동물들의 고통을 고려하면서 보았던 것처럼, 기능하는 대뇌피질이 없는 그러한 종류의 동물들에게 고통이나 의식이 있을 수 있는지 알기 어렵다. 인간에서는 임신 약 18주 이전에는 대뇌피질이 충분히 발달하지 못하여 그 속에서 시냅스의 연결이 생겨나지 않는다. 달리 말하자면, 어른에게는 고통을 일으키는 신호들이 받아들여지지 않는다. 18주부터 25주 사이에, 태아의 두뇌는 의식과 연관된 그러한 부분에 어떤 신경전달이 있게 되는 그러한 수준에 이른다. 그렇지만 그때까지도 태아는 계속하여 수면상태에 있는 것으로 보이므로 고통을 느끼지 못할지도 모른다. 태아는 대략 임신 30주 정도에 '깨어나기' 시작한다. 물론 이것은 체외생존 가능단계를 훨씬 지나서이며, 이 단계에서 생명을 가지고 자궁 바깥에 있는 '태아'는 태아가 아니라 조산아일 것이다.

태아에게 이른바 의심의 이득을 주기 위해, 태아가 무엇을 느낄 수 있을 것 같은 때 중에서 가능한 가장 이른 때를 태아가 보호되어야 할 경계선으로 잡는 것이 사리에 맞을 것이다. 그러므로 우리는 깨어남과 같은 불확실한 증거는 무시하고, 두뇌가 물리적으로 앎에 필요한 신호를 받을 수 있는 시점을 잡아야 한다. 이렇게 보면 임신 18주를 태아가 고통을 느낄 수 있는 가장 이른 때로 잡아야 한다. 이 시기 이전에 태아가 의식을 가진다고 믿기 위해서는, 태아가 대뇌피질에서의 시냅스 연결 없이 고통을 느끼는 방식을 가졌다고 우리가 주장해야만 할 것이다. 이것은 가능하지만, 우리는 그러하다는 증거를 가지고 있지 않다. 다행스럽게도, 압도적인 숫자의 임신중절은 18주보다 일찍 수행된다. 미국에서는 85% 이상의 임신중절이 첫 3개월 이내에, 즉 태아가 13주가 되기 전에 이루어진다. 그래서 대부분의 임신중절에서 태아에게 고통스러운 경험이 있을 것 같지 않다.

    임신 18주 이후의 태아가 고통을 받지 않을 이익들을, 감각적이지만 자의식을 갖지는 않는 인간이 아닌 동물의 이익을 고려해야만 하는 것과 같은 방식으로, 우리는 고려해야만 한다. 이미 보았듯이, 감각적 존재를 죽이는 것은 정당화될 수 있지만, 그러한 죽임이 가능한 한 고통 없이 이루어져야 한다는 것이 중요하다. 인간이 아닌 동물의 경우에는, (자비로운 죽임을 요구하는 법이 종종 적절하게 기능하지 못하고 있다고 하더라도) 자비로운 죽임의 중요성이 널리 받아들여지고 있다. 기이하게도, 임신중절의 경우에는, 태아의 있을 수 있는 고통에 관심이 덜 기울여지고 있다. 이는 임신중절이 태아를 신속하고 자비로이 죽이는 것으로 알려져 있기 때문이 아니다. 얼마 되지 않은 과거에, 태아가 고통을 느낄지도 모르는 때인 임신 후기의 임신중절은 종종 태아를 둘러싸고 있는 양낭에 소금물을 주입함으로써 시행되었다. 이렇게 하면 태아는 경련을 일으키고 한 시간 내지 세 시간 후에 죽는다. 이 방법은 오늘날 드물게 사용되지만, 이것이 폐기된 주된 이유는 태아가 겪을 고통을 피하고자 하는 관심 때문이라기보다는 임신한 여성에게 가해지는 위험 때문이었다. 오늘날 임신 후기의 임신중절은 출산과 비슷한 수축을 일으키는 합성 호르몬인 프로스타글란딘prostaglandin을 사용하여 행해지기 쉽다. 그러나 이것 역시 경련을 일으킬지도 모르고 정상 출산이 될 수도 있다. 정상 출산이 되는 위험을 방지하기 위해, 태아의 심장에 디곡신digoxin이 주사될 수 있는데, 이는 태아를 신속하게 죽인다. 이러한 방법은 산 채로 태어나는 것을 방지하기 위해서뿐만 아니라, 태아가 불필요한 고통을 겪지 않도록 하기 위해서도 사용되어야만 한다.

제6절 잠재적 생명으로서의 태아

이제까지 우리는 태아의 실제적 특징들만을 고려하였지 태아의 잠재적 특징들을 고려하지는 않았다. 실제적 특징들에 근거하여, 어떤 임신중절 반대론자들은, 거슬리기는 하지만, 태아가 인간이 아닌 많은 동물들과 비교되는 것을 받아들일 것이다. 태아가 성숙한 인간 존재가 될 잠재적 가능성을 우리가 고려한다면, 그들이 호모 사피엔스라는 종족의 구성원이라는 것이 중요하며, 태아의 생명의 중요성은 어떤 닭, 돼지 혹은 소보다 앞선다고 말할 것이다. 이제 이러한 다른 논변을 살펴볼 시간이다. 우리는 이것을 다음과 같이 진술할 수 있다.

첫 번째 전제: 잠재적 인간을 죽이는 것은 그릇된 일이다.

두 번째 전제: 인간의 태아는 잠재적 인간이다.
결   론: 그래서 인간의 태아를 죽이는 것은 그릇된 일이다.

이 논변의 두 번째 전제는 앞서 나온 논변의 두 번째 전제보다 더 강하다. 태아가 실제로 인간이냐 여부는 문젯거리가 될 수 있지만, (이는 우리가 인간이라는 말로써 무엇을 의미하느냐에 달렸다) 우리가 '인간'이라는 말로써 '호모 사피엔스라는 종족의 구성원'을 의미하든, 합리적이고 자의식적인 존재, 즉 인격체를 의미하든, 태아가 잠재적 인간이라는 사실은 부정될 수 없다. 그러나 이러한 새로운 논변의 강한 두 번째 전제는 첫 번째 전제를 약화시킨다는 대가를 치르고 얻어진 것이다. 왜냐하면 잠재적 인간을 죽이는 것이 그릇된 일이라는 주장은, 그때 죽는 것이 잠재적 인격체일 경우라도, 실제적인 인간을 죽이는 것이 그릇된 일이라는 주장보다도 공격받을 여지가 더욱 크기 때문이다.

물론 호모 사피엔스의 태아가 가지고 있는 잠재적인 합리성, 자의식 등이 소나 돼지가 가지고 있는 것보다 크다는 것은 사실이다. 그러나 그러한 사실로부터 태아가 더 강한 생명에의 권리를 가진다는 결론은 나오지 않는다. 일반적으로 잠재적 X가 X와 같은 가치를 지니거나 X의 모든 권리들을 갖는다는 규칙은 없다. 오히려 반대되는 것을 보여주는 많은 예들이 있다. 싹이 나는 도토리를 뽑아내는 것이 고색창연한 떡갈나무를 베어 넘어뜨리는 것과 같지 않다. 물이 끓고 있는 냄비에 수정란을 집어넣는 것은 살아 있는 닭을 집어넣는 것과는 아주 다른 일이다. (글을 쓰고 있는 지금) 찰스Charles 황태자가 영국의 잠재적 왕이지만, 그가 현재 왕의 권리를 가지고 있는 것은 아니다.

'A가 잠재적 X이다'로부터 'A가 X의 권리를 가졌다'는 것이 일반적으로 추론되지 않으므로, 우리는 잠재적 인격체가 인격체의 권리를 가졌다는 것을 수용하지 말아야 한다. 특정한 경우 이러한 것을 수용해야 하는 특별한 이유가 있을 수 있다면 사정은 다르다. 어떤 것이 그러한 이유가 될 수 있을까? 이러한 질문은, 앞 장에서, 인격체의 생명이 인격체가 아닌 존재의 생명보다 더욱 보호받을 가치가 있다는 주장을 뒷받침하는 증거로서 제시된 것들과 관련이 있다. 자신들이 다음번 희생자일지도 모른다는 두려움을 다른 사람에게 일으키지 말아야 하겠다는 고전적 공리주의자들의 간접적인 관심, 선호공리주의자들이 사람들의 욕구에 부여하는 비중, 자신을 계속되고 있는 정신적 주체로 간주하는 능력과 생명에의 권리를 연결시키는 툴리의 권리이론, 자율성 존중의 원칙 등의 이유들은 모두 인격체가 자신을 과거와 미래를 가지는 개별적 존재로 간주한다는 사실에 근거하고 있다. 이러한 이유들은 이제까지 자신을 그렇게 간주할 능력이 전혀 없었으며 지금도 그럴 능력이 없는 이들에게는 적용될 수 없다. 만약 이러한 것들이 인격체를 죽이지 말아야 할 이유라면, 인격체가 될 것이라는 단순한 잠재성은 [그러한 잠재성을 가진 존재의] 죽임을 반대할 이유가 되지 못한다.

이러한 대답은 인간 태아의 잠재성이 가지는 중요성을 제대로 이해하지 못하고 있으며, 이러한 잠재성이 중요한 것은, 그것이 태아에게 생명에의 권리 혹은 권리주장을 만들어 주기 때문이 아니라, 인간의 태아를 죽이는 것이 세계로부터 미래의 합리적이고 자의식적인 존재를 빼앗아가버리기 때문이라고 말할 수도 있을 것이다. 이는, 합리적이고 자의식적인 존재가 의식만을 가진 다른 존재가 그렇지 않은 방식으로 본질적으로 가치가 있다면, 인간의 태아를 죽이는 것은 세계로부터 본질적으로 가치 있는 것을 빼앗는 것이며, 그래서 그릇된 일이라는 지적이다. 합리적이고 자의식적인 존재에게 본질적으로 특히 높은 가치가 있다는 주장은 모든 임신중절에 반대할 이유가 못되며, 심지어는 불편한 때에 임신이 되었다는 오직 그 이유만으로 수행되는 임신중절조차도 반대할 이유가 되지 못한다. 한 여성이 6월에 히말라야 등반대에 참가하고자 계획을 하고 있는데, 1월에 자신이 임신 2개월이라는 사실을 알았다고 가정해 보자. 등산은 그녀의 가장 열렬한 취미이고 이번 등반대는 그녀에게는 새로운 지역의 산을 오를 드문 기회이다. 그녀와 배우자는 종종 그들이 원하는 가족계획에 대하여 논의해 왔는데, 그들 두 사람은 5년 내의 어떤 때에 두 아이를 갖기를 원한다. 그 임신이 원하지 않는 임신이 된 이유는 단지 시간적으로 아주 나쁜 때라는 것뿐이다. 임신중절을 반대하는 사람들은 아마도 이러한 경우의 임신중절이 특히 잘못된 것으로 볼 것인데, 왜냐하면 산모의 생명이나 건강이 문제가 아니기 때문이다. 문제는 그녀가 산을 오름으로써 얻을 즐거움뿐이기 때문이다. 그러나 임신중절이 만일 세상으로부터 미래의 인격체를 빼앗아가 버리기 때문에만 그릇된 것이라면, 위와 같은 경우의 임신중절은 그릇되지 않다. 그것은 한 인격체가 세상에 들어오는 것을 막지 않는다. 그것은 단지 지연시킬 뿐이다.

반면에, 임신중절이 높은 본질적 가치를 가지는 존재가 세상에 들어오는 것을 막는다는 것을 근거로 임신중절을 반대하는 논변은 미래의 인간 숫자를 줄이는 행위들, 즉 '인위적인' 수단에 의한 것이든 여성이 임신 가능한 시기에 금욕하는 것과 같은 '자연적인' 것이든 여하튼 피임 그리고 독신생활에 대한 비난을 포함하게 된다. 이러한 논변은 임신중절이 어떤 다른 인구조절수단보다 더 나쁜 것이라고 생각할 이유를 제시하지 못한다. 만약 세계가 이미 과잉인구를 가지고 있다면, 이러한 논변은 임신중절을 반대할 아무런 이유를 제시하지 못한다.

유아가 잠재적 인격체라는 사실에 어떤 다른 의미가 있는가? 프린스턴 대학의 종교학 교수였던 램지Paul Ramsey는 현대 유전학이 정자와 난자의 첫 번째 융합이 '결코 반복될 수 없는' 정보인자를 창조한다는 것을 우리에게 가르쳐줌으로써 우리로 하여금 "태아의 생명에 대한 모든 파괴는 살인으로 분류되어야만 한다"는 결론을 내리도록 한다고 말한 적이 있다. 부시 대통령도 2001년에 비슷한 이야기를 했다. 줄기세포 연구에 대한 연방기금의 제한을 옹호하면서, 그는 모든 수정란은 '눈송이같이' 독특하다고 주장하였다. 그러나 어떤 것이 독특하다는 사실이 그 자체로서 그것을 보존해야 할 이유는 아니다. 우리는 눈송이를 보존하려고 시도하지 않는다. 개의 태아 또한 의심할 여지없이 유전적으로 독특하다. 이것은 개를 임신중절시키는 것이 인간을 임신중절시키는 것처럼 그릇된 일이라는 뜻인가? 일란성 쌍둥이가 임신되면, 유전정보는 반복된다. 그래서 램지나 부시는 한 쌍의 동일한 쌍둥이 중의 하나에 대한 중절을 허용할 수 있다고 생각하는가?

생식기술의 발달은 독특성으로부터의 논변을, 특히 부시가 사용한 것처럼 줄기세포를 얻기 위해 수정란을 파괴하는 것을 반대하는 논변으로 사용될 때, 더 강하게 압박한다. 오늘날 수정란을 두 개 혹은 네 개의 세포로 이루어진 단계로 발달시켜서, 그것을 둘로 분할하는 것은 상대적으로 간단한 일이다. 이러한 절차는 유전적으로 동일한 두 수정란을 만들어내는데, 그들 각각은 여성의 자궁에 착상되면 정상적으로 발달한다. (그 절차는 수정란이 분할되어 일란성 쌍둥이로 되는 자연적으로 발생하는 과정과 비슷하다.) 수정란을 파괴하는 것이 그릇된 일이 되는 이유가 각각의 수정란이 독특하기 때문이라면, 우리는 수정란을 이런 방식으로 분할하여 그것들 중의 오직 하나만 파괴함으로써 독특성을 유지할 수도 있다. 나는 인간의 수정란을 파괴하는 것이 그릇된 일이라고 생각하는 사람들이 이를 받아들이지 않을 것이라고 생각한다.

이러한 방식의 수정란 분할은 유전자복제cloning의 한 형태이다. 물론 복제양 돌리Dolly의 태어남처럼 거창하게 공표되는 그러한 형태는 아니다. 과학자들은 어떤 양의 유선 세포에서 핵을 채취하여 핵이 제거된 난자 속에 집어넣었다. 이렇게 만들어진 수정란은 다른 양의 자궁에 이식되었다. 돌리는 유전적으로는 유선 세포를 제공한 그 양과 일치한다. 이러한 형태의 유전자복제는 이제 고양이, 개, 말, 그리고 긴꼬리원숭이를 포함하여 여러 종들에게 행해지고 있다. 그리고 이것이 인간에게 행해질 수 없다고 생각할 과학적인 이유는 없다. 그래서 우리의 유전적인 독특함은 선택의 문제가 되어 가고 있는 중이다. 만약 우리가 자신의 유전자를 복제하기를 원한다면, 우리는 아마도 그렇게 할 수 있을 것이다. 그러나 친생명 옹호자들은, 일란성 쌍둥이 중의 하나를 죽이자는 데 동의하지 않을 것처럼, 복제된 수정란이 유전적으로 독특하지 않으므로 우리가 복제된 수정란을 파괴해도 된다고 말한다면 그것을 받아들일 것 같지 않다.

유전자복제의 가능성은 수정란들의 잠재성에 근거하여 수정란의 파괴를 반대하는 논변에 다른 문제를 일으킨다. 우리는 이제 성인이나 수정란으로부터 도출되는 다양한 세포들이 새로운 인간 존재로 발달할 수 있다는 것을 알고 있다. 줄기세포들은 좋은 예이다. 왜냐하면 세포핵이 제거된 난자에 이식되면, 그것들은 쉽게 새로운 존재들로 발달하기 때문이다. 잠재성으로부터의 논변을 그럴듯하게 구성하는 방법은, 그 논변을 한 존재가 새로운 인간 존재로 발달할 수 있다면 우리가 그 존재에게 인간 존재와 비슷한 도덕적 위상을 부여해야 한다는 주장으로 간주하는 것이다. 그렇지만 우리가 그러한 주장을 받아들인다면, 우리는 이러한 도덕적 위상을 수정란들에게만 부여하는 것이 아니라, 인간에로 발달할 수 있는 이들 다른 세포들 모두에게도 부여해야만 할 것으로 보인다. 그러므로 배아 줄기세포embryonic stem cells 대신에 성체 줄기세포adult stem cells를 사용함으로써 줄기세포를 수정란으로부터 얻는 것에 대한 반대를 해결하려는 시도는 불발에 그치고 만다. 왜냐하면 줄기세포 그 자체는, 어디에서 비롯되든지 간에, 새로운 인간 존재로 발달할 잠재성을 가지기 때문이다. 일단 우리가 그렇게 많은 세포들이 새로운 인간 존재가 될 잠재성을 가지고 있음을 알게 되면, 우리는 또한 우리가 모든 잠재적 인간 존재들을 보호해야 한다는 주장의 터무니없음도 알 수 있다.

제7절 임신중절에 반대하는 추가적인 두 논변

임신중절에 반대하는 추가적인 두 논변은 따로 언급할 만하다. 왜냐하면 그것들은 태아가 호모 사피엔스라는 종족의 구성원이며, 그래서 태아를 죽이는 것이 나쁜 일이라고 단순히 주장하는 것이 만족스럽지 않음을 수용하고 있기 때문이다.

이러한 논변들 중의 하나는 마르퀴스Don Marquis의 널리 거듭 출판된 논문 "임신중절이 도덕적이지 않은 이유"에서 그가 제시한 것이다. 마르퀴스는 우리들 중의 한 사람, 말하자면 이 글을 읽고 있는 당신을 죽이는 것이 왜 그릇된 일인가에 대한 질문을 먼저 던진다. 여기에 대한 그의 답은 당신을 죽이는 것이 그릇된 까닭은, 그것이 당신에게서 당신의 미래를 박탈하는데, 그 미래가 당신에게 가치 있는 어떤 것이기 때문이다. 만약 이것이 이렇다면, 그리고 다른 조건들이 같다면, 중요한 점들에서 당신의 미래와 같은 미래를, 그래서 그들에게 가치 있는 어떤 것인 미래를 가질 것으로 예상될 수 있는 존재들을 죽이는 것은 나쁜 일이다. 태아는 그러한 미래를 가질 것으로 예상될 수 있다. 그래서 태아를 죽이는 것은 나쁘다. 왜냐하면 그것은 태아에게서 '우리의 미래와 같은 미래'를 박탈하기 때문이다.

임신중절에 대한 이러한 반대는, 태아가 우리 미래와 같은 미래를 가질 것으로 예상될 수 없다면, 적용되지 않는다. 예를 들어, 태아검진을 통하여 태아가 테이색스Tay-Sachs병 유전자를 가지고 있는 것으로 드러났다고 가정해 보자. 이 병은 치료가 불가능한 것인데, 아이에게 마비를 일으키고, 결국에는 아이를 보통 네 살 때 죽음에 이르게 한다. 마르퀴스는 그의 논변이 그러한 태아를 죽이는 것을 반대하는 어떤 이유도 제공하지 않는다는 것을 받아들인다. 이 때문에 친생명 입장을 옹호하는 많은 사람들은 그의 견해를 거부한다. 그러나 이러한 융통성이 오히려 그러한 입장의 강점으로 보일 수도 있다. (그리고 그것이 인간 생명의 신성함에 대한 전통적 옹호가 단지 새로운 모습으로 나타난 것이 아니라는 표식일 것이다.)

마르퀴스는 이렇게 그의 견해가 종족주의의 한 형태라는 반론을 회피하였다. 그러나 태아의 잠재성에 근거한 논변에 가해진 반론을 회피하는 것이 그에게는 더욱 어렵다. 만약 태아를 죽이는 것이 그릇된 일이 되는 이유가 우리가 태아로부터 가치 있는 미래를 박탈하기 때문이라면, 우리가 아이를 아예 갖지 않기로 결정하는 것도 또한 그릇된 일이 아니겠는가? 아니면 우리가 셋이 아니라 오직 둘만 가지겠다고 결심할 때는 또 어떤가? 이러한 점에서, 임신중절, 확실한 피임, 그리고 금욕생활은 가치 있는 미래를 가질 존재가 태어나지 않도록 하는 동일한 효과를 가진다.

 마르퀴스는 그가 '피임 반론contraceptive objection'이라고 부르는 것이 그의 논변에 대한 강력한 반박이라는 것을 인정한다. 그러나 그는 설득력 있는 답변을 할 수 있다고 믿는다. "죽이는 일의 그릇됨은 주로 죽음을 당하는 개별자에 대한 그릇됨이다. 피임의 순간에는 그릇됨이 가해질 개별자가 없다." 달리 말해서, 마르퀴스의 윤리에 따르면, 잘못된 일을 할 수 있는 유일한 경우는 현존하는 개별자에게 그것을 할 때이다. 이는 널리 수용되고 있는 견해이다. 가치 있는 미래를 기대할 존재를 만들어내지 않는 것보다는 가치 있는 미래를 기대하고 있는 인격체를 죽이는 것이 더욱 나빠 보인다. 가치 있는 미래를 가질 것으로 생각되는 것, 실제로 그것은 제4장과 제5장에서 논의된, 살생에 반대할 선호공리주의 이론의 근거이다. 그렇지만, 우리가 고려하고 있는 것이, 미래를 기대하고 있는 인격체가 아니라, 의식적이지도 않고 결코 의식적인 적도 없었던 태아라는 것을 생각하면, 태아를 만들지 않는 것과 태아를 죽이는 것의 차이점은 작아진다. 태아 그 자체는, 앎이 시작되기 전에 죽음을 당하면, 그것이 수태되지 않았다면 그것이 경험했을 것과 다른 것을 아무것도 경험하지 않는다. 왜냐하면 두 경우 모두에 전혀 아무런 경험이 없기 때문이다. 유일한 차이는 임신중절의 경우에는 우리가 "아무것도 경험하지 않았던 태아가 존재하였고 그것의 존재가 중단되었다"고 말할 수 있는 반면, 피임의 경우에는 우리가 "어떤 태아도 존재하지 않았다"고 이야기할 수 있을 뿐이다. 이것은 부도덕한 행위와 도덕적으로 무해한 행위를 구분할 근거가 되기에는 너무 적은 차이다.

만약 우리가 '분화전능성 세포 반론totipotent cell objection'이라고 부를 수도 있는 것을 고려하면 문제는 더욱 심각해진다. 마르퀴스는 정자가 난자를 꿰뚫는 순간에 개별자가 존재한다는 견해를 인정하지 않았다. 가치 있는 미래를 가질 개별자가 처음으로 존재하게 되는 때에 대해 검토하면서, 그는 이렇게 적고 있다.

> 발달중인 세포들이 16개 세포 단계까지 분화전능성을 가지고 있으며, 그래서 하나나 그 이상의 개별자들로 분리될 수 있다는 사실은, 인간인 개별자가 (그것의 나중 단계가 인간인 성인이다) 수태 때부터 존재하기 시작한다는 견해를 어렵게 만든다. 실제로, 16개 세포 단계에는 아마도 16인의 인간 개별자가 있을 수 있다.

만약 마르퀴스가 이 점에서 옳다면, 그것은 그의 입장을 더욱 어렵게 만들 뿐이다. 앞에서 보았던 것처럼, 우리는 두 개나 네 개의 세포로 이루어진 수정란을 분할하여 일란성 쌍둥이나 일란성 네쌍둥이를 만들 수 있다. (분할을 16개 단계로 미루는 것은 성공의 기회를 감소시킨다. 이때쯤이면 세포의 분화전능성이 약해진다.) 만약 우리가, 말하자면, 4세포 수정란을 네쌍둥이 수정란으로 분할하여 여성의 자궁에 이식하면, 아마 더 좋기로는, 네 명의 여성의 자궁에 각각 이식하면, 각각의 수정란은 가치 있는 미래를 가질 것으로 예상될 수 있다. 그렇다면 이것을 하지 않아서, 즉 수정란이 계속해서 자라는 것을 허용하지 않아서, 가치 있는 미래를 가질 생명의 숫자를 넷에서 하나로 줄이는 것은 부도덕하지 않겠는가? 이는 터무니없어 보인다. 마르퀴스는 여기서 고려해야 할 현존하는 개별자들이 없다고 말할 수 없다. 왜냐하면 그는 아마 각각의 분화전능 세포가 한 인간 개별자일 것이라고 인정했기 때문이다. 물론 각각의 분화전능 세포가 하나의 개별자이라는 것을 부정할 수도 있다. 그러나 마르퀴스가 이러한 방식으로 그의 입장을 옹호하는 것은 그의 논변의 적용이, 그리고 한 행위의 부도덕성에 대한 결정이, 한 행위가 그렇지 않았다면 했을 다른 행위보다 더 좋거나 나쁜 결과를 가지는가 여부보다는, 다양한 존재들의 위상에 대한 세세한 구분에 아주 결정적으로 달려 있음을 드러낸다.

임신중절과 수정란의 파괴에 반대하는 유명한 두 미국인인 리Patrick Lee와 조지Robert George는 가톨릭의 도덕적 전통에 깊이 뿌리하고 있지만 종교적 전제들에 의존하고자 하지는 않는 견해를 최근에 부활시켰다. 약간 마르퀴스와 비슷한 방식으로, 리와 조지는 수정란이나 태아를 호모 사피엔스라는 종족의 구성원이라는 단순한 사실에 호소[하여 옹호하려는 시도]를 명백히 거부하고, "생명에의 권리가 그 존재의 현재 상태에 근거해야지 그것의 미래 상태에 근거하지 말아야 한다"는 주장에 동의하면서 어떻든 잠재성으로부터의 논변도 사용하기를 거부했다. 그들은 이렇게 말했다. "지금 인간 수정란을 보면, 그나 그녀가 그나 그녀의 기본적이고 자연적인 능력들을 완전히 실제적으로 갖추어 즉각적으로 사용 가능할 수 있기까지에는 몇 년이 걸릴 것이지만, 그나 그녀가 합리성이라는 하나의 본성을 가진 별개의 개별자라는 것은 사실이다." 만약 우리 모두가 인간 수정란이 합리적으로 생각할 수 없고, 할 수 있었던 적도 없고, 오랫동안 할 수 있지도 않을 것이라면, 인간 수정란이 "합리성이라는 본성을 가진 별개의 개별자"라고 말하는 것이 더 정확한가 아니면 인간 수정란이 "합리적 존재가 될 잠재성을 가진 별개의 개별자"라고 말하는 것이 더 정확한가? 우리가 이러한 두 가지 표현 방식 중 하나를 골라야만 한다면, 수정란에 대한 보다 정확한 서술을 하고 있는 것은 후자이다. 수정란은 '합리성이라는 본성'을 가지고 있지 않다. 그것이 가지고 있는 것은, 좋은 환경에서라면, 합리성이라는 본성을 갖는 존재로 발달할 수 있는 유전 코드이다. 잠재성으로부터의 논변을 부정하였지만, 리와 조지가 결국에 의거한 것은 수정란의 합리성에 대한 잠재성으로 보인다. 왜냐하면 만약 그들이, 생명에의 권리가 합리성이라는 본성을 가지는 인간 수정란의 현존하는 특성에 근거한다고 주장하려 한다면, 그들이 말하고 있는 것은 무엇인가? 그것은, 어떤 다른 유기체, 예컨대, 다 자란 개와는 달리, 몇 년이 지나고 나면 합리성이라는 본성을 가진 인간 개별자로 구현될 유전 정보를 가진 유기체로 보인다. 만약 이것이 그들의 논변이라면, 그래도 여전히 리와 조지는 왜 **그러한** 특성이, [그러한 특성을 가진] 한 존재를 죽이는 것을, 그러한 특성을 가지지 못하지만 현재 더 큰 앎의 능력과 자신의 삶에 대한 선호들을 가지고 있는 다 자란 개를 죽이는 것보다, 더 나쁜 일로 만드는가를 충분히 설명해야만 한다. 왜 우리는 몇 년 후에 합리성이라는 능력을 구현할 유전 정보를 언급함으로써 어떤 존재를 죽이는 것이 아주 심각하게 잘못된 일이라는 결정을 해야만 하는가? 종교적인 논변이나 잠재성으로부터의 논변으로 되돌아가지 않고서 어떻게 이러한 주장을 옹호할 것인지 알기 어렵다.

제8절 실험실에서의 수정란의 위상

임신중절에 대한 앞의 논의에 의거하여, 우리는 또 인간 신체 바깥의 초기 인간 수정란의 도덕적 위상에 대한 보다 최근의 논쟁도 해결할 수 있다. 이러한 문제의 출현은, 수정란이 어른인 인간 존재와 같이 중요하게 간주된다고 해도 여성은 여전히 자신의 신체에 대한 통제권을 가지며, 그래서 그녀의 임신을 종료시킬 수 있다는 주장을 가지고, 수정란이나 태아의 도덕적 위상의 문제를 우회할 수 없음을 보여준다. 수정란이 여성의 신체 내에 있지 않을 때, 그러한 논변은 적용되지 않는다. 그러므로 수정란 실험에 반대하는 주장이 임신중절에 찬성하는 주장보다 강할 것이라고 생각할 수도 있다. 왜냐하면 임신중절에 찬성하는 한 논변이 적용될 수 없는 반면, 임신중절에 반대하는 주요 논변들은, 수정란이 보호될 자격이 있는 것이 그것이 인간이기 때문이든 아니면 그것이 잠재적 인간 존재이기 때문이든 간에, 모두 적용되기 때문이다. 그렇지만 실제로 임신중절에 반대하는 두 논변도 실험실의 수정란에 대해서는, 사람들이 상상하는 것처럼, 그렇게 직접적으로 적용되지는 않는다.

첫째로, 수정란이 이미 인간인가? 우리가 인간의 생명이 수태와 더불어 시작한다는 주장을 인정한다고 해도, 그것이 수정란이나 태아를 파괴하는 것이 그릇된 일이라는 결론을 정당화하지 않음을 이미 보았다. 왜냐하면 생명에의 권리주장은 종족의 구성원이라는 사실에 근거해서는 안 되기 때문이다. 또 내가 주장해 온 것처럼 태아가 인격체가 아니라면, 수정란이 인격체가 될 수 없다는 것은 더욱 더 명백하다. 초기 수정란이 인간 존재라는 주장에 반대하는 훨씬 흥미로운 주장이 있다. 인간 존재들은 개별자들이지만, 초기 수정란이 개별적 인간 존재인가 여부에 대해서는 논쟁이 있다. 우리가 앞에서 지적하였듯이, 인간 수정란은 때로 둘 혹은 그 이상의 유전적으로 동일한 쌍둥이들로 분할된다. 수정 후 대략 14일에 이르기까지 어느 때라도 이러한 일이 일어날 수 있다. 이 시점에 이르기 이전의 수정란을 우리가 가지고 있다면, 우리는 우리가 지금 보고 있는 것이 한 사람의 어른이 될 것인지, 아니면 그 이상의 어른이 될 것인지 확신할 수 없다.

  이는 수정에서부터 성인에 이르는 우리 존재의 연속성을 강조하는 사람들에게 문제가 된다. 우리가 실험실 묘상의 한 접시 위에 하나의 수정란을 가지고 있다고 가정해 보자. 우리가 이 수정란을 한 인간의 첫 번째 단계로 생각하고서 그것을 메리Mary라고 불렀다고 하자. 그런데 그 수정란이 두 개의 동일한 수정란으로 쪼개어졌다면, 하나는 여전히 메리인데, 다른 하나는 제인Jane인가? 이 둘을 구분할 것은 아무 것도 없다. 우리가 메리라고 부르는 것으로부터 제인이라고 부르는 것이 떨어져 나갔는지, 아니면 그 반대인지 말할 수가 없다. 그렇다면 메리는 이제 더 이상 우리와 함께하지 않으며, 그 대신에 제인과 헬렌Helen이 있는 것인가? 메리에게 무슨 일이 일어났는가? 그녀는 죽었는가? 우리는 그녀를 위해 슬퍼해야 하는가? 성인인 인간은 그 혹은 그녀가 발달해 나온 접합자, 즉 초기 수정란과 절대적으로 동일한 개별자라는 견해를 옹호하고자 한 오더버그David Oderberg는 메리의 상실에 대하여, 우리가 그녀에 대하여 아는 것이 거의 없기 때문에, 우리는 우리가 잘 아는 사람을 위해 슬퍼할 것과 같은 방식으로 슬퍼하지는 않겠지만, 적절하게 슬퍼할 수는 있다고 주장했다. 슬퍼한다는 것은 슬퍼할 어떤 것이 있다는 의미인데, 쌍둥이가 만들어진 것에 슬퍼할 **어떤**

것이 있다고 보기는 어렵다. 물론 만약 한꺼번에 두 아이를 가지는 부담을 지기를 원하지 않는 그러한 경우가 있을 수는 있겠다. 우리가 메리라고 부르는 세포 덩어리가 제인과 헬렌이라는 형태보다는 메리라는 형태로 그 잠재성을 실현하기를 원할 어떤 이유를 우리가 가지고 있지 않다면, 눈곱만큼이라도 슬퍼할 어떤 이유가 있는가? 이 세포들의 덩어리를 '메리'라고 부르는 것이 이미 그것이 특정한 개별자라는 것을 가정하는 것이며, 아마도 그것 때문에 슬퍼할 수 있는 개별자의 상실이 있다고 생각하는 것이 가능하다고 이제 우리는 생각할 수 있다. 만약 우리가 세포들의 덩어리를 아직 알려지지는 않았지만 그것으로부터 발달할 그 수만큼의 개별자들로 생각한다면, 한 생명이 상실되었다고 상상하는 유혹을 받을 이유가 없다. 만약 수정란이 오직 하나의 아이로 발달한다면 제인과 헬렌의 상실에 대하여 꼭 마찬가지 의미로 슬퍼해야 할 것이기 때문이다. (우리는 아직 어떤 원인이 수정란을 분할되게 하는지 모른다. 만약 분할이 수정란 자체와 독립적인 어떤 요소에, 아마 임신한 여성의 신체에, 달려 있다기보다 수정란의 내재적인 본성에 의하여 미리 정해져 있다면, 그리고 우리가 단순히 이것이 일어날 것인지를 **알지** 못하고 있다면, 어떤 차이점이 있을까? 만약 후자의 경우라면, 어떤 의미에서 수정란으로부터 비롯된 아이나 아이들은 정자가 난자를 꿰뚫는 순간부터 존재했다고 말할 수 있는 보다 나은 논변이 있을지도 모른다. 반면에, 분할이 수정란 외적인 어떤 것에 의존한다면, 그러한 견해를 옹호하기는 더 어렵다. 물론 분할이 인간이 간섭한 결과라면, 즉 2세포 단계의 수정란을 분할하기로 결정한다면, 분할이 수행되기 전에는 쌍둥이 둘 모두 다 존재했었다고 말하는 것은 불가능할 것이다.)

그래서 초기 수정란이 개별적인 인간 존재라는 사실을 부정하는 주장이 있다. 그렇지만 그것이 결코 결정적인 것은 아니다. 이것이 영국과 여러 나라들에서 수정란에 대한 실험을 수정 후 14일까지 허용하는 법과 지침을 만드는 어떤 근거를 제공했다. 그렇지만 나는 더 이상 논의를 하지는 않겠다. 왜냐하면 나는 이미, 설혹 14일 이전의 수정란이 개별적인 인간 존재라고 하더라도, 그것으로부터 그러한 수정란을 파괴하는 것이 나쁜 일이라는 결론이 나오지 않는 이유를 제시했기 때문이다. 그러므로 수정란이 존재하는 첫 14일로 수정란에 대한 파괴적인 실험을 제한하는 법률들은 불필요한 제한을 가하고 있다.

잠재성에 근거하여 실험실에서 수정란을 보호하려는 논변 또한 자궁 내의 태아에게 적용될 때보다 초기 수정란에 적용될 때 더 많은 어려움에 직면한다. 인간 신체 내의 성적 재생산의 정상적인 과정에서, 수정란은 처음 7일 내지 14일간은 부착되지 않은 채로 있다가, 그 이후에 자궁벽에 착상한다. 부착되지 않은 수정란이 여성의 신체 내부에만 존재하는 한, 그 기간 동안 그것들을 관찰할 방법이 없었다. 수정란의 존재 자체가 착상이 이루어질 때까지는 명확하게 확립될 수 없었다. 이러한 상황에서, 일단 수정란의 존재가 알려지면, 수정란은 그 발달이 자의적으로 방해받지 않는 한, 인격체가 될 가능성이 매우 크다. 그러한 수정란이 인격체가 될 개연성은 그러므로 번식력 있는 여성의 난자가 그 여성의 배우자의 정자와 결합하여 어린이가 될 개연성보다는 훨씬 높다. 인간의 성적인 재생산에는 수정란과 난자와 정자 사이에 훨씬 중요한 구분이 또한 있다. 여성 신체 내부의 수정란은, 인간의 자의적인 행위가 그 성장을 방해하지 **않는다면**, 어린이로 발달할 어떤 확실한 기회를 (우리는 이것이 얼마나 큰 기회인지를 나중에 고려할 것이다) 갖는 반면, 난자와 정자는 인간의 자의적인 행위, 즉 성적인 행위가 있어야만 어린이로 발달할 수 있다. 그래서 한편으로 수정란이 그 잠재성을 실현할 전망을 가지는 데 필요한 것은 관계된 사람들이 그것을 중지시키는 일만 않으면 되지만, 다른 경우에는 [정자와 난자의 경우에는] 관계된 사람들이 적극적인 행위를 수행해야만 한다. 그러므로 여성의 신체 내부의 수정란의 발달은 그 속에 내재하는 잠재성의 단순한 전개로 볼 수 있다. (확실히 이는 너무 단순화하는 것이다. 왜냐하면 이는 어린이가 태어나는 일, 그리고 새로 태어난 아이를 돌보는 일에 포함된 적극적인 행위를 고려하지 않기 때문이다. 이는 충분히 인색한 일이다.) 분리되어 있는 난자와 정자의 발달을 이러한 방식으로 보기는 더욱 어렵다. 왜냐하면 남녀가 성교를 하거나 인공수정을 하지 않는 한 그 이상의 발달이 일어나지 않을 것이기 때문이다.

이제 시험관수정, 즉 IVF의 성공으로 어떤 결과가 생겨났는지를 살펴보자. 이 시술은 여성의 난소로부터 하나 또는 그 이상의 난자를 채취하여 그것들을 유리 접시 위의 적당한 용액에 담고서 그 다음에 그 접시에 정자를 더하는 것이다. 상당히 숙달된 실험실들에서, 이 시술은 이렇게 다루어지는 난자의 대략 80%를 수정시킨다. 그 다음에는 수정란을 접시에 며칠 동안 보관할 수 있는데, 이 사이에 수정란은 성장하고 분열한다. 수정란이 정상적으로 성장하는 것으로 보이면, 수정란은 여성의 자궁으로 이식되거나, 나중에 사용하기 위해 냉동된다. 냉동된 수정란은 수정란 즉 이식된 수정란으로 임신이 되지 않을 경우에 사용한다. 비록 이러한 이식은 간단한 시술이기는 하지만, 이렇게 이식된 후가, 완전히 이해되지 않은 이유로 인하여, 가장 잘못될 가능성이 높은 때이다. 가장 성공적인 IVF팀들에서도, 자궁으로 이식된 특정한 수정란이 실제로 그곳에 착상하여 살아서 태어나는 확률은 보통

20%에 못 미치며, 37세 이상의 여성에서는 보통 10% 이상도 못되기 때문이다. (IVF 클리닉들은 자주 아주 높은 '성공률'을 이야기하지만, 그 숫자들은 '처치 사이클당' 정상 출산 숫자에 기초하고 있다. 하나의 사이클에서는 전형적으로 둘 혹은 세 개의 수정란의 이식된다.) 간단히 말하자면, IVF가 출현하기 전에는, 우리가 정상적인 인간 수정란이 있음을 아는 모든 경우에, 자의적으로 방해받지 않는다면, 그것이 인격체로 발달할 가능성이 아주 높다고 타당성 있게 말할 수 있었다. 그러나 IVF 시술은, 어떤 자의적인 인간 행위가 (자궁에로의 이식이) 없다면 인격체로 발달할 수 없을, 그리고 그럴 때 최선의 상황에서도 인격체로 그렇게 잘 발달되지 않을, 수정란을 만들게 된다.

이 모든 이야기의 결론은 IVF가 수정란에 대해서 말해질 수 있는 것과 아직 분리되어 있지만 짝으로 간주되는 난자와 정자에 관해서 말해질 수 있는 것 간의 차이를 감소시켰다는 것이다. IVF 이전에는 우리에게 알려진 어떤 정상적인 인간의 수정란도 수정이 일어나기 전의 난자와 정자보다 어린이가 될 훨씬 큰 가능성을 가지고 있었다. 그러나 IVF와 더불어 한 유리접시 위의 2세포 수정란으로부터 어린이가 나올 개연성과 한 유리접시 위의 한 난자와 약간의 정자로부터 어린이가 나올 개연성 사이에 아주 근소한 차이밖에 없다. 정확히는, 환자로부터 실험실이 모은 난자들의 수정 성공률이 80%이고 이식된 수정란의 임신율이 20%라면, 실험실이 난자를 받아 그 난자로부터 어린이가 나올 가능성은 16%이고, 반면에 일단 실험실이 수정란을 가지면 그 수정란에서 아이가 나올 개연성은 20%이다. 그래서 이제 수정란이 잠재적 인격체라면, 묶여져 고려되는 난자·정자는 왜 또한 잠재적 인격체가 아닌가? 아직까지 친생명 운동의 어떤 구성원도 난자·정자가 수정되고 발달하여 될 인간들의 생명을 구하기 위해 난자들과 정자들을 구하고자 하지는 않는다.

혹시 일어날지도 모르는 다음의 경우를 생각해 보자. IVF 실험실에서 한 여성의 난자가 채취되어 묘상의 접시에 있다. 그녀의 배우자로부터의 정자가 근처의 접시에 있어, 난자를 담고 있는 용액과 섞을 준비가 되어 있다. 이때 나쁜 소식이 들려왔다. 즉 그 여성의 자궁에 출혈이 있어, 적어도 한 달 동안은 수정란을 받아들일 적합한 상태가 아닐 것이라는 소식이다. 실험실은 수정란을 냉동할 시설을 가지고 있지 않았다. 그래서 그 시술을 진행해야 할 이유가 없어졌다. 실험 조수는 난자와 정자를 버리라는 말을 들었다. 그녀는 접시들을 싱크대에 기울여서 그것들을 버렸다. 여기까지는 좋았다. 그러나 몇 시간 후에, 조수가 돌아와 실험실에서 다음 시술을 준비하고 있을 때에, 그녀는 싱크에 마개가 되어 있어 난자와 그 용액이 여전히 그곳에, 즉 싱크의 바닥에 있는 것을 보게 되었다. 그녀가 마개를 치우려고 했을 때, 그녀는 정자도 같이 싱크에 버려졌다는 것을 알아차렸다. 아마도 거의 난자는 수정되었을 것이다! 이제 그녀가 하려는 일은 어떠한 일인가? 난자·정자와 수정란을 날카롭게 구분하는 사람들은 조수가 난자와 정자를 죄 없이 싱크대에 버릴 수는 있지만, 이제 마개를 빼는 것은 그릇된 일이라고 주장해야만 할 것이다. 이것은 받아들이기 어렵다. 잠재성이란 그렇게 전부 아니면 아무것도 아닌 그러한 개념으로 보이지 않는다. 난자·정자와 수정란의 차이는, 인격체로 발달될 개연성과 관계가 있는, 정도의 차이이다.

수정란의 생명에의 권리를 옹호하는 전통적인 입장의 사람들은 논쟁에 잠재성의 정도를 도입하는 것을 꺼려 왔다. 왜냐하면 일단 이러한 생각이 수용되면, 초기 수정란은 후기 수정란이나 태아보다 덜 잠재적인 인격체라는 것을 부정할 수 없다고 보이기 때문이다. 이것으로부터 초기 수정란 파괴를 금지하는 것은 후기 수정란이나 태아의 파괴를 금지하는 것보다 덜 엄중한 일이라는 결론에 이를 것임을 쉽게 이해할 수 있다. 그럼에도 불구하고 잠재성으로부터의 논변을 옹호하는 어떤 사람들은 개연성에 호소하기도 했다. 이러한 사람들 중에 가톨릭 신학자인 누넌John Noonan이 있다.

> 인생 자체가 개연성의 문제이기 때문에, 그리고 대부분의 도덕적인 추론이 개연성의 평가이기 때문에, 임신의 개연성의 변화에 도덕적 판단을 기초하는 것이 현실의 구조나 도덕적 사유의 본성과 일치하는 것으로 보인다…… 임신된 열 아이 중에 한 아이만 태어난다면 그 논변이 달라지겠는가? 물론 이러한 논변은 달라질 것이다. 이러한 논변은, 상상 가능한 어떠한 또는 모든 사태에 의거하는 것이 아니라, 실제로 존재하는 것의 개연성에 의거하는 것이다…… 하나의 정충을 파괴하면, 유전정보를 가지며 심장과 다른 기관들을 가지며 고통을 느낄 수 있는 합리적인 존재로 발달할 2억분의 1에 훨씬 못 미칠 가능성을 가진 존재를 파괴하는 것이다. 하나의 태아를 파괴하면, 이미 유전정보와 기관들과 고통에의 감수성을 가진 존재를, 나아가 자궁 바깥의 어린이로 발달하여 마침내는 이성을 가질 80%의 가능성을 가지는 존재를 파괴하는 것이다.

위의 글이 인용된 소논문은 한때 임신중절 논쟁에서 영향력 있는 것으로 간주되어 왔으며, 임신중절을 반대하는 사람들에 의해 자주 인용되고 거듭 출판되어 왔다. 그러나 재생산과정에 대한 우리의 이해의 발달로 인하여 누넌의 입장은 성립할 수 없게 되었다. 첫 번째 어려움은 자궁 내에서의 수정란의 생존에 대한 누넌의 숫자들을 더 이상 정확한 것으로 볼 수 없다는 것이다. 누넌이 그 글을 쓸 때, 임신실패율에 대한 평가는 수정 후 6주에서 8주의 임상적인 임신 확인에 기초해 있었다. 이 단계에서 자연유산으로 임신에 실패할 가능성은 대략 15%이다. 그렇지만 임신을 더 일찍 알게 하는 최근의 기술적인 진보는 놀랍게 다른 숫자들을 보여 주고 있다. 임신이 착상 전에 (수정 후 14일 이내에) 진단되면, 아기가 태어날 확률은 25% 내지 30%이다. 착상 후 이는 처음에는 46% 내지 60%까지 올라간다. 임신 6주가 지나게 되면 출산 가능성은 85% 내지 90%까지 올라간다.

누넌은 자신의 논변이 "실제적으로 존재하는 개연성들에 의거하며, 상상 가능한 어떠한 또는 모든 사태에 의거하고 있지 않다"고 주장했다. 그러나 일단 수정란이 다양한 단계들에서 인격체가 될 실제적 개연성을 고려하게 되면, 수정란이 아주 다른 도덕적 위상을 얻게 되는 시점이 수정의 순간이라는 누넌의 논변은 더 이상 유지되지 않는다. 실제로—누넌 자신이 이야기했던 숫자인—아기로 발달할 80%의 개연성을 요구하려면, 즉 누넌이 수정란에 부여하고자 했던 의미를 수정란이 가지려면, 수정 후 거의 6주를 기다려야만 한다.

누넌은 그의 논변 중 어떤 곳에서 남성이 사정할 때의 정자의 숫자에 관하여 이야기하면서, 정자가 한 생물의 부분이 될 확률이 2억분의 1뿐이라고 말하고 있다. 난자보다도 정자에 초점을 맞추는 것이 (아마도 남성적 선입견의 한 예?) 재미있다. 이것을 제쳐두더라도, 새로운 기술은 그의 논변에 다른 하나의 난점을 제시하고 있다. 이제는 정자 숫자가 적어서 생기는 남성의 불임을 극복하는 방법이 있다. IVF에서처럼 난자를 추출한다. 그리고 정액 방울을 난자가 있는 접시에 떨어뜨리는 대신, 하나의 정자를 미세한 바늘로 붙잡아, 인격체가 될, 난자의 외부 층 아래에 미세 주사한다. 방울로 수정된 것과 미세 주사로 수정된 것 둘 사이에 어떤 상당한 차이가 있는지 찾을 수가 없을 것이다. 이와 같은 사실은 미세 주사를 하려고 일단 정자를 붙잡으면 그 과정을 중단하는 것이 그릇된 일이 됨을 의미하는가? 누넌의 개연성으로부터의 논변은 그로 하여금 이러한 그럴듯하지 못한 주장을 인정하게 하거나, 아니면 우리가 인간의 수정란을 파괴해도 좋다는 것을 수용하게 만드는 것으로 보인다. 이러한 시술은 고유한 유전자 청사진의 중요성에 대한 램지의 주장, '결코 반복될 수 없는' 정보 인자는 수정란의 경우에는 결정되지만 난자와 정자의 경우에는 결정되지 않는다는 주장도 붕괴시킨다. 왜냐하면 그러한 정보인자 또한 여기서는 수정 이전에 이미 결정되기 때문이다.

　이 절에서 나는 실험실 내의 수정란의 특별한 상황이, 이 장의 다른 곳에서 논의된 수정란이나 태아의 위상에 관한 논변들의 적용에 어떻게 영향을 끼치는지를 보이고자 했다. 나는 시험관수정과 수정란 실험 윤리의 모든 측면들을 다 다루려고 하지는 않았다. 그렇게 하기 위해서는 세계가 심각한 인구과잉문제를 겪고 있는 이때에 그러한 영역에 부족한 의료자원을 배정하는 일이 적합한가와 같은 몇 가지 다른 문제들에 대한 검토가 필요할 것이다. IVF의 추가적인 이용들, 즉 수정란을 다른 사람들에게 기증하거나 판매하는 일, 아기를 갖도록 대리모나 대리부를 고용하는 일, IVF를 이용하여 나이든 여성이 아이를 가질 수 있도록 하는 일(2008년에 70세의 인디언 여성이 이 기술을 이용하여, 신뢰할 수 있는 기록으로는, 아이를 가진 최고령 여성이 되었다), 많은 수정란들 중에서 유전적으로 바람직한 어떤 기준에 맞는 수정란을 골라내는 일 등은 별개의 윤리적 문제들을 제기한다. 그러한 문제들은 중요하지만, 그러한 것들을 다루자면 이 책의 주된 주제에서 너무 멀리 떨어져 나가야 할 것이다.

제9절 임신중절과 유아살해

내가 임신중절을 찬성하기 위해 제시한 논변에 대한 주요한 반론이 하나 남아 있다. 우리는 이미 자유주의자들이 수정란과 신생아 사이에 도덕적으로 의미 있는 구분선을 지적해내기가 어렵기 때문에 보수주의적 입장이 보다 강력하다는 것을 보았다. 표준적인 자유주의적 입장은 그러한 구분선을 지적할 수 있어야만 한다. 왜냐하면 어린이가 아니라 수정란이나 태아를 죽이는 것이 허용 가능하다는 것이 자유주의자들의 일반적인 주장이기 때문이다. 나는 태아의 생명이 (그리고 더 명백히는 수정란의 생명이) 비슷한 수준의 합리성, 자기에 대한 앎, 감각능력 등을 가지는 동물의 생명보다 더 큰 가치를 가지지 않으며, 태아는 인격체가 아닌 까닭에 인격체가 가지는 것과 같은 생명에의 권리를 가지지 못한다고 주장하였다. 이러한 논변들이 태아에게와 마찬가지로 신생아에게도 적용된다는 사실을 우리는 인정해야만 한다. 1주일 된 아기는 합리적이고 자기를 아는 존재가 아니며, 많은 동물들이 합리성이나 자기에 대한 앎이나 감각능력 등에서 1주일이나 1개월 된 아기보다 뛰어나다. 만약 태아가 내가 제시한 이유들 때문에 인격체와 동등한 생명에의 권리를 갖지 못한다면, 신생아도 그러한 권리를 갖지 못하는 것으로 드러난다. 그래서 태아의 생명에 대한 나의 입장이 많은 사람들에게 받아들여질지도 모르지만, 이러한 입장이 신생아의 위상에 대해 가지는 의미는 신생아의 생명이 어른 생명과 마찬가지로 지극히 신성한 것이라는 실제적으로 도전할 수 없는 가정과 상치된다. 실제로 어떤 사람들은 아이들의 생명이 어른들의 생명보다 더욱 귀중하다고 생각하고 있는 것으로 보인다. 독일 병사들이 벨기에의 어린이들을 총검으로 찔러 죽였다는 무시무시한 이야기가 영국의 제1차 세계대전의 참전과 더불어 시작된 반독일선전의 고조와 더불어 유명해졌는데, 이는 어린이를 죽이는 것이 어른을 죽이는 것보다 더욱 잔학한 짓임이 암암리에 전제되고 있음을 보여 준다.

나는 내가 취하고 있는 입장과 유아의 생명에 대해 널리 받아들여지고 있는 견해와의 상충을, 나의 입장을 포기해야 할 이유로 보지 않는다. 윤리에 대하여 생각할 때, 우리는 거의 보편적으로 수용되고 있는 윤리적 견해에 대하여, 그것이 보이는 것처럼 그렇게 단단한 근거를 가지지 않을지도 모른다고 생각할 이유가 있다면, 서슴없이 의문을 제기해야만 한다. 유아들이 작고, 무력하기 때문에 우리들에게 호소력이 있다는 것은 사실이다. 그리고 우리가 본능적으로 그들을 보호해야 하겠다고 느끼는 대단히 정당한 의심할 여지없는 진화론적인 이유도 있다. 유아가 전투원이 될 수 없으며, 전시에 유아를 죽이는 것은 민간인을 죽이는 가장 명백한 경우라는 것도 또한 사실이며, 이는 국제관례에 의해 금지되어 있다. 일반적으로 유아는 무해하고 도덕적으로 범죄를 저지를 수 없기 때문에, 유아를 죽이는 자는 어른을 죽였을 때 종종 제시할 수 있는 변명을 제시할 수 없다. 그러나 이러한 것들 중 어느 것도 유아를 죽이는 것이 (무고한) 어른을 죽이는 것과 마찬가지로 나쁜 것이라는 것을 보여 주지는 못한다.

이 문제에 대한 사려 깊은 윤리적 판단에 도달하고자 하면, 우리는 조그맣고 무력하고 때때로 귀여운 유아의 모습에 기초한 감정을 제쳐 놓아야 한다. 유아가 작고 귀엽게 생겼기 때문에 유아의 생명이 특별한 가치를 가진다고 생각하는 것은, 부드럽고 하얀 털가죽과 크고 동그란 눈을 가진 새끼 바다표범이 그러한 특징을 갖지 못한 고릴라보다 더 큰 보호를 받아야 한다고 생각하는 것과 마찬가지이다. 인간의 유아의 무력함이나 무고함이, 마찬가지로 무력하고 무고한 인간의 태아보다, 유아가 선호되어야 할 이유가 될 수 없다. 또 그런 식이라면 실험실의 쥐도 인간의 유아와 꼭 마찬가지로 '무고한' 존재이며, 실험자들이 쥐에게 가하는 힘을 고려할 때, 거의 무력하다.

아기를 죽이는 일에서 감정적 영향을 끼치기는 하나 엄밀히 말하면 상관없는 측면을 우리가 한쪽으로 제쳐놓을 수 있다면, 우리는 인격체를 죽이지 말아야할 근거가 신생아에게는 적용되지 않는다는 것을 알 수 있다. 고전적 공리주의자들의 간접적인 이유는 적용되지 않는다. 왜냐하면 신생아가 살해되었을 때 무슨 일이 일어났는지 이해할 수 없는 사람은 [즉 신생아는] 아무도, 어른보다 신생아를 덜 보호한다는 정책에 의해, 위협을 느낄 수 없을 것이기 때문이다. 이러한 점에서 벤담이 유아살해를 "아주 소심하게 생각해 보아도 눈곱만큼도 꺼림칙하지 않은 성질의 것"이라고 기술한 것은 옳다. 일단 우리가 그 정책을 이해할 수 있을 정도로 나이가 든다면, 우리는 너무 나이가 많아 더 이상 그 정책에 의해 위협을 받지 않을 것이다.

마찬가지로 인격체의 생명을 존중할 선호공리주의적 이유도 신생아에게는 적용될 수 없다. 신생아는 자신을 미래를 가지거나 가지지 않는 존재로 볼 수 없을 것이며, 그래서 계속해서 살고자 하는 욕구를 가질 수도 없다. 마찬가지 이유로 생명에의 권리가 계속 살고자 하는 소망 능력이나 자신을 계속되는 정신적 주체로 보는 능력에 기초한다면, 신생아는 생명에의 권리를 가질 수 없다. 마지막으로 신생아는 선택을 할 수 있는 자율적인 존재가 아니다. 그래서 신생아를 죽이는 것은 자율성 존중의 원칙을 침해할 수 없다. 이 모든 점에서 신생아는 태아와 같은 입장에 있다. 그래서 아기나 태아를 죽이는 것에 반대할 이유는, 자신을 일정한 시기에 걸쳐 존재하는 개별적인 존재로 볼 수 있는 존재를 죽이는 것에 반대할 이유보다 훨씬 적다.

물론 아이들이 몇 살에 자신을 일정한 시기에 걸쳐 존재하는 개별적 존재로 보게 되는가를 정하기는 어려울 것이다. 그 선을 긋기가 어렵다는 것이 명백히 그릇된 위치에 선을 그을 이유가 되지 않는다는 것은, 머리카락이 얼마나 빠져야 '대머리'라고 부를 수 있는지를 정하는 것이 굉장히 어렵다고 해서 그것이 당구공처럼 머리가 반짝거리는 사람을 대머리가 아니라고 불러야 할 이유가 될 수 없는 것과 같다. 물론 권리가 위험에 처해 있을 때, 우리는 안전한 쪽에서 실수를 해야만 한다. 법률적인 목적으로라면 출생이 유일하게 뚜렷하고, 명백하고, 쉽게 이해되는 구분선이기 때문에 출생의 순간부터 살인죄가 성립한다는 법률적 견해는 다소간 그럴듯하다. 이는 공공정책과 법률의 수준에서의 논변이기 때문에, 신생아를 죽이는 것은 나이든 어린이나 어른을 죽이는 것과 같은 것일 수 없다는, 순수하게 윤리학적 근거에서 비롯된, 견해와 양립할 수 있다. 그렇게 하지 않는다면, 도덕적 추론의 비판적 수준과 직관적 수준에 대한 헤어의 구분을 상기시키면서, 우리가 도달한 윤리적 판단은 오직 비판적 수준에서만 적용된다고 주장할 수 있을 것이다. 이렇다면 일상적인 의사결정 때는, 어린이가 태어난 순간부터 생명에의 권리를 가지는 것처럼 행동해야 한다. 그렇지만 다음 장에서 우리는 다른 가능성을 검토할 것이다. 즉 생명에 대한 완전한 법적 권리가 출생부터가 아니고 출생 잠시 후, 아마도 한 달 후부터 효력을 발생하게 되는 그러한 상황이 적어도 있을 수 있다. 이것이 위에서 언급된 충분한 안전 여백을 제공할 것이다.

만약 이러한 결론이 너무도 충격적이어서 진지하게 받아들이지 못하겠다면, 유아의 생명에 대한 현재의 절대적인 보호가 보편적인 윤리적 가치라기보다는 명백히 그리스도교적인 가치라는 것을 기억할 필요가 있을지도 모른다. 유아살해infanticide는 지리학적으로는 타히티에서 그린란드에 이르고 문화적으로는 오스트레일리아 유목 원주민으로부터 고대 그리스나 청조의 중국, 혹은 19세기 이전의 일본의 세련된 도시 공동체에 이르는 다양한 사회에서 실행되어 왔다. 이러한 사회들 중의 어떤 사회에서는 유아살해가 단순히 허용되었을 뿐만 아니라, 어떤 상황 아래서는, 도덕적 책무로 생각되어졌다. 불구아나 병든 아기를 죽이지 않는 것은 종종 그릇된 일로 간주되었고, 유아살해는 최초의, 그리고 아마도 몇몇 사회에서는 유일한, 인구조절방식이었다.

우리는 우리가 이러한 '원시적인' 인간들보다 더 '문명화된' 인간들이라고 생각할 수도 있다. 그러나 우리가 그리스나 로마의 훌륭한 윤리적 인사들보다, 중국이나 일본의 아주 세련된 문명들보다, 더 문명화되었다는 확신을 가지기는 쉽지 않다. 고대 그리스에서, 유아를 언덕의 중턱에 버린 것은 스파르타 사람들뿐만이 아니다. 플라톤과 아리스토텔레스도 불구아를 죽일 것을 권장하고 있다. 현대의 독자들에게 (아니 어쨌든 나에게) 초기나 중기의 기독교 저술가보다도 월등히 온정적인 도덕적 감각으로 충격을 주는 세네카Seneca와 같은 로마인들도, 유아살해를 병들고 불구인 아이들에 의해 발생하는 문제들의 자연스럽고 자비로운 해결책으로 생각하고 있었다. 로마시대 이후로 유아살해에 대한 서구의 태도변화는, 유아살해 금지가 그 일부분인 인간의 생명의 신성함에 대한 교리와 마찬가지로, 기독교의 산물이다. 아마도 이제는 그렇게 오랫동안 어떤 근본적인 재평가를 방해했던 기독교윤리라는 틀을 가정하지 않고서 이 문제를 생각하는 것이 가능할 것이다.

이러한 이야기들 중의 어느 것도, 이리저리 돌아다니면서 무작위로 아이를 죽이는 사람이 임신중절을 하는 여성보다 더 나쁠 것이 없다는 뜻은 아니다. 우리는 허용 가능한 유아살해에 대하여 매우 엄격한 조건을 확실하게 부여해야만 한다. 그러나 이러한 제한이 가해지는 까닭은 유아살해가 본질적으로 그릇된 일이기 때문이라기보다는, 유아살해가 다른 사람에게 큰 영향을 미칠 것이기 때문이어야 한다. 대부분의 경우에 유아를 살해하는 것은 그 아기를 사랑하고 귀여워하는 사람에게는 끔찍한 상실감을 가져온다. 내가 임신중절과 유아살해를 비교하게 된 것은 내가 임신중절에 대해서 취하는 태도가 유아살해를 또한 정당화한다는 반론 때문이었다. 나는 임신 후기의 태아를 죽이는 것의 **본질적** 그릇됨과 신생아를 죽이는 것의 **본질적** 그릇됨이 두드러지게 다른 것이 아니라는 정도라면 이러한 비난을 받아들이겠다. 그러나 임신중절의 경우에 가장 영향을 받을 사람, 즉 '부모가 될 사람', 혹은 최소한 '엄마가 될 사람'이 임신중절을 원한다는 것을 우리는 가정한다. 그래서 유아살해도 어린이와 가장 가까운 사람이 그 어린이가 살아 있기를 원하지 않을 때에만 임신중절과 동등시될 수 있다. 체외생존이 불가능한 태아가 양자로 받아들여질 수는 없지만, 유아는 타인에 의해 양자로 받아들여질 수 있는 까닭에, [유아살해를 요청하는] 그러한 경우는 드물다. (그런 약간의 경우에 대해서는 다음 장에서 논의한다.) 부모가 자기 유아가 죽기를 원하고 있지 않은 경우에 유아를 죽이는 것은, 임신중절을 원하지 않는 여성에게 임신중절을 강요하는 것과 임신중절을 선택한 여성에게 임신중절을 허용하는 것이 엄청나게 다르듯이, 물론 엄청나게 다른 문제이다.

제7장
살생: 인간

앞 장의 끝에서, 우리는 임신중절을 넘어 유아살해까지 살펴보았다. 그러므로 인간의 생명의 신성함을 주장하는 사람들은 임신중절이 일단 수용되면 안락사euthanasia도 이어서 수용될 가능성이 있다고 생각할 수 있다. 그들에게, 그것은 임신중절을 반대해야 할 추가적인 이유이다. 의사들이 처음으로 히포크라테스 선서를 받아들여 "설혹 요청을 받는다 해도 독약을 주지 않을 것이며 그러한 충고도 하지 않을 것"이라고 서약했던 기원전 5세기 이후로, 의사들이 그러한 일을 거부해 왔다고 그들은 지적한다. 나치의 절멸계획은 우리가 일단 국가에 무고한 인간을 죽일 권력을 부여하게 되면 어떤 일이 일어날 수 있는지를 보여 주는 근래의 무시무시한 예라고 그들은 주장한다.

앞 장에서 제시된 근거로 임신중절을 수용하게 되면, 어떤 경우에는, 어떤 인간을 죽이는 데 찬성하는 입장이 강해진다는 것은 맞다. 그러나 나는 이 장에서 이것이 두렵게 볼 그러한 일이 아니며, 나치와 맞대어 비교하는 것은 전적으로 잘못된 일임을 보이고자 한다. 그 반대로—우리가 제4장에서 본 것처럼—의심을 품자마자 붕괴하고 마는 인간 생명의 신성함에 대한 그러한 교리들을 일단 포기하게 되면, 어떤 경우에서는, 죽음을 받아들이기를 거부하는 것이 무서운 일이 된다.

1979년에 이 책의 초판이 처음 출판되었을 때, 비록 스위스의 한 의사가 죽음을 도와달라고 요청하는 환자에게 치명적인 약품을 처방할 수는 있었지만, 어떤 나라도 안락사를 합법화하지 않았다. 30년이 지난 지금, 자발적인 안락사 그리고(혹은) '의사의 도움에 의한' 자살은 네덜란드, 스위스, 벨기에, 룩셈부르크, 그리고 미국의 오리건 주에서 합법이다. 우리가 이러한 관행들의 정당화 가능성을 고려하기 전에, 약간의 용어정리를 하는 것이 도움이 될 것이다.

제1절 죽음을 돕는 일의 형태들

임신중절처럼, 죽음을 돕는 일에 대해서도 대립되는 입장들이 팽팽하다. 이 문제에 대한 정치적 고려 때문에 사용되는 용어가 달라진다. 미국에서는, 환자가 의사에게 죽음을 도와달라고 요청하면, 환자가 그것을 취해서 자신의 생명을 신속하고 자비로이 끝내게 해줄 어떤 것을 의사가 처방하도록 허용해야만 하느냐 여부에 논의의 초점이 맞추어졌다. 이것은 시민들이 발의한 주민투표에서 다수의 찬성으로 통과되어 오리건 주와 워싱턴 주에서 합법화되었고, 몬태나 주 최고법원은 2009년에 이것이 법에 어긋나지 않는다고 선언하였다. 이것은 보통 '의사의 도움에 의한 자살physician-assisted suicide'이라고 부른다. 그러나 미국에서는 적어도 '자살'이라는 말은 부정적인 연상을 일으키기 때문에, 그것의 합법화를 시도하는 조직들은 그것을 '품위 있는 죽음death with dignity'이나 '도움에 의한 죽음aid in dying'이라고 부른다. 이러한 용어들은 철학적인 논의에서는 너무 애매하다. '품위 있는 죽음'은 무엇을 품위 있게 죽는 방식으로 보느냐에 따라 거의 어떤 것이든 의미할 수 있다. '도움에 의한 죽음'도 거의 마찬가지로 구체적이지 않다. 죽음을 돕는 일은 죽어 가는 사람에게 적당량의 진통제를 주는 것과 같이 그의 생명을 단축시키지 않고 보다 편안하게 해주는 행위를 가리킬 수도 있다. 아니면 그것은 환자의 요청에 따라 그녀에게 치명적인 주사를 놓아 주는 것을 가리킬 수도 있다. 게다가, 이 두 표현은 환자의 죽음을 **누가** 도와주는가에 대해서는 아무것도 이야기하고 있지 않다. '의사의 도움에 의한 죽음physician-assisted dying'이란 용어는 일어나는 일에 보다 가깝다. 그러나 그것도 여전히 환자의 생명을 끝내는 조치를 취하는 것이 환자 자신이라는 것을 강조하지 않고 있다. 가망 없이 아프고 그 이상의 고통을 피하기 위해 자신의 삶을 끝내기를 선택한 환자들은, 정서적으로 불안하기 때문에 자신을 죽이는 사람들과는 아주 다른 결정을 하고 있다는 것은 확실히 맞다. 그렇지만 그것이 이들 모두가 그들이 살 수 있는 한 오래 계속 살기를 원하기보다는 그들 자신들의 생명들을 끝내고 있는 중이라는 기본적인 사실을 변경시키지는 않는다. 그래서 우리는 '의사의 도움에 의한 자살'이라는 용어로부터 뒷걸음치지 말아야 한다. 왜냐하면 그것은 환자의 요청에 의해 행위하는 의사가 환자가 그것을 취하여 자신의 삶을 끝낼 약을 처방할 때 일어나는 일에 대하여 가장 정확한 표현을 제공하기 때문이다.

이러한 용어를 사용함으로써, 우리는 '자살'이라는 용어가 가질지도 모르는 어떤 부정적인 연상을 버리고자 시도해야 한다. 많은 문화들이 자살을, 어떤 상황에서는, 합리적이고, 명예로운, 그리고 심지어 때때로 고상한 행위로 간주한다. 스토아학파 철학자 세네카는 현명한 사람은 "그가 살 수 있는 만큼 오래 사는 것이 아니라 그가 살아야 하는 만큼 오래 산다"고 말했다. 뇌물을 받기를 거부했던 청렴함으로 유명한 로마의 정치가 젊은 카토Cato the Younger는 자신이 카이사르Julius Caesar의 로마 공화정 전복을 저지할 수 없었을 때 자살했다. 플루타르크Plutarch의 설명에 따르면, 카이사르는 "나는 너의 죽음을 아까워 한다"고 말하며, 카토가 자신의 삶을 끝냄으로써 진실로 고상한 무엇인가를 하였음을 인정했다. 그러므로 우리가 논의할 그러한 상황들에서 '의사의 도움에 의한 자살'이 정당화 가능하거나 합법적인가 여부에 대한 우리의 논의에, 편견을 가미함이 없이, 그 용어를 사용하기로 하자.

'의사의 도움에 의한 자살'은 안락사의 한 형태로 간주할 수 있다. 그러나 안락사라는 용어는 더 넓은 의미를 가진다. 사전에 따르면, '안락사'는 '부드럽고 쉬운 죽음'을 의미한다. 그것은 치유될 수 없는 질병으로 커다란 고통이나 어려움을 겪고 있는 사람들에게서 그 이상의 고통이나 어려움을 덜어주기 위해 그러한 사람을 죽이는 것을 가리키는 데 이제 사용된다. 그래서 그것은 '의사의 도움에 의한 자살'과 다른데, 왜냐하면 안락사에서는 의사나 안락사를 제공하는 사람이, 예를 들자면, 환자에게 치명적인 주사를 놓아 줌으로써 죽임을 행할지도 모르기 때문이다. 안락사에 대한 보통의 정의 내에는 각각 구별되는 윤리적 문제들을 일으키는 세 가지 다른 유형들이 있다. 우리가 먼저 세 형태의 안락사를 순서대로 설명하고, 그것들을 보다 넓은 틀 내에 놓는 것이 우리의 논의에 도움이 될 것이다. 그 다음에 우리는 각 형태의 안락사의 정당화 가능성을 평가할 수 있을 것이다.

1. 자의적 안락사

자의적인 안락사voluntary euthanasia는 죽임을 당하는 사람의 자의적인 요청에 의해서 수행되는 안락사이다. 이때 죽임을 당하는 사람은 그러한 요청을 할 때 정신적으로 정상이어야 하고 적합한 지식을 가지고 있어야만 한다. 어떤 사람이 죽음의 바로 그 순간까지 정신적으로 정상적이지 못하다고 해도, 안락사는 자의적일 수 있다. 왜냐하면 그 사람이 좋은 건강상태에 있을 때, 만약 그녀가 정신적으로 더 이상 정상적이지 못하게 되면, 그녀가 죽기를 원할 조건들을 지정해 놓은 안락사 서면 요청서를 만들어도 되기 때문이다. 그러한 요청을 하고 때때로 그것을 재확인하다가 이제 서술된 그러한 상태들 중의 하나에 이른 사람을 죽일 때에는, 그녀의 동의 아래 행위하는 것이라고 정당하게 주장할 수 있을 것이다. 그래서 이것은 자의적인 안락사이다.

1980년대 네덜란드에서 나온 일련의 법정 판례들은 환자의 죽음을 도울 의사의 권리를 지지하고 있다. 법원은 환자에게 치명적인 약을 처방하는 것과 치명적인 주사를 놓는 것을 구분하지 않았다. 사실 네덜란드에서 대부분의 의사들은 환자가 죽을 때 잘못되는 것이 아무것도 없도록 하기 위해 의사가 임석하는 것이 더 좋다고 생각한다. 게다가, 어떤 환자들은 큰 알약을 삼키거나 받아들일 수 없으며, 그래서 주사가 일반적으로 선호된다.

2002년에 네덜란드 의회는 의사들이 (이 장에서 앞으로 서술될) 어떤 지침을 따르는 한 자의적인 안락사를 합법화했다. 벨기에도 같은 해

늦게 합법화했다. 2008년 룩셈부르크는 자의적인 안락사를 합법화한 세 번째 나라가 되었다.

2. 반자의적 안락사

자신의 죽음에 동의할 능력이 있으나 동의하지 않은 사람이 죽임을 당하였을 때, 나는 그것을 반자의적 안락사involuntary euthanasia라고 간주할 것이다. 왜냐하면 그녀에게 물어보지도 않았거나, 물어보았지만 그녀는 계속 살아가기를 선택했기 때문이다. 따라서 이러한 정의는 한 제목 아래 두 가지 다른 경우를 포괄하고 있다. 계속 살기를 선택한 사람을 죽이는 것과 죽임을 당하는 데 동의하지 않았으나 만약 물었다면 동의했을 사람을 죽이는 것 사이에는 중요한 차이가 있다. 실제로 동의할 수 있는 능력이 있고, 만약 물었다면 동의했을 사람에게, 묻지 않는 경우를 상상하기는 매우 어렵다. 왜 묻지 않겠는가? 아주 기이한 상황에서만 동의할 능력과 의사 모두가 있는 사람의 동의를 얻지 않은 이유를 생각할 수 있을 것이다.

죽임을 당하는 것에 동의하지 않은 사람을 죽이는 것이 안락사로 정당하게 간주될 수 있는 경우는, 그 죽음의 동기가 죽임을 당하는 사람 쪽의 참을 수 없는 고통을 덜고자 하는 그러한 경우뿐이다. 물론 이러한 동기로 행동하는 사람이 그 행동의 목표인 상대방의 소망을 무시한다는 것은 이상한 일이다. 참다운 반자의적인 안락사는 보기가 매우 드물 것이다.

3. 비자의적 안락사

안락사에 대한 앞의 두 정의에 따르면 세 번째 종류의 안락사가 있을 수 있다. 만약 인간이 삶과 죽음 사이의 선택을 이해할 능력이 없다면, 안락사는 자의적이지도 반자의적이지도 않을 것이며, 비자의적 nonvoluntary euthanasia일 것이다. [죽임을 당하는 것에] 동의할 수 없는 사람들은 치료가 불가능하게 병들었거나 심하게 장애인 아이들, 그리고 사고나 질병 혹은 노쇠로 인하여 관련된 문제를 이해할 수 있는 능력을 영원히 상실한 사람들로서 사전에 그러한 상황들에 대비해 안락사를 요청하지도 거부하지도 않은 사람들이다.

1988년에 유아였던 사무엘Samuel Linares은 작은 물건을 삼켰는데, 그것이 그의 기관을 막아서 뇌에 산소부족을 일으켰다. 그런 경우가 50년 전에 일어났다면, 사무엘은 의심할 여지없이, 그 후에 곧 죽었을 것이고, 어떤 결정도 내릴 필요가 없었을 것이다. 그 대신 그에게는 가능한 갖가지 근대 의료기술이 동원되었고, 혼수상태로 시카고 병원에 후송되어 인공호흡장치가 부착되었다. 8개월 후에도 그는 여전히 혼수상태로 인공호흡장치의 도움을 받고 있었으며, 병원은 그를 장기적인 산호시설로 옮길 계획을 하고 있었다. 옮기기 직전에 사무엘의 부모가 병원으로 그를 방문했다. 그의 어머니가 방을 나간 사이에, 그의 아버지가 총을 빼들고 간호사를 협박해 쫓아내었다. 그 다음에 그는 사무엘의 인공호흡장치를 떼어내고, 그 아이가 죽을 때까지 그를 팔에 안고 얼렀다. 사무엘이 죽었다는 것을 확신한 다음에야, 그는 권총을 버리고 경찰에 투항했다. 그는 살인죄로 고발되었다. 그러나 대배심은 살인죄로 기소장을 발부하기를 거부했다. 결국 그는 권총을 사용함으로써 생긴 사소한 죄에 따라 집행유예판결을 받았다.

1993년 캐나다에서 라티머Robert Latimer는 그의 열두 살 장애인 딸 트레이시Tracey를 가족차량의 거실에 가두고 그 속에 파이프로 배기가스를 집어넣어 살해하였다. 증거에 따르면, 심각한 형태의 지적 마비를 가졌던 트레이시는 걸을 수도, 말할 수도, 스스로 먹을 수도 없었고 상당한 고통을 겪고 있었다. 로버트는 자신의 긴급사가 "그녀를 고통에서부터 해방시키는 것"이었다고 말했다. 그는 살인죄로 가석방 전 최소 10년을 복역해야 하는 종신형 판결을 받았다. 많은 캐나다인들은 이러한 판결이 비합리적으로 가혹하다고 느꼈으며, 몇몇 항소도 그를 석방시키지 못했다. 그는 2008년에 가석방되었다.

확실히 이러한 경우들은 자의적인 안락사가 일으키는 문제들과는 다른 문제들을 일으킨다. 죽임을 당하는 사람들 쪽에서는 죽고자 하는 아무런 욕구가 없었다. 이러한 경우들에서, 죽음이 유아를 위해 행하여졌는지, 아니면 가족 전체를 위해서 행해졌는지 의문이 제기될 수 있다. 사무엘을 돌보는 것은 가족들에게 크고 분명히 쓸데없는 부담이었을 것이며, 국가의 제한된 의료자원의 낭비였을 것이다. 그러나 그가 혼수상태였다면, 그는 고통을 겪을 수 없었을 것이며, 죽음이 그에게 이익일 될 (혹은 이익에 반할) 것이라고 말할 수 없을 수도 있다. 그래서 그것은 엄격히 말하자면, 내가 그 용어를 정의한 대로라면, 안락사가 아니다. 그럼에도 불구하고, 그렇게 인간 생명을 끝내는 것은 정당화 가능할 수도 있다.

유아살해와 비자의적 안락사의 경우들은 동물과 인간 태아의 위상에 대한 앞의 논의들과 가장 가까운 경우들이기 때문에, 우리는 먼저 그것들을 살펴볼 것이다.

제2절 유아살해와 비자의적 안락사의 정당화

앞에서 본 것처럼, 주체가 삶과 죽음을 선택할 능력을 갖지 못할 때, 안락사는 비자의적인 것이 된다. 이는 심한 장애를 가진 아이나 출생 이후 정신적으로 심하게 장애를 갖게 된 좀 더 나이든 인간 존재의 상황이다. 또 주체가 한때는 결정적인 선택을 할 수도 있었으나, 지금과 같은 상태에 대한 자신의 선호를 그때 표현하지 않았고, 지금은 결정적인 선택을 할 수 없을 때, 안락사나 다른 형태의 죽임은 또한 비자의적이다.

삶과 죽음의 선택을 한 번도 할 수 없었던 사람의 경우가, 한때는 그러한 결정의 능력을 가지고 있었으나 지금은 상실한 사람의 경우보다 다소 더 간단하다. 한 번 더 이와 같이 두 경우를 구별하여, 좀 더 간단한 쪽을 먼저 보기로 하자. 논의를 간략히 하기 위해 유아의 경우로 논의를 한정하겠으나, 이러한 논의는 정신연령이 여전히 유아수준에 있거나 언제나 그러해 온 좀 더 큰 아이들이나 어른들에도 적용될 것이다.

1. 장애를 가진 유아에 대한 삶과 죽음의 결정들

만약 우리가 심각한 장애를 가진 유아의 삶과 죽음의 문제에, 살생 일반의 윤리에 대한 앞의 논의 없이 접근한다면, 널리 받아들여지고 있는 신성한 인간의 생명을 보호해야 한다는 책무와 고통을 감소시켜야 한다는 두 목표 사이의 갈등을 해결하기 어려울 것이다. 어떤 사람들은 근본적인 가치들의 그러한 충돌들을 '주관적'인 결정에 의해서만 해결될 수 있는 것이라거나, 삶과 죽음의 문제는 하나님과 자연에게 맡겨야만 한다고 말한다. 그러나 이제까지의 우리의 논의가 근거를 준비해 왔으며, 앞의 세 장에서 확립되고 적용된 원칙들이 이 문제를 대부분의 사람들이 그러하리라고 생각하는 것보다 훨씬 덜 골치 아픈 문제로 만든다.

제4장에서 우리는 어떤 존재가 호모 사피엔스라는 종족의 구성원이라는 의미에서 인간인 것은, 그 존재를 죽이는 일의 그릇됨과는 무관하다는 것을 보았다. 차이를 만드는 것은 오히려 합리성과 자율성, 그리고 자기에 대한 앎과 같은 특징들이다. 장애를 가진 유아들은 이러한 특징들을 결여하고 있다. 그래서 그들을 죽이는 것은 정상적인 인간이나, 어떤 다른 자기를 아는 존재를 죽이는 것과 같을 수 없다. 감각이 있기는 하지만 합리적이지도 자기를 알지도 못하는 인간이 아닌 동물을 죽이는 것을 그릇된 일로 만드는 원칙들은 여기에도 또한 적용되어야만 한다. 앞에서 본 것처럼, 한 존재에게 생명에의 권리를 부여하는 것을 옹호하는 가장 그럴듯한 논변은, 자신을 일정한 시간에 걸쳐서 존재하거나 계속적인 정신적 자아로 알고 있어야만 적용된다. 자율성의 능력이 없을 때에는 자율성 존중도 적용되지 않는다. 제4장에서 확인된 원칙들 중에서 남은 것은 공리주의이다. 그래서 유아가 가질 것으로 예상되는 삶의 질이 중요하다.

이러한 결론은 치료할 수 없는 정신적 지체 때문에 결코 합리적이고 자기를 알 수 없을 아이들에게만 한정되는 것이 아니다. 임신중절에 대한 논의에서 우리는 합리적이고 자기를 아는 존재가 될 태아의 잠재력도 이러한 특징을 결여하고 있는 단계에서 태아를 죽이는 것에 반대할 이유가 될 수 없음을 보았다. 만약 우리가 합리적이고 자기를 아는 생명의 가치를 이유로 피임이나 독신생활을 반대할 의향이 없는 한 그렇다. 어떠한 유아도 장애가 있든 없든 간에 자신을 일정한 시기에 걸쳐 존재하는 개별적인 존재로 인식할 수 있는 그러한 존재처럼 강력하게 생명에의 고유한 권리를 갖지 못한다.

장애가 있는 아이를 죽이는 것과 정상적인 아이를 죽이는 것의 차이는, 후자는 가지고 있으나 전자는 결여하고 있다고 가정되는 생명에의 어떤 권리가 아니라, 죽임에 대한 다른 고려사항에 달려 있다. 종종 있게 되는 가장 명백한 고려사항은 부모의 태도의 차이이다. 아이의 출생은 보통 부모들에게 행복한 사건이다. 오늘날에는 부모들이 출산계획을 가질 것도 같다. 산모는 9개월 동안 아기를 품는다. 출생 후에는 자연스런 애정이 아기와 부모를 묶는다. 그래서 아기를 죽이는 것이 일반적으로 끔찍한 일이 되는 중요한 이유 중의 하나는 그것이 부모에게 미칠 결과 때문이다.

유아가 심각한 장애를 가지고 태어나면 사정은 다르다. 물론 태어날 때의 장애도 여러 가지이다. 어떤 것은 사소하며 아이나 그 부모들에게 거의 영향을 끼치지 않는다. 그러나 그렇지 않은 장애는 보통은 즐거운 사건이었을 출생을, 부모나 부모의 다른 자녀들의 행복에 대한 위협으로 바꾸어 버린다.

부모는 상당한 이유를 가지고 장애 있는 아이가 태어난 것을 후회할지도 모른다. 그러한 경우에는 그 아이의 죽음이 부모에게 가져올 결과가 그 아이를 죽이는 것을 반대할 이유가 아니라 찬성할 이유가 될 수도 있다. 물론 경우가 언제나 이러한 것은 아니다. 어떤 부모들은 아주 심하게 장애를 가진 아이라도 가능한 한 오래 살아 주기를 원하며, 이러한 바람은 그 아이를 죽이는 것에 반대할 이유가 될 것이다. 그러나 그렇지 않다면? 앞으로의 논의에서 나는 부모들이 장애를 가진 유아가 살기를 원하지 않는다고 가정하고, 또 그 장애가 아주 심각해서,

부모가 원하지는 않았지만 정상적으로 태어난 요즈음의 일반적인 아기의 경우와는 달리, 그 아이를 간절히 입양하고자 하는 다른 부부가 없다고 가정하겠다. 이것은 정상적인 아이들을 입양하기를 원하는 부모들이 긴 줄을 서서 기다리고 있는 그러한 사회에서조차도 현실성 있는 가정이다. 심한 장애를 가지고 있고 죽도록 방치된 유아들의 경우가 때때로 세상에 알려지게 되고, 그리하여 그 아이를 입양하겠다고 제안하는 부부들이 있다는 것도 사실이다. 불행하게도 그러한 제안은 널리 알려진 극적인 삶과 죽음의 상황의 산물이며, 부모들이 심하게 장애를 가진 아이를 스스로 돌볼 수 없다고 생각하고 그래서 맡긴 구호기관에서 그 아이가 죽어 가고 있는 훨씬 일반적인, 널리 알려지지 않은, 상황들에까지 해당되지는 않는다.

예를 들어, 한 살 이내에 아이의 근육을 위축시키는 테이색스병을 생각해 보자. 아이는 보이지도 들리지도 않으며 삼킬 수도 없고 결국에는 활동불능이 된다. 아이는 또한 정신적 악화를 겪으며 발작을 일으킨다. 의료적으로 최선으로 돌보아도, 테이색스병을 가진 아이들은 보통 다섯 살 이전에 죽는다. 이것은 합리적으로 살 가치가 없다고 판정될 수 있는 삶으로 보인다. 유아의 삶이 너무나 비참하여 살 가치가 없을 때, 그러한 삶을 살아갈 존재의 내적인 시각에서부터, 공리주의의 '사전존재'적 버전이나 '전체' 버전 모두는, 만약 유아가 살아 있도록 할 부모의 감정과 같은 '명백한' 이유가 없다면 더 이상의 고통을 겪지 않도록 죽음을 돕는 것이 더 낫다는 것을 인정할 수밖에 없다.

그러나 우리가 고려하는 장애가, 아이의 삶을 정상적인 아이의 삶보다는 상당히 덜 행복하게 만들 것이기는 하지만, 살 가치가 없을 정도로 그렇게 불행하게 만들지는 않을 것이라면, 보다 어려운 문제가 생겨난다. 그리고 두 견해의 일치도 끝난다. 혈우병이 아마 하나의 예가 될 것이다. 혈우병 환자는 정상적인 피 속에 있는 피를 응고시키는 요소를 결여하고 있기 때문에, 가벼운 상처를 받았을 경우에도, 특히 내출혈일 경우에는, 출혈이 계속되어 위험에 처하게 된다. 만약 출혈이 계속되면, 영구적인 손상을 가져올 수도 있고 결국에는 죽음에 이르게도 된다. 출혈은 매우 고통스러우며, 개선된 치료법이 계속적인 수혈의 필요성을 제거하기는 했지만, 혈우병 환자는 여전히 많은 시간을 병원에서 보내야만 한다. 그들은 대부분의 스포츠 활동을 할 수 없으며, 끊임없이 위기의 벼랑에서 살아야 한다. 그럼에도 불구하고 혈우병 환자들은 죽을까말까 고민하는 데 시간을 보내지 않는 것으로 보인다. 대부분의 환자들은 그들이 직면하는 어려움에도 불구하고 삶이 살 가치가 있다고 생각한다.

사실이 이렇다고 할 때, 신생아가 혈우병이라는 진단을 받았다고 가정해 보자. 이러한 상태의 아기를 키울 전망에 겁먹은 부모들이 그녀가 살기를 열망하지 않는다고 가정해 보자. 이럴 경우 안락사는 옹호될 수 있을까? 우리의 우선 반응은 당연히 강하게 '아니다'일 것이다. 왜냐하면 유아는 정상적인 아기의 삶과 같이 좋은 것은 비록 아닐지라도 살만한 가치가 있는 삶을 살 것이라고 기대될 수 있기 때문이다. '사전존재'적 버전의 공리주의는 이러한 판단을 지지한다. 유아는 존재하고 있으며, 그의 삶은 비참함 보다는 행복함을 많이 가질 것이다. 그를 죽이는 것은 이러한 긍정적인 그의 잔여분의 행복을 빼앗는 것이다. 그래서 그를 죽이는 것은 그릇된 일이 된다.

반면에 '전체'적 버전의 공리주의에서는 이러한 정보만으로는 결론에 도달할 수 없다. 전체적 견해는 혈우병을 가진 유아의 죽음이 그렇지 않았으면 존재하지 않았을 다른 존재를 만들어낼 것이냐는 물음을 물을 필요가 있다. 다시 말해서 혈우병인 아이가 죽임을 당한다면, 그 아이가 살았을 경우라면 낳지 않았을 아이를 그 부모가 낳을 것이냐, 그리고 그렇다면 그 둘째 아이는 죽임을 당한 아이보다 더 좋은 삶을 살 것 같으냐 하는 물음이 물어져야 한다.

종종 이 두 물음에 대하여 긍정적으로 대답하는 것이 가능하다. 앞 장에서 고려했던 등산가와 같이, 한 여성이 두 아이를 가질 계획을 가질지도 모른다. 한 아이가 죽었는데, 그 여성이 임신 가능한 나이라면, 그녀는 그 아이 대신에 다른 아이를 임신할 수 있다. 두 아이를 가질 계획인 여성이 정상적인 한 아이를 기르고 있는데, 혈우병을 가진 아이를 새로 낳았다고 가정해 보자. 그 아이를 돌보는 부담 때문에 셋째 아이를 생각하는 일은 불가능할 것이다. 그러나 장애를 가진 그 유아가 죽게 된다면 그녀는 다른 아이를 낳을 것이다. 행복한 삶에의 전망도 혈우병 아이에게서 보다는 정상적인 아이에게서 더욱 클 것이라고 가정하는 것이 또한 그럴듯하다.

우리가 사전 존재적 견해보다 전체적 견해를 좋아한다면, 우리는 장애를 가진 유아의 죽음이 행복한 삶에의 전망이 보다 큰 다른 아이의 출생을 가져올 경우 행복의 전체총량은 장애를 가진 유아가 죽임을 당할 때 더 커진다는 점을 고려해야만 한다. 첫째 아이의 행복한 삶이 상실되기는 하지만 둘째 아이의 더 행복한 삶이 획득되기 때문에 앞의 상실이 보충되고도 남는다. 그래서 혈우병인 아이를 죽이는 것이 다른 이들에게 부정적인 영향을 끼치지 않는 한, 전체적 견해에 따르면 그렇게 하는 것이 옳은 일이 될 것이다.

전체적 견해는 유아를 대체 가능한 것으로 다루는데, 이는 (제5장에서 우리가 본 것처럼) 자기를 알지 못하는 동물들을 대체 가능한 것으로 다루던 방식과 같은 것이다. 많은 사람들은 대체 가능성 논변이 인간의 유아에게는 적용될 수 없다고 생각할 것이다. 아주 절망적으로 장애가 있는 유아라 하더라도 그녀를 직접적으로 죽이는 것은 공적으로는 여전히 살인이다. 이러할 때 어떻게 혈우병과 같이 상대적으로 약한 장애를 가진 유아를 죽이는 것이 받아들여질 수 있겠는가? 그러나 좀 더 반성적으로 생각해 보면, 대체 가능성 논변의 의미는 그렇게까지 기괴하게 보이지는 않는다. 왜냐하면 그 논증이 우리가 그렇게 해야 한다고 제시하고 있는 꼭 그대로, 현재 우리가 다루고 있는 장애 있는 우리 종족의 구성원들이 있기 때문이다. 이러한 경우는 우리가 논의하고 있는 경우들과 아주 비슷하다. 오직 한 가지 차이가 있는데, 그것은 장애를 발견하고 그에 따라 장애 있는 존재를 죽이는 시기의 차이이다.

태아검진은 이제 임신부에 대한 일상적인 절차가 되었다. 임신 초기 몇 달 사이에 태아에 대한 정보를 획득하는 다양한 의료기술들이 있다. 이러한 기술들을 발달시켜가는 한 단계에서 태아가 혈우병을 앓고 있는지 여부는 모르지만, 성을 판별하는 것은 가능하게 되었다. 혈우병은 성별에 따르는 유전적 질환으로서 오직 남성들만이 혈우병을 앓는다. 여성은 혈우병 유전자를 가졌어도 혈우병에 걸리지 않고 아들에게 그 유전자를 전해 줄 수 있다. 그래서 자신이 혈우병 유전자를 가지고 있다는 것을 아는 여성은 이 단계에서는 태아의 성을 판별하고 모든 남자 태아를 중절시킴으로써 혈우병을 가진 아이를 낳는 것을 피할 수 있다. 통계적으로 혈우병 유전자를 가진 여성의 남자 아이들 중 오직 반만이 혈우병을 앓게 된다. 그래서 죽임을 당하는 태아의 반은 정상이다. 이러한 관행은 많은 나라에 퍼져 있었으며 아직 커다란 항의를 일으키지 않고 있었다. 이제 우리는 태어나기 전에 혈우병을 확인할 수 있는 기술을 가지고 있다. 우리는 보다 선별적일 수 있다. 하지만 원칙은 마찬가지이다. 여성들에게 혈우병을 가진 아이들을 낳지 않도록 임신중절이 제안되고 보통 받아들여진다.

같은 것이 출생 전에 탐지 가능한 어떤 다른 질병들에도 적용될 수 있다. 다운 증후군 Down's syndrome이 이러한 것들 중의 하나이다. 이러한 질병을 가진 아이들은 지적인 장애를 가지며, 대개는 결코 독립적으로 살 수 없다. 그러나 그들의 삶은 다른 어린 아이들의 삶처럼 즐거울 수 있다. 다운 증후군 아이를 가질 위험은 산모의 나이가 높으면 급격히 증가한다. 이런 이유로 일반적으로 35세 이상의 임신부에 대해서는 태아검진이 권장된다. 아이가 다운 증후군을 가지고 있다는 이야기를 들은 압도적 다수의 임신부들은 자신들의 임신을 중단하고, 많은 여성들은 다른 임신을 시작하는데, 대부분의 경우 이러한 질병이 없는 아이들을 낳는다.

태아검진을 하고 특정한 경우에는 임신중절을 하는 것이 자유로운 임신중절법과 발전된 의료기술이 있는 나라들에서는 일반적인 관행이다. 나는 이것이 마땅히 그래야 한다고 생각한다. 제6장에서의 논변들이 보여 주었듯이 나는 임신중절이 정당화될 수 있다고 믿는다. 그러나 혈우병이나 다운 증후군이 그러한 질병을 가지고 살아야 할 사람의 내적인 관점에서 보면 삶을 살 가치가 없는 것으로 만들 정도로 그렇게 심한 불구는 아니다. 이러한 장애들 중의 하나를 가진 태아를, 장애를 가지지 않을 다른 아이를 가질 의도로 죽이는 것은, 태아를 대체 가능한 것으로 다루는 것이다. 만약 산모가 몇 명의 아기를 갖도록 미리 결정했다면, 그때 그녀가 하는 일은 실제로는 다른 아이를 더 선호해서 한 잠재적 아이를 거부하는 것이다. 그녀의 행위를 옹호하기 위해서 그녀는 중절된 태아의 삶의 상실이, 오직 장애를 가진 유아가 죽을 때에만 임신될 수 있는 정상적인 아기의 보다 나은 삶의 획득에 의해 상쇄되고도 남는다고 말할 수 있어야 할 것이다.

  죽음이 출생 이전에 일어난다면, 대체 가능성은 일반적으로 받아들여지는 도덕적 신념과 갈등을 일으키지 않는다. 태아가 장애가 있는 것으로 알려지면, 그것이 임신중절의 근거로서 널리 받아들여진다. 그러나 임신중절을 논의하면서 우리는 출생이 도덕적으로 의미 있는 구분선이 될 수 없다는 것을 보았다. 태아가 출생 이전에는 '대체'해도 되지만, 신생아는 그렇게 하지 말아야 한다는 견해를 옹호하는 것은 쉽지 않다. 어떤 다른 것도, 예컨대 체외 생존 가능성과 같은 그러한 것도, 태아와 유아를 분리시키는 일을 더 잘 하지 못한다. 한 존재를 죽이거나 그것을 다른 존재와 대체하는 것이 그릇된 일이라고 주장할 수 있는 근거를 제공하는 자기에 대한 앎은 태아에서나 신생아에서나 모두 발견되지 않는다. 태아나 신생아나 간에 그들은 자신을 고유한 삶을 살아갈 개별적 존재로 간주할 수 있는 개별자가 아니다. 하지만 대체 가능성은 오직 신생아나 인간 생명의 아주 초기단계에 한해서만 윤리적으로 수용 가능한 선택으로 간주되어야 한다.

  어떤 장애 옹호자들은 이러한 결론에 강력하게 반대한다. 그들은 태아나 신생아를 장애 때문에 대체하는 것은 잘못이라고 말한다. 왜냐하면, 그것이 지금 살고 있는 장애인들에게 그들의 삶이 장애가 없는 사람들의 삶보다 살 가치가 덜 한 것이라고 암시하기 때문이다. 그러나 장애인의 삶이 가치가 덜하다는 믿음은 우리가 당연한 것으로 생각하는 행위를 타당하게 만드는 유일한 방식이다. 탈리도마이드thalidomide 라는 수면제를 생각해 보자. 임신부들이 이 약을 먹었을 때, 이 약 때문에 팔이나 다리가 없는 많은 아이들이 태어났다. 일단 이러한 비정상적인 출산의 원인이 발견되자, 그 약은 시장에서 회수되었으며, 책임이 있는 회사는 보상을 해야만 했다. 만일 우리가 장애인의 삶을 정상인들의 삶보다 조금이라도 못한 것 같다고 생각할 이유가 없다고 **실제로** 믿는다면, 우리는 임신부의 탈리도마이드 사용을 비극으로 여기지 않았을 것이다. 부모들이 보상을 추구하지도 않았을 것이고 법정도 그러한 결정을 하지 않았을 것이다. 어린이들은 그냥 '다를' 뿐이었을 것이다. 우리는 시장에 그 약을 내버려둘 수도 있었을 것이고, 그것이 임신기간 중 유용한 수면제라는 것을 알아챈 여성은 계속하여 그것을 복용할 수 있었을 것이다. 만약 이것이 괴상하게 들린다면, 그것은 우리 모두가 사지를 가지지 않고 태어나는 것보다는 사지를 가지고 태어나는 것이 더 낫다는 데 추호의 의심도 하지 않기 때문이다. 이렇게 생각한다고 해서 그것이 사지가 없는 사람을 경시하는 것은 아니다. 그것은 단지 그들이 직면하고 있는 실제적인 어려움을 인정하는 것이다.

어쨌든, 여기에서 취하고 있는 입장은 심각한 장애를 가지고 태어나는 어떤 사람도 살아남지 않는 것이 **더 좋겠다**는 것을 의미하는 것은 아니다. 우리의 입장은 단지 그러한 유아의 부모들이 이러한 일을 결정할 수 있어야 한다는 것일 뿐이다. 이것은 또한 그들 자신의 소망에 따라 지금 자신의 삶을 살고 있는 장애인들에 대한 존경이나 평등한 고려의 결여를 의미하는 것도 아니다. 우리가 제2장의 말미에 보았듯이, 이익 평등고려의 원칙은 장애를 근거로 그러한 사람들의 이익을 감소시키는 어떤 일도 거부한다.

임신중절이나 태아가 대체 가능하다는 생각을 거부하는 사람들조차
도 **있을 수 있는** 인간은 대체 가능한 것으로 간주할 것 같다. 제5장에서
서술된 파피트의 두 여인에 대한 이야기에서 두 번째 여인을 생각해
보자. 의사는 그녀에게 그녀가 당장 임신하겠다는 그녀의 계획을 밀고
나가면, 그녀의 아이는 장애를 가질 것이지만 (그것은 혈우병일 수도 있
다) 세 달만 기다린다면 장애가 없을 것이라고 말했다. 그녀가 기다리
지 않는 것이 잘못하는 일이라고 생각한다면, 그것이 그러할 수 있는
유일한 이유는 우리가 두 있을 수 있는 생명들을 비교하고 하나가 다
른 것보다 더 나은 전망을 갖는다고 판단하기 때문이다. 물론 이러한
단계에서는 어떤 생명도 시작되지 않았다. 그러나 문제는 도덕적으로
중요한 의미로 생명이 언제 시작되는가이다. 제4장과 제5장에서 우리
는 일정한 시간에 걸쳐서 자신이 존재한다는 것에 대한 앎이 있을 때,
그때에만 생명은 완전한 도덕적 의미를 얻게 된다고 말할 몇 가지 이
유가 있음을 보았다.

우리가 지금 태아를 대체 가능한 것으로 보듯이, 새로 태어난 유아
를 대체 가능한 것으로 보게 되면, 태아검진에 따라 임신중절을 하는
것보다 상당히 큰 이득을 얻을 수 있을 것이다. 태아검진을 통해서는
여전히 모든 주요 장애를 탐지할 수 없다. 어떤 장애는 사실 태어나기
전에는 존재하지도 않는다. 그런 장애들은 극단적인 조산의 결과일 수
도 있고, 태어나는 과정에서 무엇인가가 잘못되었을 수도 있다. 현재
부모들은 임신 중에 장애가 탐지된 경우에만, 장애 있는 자식을 유지
할지 포기할지를 선택할 수 있다. 이러한 특정한 장애에 대한 부모의
선택을 제한할 논리적 근거는 없다. 만약 새로 태어난 유아들이 출생
후 일정 시간 동안 생명에의 권리를 가지지 않는 것으로 간주된다면,

부모들은 유아의 질병에 대해 출생 전에 가능했던 것보다는 훨씬 큰 지식을 기초로 의사들과 상의하고 선택할 수 있을 것이다.

이러한 이야기는 유아의 생명을 끝내는 것이, 다른 사람에게 줄 효과 때문이라기보다는 그 자체로서 고려될 때, 나쁘다는 견해에 관한 것이다. 다른 사람에 대한 효과를 고려하면, 그림이 달라질지도 모른다. 살지 말아야 한다고 결정할 아기를 낳기 위해서 전 임신기간과 출산의 노고를 겪는 것은 어렵고 아마도 가슴을 찢는 고통스런 경험일 것이다. 이러한 이유로 많은 여성들은 정상적으로 출산해서 유아살해를 하는 것보다는 태아검진과 임신중절을 선호할 것이다. 그러나 전자가 도덕적으로 후자보다 더 나쁜 것이 아니라면, 전자도 여성 자신이 선택하도록 내버려두어야 할 하나의 선택지인 것으로 보인다.

고려해야 할 다른 요소는 입양의 가능성이다. 입양 가능한 정상적인 아이보다 입양을 원하는 부부가 더 많을 때에는, 아기가 없는 부부는 혈우병을 가진 아기라도 입양하려 할지도 모른다. 이것이 혈우병 아기를 키울 부담을 산모에게서 덜어줄 것이며, 그녀가 원한다면 다른 아기를 가질 수도 있게 할 것이다. 이러할 때 대체 가능성 논변은 유아살해를 정당화할 수 없다. 왜냐하면 다른 아이를 존재하게 하는 것이 혈우병을 가진 아이의 죽음에 달려 있는 것이 아니기 때문이다. 이런 경우, 혈우병 아이의 죽음은, 보다 좋은 삶을 살 다른 존재의 만들어냄에 의해서 능가되어질 수 없는, 긍정적인 질을 가지는 생명의 직접적인 상실이 될 것이다.

그래서 장애를 가진 새로 태어난 유아의 목숨을 끊는 문제는 사실적으로나 철학적으로나 복잡하지 않은 것이 아니다. 철학적으로 가장 어려운 문제는 공리주의의 사전 존재 버전을 받아들일 것이냐 전체 버전을 받아들일 것이냐 여부이다. 왜냐하면 장애가 있기는 하지만 그럼에도 불구하고 살만한 가치가 있는 생명을 가진 유아들의 경우에, 유아의 삶을 끝내는 결정의 정당화 가능성은 우리가 어떤 견해를 선택하느냐에 달려 있을 것이기 때문이다. 그럼에도 불구하고, 다양한 반론들과 복잡성들을 고려한 다음에도, 요점은 명백하다. 장애를 가진 유아를 죽이는 것은 인격체를 죽이는 것과 도덕적으로 동등하지 않다. 아주 종종 그것은 그릇된 일이 아니다.

2. 다른 비자의적인 삶과 죽음의 결정들

바로 앞에서 우리는 한 번도 삶이나 죽음을 선택할 수 없었던 존재에 대한 정당화 가능한 죽임에 대해 논의하였다. 한때는 삶과 죽음을 선택할 수 있었으나, 이제는 사고나 노령으로 인하여 그러한 능력을 영원히 상실해 버렸고, 능력을 상실하기 전에 그러한 상황에서도 계속해서 살기를 원하는지 여부를 표현하지 않은 사람들이 있을 수 있다. 이런 경우에 동의 없이 그들의 목숨을 끊는 것 또한 생각해 볼 수 있다. 이러한 경우는 드물지 않다. 많은 병원들이 회복 가능성을 전혀 가지지 못할 정도로 두뇌손상을 입은 자동차사고 피해자들을 간호하고 있다. 그들은 혼수상태나 거의 의식이 없는 상태로 몇 년을 살아가기도 한다. 간호사였던 그린Rita Greene이 병이 들어 지속적인 식물인간 상태가 된 것은 그녀가 24세 때였다. 그녀는 의식을 회복하지 못하고 63세의 나이로 죽었다. 어떤 특정 시점에 1만 명에서 4만 명에 이르는 미국인들이 지속적인 식물인간 상태로 생존하고 있다고 추산되고 있다. 생명연장기술이 그렇게 적극적으로 사용되지 않는 다른 선진국에는,

이러한 상태의 장기적인 환자수가 훨씬 적다.

 지속적인 식물인간 상태에 있는 사람들의 대우에 관한 결정은 때로 법정에 서게 되며 사람들에게 널리 알려진다. 가장 잘 알려진 경우는 테리 샤이보Terri Schiavo의 경우인데, 그녀의 의사에 따르면 그녀는 지속적인 식물인간 상태였는데, 그대로 15년을 보낸 다음 2005년 플로리다의 한 호스피스병원에서 죽었다. 테리의 남편인 마이클 샤이보Michael Schiavo는 그녀의 급식 튜브를 제거하여 그녀가 죽기를 원했다. 그는 이것이 그녀가 그에게 이전에 표현했던 대로 그녀의 희망에 일치하는 것이라고 주장하였다. 그녀의 부모였던 쉰들러 부부Robert and Mary Schindler는 이것을 부정하였으며, 또 그녀가 어떤 것을 알고 있다는 표식을 보였고, 그래서 지속적인 식물인간 상태에 있지 않다고 주장했다. 법원의 결정은 마이클을 편들었고, 테리를 살아 있게 했던 급식 튜브는 제거되었다. 임신중절과 안락사에 반대하는 사람들은 곧 그 판결을 논쟁거리로 삼았다. 그들은 플로리다의 입법부를 설득하여 새로운 법을 만들어 플로리다 법정이 테리의 판결을 다시 보게 했고, 법원이 다시 테리가 살아 있도록 명령을 내리지 않자, 테리의 부모들이 그 판결을 연방법원에 제출하는 것을 허용하는 특별법을 통과시키기 위해 휴회 중인 의회를 소집하였다. 부시 대통령은 텍사스 목장에서 워싱턴으로 날아가 그 법에 서명하였다. 그러나 연방법원 또한 테리의 남편에게 아내의 급식 튜브를 제거할 결정을 내릴 권리가 있다고 판결하였다. 미국 대법원은 그러한 결정으로부터 상고를 기각하였고, 테리는 죽었다. 검시결과에 따르면, 테리의 두뇌는 심각하게 위축되어 어떠한 처치도 두뇌의 손상을 회복시킬 수는 없을 것이었다.

 지속적인 식물인간 상태라고 진단된 환자들 중의 아주 소수는 어떤 앎을 가지는 것이 가능하다. 그러나 개선된 영상 기술들 덕분에 우리는 지속적인 식물인간 상태에 있는 많은 환자들에게 의식을 책임지는 두뇌부분에 피의 흐름이 없음을 볼 수 있다. 피의 흐름 없게 되면, 두뇌는 빠르게 쇠퇴한다. 그리고 이러한 환자들에게서 의식의 존재 혹은 의식의 회복은 명백하게 배제될 수 있다. 일단 지속적인 식물인간 상태에 있는 환자에게 아무런 앎이 없으며, 그리고 결코 다시 어떤 앎을 가질 수 없음이 명백하면, 그녀의 생명은 어떤 본질적 가치를 가지지 못한다. 이러한 환자들은 생물학적으로biologically 살아 있지만 전기적으로biographically 살아 있는 것이 아니다. 이러한 판단이 가혹하다고 보이면, 당신 자신에게 다음 두 선택지 중 어떤 것을 선택할 것인지 물어보라. (1) 즉각적인 죽음 (2) 10년 동안 회복 없이 지내다 죽게 되는 즉각적인 혼수상태. 회복 없이 죽을 것이 확실한데, 혼수상태에서 사는 것에 어떤 이점이 있는지 나는 알 수 없다.

  그렇지만 이러한 환자들에게는 장애를 가진 유아와 다른 중요한 점이 하나가 있다. 제6장의 마지막 절에서 유아살해를 논하면서 나는 벤담이 유아살해를 "아주 소심하게 생각해 보아도 눈곱만큼도 꺼림칙하지 않은 성질의 것"이라고 언급한 것을 인용했다. 이것이 이러한 이유는, 장애를 가진 유아를 죽이는 것을 알 수 있도록 충분히 나이가 든 사람은 그 정책의 범위에서 필연적으로 벗어나 있기 때문이다. 한때 합리적이고 자기를 알았던 사람들을 어떻게 다룰 것인가를 결정하는 일과 관련해서는 이렇게 이야기할 수 없다. 그래서 그러한 환자들의 생명을 종식시키는 일에 대한 있을 수 있는 반대는, 그것이 지금은 그렇지 않으나 앞으로 그러한 상태에 빠질 수도 있는 사람들에게 불안이나 공포를 야기할 것이라는 것이다. 예를 들어 나이 많은 사람들이 비자의적인 안락사가 죽음을 받아들이거나 거부할 능력이 없는 노쇠한 노인환자들에게 때때로 수행된다는 것을 알면, 모든 주사나 약이 죽음을 가져올까봐 두려워할 수도 있다. 이러한 두려움은 완전히 비합리적일 수도 있지만, 사람들에게 이것을 확신시키기는, 노령이 실제로 그들의 기억력이나 추리력에 영향을 끼치게 될 경우에는 특히, 어려울 것이다. 이러한 반대에 대해서는, 그러한 상황에서 비자의적인 안락사를 당하지 않고자 하는 사람에게 자신의 거부를 등록토록 하는 절차를 제시함으로써, 반박할 수도 있을 것이다. 이것이 통상적인 것이 되면, 테리의 경우와 같이 길고 비싼 법적 판결을 방지하는 추가적인 이점도 있을 것이다.

제3절 자의적 안락사의 정당화

안락사와 '의사의 도움에 의한 자살'이 불법인 곳에서, 병이 깊어 삶의 끝에 다다른 환자들이 죽도록 돕는 의사는 심각한 범죄로 고발을 당할 것을 각오해야 한다. 배심원들이 이러한 종류의 사건에 유죄를 선언하기를 극히 꺼리기는 하겠지만, 죽여 달라는 요청, 고통의 정도, 죽임을 당하는 사람의 치료 불가능한 조건, 무엇이 되었던 간에 이러한 것들은 법에 따르면 살인에 대한 변명거리가 명백히 아니다. 자의적 안락사를 지지하는 사람들은 이러한 법을 고쳐서 더 이상의 고통 없이 죽기를 원하는 환자의 욕구에 의사가 합법적으로 대응할 수 있도록 해야 한다고 주장한다. 자의적인 안락사도 비자의적인 안락사와 공통적인 근거를 가지고 있는데, 그것은 죽음이 죽임을 당하는 사람에게 이득이 된다는 점이다. 아니면 적어도, 의식이 없어서 회복 불가능한 사람들의 경우에 해가 되지는 않는다는 점이다. 그러나 자의적인 안락사는 인격체, 즉 합리적이고 자기를 아는 존재의 살생을 포함한다는 점에서 비자의적 안락사와는 다르다. (요청을 하는 때에는 합리적이고 자기를 알던 사람이 그 요청이 수행되는 때에는 더 이상 합리적이고 자기를 알지 못할지도 모른다. 논의를 간단히 하기 위해서, 앞으로 이러한 복잡성은 무시하도록 하겠다.)

앞에서 동의능력을 결여하고 있는 인간 존재의 생명을 끝내는 것을 정당화하는 것이 가능함을 보았다. 동의할 능력이 있고 실제로 동의할 때, 윤리적 문제가 어떤 방식으로 달라지는지를 이제 물어야만 한다.

제4장에서 제시된 살생에 대한 일반적인 원칙으로 되돌아가 보자. 나는 그곳에서 그나 그녀 자신의 미래감을 가지는 존재를 죽이는 것은 단지 의식적이기만 한 존재를 죽이는 것보다 훨씬 심각한 문제라고 주장하였다. 나는 이러한 것이 주장될 수 있는 네 가지 각기 다른 근거들을 제시하였다.

1. 자의식적인 존재는 자신의 죽음에 대하여 두려움을 느낄 수 있기 때문에, 그러한 존재를 죽이는 것은 자의식적인 다른 존재에 나쁜 결과를 가져온다는 고전적 공리주의자의 주장.
2. 계속 살기를 바라는 희생자의 욕구가 좌절되는 것이 살생에 반대하는 중요한 이유라고 보는 선호공리주의적 계산.
3. 권리를 갖기 위해서는 권리를 갖고자 하는 것에 대한 욕구능력을 가져야만 하므로, 생명에 대한 권리를 가지기 위해서는 자신의 존재가 계속되기를 욕구할 수 있어야만 한다는 권리이론.

4. 합리적 행위자의 자율적인 결정에 대한 존중.

이제 회복할 수 없고 고통스러운 질병을 앓고 있는 사람이 죽기를 바라는 그러한 상황을 가정해 보자. 그 개별자가 죽기를 원하는 인격체라면 인격체를 죽이는 것은 일반적으로 더 나쁜 일이라고 주장하는 네 근거 중에 어떤 것이 죽음에 반대하는 이유를 제공하겠는가?

[살생에 대한] 고전적 공리주의의 반론은 죽임을 당하는 사람의 진정한 동의에 의해서만 일어나는 살생에는 적용될 수 없다. 이러한 조건하에서 사람이 죽임을 당한다는 사실은 두려움이나 불안을 퍼뜨리는 경향을 갖지 않을 것이다. 만약 우리가 죽임을 당하기를 원하지 않는다면, 동의하지 않기만 하면 된다. 사실 두려움으로부터의 논변 the argument from fear은 자의적인 안락사를 찬성하는 측면을 가진다. 왜냐하면 만약 자의적인 안락사가 허용되지 않는다면, 우리에게는 우리의 죽음이 불필요하게 연기되어서 고통스러울 것이라는 두려움을 가질 충분한 이유가 아마 있을 것이기 때문이다. 네덜란드에서는 정부가 의뢰한 전국적인 연구에서 "많은 환자들이 만약 고통이 참기 어렵게 된다면 자신들이 죽을 때 의사가 도울 것이라는 보증을 원한다"는 것이 밝혀졌다. 보통 이러한 보증을 받은 사람은 안락사에 대한 요구를 않게 되었다. 안락사를 이용할 수 있다는 것이 안락사가 반드시 제공되지 않았음에도 위안을 가져왔다.

선호공리주의 또한 자의적인 안락사를 반대하는 것이 아니라 찬성하는 측면을 가진다. 선호공리주의는 계속 살고자 하는 욕망을 죽임에 반대할 이유로 간주해야만 하듯이, 죽고자 하는 욕구도 죽임에 찬성할 이유로 간주해야만 하기 때문이다.

다음으로 앞에서 본 권리이론에 따르면, 인간이 자신의 권리를 포기하기를 선택한다면 인간은 그렇게 할 수 있다는 것이 권리의 본질적인 특징이다. 나는 사생활의 권리를 가질 수도 있다. 그러나 내가 원한다면 내 집의 모든 방에 웹 카메라를 설치하여 일주일 24시간 내내 보여줄 수도 있다. 나의 웹 사이트에서 카메라에 잡힌 영상들을 보는 사람 누구도 나의 사생활의 권리를 침해하지 않는다. 왜냐하면 내가 권리를 포기했기 때문이다. 이와 비슷하게 내가 생명에 대한 권리를 가졌다고 말하는 것은, 내가 생명에의 권리를 포기하기로 선택한다면, 나의 의사가 나의 생명을 끝내는 것이 나쁜 일일 것이라고 말하는 것이 아니다.

마지막으로 자율성 존중의 원칙은 우리에게 합리적인 행위자가 자신의 삶을 자신의 자율적인 결정에 따라 강압이나 간섭을 받지 않고 자유롭게 살아가도록 허용하라고 말한다. 그러므로 만약 합리적인 행위자가 자율적으로 죽기로 결정한다면, 자율성 존중에 따를 때, 우리는 그가 선택한 대로 그가 하도록 도와야만 한다.

그래서 자기를 아는 존재를 죽이는 것이 어떤 다른 존재를 죽이는 것보다 일반적으로 더 나쁜 일이라고 생각할 이유들이 있다 하더라도, 자의적인 안락사라는 특별한 경우에는 이들 이유들 대부분이 안락사를 반대하기보다는 안락사를 찬성하는 것으로 보인다. 이러한 결과가 언뜻 보기에는 놀라울 수도 있겠지만, 이는 단지 자기를 아는 존재의 특징이 자신이 일정한 시기에 걸쳐서 존재하며, 만약 죽지 않는다면, 계속하여 존재할 것이라는 것은 안다는 사실을 반영할 뿐이다. 일반적으로 이러한 계속적인 삶이 열렬히 욕구된다. 그렇지만 예상되는 앞으로의 삶이 바람직하기보다는 두려울 때, 죽고자 하는 욕망이 살고자 하는 일반적인 욕망을 대체하며, 죽임에 반대할 이유도 역전된다. 그래서 자의적인 안락사를 찬성하는 주장은 거의 틀림없이 비자의적인 안락사를 찬성하는 주장보다 훨씬 강하다.

  자의적 안락사의 법제화에 반대하는 사람들 중의 어떤 이들은, 만약 우리가 참으로 자유롭고 합리적으로 죽겠다는 결심을 한다면, 위와 같은 주장이 타당하다고 인정하기도 한다. 그러나 그들은 죽여 달라는 요청이 자유롭고 합리적인 결심의 산물임을 결코 확신할 수 없다고 덧붙인다. 병들고 나이든 사람들이 그들의 친척들에 의해 빨리 삶을 끝내도록 압력을 받지는 않을 것인가? 공공연한 살인을 범하면서도 안락사를 요청한 것처럼 위장하는 것이 가능하지 않겠는가? 비록 아무런 부당한 압력이나 거짓이 없다고 하더라도, 병으로 고통 받고 아마도 약에 취하거나 혼돈된 정신 상태에 있기 쉬운 환자가 죽을 것이냐 살 것이냐에 대해 합리적인 결정을 내릴 수 있을 것인가?

  우리는 이제 자의적인 안락사와 '의사의 도움에 의한 자살'의 법제화에 대해 점점 많은 경험을 가지게 되었다. 그러한 경험이 이를 반대하는 주장들에 대한 대응의 근거를 제공해 준다. 2002년에 와서야 네덜란드 의회는 안락사를 법제화하였다. 하지만 그 이전 20년 동안 네덜란드의 의사들은 법원이 정해 준 지침들을 따르는 한 안락사를 수행하고도 기소당하지 않을 것임을 확신할 수 있었다. 이러한 지침들은 의사들이 안락사 혐의로 기소되고, 면소된 일련의 재판들에서 법원이 개선해 온 것이다. 안락사가 법제화될 때, 비슷한 조건들이 법의 일부가 되었다. 안락사는 다음과 같은 경우에만 오직 합법적이다.

- ▶ 의사가 안락사를 수행한다.
- ▶ 환자는 환자의 죽고자 하는 욕구가 자의적이며, 상황을 잘 알고

있고, 충분히 고려하였다는 사실에 대하여 아무런 의심을 남기지 않는 방식으로 안락사를 명시적으로 요청하였다.
- 환자는 환자가 참을 수 없는 육체적 정신적 고통이 계속적으로 일어나는 상태에 있다.
- 환자의 고통을 완화시켜줄 합리적인 (환자의 관점에서 볼 때 합리적인) 대안이 없다.
- 의사는 다른 독립적인 전문가와 의논하여 자신의 판단에 동의를 얻었다.

이러한 지침들은 안락사를 가장한 살인을 매우 어려운 일로 만들며, 네덜란드에서 이러한 일이 일어났다는 아무런 기미도 없다. 법이 통과된 이후, 다양한 정치세력들의 연합이 정권을 잡았고, 기독민주당도 계속된 연합정부에서 주도적인 역할을 하였다. 그럼에도 불구하고, 안락사의 법제화에 대한 철회운동이 없었다. 네덜란드에 이어 안락사를 법제화한 국가들인 벨기에와 룩셈부르크가 네덜란드의 이웃들이고, 그들의 법이 네덜란드와 비슷한 것은 우연이 아니다. 특히 벨기에의 다수는 네덜란드의 안락사 관행을 관찰하기에 좋은 입장이었다. 왜냐하면 그들은 네덜란드어를 사용하기 때문이다. 이러한 나라들은, 만약 네덜란드에서 안락사 법제화가 심각하게 오용된 명백한 증거들이 있었다면, 안락사를 법제화하려고 했을 리가 없다.

비슷하게, 미국의 오리건 주도 '의사의 도움에 의한 자살'을 1997년에 법제화하였고, 이제 미국의 한 지방에서 그러한 관행에 대한 상당한 경험이 있다. 법이 어떻게든 오용되었다는 증거는 하나도 없다. 다시 한 번, 이웃이 관찰하고 뒤따랐다. 2008년에 선거가 실시되어, 워싱턴 주의 선거인들은 오리건 주와 아주 비슷한 법을 통과시켰다.

안락사에 대한 다른 일반적인 반론은 의사가 실수를 할 수도 있다는 것이다. 드문 경우이긴 하지만 유능한 두 의사에 의해서 치료 불가능한 질환으로 고통을 받고 있다고 진단받은 환자들이 살아남아 좋은 건강을 누리며 여러 해를 살고 있다. 아마도 자의적 안락사의 법제화는, 그 후 몇 년 내에, 법제화가 되지 않았더라면 그들의 당면한 질병에서 회복되어 몇 년 간을 더 살았을 한두 사람의 죽음을 초래할 것이다. 그러나 이것이 사람들이 생각하듯이 안락사를 거부할 결정적인 논변은 못된다. 만약 안락사가 법제화된다면 일어날 수도 있는 매우 적은 숫자의 불필요한 죽음에 대비해서, 만약 안락사가 법제화되지 않는다면 실제적으로 병의 말기에 이른 환자들이 무의미하게 겪을 엄청난 양의 고통과 어려움을 생각해 봐야만 한다. 조금 더 산다는 것이 그 밖의 모든 고려사항을 능가하는 최고선과 같은 것은 아니다. (만약 그렇다면 목숨을 구하기 위해 보다 효과적인 많은 방법들이 있을 수 있다. 이를테면, 다음 장의 주제인 외국원조의 문제는 말할 필요도 없고, 담배를 못 피우게 한다든지, 속도제한을 시속 10킬로미터로 내린다든지 하는 것들이다.) 두 의사가 실수할 가능성이란, 안락사를 선택하는 사람이 여러 개연성들을 고려하여 결심할 때, 거의 확실히 죽음으로 끝날 것 같은 고통을 피하기 위해서, 아주 작은 생존기회를 포기함을 의미한다. 이것은 아마 완전히 합리적인 선택일 것이다. 개연성이란 삶의 지침, 또는 죽음의 지침이다.

이에 반해. 어떤 사람들은 말기에 이른 질병에 대한 간호술의 개선이 고통을 제거시킬 것이며 자의적인 안락사를 불필요하게 한다고 대응할 것이다. 그러나 사람들이 죽기를 원하도록 만드는 것은 신체적 고통만이 아니다. 그들은 몹시 허약한 뼈 때문에 갑작스런 움직임에서 오는 골절, 통제할 수 없는 구역질이나 구토, 암세포의 성장에 따라 서서히 오는 기아, 자신의 창자와 방광에 대한 통제 불능, 호흡곤란 등의 고통을 겪을 수도 있다. 이러한 증상들은, 환자를 내내 무의식 상태로 만들지 않고서는, 종종 제거될 수 없다.

미국 뉴욕 주 로체스터Rochester의 의사였던 퀼Dr. Timothy Quill은 심각한 형태의 백혈병을 앓고 있던 환자였던 다이앤Diane이 자신의 삶을 끝낼 알약을 원한다는 것을 알고서 어떻게 그가 바르비투르산염 수면제를 그녀에게 처방했는지를 서술하고 있다. 퀼은 다이앤을 여러 해 동안 알고 있었고, 그녀가 과거에 심각한 질병을 이겨내었던 용기를 칭찬하였다. 『뉴잉글랜드 의학 잡지』에서 퀼은 이렇게 쓰고 있다.

다이앤에게는 그녀에게 남아 있는 시간 동안 그녀 자신에 대한 통제와 그녀 자신의 존엄을 유지하는 것이 극히 중요했다. 이것이 더 이상 가능하지 않게 되었을 때, 그녀는 명백히 죽기를 원했다. 말기 환자를 위한 프로그램의 전임 책임자로서 나는 환자들을 안락하게 하고 고통을 덜어주기 위해 어떻게 진통제를 사용하는지를 알고 있었다. 나는 내가 강력하게 믿고 있던 안락한 간호comfort care의 철학을 설명했다. 다이앤은 이를 이해했고 인정했지만, 그녀는 이른바 상대적인 안락relative comfort이라고 불리는 상태로 목숨을 이어나간 사람들에 대해 알고 있었고, 그녀는 그러한 것에 참여하기를 원하지 않았다. 때가 되었을 때, 그녀는 가능한 가장 덜 고통스러운 방식으로 자신을 죽이기를 원했다. 독립적인 삶에 대한 그녀의 바람과 통제 속에 있고자 하는 그녀의 결심을 알고 있었으므로, 나는 이러한 요청이 완전히 지각 있는 일이라고 생각했다…… 우리의 토론을 통해 명백해진 것은, 그녀가 자신의 죽음을 확신할 안전한 방법을 찾을 때까지 죽음이 금방 오지 않을 것이라는 두려움에 사로잡힐 것이기 때문에, 그녀에게 남겨진 시간을 사용하여 할 수 있는 대부분의 일이 방해를 받을 것이라는 사실이었다.

죽기를 원하는 죽어 가는 모든 환자들이 퀼과 같은 의사를 만날 정도로 운이 좋지는 않다. 롤린Betty Rollin은 그녀의 감동적인 책『마지막 소원』에서 그녀의 어머니가 어떻게 신체의 다른 부분으로 퍼진 난소암에 대해 이야기해 주었는지 서술하고 있다. 어느 날 아침 그녀의 어머니는 그녀에게 이렇게 말했다.

나는 멋진 삶을 살았다. 그러나 이제 그것은 끝났다, 아니 끝나져야 한다. 나는 죽는 것이 두렵지는 않다. 그러나 나는 이 병을, 그것이 나에게 할 일을 두려워한다…… 이제 그것으로부터 어떠한 치유도 불가능하다. 메스꺼움과 이 고통 외에 아무것도 없다…… 더 이상의 화학요법도 없을 것이다. 더 이상의 처치도 없을 것이다. 그렇다면 이제 나에게 어떤 일이 일어나겠는가? 나는 어떤 일이 일어날지를 안다. 나는 천천히 죽어 갈 것이다…… 나는 그것을 원하지 않는다…… 내가 천천히 죽어서 누구에게 이익이 되겠는가? 내 아이들에게 이익이 된다면 나는 기꺼이 그리할 것이다. 그러나 그것은 너에게 아무런 도움도 못될 것이다…… 천천히 죽는 것에는 아무런 의미도 없다. 하나도 없다. 나는 아무런 의미도 없이 어떤 일을 하고 싶지 않다. 나는 이것을 끝내야만 한다.

롤린은 그녀의 어머니를 도와 어머니의 바람이 이루어지도록 하는 것이 매우 어렵다는 것을 알았다. "의사들마다 우리의 도와달라는 탄원을 거절했다. (어떤 종류의 얼마나 많은 알약?)" 어머니의 죽음에 대한 그녀의 책이 출판된 후, 그녀는 수백 통의 편지를 받았는데, 죽음을 시도하다 실패하고, 심지어 더 많은 고통을 받았던 사람들이나 그들의 가까운 친척들로부터 온 것이 대부분이었다. 이러한 사람들 중 많은 사람들이 의사로부터 도움을 거절당했다. 왜냐하면 자살은 많은 사법관할권에서 합법적이지만, 도움을 받는 자살은 그렇지 못하기 때문이다.

미국 미시간 주의 병리학자인 케보키언Dr. Jack Kevorkian은 죽기를 원하지만 자신의 의사에게서 도움을 얻을 수 없는 사람들을 돕고자 시도하였다. 그는 금속막대에 세 개의 다른 병들이 걸려 있고 그곳에 정맥주사를 놓기 위해 사용되는 그러한 종류의 튜브가 달려 있는 '자살기계'를 만들어 죽고자 하는 사람들을 도왔다. 그가 해가 없는 식염수만 정맥에 흐르도록 스위치를 설정한 튜브를 환자의 정맥에 삽입한다. 그 다음에 환자는 혼수상태를 유발하는 약이 튜브에 흐르도록 스위치를 변경할 수 있다. 그 다음에는 자동적으로 세 번째 병에 있던 치명적인 약품이 따라 흐르게 된다. 케보키언은 그 기계를 사용하기를 원하는 어떤 말기 환자도 사용할 수 있도록 그 기계를 마련했다고 선언하였다. 1990년 6월 알츠하이머병을 앓고 있었으나 아직은 자신의 삶을 끝내겠다는 결정을 할 능력이 있었던 앳킨스Janet Adkins는 케보키언에게 연락하여 그 병이 가져올 느리고 점진적인 퇴보보다는 차라리 죽기를 소원하다고 그에게 말했다. 케보키언은 그녀가 그의 기계를 사용할 때 그 자리에 있었고, 그녀의 죽음을 경찰에 알렸다. 그는 그 후에 살인죄로 고발당했으나, 판사는 앳킨스가 자신의 죽음을 일으켰다는 이유로, 그 고발이 재판으로 진행되는 것을 허용하지 않았다. 다음 8년 동안 케보키언은 많은 다른 사람들이 죽는 것을 도왔다. 그는 반복하여 자살을 도왔다는 죄명으로 고발되었지만, 어떠한 판사도 그 죄를 인정하지 않았다. 약품을 다루는 그의 면허가 철회되었을 때, 그는 더 이상 그가 사용하던 치명적인 약품을 구할 수 없었다. 그는 '자살기계'를 변경하여 가스 마스크를 통하여 환자에게 일산화탄소를 배출하게 하였다. 마침내 1998년 케보키언은 자신의 목숨을 끝내도록 요청한 유크Thomas Youk를 돕기로 결정하였다. 유크는 루게릭병Lou Gehrig's disease으로 알려져 있는 근육위축가쪽경화증ALS으로 죽어 가고 있었다. 그러한 병을 앓는 사람은 자신의 근육을 통제할 수 없고, 그래서 불가피한 끝이 다가왔을 때, 그들은 스위치를 돌리거나 약을 먹을 수 없다. 케보키언은 유크에게 치명적인 주사를 놓음으로써 도움을 받는 죽음으로부터 자의적인 안락사로 선을 넘었다. 게다가, 사법적 권위에 대한 명백한 도전으로, 그는 그가 주사를 하고 있는 동안 촬영된 비디오를 공개하였다. 이번에 판사는 2급 살인혐의로 그가 유죄라고 판결하였다. 그는 감옥에서 8년을 보내고 가석방되었다.

니츠케Philip Nitschke는 법에 직접 도전하기보다는 법의 경계에서 일하는 것을 선호하였다. 니츠케는 오스트레일리아의 북쪽 지역이 자의적인 안락사를 합법화하였을 때 약품을 다루고 있었다. 니츠케는 1997년 연방정부가 그 법을 뒤엎기 전에 네 사람의 말기 환자들이 목숨을 끝내도록 도왔다. 사람들이 자신의 생명을 끝내기로 선택한다면 그렇게 할 권리를 가진다고 확신한 그는 '국제 출구Exit International'라는 조직을 창립하고, 오스트레일리아, 뉴질랜드, 영국, 그리고 미국에서 어떻게 자신들의 삶을 확실하고 안전하게 끝낼 것인가에 대해 사람들에게 충고하는 워크숍을 개최하였다. 그는 그 워크숍에 참석할 수 없는 사람들에게 동일한 지식을 제공할 『평화의 알약 안내』라는 책을 공저하였다. 그 책의 복사본은 오스트레일리아에서는 금지되었지만, 미국에서는 유통되었다. 니츠케는 온라인에서 사용할 수 있는 컴퓨터 버전을 만들었다. (물론 오스트레일리아에서 이것을 다운로드하는 것은 불법이다.) 자의적인 안락사와 '의사의 도움에 의한 자살'의 윤리에 대해 어떤 생각을 하든지 간에, 그러한 정보를 만약 말기질환자도 아니고 불치환자도 아닌 사람들이 잘못 사용할 가능성이 있다면, 그러한 정보가 공적으로 사용 가능해야 하는가 여부 자체가 윤리적 문제이다. 자의적 안락사와 '의사의 도움에 의한 자살'의 법제화를 옹호하는 많은 사람들은, 죽음을 돕는 일을 의사에게 한정하는 법이 중요한 안전장치를 제공할 것이라고 주장하면서, '스스로 죽는 법 안내do it yourself guides to dying'가 발행되는 것을 반대한다. 니츠케도 이것이 바람직하다고 아마 동의할 것이지만, 여전히 자의적인 안락사나 '의사의 도움에 의한 자살'이 합법인 나라가 거의 없기 때문에, 자신의 생명을 끝낼 상당한 이유를 가지고 있는 사람들을 돕는 일의 중요성은 오용이라는 작은 위험을 능가한다고 아마 생각할 것이다.

모든 사람이 '평화의 알약'에 접근할 수 있게 한다는 생각은 개인의 자유와 자율성에 너무 많은 비중을 두는 것이 아닐까? 결국, 우리는, 예를 들어, 헤로인을 취하는 것과 같은 문제에서는 사람들의 자유로운 선택을 허락하지 않는다. 이것은 자유의 제한이다. 그러나 많은 사람들의 견해에서, 이것은 간섭주의적 근거에서 정당화될 수 있는 제한이다. 사람들이 헤로인에 중독되는 것을 방지하는 것이 정당화 가능한 간섭주의paternalism라면, 왜 사람들이 스스로를 죽이는 것은 방지하는 것은 정당화 되지 않겠는가?

이러한 질문은 사리에 맞다. 왜냐하면 개인의 자유에 대한 존중은 지나치게 확대될 수도 있기 때문이다. 밀은 국가가 개인이 다른 사람에게 해를 끼치는 경우를 제외하고는 개인에게 간섭하지 말아야 한다고 생각했다. 밀은 개인에게 좋다는 것이 국가가 간섭할 정당한 이유가 아니라고 보았다. 그러나 밀이 대부분의 인간의 합리성에 대하여 너무 높은 신뢰를 가지고 있었을 수도 있다. 명백히 이성적이지 못한 근거 위에서 이루어지며 나중에 후회할 것이 확실시되는 그러한 선택을 하지 못하도록 하는 것은 때로 올바를 수도 있다. 그렇지만 자의적인 안락사의 금지는 간섭주의적 근거에서는 정당화될 수 없다. 왜냐하면 자의적인 안락사는 그렇게 해야 할 상당한 이유가 있는 행위이기 때문이다. 자의적인 안락사는, 최선의 의학적 지식에 비추어 볼 때, 치료될 수 없는 고통스럽고 극히 비참한 상태를 겪고 있는 사람에게만 시행된다. 이러한 상황 하에서 빨리 죽기를 선택하는 것이 명백히 비합리적이라고 말할 수는 없다. 자의적 안락사에 대해 찬성하는 의견은 안락사를 결심하는 사람들의 선호나 자율성 존중과 결합될 때 더욱 강해진다. 자신의 삶을 끝내는 일과 관련된 정보가 쉽게 이용 가능하면, 사람들이 그러한 명백한 합리적 근거 없이 자신들의 삶을 끝내겠다고 결정할지도 모른다. 합법적이고, 통제되는 자의적 안락사와 '의사의 도움에 의한 자살'은 오용의 잠재성이 훨씬 적다. 그러한 것들이 이용 가능할 때, 사람들이 어떻게 자신을 죽일 것인가를 쉽게 찾아내도록 할 필요성이 없게 될 것이다.

제4절 반자의적인 안락사의 부당성 입증

반자의적인 안락사는 자신의 죽음에 동의할 수 있는 능력을 가진 사람을 살해한다는 점에서는 자의적인 안락사와 비슷하다. 그러나 그 사람이 동의하지 않는다는 사실에서 다르다. 이러한 차이는 앞 절의 논의가 보여 주듯이 결정적으로 중요한 것이다. 죽임을 당하는 사람이 죽기를 선택하지 않는다면, 자기를 아는 존재를 죽이는 데 반하는 네 가지 이유 모두가 적용된다.

2005년 허리케인 카트리나Hurricane Katrina가 홍수를 일으켰을 때, 미국 루이지애나 주의 뉴올리언스New Orleans의 한 병원에서 반자의적인 안락사와 아주 비슷한 어떤 일이 일어났다고 보인다. 동시에 200명 이상의 환자를 수용하고 있었던 지역 병원인 메모리얼 메디컬 센터 Memorial Medical Center는 불어난 물 때문에 고립되었다. 허리케인이 몰아친 지 3일 동안, 병원은 전기도 수도도 없었고 화장실의 물도 못 내렸다. 인공호흡기에 의존하던 환자들은 죽었다. 숨 막히는 더위 속에서, 의사들과 간호사들은 더러운 침대에 누워 있는 생존한 환자들을 돌보느라 기진맥진했다. 불안을 더한 것은 법과 질서가 시내에서 붕괴되었다는 두려움이었다. 병원 자체가 무장한 강도들의 약탈대상이 될지도 몰랐다.

환자를 피난시키기 위해 헬리콥터를 불렀다. 우선권은 건강상태가 그래도 좋고 걸을 수 있는 사람들에게 주어졌다. 주 경찰이 도착해서 직원들에게 시가 불안하기 때문에 오후 5시까지 모든 사람이 병원을 떠나야 한다고 말했다.

8층의 버제스Jannie Burgess는 진행암을 앓고 있는 79세의 여성이었는데, 모르핀을 꽂고 있었고 임종에 가까웠다. 그녀를 피난시키기 위해 6개 층의 계단을 들고 내려가야 했고, 다른 곳에서 필요로 하는 간호사들의 관심이 필요했다. 그렇지만 그녀를 버려둔다면 진통효과가 없어져 고통 속에 있을지도 몰랐다. 의사들 중의 한 사람이 간호사에게 "모르핀을 증량하여 그녀가 갈 때까지 충분히 주라"고 지시했다. 다른 의사가 간호 직원들에게 7층의 몇 환자들도 또한 병이 너무 깊어 생존할 수 없다고 말했다. 그녀는 그들에게 모르핀과 다른 약품을 주사하여 그들의 호흡을 늦추어 죽게 했다.

적어도 이런 치명적인 혼합약물을 주사 받은 환자들 중의 한 사람은 그렇지 않았다면 절박한 죽음의 위험에 거의 처하지 않았던 것으로 드러났다. 에버릿Emmett Everett은 61세의 노인이었는데, 몇 년 전의 사고로 거동이 불가능하게 되었으며 장폐색을 덜어줄 수술을 받기 위해 병원에 있었다. 그의 병실의 다른 사람들을 피난시킬 때, 그는 자신을 남겨두지 말라고 요청했다. 그러나 그의 몸무게는 172kg이었고, 그를 들고 층계를 내려가 다시 헬리콥터가 착륙하는 곳까지 들고 올라가는 것은 극히 어려운 일이었다. 그는 그가 맞는 주사가 그가 겪는 어지러움을 덜어줄 것이라는 말을 들었다.

이러한 상황들에서의 이러한 죽음들 중 어느 것이라도 정당화될 수 있는가 여부는 논란거리이다. 그러나 내가 보기에, 에버릿의 죽음은 논란거리가 아니다. 의사들의 행위들은 분명히 자의적인 안락사나 '의사의 도움에 의한 자살'의 수용에 따르는 미끄러운 비탈길의 결과가 아니다. 왜냐하면 그러한 관행들은 루이지애나에서는 언제나 불법이었기 때문이다. 오히려, 앞의 설명이 근거하고 있는 『뉴욕 타임스』의 기사를 작성한 핑크Sheri Fink에게 한 의사들의 이야기에 따르면, 의사들은 자신들이 하고 있는 일을 이중결과교설the doctrine of double effect의 한 적용이라고 보았다. 이는 의사들이 모르핀이 목숨을 단축시킬 것임을 알면서도 말기 환자의 고통을 덜어주기 위해 모르핀을 줄 때 일반적으

로 근거하는 원칙이다. 우리는 이 원칙에 대해 곧 논의하겠다.[325쪽 이후 참조]

극단적인 참혹함으로부터 어떤 사람을 구해내기 위해 간섭주의적 이유로 반자의적인 안락사를 정당화하는 것이 가능할 것인가? 그러한 참혹함이 너무도 크고 너무도 확실해서 자기를 아는 존재를 죽이는 데 반대하는 네 가지 이유를 모두 능가하는 경우를 상상할 수 있다. 그러나 이러한 결정을 내리기 위해서는 어느 때가 한 사람의 삶이 살 가치가 없을 정도로 나쁠 때인가를 결정할 수 있다는 확신을 가질 수 있어야만 할 것이다. 그리고 자신이 죽임을 당하는 사람보다도 더 잘 판단을 내릴 수 있다는 확신을 가질 수 있어야만 할 것이다. 그러나 다른 사람이 계속해서 살기를 원한다면 그것이야말로 그녀의 삶이 살 가치가 있다는 좋은 증거이다. 어떤 것이 그것보다 더 나은 증거일 수 있겠는가?

간섭주의적 논변이 그럴듯할 수 있는 유일한 경우는, 죽여질 사람이 자신이 미래에 겪을 참혹함을 알지 못해서 지금 죽여지지 않는다면 죽을 때까지 그러한 참혹함을 겪으면서 살아야만 하는 경우이다. 고문 끝에 사람을 죽이는 가학증 환자에게 어떤 사람이 붙잡혔는데, 그 사람은 자신의 처지를 선혀 모르고 있는 경우, 위와 같은 이유로 그러한 사람을 죽일 수도 있을 것이다. 다행스럽게도 이러한 경우는 현실보다는 소설 속에서 보다 일반적으로 마주치게 된다.

여기에서 다시 도덕적 추론에서의 비판적 수준들과 직관적 수준들에 대한 헤어의 구분이 중요하다.(제4장을 보라.) 만약 실제 생활에서 우리가 정당화 가능한 반자의적인 안락사의 경우와 마주칠 것 같지 않다면, 전적으로 실천적인 이유로, 반자의적인 안락사를 옹호하는 상상할 수도 있는 환상적인 경우들을 마음으로부터 몰아내고, 반자의적인 안락사에 반하는 규칙을 절대적인 것으로 다루는 것이 아마 최선일 것이다. 우리가 우리의 일상적인 생활에 적용하는 도덕적 추론의 수준인 직관적인 수준에서, 우리는 안락사가 죽임을 당하는 사람이 다음과 같은 경우에만 정당화될 수 있다고 간단히 말할 수 있다.

1. 자신의 계속적인 존재와 비존재, 즉 삶과 죽음 간의 선택을 이해할 능력을 결여하고 있기 때문에, 죽음에 동의할 능력을 결하고 있는 경우.
2. 자신의 계속적인 삶이나 죽음을 선택할 능력을 가지고 있고, 또 관련된 모든 것을 알고서도, 자의적으로 그리고 확고하게 죽겠다고 결심하는 경우.

제5절 적극적 안락사와 소극적 안락사

우리가 이 장에서 도달한 결론들은 서구 윤리의 가장 기본적인 교설들 중의 하나, 즉 "무고한 인간을 죽이는 것은 그릇된 일"이라는 교설을 위반하고 있다. 나는 우리의 결론이, 적어도 장애를 가진 유아라는 영역에서는, 일반적으로 생각되듯이 현존하고 있는 관행에 극단적으로 위배되는 것이 아니라는 점을 보여 주었다. 왜냐하면 태아검진을 통하여 장애를 가진 아이가 태어날 것 같은 경우의 임신 중절에 대해서는 광범위한 지지가 있기 때문이다. 이 절에서는 내가 옹호하고 있는 관행들과 본질적으로 다르지 않은 수용되고 있는 다른 의료적 관행의 영역이 있음을 지적하겠다. 이러한 배경을 고려하면, 우리가 도달했던 결론은 그렇지 않았다면 그것이 그러했을 것보다는 덜 충격적으로 보일지도 모른다.

'아기 도우Baby Doe'는—이는 법적인 익명인데—1982년 다운 증후군과 몇 가지 부가적인 문제들을 가지고 미국 인디애나 주의 블루밍턴 Bloomington에서 태어났다. 이러한 문제들 중의 하나는 제대로 형성되지 않은 식도, 즉 입에서 위까지의 통로였다. 이것은 아기 도우가 입으로 영양을 취하지 못한다는 것을 의미한다. 이 문제를 바로 잡을 수술이 제안되었지만, 부모들이 산부인과 의사들과 상황을 논의한 후에 수술을 거부했다. 수술하지 않는다면, 아기 도우는 곧 죽을 것이었다. 아기 도우 아버지의 나중의 설명에 따르면, 그는 학교 선생으로서 다운 증후군을 가진 아이들과 가깝게 일하고 있었으며, 그와 그의 아내는 수술에 동의하기를 거부하는 것이 아기 도우에게나 그들의 가족 전부에게 (그들은 두 아이를 가지고 있었다) 최선의 이익이 될 것이라고 생각했다. 병원당국은 그들의 법적 입장을 확신할 수 없었으므로, 이 문제를 법원으로 가져갔다. 지역 카운티 법원과 인디애나 주 최고법원은 모두 수술동의를 거부할 부모의 권리를 지지했다. 이 경우는 전국적인 매체의 관심을 끌었고, 미국 대법원에 가져가려는 시도가 이루어졌다. 그러나 이렇게 되기 전에, 아기 도우는 죽었다.

아기 도우의 사건의 한 결과는 그 당시 레이건Ronald Reagan 대통령이 수장으로 있던 미국 정부가, 장애와 상관없이, 모든 유아들의 생명을 구하는 데 필요한 치료를 하라는 지시를 담은 규정들을 반포한 것이었다. 그러나 새로운 규정들은 미국의학협회와 미국소아과학회로부터 강한 반발을 받았다. 그 규정들에 대한 법정청문회에서 심지어는 레이건 정부의 공중위생국장이고 모든 유아들이 치료를 받아야 한다는 것을 보장하고자 뒤에서 추진한 세력인 쿱Dr. C. Everett Koop조차도 그가 생명연장치료를 하지 않을 그럴 경우들이 있다는 것을 인정해야만 했다. 쿱은 생명연장치료에 적합하지 않은 세 상태를 언급했다. (두뇌 없이 태어나는) 무두뇌아들, 보통 극단적인 조산으로 인하여 두뇌에 심한 출혈을 앓고 있어 인공호흡기 없이는 결코 호흡을 할 수 없으며 다른 사람을 알아볼 수도 없을 아이들, 그리고 소화관의 주요 부분을 결여하고 있어 혈관에 직접적으로 영양을 공급하는 링거주사를 놓음으로써만 살아 있을 수 있는 아이들.

그 규정은 결국에는 희석되어 의사들에게 어떤 융통성을 허용하는 형태로 받아들여졌다. 하지만 신생아를 돌보는 것을 전문으로 하고 있는 미국 소아과의사들에 대한 그 이후의 조사는 의사들의 76%는 그 규정들이 불필요하다고 생각하고, 66%는 어떤 조치가 어린이들에게 최선의 이익이 될 것인지를 결정할 부모의 권리를 그 규정들이 침해하고 있다고 간주하며, 60%는 그 규정들이 유아들의 고통에 대한 적절한 고려를 허용하지 않고 있다고 믿고 있음을 보여 주고 있다.

영국 법원은, 일련의 경우에서, 어린이의 삶의 질이 생명유지치료가 제공되어야 하는지 여부를 결정하는 중요한 고려사항이라는 견해를 받아들였다. 아기 도우와 같이 다운 증후군과 장폐색을 가진 아기에 관한 인리비In re B라고 불린 사건에서 법정은 유아의 삶이 '명백히 지독하지' 않을 것이기 때문에 수술이 행해져야 한다고 판결했다. 리씨Re C라는 다른 경우에는 어린이가 제대로 형성되지 않은 두뇌와 심각한 신체적 핸디캡을 가지고 있었는데, 법원은 소아과 팀에게 생명연장치료를 제공하지 말 것을 명령했다. 리베이비제이Re Baby J의 사건에서도 이러한 방침이 취해졌는데, 그 아이는 극단적으로 조산아여서 눈 멀고 귀먹었으며 아마 결코 말도 할 수 없을 것이었다.

프랑스, 독일, 이탈리아, 룩셈부르크, 네덜란드, 스페인, 스웨덴 그리고 영국의 신생아 집중 치료 팀들에서 일하는 유럽 의사들에 대한 연구에 따르면, 이들 모든 나라들에서, 다수 의사들은 유아가 치료할 수 없는 질병을 가졌다는 것을 이유로 그러한 유아에게 집중 치료를 하는 데에 제한을 두고 있다. 예를 들어, 아기의 심장이 멈추면 인공호흡을 통한 소생을 않거나 인공호흡기를 부착하지 않는다. 많은 사람들이 (다운 증후군을 가진 사람들이 즐거운 삶을 살 수 있으며 종종 따듯하고 애정 깊은 개별자일 수 있기 때문에) 아기 도우 부모의 결정에 동의하지 않을지라도, 유아의 상태가 더욱 심각한 때에는 실제로 모든 사람들이 유아가 죽도록 방치하는 것이 자비롭고 윤리적으로 수용 가능한 유일한 방침이라는 것을 인정할 것이다. 문제는 어린이가 죽도록 방치하는 것이 옳다면 왜 그들을 죽이는 것은 그릇된 일이 되는가이다.

관련되어 있는 의사들이 이러한 문제를 모르고 있는 것이 아니다. 그들은 자주 19세기 시인인 클러프Arthur Clough의 시 한 구절을 인용함으로써 이러한 질문에 대답한다. 그는 이렇게 썼다.

죽이지 마라.
그러나 살아 있도록 하려고 부질없이 노력할 필요는 없다.

클러프의 불멸의 구절을 권위 있는 윤리적 선언이라고 주장하는 사람들에게는 불행한 일이지만, 그 구절은 날카롭게 풍자적인 시「오늘의 십계명」에 나오며, 이 시의 의도는 서술된 태도를 조롱하는 것이다.

예를 들자면 첫 구절은 이렇게 시작한다.

> 오직 하나의 신을 섬겨라,
> 누가 둘을 섬기는 비용을 부담할 것인가.
> 우상을 숭배하지 마라,
> 단 현금은 제외하고.

그러므로 죽이는 것은 그릇되나, 살아 있도록 하려고 열심히 노력하지 않는 것은 그릇된 일이 아니라고 생각하는 사람들 편에 클러프가 설 수 없다. 그럼에도 불구하고 이러한 생각에 찬성하여 말할 무엇이 있지 않을까? 이러한 생각에 찬성하여 말할 것이 있다는 견해는 종종 '행위와 무위의 교설the acts and omissions doctrine'이라 불린다. 이러한 견해는 어떤 결과를 가져올 행위를 수행하는 것, 예를 들면, 장애를 가진 유아를 죽이는 것과, 어떤 일을 하지 않음으로써 같은 결과를 가져오는 것 간에는 중요한 도덕적 차이가 있다고 주장한다. 만약 이러한 교설이 옳다면, 치명적인 주사를 주는 의사는 그릇된 일을 하는 것이고, 항생제를 주지 않으면 아이가 곧 죽으리라는 것을 잘 알고 있으면서도 항생제를 주지 않는 의사는 그릇된 일을 하는 것이 아니다.

행위와 무위의 교설을 수용해야 할 어떠한 근거가 있는가? 이 교설을 중요한 윤리적 제일 원칙으로 삼고 교설 그것 자체를 위해 교설을 주장하는 사람은 거의 없다. 이는 우리에게 특정한 도덕적 의무를 부과하는 특별한 도덕적 규칙들을 위반하지 않는 한, 우리는 도덕이 우리에게 요청하고 있는 모든 것을 한 것이라고 주장하는 하나의 윤리적 견해에 포함되어 있는 한 입장이다. 이러한 규칙들은 우리에게 익숙한 십계명이나 이와 비슷한 도덕적 규칙들, 즉 '죽이지 말라', '거짓말하지 말라', '훔치지 말라' 등등이다. 이러한 규칙들은 부정문으로 서술된다는 특징을 가지고 있다. 그래서 그러한 규칙에 순종하기 위해서는 금하고 있는 행위를 하지 않는 것으로 충분하다. 따라서 순종이 사회의 모든 성원에게 요구될 수 있다.

 모든 사람이 순종하리라 기대할 수 있는 도덕적 규칙이 제시하는 특정한 의무들로 구성된 윤리는, 행위와 무위 사이에 날카로운 도덕적 구분을 해야만 한다. 예를 들어서 '죽이지 말라'라는 규칙을 보자. 만약 이 규칙이 서구 전통 속에서 해석되듯이 무고한 사람의 목숨을 빼앗는 것만을 금지하는 것으로 해석된다면, 이 규칙에 명백히 위배되는 그러한 행위를 피하는 것은 그렇게 어렵지 않다. 우리들 중에 살인자는 거의 없다. 그러나 무고한 사람이 죽도록 내버려두는 것을 피하는 것은 그렇게 쉽지 않다. 많은 사람들이 충분하지 못한 음식 때문에, 빈약한 의료시설 때문에 죽는다. 만약 우리가 그들 중의 어떤 사람을 도울 수 있는데도, 그렇게 하지 않는다면, 우리는 그들을 죽도록 내버려두고 있는 것이다. 살해에 반대하는 규칙을 무위에 적용하면 그렇게 확장된 규칙에 일치하는 삶은, 제법 도덕적인 모든 사람들에게 요청되는 최소한이라기보다는, 도덕적 영웅주의 내지 성스러움의 구현이 된다.

 그래서 특별한 도덕적 규칙을 범했느냐 범하지 않았느냐violation에 따라 행위를 판정하는 윤리는, 행위와 무위 간의 구별에 도덕적 비중을 두어야만 한다. 그러나 행위를 그 결과consequence에 따라 판정하는 윤리는 그렇지 않다. 왜냐하면 행위와 무위의 결과는 흔히 모든 유의미한 점에서 구별 불가능하기 때문이다. 예를 들어, 숨을 쉴 수 없는 조산아를 인공호흡장치로 돕지 않는 것은 그 아이에게 독약을 주사하는 것과 마찬가지로 치명적인 결과를 가져온다.

  행위와 무위의 문제는 보통과는 달리 명백하고 직접적인 방식으로 두 개의 기본적인 접근법에 대한 선택 문제를 제기한다. 한 경우는 어떤 행위를 어떤 사람이 함으로써 다른 인간이 죽음에 이르게 되지만, 다른 경우에는 어떤 것을 하지 않음으로써 같은 결과를 가져오는, 그러한 두 가지 평행적인 상황들을 우리가 상상하기만 하면 된다. 다음은 유명한 오스트레일리아의 의료연구자인 놋설 Sir Gustav Nossal의 에세이 중에 있는 비교적 흔히 있는 상황에 대한 서술이다.

    83세 된 한 늙은 여성이 [노인요양원에] 입원하였다. 왜냐하면 그녀의 정신적 혼미가 점점 증가되어 그녀 자신의 집에 머무르는 것이 불가능했고, 그녀를 돌보기를 원하거나 돌볼 수 있는 사람이 없었기 때문이다. 3년간에 걸쳐서 그녀의 상태는 악화되었다. 그녀는 말하는 능력, 먹을거리를 달라고 요구하는 능력을 상실했고, 요실금증에 걸렸다. 마침내 그녀는 더 이상 안락의자에 앉아 있을 수 없어, 침대에 영구히 누워 있게 되었다. 어느 날 그녀는 폐렴에 걸렸다.

  적당한 삶의 질을 누리고 있는 환자에게, 폐렴은 보통 항생제로 치료될 수 있다. 이 환자에게 항생제를 주어야만 하는가? 놋설은 이렇게 계속하고 있다.

    친척들에게 연락이 취해졌고, 노인요양원의 간호부장은 그들에게 그녀와 그녀가 자주 청하는 의사가 이러한 유형의 사태에 대해서는 느슨하게 처리해 왔다고 말해 주었다. 심한 노인성 치매와 더불어 온 처음 세 번의 감염은 항생제를 가지고 치료했지만, 그 이후에는 '폐렴은 노인들의 벗'이라는 속담을 염두에 두고, 자연적으로 되어 가도록 버려두었다. 간호부장은 친척들이 원한다면 **모든** 감염들이 철저히 치료될 수 있음을 강조했다. 친척들은 대충 동의했다. 환자는 6개월 후에 비뇨관 감염으로 사망했다.

이 환자는 간호부장이 자의적인 무위를 수행함에 따라 그 결과로 죽었다. 많은 사람들은 이러한 무위가 잘 정당화된다고 생각할 것이다. 그들은 폐렴이 처음 발생하였을 때에도 치료하지 않았으면 더 좋지 않았겠느냐고 물을 수도 있다. 물론 셋이라는 숫자에 어떤 도덕적 마술이 있는 것은 아니다. 항생제를 주지 않기로 결심하는 바로 그때, 환자가 평화롭게 죽게 만들 주사를 주는 것 또한 정당화될 수 있었을까?

특정한 시간에 한 환자의 죽음을 가져오는 이 두 가지 가능한 방식들을 비교해 볼 때, 주사를 준 의사는 교도소에 가야 할 짓을 한 살인자인 반면 항생제를 투여하지 않기로 결정한 의사는 선을 실천하는 인정 많은 의료인인가? 법원의 판결은 아마 그러할 것이다. 그러나 확실히 이는 이치에 닿지 않는 구분이다. 두 경우에 결과는 [모두] 환자의 죽음이다. 두 경우에 의사는 결과가 이럴 것이라는 것을 알고 있었고, 그 결과가 나쁜 것보다 낫다고 생각했기 때문에, 이러한 앎에 근거해서 자신이 무엇을 할 것인지를 결정했다. 두 경우 모두 의사는 자신의 결정에 대해서 책임을 져야만 한다. 항생제를 주지 않기로 결정한 의사가 자신이 아무 일도 하지 않았기 때문에 환자의 죽음에 대해서 책임이 없다고 주장한다면 이는 그릇된 일이 될 것이다. 이러한 상황에서 아무것도 하지 않는다는 것 자체가 자의적인 선택이며, 그러한 선택의 결과에 대해서 책임을 회피할 수 없다.

물론 항생제를 주지 않은 의사가 환자를 죽이지 않았으며, 그녀는 단지 환자가 죽도록 방치했다고 말할 수도 있다. 그러나 그럴 경우에는 왜 죽이는 것은 언제나 그릇된 것이나 죽도록 내버려두는 것은 때때로 옳은가라는 그 다음 물음에 답해야만 할 것이다. 구별을 해야 한다고 주장하는 대부분의 사람들이 제시하는 답변은, 무고한 사람을 죽이지 말라는 도덕적 규칙은 있으나, 죽는 것을 방치하지 말라는 규칙은 없다는 것일 뿐이다. 이러한 대답은 관습적으로 수용되어 온 도덕적 규칙을 의심의 여지가 없는 것으로 간주하는 것이며, 이는 우리가 죽이는 것은 금하나 (죽도록 방치하는 것은 금하지 않는) 도덕적 규칙을 가져야만 하는지 여부를 되묻지 않는다. 그러나 우리가 이미 보았듯이 관습적으로 수용되는 인간 생명의 신성함이란 원칙은 지지될 수 없다. 죽이는 것을 금지하지만, '죽게 내버려두기'는 수용하는 도덕적 규칙 또한 당연시될 수 없다.

이러한 경우들을 생각해 보면 죽이는 것과 죽도록 방치하는 것 사이에는 도덕적으로 **본질적인** 차이가 없다는 결론에 이르게 된다. 즉 행위와 무위의 구별에만 근거해서는 차이가 없다는 것이다. (이는 죽도록 방치하는 모든 경우가 죽이는 것과 도덕적으로 동등하다고 말하는 것은 아니다. 다른 요소들, 즉 외적인 요소들이 때때로 중요하다. 이것은 제8장에서 다루어질 것이다.) 죽도록 방치하는 것, 즉 때때로 '소극적 안락사passive euthanasia'라고 부르는 것은 어떤 경우에는 이미 자비롭고 적합한 행위 방침으로 받아들여지고 있다. 죽임과 죽도록 방치함 사이에 아무런 본질적인 차이가 없다면, 적극적인 안락사active euthanasia 또한 어떤 상황에서는 자비롭고 적합한 것으로 받아들여져야 할 것이다.

다른 사람들은 생명을 연장하는 데 필요한 치료를 보류하는 것과 치명적인 주사를 주는 것 간의 차이가 그 둘이 행해지는 의도에 있다고 주장한다. 이러한 견해를 취하는 사람들은 '이중결과교설'에 의거한다. 이 교설은 가톨릭 도덕신학자들과 도덕철학자들이 널리 주장하고 있는데, 이는 한 행동이 (예를 들어, 생명연장치료를 하지 않는 것이) 두 가지 결과를 (이런 경우에는, 환자에게 추가적인 고통을 일으키지 않고 또 환자의 삶을 단축시키는 결과를) 일으킨다는 주장이다. 그 다음에 그들은 **직접적으로 의도된** 결과가 절대적인 도덕 규칙을 범하지 않으면서도 이로운 것인 한, 그러한 행위는 허용 가능하다고 주장한다. 비록 우리는 우리의 행위가 (즉 무위가) 환자의 죽음을 가져올 것이라는 것을 미리 알지만, 이것은 단지 원하지 않은 부수적인 결과일 뿐이라는 것이다. 그러나 직접적으로 의도된 결과directly intended effect와 부수적인 결과side effect의 차이는 억지로 만들어진 것이며, 이 교설은 허리케인 카트리나 후에 뉴올리언스의 메모리얼 메디컬 센터의 경우에서 본 것처럼 쉽게 오용될 수 있다. 우리는 우리가 의도한 것이 이러한 결과이고 저것이 아니라고 주장함으로써 책임을 피할 수 없다. 우리가 두 가지 종류의 결과를 모두 예측한다면 우리는 우리가 하는 일의 예측된 결과들 모두에 대하여 책임을 져야만 한다. 우리는 종종 어떤 것을 원하지만, 그것이 다른 원하지 않은 결과를 가져오기 때문에 그것을 할 수 없다. 예를 들어, 어떤 화학회사는 유독폐기물을 가장 경제적인 방법으로, 즉 근처의 강물에 내버림으로써 처리하고자 원할 수도 있다. 자신들이 직접적으로 의도한 것은 오직 공장의 효율성을 개선하고, 그렇게 함으로써 고용을 증진하고 운영비를 낮추고자 하는 것이었다고 공장의 책임자가 말하도록 허용할 것인가? 오염이 단지 이러한 가치 있는 목표들을 증진시키기 위해 한 일의 원하지 않은 부수적인 결과라고 해서 그것이용서할 수 있는 일이 될 것인가? 분명히 이중결과교설의 옹호자들은 그러한 변명을 받아들이지 않을 것이다. 그렇지만 그러한 것을 거부할 때 그들은 [그러한 일의] 대가가—오염된 강이—이익과 불균형을 이룬다는 판단에 의존해야만 할 것이다. 여기에 결과주의자들의 판단이 이중결과교설의 배후에 숨어 있다. 그 교설이 의료적인 보살핌에 사용될 경우에도 이는 마찬가지이다. 일반적으로 생명을 구하는 것은 고통을 더는 것보다 중요하다. 특정한 환자의 경우에 고통을 더는 것이 생명을 구하는 것보다 더 중요하다면, 이는 오직 환자의 미래의 삶이 적당한 질을 가질 전망이 너무 적어서 이러한 경우에는 고통을 더는 것이 더 중요하겠다고 우리가 판단하기 때문이다. 달리 말하자면, 이것은 인간의 목숨의 신성함을 수용하기 때문에 내리는 결정이 아니라, 다른 것으로 위장하기는 했지만, 실제로는 삶의 질에 기초한 결정이다.

치료의 '통상적인ordinary' 수단과 '비통상적인extraordinary' 수단을 구분한 다음 비통상적인 수단을 제공하는 것은 의무가 아니라는 믿음에 일반적으로 의존하는 것도 마찬가지로 불만족스럽다. 나의 동료 쿠즈Helga Kuhse와 함께, 나는 오스트레일리아의 소아과와 산부인과 의사들에 대한 조사를 했는데, 그들이 '통상적인' 수단이 어떤 것이고 '비통상적인' 것이 어떤 것인지에 대하여 놀라운 생각을 가지고 있음을 발견하였다. 어떤 이들은 심지어 가장 값싸고, 간단하고, 일반적인 의료시술인 항생제의 사용도 비통상적일 수 있다고 생각했다. 이러한 식으로 생각하는 이유는 쉽게 찾을 수 있다. 통상적인 것과 비통상적인 것의 구분에 찬성하는 도덕신학자들과 도덕철학자들이 제시하는 정당화를 보면, 한 상황에서 '통상적인' 것이 다른 상황에서는 '비통상적인' 것이 될 수 있다. 유명한 한 예를 들어보면, 혼수상태에서 인공호흡기의 도움을 받아 숨을 쉬며 회복할 전망이 없었던 뉴저지의 젊은 여성, 퀸런Karen Ann Quinlan의 경우에, 한 가톨릭 주교는 퀸런이 혼수상태로부터 회복될 아무런 희망도 가지지 않기에 인공호흡장치의 사용이 '비통상적'이며, 그래서 그것은 선택적인 것이라고 공언하였다. 확실히, 의사가 퀸런이 회복될 것 같다고 생각했다면, 인공호흡장치의 사용은 선택적인 것이 아니었을 것이며, '통상적인' 것으로 선언되었을 것이다. 다른 한편으로, 인공호흡기가 제거되었을 때, 대부분의 사람들에게는 놀랍게도, 퀸런 스스로 계속하여 숨을 쉬었고, 가톨릭 신자였던 그녀의 부모들은 그녀의 급식 튜브를 제거하려고 하지 않았다. 퀸런은 9년을 더 살았지만, 혼수상태에서 결코 회복되지는 못했다.

2004년 테리 샤이보에 대한 논쟁 중에, 교황 요한 바오로 2세는, "물과 음식의 투여는 비록 인공적인 수단에 의해서 이루어질 때에도 언제나 목숨을 유지하는 자연스런 수단이며, 의료적 행위가 아니다"라고 말하면서, 급식 튜브가 식물인간 상태의 사람들에게서 제거되지 말아야 한다고 강력하게 진술하였다. 급식 튜브의 사용이 어떻게 의료적 행위가 아닌지 알기 어렵다. 급식 튜브를 삽입하는 것은, 건강관리 훈련을 받지 않은 사람은 할 수 있는 일이 아니다. 인공호흡기를 제거하는 것과 급식 튜브를 제거하는 것 간에 실제적으로 중요한 도덕적 차이가 있는가? 환자가 적어도 최소 수준의 삶의 질을 누릴 수 있을 것인가에 대한 전망이 (그리고 자원이 제한되어 있거나 다른 곳에서 생명들을 구하기 위해 보다 효과적으로 사용될 수 있을 때, 그러한 처치의 비용이) 어떤 특정 형태의 처치가 제공될 것인가 말 것인가를 결정해야 한다.

실제로, 외적인 차이들, 특히 죽음이 일어나는 시간의 차이들 때문에 적극적인 안락사는 더 자비로운 과정일지도 모른다. 1970년대, 영국 의사였던 로버Dr. John Lorber는 아주 심한 형태의 척추피열spina bifida을—그 당시 상대적으로 흔한 출생 결함birth defect이었는데, 아이는 등에 상처가 있어 신경이 드러나 보인다.—가지고 태어난 유아들을 죽게 내버려두도록 추천했다. 왜냐하면 그는 그들의 삶이 가치 있을 전망이 빈약하다고 생각했기 때문이다. 로버는 이들을 치료하지 않은 목적이 그들이 곧 고통 없이 죽도록 하기 위해서였다고 공개적으로 인정하였다. 그러나 그의 보고에 따르면, 수술을 하지 않기로 결정한 척추피열을 가지고 태어난 25명의 유아 중에 한 달이 지난 다음에도 14명이 살아 있었고, 세 달이 지난 다음에도 7명이 살아 있었다. 척추피열에 대해 로버식 접근법을 따랐던 오스트레일리아의 한 병원은 치료를 받지 못한 79명의 유아 중 5명이 2년 이상 생존했다고 보고하고 있다. 유아에게나 그 가족에게나, 이는 오래 끄는 시련이다. 그리고 (물론 상당한 정도의 부를 가지고 있는 사회에서는 이것이 일차적인 고려사항이 될 수는 없지만) 병원 의료진이나 지역사회의 의료자원에 대해서도 상당한 부담이다. (오늘날, 척추피열을 가지고 태어나는 아기는 훨씬 적은데, 부분적으로는 엽산을 임신 초기에 취하면 그러한 질병의 발병률을 낮출 수 있다는 사실의 발견 때문이고, 또 부분적으로는 척추피열이 임신 중에 이제 탐지되고 그 질환을 가진 태아가 중절되기 때문이다.)

다른 예를 들어, 다운 증후군을 가지고 또 소화관 내에 봉쇄물이 있어 이것이 제거되지 않으면 무엇을 먹을 수 없는 그러한 유아를 생각해 보자. '아기 도우'와 같이 이러한 유아들은 죽도록 방치될 수 있다. 봉쇄물은 제거될 수 있지만 이것은 그 아이가 가지는 지적인 장애 정도와는 아무런 상관이 없다. 게다가 이러한 상황에서 수술을 하지 않아 결과적으로 죽는 것은, 비록 확실하기는 하지만, 신속한 것도 고통 없는 것도 아니다. 유아는 탈수나 배고픔으로 죽는다. 아기 도우는 죽는 데 대략 닷새가 걸렸다. 이러한 관행이 기록된 다른 경우에는, 죽는 데 두 주일까지 걸렸다.

이러한 맥락에서 우리의 이전의 논의, 즉 한 존재가 호모 사피엔스의 일원이라는 사실이 비슷한 정신능력을 가진 다른 종의 일원보다 더 좋은 대우를 받아야 할 이유가 될 수 없다는 주장을 다시 생각해 보는 것은 흥미롭다. 너무나 명백해서 말할 필요가 없는 것처럼 보이는 경우를 제외하고, 우리는 또 어떤 존재가 호모 사피엔스의 일원이라는 것이 다른 종의 일원보다 **더 나쁜** 대우를 받아야할 이유가 아니라고 말할 수도 있다. 그런데 안락사와 관련하여 이렇게 말할 필요가 있다. 만약 개가 아프고 고통을 받고 있는데 회복할 가능성이 없다면, 해야 할 자비로운 일은 치명적인 주사로 그것의 고통을 쉽게 끝내 줄 수의사에게 데려 가는 것이다. 치료를 하지 않고 '자연적으로 되어 가도록 버려 두는 것'은 명백히 그릇된 일일 것이다. 자신의 개가 천천히 그리고 고통스럽게, 몇 날을, 몇 주를, 혹은 몇 달을 죽어 가고 있는 동안 치료를 하지 않는다면 명백히 잘못된 일일 것이다. 개에게 그렇게 할 경우에는 그것이 명백히 그릇된 일이라고 보면서도, 그러한 문제들에 대하여 자신의 견해를 결코 표현할 수 없었던 인간 존재에게 그렇게 하는 것이 동일하게 그릇된 일이라는 것을 보지 못하는 것은, 인간 생명의 신성함이란 교리에 대한 우리의 빗나간 존경, 오직 그것 때문이다.

요약하자면, 삶을 끝내는 소극적 방식들은 질질 끄는 죽음을 초래한다. 이러한 방식들은 무관한 요소들을 (장 내의 봉쇄물이나 쉽게 치료할 수 있는 감염 등을) 죽을 이들을 선택하는 데 끌어들인다. 우리의 목표가 쉽고 고통 없는 죽음이라는 것을 인정할 수 있다면, 이러한 목적의 달성 여부를 결정하는 것이 우연에 달려 있도록 버려두지 말아야 한다. 죽음을 선택하였을 때, 우리는 그것이 가능한 최선의 방식으로 이루어지도록 보장해야 한다.

제6절 미끄러운 비탈길: 안락사로부터 대량학살로?

이 주제에 대한 논의를 끝내기 전에, 안락사를 반대하는 문헌에서 크게 부각되고 있는 반론을 고려해야만 하는데, 이는 그 자체로 한 절로 취급될 만하다. 예를 들자면, 로버가 적극적인 안락사를 거부하는 이유이다. 로버는 이렇게 썼다.

> 나는 전체적으로는 안락사에 동의하지 않는다. 그것이 완전히 이치에 맞는 일이라고 해도, 그리고 그것이 숙련되고 양심적인 사람들에 의해 수행될 때 그러한 상황에 대처하는 가장 자비로운 방식일 수 있다고 해도, 안락사를 법제화하는 것은, 국가 혹은 무지하고 양식 없는 개인에게 아주 위험한 무기를 쥐어주는 일일 수 있다. 안락사가 법제화되었을 때 어떤 범죄가 저질러질 수 있는지를 알기 위해 역사를 많이 거슬러 올라갈 필요도 없다.

안락사는 미끄러운 비탈길의 첫 번째 단계인가? 우리의 타락을 견제할 뚜렷한 도덕적 버팀목이 없을 때, 우리는 국가적 폭력이나 대량학살의 심연 속으로 곧장 미끄러져 빠져들게 될 것인가? 로버가 가리키고 있음에 틀림없는 나치의 경험이, 안락사를 경고하는 유령으로서 종종 인용된다. 다른 의사인 알렉산더Leo Alexander의 논문에는 보다 자세한 예가 있다.

    [나치의] 죄악이 종국적으로는 얼마나 커졌든지 간에, 그러한 죄악을 조사한 모든 사람들은 그것이 조그마한 것에서부터 시작되었음을 명백히 알게 되었다. 처음에 그 시작은, 외과의사의 기본적인 태도에서 강조점이 약간 변경된 것에 불과했다. 그것은 안락사 운동의 기본적인 태도 즉 살 만한 가치가 없는 삶이 있다는 태도의 수용과 더불어 시작되었다. 이러한 태도는 그 초기에서는 단지 심각하고 만성적인 질병하고만 관련되어 있었다. 점차적으로 이러한 범주에 드는 사람들의 영역이 확대되어, 사회적으로 생산적이지 못한, 이데올로기적으로 바람직하지 못한, 인종적으로 바람직하지 못한, 마침내는 게르만족이 아닌 모든 사람을 포괄하게 되었다. 이러한 심리적 경향 전체가 추진력을 얻어낸 지렛대의 무한히 작은 쐐기가 바로 회복할 수 없는 질병에 대한 태도였다는 것을 아는 것이 중요하다.

    알렉산더는 나치의 소위 안락사 프로그램을 나치가 나중에 저지른 모든 끔찍한 범죄들의 뿌리로 지적하고 있다. 왜냐하면 그 프로그램이 "살 만한 가치가 없는 삶이 있다"는 것을 함축하고 있었기 때문이나. 로버는 이 점에서는 결코 알렉산더에 동의하지 않을 것이다. 왜냐하면 최악의 형태의 척추피열을 가진 아이들을 치료하지 않는다는 그가 추천하는 절차는 정확히 이러한 판단에 기초하고 있기 때문이다. 비록 사람들이 결코 어떤 삶을 살 만한 가치가 없는 삶이라고 판단해서는 안 되는 것처럼 때때로 말하긴 하지만, 그러한 판단이 명백히 정확할 때도 있다. 어떤 형태의 쾌락이나 최소한의 수준의 자기에 대한 앎마저도 없고 오직 육체적 고통만이 있을 뿐인 삶은 살 가치가 없다. 이미 이야기한 것처럼, 테이삭스 병은 살만한 가치가 없는 삶의 그럴듯한 예이다. 건강관리 경제전문가들이 수행한 조사에 따르면, 그러한 건강 상태에서 살아 있다는 것에 얼마나 많은 가치를 부여할 것인가라고 물었을 때, 보통 사람들은 그러한 상태들에 대하여 부정적인 평가를 한다고 한다. 그들은 그러한 상태로 살아남을 바에야 차라리 죽음을 택하겠노라고 대답한다는 것이다. 확실히 놋설이 서술한 나이든 여성의 삶은, 요양원의 간호부장, 의사, 그리고 친척들의 의견으로는, 살 만한 가치가 없었다. 우리가 누구를 죽도록 방치해야 하고 누구에게는 치료를 해야 한다고 결정하는 기준을 세울 수 있다면, 우리가 어떤 기준을, 아마도 똑같은 기준을 누구를 죽여야만 하는지 여부를 결정할 기준으로 세우는 것이 왜 잘못된 일이겠는가?

그러므로 나치와 대량학살을 범하지 않는 정상적인 사람들의 차이점은 어떤 삶들은 살 가치가 없다는 태도가 아니다. 그렇다면 차이는 무엇인가? 그들이 소극적인 안락사를 넘어서서 적극적인 안락사를 실행했다는 것인가? 로버와 같은 많은 사람들이 적극적인 안락사 계획이 비양심적인 정부에 부여할 권력에 대하여 염려하고 있다. 이러한 염려는 무시할 수 없다. 그러나 과장되지도 말아야 한다. 비양심적인 정부는 의료적 근거로 의사에 의해서 수행되는 안락사보다도 더욱 그럴듯한 반대자 제거수단을 그들의 권력 내에 이미 가지고 있다. '자살'로 처리될 수 있으며, '사고'도 일어날 수 있다. 만약 필요하다면 암살자도 고용할 수 있고, [그러할 경우] 정부의 범죄에 대해서 다른 사람이 비난받게 된다. 그러한 가능성에 대해서 우리가 할 수 있는 최선의 방어는, 우리의 정부를 민주주의적이고 개방적이게 하고, 자신의 반대자를 죽이기를 진지하게 원하지 않는 사람에게 정부를 맡기기 위해 할 수 있는 모든 일을 다 하는 것이다. 일단 진실로 반대자를 죽이고자 소망한다면, 정부는 안락사가 합법적이든 아니든 간에 어떤 방법을 강구할 것이다.

실제로 나치는, 안락사라는 말의 고유한 의미에서, 안락사 프로그램을 가지고 있지 않았다. 그들의 소위 안락사 프로그램은 죽임을 당하는 사람의 고통에 대한 관심에 의해 동기화된 것이 아니었다. 그랬더라면 왜 나치는 그들의 수술을 비밀로 하고, 죽임을 당한 사람들의 사인을 친척들에게 속였으며, 어떤 특권계층, 즉 예비역 군인이나 안락사 실무진의 친척과 같은 계층은 제외시켰겠는가? 나치의 '안락사'는 결코 자의적인 것이 아니었으며, 비자의적인 것이라기보다 종종 반자의적인 것이었다. 그 계획을 담당하고 있었던 사람들이 사용했던 구절인 '소용없는 입들을 없애기'라는 말은 '자비로운 죽임'이라는 말보다 그 계획의 목표가 무엇이었는지를 좀 더 잘 말해 준다. 출신인종과 작업능력이 죽임을 당할 환자를 선택하는 데 고려된 요소들이었다. 순수 아리안 종족을 유지하는 일의 중요성에 대한 나치의 믿음이—단순한 개인적인 삶보다도 더욱 중요한 것으로 생각되어졌던 유사신비주의적인 인종주의적 개념이—바로 소위 안락사 프로그램과 나중의 전체 대학살을 가능하게 한 것이다. 이에 반해, 안락사의 법제화를 제안하는 것은 자율성 존중과 무의미한 고통의 회피라는 목표에 기초해 있다.

그래서 안락사를 법제화하는 것이 우리를 나치식의 잔학행위의 심연으로 미끄러져 내려가게 할 것이라는 전망은 거의 없다. 인간과 비인간, 태아와 유아, 죽임과 죽도록 방치함 간의 구분이 아무리 자의적이더라도, 무고한 인간을 죽이는 것이 언제나 그릇된 일이라는 규칙은 작동 가능한 최소한의 경계선이 될 수 있다. 살 만한 가치가 있는 삶을 가진 유아와 명백히 그렇지 못한 삶을 가진 유아 간의 구분을 짓기는 아주 어렵다. 어떤 종류의 인간이 어떤 상황에서 죽임을 당해도 된다는 것을 본 사람은, 그와 아주 다르지 않은 다른 이들을 죽이는 것이 그릇되지 않다고 결론을 내릴 것 같기도 하다. 이렇게 보면 수용 가능한 살생의 경계가 점진적으로 뒤로 밀릴 것인가? 어떤 논리적인 중단점이 없다면, 결과적으로 인간의 생명에 대한 모든 존중이 상실되고 말 것인가?

만약 우리의 법이 바뀌고 그래서 누구라도 안락사를 수행할 수 있다면, 안락사의 정당한 대상인 사람과 그렇지 않은 사람들 사이에 명백한 구분선이 없다는 것이 실제로 위험을 초래할 것이다. 그러나 안락사를 주장하는 사람들의 제안은 그러한 것이 아니다. 만약 안락사라는 행위를 전문 의료인이 다른 의사의 동의를 얻어서만 수행할 수 있다면, 살해하려는 성향이 통제되지 않고 전 사회에 퍼질 것 같지는 않다. 의사들은, 치료를 보류하는 그들의 능력을 통해, 삶과 죽음에 대하여 이미 많은 권력을 가지고 있다. 처음에는 심하게 장애를 가진 아이들이 폐렴으로 죽도록 방치한 의사가, 나중에는 인종적 소수자에 속하는 환자에게나 정치적 극단론자들에게 항생제를 보류하는 데까지 옮겨갈 것이라는 기미는 이제까지는 없었다. 사실 안락사를 법제화하는 것은 의사들의 권력에 대한 통제로서 작용하기도 할 것이다. 왜냐하면 어떤 의사들이 지금은 자신의 주도로 비밀스레 하고 있는 일을 개방적으로, 그리고 다른 의사의 세심한 조사 하에 하도록 할 것이기 때문이다.

어쨌든 간에 어떤 범주의 인간을 죽여도 좋다고 허용하는 태도가 다른 범주의 인간을 죽이지 못하도록 하는 금지조항의 파괴에 이를 것이라고 볼 역사적 증거는 거의 없다. 고대 그리스인들은 통례적으로 유아를 죽이거나 버렸으나, 적어도 중세 기독교인이나 현대의 미국인처럼 동료시민의 생명을 빼앗을 정도로 비양심적이었던 것으로 보이지는 않는다. 전통적인 에스키모 사회에서 남자가 늙은 부모를 죽이는 것은 관습이었지만, 정상적인 건강한 성인을 죽인 예는 거의 들어보지 못했다. 내가 이러한 관행을 언급하는 것은 우리가 그들을 모방해야 한다고 주장하기 위해서가 아니라, 우리가 지금 줄을 긋고 있는 곳과는 다른 곳에 줄이 그어질 수 있다는 것을 가리키기 위한 것이다. 만약 이들 사회가 한 부류에 대한 자신의 태도를 다른 부류로 전이하지 않고서 인간을 각각 다른 범주로 구분할 수 있었다면, 보다 세련된 법률체계와 보다 큰 의료적 지식을 가진 우리도 같은 일을 할 수 있을 것이다.

  이 모든 것은 생명의 신성함이라는 전통적 윤리에서 벗어나는 것이, 매우 적고 또 그러면서도 제한된 것이기는 하겠지만, 원하지 않은 결과를 가져올 위험을 가지고 있다는 것을 부정하지는 않는다. 이러한 위험에 대해, 우리는 전통적 윤리가 일으키는 현실적인 피해, 즉 필요 없이 연장된 비참을 겪게 되는 사람들이 입는 피해를 견주어 봐야만 할 것이다. 그리고 임신중절과 소극적 안락사가 널리 받아들여짐으로써 이미 전통적인 윤리의 결함들이 드러났기 때문에, 이로 인하여 전통윤리가 개인의 생명에 대한 존중을 결여하고 있는 사람들에 대항하여 방어를 제대로 못하고 있는 것이 아닌지 우리는 또한 물어야만 한다. 덜 명백하다 하더라도 보다 건전한 윤리가 정당화될 수 없는 살생에 저항하는 보다 굳건한 근거를 결국에는 제공할 것이다.

제8장

빈부의 문제

제1절 빈곤에 관한 몇 가지 사실들

20세기 말에 세계은행은 극단적인 빈곤 속에 살고 있는 6만 명의 여성과 남성의 견해를 기록하기 위해 한 연구팀을 파견했다. 73개의 나라들을 방문하면서, 연구팀은 빈곤은 다음과 같은 것을 의미한다고 거듭하여 들었다.

- ▶ 1년 내내 혹은 1년 중 한때 식량이 부족하고, 자주 하루에 한 끼밖에 먹지 못하며, 때때로 아이들의 배고픔과 자신의 배고픔 중에서 어떤 것을 해결할지 선택해야만 하며, 때로는 어느 것도 해결하지 못한다.
- ▶ 돈을 모을 수 없다. 가족 중 누가 아파서 의사를 보러 갈 돈이 필요하면, 아니면 농사가 안 되어 먹을 것이 하나도 없으면, 지역의

대금업자에게 돈을 꾸어야만 한다. 대금업자는 높은 이자를 받을 것이기 때문에, 빚은 계속 늘어날 것이며, 결코 빚에서 헤어나지 못한다.
▶ 아이들을 학교에 보낼 여유가 없다. 아니면 아이들이 학교에 다니기 시작해도, 농사가 신통치 않으면 아이들을 다시 학교에 보낼 수 없다.
▶ 흙과 짚으로 만들어진 흔들거리는 집에 살고 있어 이삼 년마다, 혹은 혹독한 날씨를 겪고 나면, 집을 다시 지어야 한다.
▶ 안전한 마실 물의 원천이 가까이에 없다. 물을 멀리서 가져와야 하며, 그럴 경우에도 그것을 끓이지 않으면 질병에 걸릴 수 있다.

이러한 물질적인 박탈과 더불어, 무력감, 연약성, 그리고 깊은 수치심이나 실패감이라는 굴욕적인 상태가 아주 자주 같이 온다.

세계은행이 정의한 대로, 극단적인 빈곤extreme poverty이란 적당한 음식, 물, 주거, 의복, 위생, 건강관리, 혹은 교육과 같은 인간의 가장 기초적인 필요에 대응할 충분한 수입을 가지지 못하는 상황을 의미한다. 2008년 세계은행의 계산에 따르면, 이를 위해 미국에서 하루 약 1.25달러에 해낭하는 구매력에 상응하는 하루 수입이 있어야 한다. 이것은 외환 교환시 미국 돈 1.25달러에 해당하는 것이 아니다. 이것은 그렇게 나쁜 것이 아닐지 모른다. 왜냐하면 부유한 나라에서 빈곤한 나라로 여행해 본 사람이면 누구나 아는 것처럼, 부유한 나라의 돈은 종종 빈곤한 나라에서는 훨씬 큰 구매력을 가지기 때문이다. 세계은행의 정의는 그러한 차이를 고려하였다. 빈곤한 사람은 미국에서 1.25달러로 살 수 있는 양의 필수품을 자기 나라 돈으로 살 만큼만 벌면 된다. 세계은

행은 14억의 사람들이 이보다 적은 수입을 올린다고 평가한다.

산업화된 나라들에서, 사람들은 자신이 속한 사회의 다른 사람들과 비교해서 빈곤하다. 그들의 빈곤은 상대적이며, 그들은 그들의 기초적인 필요를 충족시키기에 충분한 수입을 올리고 있으며 보통 공짜 건강관리를 받는다. 개발도상국에서 극단적인 빈곤 속에 살고 있는 14억의 사람들은 절대적인 기준에서 빈곤하다. 그들은 그들의 기초적인 필요에 대응하는 데 어려움을 겪고 있다. 절대적 빈곤은 사람을 죽인다. 유엔아동기금UNICEF에 따르면, 2008년 880만 명의 다섯 살 이하의 아이들이 피할 수 있는 빈곤과 관련된 원인으로 죽었다. 이는 매일 2만 4천 명에 이르는 아이들이―풋볼 경기장에 가득 찬 아이들을 생각해 보라―불필요하게 죽고 있다는 의미이다. (죽어 가는 아이들의 숫자는 1960년대 이후 꾸준히 감소하고 있다. 하지만 여전히 너무 높은 수준을 유지하고 있다.) 수백만의 어른들도 절대적인 빈곤 때문에 죽는다. 부유한 나라에서 예상 수명은 이제 78세지만, 개발도상국에서 그것은 50세 근처이다. 절대적인 빈곤이 죽음을 일으키지 않을 때에도, 그것은 풍요한 나라에서는 자주 볼 수 없는 그러한 종류의 불행을 여전히 일으킨다. 어린아이 때의 영양결핍은 신체적이고 정신적인 발달을 방해한다. 빈약한 식사를 하는 수백만의 사람들은 갑상선 종이나 비타민 A의 결핍에 의한 시력상실과 같은 영양결핍성 질병으로 고통을 받는다. 빈곤한 사람이 먹는 영양분은, 위생과 건강에 대한 교육이 부족할 때 발생하기 마련인 십이지장충이나 백선증과 같은 기생충에 의해 더욱 감소된다.

죽음이나 질병 말고도, 절대빈곤absolute poverty은 음식, 주거, 의복, 위생, 보건 그리고 교육의 열악성을 동반하는 고통스런 삶의 조건이다. 이것이 우리 세계의 '통상적인' 상황이다. 2001년 9월 11일에 방지가능한 빈곤과 관련된 질병으로 죽은 사람은, 그 암흑의 날 세계무역센터와 펜타곤에 대한 테러리스트들의 공격에 의해 죽은 사람의 적어도 열 배는 된다. 테러리스트의 공격은, '테러리즘과의 전쟁'과 그 이후 모든 항공 여행객들을 불편하게 만들었던 안전 조치에, 수조 달러를 소비하게 했다. 빈곤에 의해 야기된 죽음들은 무시되었다. 그래서 2001년 9월 11일 이후 테러리즘에 의해 죽은 사람들은 별로 없지만, 2001년 9월 12일에 빈곤과 관련된 원인들로 대략 3만 명이 죽었다. 그 때부터 지금까지 매일 그래 왔고 내일도 죽을 것이다. 대략 23만 명을 죽인 2004년 아시아의 쓰나미나 20만 명에 이르는 사람을 죽인 2010년 아이티의 지진과 같은 보다 큰 사건들을 고려하여도, 우리가 이야기하고 있는 것은 빈곤과 관련된 방지할 수 있는 죽음의 단지 1주일치 희생자에 해당하는 숫자일 뿐이다. 그리고 이러한 일은 1년 52주 내내 일어난다.

제2절 풍요에 관한 몇 가지 사실들

절대적 빈곤의 이러한 그림과 '절대적 풍요'의 그림을 나란히 놓을 수 있다. 절대적으로 풍요로운 사람은 그들의 이웃과 비교하여 풍요할 필요가 없다. 그들은 기초적인 삶의 필수품들을 자신들에게 적합하게 공급하기 위해 필요한 것 이상의 수입만 가지면 된다. (직접적으로든 세금을 통해서든) 음식, 주거, 의복, 기초적인 의료 서비스, 그리고 교육을 구매한 다음, 절대적으로 풍요로운 사람들은 여전히 사치품에 쓸 돈이 있다. 절대적으로 풍요로운 사람들은 음식을 배고픔을 중단시키기 위해서가 아니라 미각의 기쁨을 위해 선택한다. 그들은 몸을 따뜻하게 하기 위해서가 아니라 멋있게 보이기 위해 새 옷을 산다. 그들은 비를 막기 위해서가 아니라 보다 좋은 이웃들이나 아이들이 놀 더 넓은 공간을 위해서 집을 옮긴다. 이 모든 것을 하고 난 다음에도, 홈 멀티미디어 시스템용 가구나 해외휴가에 사용할 돈이 여전히 있다.

이 단계에서 나는 절대적 풍요에 대하여 아무런 윤리적 판단도 하지 않는다. 나는 단지 그것이 존재한다는 것을 지적하고 있을 뿐이다. 절대풍요라고 일컫는 것은 자신과 부양가족의 기초적인 인간적 필요를 충족시키기 위해 필요한 수준 이상의 상당량의 수입이다. 이러한 기준에 의하면, 유럽, 북미, 일본, 오스트레일리아, 뉴질랜드, 그리고 기름부자인 중동 국가들의 다수 시민들이 모두 절대적으로 풍요롭다. 중국, 인도, 그리고 브라질과 같은 나라들에는, 극단적인 빈곤도 있지만, 수억 명의 절대적으로 풍요한 사람들도 또한 있다. 이들 풍요로운 사람들은 그들 자신의 기초적인 복지를 위협하지 않고도 극단적으로 빈곤한 사람들에게 넘겨줄 수 있는 부를 가지고 있다.

현재 넘겨지고 있는 양은 아주 적다. 1970년에 유엔총회는 부유한 나라들이 주어야 할 외국 원조량의 적당한 목표치를 국민총수입의 0.7% 혹은 국가가 버는 100달러당 70센트로 정하였다. 40년 후에, 이 수준에 도달한 나라들은 단지 덴마크, 룩셈부르크, 네덜란드, 노르웨이, 그리고 스웨덴뿐이다. 2008년 풍요한 국가들 중에서 가장 큰 경제를 가지고 있었던 미국과 일본은 0.19%, 즉 그들이 번 100달러당 19센트를 주었을 뿐이다. 오스트레일리아와 캐나다는 아주 조금 나아서 0.32%를 주었고, 반면에, 프랑스, 독일, 그리고 영국은 풍요한 국가들의 평균 근처인 0.38%에서 0.43%를 주었다. 그들의 수입과 비교하면 부유한 나라들이 주고 있는 것은 상대적으로 너무 사소하다.

제3절 살인과 도덕적으로 동일한 게 아닌가?

이러한 사실은 부유한 나라의 사람들이 그들이 줄 수 있는 것보다 적게 줌으로써 10억 이상의 사람들이 어려운 상황 속에서 계속 살게 하고 일찍 죽도록 용납하고 있다는 것을 의미한다. 이러한 결론은 단지 정부들에만 해당되는 것이 아니라, 각각의 풍요로운 개인들에게도 해당된다. 왜냐하면 우리들 각각은 그러한 상황에 대하여 무엇인가 할 수 있는 기회를 가지고 있기 때문이다. 예를 들면 우리는, 빈곤한 사람들에게 건강관리, 안전한 마실 물, 교육과 더 좋은 농업 기술을 제공하는 일을 돕는 자원봉사기관들에, 우리의 시간이나 돈을 줄 수 있기 때문이다. 만약 어떤 이를 죽도록 방치하는 것이 어떤 이를 죽이는 것과 본질적으로 다르지 않다면, 우리 모두는 살인자로 보일 것이다.

이러한 판정은 너무 가혹한가? 많은 이들은 이를 명백히 터무니없는 것으로 거부할 것이다. 그들은 국제원조기관에 기부하지 않고 풍요롭게 사는 것이 에티오피아로 건너가서 농부 몇 명을 쏘아 죽이는 것과 윤리적으로 같은 것이 아니라고 생각한다. 그들은 죽게 내버려두는 것이 죽이는 것과 같을 수 없다고 생각한다. 그들은 우리가 돈으로 생명을 구할 수 있을 때 사치품에 돈을 사용하는 것과 자의적으로 사람을 총으로 쏘는 것 간에는 몇 가지 중요한 차이가 있다고 지적한다. 이러한 차이들 중의 몇몇을 살펴보고, 다음에 그것들 중의 어떤 것이 실제로 도덕적으로 중요한지 고려해 보자.

첫째로, 통상적으로 동기화가 다를 것이다. 자의로 총을 쏘는 자는 각별히 노력하여 사람을 죽인다. 그들은 희생자들이 죽기를, 즉 악의에서나 사디즘에서나 혹은 이와 비슷한 좋지 못한 동기로 동기화되어 희생자들이 죽기를 원할 것이다. 아이팟ipod을 사는 사람은 아마도 음악을 들음으로써 더 즐겁기를 원한다. 그 자체가 끔찍한 일은 아니다. 아무리 나쁘게 말해도 돈을 기부하는 대신 사치품에 돈을 들이는 것은 이기심이나 타인의 고통에 대한 무관심을 드러낼 뿐이며, 이러한 것들은 바람직하지 못한 성격이기는 하지만 실제적인 악의나 그와 비슷한 동기와 비교할 수 없는 것이다.

둘째로, 우리들 대부분에게 사람을 죽이지 말라는 규칙에 따라 행동하기는 어렵지 않다. 그러나 반면에 우리가 구할 수 있는 모든 생명을 구하라는 명령에 복종하기는 매우 어렵다. 안락하게 또는 심지어 호화스럽게 살기 위해서라도 누구를 죽일 필요는 없지만, 우리가 구할 수도 있는 목숨이 끊어지도록 방치할 필요는 있다. 왜냐하면 우리가 안락하게 살기 위해 필요한 돈이 그 대신에 기부될 수도 있기 때문이다. 그래서 살인을 피하라는 의무는 목숨을 구하라는 의무보다 완전히 이행하기가 훨씬 쉽다. 아마 구할 수 있을 모든 목숨을 구하는 것은 우리를 살아 있도록 하는 데 필요한 아주 필수적인 것만을 누리는 정도로 우리의 생활수준을 깎아 내리는 것을 의미한다.* 이러한 의무를 완전

---

* 엄격히 말해서 우리의 생활수준은, 우리에게 필요한 것을 사고 남은 돈 대부분을 기부할 수 있을 정도로 수입이 있도록 하는 한도 내에서, 최소한의 것으로 줄여야 할 것이다. 말하자면 만약 내가 현재 나의 직장에서 1년에 10만 달러를 버는데, 그렇지 않았으면 내가 살았을 집보다 더 비싼 지역에서 1년에 3만 달러의 주거비를 지불해야 한다고 해보자. [나는 실제로는 7만 달러를 벌게 된다.] 그런데 덜 비싼 시골 지역으로 이사하여 단지 6만 달러밖에 벌지 못하는 직장을 갖게 된다면 [수입이 1만 달러가 줄어들어] 나는 더 많은 사람을 구할 수 없다.

히 수행하기 위해서는, 단지 살인을 피하기 위해 요청되는 것과는 완전히 다른, 도덕적 영웅주의와 같은 수준이 요청된다.

셋째로, 도움을 주지 않았을 때와 비교하면 총을 쏘았을 때는 훨씬 확실한 결과가 있다는 것이다. 만약 내가 장전된 총을 가까이 있는 어떤 사람에게 겨누고 방아쇠를 당긴다면, 그 사람이 죽을 것이라는 것은 실제로 확실하다. 반면에 내가 줄 수 있었던 돈은 성공적이지 못하여 아무도 돕지 못한 것으로 판명될 계획에 사용될 수도 있다.

넷째, 어떤 사람이 총을 맞았다면, 해를 입은 어떤 특정한 인물을 확인할 수 있다. 우리는 그를 지적할 수 있고, 슬퍼하는 그의 가족들도 알 수 있다. 그러나 내가 아이팟을 살 경우에는, 내가 그 돈을 기부했으면 구할 수 있었던 사람이 누구인지를 알 수 없다.

다섯째, 기아라는 곤경은 내가 만든 것이 아니며, 그래서 나는 그것에 책임이 있을 수 없다고 말할 수도 있다. 내가 존재하지 않았더라도 굶주리는 사람들은 굶주렸을 것이다. 그렇지만, 내가 죽인다면, 나는 나의 희생자의 죽음에 대하여 책임이 있다. 왜냐하면 내가 그를 죽이지 않았다면 그 사람은 죽지 않았을 것이기 때문이다.

이러한 차이점들로 해서 우리의 예전의 결론 즉 죽이는 것과 죽도록 방치하는 깃 간에는 본질적인intrinsic 차이가 없다는 주장이 동요되지는 않는다. 그러한 것들은 부대적인extrinsic 차이들이다. 즉 그것들은 죽이는 것과 죽도록 방치하는 것 간의 구별과 일반적으로 관련이 있으나 필연적으로 관련이 있는 것은 아니다. 우리는 어떤 사람이 다른 사람을 악의로 또는 가학증적인 이유로 죽도록 내버려두는 경우를 상상할 수 있다. 우리는 도움을 필요로 하는 사람이 매우 적고, 그래서 그들을 돕는 것이 아주 쉬워서 죽도록 내버려두지 않을 의무가 죽이는 것을 피할 의무처럼 쉽게 수행될 수 있는 세계를 상상할 수 있다. 우리는 우리가 돕지 않은 결과가 총을 쏘는 것처럼 확실한 상황을 상상할 수 있다. 또 그리고 우리가 죽도록 내버려둔 사람을 우리가 확인할 수 있는 경우도 상상할 수 있다. 심지어 우리는 내가 존재하지 않았다면 그 사람이 죽지 않았을 그런 경우도 상상할 수 있다. 예를 들자면, (비록 나는 돕지 않았지만) 내가 도와줄 수 있는 그 입장에 있지 않았다면, 어떤 다른 사람이 나의 입장에 있게 되어 도움을 주었을 경우를 생각할 수 있다. 그렇지만 이러한 상상적인 상황들을 제쳐두면, **통상적으로** 죽이는 것과 죽도록 방치하는 것을 구분 짓는 이러한 부대적인 차이들은 우리가 왜 **통상적으로** 죽이는 것을 죽도록 방치하는 것보다 훨씬 나쁜 일로 보는가를 설명하는 데 사실 도움이 된다. 그렇지만, 우리의 관습적인 윤리적 태도들을 설명하는 것은 그것들을 정당화하는 것은 아니다. 다섯 개의 차이점들이 우리의 태도들을 설명하기만 할 뿐이 아니라 정당화하기도 하는가? 그것들을 하나하나 고려해 보자.

(1) 확인 가능한 희생자가 없음을 먼저 살펴보자. 연구에 따르면, 빈곤한 아이들에게 무엇을 줄 기회를 사람들이 가졌을 때, 그들에게 그 아이의 사진을 보여 주고 그녀의 이름과 나이를 들려주면, 어떠한 확인거리들이 주어지지 않았을 때보다 줄 가능성이 높다고 한다. 그러나 이것은 우리 조상들이 얼굴을 맞대고 조그만 집단 내에서 수백만 년 동안 살아오면서 발전시켜 온 개인을 돕고자 하는 본능적인 반응을 보여 주고 있을 뿐일지도 모른다. 이에 반해, 우리는 익명적인 형태의 도움을 주는 것에 대한 반응을, 어쨌든 그럴 기회가 없었기 때문에, 발전시키지 않았다. 이것이 우리

의 윤리적 책무에 어떤 차이를 만드는가? 내가 통조림을 팔며 돌아다니는 판매상인데, 어떤 종류의 통조림 속에 오염물이 들어 있어 그것을 먹었을 때 위암으로 죽을 위험이 두 배로 커진다는 것을 알고 있으면서도, 그것을 계속해서 팔고 있다고 가정해 보자. 내가 그것을 계속 팔겠다고 결심해도 확인할 수 있는 희생자는 없다. 그 음식을 먹은 사람 중에 어떤 사람은 암으로 죽을 것이다. 이러한 방식으로 죽는 소비자의 비율은 공동체 전체의 두 배가 될 것이다. 그러나 소비자들 중에 누가 내가 판 것을 먹었기 때문에 죽었는가? 그리고 어쨌든 누가 그 질병에 걸렸는가? 이것을 구별하는 것은 불가능하다. 그러나 그렇다고 해서 구별 가능한 경우 즉 그 오염물이 똑같이 치명적이지만 보다 쉽게 알 수 있는 결과를 일으켰을 때 내가 받을 비난보다 비난을 덜 받게 하지는 않는다. 게다가 확인할 수 없는 개인을 죽이는 데 이것이 타당하다면, 사람을 구하지 않는 데는 이것이 왜 달라야만 하는가?

(2) 돈을 줌으로써 생명을 구할 수 있다는 확실성의 결여가, 자의적인 살인과 비교할 때, 돈을 주지 않는 것의 그릇됨을 약화시켜 주기는 한다. 그러나 이는 돈을 주지 않는 것이 수용할 수 있는 행위라는 것을 보여 주는 데는 불충분하다. 횡단보도에 누가 있는지 주의하지도 않고 횡단보도를 휙 지나치는 운전자가 살인자는 아니다. 실제로 그녀는 보행자를 결코 치지 않을지도 모른다. 그러나 그녀가 무고한 인격체를 죽일 위험을 알고서도 그렇게 한다면, 그녀가 하고 있는 것은 실로 매우 그릇된 일이다

(3) 우리는 우리의 행위에 대해서는 책임이 있지만, 우리의 무위에 대해서는 책임이 없다는 생각은 더욱 곤혹스럽다. 한편으로 우리

는 우리가 일으켰던 불행을 당한 사람들을 도울 보다 강한 책무를 가져야만 한다고 생각한다. (바로 이러한 이유로 해외원조를 늘리자고 주장하는 사람들은 종종 과거 식민지체제에서 경제적 착취를 통해 부유한 나라들이 빈곤한 나라들을 빈곤하게 만들었다고 주장한다.) 반면에 어떤 결과주의자들은 우리가 우리 행위의 모든 결과에 대하여 책임이 있으며, 만약 우리가 아이팟을 사는 데 돈을 들이고 그 결과로 어떤 사람이 죽는다면, 우리는 그 죽음에 대해 책임을 져야 한다고 주장한다. 비록 내가 존재하지 않았더라도 그 사람이 죽었을 것임은 사실이다. 그러나 여기에서 중요한 것은 무엇인가? 그것은 내가 존재한다는 사실이다. 결과주의자들은 우리의 책임이, 있을 수 있었던 세계로부터가 아니라, 실제로 있는 세계로부터 도출된다고 말할 것이다.

책임에 대한 결과주의적이지 않은 견해들을 유의미하게 만드는 한 방식은 로크에 의해서 제안되고, 더욱 최근에는 노직Robert Nozick이나 나베슨Jan Narveson과 같은 자유주의자에 의해 옹호되는 그러한 종류의 권리이론에 근거하는 것이다. 모든 사람에게 생명에의 권리가 있지만, 이 권리는 나의 생명을 위협할 수도 있는 다른 사람들에게 **저항**할 권리이지, 나의 생명이 위험에 처했을 때 다른 사람의 도움을 **요구**할 권리가 아니다. 이러한 이론에 따르면 우리는 다른 사람을 죽이는 데 대해서는 책임을 느끼나, 구하지 않은 것에 대해서는 책임을 느끼지 않는 것을 이해할 수 있다. 전자는 다른 사람의 권리를 침해했지만, 후자는 그렇지 않기 때문이다.

우리는 이러한 권리이론을 받아들여야만 하는가? 만약 우리가 우리의 권리이론을, 로크나 노직이 한 것처럼, 개인이 '자연 상태'에서 각각 다른 사람들로부터 독립해서 살고 있다고 상정하여 구성했다면, 사람들이 다른 사람들에게 간섭하지 않는 한, 권리에 대한 아무런 침해도 없다는 권리개념을 채택하는 것이 자연스럽게 보일지도 모른다. 이러한 견해에 따르면, 만약 내가 그렇게 하기를 원한다면, 나는 내가 독립적으로 존재하고 있음을 아주 정당하게 주장할 수도 있다. 그래서 만약 내가 너에게 애초보다 아무것도 나쁘게 만든 것이 없다면, 내가 너와 관련된 아무런 일도 하지 않았다면, 어떻게 내가 너의 권리를 침해할 수 있겠는가? 이러한 이론의 사실적 기초는 의심스럽다. 포게Thomas Pogge 는 『세계의 빈곤과 인간의 권리』에서, 세계 경제 질서의 몇 가지 특징들을 보면, 우리가 우리의 이익을 위해서 어떤 사람들을 빈곤하게 만드는 일에 기여했다는 것을 알 수 있다고 주장함으로써, 이에 도전했다. 단 하나의 예를 들어보자. 자신을 부유하게 만들고 자신의 군대를 강력하게 만들고 자신의 권력을 다지는 데 돈을 사용하는 독재자가 다스리는 나라로부터 들여오는 기름과 광석들에 우리가 의존하고 있다면, 이러한 독재자는 자기가 권력을 쥐고 있는 나라의 토양 아래에 있는 부에 대하여 도덕적 권리를 갖지 못한다. 그 돈은 그 나라의 전체 국민들에게 돌아가야만 한다. 독재자는 강도이고 살인자이며, 우리는 장물을 받는 것이다. 기름이나 광석들에 대한 권리와 교환하여 우리가 10억 달러 이상의 돈을 독재자에게 기꺼이 넘겨주는 것은 또 현존하는 정부를 전복시키는 기회를 엿보고 있는 어느 누구에게나 커다란 동기가 된다. 그리고 이것은 그 나라의 불안정성을 증대시키고, 다시 이것은 빈곤에 기여한다. (기후변화는 우리가 빈곤한 사람들에게 해를 가하지 않고 있다는 견해에 다른 문제를 제기한다. 그러나 그것은 다음 장의 주제이다.)

자유주의적인 논변의 사실적 근거와 관련된 그러한 문제점들을 제쳐 놓더라도, 우리는 이렇게 물을 필요가 있다. 왜 그같이 비역사적이고 추상적이며, 또 궁극적으로 설명 불가능한, 인간 존재가 독립적으로 살고 있다는 생각에서부터 출발해야 하는가? 우리의 조상들은—다른 영장류들과 마찬가지로—그들이 인간이기 훨씬 이전부터 사회적 존재였으며, 그들이 우선 사회적 존재가 되지 않고서는 인간으로서의 능력과 자질을 발전시킬 수 없었다. 이제 우리는 고립된 개인이 아니다. 그리고 결코 고립된 적도 없다. 그렇다면 왜 우리는 권리들이 간섭에 대항할 권리로 한정되어야만 한다고 생각해야 하는가? 그 대신에, 쉽게 다른 사람을 도울 수 있으면서도 사람들이 죽어 가고 있는 것을 방관하는 것은 인간의 생명에 대한 권리를 진지하게 받아들이는 것과 양립할 수 없다는 견해를 채택할 수도 있다.

(4) 동기화에 있어서의 차이는 어떠한가? 한 사람이 적극적으로 다른 사람의 죽음을 원하지 않았다는 것이 그녀가 받을 비난의 강도를 덜어주기는 한다. 그러나 도움을 주고자 하는 우리의 현재의 태도는 더 많이 덜어줄 것이다. 과속운전자의 행위와 다시 비교할 만하다. 왜냐하면 보통 운전자가 어떤 사람을 죽이겠다는 의욕을 갖는 것은 결코 아니기 때문이다. 그들은 어떤 곳에 빨리 가기를 원하거나, 그들은 단지 스피드를 즐기고 그 결과에 대해서 무관심할 뿐이다. 그들이 악의를 가지지 않았음에도 불구하

고, 차로 사람을 죽인 사람은 비난은 물론이고 심각한 처벌까지 받는 것이 당연하다.

(5) 내가 마지막으로 남겨 놓은 것이 가장 중요하다. 살인을 피하는 것이 통상적으로 어렵지 않은 반면, 구할 수 있을 모든 생명을 구하는 것은 영웅적인 행위이기 때문에, 각각의 원칙이 요구하는 것을 수행하지 못한 데 대해 우리는 확실히 각각 다른 태도를 취한다. 죽이지 않는 것은 우리가 모든 사람에게 요구하는 수용할 수 있는 행위의 최소한의 기준이다. 구할 수 있는 모든 사람을 구하는 것은, 특히 우리처럼 거의 남을 돕지 않는 것이 익숙한 사회 속에서는, 현실적으로 요청할 수 있는 것이 못 된다. 일반적으로 받아들여지는 기준에 따른다면, 빈곤한 사람을 돕기 위해 예컨대 자기 수입의 10%를 낸 사람은 그가 낼 수 있는 액수보다 적게 내었다고 비난 받기보다는 평균 이상의 관대함에 대하여 칭찬받기 쉽다. 그러나 칭찬과 비난의 적합성은 행위의 옳음과 그름과는 별개의 문제이다. 전자는 행위자를 평가하지만, 후자는 행위를 평가하는 것이다. 아마 10%를 낸 많은 사람은 실제로는 마땅히 50%를 내어야만 했을 것이다. 그러나 더 많이 내지 않았다고 비난하는 것은 비생산적일 것이다. 그렇게 되면, 그들은 요구가 너무 과하다고 생각하고, 어차피 비난을 받을 것이라면, 하나도 내지 않는 것이 좋겠다고 생각할 수도 있기 때문이다. 구할 수 있는 모든 이를 구하는 것을 죽이지 않는 것과 같은 것으로 보는 윤리학이 성자나 영웅에게 맞는 윤리학일 것이라고 해서, 이와 다른 윤리학은 죽이지 않는 것은 책무이나 목숨을 구하는 것은 책무가 아니라고 보는 윤리학일 수밖에 없다고 생각할 필요는 없다. 우리가 곧 보게 되

겠지만, 이 양 극단 사이에는 여러 입장들이 존재한다.

극단적 빈곤과 해외원조의 맥락에서, 죽이는 것과 죽도록 방치하는 것 사이에 통상적으로 존재하는 다섯 가지 차이점들을 요약해 보자. 확인 가능한 희생자가 없다는 것은, 비록 우리의 태도를 설명하는 데 있어서 중요한 역할을 하기는 하지만, 아무런 윤리적 의미를 가지지 못한다. 우리가 죽인 사람들에 대해서는 직접적인 책임이 있지만 우리가 돕지 않은 사람들에 대해서는 그렇지 않다는 생각은, 책임에 대한 의심스러운 생각에 의존하고 있으며, 의심 가는 권리이론에 근거할 필요가 있는지도 모른다. 확실성과 동기화에서의 차이는 윤리적으로 의미가 있으며, 빈자를 돕지 않는 것이 그들을 죽이는 것처럼 비난 받을 일이 아니라는 사실을 보여 준다. 그러나, 그러한 것은 부주의한 운전의 결과로 어떤 사람을 죽이는 것과 같을 수 있으며, 이는 매우 심각한 일이다. 마지막으로, 구할 수 있는 모든 이를 구해야 한다는 의무를 완전하게 수행하는 것이 어렵기 때문에, 죽인 사람을 비난하듯이 이 목표를 달성하지 못한 사람을 비난하는 것은 적합하지 않을 수 있다. 그러나 이것이 그러한 행위가 덜 심각하다는 것을 보여 주지는 못한다. 그리고 이는 누구든 구하려고 아무런 노력도 하지 않는 사람에게 해당되는 것이 아니다.

어쨌든, 생명을 구하지 않는 것이 자의적인 살인과 윤리적으로 언제나 같은 것은 아닐지도 모르지만, 절대적인 빈곤과 절대적인 풍요 양자의 존재에 대하여 우리가 어떻게 반응할 것인가가 우리 시대의 커다란 도덕적 문제들 중의 하나임은 확실하다. 그래서 위험 속에서 살고 있는 사람들을 도울 책무를 우리가 가지는지 여부를 새롭게 고려해 보자. 그리고 만약 그렇다면 이러한 책무가 현재의 세계 상황에 어떻게 적용되는지를 고려해 보자.

제4절 원조의 책무

1. 원조의 책무에 찬성하는 논변

내가 강의하러 가는 길에 얕은 장식용 연못을 지나다가, 조그만 어린아이가 그 연못에 빠져서 죽을 위험에 처해 있다는 것을 알게 되었다. 부모나 베이비시터가 어디에 있나 하고 주변을 보았지만, 놀랍게도 주변에는 아무도 없었다. 아이가 빠져죽지 않도록 도와줄 사람은 바로 나라는 생각이 들었다. 내가 연못으로 들어가서 그 아이를 건져내는 것이 마땅하다는 것을 그 누가 부정하겠는가? 아이를 구하기 위해 연못으로 들어가면, 내 옷은 진흙투성이가 되고, 내 구두는 물에 젖고, 내 강의는 취소되거나 마른 것들을 찾아 갈아입을 때까지 연기될 것이다. 그러나 그 아이가 죽음을 피할 수 있다는 것과 비교하면, 이러한 일들은 어느 것도 중요한 것이 못 된다.

내가 아이를 구해내야만 한다는 판단을 지지하는 그럴듯한 원칙은 다음과 같은 것이다. 즉 만약 어떤 사람에게 매우 나쁜 일이 일어나는 것을 방지할 수 있는 힘을 우리가 가지고 있고, 그 나쁜 일을 방지함으로써 그 일에 상당하는 도덕적 의미를 가진 다른 일이 희생되지 않는다면, 우리는 그렇게 해야만 한다. 이 원칙은 의심할 여지가 없는 것으로 보인다. 결과주의자들은 틀림없이 이에 동의할 것이다. 그러나 결과주의자가 아닌 사람들도 이를 또한 받아들일 것이다. 왜냐하면 나쁜 일을 막아야 한다는 명령은 이와 마찬가지로 중요한 어떤 것도 위험에 빠뜨리지 않을 때에만 적용될 것이기 때문이다. 따라서 이 원칙은 결과주의자가 아닌 사람들이 강력하게 부인하고 있는 그러한 종류의 행위들, 즉 개인적 권리의 심각한 침해, 부정의, 약속의 파기 등을 일으키지 않을 수 있다. 만약 결과주의자가 아닌 사람들이 앞의 이러한 행위들 중 그 어느 것이 지금 하려고 하는 일보다 도덕적으로 더 중요하다고 생각한다면, 즉 지금 하려고 하는 일을 함으로써 권리를 침해하거나 정의롭지 못한 일을 행하거나 약속을 파기하거나 그 밖에 무엇이든지 더 나쁜 일을 하게 된다고 생각한다면, 이 원칙은 자동적으로 적용되지 않는다고 생각할 것이다. 결과주의자가 아닌 대부분의 사람들은 나쁜 일은 막아야 하며 좋은 일은 북돋아야 한다고 주장한다. 그들과 결과주의자들과의 논쟁은 이것이 유일하고 궁극적인 윤리적 원칙이 아니라는 그들의 주장에 기인한다. 다시 말해, 그것이 **하나의** 윤리적 원칙이라는 것은 어떠한 그럴듯한 윤리이론에 의해서도 부정되지 않는다.

  나쁜 일을 막을 때 그에 상당하는 도덕적 의미를 가진 것을 희생하지 않고서 그것을 할 수 있다면 그것을 해야만 한다는 원칙은 외견상 의심의 여지가 없어 보이나, 그럼에도 불구하고, 실상은 그렇지가 않다. 만약 우리가 이 원칙을 진지하게 받아들이고 이 원칙에 따라 행위한다면, 우리의 삶과 세계는 근본적으로 바뀔 것이다. 왜냐하면 이 원칙은 연못에서 아이를 구하는 그러한 드문 상황에만 적용될 것이 아니라, 절대빈곤 속에서 살고 있는 사람들을 도울 수 있는 우리의 일상적인 상황에도 적용될 것이기 때문이다. 이렇게 말할 때, 나는 절대빈곤과 그에 따른 배고픔, 열악한 영양상태, 주거의 부족, 문맹, 질병, 높은 유아 사망률, 낮은 평균수명 등을 나쁜 것이라고 가정한다. 그리고 또 도덕적으로 마찬가지로 중요한 일들을 희생시키지 않고 절대빈곤을 감소시키는 일을 할 수 있는 힘이 풍요한 사람들에게 있다고 가정한다. 만일 이 두 가정과 우리가 논의하고 있는 원칙이 올바르다면, 우리는 절대빈곤에 빠져 있는 사람들을 도울 의무를 갖게 되며, 이는 연못에 빠져 죽어 가는 아이를 구할 의무보다 약한 것이 아니다. 돕지 않는 것은, 그것이 본질적으로 죽이는 것과 같은 아니든 간에, 나쁜 일일 것이다. 돕는 것은, 관습적으로 생각하듯이, 하면 칭찬할 만한 가치가 있지만 그렇게 하지 않는다고 해서 나쁜 것은 아닌 그러한 자선적인 행위가 아니다. 그것은 모든 사람이 마땅히 해야 하는 그러한 것이다.

이러한 논변을 좀 더 형식적으로 표현하면 다음과 같다.

첫 번째 전제: 만약 우리가 마찬가지로 중요한 다른 일을 희생하지 않고 나쁜 일을 막을 수 있다면, 우리는 그것을 마땅히 해야 한다.
두 번째 전제: 극단적인 빈곤은 나쁘다.
세 번째 전제: 도덕적으로 마찬가지로 중요한 다른 일을 희생하지 않고 우리가 막을 수 있는 다소의 극단적인 빈곤이 있다.
결   론: 우리는 다소의 극단적인 빈곤을 마땅히 막아야만 한다.

첫 번째 전제는 논증이 근거하고 있는 실체적인 도덕적 원칙이며, 앞에서 내가 보여 주고자 했던 대로, 다양한 윤리적 입장을 취하는 사람들이 이를 받아들일 수 있다.

두 번째 전제는 도전을 받을 것 같지 않다. 극단적인 빈곤을, 그것이 일으키는 어른과 아이들의 고통과 죽음, 그리고 그것의 결과인 교육의 부족, 절망감, 무력감, 수치심과 더불어, 나쁜 일이 아니라고 간주할 그럴듯한 윤리적 견해를 발견하기는 어려울 것이다.

세 번째 전제는 비록 그것이 주의 깊게 구성되었다고 해도 좀 더 이견이 있을 수 있다. 이 세 번째 전제는 단지 다소의 극단적인 빈곤만이 그에 상당하는 도덕적으로 중요한 다른 일을 희생함이 없이 방지될 수 있다고 주장하고 있다. 그래서 이는 내가 줄 수 있는 도움은 '큰 바다에 물 한 방울 떨어뜨리기'에 불과하다는 반론을 회피할 수가 있다. 왜냐하면 문제는 나의 개인적인 기여가 전체로서의 세계의 빈곤에 알아챌 수 있는 효과를 가져오느냐 여부가 아니라 (물론 남기지 않는다) 다소의 빈곤을 막을 것이냐 여부이기 때문이다. 이러한 점이 이 논변이 결론을 유지하기 위해 필요로 하는 전부이다. 왜냐하면 두 번째 전제는 극단적인 빈곤은 그 어떠한 것이라도 나쁘다는 것을 의미하지, 극단적인 빈곤의 전체량이 나쁘다는 것을 의미하지는 않기 때문이다. 만약 마찬가지의 도덕적 의미를 가지는 것을 희생함이 없이 우리가 오직 한 가족에게만 극단적인 빈곤에서 벗어날 수단을 제공할 수 있다고 해도, 세 번째 전제는 옹호될 수 있다.

그럼에도 불구하고 어떤 사람들은, 원조단체에 대한 나의 기부가 한 목숨을 구할 것인지, 아니면 사람들이 극단적인 빈곤으로부터 벗어나는 것을 도울 것인지, 어떤 확신을 가질 수 없다고 주장할 수 있다. 종종 이러한 논변들은, 원조단체들이 기부된 돈의 대부분을 행정비용으로 사용하고, 그래서 그 돈의 오직 작은 부분만이 그것을 필요로 하는 사람에게 전달된다든가, 개발도상국가의 부패한 정부가 돈을 가로챈

다든가 하는, 거짓으로 드러난 믿음들에 기초하고 있다. 사실, 주요 원조단체들은 그들이 모은 기금의 20% 이하만을 행정적인 목적으로 사용하고 있으며, 적어도 80%를 직접 빈곤한 사람들을 돕는 프로그램에 집행한다. 그리고 그들은 정부에 기부하지 않고 빈곤한 사람들이나 그들을 도운 좋은 실적을 가지고 있는 개발도상국의 풀뿌리단체들과 함께 직접 일한다.

원조단체들의 효율성을 그들이 행정비용을 어느 정도로 줄일 수 있느냐로 측정하는 것은 그렇지만 일반적인 실수이다. 행정비용에는, 빈곤한 사람들을 지속 가능하게, 그리고 장기적인 방식으로 실제로 돕는 프로젝트에 기부금이 사용되도록 보장할 수 있는, 경험 많은 사람들의 봉급이 들어 있다. 그러한 사람들을 고용하지 않는 단체는 고용하는 단체보다 낮은 행정비용을 가질 수 있다. 그러나 그렇게 되면 기부금으로 성취할 수 있는 것이 더 적을 것이다.

'잘 주기 모임 GiveWell.org'은 원조단체는 아니고 어떤 단체가 가장 효율적인가에 대한 확실한 증거를 찾는 단체이다. 예를 들어, 잘 주기 모임은 매년 빈곤과 관련된 원인들로 죽는 880만 아이들 중에서 많은 아이들을 죽이는 질병들과 싸우는 일을 하는 여러 단체들이 구한 생명당 비용을 비교하였다. 잘 주기 모임에 따르면, 몇몇 단체들은 600달러에서 1,200달러 사이 어디에서 한 생명을 구할 수 있었다. 잘 주기 모임의 웹사이트에서 어떤 단체가 가장 순위가 높은지 볼 수 있다. 우리가 상위의 단체들 중의 하나에 기부할 수 있기 때문에, 논변의 세 번째 전제가, 실제로 필요하지 않는 물건들에 한 해에 적어도 수백 달러를 사용하는 사람들에게는, 참이다. 그들은 도덕적으로 마찬가지로 중요한 어떤 일들을 희생하지 않고도 다소의 극단적인 빈곤을 방지하거나 생명을 구할 수 있다.

이 논증이 어떤 특정한 가치나 특정한 도덕적 원칙에 의존하지 않는다는 것을 보여 주기 위해서 도덕적 의미의 개념은 검토하지 않고 지나쳤다. 나는 세 번째 전제가 산업화된 국가에 살고 있는 대부분의 사람들이 받아들일 만한 도덕적 의미에 대한 어떠한 견해에서도 타당하다고 생각한다. 우리가 풍요롭다는 것은, 우리가 생활필수품을 포기하지 않고도 따로 사용할 수 있는 수입이 있고, 그래서 우리가 이 수입을 극단적인 빈곤을 감소시키는 데 사용할 수 있음을 의미한다. 우리가 자신에게 얼마만큼이나 포기하도록 강요해야 하느냐는, 우리가 막을 빈곤에 상당하는 도덕적 의미를 가진 것들이 어떤 것들이냐에 달려 있다. 유행에 맞는 옷, 값비싼 저녁, 고성능 스테레오 시스템, 해외에서의 휴가, 화려한 자동차, 더 큰 집, 자녀를 사립학교에 취학시키기 등등이 그런 것들이다. 공리주의자에게는 이들 중 어느 것도 극단적인 빈곤을 감소시키는 것과 마찬가지의 중요성을 가질 것 같지 않다. 그리고 공리주의자가 아닌 사람들도, 만약 그들이 보편화 가능성의 원칙을 지지한다면, 확실히 적어도 이들 중 어떤 것들은 그것에 드는 비용으로써 막아질 수 있는 극단적인 빈곤보다는 훨씬 덜 중요하다고 인정할 것이다. 그래서 세 번째 전제는 어떠한 그럴듯한 윤리관에 의해서도 타당한 것처럼 보인다. 물론 막아질 수 있는 극단적인 빈곤의 정확한 양은 각각의 윤리적 견해가 보는 희생해도 좋은 도덕적으로 마찬가지로 중요한 일들의 수준에 따라 달라질 것이다.

2. 앞의 논변에 대한 반론들

자기와 가까운 사람 돌보기

해외원조를 늘리기 위해 일하는 사람은 누구나 다음과 같은 논변과 마주칠 수 있다. 우리는 우리 근처에 있는 사람들, 우리의 가족들을 돌봐야 하며, 그 다음에 우리나라의 빈곤한 사람들을, 그리고 그 다음에 멀리 있는 빈곤한 사람들을 돌봐야 한다는 주장이다.

의심할 여지없이 본능적으로 우리는 우리에게 가까운 사람들을 먼저 돕는다. 물에 빠져 죽는 어린이를 곁에 서서 바라보기만 하는 사람은 거의 없지만, 많은 사람들은 아프리카나 인도의 피할 수 있는 어린이들의 죽음을 무시할 수 있다. 그러나 문제는 우리가 보통 무엇을 하고 있느냐가 아니라 우리가 무엇을 마땅히 해야 하는가이다. 얼마나 떨어져 있느냐와 어떤 공동체에 속하는 사람이냐가 우리의 책무에 결정적인 차이점을 만들어낸다는 견해를 도덕적으로 정당화해 줄 타당한 근거를 발견하기는 어렵다.

예를 들어 인종적 친화성을 고려해 보자. 유럽계의 사람들은 빈곤한 아프리카인들을 돕기 전에 빈곤한 유럽인들을 도와야 하는가? 우리들 대부분은 그러한 제안을 즉석에서 거부할 것이며, 우리가 이를 거부해야 할 이유는 제2장의 이익 평등고려의 원칙에 대한 우리의 논의에서 제시되었다. 즉 사람이 음식을 필요로 하는 것은 인종과 아무런 상관이 없으며, 만약 아프리카인들이 유럽인들보다 음식을 더욱 필요로 하고 있는 데도, 유럽인들을 우선시키는 것은 평등고려의 원칙을 위배하는 것이 될 것이다.

똑같은 점이 국적이나 시민권에도 적용된다. 모든 풍요한 나라에도 상대적으로 빈곤한 다소의 시민은 있다. 그러나 절대빈곤은 대개 개발도상국에서만 존재한다. 미국에서 4인 가족의 연간 수입이 2만 2천 달러 이하이면 공식적으로 빈곤한 사람으로 간주된다. 미국에서는 그 수입으로 가족을 부양하기가 매우 어려울 수 있다. 이러한 상황에 있는 사람들의 삶을 의미 있게 개선하려면 수천 달러가 들 것이 명확하다. 반면에 개발도상국에서, 빈곤과 관련된 질병으로 그렇지 않으면 죽을 아이의 목숨을 구하는 데는 천 달러도 들지 않는다. 극단적인 빈곤 속에 살고 있는 열 가족의 수입을 두 배로 하는 데는 5천 달러도 들지 않는다. (이러한 이야기는 단순히 비교를 위한 것이다. 빈곤을 줄이는 최선의 방법이 빈곤한 사람들에게 돈을 직접 주는 것이라고 내가 말하고 있는 것이 아니다.) 모든 사람의 자원이 한정되어 있기 때문에, 가장 혜택을 크게 낼 수 있는 곳에서 그것을 사용하는 것이 타당하다. 이러한 상황 하에서 운 좋게 우리 사회의 시민이 된 사람들만이 우리의 풍요로움을 나누어 갖도록 결정하는 것은 잘못일 것이다.

우리는 같은 시민들에게보다는 친척들에게 더 강한 의무감을 가진다. 어느 부모가 한 그릇밖에 없는 쌀을 자신의 자식들이 굶주리고 있는데 기부하겠는가? 그렇게 하는 것은 자연스럽게 보이지 않는다. 실제로 이는 여러 해 동안 부모에게 의존하는 후손들을 가지는 생물학적으로 진화된 포유류인 우리의 본성과도 어긋날 것이다. 그러나 그것만으로는 그렇게 하는 것이 그릇된 일임을 보여 주지는 못할 것이다. 어쨌든 간에 우리는 그러한 상황에 직면해 있지는 않다. 우리 아이들은 잘 먹고, 잘 입고, 잘 교육을 받고 있으며, 이제 새 자전거나 더 정교한 컴퓨터 게임들을 원할 것이다. 이러한 상황에서 우리가 자식들에 대해 가질 수도 있는 어떤 특수한 책무는 이미 충족되었으며, 낯선 이들의 필요가 우리에게 더 강한 요구를 한다.

우리가 우리 자신의 이웃을 먼저 돌봐야 한다는 견해에서 참인 요소는, 사람들이 인정하고 있는 책임체계가 가지는 이점이다. 가족들이나 지역사회가 그들의 빈곤한 구성원들을 돌볼 때, 애정의 유대와 개인적 관계가 그렇지 않으면 거대한 비개인적인 기관이 해야 할 목표를 달성해 준다. 그래서 지금부터 우리 모두가 세계의 모든 이의 복지에 똑같은 책임을 가진다고 제안하는 것은 어리석은 일이 될 것이다. 그러나 원조의 책무에 찬성하는 논변이 그러한 것을 제안하고 있는 것은 아니다. 이는 어떤 사람이 절대빈곤에 처해 있고 다른 사람이 그것에 상당하는 도덕적 의미를 가진 것을 희생함이 없이 도울 수 있을 때에만 적용된다. 자신의 친척이 절대빈곤에 빠지도록 버려두는 것은 동일한 중요성을 가지는 것을 희생하는 것이 될 것이다. 이렇게 되기 훨씬 전에, 가족과 공동체의 책임체계를 유지하기 위해 가족이나 공동체를 적당히 우선시키는 것을 허용할 수 있을 것이다. 그러나 이러한 적당한 정도의 선호는 현존하는 부와 재산의 격차를 고려할 경우 결정적으로 그 비중이 약해진다.

재산권

사람들은 사유재산에 대한 권리를 가지는가? 사유재산에 대한 권리와, 절대빈곤에 처해 있는 사람들에게 자신의 부의 일부를 기부해야 할 책무가 있다는 견해는 모순되지 않는가? 어떤 권리이론들에 따르면, 강제나 사기와 같이 정당하지 못한 수단을 사용하여 자신의 재산을 얻은 것이 아니라면, 다른 사람이 굶주리고 있을 경우에라도, 커다란 부와 생각할 수 있는 온갖 사치를 누릴 권한이 있을지도 모른다. 권리에 대한 이러한 개인주의적인 견해는 기독교 교리와 같은 다른 견해들과 대비된다. 기독교 교리에 따르면 재화는 인간의 필요를 충족시키기 위해 존재하며, 그래서 아퀴나스Thomas Aquinas가 말했던 것처럼 "사람이 잉여로 가지고 있는 것은 무엇이나, 자연권에 의해, 빈곤한 사람들이 생계를 유지하도록 돌려져야 한다." 사회주의자들도 물론 부를 개인에 속하기보다 공동체에 속하는 것으로 볼 것이며, 공리주의자들은 사회주의자이든 아니든 간에 큰 악을 방지하기 위해서는 재산권을 기꺼이 거부할 것이다.

그렇다면 원조의 의무를 지지하는 논변은 재산권에 대한 이러한 다른 이론들 중의 하나를 전제하고 재산에 대한 강력한 개인적인 권리라는 생각을 거부하는가? 재산권에 관한 이론은, 부자가 빈곤한 자를 돕는 일을 **마땅히** 해야 하는가 그렇게 하지 않아도 괜찮은가를 단언하지 않고서도, 부를 소유할 **권리**를 주장할 수 있다. 예를 들자면, 노직은 수입을 재분배하기 위해 세금제도와 같은 강제적인 수단을 사용하는 것을 반대한다. 그러나 자발적인 수단을 통하여 우리가 도덕적으로 바람직하다고 생각하는 목표를 달성할 수 있다고 제시한다. 그래서 노직은, 부자가 빈곤한 사람을 도울 '책무obligation'가 있다는 주장이 빈곤한 사람이 부자의 도움을 받을 권리right가 있다는 의미를 가지는 한에서, 이를 부정할 것이다. 그러나 그러한 도움이 우리가 마땅히 해야 할 어떤 것이며, 그렇게 하지 않는 것은—비록 우리의 권리에 속하는 것이긴 하지만—옳지 않은 일임을 받아들일 수도 있다. 왜냐하면 윤리적 삶에는 다른 사람의 권리를 존중하는 것 이상의 것들도 있기 때문이다.

우리가 개인주의적인 재산권이론을 받아들이는 경우에라도, 원조의 의무를 지지하는 논변은, 단지 약간의 변경만 있으면, 살아남을 수 있다. 그러나 어쨌든 간에 나는 우리가 그러한 이론을 받아들이지 않을 것이라고 생각한다. 그것은 수용할 만한 윤리적 견해가 되기에는 너무 많은 것을 우연에 맡기기 때문이다. 예를 들어, 그들의 선조가 페르시아 만 주변의 모래 황무지에 우연히 거주했던 사람들은 그 모래 밑의 기름 때문에 이제는 믿을 수 없는 부자가 되었다. 반면에 그들의 선조가 사하라 남쪽의 보다 좋은 땅에 정착했던 사람들은 가뭄과 나쁜 수확 때문에 극단적인 빈곤 속에 살고 있다. 이러한 분배가 공평한 관점에서 받아들여질 수 있겠는가? 우리가 쿠웨이트나 차드 중 어느 한쪽의 시민으로 살기 시작하려고 한다고 상상해 보자. 그런데 우리가 그 어느 쪽 시민인지 모른다면 쿠웨이트의 시민들이 차드에 살고 있는 사람들을 도울 아무런 의무도 없다는 원칙을 받아들일 것인가?

인구와 삼분법의 윤리

우리가 원조의 책무를 가진다는 논변에 대한 가장 심각한 반론은, 극단적인 빈곤의 주요한 원인이 인구과잉인 까닭에, 지금 빈곤 속에 있는 사람들을 돕는 것은 미래에 빈곤 속에 있을 더 많은 사람을 확실히 태어나게 하는 것에 불과할 것이라는 주장이다.

매우 극난석인 형태의 이러한 반론은 우리가 '삼분법 triage'이라는 정책을 채택해야만 한다고 주장한다. 삼분법이란 용어는 전시에 채택된 의료정책에서 유래되었다. 아주 소수의 의사로써 모든 부상자들을 처리하기 위해서, 환자들은 세 부류로 분류되었다. 의료지원 없이도 살아날 것 같은 사람, 의료지원을 받지 않으면 죽을 것 같지만 의료지원을 받으면 살아날 수도 있을 사람, 의료지원을 해도 살아남지 못할 것 같은 사람, 이 세 부류이다. 단지 두 번째 부류에 속하는 사람에게만 의료지원이 주어졌다. 물론 이 생각은 한정된 의료자원을 가능한 한 효과적으로 사용하기 위한 것이다. 첫 번째 부류에 속하는 사람에게는 의료시술이 반드시 필요한 것은 아니다. 세 번째 부류에 속하는 사람에게는 의료시술이 쓸모가 없을 것 같다. 1970년대에, 나라들이 자신들을 스스로 먹여 살릴 수 있게 될 전망에 따라, 위와 같은 정책이 나라들에도 적용되어야만 한다고 어떤 이들은 주장하였다. 우리가 이러한 견해를 받아들인다면, 우리는 우리의 도움 없이도 곧 자신의 국민들을 먹여 살릴 수 있는 나라들에는 원조하지 않을 것이다. 우리가 도와준다고 해도 자신들이 먹여 살릴 수 있는 수준으로 인구를 제한할 수 없는 나라들에도 또한 원조하지 않을 것이다. 우리는 우리의 도움이 식량과 인구의 균형설정에 성공과 실패라는 차이를 가져올 그러한 나라들만을 도울 것이다.

이러한 견해를 지지하여 하딘Garrett Hardin은 이러한 비유를 제시하고 있다. 부자나라에 살고 있는 우리는, 물에 빠진 사람이 득실거리는 바다에 떠 있는 만원인 구명보트에 타고 있는 사람과 같다. 만약 우리가 물에 빠진 사람들을 구하기 위해 우리 보트에 그들을 태운다면, 우리 보트는 인원이 초과되어 우리 모두 익사할 것이다. 전부 다 죽는 것보다는 몇이라도 살아남는 것이 훨씬 좋을 것이므로, 우리는 다른 사람들이 익사하도록 내버려두어야 한다. 하딘에 따르면, 오늘 우리의 세계에 '구명정 윤리lifeboat ethics'가 적용된다. 부자는 빈곤한 사람이 굶어 죽도록 내버려두어야 한다. 왜냐하면 그렇게 하지 않는다면 빈곤한 사람들이 부자들을 붙들고서 함께 끌어내릴 것이기 때문이다. 인구가 그들이 살고 있는 땅의 수용능력 이상으로 증가하고 있는 나라들의 예로 그는 인도와 방글라데시를 들었다. 그래서 그는 기아, 질병, 그리고 자연적 재해가 그 숫자를 자신들이 감당할 수 있는 수준으로 줄일 때까지 그대로 내버려두자고 제안하였다.

이러한 견해에 반대해서 어떤 저술가들은 인구과잉이란 일종의 신화라고 주장했다. 세계는 인류를 먹여 살리기에 충분한 식량을 생산한다. 어떤 평가보고에 따르면 몇 배나 많이 먹여 살릴 수 있다. 사람들이 굶주리고 있는 것은 사람들이 너무 많기 때문이 아니라, 불공정한 토지배분 때문이며, 부자들의 이익을 위해 빈곤한 나라들을 착취하는 국제적인 정치경제 시스템 때문이다.

세계는 그 주민들을 먹여 살리기에 충분한 음식을 생산하고 있다. 실제로 우리는 엄청난 양의 곡물과 콩을 동물을 먹이는 데 사용하는데, 이렇게 하여 우리가 동물들로부터 돌려받는 영양 가치는 그들에게 투입하는 식물성 음식의 작은 부분일 뿐이다. 우리는 또 그 이상의 엄청난 양의 곡물을 자동차를 더 사용하기 위해 바이오연료로 전환시키는 데 낭비하고 있다. 실제로 우리가 동물에게 먹이는 곡물의 양은 지금 극단적인 빈곤 속에 살고 있는 14억 **모두**에게 그들이 필요로 하는 칼로리의 두 배 이상을 제공하기에 충분할 것이다.

하딘이 '구명정 윤리'에 대해 저술한 이후, 인도와 방글라데시의 인구는 계속하여 증가하고 있다. 그러나 이들 나라가 자신들의 인구를 먹여 살릴 능력은 하딘이 가능하다고 생각한 것보다 훨씬 크다는 것이 입증되고 있다. 이들 나라들에서 배고픈 사람들의 비율은 하딘이 그들에 대한 원조를 끊자고 주장했을 때 보다 낮은 비율을 이제 보이고 있다. 그럼에도 불구하고, 어떤 아프리카 국가의 인구성장률에 경고신호를 보내지 않기는 어렵다. 예를 들어, 나이지리아에서는 현재 1억 4,400만의 인구가 2050년에는 거의 두 배가 될 것으로 예상되고 있다.

그때쯤이면 지금 7,700만인 에티오피아의 인구는 1억 4,600만이 될 것이다. 콩고민주공화국은 인구가 현재 6,300만이지만 거의 세 배인 1억 8,700만이 될 것이다. 문제는, 극단적인 빈곤 속에 살고 있는 큰 비율의 인구를 이미 가지고 있는 나라들에서의 이러한 급격한 인구성장률에 우리가 어떻게 대처해야 하는가이다. 삼분법의 옹호자들은 우리가 그러한 나라들의 인구성장이 사망률의 증가에 의해—이것이 실제로 의미하는 것은 기아, 영양실조, 증대된 유아 사망률, 혹은 유행성 전염병에 의해—억제되도록 버려두자고 제안한다.

이러한 잣대를 가지는 삼분법의 결과는 너무도 처참해서 우리는 더 이상의 논의 없이도 이를 거부하고 싶은 생각이 든다. 수백만이 굶어 죽는 것을 텔레비전으로 보면서 어떻게 아무것도 않고 앉아 있을 수 있겠는가? 그것은 인간의 평등이나 인간의 생명에 대한 존중이라는 생각의 종국이지 않겠는가? 삼분법에 대한 첫 반응이 부정적이 아닌 사람은 유쾌하지 못한 그러한 종류의 사람일 것이다. 그러나 강한 감정에 기초한 첫 반응이 언제나 믿을 만한 지침이지는 않다. 삼분법의 주창자들은 우리들의 행위가 가져올 장기적인 결과에 정당한 관심을 가지고 있다. 그들은 지금 극단적인 빈곤 속에 있는 사람들을 돕는 것이 단지 미래의 더 많은 극단적으로 빈곤하고 굶주리는 사람들을 만들 뿐이라고 주장한다. 우리가 돕는 데 지치거나, 우리의 원조능력이 마침내 감당하지 못하게 되면, 그때의 고통은 우리가 지금 원조를 멈출 때 생길 것보다 더욱 클 것이다. 만약 이러한 주장이 옳다면, 우리가 극단적인 빈곤을 방지하기 위해 할 수 있는 일은 결국 없게 되고, 그래서 우리는 원조의 책무를 지지 않아도 될 것이다. 이러한 환경 하에서 그 사람들이 우리의 원조를 받을 권리를 가지고 있다고 주장하는 것도 불합리하게 보인다. 만약 결과와 관계없이 그러한 권리를 수용하는 것은, 하딘의 비유에 따르자면, 구명보트가 가라앉아 우리 모두가 익사할 때까지 보트 위로 물에 빠진 사람들을 우리가 계속 끌어 올릴 것이라고 말하는 것이 된다.

만약 삼분법이 거부되려면, 삼분법 자체의 근거 위에서, 즉 결과주의적인 윤리의 틀 내에서 비판을 해야만 한다. 여기에 약점이 있다. 결과주의적 윤리는 그 어떤 것이든 결과의 개연성을 계산에 넣어야 한다. 약간의 이득을 분명히 가져올 일련의 행위는, 약간 더 큰 이득을 가져올지도 모를, 그러나 마찬가지로 전혀 이득을 가져오지 않을 수도 있는 다른 행위보다 선호될 것이다. 보다 큰 양의 불확실한 이익이 그러한 불확실성을 능가할 때만 우리는 그 이익을 택할 것이다. 한 단위의 확실한 이익은 10%의 확률을 가진 다섯 단위보다 더 낫다. 50%의 확률을 지닌 세 단위의 이익은 확실한 한 단위보다 더 좋다. 우리가 해악을 피하고자 시도할 때도 같은 원칙이 적용된다.

가장 빈곤한 나라들에 대한 원조를 끊자고 주장하는 사람들은 원조 중단이 매우 큰 해악, 즉 기아와 질병에 의한 인구조절을 가져올 것이라고 예언한다. [지금 원조를 끊는다면] 수천만의 사람들이 서서히 죽어갈 것이다. 수억의 사람들이 극단적인 빈곤 속에서, 존재의 경계 그 끄트머리에서, 계속 살아갈 것이다. 이러한 전망에도 불구하고 원조를 끊자고 주장하는 사람들은 훨씬 더 큰 가능한 해악을 제시한다. 말하자면 50년 내에, 세계 인구는 적어도 지금 수준보다 50%는 늘어날 것이며, 그때 기아와 질병의 동일한 과정이 발생할 것이다. 기아와 극단적인 빈곤과의 투쟁에서 죽는 사람의 수는 훨씬 더 클 것이다. 문제는 지금의 계속적인 지원이 가져올 미래의 더 큰 재앙에 대한 예측이 얼마만큼의 개연성을 갖는가이다.

인구증가에 대한 예측은 틀리기 쉬운 것으로 악명 높다. 인구증가에 영향을 미치는 요소들에 대한 이론들은 여전히 사변적이다. 가장 널리 받아들여지는 인구변화 모델은, 나라들이 생활수준의 상승에 따라 '인구과도기demographic transition'를 거친다고 주장한다. 사람들이 매우 빈곤하고 근대의학의 혜택을 받지 못할 때, 출산율은 높지만 높은 사망률, 특히 높은 유아 사망률에 의해 인구증가는 저지된다. 공중위생과 근대적인 의료기술 그리고 다른 개선들의 도입이 유아 사망률을 감소시키면, 처음에 인구는 빠르게 증가한다. 다소간의 빈곤한 나라들이, 특히 아프리카의 사하라사막 아래쪽 나라들이, 지금 이 단계에 있다. 그렇지만 유아 사망률이 떨어지면, 부부들은 자기 부모들처럼 많은 자식을 낳지 않아도 자기 부모들과 마찬가지 숫자의 살아서 성인이 될 자식을 가질 수 있음을 알아채기 시작한다. 나이 든 후에 경제적 지원을 받기 위해 자식을 가질 필요도 감소한다. 개선된 교육과 여성해방과 여성고용 또한 출생률을 감소시킨다. 그래서 인구증가율은 떨어지기 시작한다. 대부분의 부유한 나라들은 이 단계에 도달해 있으며, 이들의 인구는—이민은 제쳐 놓고—증가한다고 해도 오직 대단히 느리게 증가하고 있다.

만약 이 모델이 옳다면, 원조가 인구증가를 촉진시킬 뿐이라고 생각하는 사람들이 불가피한 것으로 보았던 재난에 대한 대안이 있다. 우리는 빈곤한 나라들을 도와서 그 나라의 가장 빈곤한 사람들의 생활수준을 향상시킬 수 있다. 이러한 나라들의 정부를 고무하여 토지개혁법을 제정하고, 교육을 개선하고, 여성들을 교육하여 단순히 아이 낳는 역할에 대한 대안을 제공할 수 있다. 또 우리는 다른 나라들을 도와서 피임과 불임이 널리 시행되도록 할 수도 있다. 이러한 조치들은 인구과도기의 시작을 재촉하여 인구증가를 통제할 수 있는 수준으로 낮출 상당한 가능성을 가진다. 유엔의 평가에 의하면, 개발도상국의 전체 임신율은 1960년대 후반 한 여성당 여섯 명에서 21세기의 시작 때는 세 명 이하로 떨어졌다. 이 기간 동안 피임법의 사용을 장려했던 것이 태국, 인도네시아, 멕시코, 콜롬비아, 브라질, 방글라데시에서 괄목할 성공을 거두었다. 이러한 실적은 문제의 크기와 중요성을 고려하면 개발도상국가들에서 상대적으로 낮은 비용으로 달성되었는데, 여기에 드는 돈의 단지 조그만 부분만이 선진국에서 온다. 그러므로 이러한 영역에서의 비용효율이 매우 높은 것같이 보인다. 물론 임신율의 저하는 느리고 어떤 나라들에서는 속도를 잃기까지 한다는 징후도 있다. 그래서 지속적인 인구성장의 위험에 대하여 초점을 맞추고 있어야 할 실제적 필요가 있다. 그럼에도 불구하고, 경제안정과 교육, 그리고 피임 용구의 사용 등의 개선이 인구성장에 미치는 영향의 증거는 원조를 끊는 것을 윤리적으로 받아들일 수 없도록 만드는 데 충분하다. 인구증가가 수백만이 기아와 질병으로 죽는 그러한 재난 없이 통제될 수 있는 합리적인 개연성이 있다면, 그러한 재난을 허용할 수 없다.

   인구증가가 해외원조를 제공하는 데 반대할 이유는 되지 못하지만, 우리가 제공할 원조의 종류를 재고하도록 할 이유는 된다. 식량배급 대신에 인구증가속도를 늦추게 만들 도움을 주는 것이 좋을 것이다. 이는 보다 많은 자원을 교육, 특히 여성의 교육에, 그리고 피임 서비스의 공급에 투입하는 것을 의미할지도 모른다. 어떠한 종류의 지원이 어떤 특정한 환경에서 가장 효과적이든 간에, 원조의 책무는 감소되지 않는다.

아직도 난처한 질문이 하나 남아 있다. 빈곤하고 이미 인구과잉인 나라로서 종교적이거나 민족주의적 이유로 피임도구의 사용을 제한하거나 인구성장률을 늦추기를 거부하는 나라에 대하여 우리는 무엇을 해야 할 것인가? 그럼에도 불구하고 개발원조를 제공해야 하는가? 아니면 우리는 출생률을 감소시키는 것으로 간주될 효과적인 조치를 취할 것이라는 조건 하에서 원조를 제공해야 하는가? 후자에 대하여 어떤 사람들은 원조에 조건을 부과하는 것은 독립적인 주권국가에 우리의 생각을 강요하고자 하는 것이라고 반대할 것이다. 그것은 그렇다. 그러나 이러한 강요는 정당화될 수 없는 것인가? 만약 원조의 책무를 지지하는 논변이 타당하다면, 우리는 절대빈곤을 감소시킬 책무를 갖는다. 그러나 우리가 최선의 정보를 이용해서 생각할 때, 결국에 가서 극단적인 빈곤을 감소시킬 전망을 전혀 갖지 못하고, 심지어는 증가시킬 수도 있는 전망을 갖는 희생을 해야 할 책무를 가지지는 않는다. 그래서 우리는 그 정부가 우리의 원조를 헛되게 만들 정책을 집행하는 나라를 원조할 책무는 없다. 이는 이러한 나라의 빈곤한 시민들에게는 매우 고약한 것일 수 있다. 왜냐하면 그들은 정부의 정책에 대해 아무런 발언권도 가지지 못할 수도 있기 때문이다. 그러나 우리는 결국 우리의 자원이 가장 효과적일 수 있는 곳에 우리의 자원을 제공함으로써 보다 많은 사람을 도울 것이다. (덧붙이자면, 같은 원칙이, 여성이 교육 받는 것을 허용하기를 거부하는 것과 같이, 원조를 효과적으로 만들 수 있는 다른 조치를 취하기를 거부하는 나라들에도 적용될 수도 있다.)

정부에 맡겨두기

해외원조는 정부의 책임이지 개인이 행할 자선의 문제는 아니라고 종종 주장되기도 한다. 개인적인 원조가 정부로 하여금 책임을 회피케 할 것이라고 말해지기도 한다. 우리가 주면, 정부는 그렇게 할 필요가 없다고 볼 수도 있다.

정부의 원조 확대가 원조공여의 총량을 상당히 증가시킬 수 있는 가장 확실한 길이기 때문에, 극단적인 빈곤에 처해 있는 사람들을 효과적으로 돕는 프로젝트에 제공되는 한, 나는 풍요한 나라의 정부들이 지금 제공하고 있는 것보다 더 많은 원조를 제공해야만 한다는 것에 동의한다. 국민총수입 100달러당 25센트 이하의 미국과 같이 부유한 나라가 세계의 가장 빈곤한 나라들의 극단적인 빈곤을 덜어주기 위해 제공하는 양으로서는 창피할 정도로 작은 것이다. 그리고 그 숫자는 정부원조와 비정부 자선 기부를 포함하는 것이다. 유엔이 공식적으로 제시하고 있는 목표인 0.7%도, 도달하는 나라가 거의 없는 목표이기는 하지만, 풍요한 나라들이 줄 수 있고 주어야만 하는 양보다 아주 적은 것으로 보인다. 그러나 이것이 우리들 각각이 자발적인 기관을 통하여 할 수 있는 한 많이 도움을 제공하지 말아야 할 이유인가? 이러한 방식으로 생각하는 것은, 자발적인 기관을 통하여 원조하는 개인이 많으면 많을수록, 정부가 자신의 역할을 그만큼 덜할 것이라고 가정하는 것으로 보인다. 이것이 그럴듯한가? 그 반대되는 견해, 즉 만약 시민들 누구도 자발적으로 원조를 제공하지 않는다면, 정부는 국민들이 해외원조를 찬성하지 않는다고 생각할 것이고, 따라서 원조계획을 취소할 것이라는 견해가 더욱 합리적이다. 어떻든 간에, 우리가 원조를 하지 않음으로 해서 정부가 원조를 늘리도록 할 수 있다는 명백한 개연성이 없는 한, 개인적으로 원조하기를 거부하는 것은, 인구과잉의 위험 때문에 원조를 끊는 것이 그른 일이 되는 이유와 똑같은 이유로, 옳지 못하다. 즉 아주 불확실한 이득을 위해 명백한 악을 방지하기를 거부하는 것이다. 사적인 원조의 거부가 정부의 원조를 늘릴 것이라는 사실을 보여 줄 책임은 사적인 원조를 거부하는 사람들에게 있다.

그러나 사적인 원조를 늘리자는 것은 사적인 원조로서 충분하다고 말하는 것은 아니다. 적극적인 관심을 가진 시민으로서, 우리는 사적이고 공적인 해외원조에 대해 전적으로 새로운 기준을 세우는 운동을 벌여야만 한다. 우리는 또 부유한 나라와 빈곤한 나라 사이의 무역협정도 보다 정당하도록, 그리고 부유한 나라들이 그들의 농업생산자들에게 보조금을 지급하여 세계시장에서 빈곤한 나라가 경쟁하는 것을 불가능하게 만드는 것도 끝내도록 노력해야 한다. 아마도 빈곤한 사람들에게 직접 원조를 제공하는 것보다 그러한 사람들의 이익을 위해 정치적으로 적극적인 것이 보다 중요할 수도 있다. 그러나 왜 둘 다 하지 않겠는가? 불행하게도 많은 사람들이 해외원조가 정부의 책임이라는 견해를, 정치적으로 적극적이기 위한 이유보다는, 도움을 베풀지 않을 이유로 사용하고 있다.

너무 높은 기준인가?

내가 제시한 원조의 책무를 지지하는 논변에 대한 마지막 반론은 그것이 너무 많은 것을 요구한다는 것이다. 기준을 너무 높게 잡기 때문에 오직 종교적 성인만이 기준을 달성할 수 있다는 반론이다. 이러한 반론에는 적어도 세 가지 버전이 있다. 첫 번째는 인간 본성이 지금 있는 그대로이기 때문에, 우리는 그렇게 높은 기준을 충족시킬 수 없다. 우리가 할 수 없는 것을 우리가 마땅히 해야 한다고 말하는 것은 터무니없기 때문에, 우리는 우리가 그렇게 많이 주어야만 한다는 주장을 거부해야 한다. 두 번째는 비록 우리가 그러한 높은 기준을 충족시킬 수 있다고 하더라도, 그렇게 하는 것은 바람직하지 못할 수도 있다. 세 번째는 그렇게 높은 기준을 세우는 것은 바람직하지 못하다. 왜냐하면 그것이 도달하기에 너무 높은 것으로 생각되면 많은 사람이 낙담하여 그렇게 하려고 시도해 보지도 않을 것이기 때문이다.

첫 번째 반론을 제기하는 사람들은 흔히 인간 본성에 대해 관찰한다. 우리 모두가 자기 자신의 이익들에, 그리고 우리의 직계 가족의 이익들에, 우리가 낯선 이들의 이익에 대해서 가지는 것보다 더 큰 관심을 가진다고 그들은 지적한다. 왜냐하면 우리가 자연과정을 통하여 진화해 왔는데, 자기 자신의 이익들이나 자기 자손과 혈통의 이익에 더 큰 관심을 가지는 사람들이 그렇지 않은 사람들보다 다음 세대 중에 더 많은 자손들을 남기는 경향이 있기 때문이라고 그들은 덧붙일지도 모른다. 그래서 생물학자 하딘은 그의 '구명정 윤리'를 지지하여 "이타주의는 작은 크기로, 단기간 동안, 그리고 작고 친밀한 그룹에서만 존재할 수 있다"고 주장하였다. 도킨스Richard Dawkins는 그의 자극적인 책 『이기적 유전자』에서 이렇게 말하고 있다. "우리는 그렇지 않을 것이라고 강하게 믿고 싶어 하지만, 보편적 사랑과 전체로서의 종의 복지는 유선석으로 선혀 의미가 없는 개념이다."

우리가 우리 자신의 이웃들을 먼저 돌보아야만 한다는 반론에 대해 논의하면서, 인간에게 당파성이라는 아주 강력한 경향이 있다는 것을 나는 이미 지적하였다. 우리 자신의 이익과 우리와 가까운 혈통의 이익들을 낯선 이들의 이익보다 선호하는 것은 의심할 여지없이 진화적인 과정의 자연적인 결과이다. 이것이 의미하는 것은 공평한 관심이라는 요구가 광범위하게 충족될 것이라고 기대하는 것은 어리석은 일일 것이며, 이러한 이유로 그러한 기준에 도달하기에 실패하는 사람들을 비난하는 것은 거의 적합하지도 그럴듯하지도 않다는 것이다. 그렇지만 공평하게 행동하는 것이 비록 매우 어려울 수도 있지만, 불가능한 것은 아니다. "**당위**는 **가능**을 함축한다"는 자주 인용되는 주장은 여기에 적용되지 않는다. 그러한 격언은 "너는 가라앉는 배에서 모든 사람들을 마땅히 구해야 한다"와 같은 도덕적 판단을 거부할 때에는 합리적이다. 왜냐하면 그러할 때 구명정에 한 사람을 더 태우면, 그것이 가라앉아 아무도 구하지 못할 것이기 때문이다. 이러한 상황에서 아마도 할 수 없을 일을 마땅히 해야 한다고 말하는 것은 이치에 맞지 않다. 그렇지만 다른 사람들은 굶주리고 있는데 우리가 사치품에 돈을 들이고 있다면, 확실히 우리는 우리가 주고 있는 것보다 더 많은 것을 줄 **수 있으며**, 그래서 우리는 이 장에서 제시된 공평한 기준에 보다 가까이 갈 수 있다. 우리가 이러한 기준에 보다 가까이 접근할 때, 우리가 넘어설 수 없는 장벽은 없다.

한 가족이 무엇을 할 수 있는가에 대한 놀랄 만한 예화는 2006년 미국 조지아 주의 애틀랜타에서 케빈 샐웬Kevin Salwen이 열네 살짜리 딸 한나Hannah와 자동차를 타고 가다가 멈춤 신호에 멈추었을 때 시작되었다. 한쪽에서 한나는 번뜩이는 벤츠 쿠페를 보았고 다른 한쪽에서는 한 노숙자를 보았다. 그녀가 손으로 가리키며, 이렇게 말했다. "있잖아, 아빠, **저** 사람이 덜 좋은 차를 타면, **저기 있는** 사람이 밥을 먹을 수 있을 거야." 이렇게 시작된 대화는 집에서도 계속되었다. 한나의 어머니는 그러한 생각을 비웃는 대신 그녀에게 이렇게 도전하였다. "네가 하기를 원하는 것이 뭐야? 집을 팔아 크기가 반인 작은 집으로 이사하고 너의 방을 포기하는 거야?" 일련의 가족 대화 끝에, 네 명으로 구성된 유복한 샐웬 가족은 바로 그것을 하기로, 즉 집을 팔고, 받는 돈의 반을 빈곤한 사람들에게 주고, 나머지 반으로는 더 작은 집을 사기로 하였다. 친구들은 그들이 미쳤다고 생각했으나, 그들은 자신들이 옳은 일을 하고 있다는 자신이 있었다. 결과적으로 그들은 80만 달러 이상을 가나에 있는 시골 마을에 주어서 빈곤으로부터 벗어나게 하였다. 많은 사람들은 보다 작은 집으로 이사하는 것을 희생이라고 간주하였지만, 케빈은 심지어 자기이익이라는 관점에서도 그것은 의미가 있다고 말하고 있다. "우리가 너무 많이 가진 것(우리 집)의 반을 기부한 것이 우리가 전에는 결코 가지지 못했던 함께함, 신뢰, 그리고 기쁨을 주었다."

물론 샐웬 가족의 결심은 여전히 그들을 편안하게 하고 있다. 그들은 중요성에서 비교 가능한 어떤 것도 희생하지 않고서, 사람들에게 더 많이 줄 수 있었고, 더 많이 줌으로써 그들은 그들을 구할 수 있었다. 그러나 이 예는 이러한 기준이 달성 가능하다는 것을 입증하지는 않는다. 이것이 보여 주는 것은 한 가족이 우리들 대부분이 당연하다고 생각하는 장벽을 깨뜨릴 수 있다는 것이다. 크라빈스키Zell Kravinsky는 그러한 장벽들을 더욱 밀어붙였다. 숙련된 부동산 투자로 4천만 달러 이상을 만든 다음, 그는 적당한 교외 주택에 그의 가족과 함께 살면서 그 돈의 거의 대부분을 기부하였다. 그리고 신장질환을 앓는 사람들이 이식이 가능해질 때를 기다리면서 죽어 가고 있다는 것을 알고, 사람이 양쪽 신장 모두를 필요로 하는 경우가 4천분의 1로 낮다는 것을 보여 주는 연구서를 공부하고선, 주로 아프리카계 미국인들에게 봉사하는 시내의 병원으로 가서 자신의 신장 하나를 낯선 이에게 기증하였다. 이와 같은 예들이 있기 때문에, 우리가—우리들 중의 어느 누구에게나 개인적으로는—공평한 기준을 성취하는 것이 불가능하다고 해서, 그것이 잘못되었다고 말할 수는 없다. 우리는 실제로 공평성의 방향으로 멀리 나아가는 것이 어디까지 가능한지 모른다. 섈웬 가족이나 크라빈스키와 달리, 대부분의 사람들은 결코 시도도 하지 않는다.

두 번째 반대는 몇몇 철학자들에 의해서 지난 10년 사이에 제기되었다. 그들 중의 한 사람이 울프Susan Wolf로서 그녀는 "도덕적 성인들"라는 제목의 강력한 소논문을 썼다. 울프는 만약 이 장에서 옹호하는 그러한 종류의 도덕적 입장을 우리 모두가 취한다면, 우선 삶을 흥미롭게 만드는 많은 것들, 즉 오페라, 맛있는 요리, 우아한 의복, 그리고 프로 운동 경기 없이 살아야만 할 것이라 주장하였다. [그녀에 따르면] 우리가 윤리적으로 우리에게 요청된다고 보는 삶, 즉 전체의 선을 추구하는 한 가지 마음을 가진 삶은, 이러한 요청이 덜한 견해에서는 인간의 이상적인 좋은 삶의 한 부분이 될 수 있는, 넓고 다양한 흥미와 활동을 결여하고 있다. 그러나 여기에 대해서 이렇게 반론할 수 있을 것이다. 울프가 이상적인 것으로 생각하는 풍요롭고 다양한 삶은 풍요로운 세계에서는 인간의 가장 바람직한 삶일지도 모른다. 그러나 자신을 위해 사치품을 사는 것이 다른 사람의 회피 가능한 그러나 계속되는 고통을 받아들인다는 것을 의미하는 그러한 세계에서도 그것이 여전히 좋은 삶일 것이라고 가정하는 것은 잘못된 일이다. 열차충돌로 인하여 수많은 부상자들이 생겨난 것을 본 의사가 그들 중에 50명만 치료하고 오페라에 가는 것이 균형 있는 삶의 한 부분이라는 것을 근거로, 오페라에 가는 것이 옹호 가능하다고 거의 생각할 수 없을 것이다. 다른 사람들의 삶과 죽음이 달려 있는 필요가 앞설 것임에 틀림없다. 전체로서의 세계를, 그리고 세계를 다르게 만들 수 있는 우리의 능력을 고려하면, 우리 모두가 재앙을 더는 것을 도울 기회를 가지는 그러한 시간 속에 살고 있다는 점에서 아마도 우리도 그 의사와 같다.

이러한 두 번째 반대와 연관된 주장은, 여기서 옹호되는 그러한 종류의 공평한 윤리는 사랑이나 우정에 기초한 진지한 인격적 관계를 가지는 것을 불가능하게 만든다는 것이다. 이러한 관계들은, 그 본성상 당파적이다. 우리는 우리가 사랑하는 사람들, 우리의 가족, 그리고 우리의 친구들의 이익들을 낯선 이들의 이익에 앞세운다. 만약 우리가 그렇게 하지 않는다면 이러한 관계들이 살아남을 것인가? 우리 자신의 이웃을 먼저 돌봐야 한다는 반론에 대하여 답하는 중에 나는 공평성에 근거한 도덕적 체계 내에서도 친족에 대한 어느 정도의 당파성을 인정할 수 있는 여지가 있다는 것을 지적했었다. 그리고 그러한 것이 다른 가까운 인격적 관계에도 적용될 수 있다. 확실히 대부분의 사람들에게 인격적 관계는 번창하는 삶에 필수적인 것들 중의 하나이며, 그것을 포기하는 것은 도덕적으로 아주 중요한 것을 희생하는 것이 될 것이다. 그러므로 내가 여기서 주장하고 있는 원칙에 의해서는 그러한 희생이 요구되지 않는다.

세 번째 반대는 이렇게 묻는다. 사람들에게 그렇게 많은 것을 포기하도록 요구하는 것이 오히려 역효과를 초래하지 않겠는가? 사람들이 "어떻든 도덕적으로 요구되는 것을 나는 할 수 없으므로 일부러 기부하려고 애쓰지는 않겠다"라고 말하지 않겠는가? 그렇지만 우리가 보다 현실적인 기준을 세우면, 사람들은 그곳에 도달하기 위해 성실한 노력을 할 것이다. 그렇다면 보다 낮은 기준을 세우는 것이 실제로는 더 많은 원조가 이루어지게 할 것이다.

이 세 번째 반대의 위상을 명확히 하는 것이 중요하다. 인간행동에 대한 예언으로서의 그것의 정확성은, 우리의 기부에 의해서 우리가 성취하는 것과 마찬가지의 도덕적 의미를 가지는 어떤 것을 희생하는 지점까지 우리는 더 많이 주어야만 한다는 주장과 충분히 양립할 수 있다. 이러한 반대의견에 뒤따라오는 것은 이러한 기부기준을 공공적으로 고지하는 것은 바람직하지 못하다는 주장이다. 이것은 극단적인 빈곤을 줄이는 데 최선을 다하기 위해서 우리가 사람들이 마땅히 주어야 한다고 생각하는 것보다 더 낮은 양을 기준으로 고지해야 한다는 것을 의미할 것이다. 물론 우리 자신은 보다 높은 기준을 가지는 원래의 주장을 받아들이기에, 우리가 사람들이 마땅히 해야 한다고 공적으로 제안하는 것 이상을 마땅히 해야 한다는 것을 알고 있다. 그리고 우리는 실제로 우리가 다른 사람보고 내라고 하는 것보다 더 많이 낼 수도 있다. 여기에는 아무런 비일관성이 없다. 왜냐하면 사적인 행위에서나 공적인 행위에서나 우리는 극단적인 빈곤을 최대로 줄일 일을 시도하고 있기 때문이다.

결과주의자에게, 공적인 도덕성과 사적인 도덕성의 이러한 외양적인 충돌은 언제나 있을 수 있는 일로서, 그 자체가 기초가 되고 있는 원칙이 틀렸다는 것을 가리키지 않는다. 한 원칙의 결과와 그것을 공적으로 고지하는 것의 결과는 각각 다른 일이다. 이러한 생각의 한 변형이 내가 앞의 여러 장에서 이야기했던 도덕성의 직관적 수준과 비판적 수준간의 구분에 의해서 이미 인정되었다. 직관적 수준의 도덕에 적합한 원칙들을 일반적으로 고지되어야 할 원칙들이라 생각한다면, 이러한 원칙들은 고지되었을 때 최선의 결과를 발생시킬 것이다. 해외원조와 관련해서 그러한 원칙들은, 돈이 그것을 가장 효과적으로 사용할 단체에게 주어지는 한, 부유한 사람들로부터 빈곤한 사람들에게 가는 원조의 양을 극대화해 줄 것이다.

우리의 논변이 설정하는 기준이 너무 높아서 역효과를 초래할 것이라는 말이 맞는가? 주목할 만한 증거가 그렇게 많은 것은 아니다. 그러나 학생들과 그리고 다른 사람들과 우리의 논변에 관해서 토론해 본 결과, 나는 그럴 수도 있다는 결론에 다다랐다. 반면에 관습적으로 받아들이는 기준, 즉 모금함을 코앞에 들이댈 때 모금 깡통에 동전 몇 개를 던지는 정도의 기준은 너무 낮다. 어떤 수준의 기준을 주장해야 할 것인가? 나의 책『당신이 구할 수 있는 생명』과 관련 웹사이트 www.thelifeyoucansave.com에서, 나는 세금 척도와 같은 누진 척도를 제안하였다. 그것은 단지 수입의 1%에서 시작한다. 그리고 세금을 내는 90%의 사람들에게는 5% 이상을 내도록 요구하지 않는다. 그러므로 이것은 완전히 현실적인 양이다. 그리고 사람들이 아무런 희생 없이 쉽게 낼 수 있는 것이다. 그리고 실제로는 종종 개인적인 이득을 얻기도 한다. 왜냐하면 내는 사람은, 샐웬 가족이 발견했듯이, 내지 않는 사람보다 더 행복하다는 것을 보여 주는 많은 심리 연구가 있기 때문이다. 내가 제안한 척도가, 만약 널리 주장되면, 전체 기부금을 최대로 할 것인지 나는 실제로 모르겠다. 그러나 만약 풍요한 세계에 있는 모든 사람들이 그러한 척도에 따라서 기부금을 내면, 매년 1조 5천억 달러를 모을 것으로 나는 계산했다. 이것은 경제학자 삭스 Jeffrey Sachs가 주도했던 유엔의 태스크포스 팀이 밀레니엄 개발목표에 대응하기 위해 필요할 것으로 계산했던 것의 여덟 배이다. 밀레니엄 개발목표는 2000년 유엔 밀레니엄 개발정상회의 UN Millennium Development Summit에서 만났던 세계 여러 나라의 지도자들이 정한 것인데, 이러한 목표들에는 극단적인 빈곤 속에서 살고 있는 세계의 사람들과 배고픔으로 고통 받는 사람들의 비율을 반까지 줄이는 것, 5세 이하의 어린이들의 사망수를 3분의 2까지 줄이는 것, 그래서 매년 600만의 생명을 구하는 것, 그리고 어디에서든 어린이들이 초등학교의 전 과정을 공부할 수 있도록 하는 것이 포함되어 있다.

이 놀라운 결과는—만약 유복한 모두가 극단적인 빈곤을 줄이려는 노력에 기여하려 하고 그러한 노력과 더불어 모든 일이 진행되면, 우리들 각자가 낼 필요가 있는 양은 별로 그렇게 크지 않을 것이라는 사실은—이 장에서 우리가 제시했던 그 논변이, 빈곤한 사람을 도울 능력을 가지고 있는 사람들 중에서 그들을 돕기 위해 의미 있는 어떤 것을 하는 사람이 거의 없다는 오직 그 이유로, 요청되고 있다는 것을 보여 준다. 우리는 부자들의 부의 2분의 1, 혹은 4분의 1, 혹은 10분의 1도 빈곤한 사람들에게 이전할 필요가 없다. 돕는 사람이 별로 없다면, 더 이상 내는 것이 그들의 증여를 가지고 구하는 생명과 마찬가지로 도덕적으로 중요한 어떤 것을 희생하는 일이 되는 지점에 이르기까지, 그렇게 돕는 사람들은 매우 급격하게 많은 것을 포기해야 한다. 우리 모두가, 아니 우리들 대부분이, 내가 제시한 별로 크지 않은 척도에 따라 기부금을 낸다면, 우리들 중에 누구나 많은 것을 포기하지 않아도 될 것이다. 그것이 나의 척도가 공적인 고지를 위해서 적합한 기준인 이유이다. 우리가 할 필요가 있는 것은, 우리의 공적인 윤리를 변경하여, 사치품을—공짜로 사용 가능한 안전한 마실 물이 있는 곳에서는 한 병의 물도 사치품이다—살 여유가 있는 누구나에게, 극단적인 빈곤에 있는 사람에게 의미 있는 어떤 것을 주는 것이 윤리적 삶의 기본적인 부분이 되도록 하는 것이다.

제9장
기후변화

앞 장에서, 우리는 우리가 낯선 이들에 대하여 가지는 유일한 책무가 그들에게 해악을 가하지 않는 것이라는 논변을 간단히 고려하였다. 대부분의 인간 존재에게, 그러한 견해에 의거해서 사는 것은 쉬운 일이었을 것이다. 우리의 조상들은 몇백 명 이하의 집단에서 살고 있었고, 강이나 산의 다른 쪽에 사는 사람들은 분리된 세계에서 살아가는 것이나 마찬가지였다. 우리가 윤리적 원칙들을 발전시킨 것은 우리 공동체 내에서 문제를 다루는 우리를 돕기 위해서였지, 공동체 바깥의 사람들을 돕기 위해서가 아니었다. 일으키게 되면 그릇된 일이라고 간주된 해악은 일반적으로 명확하고 잘 정의되어 있었다. 우리는 그러한 행위들에 대한 금지사항들과 정서적인 반응들을 개발했고, 이러한 본능과 정서적 반응들은 여전히 우리의 도덕적 사고에서 상당한 기초를 이루고 있다.

오늘날 우리는 전 세계의 사람들과, 우리 조상들은 상상할 수 없었던 방식으로 연결되어 있다. 인간 활동들이 우리 행성의 기후를 변화시키고 있다는 것을 발견함에 따라, 우리가 서로에게 해악을 가할 수 있는 새로운 방식에 대한 지식도 함께 생겨났다. 당신이 자동차를 사용하면, 화석연료를 태우게 되고, 그것은 이산화탄소를 대기 중에 배출한다. 당신은 대기의 화학적 구성을, 그래서 기후를, 변경시키고 있는 중이다. 이것이 다른 이들에게 어떤 영향을 주는가?

세계의 어떤 지역들에서, 사람들이 하고 있는 일은 이미 명백하다. 세계보건기구World Health Organization에 따르면, 1961년에서 1990년 사이와 같이 평균 지구온도가 변하지 않고 그대로였을 경우의 사망자 숫자와 비교해 보면, 행성의 온난화는 2004년에 14만 명을 추가적으로 죽게 만들었다. 이것은 기후변화가 이미 매주, 2001년 9월 11일 테러리스트 공격으로 인한 사망자만큼이나 많은 죽음을 유발하고 있다는 의미이다. 이러한 추가적인 죽음의 직접적인 원인은 대개 기후에 민감한 질병들, 즉 말라리아, 뎅기열, 그리고 설사이다. 이러한 질병들은 안전한 물이 없는 곳에서는 더욱 일반적이다. 높은 기온이나 낮은 강우 때문에 농사가 제대로 되지 않아 발생한 영양실조도 많은 추가적인 죽음의 원인이다.

변화들은 또한 비옥하고 인구가 밀집된 이집트, 방글라데시, 인도, 베트남의 델타 지역에서도 이미 명백하다. 이 지역들은 바닷물 수위상승의 위험에 처해 있다. 400만 명의 인도인들이 살고 있는 갠지스 델타의 섬들인 선더반Sunderbans은 사라지고 있는 중이다. 두 섬은 완전히 사라졌다. 전체적으로, 80km²에 해당되는 지역이 지난 30년 사이에 사라졌다. 수백 가구가 피난민캠프로 이주를 해야만 했다. 낮은 고도의 산호섬으로 구성되어 있는 몰디브Maldives, 키리바시Kiribati, 투발루

Tuvalu와 같은 조그만 태평양 나라들도 비슷한 위험에 처해 있다. 몇십 년 내에 이들 나라들은 파도 아래로 잠수할지도 모른다.

이러한 것들은 다가오고 있는 보다 큰 변화의 첫 신호들일 뿐이다. 유엔환경계획United Nations Environment Program에 의해 수립된 과학단체인 '기후변화에 관한 정부 간 패널'과 세계기상학협회의 네 번째 평가 보고서는, 2080년까지 2℃에서 2.4℃의 기온 상승이 12억의 사람들이 사용하는 수자원에 부담을 줄 것으로 보고 있다. 바다의 수위상승으로 인하여 매년 추가적으로 1,600만 명이 해안홍수를 겪을 것이다. 기온이 같은 기간 동안 3.3℃만큼 오르면, 수자원에 대한 부담은 25억에서 32억 명에게 영향을 끼칠 것이며, 매년 해안홍수를 겪을 사람도 추가적으로 2,900만 명이 늘어날 것이다.

그러므로 우리가 지금 다른 공동체들의 낯선 이들에게 하고 있는 일은, 우리가 때때로 일단의 전사들을 보내 한두 마을을 약탈하고 강탈하는 습관을 가지고 있을 때 우리가 끼쳤던 해악보다, 훨씬 심각하고 훨씬 광범위한 해악이다. 가스의 배출을 통하여 먼 곳에 일으키는 감지할 수 없는 해악은 완전히 새로운 형태의 해악이다. 그래서 우리는 그것을 일으키는 데 대해 어떤 본능적인 금지나 정서적 반응을 가지고 있지 못하다. 우리는 그것을 해악으로 제대로 보지 못하고 있다.

녹고 있는 얼음 덩어리에 앉아 있는 북극곰은, 기후 변화에서 고통받을 것이 인간만이 아님을 강조하면서, 지구온난화에 대항하는 캠페인의 아이콘이 되었다. 수백만의 동물들이 가뭄과 홍수에서 죽을 것이다. 다소는 그들의 환경이 변경됨에 따라 이주할 수 있을 것이다. 그러나 다른 동물들에게는 갈 곳이 없다. 예를 들어, 어떤 지역에서는 고산 종족들이 기온상승에 따라 산의 더 높은 곳으로 올라 갈 수 있을 것이다. 그러나 다른 지역에서는—오스트레일리아가 한 예이다—고산식물들과 동물들은 그 나라의 가장 높은 지역에 거의 고착되어 있다. 여기에는 더 높이 올라갈 곳이 없다. 지구온난화는 광대한 범위에서 멸종을 일으킬 것이다.

앞 장에서, 우리가 낯선 이들에 대하여 가지는 유일한 책무가 그들에게 해악을 끼치지 않는 것이라는 논변에 나는 반대 논변을 전개하였다. 그러나 우리가 그러한 견해를 취한다고 하더라도, 기후변화의 사실들은 우리가 세계의 수억의, 아마도 수십억의 빈곤한 사람들에게 해악을 가하고 **있음**을 명백하게 입증하고 있다. 그러므로 **어떤** 그럴듯한 견해에서 생각해 봐도, 우리가 그들에게 해악을 가하는 것을 멈출 책무를, 그리고 우리가 이미 그들에게 일으킨 해악에 대하여, 그리고 오늘 당장 우리가 온실가스 배출을 제로로 만든다고 해도 적어도 다음 세기까지 계속 나타날 해악에 대하여 그들에게 보상할 책무를, 가지는 것으로 보인다. 우리에게는 기후변화를 다룰 국제적인 협정들이 필요하고, 이러한 협정들의 근거가 될 지구적 윤리가 필요하다. 이 장은 이러한 지구적 윤리global ethic가 어떤 모습을 가질 것 같은지, 그리고 국가와 개인 양쪽에 기후변화와 관련하여 어떤 책임이 있는지를 논의하고자 한다.

제1절 충분히 그리고 양질의

다음과 같이 상상해 보자. 모든 사람이 쓰레기를 커다란 배출관에 던져 넣는 마을에 우리가 살고 있다. 어느 누구도 그 쓰레기가 배출관으로 들어간 다음 그것에 어떤 일이 일어나는지 모른다. 그러나 그것이 사라지고 아무도 귀찮게 하지 않는 것으로 보이기 때문에 아무도 그것에 대해 걱정하지 않는다. 우리가 배출관에 아무리 많이 쏟아 부어도, 다른 사람들도 똑같이 할 수 있다. 왜냐하면 기억 할 수 있는 한, 그 배출관이 우리의 쓰레기를 처리할 수 있는 능력은 무한대로 보이기 때문이다. 우리는 우리가 원하는 것[즉 쓰레기 배출권]을 가질 수 있고, 그리고 여전히, 17세기 영국의 철학자 로크가 말한 대로, "충분히 그리고 또한 양질의 공유물로서 [쓰레기 배출권을] 다른 사람들에게 enough and as good, left in common for others" 남겨놓는다. 로크의 견해에 따르면, 이것이 자연자원으로부터 우리가 재산을 취득할 수 있는 핵심요소이다. 다시 상상해 보자. 우리가 더 많은 쓰레기를 만들어내기 시작하였는데, 갑자기 그 배출관의 용량이 결국 무한대가 아님을 발견하였다. 무한대가 아니라, 지금 100% 사용되고 있는 중이다. 이 시점에서, 우리가 계속 우리 쓰레기를 배출관에 던져 넣을 때, 우리는 더 이상 '다른 사람들에게 충분히, 그리고 양질로' 남겨놓지 않으며, 그래서 방해 없이 쓰레기를 버릴 우리의 권리는 의문시된다.

우리의 대기가 그 커다란 배출관이고, 우리의 쓰레기가 이산화탄소, 메탄, 그리고 다른 온실가스들이라고 생각해 보자. 이제 막 우리는, 대기가 우리가 내뿜는 가스들을 해로운 결과 없이 흡수할 수 있는 능력이 제한되어 있음을 발견하였다. [미국 국립항공우주국 NASA의 한 과학자가 제시한] 자료에 따르면, 우리는 이미 그 용량을 초과하여 사용하고 있다. 산업혁명 이전에, 대기 중의 이산화탄소는 270ppm에 불과했다. 그 이후 사람들은 석탄을 대규모로 태우기 시작하였고, 나중에는 기름과 가스도 그렇게 했다. 2010년에 대기 중 이산화탄소는 390ppm에 이르렀다. 이것은 기록된 역사시대 어느 때보다 높은 수준이며, 그것은 여전히 매년 2ppm씩 증가하고 있다. 우리가 평균온도를 2℃ 상승시킨다면, 우리가 이제까지 보았던 어떤 것보다 훨씬 더 심각하고 위험한 대규모의 결과가 생길 수 있다는 데, [학자들은] 일반적으로 동의하고 있다. 대략 2008년까지, 대부분의 과학자들은 우리가 2℃ 이상의 온도 상승을 방지하려면, 초과되지 말아야 할 대기 중의 이산화탄소 수준은 450ppm이라는 데 동의하고 있었다. 현재의 추세에 따르면, 2040년에 대기 중 이산화탄소 농도는 450ppm에 이를 것이다.

대기 중 이산화탄소 수준이 450ppm에 이르도록 방치하는 것은 이미 심각한 위험을 무릅쓰는 것이다. 21세기의 첫 10년에, 지구온난화는 '기후변화에 관한 정부 간 패널'의 초기 보고서들에서의 예측을 되풀이하여 초과하였으며, 우리는 지구온난화의 피드백 고리의 위험성을 더 잘 이해하게 되었다. 북극의 얼음이 녹고 있는 것이, 과학자들이 예측했던 것보다 더 빨리 무엇이 일어나고 있다는 하나의 가시적인 예이다. 그것은 또한 피드백 고리feedback loop들의 위험성을 보여 주고 있다. 400년 전에 탐험가들은 유럽과 러시아의 북쪽에서 중국으로 항해할 수 있게 해줄 전설적인 '북동수로Northeast Passage'를 탐색하였다. 그들은 북극의 얼음을 뚫고 나갈 수 없음을 알아차리고 그들의 탐색을 포기했다. 2009년에 상업선박이 성공적으로 북동수로를 항해했다. 이제 여름이면 북극해의 커다란 해역에 얼음이 없으며, 이는 지구온난화의 징후이다. 게다가 그것 자체가 미래의 온난화의 원인이다. 얼음과 눈은 태양빛을 상공으로 반사시킨다. 얼음이 없는 대양의 표면은 태양으로부터 더 많은 열기를 흡수한다. 우리의 온실가스배출은 북극의 얼음을 녹이기에 충분한 열기를 발생시킴으로써, 비록 우리가 모든 온실가스배출을 내일 멈춘다고 해도, 더욱 많은 열기를 발생시킬 피드백 고리를 만들어내었다. 다른 피드백 고리는 더 큰 위험성을 가지고 있다. 시베리아에는 극히 잠재적인 온실가스인 엄청난 양의 메탄이 보통 '영구동토층permafrost'이라고 부르는 곳, 즉 땅이 영구적으로 얼어 있는 지역에 갇혀 있다. 과거에는 얼어 있었던 지역이 이제는 해동되고 있고, 해동에 따라 메탄을 방출하여, 추가적인 온난화에 기여하고, 또 더 많은 지역을 해동하고, 더 많은 메탄을 방출하도록 하고 있다.

이러한 종류의 증거 때문에, 미국 국립항공우주국의 한센James Hansen 과 그의 동료들은 2008년 『사이언스』에 발표한 논문에서, 다음과 같이 결론지었다. 우리가 "문명이 발전하고 지구상의 생명이 적응할 수 있는 수준에 가깝게 행성 지구를 유지하려면", 우리는 이산화탄소를 '최대 350ppm'으로 줄일 필요가 있다. 물론 이것은 우리가 몇 년 전에 지나쳐 온 수준이다. 그래서 만약 우리가 대기를 커다란 배출관이라고 생각하면, 배출관은 이미 지나치게 사용되고 있다. 우리는 우리의 사용을 거꾸로 줄일 필요가 있다. 누가 가장 많이 줄여야 할지를 어떻게 결정할 수 있을까?

제2절 평등한 분배란 무엇인가?

1. 역사적 책임

철학자 노직은 그의 책 『무정부, 국가, 그리고 유토피아』에서 분배의 정의 문제에 대하여 이야기하면서 '역사적historical' 원칙들과 '시간분할time-slice' 원칙들에 대한 유용한 구분을 제시하였다. 역사적 원칙은 다음과 같이 말하는 것이다. 일정한 재화의 분배가 공정한가, 공정하지 않은가를 이해하기 위해서, 우리는 그러한 분배가 어떻게 생겨났는지를 물어야만 한다. 즉 우리는 그것의 역사를 알아야만 한다. 사람들이 현재 가지고 있는 것에 대하여 권리를 가지려면, 원래 정당화 가능하게 취득되었고 합법적으로 계속 이전되었어야 한다. 과연 그러한가? 만약 그렇다면, 현재의 분배는 공정하다. 그렇지 않다면, 공정한 분배를 이루기 위해서는 개정이나 보상이 필요할 것이다. 이에 반해, 시간분할 원칙은 단지 지금 이 순간 현존하는 분배를 바라본다. 그리고 그것을 근거로 그것이 공정한가를 묻는다.

오염의 경우에 종종 적용되는, 하나의 역사적 원칙은 "망가뜨린 자가 고친다You broke it, you fix it"이다. 이는 또한 "오염자가 비용을 지불한다The polluter pays"로도 알려져 있다. 만약 화학공장이 강물을 오염시켰으면, 공장의 주인에게 강물을 정화할 책임이 있다. 우리가 이 원칙을 기후변화에 적용한다면, 나라들이 문제를 일으키는 데 기여한 비율에 따라 각 나라에 문제를 해결할 책임을 할당할 것이다. 이산화탄소배출의 역사는 중요하다. 왜냐하면 한 세기 전에 배출된 이산화탄소 대부분이 여전히 오늘날 대기 중에 있기 때문이다.

1997년 기후변화에 대한 유엔의 논의에서, 브라질 정부는 한 나라의 역사적 배출이 기온상승에 준 영향에 따라 배출감소목표를 정해야 한다고 제안했다. 그러한 제안을 평가하기 위해, 그리고 실재하는 자료를 가지고 다양한 나라들과 지역들이 지구기온상승에 기여한 것에 근거하여 그러한 결론에 도달하는 것이 가능한가 여부를 알아보기 위해, 한 과학자 집단이 꾸려졌다. 이 집단은 드디어 2008년에, 비록 숲과 농사 변화에 기인하는 기여는 양화하기가 훨씬 어렵기는 하지만, 그러한 자료가 이러한 일에, 특히 화석연료 배출과 관련하여, 적합하다고 보고하였다. 그 집단은 기여를 측정하는 시기를 1890년에서 2000년으로 잡았으며, 시기를 달리 잡으면 약간 다른 결과가 나온다는 점을 지적하였다. 이들은 미국이 기온상승에 20%의 책임이 있으며, 경제협력개발기구OECD 구성원인 유럽 국가들에 14%의 책임이 있다고 결론 내렸다. 다소 놀라운 일이지만—그리고 아마도 브라질 사람들에게는 당황스럽게—라틴아메리카 또한 기온상승에 14% 기여한 것으로 드러났다. 물론 이 연구는 숲과 토지 이용 변화에 대한 다른 자료가 사용되면 이 숫자는 8%까지 낮게 떨어진다고 지적하고 있다. 반면에, 중국을 포함하여 동아시아 전체는 단지 10%만 기여하였으며, 인도를 포함하여 남아시아는 단지 7%였다. 그러므로 "망가뜨린 자가 고친다"는 견해에 의거하면, 그 문제를 해결하는 부담을 가장 크게 나누어 마땅히 져야 할 당사자는 미국, 그리고 산업화를 오래 진행한 유럽 국가들, 아마도 이들과 더불어 라틴아메리카일 것이다.

    중국은 브라질의 제안을 지지했다. 그러나 명확한 단서조항을 붙였는데, 그것은 기후변화에 대한 역사적 기여는 1인당 기준으로 고려해야 한다는 것이었다. 중국의 학문적이고 정책정향적인 다섯 두뇌집단think tank이 2009년 코펜하겐 기후변화회의를 위해 준비한 보고서인 『탄소형평』은, 중국이 미국보다 훨씬 많은 인구를 가지고 있다는 사실이, 온실문제에 대한 책임을 할당할 때 고려되어야 한다고 주장하고 있다. 이러한 가정은 합리적인 것으로 보이는데, 이는 각각의 사람은 대기에 대하여 평등한 몫equal share을 가질 자격이 있으며, 그리고 우리는 어떤 나라의 사람들이 지난 세기에 자기들의 몫을 넘어 어느 정도까지 사용했는가를 보아야 한다는 의미이다. 그 보고서의 계산에 따르면 1850년부터 2004년까지의 기간 동안, 평균적인 미국인은, 평균적인 중국인보다 대기에 21배, 평균적인 인도인보다 53배나 많은 이산화탄소를 배출한 책임이 있다. 평균해서, 영국인과 캐나다인은 대기 중의 탄소에 대하여 중국인보다는 16배, 인도인보다는 40배의 책임이 있다. 그래서 역사적 책임의 원칙은, 지구온난화를 멈추기 위해서 요청되는 희생의 거의 대부분을, 오래된 산업화된 국가들이 해야 한다고 가리킨다.

때때로 이런 반론도 제기된다. 산업혁명은 산업화된 국가들에게만이 아니라 전 세계에 이익을 주었으며, 따라서 산업화를 위해 요구된 배출을 산업화된 국가들의 책임으로만 돌리지 말아야 한다는 것이다. 산업혁명이 과학과 기술의 발달을 가능하게 만들었으며, 이것이 전 세계 수십억의 사람들에게 이득을 주었고 계속해서 이득을 줄 것이라는 말은 맞다. 그러나 산업혁명은 또한 산업화된 국가들이 세계의 많은 부분을 식민지로 삼을 수 있게 하였고, 식민의 시대가 끝난 다음에도 세계교역체계를 지배하도록 하였다. 이것은 산업화된 나라들에 사는 사람들에게는 큰 이득을 주었지만, 그 반면 식민화된 국가들에 대한 산업혁명의 영향은 잘해야 상당히 들쭉날쭉한 것이었다. 그러므로 산업화가 모든 것을 고려했을 때 세계 전체에 대하여 해악보다는 이익이었다고 하더라도, 산업화된 나라들에 사는 사람들이 훨씬 많은 이익을 가졌었기 때문에, 배출에 대해서 그들이 책임을 지는 것은 정당하다고 볼 수 있다.

산업혁명 이후의 배출에 대해서 산업화된 국가들이 책임을 져야 한다는 주장에 대한 다른 반대는, 이 시기 대부분 동안 이러한 배출이 해악이 될 것이라는 것을 그들이 알지 못했다는 것이다. 그것은 사실이다. 물론 1896년이라는 이른 시기에 유명한 과학자 아르헤니우스Svante Arrhenius는 화석연료를 태우는 것이 대기 중에 이산화탄소를 증대시킬 것이고 이것이 행성을 데울 것이라고 예언했다. (그렇지만 그는 이것이 좋은 일이라고, 지구의 기후를 '보다 온화하게' 하고 음식 생산을 자극할 것이라고 생각하였다. 아마도 지구온난화에 대한 이러한 온건한 견해는 스웨덴이라는 그가 살고 있었던 지역과 어떤 관련이 있을 것이다.) 인간에 의해 유도된 지구온난화는 1970년대까지는 진지하게 연구되지 않았다. 그리고 기후변화는 1980년대에 와서야 국제적인 관심거리가 되었다. 기록에 따르면, 그때로서는 가장 더운 해였지만, 이제는 이미 가장 더운 10년 중의 한 해도 아닌 1987년 미국 의회 청문회에서 한센은 지구온난화의 위험들을 경고하였고, 다른 과학자들은 그를 지지하였다. 그 다음 해, '기후변화에 관한 정부 간 패널'이 꾸려졌고, 2년 후 그 위원단은 기후변화의 위협이 실재하며, 이를 다루기 위해서는 세계적인 협약이 필요하다고 보고하였다. 유엔기후변화협약United Nations Framework Convention on Climate Change이 1992년 브라질의 리우데자네이루Rio de Janeiro에서 열렸던 '지구정상회의Earth Summit'에서 맺어졌다. 모든 주요 산업화된 국가들이 포함된 181개국 정부가 수용한 이 협약은 온실가스를 "기후체계에 위험한 인공적인 간섭을 방지하기에 충분히 낮은 수준으로" 안정화시킬 것을 요청하고 있다. 세계의 국가들은 자신들이 할 것이라고 말했던 것을 하지 않았다. 그 대신, 그들은 그들의 온실가스배출을 계속 증가시키고 있다. (1997년에 대부분의 산업화된 국가들이 동의한 교토의정서Kyoto Protocol는 5년 앞서 리우 정상회의에서 맺은 서약을 실현하기 위해 산업화된 국가들로부터 행위를 이끌어내려 한 시도였다. 그때 온실가스를 세계에서 가장 많이 배출하는 국가이자 개인별 배출수준이 특히 높은 국가인 미국은 비준하지 않았다.)

비록 법적으로 구속력이 있는 것은 아니었지만, 리우데자네이루 협약은 1992년 발전된 나라들이 행위의 필요성을 알고 있었음을 보여 준다. 앞에서 언급된 역사적 기여를 고려하자는 브라질의 제안에 대한 연구도, 역사적 책임의 시작을 1890년이 아니라 1990년으로 한다면, 즉 온실가스배출이 위태로운 기후변화를 가져올 것이라는 사실에 대한 무지를 주장할 수 없는 때라면, 결과가 어떨 것인지를 검토하였다. 비록 이러한 아주 많이 최근인 출발 시점은 물론 오래된 산업화된 국가들의 기여를 줄였지만, 그 차이는 예상했던 것보다는 작았다. 미국의 기여는 20%에서 16%로 내려갔고, 유럽의 OECD 국가들도 14%에서 11%로 떨어졌다. 중국의 기여는 대략 13%로 증대되었다. 그러나 인도는 거의 5%에 머물렀고, 아프리카의 기여는 어떤 시기를 사용하든지 간에 극히 적었다. 산업화된 국가의 1인당 기여는 일방적으로 더 높았는데, 물론 미국의 인구가 중국의 인구의 약 4분의 1에 불과하기 때문이다. 그래서 "망가뜨린 자가 고친다"는 규칙을 제일 큰 배출자들이 그들의 배출이 위태로운 인공적인 기후변화를 초래하고 있음을 아는 때로부터만 적용해야 한다는 논변을 우리가 수용한다고 해도, 미국과 유럽의 산업화된 국가들이 그 문제를 해결하기 위해 다른 나라들보다 마땅히 더 많은 것을 해야 한다는 것은 여전히 타당할 것이다.

2. 평등한 몫

2009년 기후변화에 대한 유엔 정상 회의에서, 르완다의 대통령인 카가메Paul Kagame는 기후변화가 아마도 세계의 어느 다른 지역보다 아프리카에 더 심각한 충격을 줄 것이며, 그리고 아프리카는 이러한 도전에 대응하기 위해 끌어올 자원이 거의 없다고 지적하였다. 지구온난화가 일으킬 것 같은 변화에 대한 많은 모델들은 적도 근처에 강수량이 감소되고 남극과 북극 근처에 강수량이 증가할 것임을 보여 주고 있다. 수억의 사람들이 식량을 생산하기 위해 의존하는 강우의 신뢰성은 낮아질 것이다. 게다가 빈곤한 나라들은 부유한 나라들보다 훨씬 많이 농업에 의존하고 있다. 미국에서 농업은 단지 경제의 4%에 불과하지만, 아프리카 동남부에 위치한 말라위Malawi에서 그것은 40%이고, 말라위 사람들 90%가 농사를 생계로 하고 있어, 실제적으로 그들 모두가 강우에 의존하고 있다. 농사와 강우에 대한 비슷한 유형의 의존이 아프리카 전역에서 일반적이다.

  빈곤한 나라들이 [환경변화에] 적응할 자원을 가지고 있지 못하다는 것도 또한 명백히 참이다. 오스트레일리아 남부에서 몇 개의 주가 장기적인 강우 감소를 겪게 되었을 때, 오스트레일리아 정부는 주요 도시들에서 물 부족이 일어나지 않도록 값이 비싼 담수화 시설을 건설하였다. 네덜란드 정부는 높아진 바닷물을 바깥에 두기 위해 둑을 높였고, 강에 홍수가 나더라도 안전하게 정박하여 물에 떠 있을 수 있는 수륙양용주택을 설계하고 있다. 다른 나라들은 물을 공급하기 위해서나 상승하는 바다 수위로 인한 홍수를 통제하기 위해 그러한 값비싼 방식을 사용할 여유가 없다.

  카가메 대통령은 이어서 기후변화가 "아프리카가 만든 것이 있다고 해도 극히 적을" 뿐이라고 지적하였다. 우리는 그가 이에 관해서도 또한 옳다는 것을 이미 보았다. 그럼에도 불구하고, 그는 판을 깨끗이 씻어내고, 그 문제에 대한 산업화된 국가들의 책임을 잊고, 새롭게 출발하자고 제안하였다. 우리 모두는 생존을 위한 투쟁에 직면해 있기 때문에, 그는 취향이 저속할 뿐만 아니라 또한 역효과를 내는 '새로운 라운드의 비난 게임'을 원하지 않는다고 말하였다. 그 대신에 그는 모든 인간이 대기에 대하여 평등한 몫equal share을 가질 권리를 갖기를 제안하였다. 스리랑카도 같은 유엔 회의에서 비슷한 제안을 하였다.

'평등한 몫'은 단순성이란 커다란 장점을 가진다. 그것은 시간분할 원칙이다. 그것은 과거를 전혀 고려하지 않고 모든 사람에게 지금부터 대기에 대하여 평등한 몫을 준다. 다른 개발도상국들과 마찬가지로, 르완다와 스리랑카는 1인당 그들의 몫보다 훨씬 적게 사용하고 있다. 그래서 그들이 역사적 책임이라는 근거에서 산업화된 국가들에게 주장할 자신들의 권리를 포기한다고 해도, 그들은 여전히 평등한 몫을 근거로 해서 산업화된 국가들에게 자신의 권리를 잘 주장할 수 있다.

평등한 몫이 실천적으로 의미하는 것은 무엇일까? 우리가 온실가스 배출을 이산화탄소 농도 450ppm을 넘지 않는 수준으로 안정화시키고자 한다고 가정해 보자. 그러한 수준 이하로 있기 위해 우리가 1인당 배출할 수 있는 탄소가 얼마냐에 대해서는 논쟁이 있지만, 하나의 그럴듯한 수치는 매년 1인당 이산화탄소 2톤이다.(배출은 때때로 이산화탄소보다는 탄소로 표현된다. 1톤의 탄소는 3.7톤의 이산화탄소에 해당하고, 그래서 2톤의 이산화탄소는 탄소 0.5톤이 못된다. 우리는 또 '이산화탄소' 수치가 실제로는 '이산화탄소와 같은 것'을 의미한다는 것도 기억해야 한다. 왜냐하면 그것은, 행성을 데울 그것의 잠재력에 입각하여 환산되는, 메탄과 같은 다른 온실가스도 포함하기 때문이다.) 이제 매년 개인당 배출할 수 있는 이산화탄소가 2톤이라는 평가를 가지고 주요 국가들의 1인당 실제 배출량을 비교해 보자. 2010년 미국, 캐나다, 그리고 오스트레일리아는 모두 매년 1인당 대략 20톤의 이산화탄소를 생산하였다. 반면에 독일은 11톤, 중국은 대략 4톤, 인도는 1톤보다 그리 많지 않았으며, 스리랑카는 대략 0.67톤뿐이었다. 이는 1인당 자기의 몫 내에 있으면서도 스리랑카는 세 배, 인도는 거의 두 배의 배출을 할 수 있음을 의미한다. 중국은 현재의 배출을 반감할 필요가 있으며, 독일은 80% 이상을 줄여야만 할 것이다. 모든 나라들 중에서 가장 극적으로, 미국과 캐나다와 오스트레일리아는 그들의 배출을 현재 수준의 단지 10분의 1로 줄여야만 할 것이다.

  물론 독일이나 미국 같은 산업화된 국가들이 짧은 시간 내에 그러한 극적인 감축을 하는 것은 불가능하다. 아니 적어도 경제적인 파탄 없이는 불가능할 것인데, 이는 민주주의 국가에서는 정부를 바꾸거나 정책을 되돌리는 결과를 가져올 것 같다. 그렇지만, 이것이 1인당 평등한 몫이라는 원칙을 비현실적인 생각으로 만든다고 결론짓기 전에 고려해야 할 두 완화 요소들이 있다. 첫 번째는 온실가스배출 쿼터를 사고 팔 수 있도록 만드는 것이 저배출 경제로의 전이를 쉽게 할 것이라는 것이다. 배출량거래는 간단한 경제원칙 즉 자신이 만들 수 있는 것보다 더 싸게 살 수 있다면, 그것을 만들기보다는 사는 것이 낫다는 원칙에 근거한다. 지금 경우에, 살 것은 1인당 평등한 몫에 근거하여 배정된 이전 가능한 온실가스 생산쿼터일 것이다. 국제적인 탄소거래는 가능한 최소한의 비용으로 탄소배출을 줄여서, 세계경제에 가능한 최소한의 손해를 주는 것을 의미한다. 게다가 탄소거래체계는 온실가스배출을 거의 하지 않는 나라들에게—일반적으로 빈곤한 나라들에게—쿼터 이상을 배출하는 부유한 나라들에게 팔 더 많은 배출쿼터를 갖기 위해 낮은 배출량을 유지할 동기를 준다. 그래서 국제배출거래체계는 앞 장에서 논의했던 빈곤의 문제를 해결하는 데 기여할 수도 있다. 이 체계에는 자원들이 부유한 나라에서 빈곤한 나라로—이타주의에 의해서가 아니라 가치 있는 상품에 대한 지불에 의해서—이전되는 것이 포함되어 있다.

그러나 국제탄소거래체계international carbon trading scheme에 대해서 몇 개의 심각한 반대들이 있다. 첫 번째는 그러한 체계가 입증될 수 있는가, 즉 각 국가의 배출량이 그 국가의 쿼터에 따라 적절하게 점검될 수 있는가, 그리고 그렇지 않다면 무슨 일이 일어날 것인가라는 반론이다. 배출감소를 입증할 신뢰할 수 있는 수단이 없다면, 아무것도 성취될 수 없을 것이다. 두 번째는, 부유한 나라들이 빈곤한 나라들에게 지불한 돈은, 그 돈을 받는 정부가 그러한 목적으로 그것을 사용할 때에만, 빈곤을 감소시킬 것이라는 반론이다. 정부가 그렇게 하기를 거부할 경우, 앞 장에서 보았듯이 독재적인 정부나 부패한 정부가 기름이나 광물을 팔아 [유전이나 광산의] 사용료를 챙기는 것은 흔히 일어나는 일인데, 전체 국민의 이익을 위해 기금이 사용될 것임을 입증할 수 있는 정부가 나타날 때까지 지불금을 위탁하여 보관하는 것이 나을 것이다.

국제탄소거래체계에 대한 세 번째 반대는 한센이, 어떤 '최고한도 거래체계cap and trade scheme', 즉 배출의 전체 최고한도를 정하고, 그것을 국가나 기업이나 개인들에게 배출허용치로 분할하여 준 다음, 이러한 허용치를 거래하도록 하는 체계에 대하여, 제기한 것이다. 한센은 그러한 체계가 이타적 행위에 대하여 잘못된 영향을 준다고 지적하고 있다. 내가 연료효율이 좋은 하이브리드 자동차를 구매함으로써 나의 온실가스배출을 줄이기로 결정한다고 해도, 이것은 내 나라에서 전체 배출량을 줄이지 못한다. 최고한도가 전체를 결정한다. 어떤 사람이 자신들의 배출량을 줄이면, 이것은 배출허용치의 가격을 떨어지게 만들 것이다. 그래서 화석연료는 어떤 사람들이 자신들의 배출량을 이타적인 동기로 줄이기를 결심하지 않았을 때보다 더 쌀 것이고, 이타적이지 않은 다른 사람들은 가격이 떨어졌기 때문에 틀림없이 더 큰 차를 사거나 혹은 더 많은 에너지를 사용할 것이다. 그래서 한센은 화석연료의 탄소함유량에 세금을 매겨, 그 수입금을 한 나라의 모든 합법적인 거주자들에게 평등하게 분할하기를 선호한다. 그는 이것을 '요금배당체계fee and dividend scheme'라고 부른다. 이것은 탄소발자국carbon footprint을 줄인 사람을 보상한다. 그렇게 함으로써 전체 배출 총량을 줄인다. 여기에 대하여, 경제학자인 크루그먼Paul Krugman은 최고한도거래체계가 기후 이타주의의 기회들을 감소시킨다는 것은 인정하였지만, 이타주의가 우리가 필요한 정도만큼 배출을 감소시킬 수 없을 것이라고 생각하였다. 그는 또 허용치를 거래 가능하도록 하는 것은 시장이라는 메커니즘을 이용하여 확실하게 가능한 최소의 비용으로 배출을 감소시키고자 하는 의도임을 지적하고 있다. 다른 어떤 사람이 배출을 더 싸게 줄일 수 있고, 그래서 자기의 허용치를 팔아서 이득을 올릴 수 있다면, 왜 높은 가격에 배출을 줄이겠는가? [사람들은 높은 가격의 배출 감소를 요구하는 탄소요금제를 따르려고 하지 않을 것이다.] 그래서 크루그먼의 견해나 대부분의 경제학자들의 견해에서, 탄소요금 혹은 탄소세금은 최고한도거래체계보다 덜 효과적이다.

그러나 탄소거래체계의 이익과 불이익에 대한 이러한 논의는, 파국을 피하기 위해 필요한 수준으로 선진국들의 배출을 줄이는 것이 가능할 것인가에 대한 우리 논의의 여담이다. 이러한 과제를 처음에 보기보다는 조금 더 가능하게 만들 수도 있는 한 요소가 탄소거래체계이다.

그러한 두 번째 요소는 삭감이 한꺼번에 일어날 필요는 없다는 것이다. 독일 지구환경변화자문위German Advisory Council on Global Change는 독일 정부에 충고하기 위한 과학자 집단인데, 이는 이산화탄소의 허용 가능한 배출 총량을 1년 단위로 계산할 필요가 없으며, 오히려 지금부터 2050년까지 전체 기간을 대상으로 계산하여, 지구온도가 2℃ 이상 오르지 못하도록 디자인해야 한다고 제안하였다. 이러한 목표를 달성하기 위해, 자문위는 최대 7,500억 톤의 이산화탄소가 2010부터 2050년 사이에 방출되어야 한다고 제안하였다. (비록 이러한 양을 가지고서 기온상승을 2℃ 이하로 유지할 수 있게 할 개연성은 고작 3분의 2에 불과할 것이라고 자문위가 경고하기는 했다.) 자문위가 제안한 이 전체 양은 1인당 평등한 몫에 근거하여 나라들에게 분할되고, 각각의 나라들은 2050년 이전에 자신들의 탄소 예산을 초과하지 않도록 자신들의 이산화탄소배출량을 어떻게 줄일 것인지를 보여 주는 그들 자신의 '로드맵'을 만들 수 있다.

독일인들의 제안은 산업화된 국가들에 변화할 시간을 주기는 하지만, 이러한 국가들은 현재 최고의 1인당 배출량을 가지고 있기에, 그러한 변화의 시간은 매우 짧다. 약 60개의 나라들이 가장 산업화된 국가들인데, 현재의 속도대로라면, 그들의 예산은 20년도 되기 전에 고갈될 것이다. 예를 들어, 독일이 2008년 배출량을 그대로 계속해서 배출한다면, 배출예산을 단 10년에 소진하고 나머지 30년 동안은 아무런 배출 없이 지내야만 한다. (그래서 독일 총리인 메르켈Angela Merkel이 평등한 몫 원칙을 받아들여 다음과 같이 말한 것은 칭찬할 만하다. "…… 우리의 장기적인 척도는 세계에서 1인당 이산화탄소배출이 평등화되어야만 한다는 것, 그것일 수밖에 없다.") 미국, 오스트레일리아, 그리고 캐나다는 그들의 예산을 단 6년 만에 소진하게 되는 도상에 현재 있다. 중국, 멕시코,

그리고 태국과 같은 나라들로 구성된 다른 30개 나라들은 현재 속도라면 자신들의 예산을 20년에서 40년 사이에 소진할 것이다. 남아 있는 95개 나라들은 적어도 그들의 배출을 줄일 필요가 없다. 현재 속도라도 그들의 예산은 적어도 40년은 갈 것이다. 브라질은 이러한 집단에 속한다. 인도도 그러한데, 인도는 현재 속도로 예산을 소모하는 데 88년이 걸릴 것이다. 아주 빈곤한 나라들 중 일부는 너무나 작은 탄소를 배출하기에 현재 속도로는 그들의 예산을 소진하는 데 몇 세기가 걸릴 것이다. 이러한 스펙트럼의 극단에 부르키나파소Burkina Faso라는 조그만 아프리카 국가가 있는데, 이 나라는 예산을 소진하는 데 2,892년이 걸릴 것이다. 이것은 국제적인 최고한도거래체계에서 그 나라가 많은 양의 자신의 쿼터를 이러한 목표를 맞추는 데 가장 큰 어려움을 가질 나라들에게 팔 수 있다는 의미이다.

부유한 나라들이 현실적으로 1인당 평등한 몫the-equal per capita share이라는 접근법을 따를 수 있을 것인가 여부의 문제는 제쳐 두더라도, 이러한 접근법에 대한 다른 반론은, 한 나라의 인구가 증가하면 그 나라는 더 많은 배정을 받는 반면, 전체 배출 허용 수준은 일정하게 유지되어야 하기 때문에, 나머지 모든 나라의 배정은 줄어든다는 것이다. 그래서 급속한 인구 증가를 보이는 나라는 다른 나라들에 부담을 부과하고, 다른 나라들로 하여금 배출을 더 많이 줄이도록 강요한다. [그러므로] 나라들에게 인구성장속도를 늦출 동기를 주는 체계를 갖는 것이 더 좋을 것이다. 우리는 국가별 배정을, 인구가 증가하면 배정이 그에 따라 증가하도록 하기보다는, 현재의 인구와 연계시킴으로써 이를 할 수 있다. 그렇지만 다양한 나라들이, 앞으로 자식을 낳을 나이에 이를, 다양한 젊은 사람들 비율을 가지기 때문에, 이러한 규정은 나이든 인구가 있는 나라들보다 젊은 인구가 있는 나라들에 더 큰 어려움을 준다. 이러한 문제는 국가별 배정을, 어떤 미래 시점의 국가별 인구 예측에 기초함으로써 피할 수 있다. 유엔사무국 경제사회국의 인구분과는 각 나라가 2050년에 가질 인구에 대한 예측을 발표했다. 이러한 숫자를 1인당 배정의 근거로 사용하면, 나라들이 그들의 추정된 인구 이하에 머무는 것을 목표로 삼도록 장려하는 셈이 될 것이다. 왜냐하면 이를 달성할 수 있었던 나라는 어떤 나라든 그 나라 예정된 것보다 더 큰 1인당 배정을 받을 것이기 때문이다. 거꾸로, 나라의 인구가 유엔 인구 예측을 초과하여 증가하면, 그 나라는 예정된[예상된] 쿼터보다 감해진 배출량을 가질 것이다.

3. 사치 대 생계

아마 20세기에 출판된 정의에 관한 가장 영향력 있는 책인 『정의론』에서 롤스는 더 많은 자원을 더 나쁜 처지에 처한 사람들에게 들여서 그들의 상황을 개선한다면, 그것이 정의에 입각하여 우리가 마땅히 해야 할 일이라고 말했다. 1992년 유엔기후변화협약에서, 더 나쁜 처지에 있는 사람들을 우선시 하는 일의 중요성이, 협약에 서명하는 국가들은 "지속 가능한 개발sustainable development을 증진시킬 권리를 가지고, 또 이를 수행해야만 한다"는 규정에 의해서 인정되었다. 이것은 빈곤한 나라들의 개발의 중요성을 수용하고 있으나, 개발의 권리는 개발이 지속 가능해야 한다는 필요성에 의해 제한되고 있다. 그래서 세계의 나라들은 관용적인 표현으로 '공통적이지만, 그러나 차별적인 책임들'을 가진다.

1993년 철학자 슈에Henry Shue는 온실가스 배출쿼터의 공정한 배정을 위해 '생계형 배출subsistence emission'과 '사치형 배출luxury emission'을 구분해야 하며, 그래서 빈곤한 나라의 논에서 나오는 메탄을 부유한 나라의 레크리에이션용 대형차량에서 나오는 배출과 같은 것으로 간주하지 말아야 한다고 주장하였다. 2007년 기후변화에 대한 유엔총회의 논쟁에서, 중국을 대표하는 한 외교관은, 빈곤한 나라들의 '생계형 배출'과 '개발형 배출'은 어떤 미래의 합의에서도 고려되어야 하지만, 부유한 나라들의 '사치형 배출'은 제한되어야 한다고 이야기하면서, 같은 표현을 사용하였다. 정의에 대하여 평등주의 원칙을 채택하든, 롤스주의 원칙을 채택하든, 공리주의 원칙을 채택하든 간에, 이것을 부정하기는 어렵다.

생계형 배출과 사치형 배출을 구분하는 것은 부르키나파소에게는 개발에 도움이 될 배출을 제한할 책무가 없음을 확실하게 보여 준다. 우리가 앞에서 본 것처럼, 이는 1인당 평등한 몫의 원칙을 적용하여도 또한 명백하다. 그렇지만 중국은 생계형 배출과 사치형 배출을 오직 제한적으로만 사용할 수 있다. 왜냐하면 이미 많은 중국인들은 풍요로운 삶을 살고 있고, 그래서 높은 수준의 배출에 대하여, 말하자면 독일인들보다, 더 책임이 있다. 물론 거의 대부분의 독일인들이 높은 수준의 배출에 대하여 책임이 있는 반면, 오직 낮은 비율의 중국인들만이 그러한 책임이 있다. 그러나 부유한 나라들에게 그들의 '사치형 배출'을 제한하라고 요구한다면, 중국은 자신들의 엘리트들에서 나오는 사치형 배출을 결코 무시할 수 없다.

제3절 공격의 한 형태?

우리가 논의해 온 세 원칙들 모두 나름대로의 일리를 가지고 있으며, 그래서 그들 중에서 하나를 선택하는 것은 어렵다. 우리는 1인당 평등한 몫을 기본적인 생각으로 하고, 역사적 기여에 약간의 비중을 두고, 또 나라들이 모든 시민들이 최소한의 생활표준에 이르도록 방법을 개발하고 제공할 필요성에도 약간의 비중을 두어 수정함으로써 그들을 결합하려고 시도할 수 있다. 그러한 가능한 조합의 복잡한 영역에 들어가지 않고도, 이러한 원칙들 어느 것이나 그것들의 조합 어느 것에 근거하더라도, 부유한 국가들이 그들의 계속적인 높은 온실가스의 배출을 정당화할 수 없다는 것은 명백하다. 그들이 그것을 정당화할 그럴듯한 윤리적 원칙을 생각하는 것은 불가능하다. 그래서 우리는 그들이 무언가 잘못하고 있다고 결론을 내릴 수 있다.

잘못하고 있는 것의 본질이 정확히 무엇인가? 2007년의 아프리카연합 정상회의에서 우간다의 무세베니Yoweri Museveni 대통령은 유럽과 북미의 국가들에게 이렇게 말했다. "당신들은 지구온난화global warming를 야기함으로써 우리에 대한 공격aggression을 야기하고 있다…… 알래스카는 아마 농사에 좋게 바뀔 것이다. 시베리아도 아마 농사에 좋게 바뀔 것이다. 그러나 아프리카에 농사에 좋은 땅이 남겠는가?" 우리는 이미 무세베니가 가리키고 있는 사실들이 기본적으로 정확하다는 것을 보고 있다. 그럼에도 불구하고, '공격'이라는 용어의 사용은 우리에게 충격을 준다. 그가 옳을 수 있는가?

우리가 '공격'이라는 표현을 생각하면, 군대가 국경을 넘어가거나 비행기가 적의 진지에 폭격하는 것을 상상한다. 온실가스를 대량으로 방출함으로써, 부유한 국가들은 자의적으로 다른 나라를 공격하고 있는 것이 아니다. 그러나 그들의 행위는 전통적인 형태의 공격적인 전쟁보다 더 파괴적일지도 모른다. 부유한 나라들이 하고 있는 일 때문에, 지금은 곡식들이 자라고 있는 땅들이 불모의 땅이 되어 갈 것이며, 수천 년 동안 강물을 흐르게 한 빙하들이 축소될 것이고, 바다는 비옥한 들판들을 삼킬 것이며, 열대성 질환들이 퍼질 것이고, 사람들은 굶주리거나 피난민이 될 것이다. 적어도 지난 20년 동안, 부유한 나라들은 그들의 행위들이 이러한 효과들을 일으킬 위험이 있다는 것을 알고 있었다. 21세기의 첫 10년 중 어떤 해부터 그들은 그들의 행위들이 아주 개연성 높게 이러한 효과를 가질 것임을 알았다. 사람들에게 그들이 욕구하는 그러한 종류의 생활방식을 제공하는 것과 같은 해가 되지 않는 목표, 부작용이 없다면 해가 되지 않는 목표, 그러한 것을 추구하는 일의 피할 수 없는 부작용이 바로 이러한 바람직하지 않은 해악이라는 사실이, 그러한 해악을 일으키는 것을 정당화하지 못한다. 이중결과교설에 따르면, 알면서도 해악을 일으키는 것은 그 해악이 의도되지 않았다면, 그 목표가 야기된 해악을 능가할 정도로 충분히 중요하고, 적어도 커다란 해악을 야기하지 않고서는 목표를 달성할 다른 방식이 없을 때 정당화될 수 있다. 그렇지만 지구온난화의 경우에는 그 역이 참이다. 야기된 해악이 획득된 선을 훨씬 능가한다. 부시 대통령은 취임 초기에 그가 지구온난화에 대하여 무엇을 할 것인지 질문을 받았을 때, "우리는 우리의 경제를 해치는 어떤 일도 하지 않을 것입니다. 왜냐하면 제일 중요한 것은 미국에 살고 있는 사람들이기 때문입니다"라고 이야기했다. 그 직후에 그의 대변인 플라이셔Ari Fleischer가 언론 브리핑 장소에서 대통령이 운전자들에게 그들의 연료소비를 급격히 감소시키라고 요청할 것인지 질문을 받았다. 플라이셔는 이렇게 대답했다. "결코 아닙니다. 대통령은 그것이 미국식 삶의 방식이며, 미국식 삶의 방식을 지키는 것이 정책결정의 목표라고 믿습니다." 그러한 언급들은 미국이 수억의 사람들의 목숨을 위협하는 해악을 일으킬 것임을 시사하고 있다. 왜냐하면 미국의 지도자가 자기 시민들의 경제적 이익과 그들이 원하는 대로 많은 연료를 태울 권리를 보전하는 것을 미국 바깥의 사람들의 생존보다 훨씬 앞세우기 때문이다. 부시 대통령은 더 이상 권좌에 있지 않지만, 미국이 배출의 추이를 과감하게 변경하지 않는다면, 그것은 여전히 참일 것이다. 다른 발전된 나라들의 지도자들이 말을 더 조심한다고 하더라도, 같은 이야기가 그들에게도 적용될 수 있다.

그러므로 지구온난화의 위험에 처해 있는 사람들에게 우리가 하는 일은 그 영향에서는 그들에게 공격적인 전쟁을 수행하는 것과 비슷하다. 그 동기는 다를지 모르지만, 그들에게는 거의 위로가 되지 않을 것이다. 게다가, 우리는 우리가 지금 하고 있는 일을 알지만 아직 그것을 멈추지 않았기 때문에, 그것에 대한 책임을 회피할 수 없다. 우리가 그들에게 주고 있는 해악에 대하여 우리는 비난 받아 마땅하다.

제4절 개인들은 마땅히 무엇을 해야 하는가?

물어야 할 다음 질문은, "비난 받아 마땅한 나라들의 개별적인 시민인 우리에게는 이에 대해 어떤 책무가 있는가?"이다. 극단적인 빈곤 속에 살고 있는 10억의 인구가 있는 세계에서 부유한 개인으로서 갖는 개인적인 책임을 살펴보면, 그 답은 명백하다. 우리는 우리 정부의 행위를 바꾸려고 노력하는 것이 좋다. 정부를 압박하여 세계의 빈곤한 이들에 대한 원조를 늘리고 그러한 원조가 가능하면 효과적이게 만들도록 해야 한다. 그러나 정부가 그 책무를 다하지 않으려고 한다면— 아니면 특히 그러할 때—우리 또한 우리 자신의 책무에 따라 행위할 수 있고, 해야 한다. 원조단체에 기부함으로써 우리 자신에게 도덕적으로 마찬가지로 중요한 어떤 것을 희생하지 않고서도 아주 나쁜 일들이 생기는 것을 우리가 중지시킬 수 있는 한, 그러한 단체들에 기부하는 것은 우리가 마땅히 해야 하는 일이다. 상황은 지금 그렇다고 보인다. 모아진 기부금은—빈곤의 문제 전체에 대해서는 아니지만 한 아이에게, 그 아이의 가족에게—의미 있고 식별할 수 있는 성과를 가질 수 있다. 기후변화에 대해서도 우리는 같은 이야기를 할 수 있는가?

 우선은 같은 이야기를 할 수 있을 것으로 보인다. 내가 평균적인 미국인처럼 개인적으로 매년 20톤의 이산화탄소에 상당하는 배출에 대하여 책임이 있다고 가정해 보자. 여름에 나는 석탄을 태우는 화력발전소로부터 주로 나오는 전기를 가지고 에어컨을 사용하여 내 집을 시원하게 식힌다. 겨울에는 기름을 사용하여 집을 데운다. 나는 많은 소고기와 유세품으로 식단을 차린다. 사가용을 몰고 다니며, 겨울 휴가에는 플로리다로 비행기를 타고 간다. 나는 기후변화에 관심을 가지게 되었다. 그래서 먹는 것을 주로 식물성 음식으로 변경하고 나의 집의 단열을 개선하고 태양 온수, 태양 난방, 그리고 태양광 발전설비를 설치하고, 자가용을 운전하는 대신 자전거나 기차를 타며, 휴가를 집 가까운 곳으로 간다. 놀랍게도 나는 나의 온실가스배출량을 매년 2톤으로 어떻든 줄인다. 나의 생활방식의 변화가 의미 있는 식별 가능한 영향을 어느 누구에게든 줄 것인가? 그것은 누구나 탐지 할 수 있는 영향은 분명 아닐 것이다. 나의 행위의 결과가 매년 대기 중으로 들어가는 이산화탄소 18톤을 줄이는 것이라고 우리가 가정한다고 하더라도, 그것은 너무나 작은 양이어서, 어느 누구에게나 식별 가능한discernible 효과를 가지지 못한다. 이것은 그것이 전혀 효과를 가지지 않는다고 말하는 것이 아니라, 비록 효과가 있다고 하더라도, 그것이 어떤 효과를 가지는지를 우리가 알 수 없다고 말하는 것이다.

우리는 종종 어떤 행위가 나쁜 결과를 가져올 것인지 명백하지는 않지만 옳지 못한 것으로 보이는 행위와 마주친다. 철학자들이 좋아하는 예는 아름다운 잔디밭을 가로질러 지름길로 가는 것이다. 우리 모두가 지름길로 가서 몇 초를 아낄 수 있지만, 우리들 누구도 잔디밭이 망가지는 것을 원하지 않는다고 가정해 보자. 내가 오직 이번 한번 지름길을 걷는다면 그것이 어떤 차이를 만들 것인가? 잔디밭에는 한 사람이 그 위를 걷는다고 해서 어떤 식별 가능한 손상이 생기지는 않을 것이다. 이에 대한 일반적인 대답은 "만약 모든 사람이 그렇게 한다면 어떻게 될까?"이다. 물론 모든 사람이 그렇게 하면 눈에 거슬리는 진흙길이 생길 것이고, 우리들 중 누구도 그것을 원하지 않는다. [그래서] 모든 사람이 그것을 할 때 그것이 나쁜 일이라면, 내가 그것을 하는 것도 그릇된 일일 수밖에 없다는 주장이 성립한다.

"만약 모든 사람이 그것을 한다면 어떻게 될까?"가 언제나 하나의 행위에 대한 훌륭한 반론은 아니다. "모든 사람이 철학자가 된다면 어떻게 될까? 우리 모두는 굶어 죽을 것이다!"는, 우리가 모든 사람이 철학자가 되고자 할 기회가 없다는 것을 알고 있는 한, 철학자가 되는 데 반대할 좋은 이유는 아니다. 나쁜 결과를 가져올 내가 하고 있는 일을 충분히 많은 다른 사람들도 하기를 원할 수 있다고 하더라도, 잔디밭 가로지르기처럼 "만약 모든 사람이 그것을 한다면 어떻게 될까?"라는 질문이 한 행위가 그릇된 일임을 실제로 보여 줄지는 명백하지 않다. 내가 잔디밭을 가로지르는 것은 내가 다른 사람들에게 나쁜 예가 되고, 그래서 모두가 그것을 할 기회를 증가시키기 때문에 그릇된 일인가? 그것이 늦은 밤이고 그래서 주변에 아무도 없다면 어떨까? 내가 잔디밭에 위에 남기는 발자국이 비록 작은 것이라고 해도 잔디가 닳는 데 원인으로 기여하기 때문에 그것이 그릇된 일인가? 내가 그 잔디밭이 버틸 수 있는 정도를 연구하고 있는데, 잔디밭이 하루에 가로지르는 사람이 열 명일 때 어떤 닳았다는 흔적 없이 견뎌낼 수 있다는 것을 발견했다고 가정해 보자. 또 매일 여섯 명 이상이 가로지르지 않는다는 것도 알고 있고, 내가 가로지를 때 보는 사람도 아무도 없고, 그래서 가로지르려는 다른 사람들에게 영향을 주지 않는다고 해보자. 내가 잔디밭 위에서 어슬렁거리는 것은 전혀 해가 되는 결과를 가지오지 않는다. 그래도 모든 사람이 그것을 하면 나쁠 것이라는 이유로 내가 그것을 하는 것은 그릇된 일인가?

여기에서 결과주의자들과 결과주의자가 아닌 사람들이 갈라진다. 모든 행위를 그 결과에 의거하여 판단하는 '행위공리주의자act-utilitarian'는 잔디밭을 가로질러 걷는 것이 전혀 해로운 결과를 가지지 않을 것이라고 실제로 확신할 수 있다면 그렇게 하는 것은 그릇된 일이 아닐 것이라고 말할 것이다. '규칙공리주의자rule-utilitarian'는 이러한 상황에서 모든 사람이 지켜야 할 최선의 규칙은 "잔디밭을 가로지르지 말라"일 것이기 때문에, 비록 내가 잔디밭을 가로지는 것이 아무런 나쁜 결과를 가져오지 않더라도, 내가 그렇게 하는 것은 그릇된 일이라고 말할 것이다. 칸트주의자들도 또한 잔디밭 가로지르기를 거부할 수 있다. 왜냐하면 칸트는 내가 나의 행위의 개인적인 원칙, 즉 격률이 보편적인 법칙이 되기를 의욕할 수 없다면 그것은 그릇된 일임에 틀림없다고 말했기 때문이다. 그렇지만 규칙공리주의자들과 칸트주의자들에게 어려운 문제는 어떻게 보편화 가능할 것임에 틀림없는 격률이나 규칙을 만들 것인가 하는 것이다. "잔디밭을 가로지는 것이 편리하다면 언제든 잔디밭을 가로질러라"는 규칙이나 격률이 널리 받아들여지면, 이는 잔디밭을 망가뜨릴 것이다. 나는 손상되지 않은 잔디밭이 더 가치 있다고 여기기 때문에 그것이 보편적 법칙이 되기를 의욕할 수 없다. "잔디밭을 가로지르는 것이 나쁜 예가 되지 않을 것이고 잔디밭을 망가뜨리지도 않을 경우라면 언제든 잔디밭을 가로질러라"는 어떤가? 우리가 우리의 규칙이나 격률을 그와 같이 상세하게 만들도록 허용한다면, 라이언스David Lyons가 그의 책 『공리주의 형태들과 한계들』에서 보여 준 대로, 규칙공리주의와 행위공리주의의 구분이 불가능하게 될 것이다. 즉 규칙공리주의자들은 행위공리주의자들이 승인할 것들만을 승인할 것이고, 부인할 것은 부인할 것이다. 헤어도 보편적 법칙이라는 이념에 칸트가 의거하고 있다는 점과 관련하여 이러한 원칙이 공리주의를 불러오게 된다고 지적하면서 비슷한 주장을 하였다.

『이상적 법전, 현실적 세계』에서 후커Brad Hooker는 규칙을 너무 복잡하게 만드는 것을 방지하는 규칙공리주의의 한 버전을 옹호하였다. 그는 압도적인 다수의 사람들이 내면화하면 최선의 결과를 가져올 규칙들의 부분일 수 있는 규칙에 반하여 행위한다면 우리는 그릇되게 행위하는 것이라고 주장하였다. 우리가 규칙을 너무 자세하게 만들면, 사람들은 그것을 내면화하거나 근거하여 행위하기가 너무 어렵다고 생각할 것이며, 사람들로 하여금 그러한 규칙들에 근거하여 행위하도록 교육하는 비용도 아주 비쌀 것이다. 후커에 따르면, 법전은 공적으로 알려지고 촉진되어야 하기 때문에, "잔디밭을 비밀리에 가로지를 수 있을 때에만 가로질러라"와 같은 규칙이 최선의 도덕 법전의 부분이 될 수 있다고 상상하기는 어렵다. 왜냐하면 그러하면 모든 사람들이 '비밀리에' 잔디를 가로지르는 것이 허용되었다고 알 것이며, 너무나 많은 사람들이 잔디밭을 가로지를 것이기 때문이다.

쿠츠Christopher Kutz는 이러한 문제들을 그의 책 『공범: 집단시대의 윤리와 법』에서 검토하고서 그가 '공범 원리Complicity Principle'라고 부르는 것을 제시하였다.

> 다른 사람들이 하는 그릇된 일이나 그들이 일으키는 해악에 내가 의도적으로 참여할 때 그들이 하는 일에 대하여 나에게 책임이 있다.

쿠츠는 이러한 원칙은 결과주의적이 아니라고 말했다. 왜냐하면 그것은 내가 실제적으로 만들어내는 차이와 관계없이 나에게 책임이 있도록 하기 때문이다. 공범의 한 예로, 그는 오존층을 훼손시켜 오존구멍을 확대시키고 세계의 많은 지역에서 피부암 발병률을 높이는 글로로플루오로카본chlorofluorocarbon, 즉 CFC를 고려하였다. 많은 점에서 오존구멍 문제는 기후변화의 문제와 비슷하다. 많은 나라들에서의 개별적인 배출이 대기를 훼손시켜 모든 사람들에게 해가 된다. 오존층은 주로 냉장고와 에어컨에 사용되는 훨씬 더 특정하고 경제적으로 덜 중요한 종류의 가스에 의해 훼손된다. 그래서 이 가스사용을 금지하는 국제적 합의는 훨씬 쉽게 얻어졌고, 1987년 몬트리올 의정서Montreal Protocol

가 작성되었다. 이는 CFC 사용을 점진적으로 줄이는 데 산업화된 국가들보다는 개발 도상국가들에게 더 긴 시간을 허용했다. 쿠츠는 자기 차의 에어컨에 CFC 냉각제를 사용하는 개별적인 운전자에 초점을 맞추었다. 그는 그릇된 어떤 일을 하고 있는 것인가? 쿠츠는 운전자의 CFC 사용의 희생자가 명백하지는 않다고 하더라도 "개별자는 자신이 그들이 함께 하고 있는 일에 빠짐없이 책임이 있다고 생각해야만 한다"고 주장하였다. 우리가 집단적으로 해악을 일으킨다면, 비록 우리가 의도적으로 함께 어떤 것을 하기로 작정하지 않았지만, 그리고 한 개인의 기여가 생겨난 해악에 아무런 차이를 만들지 못했을지도 모르지만, 우리들 각각은 그 해악의 공범이며 그것에 대하여 책임이 있다는 것이다.

그렇지만 우리에게 쿠츠가 제안한 것과 같은 그러한 종류의 특별하고 결과주의적이지 않은 공범 원리가 필요한지는 명백하지 않다. 오존층훼손이나 지구온난화는 어떤 훼손 없이 조금 더 많은 사람들의 통행을 감당할 수 잔디밭의 경우와 같지 않다. CFC나 온실가스의 위험이 알려졌을 때, 훼손의 문지방은 이미 넘어서 있었다. 우리의 CFC의 배출이나 우리의 온실가스의 배출은 상황을 더욱 악화시키고 있었다. 그리고 그 훼손도 잔디밭을 훼손시키는 것보다 훨씬 심각한 것이었다. 이것은 해로운 가스를 대기 중에 배출하는 일이 어떤 잘못인가를 보여주기 위해 결과주의로부터 출발할 필요가 없음을 보여 준다. 파피트는 『이성과 인격』에서 우리는 어떤 사람이 심각한 불평의 근거를 가지고 있을 때에만 우리가 심각한 방식으로 다른 사람에게 해악을 끼치고 있을 수 있다고 생각하는 경향이 있다고 지적하였다. 이 장의 시작에서 언급했던 것처럼, 이것은 우리의 초기 실존 조건들의 유물일지도 모른다. 그때 우리가 다른 사람에게 해악을 끼치면, 보통 우리가 그렇게 했다는 것이 확실하였고, 우리가 한 어떤 일도 아주 많은 사람들에게 영향을 끼칠 것 같지는 않았다. 이제 우리의 행위는 수백만, 아마도 수십억에게 영향을 끼칠 수 있다. 이것은 우리가 가하는 해악이 너무도 넓게 펼쳐져서 어느 누구도 그것에 의해 심각하게 영향을 받았다고 주장할 수 없다는 것을 의미한다.

글로버Jonathan Glover는 감지할 수 없는 해악이 어떻게 우리는 타락시킬 수 있는지에 대한 생생한 예화를 제공하였다. 그는 이렇게 상상했다. 빈곤한 마을에서 100명의 사람이 점심을 먹으려 한다. 각자는 100개의 콩이 담긴 그릇 하나씩을 가지고 있다. 갑자기 100명의 굶주린 산적들이 마을을 급습했다. 각 산적들은 마을 사람들의 그릇에 담긴 것을 빼앗아 먹고 급히 떠났다. 다음 주에 산적들은 그것을 다시 하기로 계획을 세웠지만, 그들 중의 하나가 빈곤한 농부들을 굶주리게 하는 데 대해 가책을 받아 괴로웠다. 다른 산적 하나가 그들 각자가 마을 사람들의 그릇으로부터 오직 콩 하나만 빼앗자고 제안함으로써 나머지 산적들의 이러한 망설임을 해결했다. 콩 하나의 손실은 마을 사람 누구에게나 식별 가능한 차이를 일으키지 않을 것이기 때문에—실제로 콩을 99개를 먹었는지 100개를 먹었는지 알아채지 못한다—어떤 산적도 누구를 더 어렵게 만들지는 않을 것이었다. 그래서 산적들은 마을을 급습하였다. 그러나 마을 사람들로부터 그릇 전체를 빼앗는 대신 각 산적은 100명의 마을 사람들 각각의 그릇에서 오직 콩 하나씩만 빼앗았다. 마을 사람들은 지난주와 꼭 마찬가지로 굶주렸지만, 산적들은 어느 누구도 누구에게도 해를 끼치지 않았다고 생각하고 배를 두드리며 잘 잘 수 있었다.

글로버의 예는 아주 작은 해악을 무시하는 어리석음을 보여 주고 있다. 우리들 각자가 식별할 수 있는 차이를 만들어내지 않는다고 하더라도, 우리가 직접적으로 일으킨 전체 해악의 한 몫에 대해서 우리 각자는 책임이 있다. 십억의 다른 유복한 사람들과 함께 행위하면서 우리 각자는 20톤의 이산화탄소를 배출하고 있으나, 우리들 각자는 기후에 대하여 식별 불가능할 차이를 만들 뿐이며 그래서 어느 누구에게라도 식별 불가능한 해를 가하고 있을 뿐이다. 그러나 우리는 여전히 집단적으로 매우 많은 사람들에게 매우 큰 해악을 끼치고 있는 중이며, 그것에 대하여 우리 몫의 책임을 져야만 한다. 쿠츠에 따르면, 우리는 공범이라는 결과주의적인 아닌 원칙에 의거하여 우리가 하고 있는 일의 그릇됨을 볼 수 있다. 그러나 우리는 또 그것이 결과주의의 엄격한 적용과 일관되는 것임도 최소한 볼 수도 있다.

지금까지 우리는 나의 생활방식의 변화가, 그리고 비슷한 자발적인 근거로 행위하는 많은 다른 사람들의 생활방식의 변화가, 시간이 지나면 우리가 우리의 배출을 줄이지 않았을 때보다 대기 중의 이산화탄소의 양을 훨씬 적게 만들 것이라고 가정해 왔다. 그것은 명백하게 보인다. 그러나 앞에서 보았던 것처럼, 한센은 만약 정부가 탄소배출을 줄이기 위해 최고한도거래체계를 채택하면, 개별적인 탄소배출감소는 탄소배출감소에 아무런 효과를 낳지 못할지도 모른다고 지적하였다. 우리 정부가 말하자면 2050년까지 50%의 온실가스를 줄이기로 약속했다고 가정하자. 이것을 성취하기 위해, 정부는 얼마나 많은 탄소가 매년 배출될 수 있는지를 계산하고 주요 배출기관들이 자신들의 발전소나 공장을 계속하여 가동하기 위해 구매할 필요가 있는 허용치를 경매에 붙인다. 많은 사람들이 태양전지를 설치하여 석탄을 태우는 화력발전소가 적게 필요하게 되면, 화력발전소는 그렇게 많은 허용치를 살

필요가 없을 것이다. 아니면 그들이 이미 허용치를 구매해 놓았다면 그들은 허용치를 필요로 하는 누구에게나 팔 잉여허용치를 가질 것이다. 허용치의 가격은 떨어질 것이고, 그것과 더불어 탄소 집약적인 생산물의 가격도 떨어질 것이다. 옳은 일을 하는 것보다 돈을 아끼는 데 더 큰 관심을 갖는 소비자들은 탄소 집약적인 생산물들을 더 많이 구입할 것이고, 배출거래체계가 잘 디자인되고 가동된다면 배출량은 정부가 정한 목표치와 일치할 것이다. 나의 생활방식의 변화에 의해서 야기된 배출감소량은 전체적으로 보아 더 적은 배출을 성취하지 못할 것이다.

   최고한도거래체계 하에서도 배출을 줄일 자발적인 생활방식의 변화가 여전히 어떤 이점을 가질까? 소비를 덜 하는 사람들은 우리가 이 행성에서 보다 가볍게 살 수 있음을 입증한다. 정부가 세운 온실가스 삭감목표가 쉽게 달성된다면, 정부가 그 다음 목표를 보다 야심차게 세우도록 설득할 수 있을 것이다. 사람들이 자신들의 생활방식을 변경할 때, 그들은 그들의 가치를 표현하고 다른 사람들도 그들의 가치를 마찬가지로 고려하도록 격려한다. 그것은 환경에 대하여 그리고 우리와 이 행성을 공유하는 모든 사람에 대하여 더 큰 관심을 이끌 수 있다. 소비에시의 변화는 또한 탄소 집약석인 산업의 이익을 낮출 것이고, 그래서 그들의 정부에 대한 로비 역량을 약화시킬 수 있다. 이것은 소고기 산업과 같이 정치적인 입김이 드센 산업에게 특히 중요할 수도 있다. 소와 양은 높은 수준의 메탄을 방출하며, 그래서 가축산업은 기후변화의 주요 공헌자이다. 사실 세계적으로 가축산업은 모든 형태의 수송산업을 합친 것보다 지구온난화에 더 많이 기여한다. 이러하기 때문에, 2010년 유엔식량농업기구FAO는 가축에 대한 세금을 제안했다. 그럼에도 불구하고, 많은 나라들에서 가축 생산자들은 탄소거래체계에서 예외가 되기 위해 로비 중이고, 어떤 나라들에서는, 이 글을 쓰고 있을 때, 이러한 로비노력이 상당한 성공을 거둔 것으로 보인다. 그들이 성공한다면, 소와 양의 생산물에 대한 자발적인 불매운동이 이들 산업이 일으키는 커다란 양의 배출을 감소시킬 유일한 방법일 것이다.

결과주의자가 아닌 사람들에게, 여기에서 공범 원리가 중요하다. 정부의 배출거래체계가 행성의 기후에 심각한 훼손을 줄 추가적인 위험이 없는 수준까지 온실가스배출을 줄이지 못하면—이 글을 쓰고 있는 지금, 어떤 나라도 그러한 위험을 제거하기에 충분하도록 온실가스 감축계획을 이행하고 있지 않다—온실가스를 계속 배출하는 것은, 비록 정부계획과 일치하는 수준이라고 하더라도, 다른 사람들에게 해악을 끼칠 잘못된 관행에 여전히 참여하는 것이다. 결과주의자가 아닌 사람들은 그래서 이러한 관행에 대한 우리의 의도적인 참여가, 설혹 우리 자신이 전혀 배출을 하지 않는 것이 대기 중에 배출되는 온실가스의 총량에 아무런 영향을 끼치지 못한다고 하더라도, 그릇된 일이라고 주장할 수 있다. 이것은 일종의 "내 손을 깨끗이 하는 것이 아무런 차이를 만들어내지 못한다고 하더라도 어쨌든 나는 내 손을 깨끗이 하겠다"는 접근법인데, 이는 결과주의적인 근거에서는 직접 정당화하기 어려운 것이다. 그러나 변화를 위한 어떤 성공적인 운동들은, 실제로 그들 자신들로서는 차이를 만들 아무런 기회도 없이, 죄악에 저항하는 사람들의 행위에서부터 출발하였다. 결과주의적이지 않은 결연한 입장이 좋은 결과를 가져올 수 있다. 우리 자신의 행위가 아무런 차이를 만들어내지 못한다고 하더라도 해악을 주는 관행의 공범이 되는 것은 반대할 만하다는 우리의 주장이 성립된다. 왜냐하면 사람들이 결과주의자가 아닌 것처럼 행위할 때 때때로 최선의 결과가 생길 수 있기 때문이다.

모든 사람이 동의할 수 있는 하나는, 개별적으로나 집단적으로 배출을 통하여 우리가 하는 그릇된 일에 대하여 책임을 져야 할 뿐만 아니라, 어떠한 방법으로든 기후변화 속도를 최대한 낮추도록 우리 정부의 정책변화를 시도할 책무가 우리에게 있다는 것이다. 우리가 이미 본 것처럼, 부유한 나라들은 그들의 온실가스배출을 삭감하지 못하여 다른 나라의 사람에게 광대한 규모로 비난 받아 마땅한 해악을 끼치고 있다. 배출을 감소시키는 최선의 방법에 대한 다양한 의견의 여지는 있다. 탄소거래체계나 탄소세를 채택하여, 모든 사람들이 온실가스배출을 일으키는 생산물을 회피할 강력한 재정적인 동기를 갖도록 하는 것일 수도 있다. 탄소배출에 가격을 매겨서 이러할 때 가격은 이념적으로는 탄소를 배출하는 활동의 가격에 기후변화에 의해 해악을 입는 제3자가 그 해악을 이겨내기 위해 치러야 하는 전체 비용을 더한 것이다. 단순히 더 싸다는 이유만으로 화석연료사용을 대치할 비용효과가 높고 배출이 적은 형태의 에너지를 강구할 동기를 창조할 수도 있다. 우리는 또한 정부에 그러한 형태의 에너지 연구와 개발에 자금을 대도록 재촉할 수 있다. 그렇지만 우리가 화석연료의 대체품을 발견했다고 하더라도, 가축이나 양으로부터의 메탄 배출의 문제는 여전히 본래대로 남아 있을 것임을 주목해야 하며, 그래서 또 이러한 배출에도 세금을 매기거나 이러한 배출을 탄소거래체계의 영역 내로 끌어넣을 필요가 있다.

우리 행성과 그 전체 인구가 지난 세기의 기후변화로부터 직면한 위기의 중대성을 고려할 때, 아무런 행위도 하지 않는 것에 대한 항의수준은 이제까지 너무 낮았다. 우리가 온실가스배출의 급격하고 신속한 삭감을 시작하지 않으면 어떤 일이 일어날 것 같은지에 대한 보다 큰 이해가 급박하게 필요하다. 이러한 상황에서, 우리는 수동적인 관찰자가 되지 말아야 한다.

제10장

환경

하나의 강이 숲속 골짜기와 바위투성이의 협곡을 통해 바다로 굽이치며 흐르고 있다. 주의 수력발전위원회는 떨어지는 물을 미개발의 에너지로 본다. 한 협곡을 가로지르는 댐의 건설은 천 명의 사람들에게 3년간의 고용기회를 제공할 것이며, 20년 내지 30년간의 장기간의 고용기회도 제공할 것이다. 그 댐은 충분한 물을 가두어 둠으로써 앞으로 10년간 주의 에너지수요에 경제적으로 대응할 수 있도록 보장해 줄 것이다. 이것은 에너지 집약적인 산업체의 수립을 고무할 것이며 그래서 고용과 경제성장에 추가적으로 이바지할 것이다.

강가 계곡의 거친 지세 때문에 상당한 체력을 가진 사람이 아니면 그곳에 접근할 수 없었지만, 그럼에도 불구하고 오지걷기에는 좋은 장소였다. 강 그 자체도 상당히 용감한 급류 뗏목타기꾼들을 불러 모았다. 인적 드문 골짜기 깊숙한 곳에는 진기한 후온Huon 소나무 서식지가 있었고, 많은 후온 소나무들은 천 년 이상 된 것들이었다. 골짜기와 협곡은 많은 새들과 동물들의 집이었으며, 특히 그 계곡 바깥에서는 거의 발견되지 않는 멸종위기에 처한 유대류 쥐의 한 종류가 살고 있었다. 다른 진기한 식물들과 동물들도 마찬가지로 있을지도 모르겠지만, 아는 사람이 없었다. 왜냐하면 과학자들도 아직 그 지역을 완전히 조사해보지 못했기 때문이었다.

여기에 댐이 세워져야 하는가? 이것은 우리가 매우 다른 가치들 사이에서 선택해야만 하는 그러한 상황의 한 예이다. 위의 서술은 오스트레일리아의 하나의 섬이자 하나의 주인 태즈메이니아의 남서부에 있는 프랭클린 강에 계획된 댐에 대강 근거한 것이다. 그러한 댐 건설 제안의 결과에 대한 설명은 제11장에서 실려 있다. 그러나 나는 몇 가지 세부사항을 자의적으로 바꾸었으며, 위의 서술은 가설적인 것으로 간주되어야 한다. 처녀림의 벌목, 오염물질을 근해로 방출할 종이공장의 건설, 국립공원 가장자리의 새 광산 개발과 같은 많은 다른 예들도, 동등한 좋은 가치들 사이에서의 선택 문제를 제기할 것이다. 이 장에서 나는 이러한 결정들을 둘러싼 논쟁들에 깔려 있는 가치들을 검토하는데, 내가 제시했던 앞의 예가 이러한 논쟁들의 내용들을 알아보는 바탕이 될 수 있을 것이다. 나는 특히 야생의 보존과 관련된 논쟁에서 문제가 되고 있는 가치들에 초점을 맞출 것이다. 왜냐하면 두 입장의 상이한 근본적인 가치들이 여기에서 가장 뚜렷이 대비되기 때문이다. 댐을 막아 계곡이 수몰되는 것에 대하여 이야기할 때, 우리 앞에 놓인 선택은 아주 명백하다.

일반적으로 말하자면, 댐의 건설에 찬성하는 사람들은, 야생이나 일반적인 것이든 멸종위기에 처한 것이든 상관없이 식물들과 동물들이나 야외 레크리에이션 활동기회의 보존보다도, 그 주의 고용과 1인당 소득의 증대를 더 높게 평가하는 사람들이라고 말할 수 있다. 하지만, 댐 건설에 찬성하는 사람과 반대하는 사람들의 가치들을 세밀히 살펴보기 전에, 간단히 자연세계에 대한 현대인들의 태도의 기원을 알아보자.

제1절 서구의 전통

자연에 대한 서구의 태도는, 성서의 초기 저술들에서 나타나는 유대인들의 태도와 고대 그리스 철학, 특히 아리스토텔레스의 태도의 혼합에서부터 생겨났다. 다른 고대 전통들, 예컨대 인도의 전통과는 달리, 유대 전통과 그리스 전통은 인간을 도덕적 우주의 중심으로 만들었다. 실제로, 어떤 점들에서, 그러한 전통들은 인간이 서구 전통에서 가지는 중요성을 충분히 이야기하고 있지 못하다. 왜냐하면 그것들은 다른 존재들이 중심적으로 중요한 것은 아니라고 해도 도덕적으로 중요성을 갖는다고 시사하고 있기 때문이다. 그렇지만 서구 전통의 많은 부분에서 인간들은 단순히 중심적이고 도덕적으로 중요하기만 한 것이 아니라, 인간들이 이 세계의 도덕적으로 중요한 특징들 전체이다. [나머지는 어떤 중요성도 가지지 못한다.]

신의 계획에서의 인간의 특별한 위치에 대한 유대인들의 견해는 「창세기」에 실려 있는 성서의 창조설에서 확실히 알 수 있다.

> 하나님이 이르시되 우리의 형상을 따라 우리의 모양대로 우리가 사람을 만들고 그들로 바다의 물고기와 하늘의 새와 가축과 온 땅과 땅에 기는 모든 것을 다스리게 하자 하시고

하나님이 자기 형상 곧 하나님의 형상대로 사람을 창조하시되 남자와 여자를 창조하시고

하나님이 그들에게 복을 주시며 하나님이 그들에게 이르시되 생육하고 번성하여 땅에 충만하라, 땅을 정복하라, 바다의 물고기와 하늘의 새와 땅에 움직이는 모든 생물을 다스리라 하시니라.

오늘날 기독교인들은 '다스림dominion'을 주신 의미에 대하여 논쟁하고 있다. 환경에 관심이 있는 이들은 이것을 '돌봄stewardship'으로 해석하기를 선호한다. 즉 이것이 다른 생물들을 우리가 하고 싶은 대로 해도 좋다는 허가로 간주되어서는 안 되며, 오히려 하나님을 대신하여 그들을 돌보라는 지시로 간주되어야 하고, 우리가 그들을 다루는 방식에 대해 하나님께 책임을 져야 한다고 주장한다. 그렇지만 본문 그 자체에는 그러한 해석을 정당화할 것이 거의 없다. 그리고 하나님이 인간의 사악함을 벌하기 위해 지구상의 거의 모든 동물을 물에 빠뜨린 예를 보면, 사람이 계곡의 강 하나를 범람하게 하는 것은 걱정할 필요가 없는 일이라고 생각하는 것도 당연하다. 노아의 홍수 다음에, 보다 위협적인 언어로 다스림이 다시 부여되고 있다.

땅의 모든 짐승과 공중의 모든 새와 땅에 기는 모든 것과 바다의 모든 물고기가 너희를 두려워하며 너희를 무서워하리니 이것들은 너희의 손에 붙였음이니라.

그 함축의미는 명백하다. 지구상에서 살아 움직이는 모든 것들에게 공포와 두려움을 일으키는 방식으로 행위하는 것은 정당하지 못한 일

이 아니다. 사실 그것은 하나님이 주신 계율에 일치하는 것이다.

가장 영향력 있는 초기 기독교 사상가들은 인간의 다스림이 어떻게 이해되어야 하는지에 대하여 전혀 의심하지 않았다. "하나님께서 소에게 마음을 쓰시는 것입니까?"라고, 안식일에 소를 쉬게 하라는 구약성서의 계명에 대해 토론하면서, 바울이 물었다. 그러나 이것은 수사의 문이다. 그는 그 답이 부정임에 틀림없다는 것을 당연시하고 있다. ["우리를 위하여 기록된 것이니"라는 표현대로] 계율은 인간에 대한 이익으로 설명되어져야만 했다. 아우구스티누스도 이러한 사고노선을 공유하고 있다. 신약성서에서 예수가 무화과나무를 베어 버리고 한 떼의 돼지들을 물에 빠져 죽도록 한 이야기를 언급하면서 [이것을] 아우구스티누스는 "동물을 죽이고 식물을 파괴하는 것을 삼가는 것은 더할 나위 없는 미신"임을 가르치기 위한 것으로 설명했다.

기독교가 로마제국에 보급되었을 때, 기독교는 자연세계에 대한 고대 그리스적인 태도들을 부분적으로 흡수하였다. 그리스적 영향은 중세의 위대한 사상가 토마스 아퀴나스에 의해 기독교 철학에 유입되었는데, 그의 필생의 작업은 기독교 신학을 아리스토텔레스의 사상으로 수선하는 것이었다. 아리스토텔레스는 자연을 이성적 능력이 덜한 것이 더한 것을 위해 존재하는 하나의 위계체계로 간주하였다.

> 식물은 동물을 위해서, 짐승은 인간을 위해서 존재한다. 가축은 인간의 사용과 음식을 위해서, 그리고 야생동물은 (어쨌든 대부분의 야생동물은) 음식과 삶의 다른 액세서리들, 즉 의복이나 여러 가지 도구들을 위해서 존재한다. 자연은 목적이 없거나 헛된 일을 하지 않기 때문에, 자연이 모든 동물들을 인간을 위해서 만들었다는 것은 부정할 수 없는 참이다.

아퀴나스는 그의 주저 『신학대전』에서 아리스토텔레스의 이러한 구절을 거의 글자그대로 따르면서, 이것이 창세기에서 서술된 하나님의 분부와 일치한다고 덧붙였다. 아퀴나스는 죄를 분류할 때 하나님, 우리 자신, 그리고 우리 이웃들에 대한 죄의 가능성만을 인정했다. 인간이 아닌 동물이나 자연세계에 대한 죄의 가능성은 없었다.

이것이 적어도 18세기 동안의 주류 기독교의 생각이었다. 확실히 보다 온화한 마음을 가진 이들, 예컨대 바실Basil, 크리소스톰John Chrysostom, 아시시의 프란체스코Francis of Assisi와 같은 이들도 있었다. 그러나 기독교 역사 대부분에서 그들은 지배적인 전통에 아무런 중요한 영향을 미치지 못했다. 그러므로 이러한 서구의 지배적인 전통이 가지고 있는 주된 특징들은 강조할 만하다. 왜냐하면 이러한 특징들이 우리가 자연환경에 대한 다른 견해들에 대해 토론할 때 비교점이 될 수 있기 때문이다.

서구의 지배적인 전통에 따르면, 자연세계는 인간의 이익을 위해 존재한다. 하나님은 인간에게 자연세계를 다스릴 권한을 주셨으며, 우리가 그것을 어떻게 다루든 개의치 않으신다. 인간은 이 세계에서 도덕적으로 중요한 유일한 구성원이다. 자연 그 자체는 본질적인 가치가 없으며, 식물이나 동물의 파괴는 그렇게 함으로써 인간에게 해악을 끼치지 않는 한 죄가 될 수 없다.

이러한 전통은 가혹하기는 하지만, 자연보호에 대한 우리의 관심을, 그 관심이 인간의 복지와 관계될 수 있는 한, 배제하지는 않는다. 서구의 지배적인 전통의 경계 내에서도, 기후변화의 결과로 생길 인간의 건강과 복지에 대한 해악을 이유로, 화석연료의 연소, 삼림의 파괴, 메탄을 배출하는 소의 증식에 반대할 수도 있다. 야생보존에 대한 논쟁들에서, 야생을, 생산적인 것으로나 가치 있는 것으로 만들기 위해서는, 청소가 필요한 황무지나 쓸모없는 지역으로 보았던 시절이 있었다. 그렇지만, 이제 다른 은유가 보다 적합하다. 우리에게 남겨진 나머지 진짜 야생들은 그것들을 집어 삼키려고 위협하는 인간 활동의 바다 한 가운데 떠 있는 섬과 같다. 이것은, 인간중심적인 윤리의 범위 내에서도, 야생이 보존되어야 한다는 강력한 주장의 근거가 되는 희소성이라는 가치를 야생에 부여한다. 우리가 장기적인 견해를 가질 때 그러한 주장은 더욱 더 강해진다. 환경의 가치라는 이 이루 헤아릴 수 없이 중요한 문제에로 이제 돌아가자.

제2절 미래 세대들

처녀림은 우리 행성이 시작된 이후 수백만 년의 세월이 만들어낸 산물이다. 그것을 베어낸다면 다른 삼림이 생겨날지도 모르겠지만 연속성은 유지되지 않을 것이다. 식물들과 동물들의 자연적인 삶의 주기들을 중단시키는 것은, 숲을 베어내지 않았으면 숲이 가졌을 모습을 숲이 결코 다시는 가질 수 없다는 것을 의미한다. 숲을 베어냄으로써 얻게 되는 것들은 고용, 사업상의 이익, 수출소득, 값싼 마분지, 포장용 종이 등 단기적인 이익들이다. 숲을 베어내지 않는다 해도 전기를 생산하기 위해 만든 댐에 의해 숲이 물에 잠긴다면, 그 이익은 단지 한 세대나 두 세대밖에 지속될 것 같지 않다. 그 후에는 새로운 기술이 그러한 발전방법을 무용한 것으로 만들어 버릴 것이다. 그렇지만, 일단 숲을 베어내거나 숲이 물에 잠기게 하면, 과거와의 연결은 영원히 끝나게 된다. 그것이 이 행성 위에서 우리의 뒤를 이을 모든 세대가 감당해야 하는 대가이다. 바로 이런 까닭으로 환경주의자들이 야생을 '세계유산world heritage'이라고 말하는 것은 옳은 일이다. 그것이 우리가 우리 선조로부터 물려받은 것이자, 우리의 후손들이 가져야만 하는 것이라면, 그것은 그들을 위해 **우리**가 보존해야만 하는 것이다.

안정되어 있고 전통을 지향하는 많은 인간사회에서, 주류 문화는 보존을 강력하게 강조하고 있다. 다른 한편으로 우리 문화는 장기적인 가치를 인정하는 데 커다란 어려움을 겪고 있다. 정치가들은 다음 선거 이후의 일을 쳐다보지 않는 것으로 악명 높다. 그러나 비록 다음 선거 이후의 일을 쳐다보더라도, 그들은 그들의 경제고문들로부터 미래에 얻을 어떤 것은 상당한 정도로 할인되기 때문에 장기적인 미래를 전체적으로 무시하는 것이 쉽다는 조언을 듣는다. 경제학자들은 모든 미래의 재화에 적용될 할인율을 배웠다. 달리 말하자면, 20년 후의 100만 달러는, 인플레이션을 무시하더라도, 오늘날의 100만 달러만큼 가치가 있는 것이 아니다. 경제학자들은 보통 실제적인 장기 이율과 상관하여 100만 달러의 가치를 일정한 비율만큼 할인할 것이다. 이것은 경제적으로는 의미가 있다. 왜냐하면 내가 오늘 천 달러를 가지고 있다면, 나는 그것을 투자해서 실제로 20년 후에는 훨씬 큰돈이 되도록 할 것이기 때문이다. 그러나 할인율의 적용은 훨씬 먼 미래에 얻어질 가치들을 오늘 매우 낮은 평가를 받게 할지도 모른다. 200년 후에 사람들이 훼손되지 않은 계곡을 가질 수 있기 위해 100만 달러를 (오늘날의 가치로 100만 달러, 인플레이션 되지 않는 100만 달러를) 지불할 생각이 있을 것이라고 우리가 믿는다고 가정해 보자. 그리고 오늘 우리가 다시는 결코 자라지 않을 계곡의 숲을 베어내어 이익을 얻을 수 있다고 상상해 보자. 우리가 연간 5%의 할인율을 복리로 적용한다면, 얼마나 큰 이익이 200년 후의 100만 달러의 손실을 정당화할 수 있을까? 그 답은 놀랍게도 단지 60달러이다. 그것이 그러한 할인율에서 200년 후의 100만 달러의 가치이다. 그렇다면 우리가 5%의 할인율을 가지고, 천 년 후의 미래에 얻을 가치를 계산해 보면, [상대할 수 없는 차이를 보여서] 거의 의미가 없을 것이다. 이것은 그때에 이 행성에 거주하는 인간이나 의식적인 존재가 있을지 여부가 확실하지 않기 때문이 아니다. 이것은 단지 지금 투자되는 돈이 산출하는 이익의 축적적인 효과 때문이다. 그렇지만 값으로 헤아릴 수 없고 시간상으로 한없는 야생의 가치라는 관점에서 본다면, 할인율을 적용하는 것은 우리에게 잘못된 답을 주는 것이다. 한 번 잃게 되면 아무리 큰돈을 들여도 결코 되찾을 수 없는 것도 있다. 그러므로 오래된 삼림을 파괴하는 것을, 수출을 통해 실질적인 소득의 증가를 가져온다는 것을 근거로, 정당화하는 것은 잘못된 것이다. 이것은 우리가 그 소득을 투자하고 연년세세 그 가치를 증가시킨다고 해도 그렇다. 왜냐하면 아무리 우리가 그 가치를 증대시킨다고 해도, 숲에 의해 대변되는 과거와의 연결을 결코 다시 사올 수는 없기 때문이다.

 이러한 논변은 처녀림을 베어내는 것이 결코 정당화될 수 없음을 의미하지는 않는다. 그것이 의미하고 있는 것은 어떤 정당화든 바로 오는 미래 세대뿐만 아니라 좀 더 먼 미래 세대들에 대한 그 숲의 가치를 충분히 고려해야만 한다는 것이다. 이러한 가치는 확실히 그 숲의 특별한 풍경상의 중요성 혹은 생물학적 중요성과 관계가 있다. 그러나 지구상의 참된 야생의 비율이 점차 작아지면, 참된 야생의 모든 부분들이 중요하게 된다. 왜냐하면 야생을 경험할 기회가 드물어지고 보존되어야 할 야생의 주요한 형태를 합리적으로 선택할 가능성이 줄어들기 때문이다.

미래 세대들이 야생을 높이 평가할 것이라고 확신할 수 있는가? 실제로 그렇지 않을지도 모른다. 아마도 그들은 우리가 상상하는 것 이상으로 복잡한 컴퓨터게임을 즐기면서 더 행복해 할지도 모른다. 그러나 우리가 이러한 가능성을 너무 중요시하지 말아야 할 몇 가지 이유가 있다. 첫 번째로, 이제까지 경향은 그 반대방향이었다. 오늘날보다 야생에 대한 평가가 높았던 적은 없었다. 빈곤과 배고픔의 문제를 극복하고 상대적으로 거의 야생이 남아 있지 않은 나라들에서는 특히 그렇다. 야생은 그것이 제공하는 레크리에이션의 기회들로 인하여, 그리고 현대문명과 상대적으로 접촉이 없어서 많은 사람들이 알기를 원하는 자연적인 것이 여전히 그곳에 있기 때문에, 한없는 아름다움을 지닌 어떤 것으로, 아직 더 얻어내야 할 과학적 지식의 보고로 간주되어 왔다. 우리 모두가 희망하듯이, 미래 세대들이 대부분의 사람들의 기본적인 요구를 충족시킬 수 있다면, 앞으로 올 여러 세기 동안 그들도 또한 우리가 야생을 높이 평가하는 것과 같은 이유로 높이 평가할 것이라고 기대할 수 있다.

야생의 아름다움에 근거하여 보존을 찬성하는 논변들은 때때로 그 논변들이 '단순히 미학적'이기 때문에 별로 비중이 없는 것처럼 다루어졌다. 이것은 잘못이다. 우리는 오랫동안 초기 인간 문명의 예술적 보물들을 보존하려 무진 애를 써왔다. 예를 들어 프랑스 루브르 박물관의 모든 예술품들이 파괴되는 데 대한 적당한 보상으로 우리가 받아들이려고 할 경제적 이득이 얼마일지 상상하기 어렵다. 어떻게 루브르 박물관의 예술품들의 미적 가치와 야생의 미적 가치를 비교할 수 있겠는가? 아마도 이러한 판단은 불가피하게 주관적이 된다. 그래서 나는 나 자신의 경험을 이야기하려고 한다. 나는 루브르 박물관의 그림들과 유럽과 미국의 다른 큰 화랑들의 그림들을 보았다. 나는 내가 예술에 대한 합당한 평가능력을 가졌다고 생각한다. 그러나 나는 어떤 미술관에서도, 내가 바위등성이를 걸어올라 그곳에 멈춰 서서 계곡의 숲을 내려다보았을 때 혹은 숲이 하늘을 가려 생긴 그늘에서 자라나고 있는 키 큰 나무고사리 가운데 놓인 이끼 덮인 둥근 돌을 감아 돌며 흐르는 냇가에 앉았을 때와 같은 방식으로 나의 미적 감각이 채워지는 것을 느끼지 못했다. 나는 이것이 나 혼자만의 경험은 아니라고 생각한다. 많은 사람들에게 야생은 미적 감흥이라는 위대한 감정의 원천이며, 이는 거의 종교적인 경지에까지 다다른다.

  그렇지만 자연에 대한 이러한 평가를 지금으로부터 한두 세기 다음에 사는 사람들은 가지지 않을 수도 있다. 그러나 야생이 그러한 깊은 기쁨과 만족의 원천일 수 있다면, 일이 그렇게 되는 것은 커다란 손실일 것이다. 게다가 미래 세대들이 야생에 가치를 부여할 것인가 여부는 어느 정도까지는 우리에게 달려 있다. 적어도 그 결정에 우리가 영향을 미칠 수 있다. 야생영역을 보존함으로써, 우리는 다음 세대에게 기회를 줄 수 있다. 우리가 만든 책과 영화를 통해서, 우리는 우리의 아이들과 그들의 아이들에게 전해질 수 있는 문화를 창조할 수 있다. 우리가 숲속을 걷는 일의 진가를 제대로 느끼면서 그것을 하는 것이 컴퓨터 게임을 하는 것보다 하루를 아주 깊이 보람 있게 보내는 방식이라고 생각한다면, 아니면 배낭에 음식과 천막을 넣고 훼손되지 않은 자연 환경 속으로 1주일 동안 도보여행을 하는 것이 같은 시간 동안 텔레비전을 보는 것보다 성품을 더 잘 개발시킬 것이라고 생각한다면,

우리는 미래 세대들이 자연에 대하여 느낌을 갖도록 격려하기 위해 할 수 있는 일을 마땅히 해야만 한다.

결국 우리가 지금 존재하는 양의 야생을 고스란히 보존한다면, 미래 세대들은 적어도 인간이 창조하지 않은 세계를 보러 가기를 선택할 기회를 가질 것이다. 우리가 야생을 파괴한다면, 그러한 선택은 영원히 없어질 것이다. 비록 미래 세대들이 베니스와 같은 건축적 보물들에 흥미를 가지지 않을지도 모른다고 생각하는 것이 가능하다고 하더라도, 그러한 도시들을 보존하기 위해 큰돈을 들이는 것이 정당한 것처럼, 미래 세대들이 야생에 별다른 관심을 보이지 않는 것이 가능하다고 하더라도 우리는 야생을 보존해야 한다. 이리하여 우리는 과거 세대의 사람들이 생각 없는 행동들로 우리에게 도도dodo, 스텔러의 해우Steller's sea cow, 태즈메이니아 늑대thylacine, 그리고 태즈메이니아 호랑이Tasmanian tiger로 알려진 줄무늬 유대류를 볼 기회를 빼앗아간 것과 같은 그러한 잘못을 우리의 미래 세대에 하지 않게 될 것이다. 우리는 우리 다음에 오는 세대들에게 이와 같은 회복할 수 없는 손실들을 끼치지 않도록 주의해야만 한다.

이러한 까닭에 또 앞 장에서 논의된 온실효과를 완화시키려는 노력을 최고로 우선해야만 한다. 왜냐하면 우리가 '야생'이라는 말로 인간 활동에 의해 영향을 받지 않는 부분을 뜻한다면, 그것은 아마도 이미 너무 늦었을 것이기 때문이다. 우리 행성 어디에도 야생은 남아 있지 않다. 기후변화의 위험들을 경고한 최초의 대중서적은 맥키벤Bill McKibben의 『자연의 종말』이다. 이 책에서 맥키벤은 다음과 같이 주장하였다. "날씨를 변화시킴으로써 우리는 지구상의 모든 지점을 인간이 만든 인공적인 것으로 변화시켜 버렸다. 우리는 자연으로부터 그것의 독립성을 빼앗아 버렸는데, 이는 자연이라는 의미에 치명적이다. 자연의 독립성이 자연의 의미이다. 그것이 없다면 우리 외에는 아무것도 없다." 이것이 우리를 아주 불안하게 만드는 생각이다. 그러나 맥키벤은 우리가 이러한 경향을 되돌리려는 노력을 포기하는 것이 좋을 것이라고 말하기 위해 그렇게 하고 있는 것은 아니다. 맥키벤이 말한 대로, "우리가 자연 이후의 세계에 살고 있다"는 것은 사실이다. 어떠한 것도 그것을 되돌릴 수 없다. 우리 행성의 기후는 우리의 영향 아래에 있다. 그렇지만 우리는 우리가 자연 속에서 귀하게 여기는 많은 것들을 여전히 가지고 있고, 최소한 남겨진 일부를 보존하는 것이 여전히 가능할지도 모른다.

그러므로 인간중심적인 윤리a human-centered ethic는 우리가 '환경적 가치들'이라고 부를 수 있는 것에 찬동하는 강력한 논변의 근거가 될 수 있다. 그러한 윤리학은 제대로만 이해되면 경제성장이 야생의 보존보다 더 중요하다는 것을 함축하지는 않는다. 그러나 제3장에서의 종족주의에 대한 우리의 토론에 비추어 볼 때, 우리가 인간중심적인 윤리를 고집하는 것이 잘못된 일이라는 것도 또한 명백하다. 우리는 이제 환경문제에 대한 이러한 전통적인 서구적 접근방식에 대해 보다 근본적인 도전을 고려해 볼 필요가 있다.

제3절 감각이 없는 존재에게도 가치가 있는가?

비록 중요한 환경문제들에 대한 어떤 논쟁들은 오직 우리 종족의 장기적인 이익만을 고려하여 수행될 수도 있지만, 환경의 가치에 대한 어떠한 신중한 탐구에서도 중심적인 문제는 본질적 가치에 대한 질문일 것이다. 오직 인간만이 본질적 가치를 지닌다고 주장하는 것이 자의적이라는 것을 우리는 이미 보았다. 우리가 인간의 의식 경험에서 가치를 발견한다면, 적어도 인간이 아닌 존재의 어떤 경험에 가치가 있음을 부정할 수 없다. 이러한 본질적 가치는 어디까지 확장되는가? 모든 그러나 오직 감각적 존재들까지인가? 아니면 감각의 경계를 넘어가는가?

이러한 질문을 탐구하기 위해, '본질적 가치intrinsic value'라는 관념에 대하여 몇 가지 언급을 하는 것이 도움이 될 것이다. 어떤 것이 그 자체로서 좋거나 바람직하다면 그것은 본질적으로 가치 있는 것이다. 이에 반하는 것이 '도구적 가치instrumental value'인데, 이는 어떤 다른 목적이나 목표에 대한 수단으로서의 가치이다. 예를 들어, 우리 자신의 행복은 적어도 우리들 대부분에게 그것이 그 자체로서 우리가 바라는 것이라는 점에서 본질적 가치이다. 그 반면에, 돈은 우리들에게 단지 도구적 가치만을 갖는다. 우리는 그것을 가지고 무엇을 살 수 있기 때문에 그것을 원하지, 우리가 무인도에 있다면 우리는 그것을 원하지 않을 것이다. 그렇지만 행복은 무인도에서도 다른 어떤 곳에서와 마찬가지로 중요할 것이다.

이제 다시 잠시 이 장의 도입부에서 서술되었던 강에 댐을 만드는 문제를 생각해 보자. 결정을 인간의 이익에만 기초하여 내리려고 한다면, 우리는 댐이 주는 경제적 이익과 강을 자연 그대로의 상태로 보존하는 것을 소중히 생각하는 현재와 미래의 오지산책자, 과학자 그리고 그 밖의 사람들에게 주는 손실을 저울질해야 할 것이다. 우리는 이미 이러한 계산에 수없는 미래 세대들을 포함시켜야 하기 때문에, 야생적인 강을 잃는 것이 우리가 우선 상상하는 것보다 훨씬 큰 손실이라는 점을 보았다. 비록 그렇다고 하더라도, 일단 우리가 우리의 결정의 근거를 인간의 이익을 넘어서 확장하게 되면, 우리는 댐을 건설하여 얻는 경제적 이익에 반대할 더 많은 것을 가지게 된다. 이제 계산에 포함되어야만 하는 것은 물이 넘칠 그 지역에 살고 있는 모든 동물들의 이익이다. 침수지역에 살고 있는 동물 대부분은 죽을 것이다. 그들은 물에 빠져 죽거나 굶어 죽을 것이다. 약간의 동물들은 적합한 인근 지역으로 옮겨갈 수도 있을 것이다. 그러나 야생은 점유자를 기다리는 빈자리로 가득 차 있는 곳이 아니다. 어떤 지역이 그곳에 사는 동물들을 부양할 수 있다면, 그곳은 이미 거의 다른 놈들이 차지하고 있을 것 같다. 익사하거나 아사하는 것은 모두 쉬운 죽는 방법이 아니다. 이러한 죽음에 포함되어 있는 고통에 대하여, 우리가 보았던 대로, 인간에 의해 경험되는 같은 양의 고통에 대하여 우리가 부여하는 비중과 같은 비중을 두어야 한다. 이것이 댐을 건설하는 데 반대하는 의견의 비중을 상당히 높일 것이다.

  동물들이 죽을 것이라는 사실에서, 그러한 죽음의 과정에서 생겨날 고통 외에 또 무엇이 있는가? 우리가 이미 보았던 대로, 종족에 근거한 자의적인 구분이라는 죄책감을 가지지 않고서도, 우리는 인간 아닌 '단지 의식만을 가진' 동물의 죽음을 인격체의 죽음보다 덜 중요한 것으로 간주할 수 있다. 왜냐하면 정상적인 인간은 단지 의식만을 가진 동물들에게는 불가능한 방식으로 앞을 내다보고 미래를 계획하는 능력을 가질 수 있기 때문이다. 인격체를 죽이는 것과 단지 의식만을 가진 동물을 죽이는 것의 이러한 차이가 인격체가 아닌 동물의 죽음은 아무런 중요성이 없는 것으로 간주되어야 한다는 것을 의미하지는 않는다.

그 반대로, 공리주의자들은 죽음이 동물들에게 가하는 손실, 즉 그들 모두의 미래의 삶의 상실과 그들의 미래의 삶이 가졌을 경험들을 고려하려 할 것이다. 예정된 댐이 골짜기를 침수시켜 수천, 아마도 수백만의 감각적 존재들을 죽일 때, 이러한 죽음들은 댐을 세우는 비용들이나 이익들을 어떻게 평가하더라도 그것보다 더 큰 중요성을 가져야 할 것이다. 제4장에서 논의된 전체적 견해를 받아들이는 공리주의자들에게는 또, 댐이 그 동물들이 살고 있는 서식지를 파괴하게 되면, 이러한 손실이 지속적이게 된다는 점이 중요하다. 그 댐이 세워지지 않는다면, 동물들은 아마도 그 계곡에서 수천 년 동안 그들 자신의 고유한 쾌락과 고통을 경험하며 계속하여 살아갈 것이다. 자연환경에서의 동물에게 삶이 고통을 상쇄하고 남는 쾌락을 주는가, 아니면 선호의 좌절을 상쇄하고 남는 만족을 주는가라고 물을 수도 있다. 그리고 댐 속에 물고기가 있을 것이라면, 전체 공리주의는 그들의 존재의 기쁨도 어느 정도까지는 숲의 동물들의 기쁨의 상실에 차감하여 계산에 넣어야만 할 것이다. 여기서 이익들을 계산한다는 생각은 거의 우스꽝스럽게 된다. 그러나 이것이 미래의 동물들의 삶의 상실을 우리가 의사결정을 할 때 무시해도 좋다는 것을 의미하는 것은 아니다.

그렇지만 그것도 전부가 아닐지도 모른다. 우리는 개별적인 동물들의 고통과 죽음뿐만 아니라, 전체 종족이 사라질지도 모른다는 사실에도 또 비중을 두어야 하지 않겠는가? 수천 년 동안 서 있었던 나무들을 상실하는 것은 어떤가? 우리는 동물들, 종족들, 나무들, 그리고 계곡의 생태계의 보존에, 그러한 보존에 따를 인간의 경제적 레크리에이션적 과학적 이익들과 무관하게, 만약 비중이 주어져야 한다면 얼마만큼의 비중을 두어야 하겠는가?

여기에 근본적인 도덕적인 불일치가 있다. 즉 우리가 도덕적인 숙고에서 마땅히 고려해야 할 존재의 종류가 어떤 것인가에 대한 불일치이다. 감각적 존재 너머로 윤리를 확장시키는 것을 편들어 이야기하는 것들을 살펴보자.

1. 생명에의 외경

이 책에서 전개되는 윤리적 입장은 서구의 지배적인 전통윤리를 확장하고 있지만, 다른 점들에서는 같은 유형의 것임을 쉽게 알아챌 수 있다. 이 책의 입장은 도덕적인 고려의 경계선을 모든 감각적 존재를 포함하도록 설정하기는 하지만, 그 경계 바깥에 다른 생물들을 남겨둔다. 오래된 숲의 물에 잠김, 한 종족 전체의 있을 수 있는 멸종, 몇 개의 복합적인 생태계의 파괴, 강 그 자체의 봉쇄, 그리고 바위협곡의 상실은 그러한 것들이 감각적 존재에게 부정적인 영향을 끼치는 한에서만 고려된다. 전통적인 입장과의 보다 근원적인 단절이 가능할까? 계곡이 침수됨으로써 생기는 이러한 측면들의 어떤 것이나 전부가 본질적인 가치를 지니는 것으로 드러날 수 있고, 그래서 인간이나 동물에 미치는 영향과 독립적으로 고려되어야만 할까?

감각적 존재를 넘어서 그럴듯한 방식으로 윤리를 확장시키는 것은 어려운 과제이다. 감각적 존재들의 이익에 기초하는 윤리는 익숙한 근거를 가지고 있다. 감각적 존재들은 소망들과 욕구들을 가진다. "주머니쥐가 익사한다는 것이 어떤 것과 같을까?"라는 질문은, 비록 우리가 "그것은 끔찍한 일임에 틀림없다"라는 별로 정확하지 못한 답밖에 할 수 없다고 하더라도, 적어도 의미는 있다. 감각적 존재들에 영향을 미치는 도덕적 결심을 내리기 전에, 우리는 우리가 할 수 있는 대안적 행위들에 의해 모든 감각적 존재들이 받을 영향을 함께 고려할 수 있다. 이렇게 함으로써 적어도 무엇이 올바른 일을 하는 것인지에 대한 대강의 기준선을 가질 수 있다. 그러나 나무들의 뿌리가 물에 잠겨서 나무가 죽는 것과 같은 것에 상응하는 것은 없다. 일단 우리가 우리의 가치의 원천으로서 감각적 존재들의 이익을 포기한다면, 우리는 어디서 가치를 찾겠는가? 감각적이지 못한 존재들에게 어떤 것이 좋고 나쁜가, 그리고 왜 그것이 중요한가?

우리가 생물에 논의를 한정하는 한 그 답을 찾는 것이 그렇게까지 어렵지 않다고 생각할 수도 있다. 우리는 우리 정원의 식물들에게 무엇이 좋고 나쁜지 알고 있다. 물, 햇빛, 그리고 퇴비는 좋은 것이고, 극도로 더운 것이나 추운 것은 나쁜 것이다. 같은 것이 어떤 숲이나 야생의 식물에게도 적용된다. 그러므로 왜 식물들의 번성이, 그것이 감각적 존재들에게 유용한가 여부와 독립적으로, 그 자체로서 좋은 것으로 간주되어서는 안 되는가?

이렇다고 해도 남는 한 문제는, 기준이 될 의식적인 이익이 없다면, 다양한 형태의 생명들의 번성이 가질 상대적인 비중들을 평가할 방법이 없다는 것이다. 천 년 된 후온 소나무가 풀숲보다 더 가치가 있는가? 대부분의 사람들은 그렇다고 말할 것이다. 그러나 그러한 판단은, 오래되지 않은 풀숲이 가지지 못하는 오래된 나무의 번성이 가지는 어떤 본질적인 가치에 대한 우리의 지각과 관련이 있다기보다는, 나무의 나이나 크기나 아름다움에 대한 우리의 경외심이나 그것을 대체하는 데 걸리는 시간의 길이와 보다 관련이 있는 것으로 보인다.

우리가 감각에 기준하여 말하기를 멈춘다면, 살아 있는 자연과 무생물적인 자연 사이의 경계를 옹호하기가 더욱 어려워진다. 오래된 나무를 베어내는 것이 자라는 데 훨씬 오래 걸리는 아름다운 종유석을 파괴하는 것보다 실제로 더 나쁜 일인가? 어떤 근거로 그러한 판단이 내려질 수 있는가? 모든 살아 있는 것에로 확장되는 윤리에 대한 옹호 중에서 가장 유명한 것은 탁월한 신학자이자, 철학자이자, 음악가이자, 물리학자이며, 인도주의자인 슈바이처Albert Schweitzer의 논의이다. 1952년 슈바이처는 아프리카 가봉에 병원을 건립한 인도주의적인 공적과 그의 '생명에의 외경reverence for life'이라는 윤리를 인정받아 노벨 평화상을 받았다. 생명에의 외경이라는 구절은 종종 인용되지만, 그가 그러한 입장을 지지하기 위해 제시했던 논변은 덜 알려져 있다. 다음은 그가 그의 윤리를 옹호하고 있는 몇 구절들 중의 하나이다.

참된 철학은 의식의 가장 직접적이고 포괄적인 사실들로부터 시작해야 한다. 그리고 이는 다음과 같이 정식화될 수 있을 것이다. '나는 살아가고자 하는 생명이다. 나는 살아가고자 하는 생명들 가운데 존재한다.' …… 나의 '살고자 하는 의지' 속에 더 많은 삶, 쾌락이라 불리는 그 의지의 신비한 고양에 대한 열망 그리고 절멸에 직면해서 느끼는 공포, 고통이라 불리는 '살고자 하는 의지'에 대한 훼손이 있는 것과 꼭 마찬가지로, 동일한 것이 나를 에워싸고 있는 '살고자 하는 의지' 모두에 성립한다. 그것이 내가 이해할 수 있도록 자신을 표현하든지, 아니면 침묵한 채로 남아 있든지 상관없다.

그러므로 윤리학은 바로 이것, 즉 나의 '살고자 하는 의지'에 대해서와 마찬가지로 모든 '살고자 하는 의지'에 대해서 내가 같은 생명에의 외경을 실천할 필요성을 경험하는 것이다. 그 속에 나는 이미 필요한 도덕성의 근본적인 원칙을 가지고 있다. 삶을 유지하고 소중히 하는 것은 좋은 것이다. 삶을 파괴하고 저지하는 것은 나쁜 것이다. 자신이 원조할 수 있는 모든 생명을 돕기 위해 자신에게 가해진 구속에 복종할 때, 그리고 어떤 생물이든 해치지 않으려고 길을 돌아갈 때, 그러할 때만이 한 인간은 진실로 윤리적이다. 그는 이러저러한 생명이 어느 정도까지 그 자체로서 가치가 있는 것으로 공감을 받을 만한지, 그것이 얼마나 느낄 수 있는지를 묻지 않는다. 그에게 삶 그 자체는 신성한 것이다. 그는 햇빛을 받아 반짝이는 얼음 결정을 쪼개지 않으며, 나무에서 잎들을 떼어내지 않으며, 꽃을 꺾지 않으며, 걸으면서 곤충을 밟지 않을까 걱정한다. 그가 여름 저녁에 등불을 켜고 일할 때 벌레들이 차례차례 날개를 태우고 탁자에 떨어지는 것을 보느니 차라리 창문을 닫고 답답한 공기를 호흡한다.

미국의 철학자인 테일러Paul Taylor는 그의 책『자연에 대한 존중』에서 모든 살아 있는 것은 "그것의 독특한 방식으로 그것의 고유한 선을 추구한다"고 말하며 비슷한 견해를 옹호하고 있다. 그는 이렇게 주장한다. 일단 우리가 이를 알게 되면, 우리는 모든 생물들을 '우리가 우리 자신을 보듯이' 볼 수 있으며, 그래서 "우리는 우리가 우리의 존재에 부여하는 것과 같은 가치를 그들의 존재에도 기꺼이 부여한다."

우리가 슈바이처의 입장을 어떻게 해석해야 할지 명백하지 않다. 얼음결정에 대한 언급은 특히 당혹스러운 것인데, 왜냐하면 얼음결정은 결코 살아 있는 것이 아니기 때문이다. 슈바이처는 아마도 어떤 형태의 살해도 일종의 만행, 가치 있는 어떤 것의 무의미한 파괴라고 본 것이 아닐까? 그렇지만 이러한 가능성을 한편으로 제쳐놓고, 슈바이처와 테일러가 그들의 윤리적 견해들을 옹호하기 위해 제시하는 논변에서 문제는, 그들이 언어를 은유적으로 사용하면서 그들이 말하는 것이 글자 그대로 참인 것처럼 주장하고 있다는 것이다. 우리는 종종 식물들이 살아남기 위해 물이나 빛을 "얻으려고 한다"라고 말할 수 있다. 식물에 대하여 이러한 방식으로 생각하는 것은 그들의 '살고자 하는 의지'나 그것들 자체의 선을 '추구한다'는 말을 쉽게 받아들이게 한다. 그러나 우리가 일단 멈추어 식물이 의식적이지 않으며 어떤 의도적인 행위도 할 수 없다는 사실에 입각하여 반성하면, 명백히 이 모든 언어가 은유적이다. 강은 그 자신을 선을 추구하고 있으며 바다에 닿으려고 노력하고 있다거나, 유도미사일의 '선'은 그 목표물을 날려 버리는 것이라고 말하는 것이 나을 것이다. '열망' '고양' '기쁨' 그리고 '공포'라는 말을 언급함으로써 모든 생명에의 외경이라는 윤리에로 우리가 기울어지도록 하려는 슈바이처의 시도는 잘못된 것이다. 식물은 이들 중 어떤 것도 경험하지 않는다.

미국의 환경철학자 롤스턴Holmes Rolston은 이 책의 제2판에 처음 제시된 나무의 '추구' 행위와 유도미사일의 '추구' 행위에 대한 나의 비교에 대하여 반대하였다. 그는 이렇게 주장하고 있다. 미사일이 목표물에 가까이 접근하여 그것을 날려버릴 때 그것은 미사일을 발사한 사람에게 좋을지 모르지만 미사일 자체에게 좋은 것은 아니다. 미사일은 그러한 목적으로 설계되었고 만들어졌다. 반면에 식물과 다른 자연적 유기체들은 그렇지 않다.

자연선택은 하나의 유기체의 생존과 관련하여 그것이 가지고 있는 특징들 중에서 그것에게 가치가 있는 것은 무엇이든 골라내었다. 자연선택이 이러한 특징들을 한 유기체 속에 모으는 작업을 하였기에, 그 유기체는 그러한 특징들에 근거하여 가치평가를 할 수 있다. 그 유기체가 감각적인 가치평가자가 아니거나, 의식적인 가치평가자에 훨씬 미치지 못한다고 하더라도, 그것은 가치평가를 하는 유기체이다. 그리고 자연선택을 통하여 골라진 이러한 특징들은 그 유기체에 본유적이다. 즉 그 유전자 속에 저장되어 있다. 자연선택과 가치라는 생각을 분리시키기는 어렵다.

롤스턴은 자연선택이 유기체 속에 가치평가를 부여하는데, 인간의 디자인과 제조는 왜 그렇게 하지 못하는지 그 이유를 설명하지 못한다. 감각적이거나 의식적이지 않은 가치평가자라는 생각에는 이상한 점이 있다는 것을 그는 알아야만 한다. 그러한 견해를 옹호하기 위해, 그가 수사학적 질문이라고 생각하는 것으로 보이는 질문을 그는 하고 있다. "왜 유기체는 그것에게 자원이 되는 것을 가치평가하지 않겠는가?" 그러나 우리는 태양광 패널을 태양으로 돌려서 배터리에 채울 에너지를 얻어내는 태양광 동력 기계를 만들 수 있다. 우리는 이러한 기구가 그것이 사용하는 태양광을 가치평가하고 있다고 말해야 하는가? 그렇지 않다면, 식물이 물로 뿌리를 뻗는 수단이 그 유전자에 코드화되어 있는 반면, 기계가 태양광을 획득하는 수단이 그 컴퓨터 프로그램에 코드화되어 있다는 사실에 차이가 있는가? 왜 그러한 것이 하나는 가치평가자로 만들고 다른 하나는 그렇지 않은 존재자로 만드는가?

살아 있는 생물들과 인간이 설계한 기계들 사이에는 중요한 차이들이 있다. 그럼에도 불구하고, 식물들과 기계들 양자의 경우에는 유기체나 기계가 하는 일에 대해 순수하게 물리적인 설명을 하는 것이 가능하다. 의식이 없기 때문에, 우리가 살아 있는 생물들의 성장과 쇠락을 지배하는 물리적인 과정을 생명이 없는 존재를 지배하는 물리적인 과정보다 더 크게 존경해야 할 좋은 이유가 없다. 상황이 이러하기 때문에, 우리가 종유석보다 나무에 대해, 아니면 하나의 산보다 하나의 단세포 유기체에 대해 더 큰 경외를 왜 가져야 하는지 적어도 명백하지 않다.

2. 심층생태학

60년도 훨씬 전에 미국의 생태학자 레오폴드Aldo Leopold는 '새로운 윤리', 즉 "대지와 대지 위에서 자라는 식물과 동물들과 인간의 관계를 다룰 윤리"가 필요하다고 썼다. 그가 제안한 '대지윤리land ethic'는 "공동체의 경계를 흙, 물, 식물, 동물, 총체적으로 대지를 포함하도록" 넓히고자 하는 것이었다. 1970년대 생태학적 관심이 생겨나면서 이러한 태도에 대한 관심이 되살아났다. 노르웨이 철학자 나에스Arne Naess는 생태학 운동의 '표층shallow' 요소와 '심층deep' 요소를 구분하는 짤막하지만 영향력 있는 논문을 썼다. 표층 생태학적 사고는 전통적인 도덕체계에 한정되어 있다. 이러한 방식으로 생각하는 사람들은 우리가 마실 안전한 물을 가질 수 있도록 물 공급원에 대한 오염을 피하도록 걱정하며, 사람들이 계속 야생 속을 거니는 것을 즐길 수 있도록 야생을 보존하고자 한다. 반면에 심층생태학자들은 생물권 그 자체를 위해 생물권의 본래의 모습을 보존하기를 원하며, 그렇게 함으로써 생겨나는 인간에 대한 가능한 이익을 고려하지 않는다. 그 후에 몇 사람의 다른 저술가들도 이런저런 형태의 '심층' 환경이론을 개발하고자 시도하였다.

생명에의 외경 윤리는 개별적인 생명유기체들을 강조한 데 반해, 심층생태학deep ecology적 윤리는 가치의 대상으로 좀 더 큰 것들을, 즉 종족, 생태계, 그리고 심지어는 전체로서의 생물계를 고려하자고 제안하는 경향이 있다. 레오폴드는 그의 새로운 대지윤리의 기초를 이렇게 요약하고 있다. "생물적 공동체의 전체성, 안정성, 그리고 아름다움을 보전하는 경향이 있는 것은 올바르다. 그렇지 않은 것은 그릇되다." 그 후 나에스와 심층생태학 운동에 참여한 미국의 한 철학자 세션즈George Sessions는 심층생태학적 윤리에 대한 몇 가지 원칙을 설정하였는데, 이는 다음과 같이 시작한다.

1. 지구상의 인간과 인간이 아닌 생명의 복지와 번성은 그 자체로서의 가치(동의어: 본질적 가치, 내재적인 가치)를 가진다. 이러한 가치들은 인간이 아닌 세계의 인간적 목적을 위한 유용성으로부터 독립적이다.
2. 생명형태의 다양성과 풍부함은 이러한 가치들의 실현에 기여하며, 그 자체로서도 또한 가치들이다.
3. 인간은 극히 중대한 욕구를 만족시킬 경우를 제외하고는 이러한 다양성과 풍부함을 감소시킬 권리를 가지지 않는다.

비록 이러한 원칙들은 오직 생명만을 언급하고 있기는 하지만, 같은 글에서 나에스와 세션즈는 심층생태학이 '생물권'이라는 용어를 보다 포괄적인 방식으로, 즉 강들(분수계들), 풍경들, 그리고 생태계와 같은 무생물들도 또한 언급하는 방식으로, 사용한다고 말하고 있다. 환경윤리학environmental ethics의 심층적 극단에서 작업하고 있는 오스트레일리아의 두 사람 실번Richard Sylvan과 플럼우드Val Plumwood 또한 그들의 윤리를 생물을 넘어서까지 확장시켜, "상당한 이유 없이는 자연 대상들이나 자연 체계들의 복지를 위태롭게 하지 않을" 책무를 윤리 속에 포함시켰다.

앞에서 나는 우리가 모든 생물을 기꺼이 존중해야 할 뿐만 아니라 우리가 우리 생명에 두는 가치와 같은 가치를 모든 생물의 목숨에 기꺼이 두어야 한다는 취지의 폴 테일러의 말을 인용하였다. 이것은 심층 환경론자들의 공통적인 주제인데, 자주 생물을 넘어서 확장된다. 『심층생태학』에서 드볼Bil Devall과 세션즈는 일종의 '생명중심적인 평등주의biocentric egalitarianism'를 옹호하였다.

> 생명중심적 평등에 대한 직관은 생물계의 모든 것들이 살고 번영하며, [전체적인] 보다 큰 자아실현 내에서 그것들 자신의 개별적인 형태의 전개와 자아실현에 다다를 평등한 권리를 갖는다는 것이다. 이러한 기본적인 직관은 생태계의 모든 유기체들과 실재들은 상호 관련된 전체의 부분들로서 평등한 본질적인 가치를 갖는다는 것이다.

이러한 인용문이 제시하는 것으로 보이는, 생명중심적 평등이 '기본적인 직관'에 근거한다면, 그것은 반대방향을 가리키는 어떤 강력한 직관, 예컨대 성인인 인간이 살고 번성할 권리들이 효모들의 권리보다 앞서야 하며, 고릴라의 권리들이 풀들의 권리보다 앞서야 한다는 그러한 직관에 부딪친다. 그리고 인용문의 요점이 인간, 고릴라, 효모, 풀들이 모두 하나의 상관된 전체의 부분들이라는 것이라면, 그렇다고 해서 어떻게 그들이 본질적 가치에서 동등할 수 있는지 여전히 물을 수 있다. 모든 생물체들이 그들의 생존을 의존하고 있는 생태계에서 자신의 역할을 수행하기 때문인가? 그러나 우선, 이것은 미생물들이나 식물들이 전체로서는 본질적인 가치를 가진다는 것을 보여 주지만, 개별적인 미생물들이나 식물들의 가치에 대해서는 아무것도 말하고 있지 않다. 왜냐하면 어떠한 개체도 전체로서의 생태계의 생존에 필요한 것은 아니기 때문이다. 두 번째로 모든 유기체들이 상관된 전체의 부분이라는 사실은, 동등한 본질적 가치는 제쳐두고라도, 그들이 모두 본질적인 가치를 지닌다는 것을 가리키지 않는다. 그들은 그들이 전체의 존재를 위해 필요하기 때문에만 아마 가치를 가질 것이다. 그런데 전체가 가치를 가질 수 있는 것은 그것이 의식적 존재들의 존재를 지지하기 때문일 뿐이다.

이리하여 심층생태학의 윤리는 생물들의 개별적인 목숨들이 가지는 가치에 대한 질문에 설득력 있는 답을 제시하지 못한다. 하지만 아마도 이것은 잘못된 종류의 질문일 것이다. 생태학적 과학은 개별적 유기체들보다는 체계들을 쳐다보고 있다. 같은 방식으로 생태학적 윤리는 개별적인 유기체들 수준보다는 종족들이나 생태계들의 수준에 적용될 때에 보다 타당성이 있을 수도 있다. 이러한 수준에서 생태학적 윤리로부터 가치를 도출하고자 하는 많은 시도들 뒤에는 어떤 형태의 전체론holism이, 종족들이나 생태계는 개체들의 단순한 집합이 아니라 실제로 그 자체만으로 하나의 실재라는 그러한 의미가, 깔려 있다. 이러한 전체론은 존슨Lawrence Johnson의 『도덕적 심층 세계』에서 명백히 드러난다. 존슨은, 한 종족의 각 구성원들의 이익의 총합과 구별되는 것으로서 한 종족의 이익들에 대하여 이야기하고, 한 종족이나 한 생태계의 이익은 우리의 도덕적 숙고에서 개별적인 이익들과 함께 마땅히 고려되어야 하는 것이라고 강하게 주장한다. 『생태학적 자아』에서 매튜Freya Mathews는 어떠한 '자아실현적 체계'도 그것이 그 자체를 유지하거나 보존하려고 시도한다는 점에서 본질적인 가치를 가진다고 주장하였다. 생물 유기체가 자아실현적 체계들의 패러다임적 예들이기는 하지만, 매튜 또한 존슨과 마찬가지로, 이러한 범주 속에 종족과 생태계를, 전체적인 실재들로서 혹은 자신들의 고유한 실현형태를 가지는 자아들로서 포함시켰다. 그녀는 심지어 전체 지구 생태계까지도, 가이아Gaia라는 그리스의 땅의 여신의 이름으로 전체 지구 생태계를 가리키고 있는 러브록James Lovelock을 좇아 포함시킨다. 이러한 근거로 그녀는 그녀 자신의 고유한 형태의 생명중심적 평등주의를 옹호한다.

물론 한 종족이나 한 생태계가 이익이나 실현해야 할 '자아'를 가질 수 있는 개별자와 같은 그러한 종류라고 간주될 수 있느냐, 또 설혹 그럴 수 있다고 하더라도, 심층생태학적 윤리가 우리가 생명에의 외경이라는 이념을 생각하면서 확인했던 것들과 비슷한 문제들에 대처할 수 있느냐라는 진지한 철학적인 문제가 있다. 왜냐하면 나무들이, 종족들이, 생태계들이, 이익을 가진다고 정당하게 말할 수 있어야 할 뿐만 아니라, 그들이 도덕적으로 중요한 이익을 가진다고 또한 말할 수 있어야 하기 때문이다. 만약 그들이 '자아들'로 간주될 수 있으려면, 그러한 종류의 자아의 자아실현이나 생존이, 의식적인 생명체들을 유지하기 위해 중요하기 때문에 가지는 가치와 달리, 독립적인 도덕적 가치를 가진다는 점이 입증될 필요가 있을 것이다.

우리는 생명에의 외경이라는 윤리를 논의하면서, 이익이 도덕적으로 의미가 있다는 것을 입증하는 한 방식이 그 이익이 충족되지 않을 때 실재가 어떤 영향을 받을 것인가를 묻는 것임을 보았다. 같은 질문이 자아실현에 대해서도 물어질 수 있다. 자아가 실현되지 않은 채로 남는 것이 어떤 것과 같을 것인가? 그러한 질문이 감각적 존재에게 행해질 때는 이해할 수 있는 답들을 내놓지만, 나무나 종족이나 생태계에 대해서 행해질 때는 그렇지 못하다. 러브록이 『가이아: 지구상의 생명에 대한 새로운 시각』에서 지적했듯이, 생물계는 자기유지적인 체계와 닮은 방식으로 사건들에 대응할 수 있지만, 그러한 사실이 그 자체로 생물계가 의식적으로 자신을 유지하기를 바란다는 것을 보여 주는 것은 아니다. 지구 생태계를 그리스 여신의 이름으로 부르는 것은 좋은 생각이라고 보인다. 그러나 그것은 우리가 생태계의 본성에 대하여 분명하게 생각하는 데 도움을 주는 최선의 방식은 아닐지도 모른다. 비슷하게, 보다 작은 크기로, 댐으로 인하여 물에 잠기는 생태계가 어떻게 느낄 것인가에는 상응하는 것이 없다. 왜냐하면 그러한 느낌은 존재하지 않기 때문이다. 이러한 점에서 나무, 생태계, 그리고 종족은 감각적 존재들과 같다기보다는 바위와 더욱 닮았다. 그러므로 감각적 존재들과 감각적이지 않은 존재들을 구분하는 것이, 생물과 무생물을 구분하거나 전체론적인 실재들과 우리가 전체론적인 것으로 간주하지 않을 어떤 다른 실재들을 구분하는 것보다(이러한 다른 실재들은 무엇이 되든지 간에 그렇다. 심지어는 하나의 원자조차도, 적당한 수준에서 보면, 자신을 유지하고자 '추구하는' 복합적인 체계이다) 도덕적으로 중요한 경계선의, 어느 정도까지는, 확실한 기초이다.

심층생태학적 윤리의 윤리학적 기초에 대한 이러한 반대는, 야생의 보존을 찬성하는 주장이 강력하지 않다는 것을 의미하지 않는다. 그것은 오직 기껏해야 한 종류의 주장, 즉 식물, 종족, 혹은 생태계의 본질적인 가치에 의거하는 한 주장이 문제가 있다는 것을 의미할 뿐이다. 다른 강력한 토대에 야생의 보존을 찬성하는 주장을 놓을 수 없다면, 우리는 현재와 미래의, 인간과 인간이 아닌 감각적 존재의 이익에 근거하는 논증으로 우리의 논의를 국한시켜야만 한다. 이러한 논변들은, 적어도 어느 누구도 생존할 음식을 얻기 위해, 또는 환경으로부터 주거를 위한 재료들을 얻기 위해 야생을 파괴할 필요가 없는 사회에서는, 남아 있는 야생의 중요 지역들을 보존하는 일의 가치가 그것을 파괴함으로써 얻어지는 경제적 가치를 크게 초월함을 보여 주는 데 아주 충분하다.

제4절 환경윤리의 개발

참된 환경윤리의 주요한 윤곽을 그려내는 것은 쉬운 일이다. 그러한 윤리는, 가장 기본적인 수준에서, 먼 미래에까지 미치는 다음 세대들을 포함하여, 모든 감각적 존재들의 이익에 대한 고려를 강화한다. 그것은 야생지역과 훼손되지 않은 자연에 대한 미적 평가를 동반한다. 도시 거주자나 농촌 거주자들의 삶에 적용할 수 있는 보다 세부적인 수준에서, 그것은 가족 숫자가 많은 것을 장려하지 않는다. (이 점에서 그것은 지구의 인구가 너무 적은 시절의 유산인 현존하는 어떤 윤리적 신념들과 날카롭게 대립된다. 그리고 그것은 또 제4장에서 논의된 공리주의의 '전체'적 견해의 명백히 불편한 함축의미를 실천적 의미에서 상쇄시킨다.) 환경윤리는 삶의 성공이 한 사람이 축적할 수 있는 소비재화의 양에 의해 측정되는 유물론적인 사회의 이상들을 거부한다. 그 대신에 그것은 성공을 사람의 능력의 개발, 그리고 실제적인 충족과 만족의 달성에 의거하여 판단한다. 검약과 재사용이 우리가 살고 있는 행성에 주는 영향을 최소화하는 데 필요한 것인 한 환경윤리는 검약과 재사용을 촉진시킨다. 그러므로 우리의 행성을 구하기 위해 우리가 할 수 있는 일들, 즉 우리가 사용하는 것을 재사용하고 구할 수 있는 가장 환경 친화적인 생산물들을 구입하는 일 등을 다루는 다양한 '녹색 소비자green consumer' 지침들과 책들은 새로운 윤리의 부분들로서 요청되고 있다.

환경윤리에 따르자면, 우리는 사치에 대한 우리의 관념을 재평가해야만 한다. 곤경에 처해 있는 세계에서, 이러한 개념은 기사가 딸린 리무진이나 돔 페리뇽Dom Perignon 샴페인에 한정되지 않는다. 열대우림으로부터 오는 목재는 사치이다. 왜냐하면 열대우림의 장기적인 가치는 목재의 지금 용도보다 훨씬 크기 때문이다. 일회용 종이제품도 사치이다. 왜냐하면 오래된 단단한 나무숲이 나뭇조각으로 변환되어 종이공장으로 팔리기 때문이다. 자동차 스포츠는 사치이다. 왜냐하면 화석연료 소비가 없고 온실가스 배출이 없는 경주를 즐길 수 있기 때문이다. 쇠고기도 사치품이다. 왜냐하면 소떼를 먹이는 곡물과 콩의 음식가치의 대부분이 허비된다는 것을 말할 것도 없고, 쇠고기의 생산과정에 포함된 높은 메탄가스 배출 때문이다.

제2차 세계대전 중에 영국에 석유가 부족했을 때 포스터에는 이런 글귀가 씌어져 있었다. "당신의 여행은 진짜 필요한가?" 가시적이고 직접적인 위험에 대항하여 국가적인 연대감에 호소하는 것은 아주 효과적이다. 우리의 환경에 대한 위험은 알아채기가 훨씬 어렵다. 그러나 불필요한 여행과 다른 형태의 불필요한 소비를 그만둘 필요는 마찬가지로 아주 크다. 검약과 단순한 삶에 대한 강조는 환경윤리가 쾌락을 찬성하지 않는다는 것이 아니라 환경윤리가 높이 평가하는 쾌락들은 과시적 소비로부터 나오지 않는다는 것을 의미한다. 그 대신에 그것들은 사랑의 관계들로부터, 어린이와 친구들과 가깝게 지내는 것으로부터, 대화로부터, 환경에 해롭지 않고 환경과 조화를 이루는 스포츠와 레크리에이션으로부터, 땅을 대가로 치르지 않으며 감각적 존재들에 대한 착취에 근거하지 않는 음식으로부터, 갖가지 종류의 창조적인 활동과 작업으로부터, 그리고 (가치 있는 것을 그냥 망가뜨리지 않도록 적절히 조심하면서) 우리가 살고 있는 세계 내의 훼손되지 않은 장소들을 올바르게 평가하는 것으로부터 나온다.

제11장

시민불복종, 폭력, 그리고 테러리즘

우리는 많은 윤리적 문제들을 검토해 왔다. 그리고 인정되고 있는 많은 관행들에 대하여 심각한 반론이 가능할 수도 있음을 보았다. 이에 대하여 우리가 마땅히 해야 할 것은 무엇인가? 이것 또한 윤리적인 문제이다. 아래에 고려해 보아야 할 실제로 일어난 다섯 가지 사례가 있다.

쉰들러Oskar Schindler는 독일의 소규모 기업가였다. 전쟁 중에 그는 폴란드의 크라쿠프Krakow 근처에서 공장을 경영하였다. 그 당시 폴란드의 유대인들은 죽음의 캠프로 보내지고 있는 중이었다. 그는 수용소와 유대인 강제거주지구의 유대인 수용자들을 모아 그의 공장이 필요로 하는 것보다 상당히 더 큰 노동집단을 조직하였고, 그들을 보호하기 위해 친위대원들과 다른 관리들을 매수하는 것을 포함하여 몇몇 불법적인 술책을 사용하였다. 그의 노동자들 몫으로 받았던 불충분한 공

식적인 식량을 보충하기 위해 그는 자신의 돈을 들여 암시장에서 음식을 사들였다. 이러한 방식으로 그는 대략 1,200명의 목숨을 구할 수 있었다.

―――

1984년에 게나렐리 박사Dr. Thomas Gennarelli는 미국 필라델피아에 있는 펜실베이니아 대학의 두뇌손상실험실을 책임지고 있었다. 동물해방전선Animal Liberation Front이라고 불리는 한 지하단체의 구성원들이 그곳에서 게나렐리가 원숭이의 두뇌를 손상시키고 있다는 것을 알았는데, 원숭이가 적절하게 마취되지도 않은 채 실험이 실시되고 있다고 들었다. 그들은 또 게나렐리와 그의 동료들이, 그들이 두뇌를 손상시키는 과정에서 또 그 다음에 어떤 일이 일어났는지에 대한 기록을 제시하기 위해, 그들의 실험을 비디오테이프에 녹화했다는 것도 알고 있었다. 그들은 공식적인 통로를 통하여 그 이상의 정보를 얻고자 시도하였으나 실패하였다. 1984년 5월, 그들은 밤에 실험실을 부수고 들어가 34개의 비디오테이프를 발견하였다. 실험장비들을 체계적으로 파괴한 다음 비디오테이프들을 가지고 떠났다. 그 테이프들은 의식 있는 원숭이들이 두뇌손상이 가해지는 수술대에 묶이면서 반항하고 있음을 확실히 보여 주었으며, 또 실험자들이 실험에 사용될 놀란 동물들을 조롱하고 재미있어 하고 있는 것도 보여 주었다. 그 테이프들의 편집본이 대중에게 공개되었을 때, 광범위한 대중들이 혐오감을 표현하였다. 그럼에도 불구하고 게나렐리의 실험에 돈을 대고 있었던 정부기관의 본부에서의 연좌농성까지 갔던 1년간의 항의가 더 있고난 다음에야, 미국 보건후생부 장관이 그 실험중지를 명령하였다.

―――

1986년 앤드루Joan Andrews는 미국 플로리다의 펜사콜라Pensacola에 있는 한 임신중절 전문병원에 들어가 흡인 임신중절 기구를 손상시켰다. 그녀는 "진짜 피고는 아무것도 얻지 못하고 정당한 절차도 없이 죽임을 당한 태어나지 않은 아이들"이라고 주장하면서 법정에 출두하는 것도 거부하였다. 앤드루는 '구조작전Operation Rescue'이라는 한 미국 단체의 지지자였는데, 이 단체는 그 이름과 그 행위의 권위를 "너는 사망으로 끌려가는 자를 건져 주며 살육을 당하게 된 자를 구원하지 아니하려고 하지 말라"는 성서의 명령에 근거하고 있다. 구조작전은 그때에 시민불복종civil disobedience적인 방법을 사용하여 임신중절 전문병원을 폐쇄시키고자 하였는데, 그들의 견해에 따르면 이렇게 하여 "구조대원들이 도덕적으로 지키기로 맹세한 태어나지 않은 아이들의 생명을 살려내었다." 참여자들은 병원의 문을 막아서 의사들과 임신중절을 하려는 여성들이 병원에 들어오는 것을 방해했다. 그들은 임신한 여성들에게 임신중절의 본질에 대한 '보도 카운슬링sidewalk counselling'을 통하여 병원에 가려는 마음을 접게 하려고 했다. 구조작전의 지도자인 레버Gary Leber는 1987년부터 1989년 사이에만 그러한 '구조 임무들'이 수행되어 직접적으로 적어도 421명의 여성들이 임신중절을 하려던 마음을 바꾸었으며, 이들 여성들의 중절되었을 아이들이 오늘날 살아 있다고 말했다. 펜사콜라의 병원에 가한 손해 때문에 고소되었고, 임신중절 반대 활동으로 130번 이상 체포된 앤드루는 항의를 계속하지 않겠다고 약속하는 진술서에 서명하기를 거부하였다. 그녀는 5년형을 판결 받았다. 5년을 교도소에서 보낸 다음에도 그녀는 계속 항의하였고, 자주 체포되었으며, 교도소에서 더 오랜 시간을 보냈다. 그 사이, 구조작전은 지도자와 전술을 변경하여 합법적인 수단만을 통하여 임신중절에 반대하였다. 앤드루는 더 이상 이 단체와 관계가 없다.

───────

1976년 그 당시 젊은 개업의였던 브라운Bob Brown은 오스트레일리아 태즈메이니아 남서부의 프랭클린 강을, 뗏목을 타고, 내려갔다. 그 강의 야생적 아름다움과 그 강 주변의 훼손되지 않은 숲의 평화가 그에게 깊은 인상을 주었다. 그는 그 강 하류의 한 굽이 근처에서 강을 가로지르는 댐의 건설 가능성을 조사하던 수력발전위원회의 근로자들을 만났다. 브라운은 의료직을 포기하고 그 주의 남아 있는 야생지역 보호를 목표로 하는 태즈메이니아야생협회를 설립하였다. 강력한 캠페인에도 불구하고 수력발전위원회는 그 댐의 건설을 추천하였으며, 약간의 동요 후에 주정부는 경제계와 노동조합 양쪽의 지지를 얻어 진행하기로 결정하였다. 태즈메이니아야생협회는 댐 용지의 진입로를 비폭력적으로 봉쇄하였다. 1982년 브라운은 많은 다른 사람들과 함께, 수력발전위원회가 통제하고 있는 땅에 침입한 죄로 체포되어 나흘 동안 유치장에 갇혔다. 그러나 그 봉쇄 때문에 그 댐은 그때 예정되어 있었던 연방선거에서 주요문제가 되었다. 선거 이전에는 반대쪽에 있었던 오스트레일리아 노동당은 [선거에 즈음하여] 댐이 진행되지 않도록 헌법적인 수단을 강구하겠노라고 공약하였다. 선거에서 노동당이 승리하였고, 댐을 막기 위한 입법조치가 취해졌다. 태즈메이니아 정부의 이의제기가 있었지만, 태즈메이니아 남서부는 세계유산World Heritage 지역이며 연방정부는 세계유산위원회의 설립과 관계된 국제협약을 지지할 헌법적인 권능을 갖는다는 것을 근거로, 오스트레일리아의 고등법원은 가까스로 다수를 이루어 그 법안을 지지하였다. 오늘도 프랭클린 강은 여전히 자유로이 흐르고 있다. 브라운 상원의원은 자신이 태즈메이니아를 대표하는 오스트레일리아 상원에서 오스트레일리아 녹색당을 이끌고 있다.

2009년 눈 오는 3월의 어느 날 2,500명의 활동가들이 미국 수도 워싱턴의 석탄을 연료로 하는 캐피털 발전소를 에워싸고 지구온난화에 대한 정부의 부적절한 반응에 항의하여 몇 시간 동안 발전을 중단시켰다. 그것은 미국에서 일어난 가장 큰 기후변화에 대한 시민불복종 행위였다. 항의 전에 배포된 공개서한에서, 환경문제에 대한 미국의 가장 사려 깊은 저술가들 중의 두 사람인 맥키벤Bill McKibben과 베리 Wendell Berry는 다음과 같이 말했다. "어떤 사람이 악에 대한 증언을 하고 보다 넓은 관심을 끌고 악의 교정을 촉구하기 위해 법을 어기는 것이 필요할 수도 있는 그러한 순간들이 한 나라의, 그리고 한 행성의 역사에 있다." 그들의 말에 따르면 그들은 기후변화 관련하여 그러한 순간이 왔다고 믿었으며, '자신들이 교도소로 가야만 한다고 해도' 그들은 기꺼이 자신들을 희생하였다. (항의자들은 발전소의 재산 경계를 넘어섰으며 체포를 기다렸다. 그러나 경찰은 간섭하지 않았고 아무도 체포되지 않았다.) 그러한 항의는 미국의 기후변화 정책에 알아챌 만한 효과를 만들어내지는 못했다. 그러나 항의의 날이 다가오고 있는 동안에, 그 발전소는 기후변화에 대한 기여를 줄이기 위해 석탄에서 천연가스로 연료를 변환하였다.

우리는 법에 복종해야 한다는 최우선적인 책무를 갖는가? 쉰들러, 게나렐리의 비디오테이프를 가져갔던 동물해방전선의 구성원들, 구조작전의 앤드루, 브라운과 태즈메이니아의 남서부에서 불도저 앞에 그와 함께 연좌했던 사람들, 그리고 캐피털 발전소를 막아선 항의자들은 전부 법을 위반한 사람들인가? 그들 모두는 그릇된 행위를 했는가?

 이러한 질문은 "목적이 결코 수단을 정당화하지 않는다"라는 지나치게 단순화된 공식으로 처리될 수 없다. 왜냐하면 규칙윤리의 엄격한 신봉자를 제외하고 모든 사람에게서, 목적이 때로는 수단을 정당화하기 때문이다. 대부분의 사람들은 다른 조건이 같을 경우 거짓말하는 것이 그르다고 생각하지만, 불필요한 상해나 난국을 피하기 위해서 거짓말을 하는 것은 옳다고 생각한다. 예를 들어, 선의를 가진 친척이 생일선물로 못생긴 꽃병을 주기에 정중하게 고맙다고 인사를 했는데, 그것을 정말로 좋아하느냐고 물었을 경우, 거짓말은 정당화된다. 이처럼 비교적 사소한 이유로 거짓말이 정당화된다면, 어떤 중요한 이유들, 즉 살인을 방지하거나, 동물들에게 커다란 고통을 덜어줄 그러한 이유들로 거짓말이 정당화될 수 있으리라는 것은 더욱 명백하다. 그래서 목적이 수단을 정당화할 수 없다는 원칙은 쉽게 붕괴된다. 어려운 문제는, 도대체 목적이 수단을 정당화할 수 있는가 여부가 아니라, 어떤 수단이 어떤 목적에 의해서 정당화될 수 있는가이다.

제1절 개인의 양심과 법

 야생의 강에 댐을 만드는 일에, 동물을 착취하는 일에, 임신중절에, 그리고 많은 양의 온실가스를 배출하는 발전소에 반대하지만, 이러한 활동들을 중단시키기 위해 법을 위반하지 않는 많은 사람들이 있다. 보다 전통적인 자연보호, 동물해방, 그리고 임신중절 반대단체들의 어떤 구성원들은 확실히 자신들이 벌금형을 받거나 교도소에 갇히는 것을 원하지 않기 때문에 불법적인 행위를 범하지 않는다. 그러나 그렇지 않은 다른 구성원들은 아마 불법적인 행위의 결과를 받아들일 준비가 되어 있을 것이다. 다만 그들은 법의 도덕적 권위를 존중하고 그것에 복종하기 때문에 그러한 행위를 삼간다.

윤리적 불일치를 보이고 있는 이들 가운데 누가 옳은가? 만약 법이 우리가 매우 그릇된 일이라고 생각하는 일들을 인가하고 보호한다 해도, 우리가 그러한 법에 복종할 어떤 도덕적 의무를 가지는가? 이러한 질문에 대하여 19세기 미국의 급진파였던 소로Henry Thoreau가 명쾌한 대답을 제시했었다. "시민불복종"이라는—이 말은 이제는 익숙하지만 아마도 이때 처음 사용된 것 같은데—에세이에서, 그는 이렇게 주장했다.

시민들은 잠시 동안이라도, 아니 눈곱만큼이라도, 자신의 양심을 입법자에게 결코 맡기지 말아야 하는가? [그렇다. 만약] 맡겨야만 한다면 왜 모든 사람이 양심을 가지겠는가? 나는 우리가 먼저 사람이어야 하고, 그 다음에 복종해야 한다고 본다. 법에 대한 존경심을 기르는 것은 옳음에 대한 존경심을 기르는 것처럼 그렇게까지 바람직한 것은 아니다. 내가 유일한 책무라고 당당히 주장할 수 있는 것은, 언제든지 내가 옳다고 생각하는 것은 행하는 것이다.

더욱 최근에는 미국의 철학자 울프Robert Paul Wolff가 비슷한 어조로 이렇게 말했다.

국가를 정의할 때 제시되는 특징은 권위, 즉 통치권이다. 인간의 일차적 책무는 자율, 즉 통치받기를 거부하는 것이다. 그렇다면, 개인의 자율과 국가의 추정상의 권위 사이에 존재하는 갈등의 해결은 불가능한 것으로 보인다. 자신이 결심의 주체가 되어야 한다는 의무를 다하는 한, 개인은 자신에 대해 권위를 가졌다고 주장하는 국가에 대항할 것이다.

소로와 울프는 개인과 사회 간의 갈등을 개인의 편을 들어 해결한다. 우리는 법률이 지시하는 대로가 아니라 우리의 양심이 일러주는 대로, 다시 말해 우리가 마땅히 해야 한다고 자율적으로 결정하는 대로, 행위 해야 한다. 그 밖의 어떠한 방식으로 행위하는 것도 우리의 윤리적 선택능력을 부정하는 것이 될 것이다.

이렇게 말한다면 이 문제는 간단하게 보이고 소로와 울프의 대답이 명백히 옳다. 그래서 쉰들러, 동물해방전선, 앤드루, 브라운, 그리고 베리와 맥키벤은 국가가 합법적이라고 단언한 것보다는 그들이 보기에 옳은 일을 했다는 점에서 완전히 정당화된다. 그러나 일이 그렇게 간단한가? 소로가 말한 대로 우리는 우리가 옳다고 생각하는 일을 마땅히 해야 한다는 것은, 아니면 울프가 표현했듯이 우리가 우리 결심의 주체가 되어야 한다는 것은, 어떤 의미에서는 부정할 수 없는 것이다. 우리가 옳다고 생각하는 것과 우리가 그르다고 생각하는 일 중에 어떤 일을 선택해야만 한다면, 물론 우리는 우리가 옳다고 생각하는 일을 마땅히 해야 한다. 그러나 이는 맞는 말이긴 하지만 별로 도움이 되지는 않는다. 우리가 알 필요가 있는 것은, 우리가 옳다고 결정한 일을 해야 하느냐 여부가 아니라, 무엇이 옳은지를 어떻게 결정해야 하는가이다.

동물해방전선ALF과 같은 단체들의 구성원들과, 미국자비협회HSUS나

영국 왕립동물학대방지협회RSPCA와 같은 보다 준법적인 단체의 구성원들 간의 의견 차이를 생각해 보자. ALF의 구성원들은 동물들에게 고통을 가하는 것은, 극단적인 상황에 의해 정당화되지 않을 경우, 그릇된 일이라고 생각하고, 만약 이를 중단시키는 최선의 방법이 법을 위반하는 것이라면, 법의 위반도 옳다고 생각한다. 가설적으로 이야기해 보면 HSUS와 RSPCA의 구성원들도 동물들에게 고통을 가하는 것이 그릇된 일이라고 생각한다. 하지만 그들은 법을 위반하는 것도 또한 그릇된 일이라고 생각하고, 또 법을 어기는 그릇됨이 정당하지 못하게 동물에게 고통을 가하는 것을 중단시킨다는 목표에 의해 정당화될 수 없다고 생각한다. 이제 동물들에게 고통을 가하는 것에 반대하기는 하지만, 호전적인 법률위반자들과 함께 할 것인지, 아니면 보다 전통적인 동물복지단체와 함께 할 것인지를 결정하지 못한 사람들이 있다고 가정해 보자. 이러한 사람들에게 자신이 생각할 때 옳은 것을 하라든가, 자신의 결심의 주체가 되라고 말하는 것이 어떻게 그들의 불확실성을 해결해 주겠는가? 그러한 불확실성은, 옳은 일이라고 결정한 일을 할 것인가 말 것인가에 대한 불확실성이 아니라, 하려고 하는 어떤 일이 옳은 일인가에 대한 불확실성이다.

  법이 무엇을 명령하든지 간에 "자신의 양심을 따르라!"라고 말함으로써 이러한 점이 모호해질 수 있다. "양심을 따르라!"라고 말하는 사람이 의미하는 것은, 잘 생각해 보면, 옳다고 생각하는 것을 하라는 것 이상의 것이 아니다. 우리가 가상하고 있는 HSUS와 RSPCA의 구성원들에게, 자신의 양심을 따르는 것은 법이 무엇을 요구하느냐에 달려 있을지도 모른다. '양심'이란 말로써 비판적인 반성적 판단에 근거하는 어떤 것이 아니라, 어떤 일이 옳은지 그른지를 알려주는 일종의 내면의 소리를 의미하는 사람들도 있다. 그들은 이러한 내면의 소리가, 모든 관계된 윤리적 상황들을 고려하여 어떤 일이 그릇된 일이 아니라고 주의 깊게 반성적인 결론을 내렸을 경우에라도, 계속하여 그 행위가 그릇된 것임을 아마 알려줄 것이라고 생각한다. 결혼하지 않은 남녀의 성관계가 언제나 그르다고 믿는 엄격한 가톨릭교도로 길러진 미혼여성은, 혼외 성관계를 가졌을 때 자신의 종교적 신념을 포기하고 성을 결혼에만 결부시킬 정당한 근거가 없다고 주장할지도 모르지만, 이러한 의미의 양심에 따라 여전히 계속하여 죄책감을 가지게 된다. 그녀는 이러한 죄책감들을 자신의 '양심'이라고 아마 말하겠지만, 그것이 그녀의 양심이라면 그녀가 그것을 따랐지 않았겠는가?

'양심을 따르는 것'이, 심사숙고해서 자신이 옳다고 생각하는 것을 행하는 것이라면 양심을 따라야만 한다고 말하는 것은, 도움은 되지 않지만 반대할 수는 없는 것이다. 그러나 '양심을 따르는 것'이 자신의 '내면의 목소리'가 행하도록 촉구하는 것을 행하는 것이라면, 양심에 따르는 것은, 합리적인 주체로서의 자신의 책임을 포기하는 것이 되며, 모든 관련된 사항들을 고려하여 상황의 옳고 그름에 대해 내린 최선의 판단에 기초하여 행동하지 못하는 것이 된다. '내면의 목소리'는 참된 윤리적 통찰의 근원이기보다는 양육과 교육의 산물이기가 더 쉽다.

추측건대 소로나 울프가 제안하고자 했던 것은 '내면의 목소리'란 의미에서의 양심을 우리가 언제나 따라야만 한다는 것은 아니었을 것이다. 그들의 견해가 그럴듯하려면, 그들의 주장은 우리가 무엇을 마땅히 해야만 한다는 우리의 판단을 따라야만 한다는 것이어야 한다. 이러한 경우에 그들의 권고에 대하여 긍정적으로 말할 수 있는 것은 기껏해야, 법에 복종하겠다는 결심은, 법 자체로서는 우리에게 정해 줄 수 없는 윤리적 결심이라는 점을 그들이 되새겨 주었다는 것이다. 예컨대, 실험실에서 비디오테이프를 훔치는 것을 법이 금하고 있다고 해서, 상황에 대한 신중한 고려 없이, 그렇게 하는 것은 그릇된 일이라고 생각하지 말아야 한다. 이것은 법이 나치로부터 유대인을 숨기는 것을 금하고 있다고 해서 그렇게 하는 것이 그릇된 일이라고 생각하지 말아야 하는 것과 마찬가지이다. 법과 윤리는 구분되는 것이다. 그러나 그렇다고 해서 법이 아무런 윤리적 의미도 가지고 있지 않다는 것은 아니다. 만약 그것이 합법적이었더라면 옳았을 행위는 사실상 불법적인 행위이더라도 옳아야만 한다고 주장하는 것도 아니다. 한 행위가 불법적이라는 것은 법률적인 의미를 갖겠지만, 마찬가지로 윤리적인 의미를 가질지도 모른다. 실제로 그것이 윤리적인 의미를 가지는가 여부는 다른 문제이지만 그렇다.

제2절 법과 질서

만약 우리가 하나의 관행이 심각하게 그릇된 일이라고 생각하고, 그리고 만약 우리가 법을 어김으로써 이러한 관행을 분쇄할 용기와 능력을 가지고 있다면, 이러한 행위의 불법성이 어떻게 그러한 관행에 대항할 윤리적 이유를 제공할 수 있겠는가? 이러한 특정한 질문에 답하기 위해서는, 더욱 일반적인 질문, 즉 도대체 법을 왜 가지는가라는 질문에 먼저 답해야 한다.

인간이라는 존재는 그 본성상 사회적이다. 그러나 다른 인간들에 의해 폭행이나 죽임을 당할 위험으로부터 자신을 지킬 필요가 없을 정도로 사회적이지는 않다. 폭행을 방지하고 폭행자를 처벌할 자경단체를 만듦으로써 우리는 위험을 피하고자 시도할 수도 있다. 그러나 그 결과는 중구난방이거나 쉽게 갱들 간의 전쟁으로 바뀔 것이다. 그래서 오래 전에 로크가 말한 대로 "확립되고, 확정되고, 그리고 알려져 있는 법an established, settled, known law", 권위 있는 판사에 의해서 해석되고, 판사의 결정을 수행하기에 충분한 힘으로 뒷받침되는 법을 가지는 것이 바람직하다.

만약 사람들이 자발적으로 다른 사람을 폭행하기를 자제하고, 조화롭고 행복한 사회 상태에 반하지 않는 방식으로 행동한다면, 우리는 재판이나 제재 없이 살아갈 수도 있다. 차가 길의 어느 쪽으로 다녀야 한다는 것과 같은 그러한 종류의 문제에 대한 관습은 그래도 필요할 것이다. 심지어는 무정부주의자의 유토피아에서도 어떤 확정된 협동원칙은 있을 것이다. 그러므로 이러한 경우라도 우리는 여전히 법과 같은 어떤 것을 여전히 가질 것이다. 그러나 현실에서는 폭행과 같이 남이 참아낼 수 없는 행동을 모두가 자발적으로 자제하고 있지는 않다. 또 법을 필요하게 만드는 일이 폭행과 같은 개인의 위험스런 행위만은 아니다. 어떤 사회이든지 간에 분쟁이 있게 마련이다. 농부가 곡식에 물을 주기 위해 강에서 끌어댈 수 있는 물의 양, 토지의 소유, 어린이의 양육, 공해의 조절, 세금의 수준에 대한 분쟁 등이 그런 것들이다. 이러한 분쟁을 경제적이고 신속하게 해결하기 위해서 확정된 어떤 의사결정절차decision-procedure가 필요하다. 이러한 절차가 없다면 분쟁의 당사자들은 힘에 호소하기 쉽다. 어떠한 확립된 의사결정절차도 폭력에 호소하는 것보다는 거의 다 낫다. 왜냐하면 폭력이 사용될 때는 사람들이 다치게 되고, 보복하고자 하는 욕구가 더 많은 폭력을 쉽게 불러오기 때문이다. 게다가 대부분의 의사결정절차는 적어도 폭력에 호소하는 것과 마찬가지로 이롭고 정당한 결과를 산출하기 때문이다.

그래서 법률들과 그러한 법률들을 만들어내는 확정된 의사결정절차는 좋은 것이다. 이와 같은 사실이 법에 복종해야 할 한 중요한 이유를 제공한다. 법에 복종함으로써 우리는 법에 대한 존중을 강화시켜, 확립된 의사결정절차와 법이 효력을 발휘하도록 할 수 있다. 법에 복종하지 않음으로써 우리는 다른 사람들에게 선례를 남기게 되고, 이는 그들의 불복종을 또한 유도할지도 모른다. 이러한 결과가 거듭되어 법과 질서의 몰락을 재촉할지도 모른다. 극단적인 경우에는 이러한 것이 내전을 일으킬지도 모른다.

법에 복종해야 할 두 번째 이유가 이 첫 번째 이유에서 바로 나온다. 법이 효력을 갖기 위해서는, 인간이 살아가는 방식을 보면, 범법자를 탐지해서 처벌할 어떤 기관이 있어야만 한다. 이 기관을 유지하고 작동시키기 위해서는 비용이 들어야 하고, 그 비용은 공동체가 부담해야만 한다. 만약 우리가 범법을 행한다면 공동체는 법을 집행하기 위해 비용을 지불해야 한다.

법에 복종해야 할 이러한 두 가지 이유는 보편적으로 적용 가능하지도 않고 결정적인 것도 아니다. 예를 들어서, 이러한 이유들은 알려지지 않는 위법행위에는 적용되지 않는다. 거리가 텅 빈 늦은 밤에, 신호등에 붉은 불이 켜져 있는데도 불구하고 내가 길을 건넜다고 한다면, 나를 선례로 해서 법을 준수하지 않을 사람도 없고, 그렇게 건너간 데 대해 법을 집행할 사람도 없다. 그러나 이는 우리가 관심을 가지고 있는 그러한 종류의 불법행위가 아니다.

법에 복종하지 말아야 할 이유가 없을 때, 법에 복종할 이러한 두 이유는 복종하는 것에 찬성해서 이러한 문제에 대한 결론을 내리기에 충분하다. 그러나 이유들이 서로 대립될 때는, 불복종할 이유가 복종할 이유보다 우세한지를 알아보기 위해 각각의 경우의 장단점을 평가해야만 한다. 예를 들어서 불법적인 행위가 동물에 대한 많은 고통스러운 실험을 방지하거나 중요한 야생지역을 보존하거나 온실가스배출을 급격히 줄일 유일한 방법이라면, 그러한 목적들의 중요성이, 법에 대한 복종심의 일반적인 저하를 가져올 수도 있다는 다소간의 위험을 무릅쓰는 것을 정당화할 것이다.

제3절 민주주의

이쯤 해서 어떤 사람들은 이런 식으로 말하려 할 것이다. 영웅적인 행위를 한 쉰들러와 동물해방전선, 앤드루, 프랭클린 댐의 반대자들, 그리고 기후변화에 대한 조치를 촉구하기 위해 시민불복종을 수행하는 사람들과의 차이는, 나치 치하의 독일에는 쉰들러가 변화를 가져오기 위해 사용할 수 있는 법적 통로가 없었다는 점이다. 다른 사람들 모두는 민주주의 내에 살고 있고, 그들은 그들이 그릇된 일이라고 생각하는 일을 중지시키는 데 사용할 합법적인 수단을 가질 수 있었다. 법을 변경시키기 위한 합법적인 절차가 있기 때문에 불법적인 수단을 사용하는 것은 정당화될 수 없다.

민주주의 사회 내에 개혁을 추구하는 사람들이 이용할 수 있는 합법적인 절차가 있다는 것은 사실이다. 그러나 이것 자체가 불법적인 수단의 사용이 언제나 그릇된 일임을 입증해 주지는 못한다. 합법적인 통로가 있다고 해도, 그것을 이용하여 가까운 미래에 변화를 일으킬 전망은 매우 빈약할지도 모른다. 이러한 법적인 통로를 통하여 느리고 고통스러운 전진을 하고 있을 때, 혹은 전혀 전진이 이루어지지 않을 때, 중단시키고자 하는 옹호될 수 없는 그릇된 일들이 계속될 것이다. 프랭클린 강을 구하기 위한 성공적인 투쟁이 있기 전에, 태즈메이니아 수력발전위원회가 제안한 다른 댐에 반대하는 앞선 정치적 캠페인이 있었다. 사람들은 이 댐이 국립공원에 위치해 있는 원시적인 고산호수인 페더 호수Lake Peddar를 물에 잠기게 할 것이라는 이유로 반대하였다. 이 캠페인은 보다 정통적인 정치적 전술을 사용했는데, 그것은 실패했고, 페더 호수는 댐의 물밑으로 사라졌다. 게나렐리 박사의 실험실은 동물해방전선이 습격하기까지 여러 해 동안 실험을 수행하였다. 비디오테이프를 훔쳐와 증거를 제시하지 않았다면, 아마 여러 해 동안 더 계속되었을 것이다. 이와 유사하게, 1973년 미국 대법원이 임신중절을 제한하는 법이 헌법위반이라고 선언한 이후 미국에 존재했던 임신중절에 대한 허용적인 법적 상황을 역전시키기 위한 14년간의 보다 관례적인 정치적 행위가 실패한 다음 구조작전이 설립되었다. 구조작전의 일원인 레버에 따르면 그 기간 동안 "2,500만의 미국인들이 '합법적으로' 살해되었다." 기후변화 항의자들은 상당한 증거를 가지고 위험하고 돌이킬 수 없는 기후변화를 중지시키기에는 곧 이미 너무 늦을 것이라고 믿는다. 불복종에 포함되어 있는 이러한 관점들을 고려할 때, 변화를 위한 법적 통로가 있다는 것이 왜 도덕적 딜레마를 해결하지 못하는지 쉽게 알 수 있다. 합법적 수단에 의한 변경의 가능성이 극단적으로 적을 경우에는, 그보다 더 성공적일 것 같은 불법적인 수단의 사용을 강력히 반대할 이유가 없다. 적법한 통로들이 있다는 것, 그것만으로는 기껏해야 합법적인 수단들이 시도될 때까지는, 그러한 수단의 사용이 바라고 있는 변화를 일으킬지 우리가 모르기 때문에, 불법적인 행위들을 연기할 이유밖에는 못된다.

이렇게 되면 민주주의적인 법률의 지지자들은 다음과 같은 다른 전술을 시도할 수 있다. 만약 합법적인 수단을 통하여 개혁하지 못했다면, 이는 제안된 개혁이 다수 유권자의 동의를 받지 못했다는 것을 의미하며, 다수의 바람과 반대로 불법적인 수단에 의해서 변화를 수행하려고 시도하는 것은 민주주의의 중심적인 원칙, 즉 다수결의 규칙 majority rule 을 위배하는 일이 될 것이다.

항의자들은 이러한 논변에 사실적 근거와 철학적 근거, 양쪽에서 도전할 수 있다. 민주주의자의 논증에 들어 있는 사실적인 주장은 합법적인 수단으로 실행될 수 없는 개혁은 다수 유권자의 동의를 얻지 못했다는 것이다. 아마도 전체 유권자가 각각의 문제들에 대하여 투표하는 직접 민주주의에서는 이러한 주장이 타당할 것이다. 그러나 현대의 대의 민주주의에서는 이러한 사실이 언제나 타당한 것은 확실히 아니다. 어떤 특정한 문제에 대하여 다수의 대표자들이 다수의 선거구민과 같은 견해를 가질 것임을 보장할 방법은 없다. 텔레비전에서 게나렐리의 비디오테이프에서 발췌한 부분을 본 미국인들 다수는 그 실험을 지지하지 않으려 할 것이라고 상당히 확신할 수 있다. 그러나 이것이 민주주의 체제에서 결정이 이루어지는 방식이 아니다. 대표자들을 선택할 때, 혹은 정당을 선택할 때, 선거인들은 제시되어 있는 저 '꾸러미'의 정책이 아니라 이 꾸러미의 정책을 선택한다. 그래서 그들이 좋아하는 정책에 찬성투표를 하기 위해서 투표자들은 그들이 열망하지 않는 다른 정책에도 찬성해야만 하는 일이 자주 생기게 된다. 투표자가 좋아하는 정책이 어떠한 주요 정당에 의해서도 제안되지 않는 일도 또한 생기게 된다. 미국에서 임신중절의 경우, 중대한 결정은 다수 투표자들에 의해 이루어진 것이 아니라 대법원에 의해서 이루어졌다. 그것은 단순히 다수의 선거인들에 의해서 전복될 수 없다. 대법원 자체에 의해서만, 혹은 소수의 선거민도 저지할 수 있는 헌법의 수정이라는 복잡한 절차에 의해서만 뒤집을 수 있다.

 만약 항의자들이 중단시키려고 하는 그릇된 일을 다수가 인정한다면 어떻게 할 것인가? 그렇다면 불법적인 수단을 사용하는 것은 그릇된 일이 될 것인가? 여기에서 우리는 복종을 옹호하는 민주주의적 논변의 기초가 되는 철학적인 주장, 즉 우리는 다수의 결의를 마땅히 받아들여야 한다는 주장을 다루게 된다.

 다수결의 규칙에 대한 옹호론이 과대평가되지는 말아야 한다. 지각있는 민주주의자라면 어떤 사람도, 다수가 언제나 옳다고 주장하지는 않을 것이다. 만약 49%의 사람들이 틀릴 수 있다면, 51%의 사람들도 틀릴 수 있다. 다수가 동물해방전선이나 구조작전이나 기후변화에 대한 항의자들의 견해를 지지하느냐 여부가, 이러한 견해가 도덕적으로 정당한가 여부를 확정하지는 못한다. 이들 집단들이 소수라는 사실은, 만약 그것이 사실이라면, 그들이 그들의 수단을 재고해야 한다는 것을 의미한다. 그들 편을 드는 다수가 있다면, 그들은 민주주의적 장치의 결점을 극복하기 위해 불법적인 수단을 사용하면서도 그들 편에서 민주주의적 원칙에 입각해서 행위한다고 주장할 수도 있다. 그들의 편을 드는 다수가 없다면, 그들은 민주주의적 전통에 전적으로 대항하는 자가 되며, 바로 그들이 억압자, 즉 다수에게 다수의 의사와 반대되는 어떤 것을 받아들이도록 강제력을 행사하는 자가 된다. 그러나 우리가 민주주의 원칙에 얼마만한 도덕적 가치를 부여해야 하는가?

　예측할 수 있는 것처럼, 소로는 다수에 의한 의사결정을 받아들이지 않았다. 그는 "모든 투표는 장기나 주사위놀이 같이 근소한 도덕적 의미를 가지고 노는 일종의 게임이다. 즉 그것은 옳음과 그름 내지 도덕적 문제를 가지고 노는 경기이다"라고 적고 있다. 어떤 의미에서 소로는 옳다. 다수가 언제나 옳다는 원칙을 우리가 배격한다면, 그리고 물론 우리는 이를 배격해야만 하지만, 도덕적 문제를 투표에 붙이는 것은, 우리가 옳다고 믿는 것이 우리가 그르다고 믿는 것보다 더 많은 표를 받았다는 투표결과가 나올 것인지 도박을 하는 것이다. 그리고 그것은 우리가 종종 지게 되는 도박이다.

　그렇다고 해도 우리는 투표든 도박이든, 대안이 더욱 나쁜 어떤 것일 때에는, 그것들을 너무 경시하지는 말아야 한다. 카우보이들이 명예가 달린 일을 판가름하기 위해 계속해서 서부 영화의 전통적인 방식을 따르기보다는 카드놀이로 판정하기로 합의하는 것이 더 좋은 일이다. 한 사회가 의견이 대립되는 문제를—결국 투표하는 것보다 더 올바른 결론을 낼 것 같지 않은—총알bullet로 해결하는 것보다는 투표 ballot로 해결하는 것이 더 좋다. 이러한 점은 어느 정도까지는 "법과 질서"라는 제목 하에서 우리가 이미 보았던 것이다. [무엇이든 폭력에 호소하는 것보다는 낫다는] 이러한 주장은 논쟁을 해결하는 평화로운 확립된 방법이 있는 사회라면 어떤 사회에도 적용될 수 있다. 그러나 민주주의 사회에는 [다른 사회와 달리] 의사결정절차의 결과에 비중을 더해주는 미묘한 차이점이 있다. 어느 누구도 다른 어떤 사람보다 보다 큰 궁극적인 힘을 갖지 않은 채 논의를 확정하는 그러한 방법이, 힘을 얻고자 경쟁하는 주장들 사이의 정당한 타협으로서 모든 사람들에게 추천될 수 있는 방법이다. 어떤 다른 방법도 어느 한쪽에 더 큰 힘을 주게 되고, 그리하여 힘을 덜 가진 사람들로부터 반발을 살 것이 틀림없다. 적어도 우리가 살고 있는 평등주의 시대에 있어서 이는 타당하다. 사람들이 통치자 혹은 피치자로서의 자신의 위상을 자연스럽고 정당한 것으로 받아들였던 봉건사회에서는, 봉건영주에 대한 도전이 없었고, 그래서 타협도 필요하지 않았을 것이다. (나는 이제까지 이상적인 민주주의를 생각했듯이 이상적인 봉건체제를 생각하고 있다.) 그러나 세계 대부분에서 그러한 시절은 영원히 지나가 버린 것으로 보인다. 전통적 권위의 몰락이 정치적 타협의 필요성을 창출했다. 가능한 타협안들 중에서, 한 사람에게 한 표씩을 주는 것이 모든 사람이 받아들일 수 있는 유일한 타협안이다. 힘을 이와 다르게 배분하기로 결정을 내리는 어떤 합의된 절차도 있지 않으므로, 이러한 타협안이 논쟁을 해결하는 평화로운 방법의 아마도 가장 확실한 토대가 될 수 있다.

    그래서 다수결의 규칙을 거부하는 것은, 평등주의 시대에 평화로운 사회질서의 가능한 최선의 토대를 거부하는 것이다. 그 밖에 어떤 것이 있겠는가? 밀이 한때 제안했던 것처럼, 더 지성적이고 더 학력이 높은 사람들에게는 한 표 이상을 주는 능력주의meritocracy 선거권을 택할 것인가? 그러나 우리가 한 표 이상을 받을 만한 사람들이 누구인가에 대해 합의할 수 있을까? 아니면 자비로운 독재자를 택할 것인가? 많은 사람들이 그러한 독재자를 선택할 수 있다면 그렇게 할 것이다. 실제로 다수결의 규칙을 포기함으로써 나올 것 같은 결과는 사실 이러한 것들이 아니다. 예측되는 결과는 최대의 힘을 가진 사람의 통치이다. 하나의―예를 들어 동물의 권리라는―문제와 관련하여 불복종을 수행하는 사람들은, 자신들이 관련법을 지지하는 다른 문제들이 있으며 그들이 승인하는 관행을 중지시키려는 사람들에 대하여 그 법이 강제력을 행사하기를 바라고 있다는 것을 기억해야 한다. 동물권리운동을 지지하는 많은 사람들은 여성들이 안전하고 합법적인 임신중절을 할 수 있어야 한다고 믿는다. 그리고 임신중절 반대운동을 지지하는 많은 사람들은 동물실험이나 동물을 먹기 위해 도살하는 일에 대해서는 잘못된 것이 없다고 본다. 그래서 동물해방전선의 구성원들은 법이 구조작전에 대하여 강제력을 행사하기를 원하고, 그 반대의 경우도 있다.

그래서 다수결의 원리는 실질적인 도덕적 가치를 지니고 있다. 현대의 북미, 유럽, 인도, 일본, 혹은 오스트레일리아와 같은 민주주의 국가에서보다 나치 시대의 독일과 같은 독재정권 하에서는 불복종이 보다 쉽게 정당화된다. 민주주의 국가에서 우리는 다수를 강제하려고 하는 시도가 될 행위를 꺼려야 한다. 왜냐하면 그러한 시도는 다수결의 규칙에 대한 반대가 되고, 다수결의 규칙 외에 받아들일 만한 대안이 없기 때문이다. 물론 다수의 결정이 너무도 소름끼치는 일이어서, 어떤 위험을 무릅쓰고라도 다수에의 강압이 정당화되는 그러한 경우가 있을 수도 있다. 진정한 다수의 결정이라 할지라도, 그것에 복종할 책무가 절대적인 것은 아니다. 우리가 그 원칙을 존중한다는 것은, 우리가 다수에 대해 맹목적으로 복종한다는 것이 아니라, 오직 극단적인 상황에서만 그것에 불복종하는 것이 정당화된다고 생각한다는 것을 의미한다.

제4절 시민불복종 혹은 기타 불복종

훌륭한 목적을 달성하기 위해 불법적인 수단을 사용하는 일에 대한 우리의 결론을 종합하여 제시하면 다음과 같다. (1) 논쟁을 확정하는 확립된 평화적인 방법이 있을 때, 이에 따른 판정을 일반적으로 받아들여야 하는 이유가 있다. (2) 논쟁을 확정하는 방법이 민주주의적이고 그러한 판정이 진정으로 다수의 견해를 대변할 때 이러한 이유들이 특별히 강력하다. (3) 그러나 불법적인 수단의 사용이 정당화될 수 있는 상황이 여전히 존재한다.

대체로 민주주의적인 사회에서 불법적인 수단의 사용을 정당화하고자 시도하는 두 가지 다른 방식들이 있음을 우리는 보았다. 첫 번째 방식은 불법적인 수단을 사용하는 사람이 반대하고 있는 결정이 진실로 다수의 의견을 반영하고 있는 것이 아니라는 것이고, 두 번째 방식은 그러한 결정이 다수의 견해의 진정한 표현이라 할지라도 그것이 너무도 심각하게 그릇된 일이어서 다수에 반대하는 행위가 정당화된다는 것이다. '시민불복종'이라는 이름이 가장 잘 들어맞는 것은 첫 번째 근거에 의한 불복종이다. 이러할 때 불법적인 수단을 사용하는 것은, 참된 민주주의적 결정을 확보하기 위해 합법적인 수단의 사용을 확장한 것으로 간주될 수 있다. 개혁을 보장할 정상적인 통로가 제대로 작동하지 않을 때에는, 이러한 확장이 필요할지도 모른다. 어떤 문제에 대해서는 선출된 대표자들이 그들의 재선출 캠페인에 많은 돈을 기부할 특별한 이익집단에 의해 과도하게 영향을 받을 수도 있고, 또 어떤 문제에 대해서는 대중이 무슨 일이 일어나고 있는지 모를 수도 있다. 소수자의 정당한 이익이 편견을 가진 관리들에 의해서 무시되고 있었을 수도 있다. 이 모든 경우에, 현대의 시민불복종의 표준적인 형태들, 즉 수동적 저항, 행진 혹은 연좌는 적합하다. 계획된 프랭클린 댐 부지에 이르는 수력발전위원회의 길을 봉쇄한 것이나 캐피털 발전소에서의 항의는 이러한 의미의 시민불복종의 사례들이다.

이러한 상황에서 법에 불복종하는 것은 다수를 강제하려는 시도가 아니다. 그 대신에 그것은 다수에게 알리려는 시도이거나, 혹은 많은 유권자들이 그 문제에 대하여 매우 심각하게 생각하고 있음을 의원들에게 설득하려는 것이거나, 이전에는 관료들에게만 맡겼던 문제에 대하여 국가적인 관심을 촉구하거나, 너무 서둘러 내려진 결정에 대하여 재고를 호소하는 것이다. 시민불복종은 합법적인 수단이 실패했을 때 이러한 목적들을 달성하기 위한 적합한 수단이다. 왜냐하면 그것이 비록 불법적이기는 하지만, 그것은 다수를 위협하거나 다수를 강제하지는 않기 때문이다. (물론 이는 보통 [법률 집행을 위한] 추가적인 비용을 발생시키거나 다수에게 불편을 주기는 한다.) 법의 힘에 저항하지 않음으로써, 비폭력적으로 행위함으로써, 그들의 행위에 대한 법적인 처벌을 받아들임으로써, 시민불복종을 하는 사람들은 자신들의 항의의 진지성과 법의 통치 및 민주주의 기본 원칙들에 대한 자신들의 존중을 명백히 한다.

이렇게 생각하면, 시민불복종은 자주 정당화될 수 있다. 이러한 정당화는 민주주의적인 결정에 복종할 책무를 무시할 정도로 강력할 필요도 없다. 왜냐하면 시민불복종은 민주주의적인 의사결정을 좌절시킨다기보다는 복원하려는 시도이기 때문이다. 이러한 종류의 불복종은, 예를 들면, 댐의 건설에 의해 야기되는 대체할 수 없는 야생의 상실을, 혹은 거의 사람들이 알지 못하는 여러 실험실이나 공장식 농장에서 동물들이 어떻게 다루어지는지를, 공중에게 알린다는 목적에 의해 정당화될 수 있다.

명백히 다수의 견해와 일치하는 행위를 저지하기 위해 불법적인 수단을 사용하는 것은 정당화하기가 불가능하지는 않다고 해도 훨씬 어렵다. 우리는 나치식의 대량학살정책이 다수결적인 투표에 의해서 승인될 수는 없으리라고 생각할지도 모르겠다. 하지만 그러한 일이 일어났다고 가정한다면, 자신이 그러한 다수결의 결정을 받아들여야만 한다고 생각하는 것은 다수결의 규칙을 너무 극단적으로 존중하는 어리석은 일이 될 것이다. 그러한 엄청난 악에 대항하기 위해서는, 효과적일 것 같은 어떠한 수단을 실제로 사용한다고 해도 정당화된다.

대량학살은 극단적인 경우이다. 그것이 다수에 대항하여 불법적인 수단을 사용하는 것을 정당화한다고 우리가 인정해도, [그러한 극단적인 경우는 거의 없을 것이기에] 그러한 인정이 실제적인 정치행위에 별다른 차이를 가져오지는 않는다. 그러나 민주주의적 결정을 따를 책무에 한 예외를 인정하게 되면, 그 다음 물음들이 제기된다. 대량학살과 같은 악을 구별할 기준선을 그을 곳은 어디인가, 즉 [법을 따를] 책무가 명백히 무시되고 덜 중요한 문제가 되는 곳은 어디이고, 그렇지 않은 곳은 어디인가? 그리고 특정한 문제가 이러한 가상적인 기준선의 어느 쪽에 해당되는지를 결정하는 사람은 누구인가? 구조작전의 일원인 레버는 "'우리'는 미국에서만 1973년 이후 이미 히틀러가 죽였던 사람의 네 배를 죽였다"고 적고 있다. 영국의 동물해방전선 설립자들 중의 한 사람인 리Ronnie Lee는 우리가 동물들에게 하고 있는 짓에 대하여 나치적인 비유를 사용하고 있다. "비록 우리는 지구상의 많은 종족들 중의 하나에 불과하지만, 우리는 다른 동물들을 전적으로 지배하는, 심지어 그것들을 노예화하는 하나의 제국을 세웠다." 그렇다면 이들 활동가들이 그들의 불복종이 충분히 정당화된다고 간주하는 것은 놀랄 일이 못된다. 그러나 그들은 이러한 결정을 스스로 내릴 권리를 갖는가? 그렇지 않다면 어떤 문제가 너무 심각해서, 심지어는 민주주의 국가에서도, 법에 복종할 의무가 무시되는 그러한 경우를 누가 결정해야 하는가?

이 질문에 대한 유일한 답은 우리 스스로가 특정한 경우들이 어느 쪽에 해당되는지를 결정해야만 한다는 것이다. 사회가 문제를 확정하는 방법에 따라서는 이미 결정이 내려졌기 때문에, 자신의 결정 외에 결정할 수 있는 다른 방법이 없다. 다수는 다수 자체의 판단에 대해서 또다시 판단할 수는 없다. 다수의 결정이 그르다고 생각한다면, 그것이 얼마나 그른지에 대해 우리 스스로 결정을 내려야만 한다.

이것이 이러한 문제에 대한 우리의 결정이 주관적이고 자의적임을 의미하지는 않는다. 이 책에서 나는 많은 도덕적 문제들에 대한 논변들을 제시하였다. 이러한 논변들을 이 장의 도입부에서 제시된 다섯 경우에 적용한다면, 이것들에 따라 우리는 특정한 결론들에 이르게 된다. 유대인을 학살하는 인종주의자들인 나치의 정책은 명백히 포악한 일이며, 쉰들러가 몇몇 유대인들이 희생자가 되는 것을 방지하기 위해 그가 할 수 있었던 일을 한 것은 완전히 옳은 일이었다. (그가 개인적인 위험을 무릅쓰고 그렇게 했다면 그렇게 함으로써 그는 또한 도덕적으로 영웅적인 사람이 되었다.) 이 책의 제3장에서 제시된 논의에 기초하면, 게나렐리가 원숭이에 대해 시행한 실험은 그릇된 것이다. 왜냐하면 그들은 감각적인 피조물을 연구용 기구처럼 사용되는 단순한 물건으로 대했기 때문이다. 그러한 실험을 중단시키는 것은 바람직한 목표이며, 게나렐리의 실험실에 침입하여 그의 비디오테이프를 훔치는 것이 그렇게 하는 유일한 방법이었다면, 그것은 정당화 가능한 것이다. 비슷하게, 제10장에서 검토된 이유들 때문에, 상대적으로 작은 양의 전기를 생산하기 위해 프랭클린 계곡을 물에 잠기게 하는 것은 단기적인 시각에만 근거한 혹은 옹호할 수 없게 인간중심적인 가치들에만 근거할 수 있을 뿐이다. 시민불복종은 그 댐에 찬성하는 사람들이 간과하고 있는 가치들의 중요성을 증언하는 적합한 수단이다. 동일한 것을 기후변화에 대한 시민불복종에 대해서도 말할 수 있다. 실제로 여기서, 만약 온실가스가 다음 몇 년 사이에 매우 급격히 감축되지 않는다면 일어날 재앙의 정도를 고려해 보면, 다음과 같은 질문이 물어질 수도 있다. 왜 아직까지 그렇게 적은 숫자의 시민불복종만이 있었는가?

하지만, 제6장에서 우리는 앤드루의 활동의 배후에 있는 논변들에 흠이 있는 것을 보았다. 인간의 태아는 나이든 인간이 받는 것과 같은 종류의 보호를 받을 자격이 없다. 그래서 임신중절이 살인과 도덕적으로 같다고 생각하는 사람들은 잘못되었다. 이에 근거하면, 임신중절에 반대하는 시민불복종 캠페인은 정당화될 수 없다. 그러나 앤드루의 시민불복종에 대한 도덕적 추론이 아니라 임신중절에 대한 도덕적 추론에 실수가 있음을 이해하는 것이 중요하다. 임신중절이 실제로 살인과 도덕적으로 대등하다면, 우리 모두는 임신중절 전문병원의 문을 막아서기 위해 마땅히 나서야 한다.

물론, 이는 일을 복잡하게 만든다. 앤드루가 이 책의 논변에 의해 설득될 것 같지는 않다. 그녀가 성서의 인용문들에 의존하고 있다는 것은 그녀의 임신중절에 대한 반대가 근본적으로 종교적이라는 것을 시사한다. 그래서 그녀의 시민불복종이 정당화되지 않는다는 것을 그녀에게 확신시킬 쉬운 방법은 없다. 우리는 이것을 애석하게 생각할지도 모른다. 그러나 이에 대해서 할 수 있는 일은 없다. 불복종의 표적의 옳고 그름에 대하여 조사해 보지 않고서 우리로 하여금 언제 불복종이 정당화될 수 있고 언제 그렇지 않은지 단언할 수 있도록 해주는 그러한 간단한 도덕적 규칙은 없다. (그렇지만 우리가 보았던 것처럼, 구조작전은 더 이상 시민불복종을 수행하지 않는다. 왜냐하면 아마 그러한 전술들이 미국에서 임신중절을 끝낸다는 그들의 목적을 달성하는 데 도움이 되지 않는다는 결론에 도달했기 때문일 것이다.)

실제로 심각하게 도덕적으로 그른 어떤 것을 중단시키려고 한다고 확신할 때, 우리에게는 아직도 자문해 보아야 할 다른 도덕적 문제들이 있다. 우리는 우리가 중단시키려고 하는 악의 크기와 우리의 행위가 가져올 법과 민주주의에 대한 존중심의 감소정도를 저울질해 봐야 한다. 우리는 또, 우리의 행위가 목표달성에 실패하여 반작용을 불러 일으킴으로써 다른 수단으로 성공할 가능성을 감소시킬 가능성도 고려해 봐야 한다. (예를 들자면, 실험자에 대한 폭력적인 공격은 동물실험의 옹호자들로 하여금 동물실험에 대한 모든 비판자들을 테러리스트라고 낙인찍는 것을 가능하게 한다.)

이러한 문제에 대한 결과주의적 접근법의 한 결론은, 언뜻 보기에는 이상하게 보일지 모르지만, 민주주의 원칙에 복종하는 습관이 더 깊이 배이면 배일수록 불복종은 그만큼 더 쉽게 정당화될 수 있다는 것이다. 그러나 이는 역설이 아니라, 어린 나무는 특별한 주의를 필요로 하지만, 잘 자란 표본은 보다 거칠게 다루어도 견뎌낼 수 있다는 일반적인 진리의 다른 예일 뿐이다. 그러므로 특정한 문제에 대한 불복종이, 영국이나 미국에서는 정당화될 수도 있지만, 최근에 독재나 내전을 겪은 나라나 민주주의 정부체제의 수립을 추구하고 있는 나라에서는 정당화되지 못할 수도 있다.

이러한 문제는 일반적으로 확정될 수가 없다. 모든 경우가 다르기 때문이다. 중단되어야 할 악이 (대량학살처럼) 아주 끔찍하지도 (새 국기의 디자인처럼) 상대적으로 무해하지도 않을 때에는, 합리적인 사람들도 신중한 민주주의적 결정의 시행을 저지하려는 시도의 정당화 가능성에 대해서 의견이 다를 것이다. [모호한] 이러한 목표를 달성하기 위해 불법적인 수단이 사용된다면, 중요한 조치가 취해진 것이다. 왜냐하면 그러할 경우, '시민불복종'이 공동체 자체가 자신의 문제를 다루는 적합한 방식으로 받아들인 원칙에 호소함으로써 정당화될 수 있는 불복종을 의미한다면, 그러한 불복종은 더 이상 '시민불복종'이 아닐 것이기 때문이다. 그러나 이러한 불복종은 폭력의 사용이나 테러리즘의 전술과 대비된다는 점에서 다른 의미로 시민적이라고 말하는 것이 가장 좋을지도 모른다.

제5절 폭력과 테러리즘

우리가 보아 온 것처럼, 대중의 시선을 끌거나 다수로 하여금 재고해 보도록 설득하는 수단으로 의도된 시민불복종은 다수를 강제할 의도로 수행되는 불복종보다 정당화하기가 훨씬 쉽다. 폭력을 옹호하는 것이 더욱 어렵다는 것은 명백하다. 어떤 사람들은 심지어 폭력을 수단으로 사용하는 것은, 특히 사람에 대한 폭력은, 그 목적이 아무리 좋다고 해도 결코 정당화될 수 없다고까지 주장한다.

폭력사용에 대한 반대는 절대적인 규칙에 근거할 수도 있고, 폭력사용의 결과에 대한 평가에 근거할 수도 있다. 평화주의자pacifist들은 그 결과와 상관없이 폭력사용을 절대적으로 그릇된 것으로 생각한다. 이것은 '무엇이든지' 금한다는 다른 금지율들과 마찬가지로 행위act와 무위omission의 구별이 타당하다는 것을 가정하고 있다. 이러한 구별을 하지 않는다면, 보다 큰 폭력을 방지할 유일한 수단이 폭력일 때 그것을 사용하기를 거부한 평화주의자들은 그들이 막지 못한 보다 큰 폭력에 대해서 책임을 져야 할 것이다. 자신의 통치를 반대하고 있다고 의심되는 사람들을 체계적으로 살해하고 있는 폭군을 암살할 기회가 우리에게 주어졌다고 가정하자. 그리고 그 폭군이 죽는다면 국민의 지지를 받고 있는 지금 망명중인 지도자가 폭군을 대신하게 되고, 법에 의한 통치를 복구할 것임을 알고 있다고 하자. 만약 우리가 폭력은 언제나 나쁘다고 하고 그래서 암살을 수행하기를 거부한다면, 폭군이 앞으로 저지를 살인들에 대하여 어떤 책임을 져야 하지 않겠는가? 제7장에서 제시되었던 행위와 무위의 구분에 대한 반대가 타당하다면, 보다 큰 폭력을 방지하기 위해 폭력을 사용하지 않은 사람은, 그가 막을 수 있었던 폭력에 대하여 책임을 져야 한다. 그래서 행위와 무위의 구별을 거부하는 것이 폭력에 대한 논의에서 결정적인 차이를 가져온다. 왜냐하면 이는 폭력을 옹호하는 그럴듯한 논변의 문을 열어 주기 때문이다.

마르크스주의자들은 종종 이러한 논변을 이용하여 폭력혁명에 대한 자신들의 지지에 대한 [반대자들의] 공격에 반론을 제시했다. 엥겔스는 19세기 자본주의의 사회적 결과들에 대한 그의 고전적인 고발인 『영국 노동계급의 상태』에서 다음과 같이 썼다.

만약 한 개인이 다른 이에게 육체적인 위해를 가하여 그로 인해 결국 공격받은 사람이 죽게 되면, 그것은 고살죄manslaughter가 된다. 반면에 공격자가 자신의 폭행이 치명적일 것이라는 것을 사전에 알고 있었다면, 그것은 모살죄murder가 된다. 만약 사회가 수백의 노동자들을 천수를 누리지 못하고 요절할 수밖에 없는 그러한 입장에 처하게 한다면, 이도 또한 모살이 된다. 그들의 죽음은 찔러 죽이는 것이나 쏘아 죽이는 것과 마찬가지로 폭력에 의한 것이다…… 만약 수천의 노동자들이 생활필수품을 가지지 못한다면, 혹은 그들이 살아남을 수 없는 상황 속에 내몰려진다면, 이도 또한 모살이 된다…… 만약 이러한 상황이 계속되도록 내버려둘 때 불가피하게 수천의 노동자가 희생될 것이라는 것을 사회가 완벽하게 잘 알고 있다면, 이도 또한 모살이 된다. 이러한 종류의 모살도 개인적으로 행해진 모살과 마찬가지로 비난 받아 마땅한 것이다. 얼핏 보면, 그것은 전혀 모살이 아닌 것으로 보인다. 왜냐하면 희생자의 죽음에 대한 책임을 어떠한 개별적인 가해자에게도 물을 수 없기 때문이다. 모든 사람에게 책임이 있으나 아무에게도 책임이 없다. 왜냐하면 희생자는 마치 자연적인 원인으로 죽은 것처럼 보이기 때문이다. 만약 노동자가 죽는다면, 비록 어떤 이들은 사회가 희생자가 죽는 것을 방지하기 위한 조치를 하지 못했다는 것을 알기는 하겠지만, 아무도 그의 죽음에 대한 책임을 사회에 지울 수 없다. 그러나 그렇다고 하더라도 그것은 똑같은 모살이다.

어떤 사람은 엥겔스가 '모살'이라는 용어를 사용하는 것을 반대할 수도 있다. 그러한 반대는, 우리가 굶주리는 자를 돕지 않는 것이 우리를 살인자로 만드느냐 여부를 논의할 때 제8장에서 본 논변과 비슷하다. 우리는 행위와 무위의 구별이 본질적인 의미를 가지지 못함을 보았다. 그러나 동기화의 관점과 비난의 적합성을 고려할 때, 죽음을 방지하는 데 실패한 대부분의 경우가 살인과 같지는 않다. 엥겔스가 기술하고 있는 경우에도 같은 것이 적용될 것이다. 엥겔스는 '사회'에 실패의 책임을 지우려고 시도한다. 그러나 '사회'는 개인도 아니고 도덕적 주체도 아니며, 개인에게 책임을 묻는 방식으로 책임을 물을 수도 없다.

그러나 이는 하찮은 허물을 흠잡는 것이다. '모살'이라는 말이 맞든 맞지 않든지 간에, 안전하지 못하고 건강에 해로운 공장에서 일하는 영양실조에 빠진 노동자의 죽음을 기꺼이 '폭력적'이라고 부르든 않든 간에, 엥겔스의 기본적인 입장은 성립한다. 이러한 죽음은 테러리스트들이 폭탄을 터뜨려 수백의 사람을 죽이는 것과 마찬가지 규모로 그릇된 일이다. 혁명가들이 중단시키려 하는 악을 고려하지 않고, 폭력혁명이 언제나 절대적으로 나쁘다고 말하는 것은 일방적일 것이다. 만약 폭력적인 수단이 엥겔스가 기술하고 있는 상황을 변경시킬 유일한 방법이었다면, 폭력적 수단의 사용을 반대했던 사람은 이러한 상황의 지속에 대해 책임을 져야 했을 것이다.

우리가 이 책에서 논의하고 있는 관행들 중의 어떤 것은 직접적이든 혹은 무위에 의해서든 폭력적이다. 동물의 경우에는, 어떻게 서술한다고 해도 우리의 대우는 종종 폭력적이다. 인간의 태아를 도덕적 주체로 보는 사람들은 확실히 임신중절을 태아에 대한 폭력적 행위로 간주할 것이다. 태어날 때 혹은 태어난 후의 인간의 경우, 유아사망률이 다른 나라보다 20배나 높거나 평균수명이 다른 나라보다 30년 이상이나 낮은 그러한 상황이 불가피한 것이 아닌 경우에, 우리는 어떤 말을 해야 할 것인가? 이는 폭력인가? 제9장에서 보았듯이, 우간다의 무세베니 대통령은 산업화된 국가들이 온실가스를 방출함으로써 적도지역의 개발도상국가들을 공격하고 있다고 말하였다. 또다시 우리가 어떤 용어를 사용하는가는 실질적인 문제가 아니다. 그 결과에서 이러한 관행들은 폭력과 마찬가지로 끔찍한 것이다.

폭력에 대한 절대적인 비난은 행위와 무위에 대한 구별에 따라 성립하거나 무산된다. [앞에서 보았듯이 구별은 성립되지 않는다.] 그래서 그 것은 무산된다. 그러나 폭력의 사용에 대한 결과주의자들의 강력한 반대가 있다. 우리는 폭력이 사태를 좀 더 좋도록 만들 유일한 수단일 것이라는 가정을 전제로 논의를 시작했었다. 결과주의자들은 폭력이야 말로 중요한 목적을 달성하기 위한 유일한 수단인가 아닌가, 만약 유일한 수단이 아니라면 가장 신속한 수단인가를 물어야만 한다. 그들은 또 폭력적 수단을 통해 변화를 추구하는 것이 가져올 장기적인 결과에 대해서도 물어야만 한다. 결과주의적인 근거로부터, 원칙적으로는 아니라 해도 실제적으로, 폭력에 대하여 절대적인 평화주의자들처럼 포괄적인 비난을 정당하게 가할 수 있을까? 폭력의 사용에 따른 감각둔화효과hardening effect를 강조함으로써, 즉 어떻게 살해가 범해졌든, 그것이 아무리 '필수적'이거나 '정당한' 것으로 보이든, 다른 살해가 범해지는 것에 대한 저항을 약화시킨다는 점을 강조함으로써, 폭력에 대해 포괄적인 비난을 시도할 수도 있다. 폭력적으로 행위하는 데 익숙해진 사람들이 보다 좋은 사회를 창조할 수 있을 것으로 보이는가? 이것은 역사적 기록과 관련된 문제이다. 몇 개의 혁명들, 즉 1789년의 프랑스 혁명으로부터 러시아의 볼셰비키Bolshevik 혁명, 그리고 아마도 그 중에서 가장 무시무시한 캄보디아의 크메르 루주Khmer Rouge의 통치가 걸어온 길들은, 폭력이 사회정의에 대한 열망에서 비롯되었을 때 폭력의 파괴적 효과가 나타나지 않으리라는 우리의 신념을 흔들리게 했음에 틀림없다. 물론 다른 방식으로 해석될 수 있는 다른 예들도 있다. 그러나 로베스피에르Robespierre나 스탈린Stalin, 그리고 폴 포트Pol Pot의 유산을 능가하기 위해서는 대단히 많은 예들이 있어야 할 것이다.

결과주의적 평화주의자들은 다른 논변을 사용할 수도 있다. 이는 기아가 지극히 빈곤한 나라의 인구를 그러한 나라들이 먹여 살릴 수 있을 정도로 감소시키도록 방치하자는 제안에 반대하여 내가 제시했던 논변이다. [폭력사용을 옹호하는 어떤] 사람들은, 이러한 정책과 마찬가지로, 폭력이 확실히 어떤 해악을 포함하고 있지만 미래에 이익이 있을 것이라는 전망에 의해서 정당화될 수 있다고 말한다. 그러나 미래의 이익이란 결코 확실할 수 없으며, 폭력이 바람직한 목적을 달성한 얼마 되지 않는 경우에도 그러한 목적이 비폭력적 수단에 의해서 마찬가지로 곧 달성될 수 없었다고 확신하기는 매우 어렵다. 예를 들자면, 북아일랜드에서 20년 이상 아일랜드공화국군Irish Republican Army이 폭탄을 터뜨려 수천 명이 죽고 다쳤지만 무엇을 이룰 수 있었던가? 오직 극단적인 개신교 그룹들의 대항적인 테러들뿐이었다. 독일의 바더-마이호프Baader-Meinhoff 폭력단이나 이탈리아의 붉은 여단Red Brigade에 의해 야기된 완전히 헛된 죽음과 고통들을 생각해 보라. 팔레스타인 사람들의 대의가 테러로 무엇을 얻었던가? 그들이 여러 해 전에—여러 목숨을 잃기 전에—투쟁을 시작했을 때보다 덜 타협적이고 더 무자비한 이스라엘 외에 무엇이었던가? 알카에다Al Qaeda가 2001년 9월 11일 성취한 화려한 작전성공에도 불구하고, 이슬람 국가가 되도록 미국을 강요하는 것은 고사하고, 수천 명의 미국인 살해를 통하여 중동에 대한 미국의 군사적 지배를 종식시키려는 목적을 달성하는 데 조금이라고 가까이 접근한 것은 결단코 아닌 것 같아 보인다. 이들 중의 어떤—전부는 아니다!—그룹이 싸우는 목적에 대하여 공감할지도 모른다. 그러나 그들이 사용하는 수단은 무고한 사람들에 대한 부정할 수 없는 해악을 포함하고 있으며 그러한 수단을 가지고서는 그들의 목적을 달성할 가망이 없다. 그러므로 이러한 수단을 사용하는 것은 그릇된 일이다. 테러리스트들의 폭력이 전형적으로 그렇듯이, 특히 폭력이 일반 대중들에게 무차별하게 행해질 때, 이러한 결과주의적 논변은 폭력을 수단으로 사용하는 데에 반대하는 더 강력한 주장이 된다. 타당한 실천적인 이유들이 있기에 테러리즘은 결코 정당화되지 않는다.

이처럼 확실히 제쳐놓을 수 없는 다른 종류의 폭력도 있다. 예를 들자면 앞에서 언급한 살해를 일삼는 폭군을 암살하는 경우이다. 이럴 때 살해를 일삼는 정책이 폭군이 장악하고 있는 제도의 일부분에 기인한다기보다 그의 개성에 기인한다면, 그러한 폭력은 엄격히 제한된 폭력이다. 즉 그 목표는 훨씬 널리 퍼져있는 폭력의 종식이며, 널리 퍼져있는 폭력을 종식시킬 다른 방법이 없으며, 하나의 폭력행위에 의해 성공할 개연성이 아마 매우 높을 수도 있다. [이러한 상황에서] 폭력은 정당화가 가능하다.

폭력은 아마 여러 방식으로 제한될 수도 있다. 우리가 검토해 온 경우들은 사람에 대한 폭력들이었다. 이러한 경우가 폭력에 관하여 논의할 때 생각나는 표준적인 경우이다. 그러나 다른 종류의 폭력도 있다. 동물해방전선의 구성원들은 동물을 가두고 다치게하고 죽이는 데 사용된 실험실과 우리와 장비들을 손상시켰다. 그러나 그들은 인간이든 인간이 아니든 간에 동물에 대한 폭력행위는 피했다. (모든 호전적인 동물권리단체들이 이러한 정책을 따르지는 않는다. 동물들을 지키기 위해 행위한다고 주장하는 사람들이 남긴 폭발장치로 적어도 두 사람이 상처를 입었다. 이러한 행위들은 동물해방전선을 포함하여 다른 단체들에 의하여 비난을 받았다.)

재산에 대한 손상은 사람을 해치거나 죽이는 것과 같이 심각한 문제는 아니다. 그래서 감각적인 존재에게 해를 가하는 것을 정당화할 수 없는 근거로부터도 정당화될지도 모른다. 이것은 재산에 대한 폭력이 아무런 의미가 없다는 말은 아니다. 어떤 사람에게는 재산이 매우 중요할 것이며, 재산의 파괴를 정당화하기 위해서는 강력한 이유가 필요할 것이다. 그런데 그러한 이유가 있을**지도 모른다**. 그러한 정당화의 이유가 사회를 변혁시키는 것과 같이 획기적인 어떤 것이 아닐 수도 있다. 게나렐리의 실험실 습격처럼, 그것은 사회의 종족주의적인 편견 때문에 오직 동물에게만 수행되는 고통스러운 실험으로부터 많은 동물을 구하자는 특정한 단기적인 목표일 수도 있다. 그러한 행위가 또다시 결과주의적인 관점에서 정당화될 수 있을 것인가 여부는 실제 상황의 자세한 내용에 달려 있다. 전문성을 갖추지 못한 사람은 실험의 가치나 실험에 포함된 고통의 정도를 쉽게 착각할 수도 있다. 게다가 기구를 손상시키고 한 무리의 동물을 해방시킨 결과가 더 많은 기구가 사들여지고 더 많은 동물이 사육되게 하는 것이 되지는 않겠는가? 해방된 동물은 어떻게 처리해야 할 것인가? 불법적인 행위가 정부로 하여금, 폭력에 굴복하는 것으로 보이지 말아야 한다고 주장하면서, 동물실험과 관련된 법을 개혁하고자 하는 운동에 저항토록 하지 않겠는가? 실험실을 망가뜨리는 데 찬성하는 결론을 내릴 수 있기 전에 이 모든 질문들이 만족스럽게 답해질 필요가 있을 것이다.

 폭력은, 감각적인 존재에 대한 것이 아니라 재산에 대한 것이라도, 일반대중에 대한 무차별적인 것이 아니라 독재자에 대한 것이라도, 정당화하기가 쉽지 않다. 그럼에도 불구하고 폭력의 종류에 따른 차이가 중요하다. 왜냐하면 그러한 차이를 구별함으로써 우리는 한 종류의 폭력, 즉 테러리스트의 폭력을 실질적으로 절대적인 의미로 비난할 수 있기 때문이다. 이러한 차이는 일반적으로 '폭력'이라는 이름으로 불리는 모든 것을 도거리로 비난함으로써 모호해진다.

제12장

왜 도덕적으로 행위해야 하는가?

이 책의 앞의 장들에서 우리는 몇 가지 실천적인 문제들에 대하여 우리가 마땅히 해야 할 일이 무엇인지, 그리고 우리의 윤리적 목적들을 달성하기 위해 정당하게 채택할 수 있는 어떤 수단들이 있는지를 논의하였다. 이러한 문제들과 관련된 우리의 결론의 성질이—그러한 결론들이 우리에게 하는 요구가—또다시 보다 근본적인 물음, 즉 "왜 우리는 도덕적으로 행위해야만 하는가?"라는 물음을 제기한다.

동물을 음식으로 사용하는 것이나, 부자가 빈자에게 제공해야 할 도움과 관련된 우리의 결론을 생각해 보자. 어떤 독자들은 이러한 결론을 받아들여서, 채식주의자가 될 수도 있고 절대빈곤을 감소시키기 위해 자신이 할 수 있는 일을 수행할지도 모른다. 다른 독자들은 우리의 결론을 부정하고, 동물을 먹는 일에는 잘못된 것이 하나 없으며 절대빈곤을 감소시키기 위해 어떤 것을 해야 할 책무가 없다고 주장할지도 모른다. 그러나 또 세 번째 부류의 독자들이 있을 것 같은데, 이러한 독자들은 이 책의 윤리적 논변들이 잘못되었다고 생각하지는 않지만, 여전히 그들의 식단이나 빈곤한 사람들을 원조하기 위한 기부액을 변화시키지 않는 사람들일 것이다. 이러한 세 번째 부류에 속하는 사람들 중에는 오직 의지가 약할 뿐인 그런 사람도 있겠지만, 보다 더 실천적인 문제에 대한 대답을 요구하는 사람이 있을지도 모른다. 그러한 사람들은 이렇게 물을지도 모른다. 만약 윤리적 결론이 우리에게 그렇게 많은 것을 요구한다면, 우리가 도대체 윤리에 신경 쓸 필요가 있는가?

제1절 물음에 대한 이해

"나는 왜 도덕적으로 행위해야 하는가?"라는 물음은 이제까지 우리가 다루어 왔던 물음들과는 다른 유형의 것이다. "왜 나는 다른 인종의 사람들을 평등하게 대우해야만 하는가?" 혹은 "왜 임신중절은 정당화될 수 있는가?" 등의 물음은 일정한 방식으로 행위해야 할 윤리적 이유를 찾고 있다. 이러한 것들은 윤리 내부에서의 물음들이다. 이것들은 윤리적 관점을 전제한다. 그러나 "나는 왜 윤리적으로 행위해야 하는가?"라는 물음은 다른 수순에 놓여 있다. 이는 윤리 내적인 물음a question within ethics이 아니라 윤리에 대한 물음a question about ethics이다.

따라서 "나는 왜 윤리적으로 행위해야 하는가?"라는 물음은 일반적으로는 전제되어 있는 것에 대한 물음이다. 이러한 질문은 우리를 당혹스럽게 만든다. 어떤 철학자들은 이러한 특수한 물음이 매우 당혹스러운 것이어서 논리적으로 적합하지 못한 물음이라고, 즉 그러한 물음은 적절히 물어질 수 없는 것을 묻고자 하는 시도라고 거부하기도 했다.

이러한 거부의 한 근거는 윤리적 원칙은, 정의에 따라, 우리가 압도적으로 중요한overridingly important 것이라고 간주하는 원칙이라는 주장이다. 이러한 주장에 따르면, 어떤 특정한 개인에게 압도적으로 중요한 원칙이면, 그것이 어떤 것이든 필연적으로 그 사람의 윤리적 원칙이 되며, 따라서 빈자를 돕기 위해 자신의 부를 마땅히 기부해야 한다는 윤리적 원칙을 받아들이는 사람은 정의에 따라, 실제로 자신의 부를 기부할 결심을 하게 될 수밖에 없다. 윤리에 대한 이러한 정의에 따르면, 일단 윤리적 결심을 하게 되면 더 이상 실천적인 문제는 발생될 수 없다. 그래서 "나는 왜 윤리적으로 행위해야 하는가?"라는 질문은 의미가 있을 수 없다.

윤리가 압도적인 것이라는 정의를 받아들이게 되면, 그 정의를 수용하지 않는다면 귀찮았을 문제를 무의미한 것으로 무시해도 좋게 되는데, 이것이 이러한 정의를 받아들일 좋은 이유가 될 수도 있다. 그러나 이러한 정의를 채택한다고 해서 실제적인 문제를 해결할 수는 없다. 왜냐하면 이는 어떤 윤리적 결론을 내리는 데 마찬가지로 더 커다란 어려움을 가져오기 때문이다. 예를 들어서 부자가 빈자를 마땅히 도와야 한다는 결론을 생각해 보자. 제8장에서 이러한 결론을 옹호하기 위해 제시했던 논변은 연못에 빠져 익사하는 아이를 구할 우리의 자발성에 대한 직관적인 호소로부터 도출되었지만, 우리가 보았듯이, 그러한 직관이 거부된다고 하더라도, 그 논변은 여전히 고통과 죽음은, 그것이 **당신의** 고통이나 죽음이 아닐 때조차, 나쁜 것이라는 가정에 근거할 수 있다. 우리가 윤리적 원칙을 어떤 원칙들이든 한 사람이 압도적인 것으로 간주하는 것이라고 규정하면, 어떤 사람은 그녀에게 압도적인 원칙은 이기주의적 것이고, 낯선 이의 고통과 죽음은 전혀 문제가 되지 않는다고 말할 수도 있다. 우리는 이것이 윤리적 원칙이 될 수 있다는 것을 부정하기 위해 보편화 가능성을 불러낼 수 없을 것이다. 왜냐하면 어떤 것이든 누군가 압도적인 것으로 간주하는 것이 그 사람의 윤리적 원칙이라고 한다면, 그 사람의 윤리적 원칙이 보편화 가능성을 가져야 한다는 요청을 할 수 없기 때문이다. 그러므로 우리는 "나는 왜 윤리적으로 행위해야 하는가?"라는 질문을 무시할 수 있음으로써 얻는 것을, 윤리적으로 옳은 것은 어떠한 것인가라는 질문에 대한 특정한 답을 옹호하기 위해 사용할 수 있는 윤리적 판단의 보편화 가능성, 혹은 윤리의 그 밖의 특징들을 사용할 수 없게 됨으로써 잃게 된다. 윤리가 어떤 의미에서 필연적으로 보편적 관점을 포함하고 있다고 생각하는 것이 나에게는 보다 자연스럽고 이러한 문제들을 논의하는 데 덜 혼돈된 방식으로 보인다.

다른 철학자들은 "나는 왜 윤리적으로 행위해야 하는가?"라는 물음을 "나는 왜 합리적이어야 하는가?"라는 물음을 거부해야 하는 이유와 마찬가지 이유로 거부해야만 한다고 생각한다. "나는 왜 윤리적으로 행위해야 하는가?"라는 물음과 같이, "나는 왜 합리적이어야 하는가?"라는 물음은 우리가 일반적으로는 전제하고 있는 어떤 것을 묻고 있다. 합리성을 묻는 것은—어떤 특정한 맥락에서 합리성의 사용이 아니라 합리성 일반을 묻는 것은—실제로 논리적으로 부적합하다. 왜냐하면 그 물음에 답할 때, 우리는 합리적이어야 할 이유들을 제시할 수 있을 뿐이기 때문이다. 그래서 그 물음을 묻는 사람은 [합리적이어야 할] 이유들을 찾고 있는 것이며 그래서 스스로 합리성을 전제하고 있다. 그 결과로 나오는, 합리성에 대한 정당화는 순환적일 수밖에 없을 것이다. 이는 합리성이 필요한 합리화를 결여하고 있다는 것이 아니라 합리성이 합리화를 필요로 하지 않는다는 것을 보여 준다. 왜냐하면 합리성이 이미 전제되지 않으면 합리성은 이해 가능한 방식으로 물어질 수 없기 때문이다. (합리성을 사용하여 하나의 결론에 이르는 것이 이해 가능한지 여부에 대한 어떤 질문들을 주목하라. 예를 들어, "내가 지금 막 만난 사람을 신뢰할지 여부를 결정하려고 할 때, 나는 나의 합리성을 사용해야 하는가, 나의 본능을 사용해야 하는가?"는 이해 가능한 질문이다. 왜냐하면 그것은 특정한 맥락에서 합리성의 사용에 대해 묻기 때문이다. 그러한 맥락에서는 우리의 본능이 우리의 합리성보다 더 잘 기능하는 것이 가능하다. 만약 그렇다면, 최선의 대답은 너의 본능을 사용하라는 것이 될 것이다. 그렇지만 이렇게 이야기하는 것 자체가, 그러한 맥락에서 합리성을 사용하지 않을 이유를 부여한다. 그래서 그러한 질문은 합리성 그 자체에 대해서는 아무런 문제가 되지 않는다.) [즉 우리는 넓은 의미에서 합리적으로 선택했다.]

"나는 왜 윤리적으로 행위해야 하는가?"라는 물음이, "나는 왜 합리적이어야 하는가?"라는 물음과 같이, 묻고 있는 관점을 전제로 하고 있는가? 만약 우리가 전자의 '해야 하는가'를 도덕적인 것으로 해석한다면 그럴 것이다. 이러할 때 이 물음은 도덕적이어야 할 도덕적 이유를 묻고 있는 것이 된다. 이는 부조리한 질문일 것이다. 우리가 일단 한 행위가 도덕적 책무라고 결정하게 되면, 물어야 할 그 이상의 도덕적 물음은 없다. 도덕적으로 내가 해야 하는 일을 왜 도덕적으로 해야 하는가라고 묻는 것은 잉여적이기 때문이다.

그러나 이 물음을 윤리의 윤리적 정당화를 요청하고 있는 물음이라고 해석할 필요는 없다. '해야 한다'가 '도덕적으로 해야 한다'를 의미할 필요는 없다. 이러한 물음은 단지, 요구되어지는 답의 종류를 특별히 정함이 없이, 행위의 이유를 묻는 한 방식일 수도 있다. 우리는 때때로 특정한 관점을 전제하지 않고 매우 일반적이고 실천적인 물음을 물을 수도 있다. 어려운 선택의 문제에 직면해서, 우리는 가까운 친구에게 충고를 구한다. 그는 도덕적으로는 마땅히 A를 해야 하지만 B가 우리에게 더 이익이 될 것이라든가, 에티켓은 C를 요구하지만 D가 **아주 멋진** 일일 것이라고 말한다. 이러한 대답들이 우리를 만족시키지 못할지도 모른다. 우리는 이러한 관점들 중 어떤 것을 취해야만 하는가에 대한 충고를 원한다. 어떤 그러한 질문을 묻는 것이 가능하다면, 우리는 그러한 질문을 이러한 여러 관점 중의 어떤 것에 제한됨이 없이, 모든 관점에 대해 중립적인 입장에서 던져야만 한다. "나는 왜 윤리적으로 행위해야 하는가?"라는 질문은 이러한 종류의 질문이다. 어떤 관점을 전제함이 없이 실천적인 질문을 던지는 것이 불가능하다면, 우리는 가장 궁극적인 실천적 선택에 관하여 이해 가능한 어떤 것도 말할 수 없게 될 것이다. 윤리든, 자기이익이든, 에티켓이든, 미학이든, 어떠한 고려에서 행위하든 그러한 것은 '이성을 넘어선', 어떤 의미에서 자의적인 선택이 될 것이다. 이러한 결론을 받아들이기 전에 적어도 우리는 "나는 왜 윤리적으로 행위해야 하는가?"라는 물음을 단순히 묻는 것이 어떤 특정한 관점에 묶여있는 것이 아니라는 해석을 시도해 보아야만 한다.

이제 우리는 이 물음을 보다 명백히 설명할 수 있다. 이는 윤리적 관점 바깥에서 물어지는 윤리적 관점에 관한 물음이다. 그러나 '윤리적 관점'이란 무엇인가? 나는 윤리판단의 보편화 가능성이 윤리를 윤리 아닌 것과 구별하게 해주는 특징이라고 주장해 왔다. 윤리는 우리가 우리자신의 개인적 관점을 넘어서서 불편부당한 관망자와 같은 보편적인 관점을 취하도록 요구한다.

윤리에 대한 이러한 견해가 받아들여진다면, "나는 왜 윤리적으로 행위해야 하는가?"라는 물음은 이러한 보편적인 관점에서 수용 가능할 것을 근거로만 행위할 것인지 여부를 고민하는 누구라도 아마 적절하게 물을 수 있는 질문이다. 자기 자신의 이익 외의 어떠한 것도 생각하지 않고 행위하는 것이 가능하다. 그리고 어떤 사람들은 그렇게 하고 있다. 그 물음은 행위의 이러한 개인적인 근거를 넘어서 보편적으로 처방될 수 있는 판단들에만 근거하여 행위할 이유들에 대한 질문이다. [그러므로, '나는 왜 윤리적으로 행위해야 하는가?'라는 물음은 '나는 왜 보편적으로 처방될 수 있는 판단들에만 근거하여 행위해야 하는가?'라는 물음이 된다.]

제2절 합리성과 윤리

합리적으로 행위하는 것이 윤리적으로 행위하는 것이라는 점을 보이고자 시도하는 철학사상이 오랫동안 계승되어 왔다. 이러한 논변의 시작은 적어도 스토아학파에까지 거슬러 올라가지만, 오늘날에는 칸트와 연관되어 있고, 주로 근세의 칸트주의자들의 저술에서 발견된다. 이러한 논변이 제시되는 형태는 다양하지만, 그러한 변형들이 가지는 경향이 있는 공통적인 구조는 다음과 같다.

1. 보편화 가능성이나 불편부당성에 대한 어떤 요구가 윤리에는 본질적이다.
2. 합리성은 그것이 이론적이든 실천적이든 간에 보편적으로 혹은

객관적으로 타당하다. 예컨대 "모든 인간은 죽는다"와 "소크라테스는 사람이다"라는 전제들로부터 "소크라테스는 죽는다"라는 결론이 나온다면, 이러한 추론은 보편적으로 도출되어야만 한다. 그것이 나에게는 타당하면서, 너에게 타당하지 않을 수는 없다.

따라서

3. (1)에서 윤리적 판단의 필요조건으로 서술된 요구를 충족시키는 판단만이 (2)에 따라서 객관적으로 합리적인 판단일 것이다. 왜냐하면 내가 그들의 입장에 있다면 받아들이지 않을 판단을, 합리적인 행위자들이 자신들에게 타당한 것으로 받아들일 것이라고 기대할 수는 없기 때문이다. 그리고 만약 두 합리적 행위자가 각각의 판단을 서로 받아들일 수 없다면, 그러한 판단들은 (2)에서 제시된 이유로 하여 합리적 판단일 수 없기 때문이다. 내가 어떤 다른 사람들의 입장에 있고 그들이 나의 입장에 있다 해도, 나는 내가 하는 판단을 받아들일 것이라고 말하는 것은, 나의 판단이 보편적인 관점에서 내린 판단이라고 말하는 것일 뿐이다. 윤리와 합리성은 우리가 자신의 특정한 관점을 넘어서서, 우리가 우연히 맡게 된 역할일 뿐인 우리 자신의 개인적인 정체는 중요하지 않다는 입장을 취하도록 요청한다. 그러므로 합리성은 우리에게 보편화 가능한 판단에 근거하여 행위하도록, 그리고 그러한 점에서, 윤리적으로 행위하도록 요청한다.

이 논변이 타당한가? 윤리가 보편화 가능성을 포함한다는 첫 번째 주장을 받아들인다고 나는 이미 밝혔다. 두 번째 주장도 또한 부정할 수 없는 것으로 보인다. 합리성은 보편적이어야만 한다. 그래서 위와 같은 결론이 도출되는가? 여기에 이 논증의 결함이 있다. 결론이 전제들로부터 바로 도출되는 것처럼 보인다. 그러나 이같이 전제로부터 결론으로 옮겨가는 것은, 합리적 판단이 보편적으로 타당해야만 한다는 것은 참이라는 제한된 의미의 보편타당성에서부터, 보편화 가능성과 같은 보다 강한 의미의 '보편타당성'으로 미끄러져 나가는 것이다.

이러한 두 의미간의 차이는 "모든 사람이 **나에게** 이득이 되는 일을 하게 하라"와 같이 순수하게 이기적이어서 보편화가 가능하지 않은 명령을 고려해 보면 알 수 있다. 이러한 명령은 보편화 가능한 이기적 명령, 즉 "모든 사람이 **그녀나 그 자신에게** 이득이 되는 일을 하게 하라"와 구별된다. 왜냐하면 전자에는 특정한 사람에 대한 제거할 수 없는 언급이 있기 때문이다. 그래서 전자는 윤리적 명령이 될 수 없다. 그런데 전자는 행위의 합리적 근거가 되는 데 필요한 보편성도 결여하고 있는가? 확실히 그렇지는 않다. 합리적인 사람이라면 누구나 다른 합리적인 사람의 순수하게 이기적인 활동이 합리적으로 정당화될 수 있음을 수용할 것이다. 순수한 이기주의pure egoism는 모든 사람들에게 합리적으로 채택될 수 있다.

이를 좀 더 자세히 보자. 순수하게 이기적이면서 합리적인 잭이라고 부르는 행위자가 다른 순수하게 이기적이면서 합리적인 질이라고 부르는 행위자의 실천적인 판단을 받아들일 수 없는 경우가 있음을 인정해야만 한다. 질의 이익이 잭의 이익과 다르다고 가정할 때, 질에게는 그가 잭에게 A를 하도록 하는 것이 합리적인 반면, 잭에게는 자신이 A를 않겠다고 결심하는 것이 합리적일 수 있다.

이러한 불일치는 그러나 순수한 이기주의를 받아들이는 모든 합리적 행위자들에게 양립 가능하다. 그들 모두가 순수한 이기주의를 받아들이지만, 이기주의는 그들에게 각각 다른 방향으로 나아가게 한다. 왜냐하면 그들의 출발장소가 다르기 때문이다. 잭이 순수한 이기주의를 채택하면 그것은 잭이 자신의 이익을 넓히도록 하지만, 질이 순수한 이기주의를 채택하면 그것은 질이 자신의 이익을 넓히도록 한다. 그래서 무엇을 할 것인가에 불일치가 있게 된다. 하지만 우리가 질에게 그녀가 생각키로 잭이 어떻게 행동하는 것이 합리적이냐고 묻는다면, (물론 그 대답을 공개하지 않을 것이며 잭에게 말하지 않겠다고 약속하고 묻는다면) 질이 정직하다면, 자신에게 이익이 되기보다는 잭에게 이익이 되는 것을 잭이 하는 것이 합리적이라고 대답할 것이다. 이것이 바로 이처럼 순순한 이기주의가 모든 합리적 행위자들에게 타당한 것으로서 받아들여질 수 있다는 말의 의미이다.

그러므로 순수하게 이기적이면서 합리적인 행위자들이 상대방의 행위에 서로 반대하는 것은, 순수한 이기주의의 합리성에 대한 불일치를 보이고 있는 것이 아니다. 순수한 이기주의는, 비록 보편화 가능한 원칙은 아니라도, 모든 합리적인 행위자들에 의하여 행위의 합리적 근거로 받아들여질 수 있다. 이것이 보여 주는 것은, 합리적인 판단이 보편적으로 받아들여져야만 한다는 의미가, 윤리적 판단이 보편적으로 받아들여져야만 한다는 의미보다, 약하다는 것이다. "모든 사람이 **나에게** 이득이 되는 일을 하게 하라"는 잭이 그에게 이익이 되는 일을 하는 타당한 이유-valid reason일 수 있지만, 그가 그것을 할 윤리적인 이유-ethical reason가 될 수는 없다.

이러한 결론에 따르면, 합리적 행위자들은 서로가 다른 사람이 어떤 일을 하는 것이 합리적이라고 인정하면서도, 또한 동시에 그 일을 하지 못하도록 합리적으로 방해할지도 모른다. 불행히도 여기에는 역설적인 것이 아무것도 없다. 대부분의 합리성 이론들에서, 그것은 단순히 일상적인 삶의 사실들이다. 중요한 거래를 위해 경쟁하고 있는 두 세일즈맨은, 각각 상대방을 좌절시키려고 하지만, 상대방의 행위를 합리적이라고 받아들일 것이다. 같은 것이 사랑의 경쟁자들이나, 전쟁터에서 만난 두 적군 병사나, 공을 다투는 두 축구선수에게도 적용된다.

따라서 합리성과 윤리가 연결된다는 것을 이런 방식으로 보여 주려고 시도하는 것은 실패하고 만다. 이러한 연결을 만들어내는 다른 방식이 있을까? [합리성과 윤리를 연결시키기 위해] 극복해야 할 주요한 장애는 실천이성의 성질이다. 오래 전에 흄^{David Hume}은 행위에서 합리성은 오직 수단에만 적용될 뿐이지 목적에는 적용되지 않는다고 주장했다. 목적은 우리의 필요와 욕구에 의해서 주어질 수밖에 없다는 것이다. 흄은 이러한 견해의 내용을 다음과 같이 단호하게 밝혔다.

> 내 손가락을 베이기보다 전 세계가 파괴되기를 원하는 것은 합리성에 반하는 것이 아니다. 한 인도 사람이나 전혀 모르는 사람의 아주 작은 불편함을 덜어주기 위해 나의 전체적인 파멸을 내가 선택하는 것은 합리성에 반하는 것이 아니다. 내 스스로 덜 좋은 일이라고 보는 것을 더 좋은 일이라고 보는 것보다 선호하는 것도 그리고 후자보다 전자에 대하여 덜 열렬한 애정을 갖는 것도 마찬가지로 합리성에 반하는 것이 아니다.

비록 극단적이기는 하지만, 실천이성에 대한 흄의 견해는 비판에 아주 잘 맞서 왔다. 실천적 추론을 할 때 우리가 욕구하는 것으로부터 출발한다는 그의 중심 주장을 반박하기는 어렵다. 우리들 모두가 우리가 원하는 것과 상관없이 윤리적으로 행위하는 것이 합리적임을 입증하는 데 성공하는 어떤 논변이 있어야만 그의 주장이 반박될 수 있을 것이다.

흄의 논의를 반박하기 위해, 몇몇 저술가들은 지금 자신이 미래에 가질 욕구들이 충족되기를 혹시 바라고 있든 아니든, 자기 **자신의** 미래의 욕구들을 고려해야 한다고 주장하였다. 『이타주의의 가능성』에서 네이글Thomas Nagel은, 자신의 미래의 욕구들을 자신의 실천적 고려 속에 포함시키지 않는다면 그것은 자신을 일정한 시기에 걸쳐 존재하는 인격으로 보지 못하는 것이며, 현재가 단지 삶의 여러 시기들 중의 하나에 불과함을 파악하지 못하는 것이라고, 강력히 주장했다. 네이글의 견해에 따르면, 그래서 자신을 인격체라고 파악한다면 자신의 장기적 이익을 고려하는 것이 합리적인 것이 된다. 모든 것을 고려할 때 실제로 [지금으로서는] 나 자신의 이익이 아니라고 인정한 것에 대하여 '더욱 열렬한 애정'을 갖는 경우에도, 이는 참이다.

파피트는 자신의 이익이 일정한 시기에 걸쳐 있음을 고려하지 못하는 사람의 놀라운 예를 제공하였는데, 이는 우리들 대부분이 명백하게 합리적이지 못하다는 것을 알게 해준다. 그는 그가 '미래 화요일 무관심Future Tuesday Indifference'이라고 부르는 조건을 가진 사람을 상상하기를 우리에게 요구한다.

이 사람은 자신의 미래의 쾌락이나 고통을 걱정하는데, 다만 어떤 미래 화요일에 올 쾌락이나 고통만 빼고서 그렇게 한다. 이러한 이상한 태도는 무지나 잘못된 신념에 의거해 있지 않다. 이 사람은 화요일의 고통이 마찬가지로 고통스러울 것이며 마찬가지로 자신의 고통이며, 화요일이 한 주의 다른 날들과 같다는 것을 안다. 그렇다고 하더라도, 선택을 할 수 있다면, 이 사람은 어떤 다른 미래의 요일들의 가벼운 고통보다는 어떤 미래 화요일의 커다란 고통을 지금 선호할 것이다.

그러한 사람에 대하여 파피트는 이렇게 말한다.

> 어떤 시련이 훨씬 큰 고통이라는 것은 그것을 선호하지 **않을** 강력한 이유이다. 이러한 시련이 미래 화요일에 있을 것이라는 것이 그것을 선호할 이유는 아니다. 그래서 이 사람의 선호는 합리성에 강력하게 반한다. 그래서 합리적인 것이 아니다.

비록 아무도 이러한 태도를 갖지 않는다고 하더라도, 이것은 많은 사람들이 가까운 미래에 대하여 갖는 편견과 비슷하다고 그는 덧붙이고 있다. 어떤 사람이 오늘 1분의 시련이 내일 한 시간의 같은 정도의 시련이 되리라는 것을 알고 있으면서도 오늘 1분의 시련을 연기하는 것은 비슷하게 합리적인 것이 아닐 것이라고 그는 주장한다. 시간적 중립성temporal neutrality이라는 입장을, 즉 미래의 불확실성을 제쳐두고, 시간의 모든 순간들에 대해 평등한 관심을 보이는 태도를 엄격하게 견지하지 않는 것도 파피트가 보기에는 합리적이지 않다.

네이글이나 파피트의 논변들이 분별이라는 합리성rationality of prudence 혹은 시간적 중립성이라는 합리성을 입증하는 데 성공했는지 여부도 하나의 문제이지만, **다른 사람들**의 욕구에 대한 고려에 기초하는 어떤 형태의 이타주의를 옹호하는 데 비슷한 논변이 사용될 수 있느냐 여부도 마찬가지로 다른 하나의 문제이다. 네이글은 이와 비슷한 논변을 『이타주의의 가능성』에서 시도한다. "현재를 여러 다른 시기들 중의 오직 하나로 보기" 대신에, 이타주의에 대한 논변에서는, "자신을 여러 다른 사람들 중의 오직 하나로 보기"가 등장한다. 그러나 우리들 대부분에게 현재를 우리가 살아 갈 여러 다른 시기들 중의 하나로 보면서 우리 자신이 일정한 시기에 걸쳐서 존재한다고 보지 않기는 극단적으로 어려울 것이지만, 우리 자신을 여러 다른 사람들 중의 한 사람으로 보는 것은 그 방식에서 아주 다르다. 이러한 점에 대한 시지윅Henry Sidgwick의 관찰이 나에게는 매우 올바른 것으로 보인다.

> 한 개인과 다른 개인의 차이가 실제적이고 근본적이라는 사실을 부정하는 것은 상식에 어긋나는 일이 될 것이다. 따라서 '나'는 근본적으로 중요한 어떤 의미에서 나의 개인으로서의 나의 존재 상태에 대해 관심을 기울이지만, 그와 같은 의미에서 다른 개인의 존재 상태에 대해서 관심을 기울이지는 않음을 부정하는 것도 상식에 어긋나는 일이 될 것이다. 사정이 이러하므로 한 개인이 추구하게 될 합리적인 행위의 궁극적인 목적을 결정할 때, 이러한 차이를 근본적인 것으로 보지 말아야 한다는 것이 어떻게 입증될 수 있는지 모르겠다.

그래서 합리적으로 행위하는 것이 윤리적으로 행위하는 것임을 보이고자 하는 시도에 장애가 되는 것은 흄의 실천이성에 대한 견해뿐만이 아니다. 상식적으로 알 수 있는 자아와 타자 간의 구분을 뛰어넘을 수 있는 길을 찾아내어야만 아마 그러한 장애를 뒤집어엎는 데 성공할 수 있을 것이다. 네이글은 더 이상 『이타주의의 가능성』에서의 논변을 고수하고 있지 않고, 파피트도 자신의 이익이 다른 사람의 보다 큰 이익과 대립될 때에도 자신의 이익을 촉진시키기 위해 행위하는 것이 합리적이라는 시지윅의 주장에 대체로 동의한다. 전적으로가 아니라 대체로 그렇다. 왜냐하면 그는 나의 아주 사소한 이익과 다른 사람의 큰 이익이 문제가 될 때 나 자신의 이익에 따라 행위하는 것은 합리적이지 않다고 생각하기 때문이다. 그래서 파피트가 볼 때, 100만 명의 비참한 죽음을 가져올 어떤 일을 해서 내가 1분의 불편함을 덜 수 있을 뿐이라면 그것을 하는 것은 비록 그것이 나의 이익이라고 하더라도 합리적이지 못하다. 그러나 이것은 불편부당하게 좋은 일, 혹은 옳은 일을 하는 것이 합리성에 의해 요청된다는 주장을 성립시키기에는 아직 한참 모자란다.

그래서 비록 합리성에 대한 흄의 견해가 틀렸다고 하더라도, 그 다음으로 합리성과 관련한 가장 강력한 견해도, 이는 아마 파피트가 수정한 시지윅의 견해일 것인데, 이도 합리성이 도덕적으로 행위하도록 요청한다는 결론을 우리로 하여금 내리도록 할 수는 없다.

제3절 윤리와 자기이익

만약 실천적 합리화가 우리의 욕구에서부터 시작된다면, 도덕적으로 행위하는 것이 합리적이라는 것을 보이기 위해서는, 도덕적으로 행위함으로써 우리의 욕구가 달성된다는 것을 보여야 할 것이다. 흄보다는 시지윅에 동의하는 입장에서 현재 순간에 우연히 우리가 바라고 있는 것과 무관하게 우리의 장기적인 이익에 따라 행위하는 것이 합리적이라고 주장한다면, 도덕적 행위가 우리의 장기적인 이익이 된다는 것을 보임으로써 도덕적 행위의 합리성을 입증할 수 있을 것이다. 플라톤이 『국가론』에서 소크라테스의 입을 빌려 덕이 있다는 것은 인간의 다양한 성격요소들이 조화로운 질서를 이루고 있다는 것이며, 이것이 행복에 필수불가결하다고 주장한 이후, 이러한 맥락에 따라 이러저러한 방식으로 논변하려는 시도는 많이 있어 왔다. 이러한 논변들을 간단히 살펴보려고 한다. 그러나 "나는 왜 윤리적으로 행위해야 하는가?"라는 물음에 대해 [이익이 되기 때문이라고 답하는] 이러한 전체적 접근방식[즉 특정한 관점을 전제하지 않는 접근방식]에 대한 반대의견을 살펴보는 것이 우선 필요하다.

사람들은 종종, 자기이익에 호소함으로써 도덕성을 옹호하려는 것은 윤리에 대한 오해에 기인한다고 주장한다. 브래들리F. H. Bradley는 이를 유려하게 표현했다.

> 왜 내가 도덕적이어야만 하는가라는 물음이 도덕이 나에게 이익이 되겠는가라는 의미로 물어진다면, 우리는 어떤 대답을 할 수 있을까? 이럴 때 덕의 즐거움에 대한 모든 칭송을 피하는 것이 좋으리라고 나는 생각한다. 우리는 덕의 즐거움이 악에게 있을 수 있는 모든 쾌락보다 높을 것이라고 믿을 수도 있다. 그러나 덕 그 자체를 사랑하지 않는 사람에게 덕의 쾌락을 이유로 덕을 추천할 결심을 할 때, 우리는 도덕적 관점을 포기하는 것이며, 덕을 비하시키고 매매하는 것임을 기억하는 것이 좋을 것이다.

바꾸어 말하자면, 우리는 자기이익이라는 이유를 제공함으로써 사람들로 하여금 도덕적으로 행동하게 할 수는 없다. 왜냐하면 그러한 이유로 우리가 말하는 것을 받아들이고 행동한다면, 그러한 행동은 도덕적인 것이 아니라 자기이익적인 것에 불과할 것이기 때문이다.

이러한 반대에 대한 한 대응은, 보다 중요한 것은 행위의 동기가 아니라 행위의 내용, 즉 실제적으로 행해진 것이라는 주장이다. 친구들이 자신을 더 훌륭하게 볼 것이라는 이유로 극단적인 빈곤에 처해 있는 이들을 위해 기부를 할 수도 있고, 그러한 기부를 의무라고 생각해서 같은 금액의 금전을 기부할 수도 있다. 이러한 기부에 의해서 도움을 받을 사람들은 어떤 방식에 의해서든 같은 정도로 이득을 보게 된다.

이는 맞는 말이지만 거칠다. 이러한 주장을 윤리의 본성과 기능에 대한 적합한 설명과 결합시켜 보다 세련되게 만들 수도 있다. 윤리는 집단 속에 살아가는 개인들 사이에서 진화된 사회적 관행들이다. 이는 집단 속에서 살아가는 개인들의 이익이 되는 삶의 방식들을 증진시킨다. 윤리적 판단은 이러한 가치들과 일치하는 행동을 칭찬하고 고무시킴으로써 이러한 일을 한다. 윤리적 판단은 동기와 관련되어 있다. 왜냐하면 동기는 바람직하거나 바람직하지 않은 것으로 간주되는 것을 증진시킬 행위성향을 잘 드러내 주기 때문이며, 또 칭찬과 비난이 인간행위의 경향을 바꾸는 데 효과적일 수 있는 곳도 바로 여기, 즉 동기이기 때문이다. 이러한 점에서 양심에의 충실 conscientiousness(즉 옳은 것을 하기 위해서 행위하는 것)[자기이익이 아니라 의무에 근거하는 동기]은 특별히 유용한 동기이다. 양심에 충실한 사람들은, 만일 그들이 사회의 가치관을 받아들인다면, (만약 사회 대부분의 사람들이 이러한 가치관을 받아들이지 않는다면, 그것은 그 사회의 가치가 될 수 없을 것이다.) 언제나 사회가 가치 있다고 여기는 것을 증진시키고자 하는 경향을 가진다. 그들이 관대하거나 동정적인 성향을 가지지 않을지도 모른다. 그러나 만약 빈곤한 사람을 돕는 것이 자신들의 의무라고 생각하면, 그들은 그렇게 할 것이다. 게다가 옳은 일을 하고자 하는 욕구에 의해 동기화된 사람들은, 어떠한 상황에서도 자신이 옳다고 생각하는 대로 행동할 것이라고 기대할 수 있다. 반면에 자기이익과 같은 다른 동기에서 행위하는 사람들은, 그들이 옳다고 생각하는 일이 자신에게도 이익이 된다고 생각할 경우에만 그 일을 할 것이다. 그러므로 양심에의 충실은, 심지어 사회적 가치들과 일치하는 행위를 일반적으로 불러일으키는 자연적 덕(관대, 동정, 정직, 관용, 겸손 등)이 결여되어 있는 경우에도, 사람들을 어떠한 가치 있는 것에로도 동기화시킬 수 있는 일종의 다목적 간극충전재gap-filler이다. (이러할 때 양심에 충실하다는 말의 의미는 제한될 필요가 있다. 양심에 충실한 어머니는 아이들을 사랑하는 어머니와 마찬가지로 아이들을 잘 양육할지 모른다. 그러나 그녀가 그렇게 하는 것은 그것이 옳은 일이기 때문이다. 그러므로 그녀는 아이들을 사랑할 수는 없다. 때때로 양심에의 충실은 실제적인 것을 대신하는 보잘것없는 대용품이다.)

  윤리에 대한 이러한 견해를 따른다 해도, 실질적으로 중요한 것은 여전히 동기가 아니라 결과이다. 양심에의 충실이 가치가 있는 것은 그것의 결과 때문이다. 그렇지만 [브래들리의 입장에서 보면] 자비 같은 것과는 달리 양심에의 충실은 그 자체만으로도 칭송되고 고무될 수 있다. 양심에 충실한 행위를 그 결과를 이유로 칭송하는 것은, 양심에의 충실을 칭송하는 것이 아니라, 그 밖의 것들을 칭송하는 것이다. 만약 우리가 의무를 해야 할 이유로 동정심이나 자기이익을 든다면, 이는 의무 그 자체를 위해 의무를 행하도록 사람들을 고무하는 것이 못된다. 양심에의 충실이 고무되려면, 양심에의 충실이 그 자체로서 좋은 것으로 생각되어져야만 한다.

칭찬이나 고무와 무관하게 사람들이 취하는 동기에서 수행된 행위는 [돈을 벌거나 이성을 사랑하는 등의 자기이익적 행위는] 경우가 다르다. 여기에 윤리적 언어를 적용하는 것은 적합하지 못하다. 최대의 쾌락을 가져오는 어떤 것이라 할지라도, 우리는 그것을 마땅히 해야 한다거나, 그것을 하는 것이 의무라고 우리는 보통 말하지 않는다. 왜냐하면 대부분의 사람들에게 있어서 이러한 행위를 할 동기화는 어쨌든 충분하기 때문이다. 우리는 옳은 일을 하기 위해 행해진 행위를 훌륭하다고 칭찬하는 반면, 자기이익과 같은 동기로부터 행해졌다고 믿어지는 행위에 대해서는 칭찬을 유보한다.

현재 우리의 윤리적 사고에는 옳기 때문이라는 이유만으로 옳은 일을 하는 것이 도덕적으로 가치가 있다는 것과 동기가 중요하다는 것이 부각되어 있다. 이러한 점이 강조되고 있는 정도만큼, 옳은 일을 할 이유로서 자기이익을 고려하는 것은 행위의 도덕적 가치를 없애는 일이라고 느낄 것이다.

우리의 윤리적 사고가, 어떤 이면의 동기 없이 옳기 때문에 수행되는 행위에 대해서만 도덕적 가치를 부여한다면, 그렇게 하는 정도만큼 그것은 잘못된 것이라고 나는 주장하겠다. 이런 식으로 도덕적 가치를 부여하는 태도가 사회적인 관점에서 볼 때 바람직하며, 널리 퍼져야 한다는 것도 이해 가능하다. 그럼에도 불구하고, 윤리에 대한 이러한 견해를 받아들여서, 어떤 행위에 대해 그 밖의 이유를 묻지 않고, 옳다는 이유로 옳다고 생각되는 일을 하게 되는 사람은, 일종의 신용사기의 희생물이 된다. 물론 누가 의식적으로 사기를 친 것은 아니라 하더라도 그렇다.

윤리에 대한 이러한 견해가 정당화될 수 없다는 것은, 앞 절에서 윤리의 합리적 정당화에 대한 논변이 성립할 수 없다는 것이 드러남으로서 이미 밝혀졌다. 서구철학사에서, 우리의 일상적인 도덕의식이 도덕적 가치를 발견하게 되는 경우는 단지 의무가 의무 그 자체로서 수행될 때뿐이라고 칸트보다 더 강력하게 주장한 사람은 없다. 그러나 칸트 자신도 합리적 정당화 없이는 윤리에 대한 이러한 일반적 개념이 '두뇌의 허깨비a mere phantom of the brain'에 불과할 것이라고 보았다. 사실 그렇다. 일반적으로 우리가 해왔던 것처럼, 윤리에 대한 칸트의 합리적 정당화를 거부하고 윤리에 대한 칸트의 개념만을 유지하려고 한다면, 윤리는 밑받침 없이 허공중에 매달린 것이 될 것이다. 그러한 윤리는 폐쇄된 체계, 즉 의문이 제기될 수 없는 체계가 될 것이다. 왜냐하면 옳기 때문에 행해진 행위만이 도덕적 가치를 지닌다는 제1전제가 그 전제를 받아들이는 데 대한 있을 수 있는 모든 정당화를 배제하기 때문이다. 이러한 견해에 따르면, 이른바 자기정당화적인 다른 관행들, 예컨대 애초부터 회의적 의심을 배제하는 사람들의 에티켓이나 종교적 신념과 같은 그러한 것들이 합리적 목표일 수 없듯이, 도덕성도 합리적 목표일 수 없다.

[특정한 관점을 전제하지 않는] 윤리에 대한 전체적 접근방법을 받아들이면, 우리는 이러한 칸트의 윤리개념을 포기해야 한다. 그러나 이것이 다른 추가적인 이유 없이 그저 옳다고 보이는 일을 옳다는 이유만으로 하지 말아야 된다는 말은 아니다. 여기서 다시 우리는 헤어가 제시했던 직관적 사고intuitive thinking와 비판적 사고critical thinking라는 구분에 의존할 필요가 있다. 우리가 일상적인 윤리적 결심에 등을 돌리고, 왜 우리가 도덕적으로 행위해야만 하느냐고 묻는다면, 가장 넓은 의미에서 이유들을 찾아보아야 하며, 윤리적 삶을 살 자기이익적 이유를

고려하지 못하게 하는 칸트적인 선입견을 허용하지 말아야 한다. 이유를 찾게 되면, 우리는 윤리적 관점을 확정된 방책으로, 또 살아가는 방식으로 채택할 근거를 가지게 된다. 그리고 나서부터는 일상적인 윤리적 결심을 할 때, 각각의 특정한 옳은 행위가 우리에게 이익이 되는지를 묻지 않을 것이다. 그 대신에 나는 나 자신을 윤리적 인격체로 보기 때문에 옳은 일을 한다. 일상적 상황에서 나는 옳은 일을 하는 것이 나에게 이익이 된다고 단순하게 가정한다. 그리고 일단 무엇이 옳은지를 결정하고 나면, 옳은 일을 해야 할 그 이상의 이유를 생각하지 않고, 계속하여 그 일을 한다. 각각의 경우에 있어서 옳은 일을 해야 할 궁극적인 이유를 숙고하는 것은 우리의 삶을 살아갈 수 없을 정도로 복잡하게 만들 것이다. 그리고 그러한 숙고는 권장할 만한 일도 못된다. 왜냐하면 특정한 상황에서 우리는 강력하기는 하지만 일시적일 뿐인 욕구와 성향에 의해서 너무 강하게 영향을 받을 것이며, 그리하여 나중에 후회할 결심을 하게 될 것이기 때문이다.

적어도 이러한 설명이 윤리 자체의 목표를 파괴하지 않고, 윤리를 자기이익으로써 정당화하는 것이 어떻게 가능할 수도 있는지를 보여주고 있다. 이제 우리는 그러한 정당화가 실재하는지를 물을 수 있다. 여기에서 나는 많은 종교적인 신앙인들에게 여전히 중요한 하나의 오래된 정당화, 즉 우리의 육체가 죽은 다음의 삶에서 덕에 대해서는 보상을 받고 악에 대해서는 처벌을 받는다는 믿음을 제쳐 놓을 것이다. 이러한 정당화에 의존하기 위해서는, 첫째 우리가 죽은 다음에도 어떤 형태로든 살아남는다는 것을, 둘째 우리가 윤리적 삶을 산 정도에 따라서 보상을 받거나 처벌을 받을 것임을 보여 주어야 할 것이다. 나는 이러한 것들이 어떻게 입증될지 알지 못한다.

『국가론』에서 플라톤은 왜 사람이 공정해야 하며 "공정한 사람은 행복하고 공정하지 못한 사람은 비참하다"는 결론에 결국 이를 수밖에 없는가를 묻는 회의주의자들과 논쟁하는 소크라테스를 그려내고 있다. 그렇지만 소크라테스의 논변은 오늘날의 독자들을 거의 설득하지 못할 것이다. 왜냐하면 그는 잘 산다는 것은 옳고 공정한 일을 하는 것이자 동시에 번창하고 행복한 것임을 가정하고서, 좋은 삶을 사는 것이라는 개념을 가지고 작업을 하고 있는 것으로 보이기 때문이다. 그러한 가정은 고대 그리스에서 좋은 삶을 산다는 것이 의미하는 것이었을지도 모른다. 그러나 오늘날 우리는 윤리적으로 산다는 것과 번창하고 행복하다는 것은, 비록 그것들 사이에 연결이 있는지 여부에 대하여 마음을 열어두고는 있지만, 전혀 별개의 것이라고 날카롭게 구분하고 있다. 많은 다른 철학자들도, 즉 아리스토텔레스, 아퀴나스, 스피노자, 버틀러, 헤겔, 심지어는 덕을 매매하는 것에 혹평을 가했던 브래들리도 소크라테스와 플라톤을 쫓아 좋은 사람이 행복할 것임을 보이고자 시도하였다. 이들 철학자들은 인간의 본성과 인간이 행복할 수 있는 조건들에 대해서 광범위한 주장을 하고 있다. 물론 철학자들은 경험 과학자가 아니며 과거의 철학자들이 제시했던 사실적 주장들은 증거라는 건전한 토대를 결여하고 있다. 그러나 이 점에서 심리학의 한 부분으로서 행복의 원천을 탐구하는, 때때로 '긍정심리학positive psychology'이라고 부르는 점증하는 근대 연구 집단에 관심을 가지는 것은 중요하다.

긍정심리학에서 우리는 윤리적으로 사는 것의 어떤 측면들과 행복 사이에 적어도 어떤 상관이 있다는 증거를 볼 수 있다. 하나의 큰 조사에 따르면, 자선단체에 기부한 미국인들은 기부하지 않은 미국인들보다 그들의 삶이 "매우 행복하다"고 말할 것 같은 확률이 43%나 더 높았다. 자선기관을 위해 자발적으로 일하는 사람들은 그렇지 않은 사람들보다 행복하다고 말할 것 같은 확률이 이와 비슷했다. 다른 연구에서, 기부를 하는 사람은 '희망 없다'라고 느낄 것 같은 확률이 68% 낮았으며 "너무 슬퍼서 아무것도 기분을 나아지게 할 수 없을 것"처럼 느낀다고 말할 것 같은 확률이 34% 낮았다. 다른 이타적 행위인 헌혈도 사람들이 자신에 대해 좋게 느끼도록 만들었다. 자원봉사는 실제로 나이든 사람들의 건강을 개선하여 그들을 더 오래 살게 도왔다. 『행복가설』의 저자이자 심리학 교수인 하이트Jonathan Haidt는 "적어도 나이든 사람들에게 받는 것보다는 주는 것이 실제로 더욱 축복이다"라고 지적하였다.

  단순한 상관 이상의 것이 있을까? 아마도 그럴 것이다. 한 실험에서, 연구자들은 19명의 여학생들 각각에게 100달러씩을 주고 그들에게 빈곤한 사람들을 위한 지방 음식 은행에 그 돈의 일부를 기부하는 선택권을 주었다. 관찰되는 어떤 효과가, 예를 들어, 다른 사람들이 자신들을 자비로운 사람으로 생각할 것이라는 믿음에서부터가 아니라, 기부하는 일로부터 전적으로 나오도록, 학생들에게는 아무도, 심지어는 실험자들도 어떤 학생이 기부를 했는지를 알지 못할 것이라고 이야기하였다. 학생들이 무엇을 할 것인지를 정하는 동안, 연구자들은 자기공명화상장치를 사용하여 두뇌의 다양한 부분들이 어떻게 움직이는지 보았다. 연구자들은 학생들이 기부를 할 때, 두뇌의 '보상중추들', 즉 꼬리모양 핵, 측중격핵, 그리고 도한이 활성화되는 것을 발견하였다. 이러한 것들은 우리가 달콤한 것을 먹거나 돈을 받을 때 반응하는 두뇌의 부분들이다. 이것은 작은 규모의 실험이었고, 더 많은 실험을 통해서만 이것이 광범위한 현상인지, 그리고 그것이 기부하는 사람들이 자신이 행복하다고 더 많이 말할 것 같은 이유에 대한 설명의 한 부분인지 여부를 보여 줄 것이다.

인용된 연구는 기부하는 행위와 도움을 주는 행위에 초점을 맞추었다. 그와 비슷한 어떤 것이 윤리적으로 사는 것 일반에 적용될 것인가? 이러한 보다 넓은 주제에 대한 연구는 거의 없거나 아예 없다. 미국의 심리학자인 매슬로A. H. Maslow는 인간에게 용기, 친절, 지식, 사랑, 정직, 그리고 탈이기심에로 성숙하고자 하는 자아실현에 대한 욕구a need for self-actualization가 있다고 주장했다. 이러한 욕구가 충족될 때, 우리는 명랑하고, 즐겁고, 열정에 가득 차며, 때때로 행복감에 도취되고, 전반적으로 행복하다고 느낀다. 자아실현의 욕구에 대립하여 행동할 때, 우리는 불안, 좌절, 권태, 수치, 공허를 경험하게 되며, 전반적으로 유쾌할 수가 없다. 이러한 매슬로의 주장이 옳다고 밝혀진다면 얼마나 좋겠는가? 불행하게도 매슬로가 그의 이론을 지지하기 위해 제시한 자료들은 [특별히] 선택된 사람들에 대한 매우 한정된 연구결과에 불과하며, 시사적인 것 이상으로 간주될 수 없다.

인간의 본성은 매우 다양해서, 행복을 가져오는 특성의 종류에 대한 어떠한 일반화도 모든 인간에게 타당할 수 있을지 의심스럽다. 예를 들어, 우리가 '반사회적 정신병질자psychopath'라고 부르는 사람들은 어떤 사람들인가? 정신과의사들은 이 말을 사교적이지 못하고, 충동적이고, 자기중심적이며, 냉혹하고, 자책감이나 수치감이나 죄책감을 느끼지 못하며, 깊고 지속적인 인간관계를 형성할 능력을 분명히 가지지 못한 사람을 지칭하는 말로 사용한다. 정신병질자들은 확실히 정상적이지 않다. 그러나 그들이 정신적으로 병든 사람들이라고 말하는 것이 적합한가 여부는 다른 문제이다. 적어도 표면적으로, 그들은 그들의 상태로 인해 **고통**을 겪고 있지 않으며, '치료되는 것'이 그들에게 이익이 될지는 분명하지 않다. 『제정신이라는 가면』이라는 정신병질에 관한 고전적 연구서의 저자인 클렉클리Hervey Cleckley는 그의 책이 처음 발간된 이후 도움을 갈망하는 사람들로부터 수많은 편지를 받았다. 그러나 그 편지들은 정신병질자의 부모나 배우자나 다른 친척들로부터 온 것이었지, 정신병질자 자신으로부터는 온 것이 거의 없었다는 사실을 그는 지적하고 있다. 이는 놀라운 일이 아니다. 왜냐하면 정신병질자는 비사교적이고 다른 사람들의 복지에 무관심하기는 하지만, 자신의 능력들에 대해서는 과장된 의견을 가지고 있기 때문이다. 한 인터뷰에서 한 정신병질자는 이렇게 말하고 있다.

> 나에게 많은 일이 일어났다. 더 많은 일이 일어날 것이다. 그러나 나는 삶을 즐기고 나는 언제나 각각의 날들을 기대하고 있다. 나는 웃는 것을 좋아하고 나는 많은 것을 한다. 나는 본질적으로 내심 광대이다. 그러나 행복한 광대이다. 나는 언제나 나쁜 것과 좋은 것을 착각한다.

정신병질에 대한 효과적인 치료는 없다. 이는 정신병질자들이 자신들의 행동에서 아무런 그릇된 것을 보지 못하고 적어도 단기적으로는 자신이 행동이 종종 자신에게 득이 된다고 생각하는 사실에 의해 아마 설명될 것이다. 물론 충동적인 성질이나 수치감 또는 죄책감의 결여로 인하여 어떤 정신병질자들은 교도소에서 죽고 만다. 그러나 그렇게 되지 않는 정신병질자들이 얼마나 많은지 알기 어렵다. 왜냐하면 교도소에 들어오지 않는 사람은 또한 정신과의사와 만나지 않을 가능성도 크기 때문이다. 조사연구에 의하면 놀라울 정도로 많은 정신병질자들이 대단히 반사회적인 행위에도 불구하고 교도소에 들어가지 않을 수 있었다고 한다. 아마도 이는 그들의 유명한 능력, 즉 그들이 진정으로 후회하고 있으며, 그들이 했던 그러한 일이 다시는 일어나지 않을 것이며, 그들도 기회를 한 번 더 가질 자격이 있다는 것 등을 다른 사람에게 설득하는 능력 때문일 것이다.

정신병질적인 사람들이 있다는 사실은 자비심, 동정심, 죄책감이 모든 사람에게 있다는 주장에 대한 반대증거가 된다. 그리고 이는 또 행복을 이러한 성향의 소유와 연결시키려는 시도에 대해서도 반대증거가 된다. 그러나 후자의 결론을 받아들이기 전에 잠깐 멈추기로 하자. 우리는 자신의 행복에 대한 정신병질자의 평가를 받아들여야만 하는가? 그들은 결국 거짓말쟁이로 악명 높다. 게다가 비록 그들이 보고 있는 그대로 진실을 말한다고 하더라도, [보다 정상적인] 다른 사람들의 행복과 충족에서 큰 역할을 하고 있는 감정적 상태를 그들이 경험할 수 없는 것처럼 보일 때, 그들이 실제로 행복하다고 말할 자격이 있겠는가? 물론 정신병질자들도 우리들에게 똑같은 논변을 사용할 수 있을 것이다. 완전한 무책임으로부터 나오는 흥분과 자유를 경험하지 않고서 참으로 행복하다고 어떻게 말할 수 있겠는가? 우리가 정신병질적인 인간이 주관적 상대에 들어살 수 없기 때문에, 그리고 그들도 우리에게 들어올 수 없기 때문에, 이 논쟁은 해결하기가 쉽지 않다.

클렉클리는 정신병질자들의 행위는 그들의 삶의 무의미성에 대한 반응으로 설명될 수 있다고 주장했다. 정신병질자들에게 특징적인 것은, 어떤 직장에서 잠시 동안 일하여 그들의 능력과 매력이 그들을 성공의 정점에 올려놓았을 바로 그때, 어떤 사소하고 쉽게 발각되는 범죄를 저지르는 것이다. 비슷한 유형이 그들의 인간관계에서도 나타난다. 그들은 주로 현재에서 살아가며 어떤 정합적인 삶의 계획을 결여하고 있다. 때때로 그들의 행위가 가져올 미래의 결과를 보지 못하는 것은 심지어 그들 자신에게도 깜짝 놀랄 만하다. 다음은 헤어R. D. Hare가 연구한 한 예이다.

> 정신병질 점검표에서 높은 점수를 받은 나의 환자들 중의 한 사람의 이야기는 다음과 같다. 그는 파티에 가는 중에 맥주 한 상자를 사기로 결정했다. 그러나 여섯 내지 일곱 블록 떨어진 집에 지갑을 놓고 왔다는 것을 알게 되었다. 걸어서 돌아가기를 원하지 않았기에, 그는 무거운 나무 막대기를 집어 들고 근처에 있는 주유소에서 강도짓을 하여 점원에게 심각한 상처를 입혔다.

어떤 사람이 자신이 여러 시기에 걸쳐서 존재하고 있음을, 그리고 현재가 단지 자신이 살아가는 여러 다른 시기들 중의 하나임을 합리적으로 파악하는 데 실패하는 것이 '분별없음imprudence'이라는 네이글의 설명에 대한 증거를 우리는 여기서 볼 수 있다. 정신병질자는 이러한 실패의 극단적인 형태이다. 정신병질자의 삶이 〈리어 왕〉이 공연되는 동안 내내 앉아 있기를 강요당한 어린아이의 삶과 마찬가지라고 봄으로써, 클렉클리는 이같이 변덕스럽고 부적합하게 동기화된 행위를 설명한다. 어린 아이들은 이런 상황에서 가만있지 못하고 버릇없이 구는데, 왜냐하면 그들은 어른들처럼 그 연극을 즐길 수 없기 때문이다. 그들은 지루함을 해소시키기 위해 그렇게 군다. 클렉클리는 정신병질자들도 이와 비슷하게 지루하다고 보는데, 왜냐하면 그들은 그들의 정서적 빈곤 때문에 다른 사람들에게는 인생에서 가장 중요한 일들, 즉 사랑, 가족, 사업이나 직업생활에서의 성공 등으로부터 흥미를 가지거나 만족을 얻을 수 없기 때문이다. 그들에게는 이러한 일들이 단순히 문젯거리가 못된다. 예측 불가능하고 반사회적인 그들의 행위는 그렇지 않으면 지겨운 것이었을 생활에서 해방되고자 하는 시도이다. 이러한 주장은 사변적이며, 클렉클리도 이를 과학적으로 확증하는 것이 불가능할지도 모른다는 것을 인정한다. 그러나 이러한 주장은 그렇지 않았더라면 매력적이었을 정신병질자들의 자유분방한 삶의 성질을 손상시키는 그들의 삶의 한 측면을 제시하고 있다. 대부분의 반성적인 사람들은 이러저러한 때에 자신의 삶이 어떤 종류의 의미를 가지기를 원한다. 우리들 중의 어느 누구도 완전히 무의미하게 보이는 생활방식을 심사숙고하여 선택할 수는 없다. 이러한 이유로 우리들 대부분은, 아무리 그것이 즐거울 수 있을지 모른다고 해도, 정신병질자의 삶을 살기를 선택하지는 않을 것이다.

그러나 즐거운 삶을 살고자 하는 정신병질자의 요구를 그것의 무의미성을 이유로 비난한다면, 우리가 "우리 자신의 삶에서 의미를 발견할 수 있는가?"라는 질문에 직면하지 않을 수 없다. 우리가 종교적인 신앙인이 아니라면, 정신병질자에게만이 아니라 우리 모두에게도 삶이 실제로 무의미하다는 것을 우리는 받아들여야만 하지 않는가? 만약 이렇다면, 그리고 우리의 인격을 선택하는 것이 우리 마음대로라면 왜 우리는 정신병질자의 삶을 선택하지 말아야 하는가? 그렇지만, 종교를 제쳐놓고 나면, 삶이 무의미하다는 것은 참인가? 이제 도덕적으로 행위해야 할 이유에 대한 우리의 탐구는 우리로 하여금, 종종 철학의 궁극적인 문제라고 간주되는 물음에 다다르게 한다.

제4절 삶은 의미 있는 것인가?

신에 대한 신앙을 거부하는 것이, 어떤 의미에서, 삶이 의미를 가진다는 견해를 거부하는 것이 되는가? 만약 이 세계가 어떤 신적인 존재가 마음에 품었던 특정한 목표에 따라 창조되었다면, 적어도 그 신적인 존재에 대해서는 의미를 갖는다고 말할 수 있다. 만약 우리가 그 신적인 존재가 우리를 창조한 목표를 알 수 있다면, 그때 우리는 우리의 창조자가 생각한 우리 삶의 의미 meaning of life를 알 수 있을 것이다. 만약 우리가 우리의 창조자의 목표를 받아들인다면 (물론 왜 우리가 그렇게 해야만 하는가가 설명될 필요가 있겠지만) 우리는 삶의 의미를 안다고 주장할 수 있을 것이다.

우리가 신에 대한 신앙을 거부한다면 우리는 이 행성 위의 생명이 어떤 예정된 의미를 가진다는 생각을 포기해야만 한다. 생명은 **전체로서** 아무런 의미도 가지지 않는다. 가장 넓게 통용되고 있는 이론에 따른다면, 생명은 분자들의 우연한 결합에 의해서 시작되었다. 그 다음에 생명은 돌발적인 변이와 자연선택에 의해서 진화되었다. 이 모든 것은 그냥 일어났으며, 어떠한 전반적인 목표를 지향해서 일어나지 않았다. 그러나 생명은 이런 사태보다도 저런 사태를 선호하는 그러한 존재양식에까지 도달하게 되었기 때문에, 특정한 삶이 의미 있게 되는 것이 가능할 수도 있게 되었다. 이러한 방식으로 무신론자들은 삶의 의미를 발견할 수 있다.

정신병질자의 삶과 보다 정상적인 사람의 삶을 비교하는 일로 돌아가 보자. 왜 정신병질자의 삶은 의미가 없어야 하는가? 우리는 정신병질자들이 극도로 자기중심적임을 보았다. 다른 사람이나 세속적인 성공, 그리고 그 밖의 어떠한 것도 그들에게는 실제로 중요하지 않다. 그런데 왜 그들이 자신의 삶을 즐기는 것이 그들의 삶에 의미를 부여하는 데 충분치 못한가?

아마도 우리들 대부분은 어떤 사람들이나 어떤 일들에 신경을 쓰지 않고 자의적으로 즐겁기 시작함으로써 완전한 행복을 발견할 수는 없을 것이다. 이러한 방식으로 얻는 쾌락은 공허하게 보일 것이며, 곧 물리게 될 것이다. 우리는 우리의 삶에서 우리 자신의 쾌락 이상의 의미를 추구하며, 의미 있는 것으로 보이는 일을 함으로써 충족감과 행복을 발견한다. 만약 우리의 삶이 우리 자신의 행복외의 어떤 다른 의미를 갖지 못한다면, 우리가 생각하기로 행복하기 위해 필요한 것을 획득했을 경우에도, 행복 그 자체는 여전히 우리에게서 벗어나 있음을 발견할 것 같다.

행복 그 자체를 겨냥하는 자는 종종 행복을 찾지 못하지만, 전적으로 다른 목표들을 추구하는 자가 오히려 행복을 얻는다는 주장은 '쾌락주의의 역설the paradox of hedonism'이라 불려 왔다. 물론 이는 논리적 역설이 아니라 우리가 행복하게 되는 방식에 대한 하나의 주장이다. 이러한 주제에 대한 다른 일반화와 마찬가지로 이것도 경험과학적으로 화증된 것은 아니나. 그러나 이는 우리의 일상적인 관찰과 일치하며, 목적적 존재purposive being로 진화해 온 우리의 본성과 일치한다. 인간은 목적적 행위를 통하여 살아남았고, 자신을 재생산해 왔다. [즉 자신을 유지하고 후손을 번식시켜 왔다.] 우리는 우리의 목표를 향해 일하고 목표를 달성함으로써 행복감과 충족감을 얻는다. 진화론적인 표현을 빌린다면 행복은 우리의 성취에 대한 내적 보상으로 기능한다고 말할 수 있다. 주관적으로 우리는 (목표를 향해 나아가거나) 목표를 달성하는 것을 행복의 이유로 생각한다. 그래서 우리 자신의 행복은 행복이 아닌 다른 어떤 것을 목표로 삼는 일의 부산물이며, 행복 그것만을 겨냥함으로써는 얻어질 수 없는 것이다.

정신병질자의 삶은 이제 정상적인 삶이 의미 있는 그러한 방식으로는 의미 없는 것으로 보일 수 있다. 정신병질자의 삶이 의미가 없는 것은, 그것이 내적으로는 현재 순간의 쾌락을 추구하며 외적으로는 보다 장기적이고 포괄적인 어떤 것을 추구하지 않기 때문이다. 보다 정상적인 삶이 의미를 가지는 것은, 그것이 보다 큰 목적을 향해 살아지기 때문이다.

이 모든 것은 사변적이다. 당신은 이것들이 자신의 관찰과 내성에 일치하는 정도만큼 받아들일 수도 거부할 수도 있다. 내가 이제 마지막으로 제안하고자 하는 것은 또한 더욱 사변적인 것이다. 그것은 우리의 삶에서 지속적인 의미를 찾기 위해서는, 장기적인 약속이나 생활 계획을 갖지 못하는 정신병질자를 넘어서는 것으로 충분하지 않다는 것이다. 우리는 오직 그들 자신의 이익들과 관련된 장기적인 계획을 가지는 보다 분별 있는 이기주의자들 또한 넘어서야만 한다. 분별 있는 이기주의자는 한 동안 자신의 삶에서 의미를 찾을지도 모른다. 왜냐하면 그들은 자신의 이익을 늘린다는 목표를 가지기 때문이다. 그러나 결국 어디에 다다르게 되는가? 이익이 되는 모든 것을 성취하고 나면, 물러나 앉아 행복해 할 것인가? 이러한 방식으로 행복할 수 있는가? 아니면 완전히 도달되지 않은 목표가 여전히 남아 있다고, 그래서 물러나 앉아 즐길 수 있기 전에 우리가 필요로 하는 것들이 또 있다고 결정할 것인가? 물질적으로 성공한 대부분의 이기주의자들은 후자의 길을 택함으로써, 그들이 영원한 안식을 누리는 행복을 결코 찾아낼 수 없다는 것을 인정하지 않아도 된다. 조그만 사업체를 일으키는 데 노예처럼 매달리는 사람은 안락하게 살기에 충분할 때까지 그렇게 일할 것이라고 자신에게 말한다. 그러나 그들의 원래 목표가 달성된 한참 뒤까지도 계속하여 일한다. 그들의 물질적인 '욕구'는 그들의 수입을 계속 앞지르기에 충분할 정도로 빨리 팽창한다.

최근에 우리는 부에 대한 욕구가 만족할 줄 모르는 성질을 가졌다는 것을, 그리고 그것이 우리를 어디로 데려가는지를 보여 주는 많은 예들을 가지게 되었다. 1980년대에 그것은 스톤Oliver Stone의 영화 〈월스트리트Wall Street〉에 집적되어 있다. 너글러스Michael Douglas가 연기한 확실히 불쾌한 존재인 게코Gordon Gekko는 "탐욕은 선이다"라고 선언했다고 해서 유명한 실제 금융업자인 보에스키Ivan Boesky와 닮은 방식의 작전을 구사하는 재정 수완가이다. 영화에서 비판적인 목소리는 쉰Charlie Sheen이 연기한 폭스Bud Fox가 낸다. 게코가 폭스의 아버지가 기계공으로 일하는 항공사에 대해 그의 일반적인 작전방식인 인수 후 자산탈취 절차를 시도하려 하자, 화가 난 폭스는 이렇게 묻는다. "고든, 나에게 말해봐, 언제 이 모든 것이 끝날 거야, 응? 얼마나 많은 요트를 수상스키를 타고 앞지를 수 있어? 얼마나 해야 충분한 거야?" 보에스키에게 1억 5천만 달러는 충분하지 않게 보였다. 왜냐하면 그가 내부자 거래를 통하여 그의 재산을 뻥튀기하려고 시도할 때 그의 재산이 최소한 그 정도였기 때문이다. 하지만 내부자거래라는 범죄행위로 인하여 결국 그는 자신의 재산과 평판과 자유를 잃어버렸다. 감옥에서의 10년이라는 꼬리표를 단 그 남자를 보고서, 사람들은 단순한 부의 축적보다는 충족과 만족을 발견하는 일에 대해 이야기하기 시작했다. 그렇지만 21세기의 첫 10년 동안 경제적으로 좋은 시절이 돌아오자, 과시적인 소비는 신기록을 세웠다. 펀드회사의 창립자들은 500만 달러 이상의 비용이 드는 왁자지껄한 생일 파티를 경쟁적으로 개최하였다. 2007년 세계적인 경제위기가 강타하고 마도프Bernard Madoff의 [다단계 금융사기인] 폰지 사기Ponzi Scheme가 보에스키의 내부자 거래와 같은 것이 되자, 이 이야기는 다시 한 번 의미와 충족을 찾는 쪽으로 방향을 돌렸다. 그리고 시간이 지나면, 이러한 순환이 반복될 것이라고 예언하는 것이 안전할 것으로 보인다.

축적과 몰락의 이러한 순환을 회피하고자 하는 누구에게나, 윤리는 보다 내구력 있는 대안을 제공할 수 있다. 만약 우리가 자신의 이익보다 좀 더 넓은 목표를, 다시 말해서 자신의 삶이 자신의 부 혹은 자신의 즐거운 의식 상태라는 좁은 경계를 넘어서는 의미를 가졌음을 보여줄 수 있는 어떤 것을 추구하려 한다면, 확실한 한 해결책은 윤리적 관점을 취하는 것이다. 앞에서 보았듯이, 윤리적 관점은 우리에게 개인적 관점을 넘어서서 불편부당한 관망자의 관점으로 나아가도록 요청한다. 그래서 사물을 윤리적으로 바라보는 것은, 자신의 내적인 관심 추구를 초월해서, 가능한 가장 객관적인 관점, 즉 시지윅의 표현을 빈다면, '우주적 관점the point of view of the universe'에 참여하는 방식이 된다.

우주적 관점이란 고상한 입장이다. 우리가 우주를 에워싸고 있는 희박한 공기 속에서 무아지경에 빠져, 칸트가 그러했듯이, 자신의 제한된 본성과 도덕적 관점을 비교하는 모든 사람들처럼 '필연적으로' 겸허하게 되어 윤리적 관점을 주장하게 될 수도 있다. 나는 이처럼 결정적인 어떤 것을 제시하기를 원치 않는다. 이 장의 앞부분에서 나는 이타주의의 합리성에 대한 네이글의 논변을 배격하면서, 시지윅과 파피트에 동의하여 다른 개인의 존재 상태에 대한 관심을 가지지 않으면서 자신의 존재 상태에 대한 관심을 가지는 데는 비합리적인 것이 없다고 주장했다. 이러한 주장으로 돌아가지 않고, 이제 나는 이렇게 제안한다. 자신의 존재의 본성과 목표에 대한 자의식과 반성을 포함하는 넓은 의미의 합리성은, 우리를 우리 자신의 존재의 질보다 더 넓은 관심사에로 밀어붙일 수도 있다. 그렇다고 하더라도 이러한 과정이 필연적인 것은 아니며, 이러한 과정에 참여하지 않는 사람이나, 참여하더라도 윤리적 관점에까지 이르는 모든 단계를 좇지 않는 사람이라 할지라도 비합리적이거나 오류를 범하고 있는 것은 아니다. 어떤 사람들은 우표를 모으거나 자신들이 좋아하는 축구팀을 쫓아다니는 것이 자신들의 삶에 목적을 부여하는 완전히 적합한 방법이라고 생각한다. 여기에 합리적이지 않은 것은 아무것도 없다. 그러나 다른 사람들은 그들이 세계 내에서의 그들의 상황에 대하여 더 알게 되고 그들의 목적에 대하여 더 반성적이게 되어 더 의미 있는 어떤 것을 다시 추구한다. 이 세 번째 집단의 사람들에게 윤리적 관점은 더 이상 성장해 나갈 수 없는 최고의 의미와 목표를 제공한다. 적어도 모든 윤리적 의무가 완수되기까지 윤리적 관점 이상으로 성장할 수 없다. 그러한 유토피아가 달성된다 해도, 우리의 목적적 본성 때문에 우리는 결코 만족하지 못할 것이다. 이는 이기주의자가 행복하기 위해 필요한 모든 것을 가졌을 때에도 만족하지 않는 것과 마찬가지이다. 여기에는 역설적인 것이 아무것도 없다. 왜냐하면 우리는 진화가 이제까지 존재하지 않았던 상황을 즐길 능력을 우리들에게 미리 장치해 주었으리라고 기대할 수 없기 때문이다. 그리고 이는 가까운 미래에서는 실천적인 문제가 되지 못할 것이다.

 이러한 추상적인 사변들을 보다 개인적이고 구체적으로 만듦으로써 결론으로 삼고자 한다. 스피라Henry Spira는 20세기 미국의 가장 효과적인 동물 활동가들 중의 한 사람이었다. (단 하나의 예만 든다면, 오늘날 그렇게 많은 화장품에 표시된 '동물에 시험되지 않은not tested on animals'이라는 구절은 어느 누구보다도 스피라에 기인한다.) 동물들의 엄청난 양의 고통을 덜어준 그의 많은 캠페인에 더하여, 스피라는 시민의 권리를 위해 남부에서 행진하였고, 전국해운노조의 부패와 맞서 싸웠으며, 뉴욕의 고등학교에서 혜택을 받지 못하는 아이들을 가르쳤다. 나는 운 좋게도 그를 나의 친구로 맞아들여 그의 집이자 사무실인 가구도 별로 없고 집세제한이 걸려 있는 뉴욕의 아파트에서 여러 차례 같이 머물렀다. 그가 암에 걸려 끝이 그렇게 멀지 않았을 때, 나는 그에게 무엇 때문에 그가 그의 삶을 다른 사람들을 위해 사용했느냐고 물었다. 그는 이렇게 대답했다.

내가 보기에, 기본적으로 사람들은 자신의 삶이 단순히 물건들을 소비하고 쓰레기를 만들어내는 것 이상의 것이라고 느끼기 원한다. 내가 생각하기로, 사람들은 뒤돌아보며 다른 사람들에게 이곳이 더 좋은 장소가 되도록 자신이 할 수 있는 최선을 했다고 말하기를 좋아한다. 당신은 다음과 같은 관점에서 그것을 볼 수 있다. 고통과 시련을 줄이기 위해 아마도 할 수 있을 것을 무엇이든 하는 것보다, 어떤 더 큰 동기화가 있을 수 있겠는가?

이러한 대답이 도덕적으로 행위할 압도적인 이유들을 모든 사람에게 제공하지는 않을 것이다. 우리 모두가 고통과 시련을 감소시키고 세계를 다른 사람들에게 더 좋은 장소로 만들어야 한다는 합리적 요청을 받는다는 것을 입증할 수도 없다. 윤리적으로 옹호할 수 없는 행위가 언제나 합리적이지 않은 것도 아니다. 윤리적 기준들에 대한 심각한 침해를 반대할 추가적인 이유를 제시하기 위해서는 법의 제재나 사회적 압력이 아마도 언제나 필요할 것이다. 반면에 왜 윤리적으로 행위해야 하는가라는 물음을 물을 수 있을 정도로 충분히 반성적인 사람은 또한 스피라가 윤리적 관점을 취할 이유로 제시한 것들을 가장 잘 이해할 것 같다.

주석, 참고문헌, 그리고 더 읽을거리

서문

이 책에 표현된 견해들에 대한 항의들을 더 보려면, 다음을 보라. Peter Singer, "On Being Silenced in Germany", *The New York Review of Books*, August 15, 1991, and Peter Singer, "An Intellectual Autobiography", in Jeffrey Schaler (ed.), *Peter Singer Under Fire* (Chicago, 2009).

인간과 동물의 비교를 금지하는 명령문의 출처는 *Ethische Grundaussagen (Ethical Foundational Statements)* by the Board of the Federal Association Lebenshilfe für geistig Behinderte e.V., published in the journal of the association, *Geistige Behinderung* 29:4 (1990), p. 256.

제1장 윤리에 대하여

첫 번째 절에서 다루어지는 문제들을—상대주의, 주관주의, 그리고 이른바 윤리의 종교에 대한 의존을—몇몇 책들이 다루고 있다. 아마도 최선의 간단한 입문으로는 다음이 있다. James Rachels, *The Elements of Moral Philosophy*, 6th ed., edited by Stuart Rachels (New York, 2009). 유용한 최신의 자료를 담고 있는 온라인 사전으로는 *Stanford Encyclopedia of*

*Philosophy*가 있는데, 여기에는 이 책에서 다루는 다른 주제들의 자료도 있다. 이러한 주제들에 대한 David Wong, James Rachels, 그리고 Jonathan Berg의 논문들도 보라. 이들은 각각 P. Singer (ed.), *A Companion to Ethics* (Oxford, 1991)에 실려 있다. '선'을 "신이 승인하는 것"으로 정의하는 데 대한 플라톤의 반론은 그의 *Euthyphro*에 실려 있다. 엥겔스의 마르크스주의 도덕관에 대한 논의와 '참으로 인간적인 윤리'에 대한 언급은 그의 *Herr Eugen Dühring's Revolution in Science*, Ch. 9에 실려 있다. 마르크스의 도덕비판에 대한 논의로는 Allen Wood, "Marx against Morality" in P. Singer (ed.), *A Companion to Ethics*를 보라. C. L. Stevenson의 이모티비즘(emotivist theory)은 그의 *Ethics and Language* (New Haven, 1944)에 가장 자세히 설명되어 있다. R. M. Hare의 기본적인 입장은 그의 *The language of Morals* (Oxford, 1952)와 *Freedom and Reason* (Oxford, 1963) 그리고 *Moral Thinking* (Oxford, 1981)에 드러나 있다. 요약적인 진술을 보려면 그의 에세이 "Universal prescriptivism" in P. Singer (ed.), *A Companion to Ethics*를 보라. J. L. Mackie, *Ethics: Inventing Right and Wrong* (Harmondsworth, Middlesex, 1977)은 주관주의의 한 유형을 옹호하고 있다. Derek Parfit는 그의 저서 *On What Matters* (Oxford, forthcoming)에서 윤리에서의 객관적 진리를 엄밀히 논변하며 옹호하고 있다.

정의감을 보여 주는 침팬지의 행위에 대한 서술은 Frans de Waal, *Chimpanzee Politics* (Jonathan Cape, London, 1982), pp. 205-7에서 가져왔다. 우리의 도덕적 직관들이라는 진화된 본성에 대한 최근의 발견들에 대한 자세한 설명과 이러한 발견들의 윤리에 대한 의미에 대한 토론으로는 Joshua Greene, *The Moral Brain and How to Use It*, Penguin Press, New York, forthcoming을 보라.

Mill의 에세이 "On Nature"는 John Stuart Mill, *Nature, The Utility of Religion, and Theism*, (London, 1874)로 처음 출판되었다.

두 번째 절에서 언급되고 있는 보편화 가능성의 원칙에 대한 보다 중요한 공식화는 다음의 책들에서 다루어지고 있다. I. Kant, *Groundwork of the Metaphysic of Morals,* section II. (다양한 판과 번역본들이 있다.); R. M. Hare, *Freedom and Reason*과 *Moral Thinking*; R. Firth, "Ethical Absolutism and the Ideal Observer", *Philosophy and Phenomenological Research,* vol. 12 (1951-2); J. J. C. Smart and B. Williams, *Utilitarianism, For and Against* (Cambridge, 1973); John Rawls, *A Theory of Justice*; J. P. Sartre, "Existentialism Is a Humanism" in W. Kaufmann (ed.) *Existentialism from Dostoevsky to Sartre,* 2d ed. (New York, 1975); Jürgen Habermas, *Legitimation Crisis* (trans. T. McCarthy, London, 1976), pt. 111, chaps. 2-4.

이익이나 선호에 기초하는 공리주의의 한 형태를 옹호하는 잠정적인 논변은, Hare가 *Moral Thinking*에서 전개시킨 논변만큼 깊이 들어가지는 않았지만, 주로 그의 이 글에 의존하고 있다. Sidgwick은 선호 견해와 쾌락주의 견해를 그의 *The Methods of Ethics* (7th edition, London, 1907), book I, chap. 9, pp. 109-15에서 구분하였다. 결과주의에 대한 유용한 논의로는 다음 소논문을 보라. Walter Sinnott-Armstrong in the *Stanford Encyclopedia of Philosophy,* http://plato.stanford.edu/entries/consequentialism.

로또에 당첨된 사람이 크게 행복하지 않다는 발견에 대해서는 다음을 보라. Philip Brickman, Dan Coates and Ronnie Janoff-Bulman, "Lottery winners and accident victims: Is happiness relative?" *Journal of Personality and Social Psychology,* 36 (1978), pp. 917-27.

제2장 평등과 그 함축

평등이 인간의 자연적 특성에 기초할 수 있다는 Rawls의 논의는 *A Theory of*

Justice (Cambridge, MA, 1971; revised edition, 1999)의 제77절에서 전개된다.

IQ 시험과 지성에 대한 논의로는 다음을 보라. James Flynn, *What is Intelligence? Beyond the Flynn Effect* (Cambridge, 2009). IQ와 인종을 연계시키는 데 찬성하는 주된 논의로는 A. R. Jensen, *Genetics and Education* (London, 1972)와 *Educability and Group Differences* (London, 1973), 그리고 H. J. Eysenck, *Race, Intelligence and Education* (London, 1971)이 있다. 이에 대한 다양한 반대의견은 K. Richardson and D. Spears (eds.), *Race, Culture and Intelligence* (Harmondsworth, Middlesex, 1972)에 모아져 있다. 다음도 보라. N. J. Block and G. Dworkin, *The IQ Controversy* (New York, 1976); H. J. Eysenck and Leon Kamin, *Intelligence: The Battle for The Mind* (London, 1981); R. C. Lewontin, Steven Rose and Leon Kamin, *Not in Our Genes* (New York, 1984) especially chap. 5; R. J. Herrnstein and C. Murray, *The Bell Curve* (New York, 1994), 그리고 Robert Nichols와 James Flynn 간의 논쟁과 Jensen의 평론은 다음에 있다. S. Modgil and C. Modgil, *Arthur Jensen, Consensus and Controversy* (New York, 1987), pp. 213-35, 그리고 374-81. Thomas Jefferson이 지능과 권리문제 사이에 연관이 없음을 지적하고 있는 편지는, 1809년 2월 25일 Henri Gregoire에게 보낸 것이다.

남녀 간의 심리적 차이와 인지적 차이의 본성과 기원은 다음에서 다루어지고 있다. Eleanor Maccoby and Carol Jacklin, *The Psychology of Sex Differences* (Palo Alto, 1974); Diane Halpern, *Sex Differences in Cognitive Abilities*, (3rd edition, London, 2000); Doreen Kimura, *Sex and Cognition*, (Cambridge, Mass., 2000); and Melissa Hines, *Brain Gender* (New York, 2005). 어떤 과학에 대한 비판으로는 다음을 보라. Cordelia Fine, *Delusions of Gender* (New York, 2010).

평등의 유일한 정당화 가능한 형태로서 기회의 평등에 대한 전형적인 옹호로는 다음이 있다. Danel Bell, "A 'Just' Equality", *Dialogue* (Washington

DC, 1975) vol. 8, no. 2. Jeffrey Gray의 주장은 다음에서 인용되었다. "Why Should Society Reward Intelligence?" *The Times* (London), September 8, 1972. 평등한 기회에 의해 제기되는 딜레마는 다음에서 날카롭게 제기되고 있다. James Fishkin, *Justice, Equal Opportunity and the Family* (New Haven, 1983).

차별시정조치 문제에 대한 개관으로는 다음 소논문을 보라. Robert Fullinwider, "Affirmative Action" in the online *Stanford Encyclopedia of Philosophy*, http://plato.stanford.edu/entries/affirmative-action. 다음도 보라. Robert Fullinwider and Judith Lichtenberg, *Leveling the Playing Field: Justice, Politics, and College Admissions* (Lanham, Maryland, 2004). 차별시정조치로 입학이 허가된 소수자 학생들의 성과가 학급 전체보다 낮다는 증거는 다음에 있다. Richard Sander, "A Systemic Analysis of Affirmative Action in American Law Schools," *Stanford Law Review*, 57 (2004), pp. 367-484. 차별시정조치가 소수자 학생들에게 나쁘다는 논변은 다음에서 볼 수 있다. Stephan Thernstrom and Abigail Thernstrom, *America in Black and White: One Nation, Indivisible* (New York, 1997). 차별시정조치는 프린스턴 대학교와 하버드 대학교 두 전임 총장에 의해 옹호되었다. William Bowen and Derek Bok, *The Shape of the River: Long-Term Consequences of Considering Race in College and University Admissions* (Princeton, New Jersey, 1998).

제3장 동물에게도 평등을?

우리가 동물을 어떻게 다루어야 하는가에 대한 나의 윤리적 견해에 대한 보다 완전한 설명은 다음을 보라. *Animal Liberation* (2nd edition reissued with a new preface, New York, 2009). Mary Midgley, *Animals and Why They*

Matter (Harmondsworth, Middlesex, 1983)도 이러한 문제들에 대한 읽어볼 만한 설명이다. James Rachels, *Created from Animals* (Oxford, 1990)은 동물 속에서의 인간의 위치에 대한 우리의 생각에 다윈 혁명이 가지는 도덕적 함의를 이야기하고 있다. Richard Ryder는 *Animal Revolution* (Oxford, 1989)에서 종족주의에 대한 태도변화의 역사를 그려내고 있다. 다음도 추천한다. David DeGrazia, *Taking Animals Seriously* (Cambridge, 1996), 그리고 같은 저자의 *Animal Rights: A Very Short Introduction* (Oxford, 2001); Paola Cavalieri, *The Animal Question* (New York, 2001) and *The Death of the Animal: A Dialogue* (New York, 2009); and Karen Dawn, *Thanking the Monkey* (New York, 2008). 우리와 동물의 관계에 대한 심리학에 대해서는 다음을 보라. Hal Herzog, *Some We Love, Some We Hate, Some We Eat: Why It's So Hard to Think Straight About Animals* (New York, 2010). 동물과 윤리를 다루는 선집으로는 다음을 보라. Tom Regan and Peter Singer (eds.), *Animal Rights and Human Obligations* (2nd edition, Englewood Cliffs, NJ, 1989); Peter Singer (ed.) *In Defense of Animals* (Oxford, 1986) and *In Defense of Animals: The Second Wave* (Oxford, 2006); Susan Armstrong and Richard Bottler (eds.), *The Animal Ethics Reader* (London, 2003); and Cass Sunstein and Martha Nussbaum (eds.), *Animal Rights: Current Debates and New Directions* (New York, 2004).

 Bentham의 동물에 대한 옹호는 그의 *Introduction to the Principles of Morals and Legislation*, chap. 18, sec. 1의 주석에서 가져왔다.

 현대식 농장의 상황에 대한 보다 자세한 서술은 다음에 있다. *Animal Liberation*, chap. 3; Michael Pollan, *The Omnivore's Dilemma* (New York, 2006), chap. 17; Peter Singer and Jim Mason, *The Ethics of What We Eat* (New York, 2006). 비슷하게 Animal Liberation, chap. 2는 연구용 동물의 사용에 대해서 이 책에서 가능한 것보다 더 자세한 논의를 하고 있다. 하지만 Richard Ryder, *Victims of Science*, (2nd edition,

Fontwell, Sussex, 1983)도 보라. Botox 실험은 http://www.hsus.org에서 볼 수 있다. H. F. Harlow의 고립된 원숭이에 대한 실험은 원래 *Journal of Comparative and Physiological Psychology*, 78 (1972), p. 202; *Proceedings of the National Academy of Science*, 54 (1965), p. 90, 그리고 *Engineering and Science*, 33 (April 1970), p. 8에 실려 있다. Harlow의 계속된 작업에 대해서는 *Animal Liberation* (2nd edition), pp. 34-5를 보라.

반대의견들 중에서 동물이 고통을 느끼지 못한다는 주장은 일반적으로는 Descartes와 관련되어 있다. 그러나 데카르트의 견해는 대부분의 사람들이 생각하고 있는 것보다 명백하지도 (일관적이지도) 못하다. John Cottingham, "A Brute to the Brute?: Descartes' Treatment of Animals", *Philosophy*, 53 (1978) p. 551을 참조하라. *The Unheeded Cry* (Oxford, 1989)에서, Bernard Rollin은 동물의 고통의 실제성을 부정해 온 보다 최근의 이데올로기들을 서술하고 비판하고 있다. 갑각류에서의 고통에 대해서는 다음을 보라. Robert Elwood and Mirjam Appel, "Pain experience in hermit crabs?" *Animal Behaviour*, 77 (2009), pp. 1243-46 그리고 Stuart Barr et al., "Nociception or pain in a decapod crustacean?" *Animal Behaviour*, 75 (2008), pp. 745-51.

Benjamin Franklin의 일화는 그의 *Autobiography* (New York, 1950), p. 41에서 가져왔다. 같은 반대의견이 John Benson, "Duty and The Beast", *Philosophy*, 53 (1978), pp. 545-7에서 더욱 진지하게 제시되었다.

'윤리와 상호성'에서 Plato의 *Republic*에서의 인용은 Book 11, pp. 358-9에서 가져왔다. 비슷한 견해를 보이는 이후의 서술로는 다음이 있다. John Rawls, *A Theory of Justice* (Oxford, 1972; revised edition, 1999); J. L. Mackie, *Ethics*, chap. 5; 그리고 David Gauthier, *Morals by Agreement* (Oxford, 1986). 그들은 동물을 도덕성의 중심으로부터 배제시킨다. 물론 그들은 이러한 배제의 충격을 다양한 방식으로 부드럽게 만들고 있기는 하다. (예를 들어 다음을 보라. *A Theory of Justice*, p. 512. 그리고 *Ethics*, pp. 193-5). 상호성 견해의 느슨한

버전에 대한 나의 논의는 다음을 이용했다. Edward Johnson, *Species and Morality*, Ph. D Thesis, Princeton University, 1976 (University Microfilms International, Ann Arbor, Michigan, 1981), p. 145.

동물에게 훨씬 더 유리한 윤리의 계약 견해에 대한 한 해석으로는 다음을 보라. Mark Rowlands, *Animal Rights: Moral Theory and Practice* (2nd edition, London, 2009).

'인간들과 동물들의 차이들'에서 Jane Goodall의 침팬지 관찰은 *In the Shadow of Man* (Boston, 1971)과 *Through a Window* (London, 1990)에 매력적으로 자세히 설명되어 있다. 보다 학문적인 보고서는 *The Chimpanzees of Gombe* (Cambridge, Mass., 1986)이다. 대형유인원의 능력에 대한 더 많은 정보는 Paola Cavalieri and Peter Singer (eds.), *The Great Ape Project* (London, 1993)에 있다. 동물들과 심각한 지적 장애를 가진 인간들의 상대적인 도덕적 위상에 대해서는 다음을 보라. Peter Singer, "Speciesism and Moral Status", 그리고 Eva Feder Kittay, "The Personal is Philosophical is Political: A Philosopher and Mother of a Cognitively Disabled Person Sends Notes from the Battlefield." 이 둘은 Eva Feder Kittay and Licia Carlson (eds.), *Cognitive Disability and Its Challenge to Moral Philosophy* (Malden, MA, 2010) pp. 331-44 그리고 pp. 393-413에 있다.

'종족주의를 옹호하기'에서 논의된 논변에 대한 반대들 중에서, 우리가 개별자들에게 그들 종족에게 정상적인 능력들과 상응하는 도덕적 위상을 부여해야 한다는 주장은 다음에 있다. Stanley Benn, "Egalitarianism and Equal Consideration of Interests", in J. Pennock and J. Chapman (eds.), *Nomos IX: Equality* (New York, 1967), pp. 62ff. 우리는 우리 자신을 인간으로 생각하기 때문에 우리가 인간에 대한 특별한 의무들을 갖는다는 논변은 John Benson이 "Duty and the Beast", *Philosophy*, 53 (1978)에서 전개했다. 그리고 Bonnie Steinbock은 "Speciesism and the Idea of Equality", *Philosophy*, vol. 53, pp. 255-6에서 관련된 주장을 하고 있다. 그리고 보다 자세한 논의로는 다음이

있다. Leslie Pickering Francis and Richard Norman, "Some Animals are More Equal than Others", *Philosophy*, vol. 53 (1978), pp. 518-27. Bernard Williams는 "The Human Prejudice"에서 인간의 편견을 옹호했다. 이것은 다음에 재수록되었다. Jeffrey Schaler (ed.), *Peter Singer Under Fire* (Chicago, 2009). 나의 보다 충분한 대응도 같은 책에서 볼 수 있다.

제4장 살생이 그릇된 까닭은?

Andrew Stinson에 대한 치료는 Robert and Peggy Stinson이 낸 The *Long Dying of Baby Andrew* (Boston, 1983)에 서술되어 있다.

Joseph Fletcher의 논문 "Indicators of Humanhood: A Tentative Profile of Man"은 *The Hastings Center Report*, vol. 2, no. 5 (1972)에 실려 있다. John Locke의 '인격체'에 대한 정의는 그의 *Essay Concerning Human Understanding*, bk. II, chap. 27, Par. 9에서 가져왔다.

아리스토텔레스의 유아살해에 대한 견해는 그의 Politics bk. VII, p. 1335b에 있고, 플라톤의 견해는 *Republic*, bk. V, 460c에 있다. 유아살해에 대한 현재 우리의 태도가 주로 기독교가 우리의 생각에 끼친 영향 때문이라는 주장에 대한 증거들은 6장의 주석에서 인용된 유아살해에 대한 역사적 연구서에서 찾아볼 수 있다. (특히 W. L. Langer의 논문 353-5쪽을 참고하라.) 노예를 죽이는 것이 노예 소유주에 반하는 것이듯 인간을 죽이는 것은 하나님에 반하는 것이라는 Aquinas의 주장에 대해서는 *Summa Theologica*, II, ii, Question 64, article 5를 보라.

Hare의 도덕적 추론의 두 수준이라는 견해의 제안과 옹호는 그의 *Moral Thinking* (Oxford, 1981)에 실려 있다.

Michael Tooley의 "Abortion and Infanticide"는 *Philosophy and Public Affairs*, vol. 2 (1972)에 처음 발표되었다. '인격체는 생명에의 권

리를 가지는가?'에서 인용된 구절은 J. Feinberg (ed.), *The Problem of Abortion* (Belmont, 1973)의 60쪽에 실린 이 논문의 수정판에서 가져왔다. 그의 책 *Abortion and Infanticide*는 1983년 Oxford에서 발간되었다.

자율성 존중을 살생을 반대할 이유로서 간주하는 보다 자세한 논의는 Jonathan Glover, *Causing Death and Saving Lives* (Harmondsworth, Middlesex, 1977) chap. 5와 H. J. McCloskey, "The Right to Life", *Mind*, vol. 84 (1975)를 참조하라.

어떤 것이 개인의 이익이 된다는 것이 무엇인지에 대한 Jeremy Bentham의 설명은 그의 *Introduction to the Principles of Morals and Legislation* (1789), chap. 1, pars. II, V에 있다.

공리주의에서 '전체적' 버전들과 '사전 존재적' 버전들을 구분하는 나의 논의는 Derek Parfit에 힘입은 바 크다. 나는 원래 "A Utilitarian Population Principle" in M. Bayles (ed.), *Ethics and Population* (Cambridge, Mass., 1976)에서 사전 존재적 견해를 옹호하려고 시도했었다. 그러나 이에 대한 Parfit의 반론인 "On Doing the Best for Our Children" 이 같은 책에 실렸는데, 이것이 나의 마음을 바꾸게 했다. Parfit의 *Reasons and Persons* (Oxford, 1984)는 이 문제를 깊이 탐구하기를 원하는 사람이라면 누구나 읽어볼 만한 책이다. 그러한 문제들 중의 약간에 대한 그의 짧은 글 "Overpopulation and the Quality of Life", in P. Singer (ed.), *Applied Ethics* (Oxford, 1986)도 보라. Parfit는 내가 '사전 존재적'이라고 이름한 것을 '인격체 애호적(person-affecting)'이라고 부르고 있다. 이렇게 용어를 바꾼 이유는 그 견해가 다른 감각적인 동물들로부터 구별되는 인격체에 대해 특별한 언급을 하지 않기 때문이다.

공리주의를 두 버전으로 구분하는 것은 Henry Sidgwick, *The Methods of Ethics* (London, 1907)의 bk. IV, chap. 1, 414-16쪽에서 처음으로 제기된 것으로 보인다. 위에서 언급된 논문 외에 나중에 나온 것들로는 다음을 보라. J. Narveson, "Moral Problems of Population", *The Monist*, vol.

57 (1973); T. G. Roupas, "The Value of Life", *Philosophy and Public Affairs*, vol. 7 (1978); R. I. Sikora, "Is it Wrong to Prevent the Existence of Future Genera tion" in B. Barry, R. Sikora (eds.), *Obligations to Future Generations* (Philadelphia, 1978); Jeff McMahan, "Problems of Population Theory", *Ethics*, 92 (1981), pp. 96-127; Melinda Roberts, *Child versus Childmaker: Future Persons and Present Duties in Ethics and the Law* (Lanham, MD, 1998); Jesper Ryberg and Torbjorn Tannsjo (eds.), *The Repugnant Conclusion: Essays on Population Ethics* (New York, 2005); Elizabeth Harman, "Can we harm and benefit in creating?" *Philosophical Perspectives* 18 (2004), pp. 89-109; 그리고 Caspar Hare, "Voices from another world: Must we respect the interests of people who do not, and will never, exist?" *Ethics*, 117 (2007), pp. 498-523. 개관을 위해서는 다음을 보라. Jesper Ryberg, "The Repugnant Conclusion" in the online *Stanford Encyclopedia of Philosophy*, http://plato.stanford.edu/entries/repugnant-conclusion/

소크라테스와 바보를 비교하는 Mill의 유명한 구절은 그의 *Utilitarianism* (London, 1960; 초판은 1863), pp. 8-9에 있다.

이 장과 다음 세 장에서 다루어지는 전체 영역에 대한 사려 깊은 심층적 논의는 다음을 보라. Jeff McMahan, *The Ethics of Killing: Problems at the Margins of Life* (New York, 2001).

제5장 살생: 동물

다른 종족의 존재와의 의사소통에서 획기적인 전진은 R. and B. Gardner, "Teaching Sign Language to a Chimpanzee", *Science*, vol. 165 (1969), pp. 664-72에서 처음으로 알려졌다. 침팬지, 고릴라, 오랑우탄의 언어사용에 대한 정

보는 Roger and Deborah Fouts, Francine Patterson and Wendy Gordon, 그리고 H. Lyn Miles의 논문들에서 가져왔다. 이것들은 Paola Cavalieri and Peter Singer (eds.), *The Great Ape Project* (London, 1993)에 있다. 와슈의 삶에 대해서는 Roger Fouts, *Next of Kin* (New York, 1997)을 보라. 돌고래의 정신적 삶에 대한 한 논의로는 Thomas White, *In Defense of Dolphins*, (Blackwell, Oxford, 2007)이 있다.

5장 1절의 Stuart Hampshire의 인용문은 *Thought and Action* (London, 1959)의 98-9쪽에서 가져왔다. 이와 관련된 견해를 제시하고 있는 다른 글들로는 Anthony Kenny, *Will, Freedom and Power* (Oxford, 1975)와 Donald Davidson, "Thought and Talk" in S. Guttenplan (ed.), *Mind and Language* (Oxford, 1975), 그리고 Michael Leahy, *Against Liberation* (London, 1971)이 있다.

Julia의 문제해결능력은 J. Döhl and B. Rensch에 의해 제시되어졌는데, 이들의 작업은 Jane Goodall, *The Chimpanzees of Gombe*, p. 31에 서술되어 있다. Frans de Waal의 침팬지에 대한 관찰은 그의 *Chimpanzee Politics* (New York, 1983)에 보고되어 있다. Figan이 사려 깊게 바나나를 손에 넣는 모습에 대한 Goodall의 설명은 *In the Shadow of Man*의 107쪽에서 인용되었다. 돼지가 더 큰 돼지에게 음식의 위치를 보여 주지 않으려는 것을 다룬 연구는 S. Held, M. Mendl, C. Devereux, and R. W. Byrne, "Foraging pigs alter their behavior in response to exploitation", *Animal Behaviour* 64 (2002), pp. 157-66. Mathias Osvath의 돌멩이를 던지는 침팬지 Santino에 대한 관찰보고는 "Spontaneous planning for future stone throwing by a male chimpanzee", *Current Biology*, 19 (2009), pp. R190-1. 미국어치의 놀라운 정신 능력은 Sergio P. C. Correia, Anthony Dickinson and Nicola S. Clayton, "Western Scrub-Jays Anticipate Future Needs Independently of Their Current Motivational State", *Current Biology*, 17 (2007), pp. 856-61에서 제시되고 있다. 이러한

주제 일반에 대해서는 다음을 보라. Michael Mendl and Elizabeth S. Paul, "Do animals live in the present? Current evidence and implications for welfare," *Applied Animal Behaviour Science*, 113 (2008), pp. 357-82.

동물의 자기에 대한 앎과 거울시험은 여러 에세이들에서 논의되고 있다. 다음을 보라. M. Bekoff, C. Allen and G. Burghardt (eds.), *The Cognitive Animal: Empirical and Theoretical Perspectives on Animal Cognition* (Cambridge, Mass., 2002). Irene Pepperberg는 앵무새 Alex와 자신의 작업에 대하여 *Alex and Me* (New York, 2008)에서 서술하고 있다. 닭이 자기에 대한 통제를 수행하는 능력을 가진다는 것은 S. M. Abeyesinghe, C. J. Nicol, S. J. Hartnell and C. M. Wathes, "Can domestic fowl, *Gallus gallus domesticus*, show self-control?" *Animal Behavior*, 70 (2005), pp. 1-11에서 보고되고 있다. Culum Brown은 물고기의 정신적 삶에 대해 "Not just a pretty face," *New Scientist*, 182 (12 June 2004), p. 42에서 논의하고 있다. 문어의 신기한 도구사용에 대해서는 다음을 보라. Julian K. Finn, Tom Tregenza and Mark Norman, "Defensive tool use in a coconut-carrying octopus", *Current Biology*, 19 (2009), pp. R1069-70.

인격체, 유사인격체, 그리고 오직 감각적인 존재의 차이에 대한 Gary Varner의 이해에 대한 더 자세한 내용은 그의 *Personhood and Animals in the Two-Level Utilitarianism of R. M. Hare* (New York, Forthcoming). Roger Scruton은 죽음이 비극이 되는 때와 그렇지 않은 때에 대하여 그의 에세이 "The Conscientious Carnivore", in *Food for Thought*, edited by Steve Sapontzis (Amherst, NY, 2004), pp. 81-91에서 이야기하고 있다.

Leslie Stephen이 베이컨을 먹는 것이 돼지에게 친절한 일이라고 주장한 곳은 그의 *Social Rights and Duties* (London, 1896)에서였으며, Henry Salt가 "The Logic of the Larder" in Salt, *The Humanities of Diet* (Manchester, 1914)에서 이를 인용하였다. 또 이는 T. Regan and P. Singer (eds.), *Animal Rights and Human Obligation* (Englewood Cliffs, N. J., 1976)

의 제1판에 옮겨 실려 있다. 이 논변의 보다 최근의 재진술은 다음을 보라. Michael Pollan, *The Omnivore's Dilemma* (New York, 2006) 그리고 Hugh Fearnley-Whittingstall, *The River Cottage Meat Book* (London, 2004). 이 문제에 대한 나 자신의 초기 논의는 *Animal Liberation* (New York, 1975)의 초판 제6장에 있다. 대체 가능성에 대해 반대논변을 전개하는 이 문제에 대한 자세한 논의는 Tatjana Visak, "Killing Happy Animals", a PhD thesis submitted to Utrecht University, 2010을 보라.

두 여성의 예에 대해서는 Derek Parfit, "Rights, Interests and Possible People", in S. Gorovitz et al. (eds.), *Moral Problems in Medicine* (Englewood Cliffs, N. J., 1976)를 보라. 두 개의 다른 의료프로그램 간의 선택으로 표현된 변형은 Parfit의 *Reasons and Persons* (Oxford, 1984), p. 367에서 볼 수 있다. James Rachels의 생물학적 삶과 전기적인 삶의 구별은 그의 *The End of Life* (Oxford, 1987)에 나와 있다. 이 문제에 대한 Hart의 논의는 이 책의 초판에 대한 서평인 "Death and Utility"에서 이루어지고 있으며, 이는 *The New York Review of Books*, May 15, 1980에 실려 있다.

Arthur Schopenhauer는 존재에 대한 그의 염세주의적 견해를 *The World as Will and Idea* (first published 1818, trans. R. B. Haldane and J. Kemp, London, 1896), bk. IV, secs. 56-9, pp. 397-420에서 주장하고 있다. 보다 최근의 옹호는 David Benatar의 *Better Never to Have Been: The Harm of Coming into Existence* (Oxford, 2006)이다.

바람직한 의식 즉 쾌락이 궁극적인 선이라는 Henry Sidgwick의 논변은 *The Methods of Ethics*, bk. III, chap. 14에서 볼 수 있다.

나의 기후변화 시나리오 뒤에 놓여있는 정체확인 불가능성과 그것이 기초하고 있는 파피트의 "고갈"의 예는 Derek Parfit, *Reasons and Persons* (Oxford, 1984), pp. 351-74이다. 이 문제에 대한 개관과 추가적인 참고서적으로는 다음을 보라. Melinda Roberts, "The Nonidentity Problem", in the online *Stanford Encyclopedia of Philosophy*, http://plato.stanford.

edu/entries/ nonidentity-problem.

사냥의 윤리에 대해서는 다음을 보라. Gary Varner, *In Nature's Interests* (New York, 1998), chap. 5. Steven Davis가 풀을 먹인 소고기를 먹는 사람들이 채식주의자보다 더 적은 숫자의 동물들의 죽음에 대하여 책임이 있다고 주장하고 있는 곳은 "The Least Harm Principle May Require that Humans Consume A Diet Containing Large Herbivores, Not A Vegan Diet", *Journal of Agricultural and Environmental Ethics*, 16 (2003), pp. 387-94. 그의 계산상의 오류는 다음에서 드러났다. Gaverick Matheny, "Least Harm: A Defense of Vegetarianism from Steven Davis's Omnivorous Proposal", *Journal of Agricultural and Environmental Ethics*, 16 (2003), pp. 505-11.

제6장 살생: 수정란과 태아

Roe v. Wade 사건에 대한 미국 대법원의 판결의 전문은 온라인에서 볼 수 있으며, 핵심 부분은 J. Feinberg (ed.), *The Problem of Abortion*에 옮겨 실려 있다. 미국의 얼려진 수정란의 숫자는 Pam Belluck, "From Stem Cell Opponents, an Embryo Crusade", *The New York Times*, June 2, 2005에 실려 있다. 제6장의 "태동"에서 언급되고 있는 정부위원회(the Wolfenden Committee)는 *Report of the Committee on Homosexual Offences and Prostitution*, Command Paper 247 (London, 1957)을 발표했다. 인용문은 24쪽에서 가져왔다. J. S. Mill의 '매우 간단한 하나의 원칙'은 *On Liberty* (3rd edition, London, 1864)의 도입부에서 인용했다. Edwin Schur의 *Crimes Without Victims*은 1965년에 New Jersey의 Englewood Cliffs에서 발간되었다. Judith Jarvis Thomson의 "A Defense of Abortion"은 *Philosophy and Public Affairs*, 1 (1971)에 실려 있으며, P. Singer (ed.), *Applied Ethics*

에 옮겨 실려 있다.

태아의 감각의 발달에 대한 나의 설명은 Susan Taiwa가 Monash University의 the Centre for Human Bioethics에서 수행한 연구에 의거하고 있으며, 이는 "When is the capacity for sentience acquired during human fetal development?" *Journal of Maternal-Fetal Medicine*, 1 (1992), pp. 153-65에 실려 있다. 보다 초기의 전문가 의견은 Sir John Peel이 책임자로 있었던 the British Government advisory group on fetal research에서 나온 것인데, 이는 *The Use of Fetuses and Fetal Materials for Research* (London, 1972)로 발간되었다. 다음도 보라. Clifford Grobstein, *Science and The Unborn* (New York, 1988).

Paul Ramsey가 임신중절을 반대할 이유로 태아의 유전적 독특성을 들고 있는 곳은 "The Morality of Abortion" in D. H. Labby (ed.), *Life and Death: Ethics and Options* (London, 1968)이며, 이 논문은 J. Rachels (ed.), *Moral Problems* (2nd edition, New York, 1975) 40쪽에 옮겨 실려 있다. 줄기세포를 얻기 위해 수정란들을 사용하는 것에 대한 George W. Bush 대통령의 연설은 다음에 있다. http://georgewbush-whitehouse.archives.gov/news/releases/2001/08/20010809.html

Don Marquis의 임신중절에 반대하는 논변은 "Why abortion is immoral", *Journal of Philosophy*, 86 (1989), pp. 183-202에 실려 있다. 다음도 보라. Alistair Norcross, "Killing, Abortion and Contraception: A Reply to Marquis", *Journal of Philosophy*, 87 (1990), pp. 268-77. 분화전능성과 관련된 인용은 Don Marquis, "Singer on Abortion and Infanticide", in Jeffrey Schaler (ed.), *Peter Singer Under Fire* (Open Court, 2009), p. 151에서 가져왔다.

다양한 종류의 세포들로부터 새로운 인간 존재의 창조할 가능성에 대해서는 Agata Sagan and Peter Singer, "The Moral Status of Stem Cells", *Metaphilosophy*, vol. 38, no. 2-3 (April 2007), pp. 264-84을 보라. Patrick

Lee and Robert George으로부터 인용된 구절은 그의 에세이 "Human-Embryo Liberation: A Reply to Peter Singer", *National Review Online* (25 January 2006)에서 가져왔다. http://www.nationalreview.com/comment/lee_george 200601250829.asp. 다음도 보라. Patrick Lee and Robert George, *Body-Self Dualism in Contemporary Ethics and Politics* (Cambridge University Press, Cambridge, 2008), pp. 81-94.

수정란이 분할되어졌을 때 그것이 누구인가에 대한 나의 생각은 Helga Kuhse에 힘입고 있다. 나와 그녀는 다음 글을 같이 썼다. "Individuals, humans and persons: the issue of moral status", in P. Singer, H. Kuhse, S. Buckle, K. Dawson and P. Kasimba (eds.), *Embryo Experimentation* (Cambridge, 1990) 우리 두 사람은 임신이 인간 개체의 시작이라는 견해에 도전한 한 가톨릭 신학자 Norman Ford의 주목할 만한 책 *When Did I Begin?* (Cambridge, 1988)에 신세를 지고 있다. "Mary"의 상실을 슬퍼하는 일에 대한 논의로는 다음을 보라. David Oderberg, "Modal Properties, Moral Status, and Identity", *Philosophy & Public Affairs*, 26 (1997), pp. 270-1. IVF 맥락에서의 잠재성에 대한 논변은 P. Singer and K. Dawson, "IVF Technology and the Argument from Potential", *Philosophy and Public Affairs*, vol. 17 (1988)로 처음 발간되었으며, 위의 *Embryo Experimentation*에 다시 발간되었다. Stephen Buckle은 "Arguing from Potential", *Bioethics*, vol. 2 (1988)에서 다른 견해를 취하고 있는데, 이도 같은 책에 다시 발간되었다. 다음도 보라. Reginald Williams, "Abortion, Potential, and Value", *Utilitas*, 20 (2008), pp. 169-84.

John Noonan으로부터의 인용은 그의 "An Almost Absolute Value in History" in John Noonan (ed.), *The Morality of Abortion* (Cambridge, Mass., 1970), pp. 56-7에서 가져왔다. 수정란이 아기가 될 퍼센티지에 대해서는 다음을 보라. United States Department of Human Services, Centers for Disease Control and Prevention, Assisted Reproductive

Technology (ART) Report: National Summary, 2007. 이는 다음에서 볼 수 있다. http://apps.nccd.cdc.gov/ART/NSR.aspx?SelectedYear=2007. 어떤 개별적인 수정란이 생존할 개연성을 얻기 위해서는 임신성공률을 절차에 사용되는 수정란의 평균 숫자로 나누는 것이 필요하다. (왜냐하면 대부분의 임신의 결과는 오직 한 아이이기 때문이다.) 영국의 숫자는 the Human Fertilisation and Embryology Authority의 웹사이트에서 볼 수 있다. http://www.hfea.gov.uk /ivf-figures-2006.html#1276. 오스트레일리아의 빅토리아 주에 대해서는 다음을 보라. Victorian Assisted Reproductive Treatment Authority, *Annual Report*, 2009, 이는 다음에서 볼 수 있다. http://www.varta.org.au/www/257/r003057/displayarticle/1003573.html.

Bentham의 유아살해에 대한 고무적 논평은 그의 *Theory of Legislation* (1802) 264쪽에 있는 것인데, E. Westermarck, *The Origin and Development of Moral Ideas* (London, 1924) I, 413쪽 주에 인용되어 있다. Abortion and Infanticide의 마지막 부분에서 Michael Tooley는 유아에서 자신이 계속적인 자아라는 감이 발달하고 있다는 사용 가능한 증거를 논의하고 있다. 이 문제에 대해서는 다음도 보라. Alison Gopnik, *The Philosophical Baby* (New York, 2009).

유아살해가 널리 행해져 왔음을 입증하는 역사적 연구서로는 Maria Piers, *Infanticide* (New York, 1978), 그리고 W. L. Langer, "Infanticide: A Historical Survey", *History of Childhood Quarterly*, vol. 1 (1974)가 있다. 보다 예전의 것이긴 하나 여전히 중요한 연구서로는 Edward Westermarck, *The Origin and Development of Moral Ideas, I*, pp. 394-413이 있다. 가족계획의 한 형식으로 유아살해를 이용하는 것에 대한 재미있는 연구서로는 Thomas C. Smith, *Nakahara: Family Farming and Population in a Japanese Village, 1717-1830* (Palo Alto, Calif., 1977)이 있다. 이 문제에 대한 플라톤과 아리스토텔레스의 견해들의 출전은 4

장의 주들을 참조하라. Seneca의 논의는 *De Ira, I*, 15를 참조하라. 이는 Westermarck, *The Origin and Development of Moral Ideas, I*, 419쪽에 인용되어 있다. Marvin Kohl (ed.), *Infanticide and the Value of Life* (Buffalo, N. Y., 1978)은 유아살해에 대한 논의들을 모아놓은 것이다. 구분선을 그을 자리로 출생에 찬성하는 공공 정책 근거들에 대한 강력한 논변은 (독일어 독자는) 다음에서 볼 수 있다. Norbert Hoerster, "Kindestötung und das Lebensrecht von Personen", *Analyse & Kritik*, 12 (1990), pp. 226-44.

내가 취한 입장과 다소간 유사한 입장을 가지고 있는 논문으로는 R. M. Hare, "Abortion and the Golden Rule", *Philosophy and Public Affairs*, vol. 2 (1975), 그리고 Mary Anne Warren, "The Moral and Legal Status of Abortion", *The Monist*, vol. 57 (1973), 그리고 R. M. Hare, "Abortion and the Golden Rule", *Philosophy and Public Affairs*, vol. 4 (1975)가 있다.

제7장 살생: 인간

Linares 사건의 자세한 내용은 *New York Times*, 27 April 1989 그리고 *Hastings Center Report*, July/August 1989에 실려 있다. 유아의 삶과 죽음 결정이라는 전체 주제에 대한 보다 자세한 정보와 참고문헌은 다음을 보라. Helga Kuhse and Peter Singer, *Should the Baby Live?* (Oxford, 1985); Nuffield Council on Bioethics, "Critical Care Decisions in Fetal and Neonatal Medicine" (2006), http://www.nuffieldbioethics.org/go/ourwork/neonatal publication_406.html; John D. Lantos and William Meadow, *Neonatal Bioethics: The Moral Challenges of Medical Innovation* (Baltimore: Johns Hopkins University Press, 2006); 그리고 Geoffrey Miller, *Extreme Prematurity: Practices, Bioethics and the Law*

(Cambridge, New York: Cambridge University Press, 2007).

지속적으로 식물상태에 있는 환자들의 숫자와 이러한 상태의 지속에 대한 보고로는 "USA: Right to Live, or Right to Die?", *The Lancet*, vol. 337 (January 12, 1991)이 있다. 다음도 보라. Nancy Frazier O'Brien, "No easy answers seen for questions about persistent vegetative state", Catholic News Service 9/20/2007 www.catholic.org. Schiavo 사건에 대해서는 다음을 보라. William Yardley and Maria Newman, "Schiavo Dies Nearly Two Weeks After Removal of Feeding Tube", *The New York Times*, March 31, 2005; 그리고 Timothy Williams, "Schiavo's Brain Was Severely Deteriorated, Autopsy Says", *The New York Times*, June 15, 2005.

Diane의 경우는 Timothy E. Quill, "Death and Dignity: A Case of Individualized Decision Making", *New England Journal of Medicine*, 324(10) pp. 691-4 (March 7, 1991)에서 가져왔다. Betty Rollins는 그녀의 어머니의 죽음을 Betty Rollins, *Last Wish* (Penguin, 1987)에서 서술하고 있다. 인용문은 pp. 149-50에서 가져왔다. Janet Adkins의 죽음에 대해서는 *New York Times*, 14 December 1990을 보라. Jack Kevorkian 자신의 설명으로는 J. Kevorkian, *Prescription: Medicide* (Prometheus Books, Buffalo, N. Y., 1991). '의사의 도움에 의한 자살'과 자의적 안락사에 대한 더 많은 논의는 다음을 보라. Margaret Pabst Battin, *The Least Worst Death*, (New York, 1994); J. M. Dieterle, "Physician-Assisted Suicide: A New Look at the Arguments," *Bioethics*, 21 (2007), pp. 127-39; 그리고 Michael Gill, "Is the Legalization of Physician-Assisted Suicide Compatible with Good End-of-Life Care?" *Journal of Applied Philosophy*, 26 (2009), pp. 28-42.

New Orleans의 Memorial Medical Center에서 일어난 사건에 대한 나의 설명은 Sheri Fink, "The Deadly Choices at Memorial," *The New York Times Sunday Magazine*, August 30, 2009에 기초하고 있다.

안락사와 이중결과교설에 대한 로마 가톨릭교회의 입장에 대한 공식적인 진술은 the Sacred Congregation for the Doctrine of the Faith가 발간한 *Declaration on Euthanasia* (Vatican City, 1980)에 제시되어 있다. 다른 유용한 논의들로는 Jonathan Glover, *Causing Death and Saving Lives*, chaps. 14와 15; D. Humphry and A. Wickett, *The Right to Die: Understanding Euthanasia* (New York, 1986), 그리고 Helga Kuhse, "Euthanasia", in P. Singer (ed.), *A Companion to Ethics* (Oxford, 1991)이 있다.

심각한 장애를 가진 유아들과 관련된 문제에 대해서는 다음을 보라. C. Gill, "Health Professionals, Disability and Assisted Suicide: An Examination of Relevant Empirical Evidence and Reply to Batavia", *Psychology, Public Policy & Law*, 6:2 (2000), pp. 526-45; A. Batavia, "The Relevance of Data on Physicians and Disability on the Right to Assisted Suicide: Can Empirical Studies Resolve the Issue?" *Psychology, Public Policy and Law*, 6:2 (2000), pp. 546-58; 그리고 Eva Feder Kittay, "At the Margins of Moral Personhood", *Ethics*, 116 (2005), pp. 100-31. 다음 에세이들과 나의 대응들도 보라. 이것들은 모두 다음에 있다. Jeffrey Schaler (ed.), *Peter Singer Under Fire* (Chicago, 2009); Harry J. Gensler, "Singer's Unsanctity of Human Life: A Critique"; Harriet McBryde Johnson, "Unspeakable Conversations, or, How I Spent One Day as a Token Cripple at Princeton University", 그리고 Stephen Drake, "Not Dead Yet!"

Rachels, "Active and Passive Euthanasia", *New England Journal of Medicine*, 292 (1975), pp. 78-80에서 적극적 안락사와 소극적 안락사 간의 구별을 간명하게 비판하고 있다. 이 글은 P. Singer (ed.), *Applied Ethics*에도 옮겨 실려 있다. Rachels의 *The End of Life*와 Kuhse and Singer, *Should the Baby Live?*, chap. 4; 그리고 Helga Kuhse, *The Sanctity-of-Life Doctrine in Medicine-A Critique* (Oxford, 1987), chap. 2를 보라. Baby Doe의 사건은 이 책의 제1장에 설명되어 있다. 미국 소아과 의사들

에 대한 조사는 Loretta M. Kopelman, Thomas G. Irons, and Arthur E. Kopelman, "Neonatologists Judge the 'Baby Doe' Regulation", *New England Journal of Medicine*, 318(11), (March 17, 1988) pp. 677-83에 실려 있다. 그러한 결정들에 관련된 영국의 법률적 상황은 Derek Morgan, "Letting Babies Die Legally", *Institute of Medical Ethics Bulletin* May 1989, pp. 13-18; "Withholding of Life-saving Treatment", *Lancet*, 336 (1991), p. 1121에 서술되어 있다. Arthur Clough의 시는 *The New Oxford Book of English Verse*, edited by Helen Gardner (Oxford, 1978)에 실려 있다. 제7장의 '적극적 안락사와 소극적 안락사'에서 인용된 Sir Gustav Nossal의 에세이는 "The Right to Die: Do We Need New Legislation?" in Parliament of Victoria, Social Development Committee, *First Report on Inquiry into Options for Dying with Dignity*, p. 104에 실려 있다. 이 중결과교설과 치료의 통상적인 수단과 비통상적인 수단과의 구별에 대해서는 Helga Kuhse, "Euthanasia", in P. Singer (ed.), *A Companion to Ethics* (Oxford, 1991)를 보라. 보다 자세한 설명은 H. Kuhse, *The Sanctity-of-Life Doctrine in Medicine-A Critique* (Oxford, 1987), chap. 3-4에 있다. 교황 John Paul II의 급식 튜브 제거 결정에 대해서는 "Speech of John Paul II to the Participants at the International Congress, 'Life Sustaining Treatments and Vegetative State: Scientific Advances and Ethical Dilemmas'", March 20, 2004를 보라. 이것은 다음에서 볼 수 있다. http://www.vegetativestate.org/discorso_papa.htm. 앞에서 언급된 the Sacred Congregation for the Doctrine of the Faith가 발간한 *Declaration on Euthanasia* (Vatican City, 1980)도 보라.

오스트레일리아의 소아과와 산과 의사들에 대한 조사는 P. Singer, H. Kuhse, and C. Singer, "The Treatment of Newborn Infants with Major Handicaps", *Medical Journal of Australia*, 17 (September 1983)에 실려 있다. Quinlan 사건의 재판에서 인용된 가톨릭 주교 Lawrence Casey의 증언 "In the Matter of Karen Quinlan, An Alleged Incompetent"는 B. Steinbock (ed.), *Killing and Letting Die* (Englewood Cliffs, N. J., 1980)에 옮겨 실려 있다. John Lorber는 척추피열 아이들에 대해 선택적으로 소극적 안락사를 실행한 것에 관해 "Early Results of Selective Treatment of Spina Bifida Cystica", *British Medical Journal*, 27 October 1973, 201-4쪽에서 기술하고 있다. 치료를 받지 못한 척추피열 유아의 생존에 대한 통계는 위에서 언급된 Lorber와 G. K. and E. D. Smith의 소논문들에서 가져 왔다. 다른 의사들은 다른 숫자를 보고하고 있다. Lorber의 적극적 안락사에 대한 반론은 같은 소논문 204쪽에서부터 전개된다. 척추피열 유아의 치료에 대한 추가적인 토론에 대해서는 Helga Kuhse and Peter Singer, *Should the Baby Live?*, chap. 3을 보라.

Nazi의 범죄가 안락사 계획으로부터 발전되었다는 논의는 Leo Alexander, "Medical Science under Dictatorship", *New England Journal of Medicine*, vol. 241 (14 July 1949), pp. 39-47에서 인용했다. Gitta Sereny, *Into That Darkness: From Mercy Killing to Mass Murder* (London, 1974)도 안락사센터로부터 Treblinka의 죽음의 수용소에 이르는 Franz Stangl의 경력을 추적하면서 비슷한 주장을 하고 있다. 그러나 그렇게 하면서 그녀는 Nazi의 '안락사' 프로그램과 지금 주장되고 있는 안락사가 어떻게 다른지를 밝히고 있다.(특히 51-5쪽을 참고하라.) 사람들이 일반적으로 어떤 건강상태를 죽음보다 더 나쁜 것으로 간주한다는 것을 보여 주는 조사의 예로는 G. W. Torrance, "Utility Approach to Measuring Health-Related Quality of Life", *Journal of Chronic Diseases*, vol. 40:6 (1987)을 보라.

Eskimo의 안락사(와 그러한 특별한 경우 외에는 살인이 드물다는 점)에 대해서는 E. Westermarck, *The Origin and Development of Moral Ideas*, vol. 1, pp. 329-34, 387, n.1 and 392, nn.1-3을 참조하라.

제8장 빈부의 문제

풍요로운 자의 빈곤한 자에 대한 책무에 대한 보다 자세한 논의는 다음을 보라. Peter Singer, *The Life You Can Save* (New York, 2009). 이 주제에 대한 다른 가치 있는 책들로는 Peter Unger, *Living High and Letting Die* (New York, 1996); William Aiken and Hugh LaFollette (eds.), *World Hunger and Moral Obligation* (Upper Saddle River, NJ, 1996); Thomas Pogge, *World Hunger and Human Rights* (Cambridge, 2002); Deen Chatterjee (ed.), *The Ethics of Assistance* (Cambridge, 2004); Garrett Cullity, *The Moral Demands of Affluence* (Oxford, 2005); 그리고 Thomas Pogge (ed.), *Freedom from Poverty as a Human Right* (Oxford, 2007). 빈곤의 원인들에 대한 논의로는 다음을 보라. Paul Collier, *The Bottom Billion* (New York, 2007).

빈곤에 대한 World Bank의 연구팀의 보고는 다음과 같이 발간되었다. Deepa Narayan with Raj Patel, Kai Schafft, Anne Rademacher and Sarah Koch-Schulte, *Voices of the Poor: Can Anyone Hear Us?* (New York, 2000). 유아 사망률에 대한 UNICEF의 최신의 숫자는 다음을 보라. www.childinfo.org/mortality.html.

각 나라가 얼마나 많은 원조를 제공하고 있는지에 대한 숫자는 다음에서 보라. http://www.oecd.org/countrylist/0,3349,en_2649_34447_1783495_1_1_1_1,00.html.

확인 가능한 희생자가 돕고자 하는 우리의 자발성에 만들어내는 차이에 대해서는 다음을 보라. Paul Slovic, "Psychic Numbing", *Judgment and Decision Making*, 2 (2007), pp. 79-95. 죽임과 죽도록 방치함 간의 차이에 —혹은 차이 없음에— 대해서는 (소극적 안락사와 적극적 안락사에 대한 앞의 참고문헌 외에) 다음을 보라. Jonathan Glover, *Causing Death and Saving Lives*, chap. 7; Richard Trammel, "Saving Life and Taking Life", *Journal of Philosophy*, vol. 72 (1975); John Harris, "The Marxist Conception of Violence", *Philosophy and Public Affairs*, vol. 3 (1974); John Harris, *Violence and Responsibility* (London, 1980); 그리고 S. Kagan, *The Limits of Morality* (Oxford, 1989).

John Locke의 권리에 대한 견해는 그의 *Second Treatise on Civil Government* (1690)에, Robert Nozick의 견해는 *Anarchy, State and Utopia* (New York, 1974)에 전개되어 있다. 이러한 입장에 대한 Narveson의 옹호와 나의 대응은 다음을 보라. Jeffrey Schaler (ed.), *Peter Singer Under Fire* (Chicago, 2009). 완전히 다른 Thomas Aquinas의 견해는 Summa Theologica, II, ii, Question 66, article 7에서 인용했다. Thomas Pogge는 그의 *World Hunger and Human Rights* (Cambridge, 2002)에서 빈곤을 만들고 지속시키고 있는 책임이 우리에게 있다고 주장하고 있다.

Garett Hardin은 그의 '구명정 윤리'를 "Living on a Lifeboat", *Bioscience*, October 1974에서 제시했는데, 이 논문의 다른 버전이 W. Aiken and H. La Follette (eds.), *World Hunger and Moral Obligation* (Englewood Cliffs, N. J., 1977)에 옮겨 수록되어 있다. Hardin은 *The Limits of Altruism* (Bloomington, Indiana, 1977)에서 자신의 논의를 정교화하고 있다. 원조를 반대하는 보다 초기의 논의로는 W. and P. Paddock의 잘못 이름 붙여진 저서 *Famine 1975!* (Boston, 1967)이 있다. 그러나 이러한 견해의 역사에 있어서 최고의 자리는 Thomas Malthus, *An Essay on the Principle of Population* (London, 1798)에게 돌아가야만 한다. 인구문제와 동물을 먹이는 데 얼마나 많은 곡물을 낭비하고 있는가의 문제는 Peter Singer, *The Life You Can Save*, chap. 7에서 볼 수 있다. 출산율의 감소에 대한 유엔의 평가는 United Nations, *World Population Prospects: The 2006 Revision*, Department of Economic and Social Affairs, Population Division (New York, 2007)에서 볼 수 있다. 출산율의 속도가 느려지는 것에 대해서는 John Bongaarts, "Fertility Transitions in Developing

Countries: Progress or Stagnation?" Population Council, New York, Poverty, Gender, and Youth Working Paper no. 7, 2008을 보라.

Salwen 가족의 행위에 대해서는 Kevin and Hannah Salwen, *The Power of Half: One Family's Decision to Stop Taking and Start Giving Back* (New York, 2010)을 보라. Zell Kravinsky에 대해서는 Ian Parker, "The Gift", *The New Yorker*, August 2, 2004를 보라. Susan Wolf의 소논문 "Moral Saints"는 *Journal of Philosophy*, 79 (1982), pp. 419-39에 실려 있다. 여기서 옹호되고 있는 입장이 너무 높은 기준인가 여부에 대한 논의는 "Symposium on Impartiality and Ethical Theory", *Ethics* 101:4 (July 1991)을 보라. 이러한 반대에 대응하여 불편부당한 윤리를 강력하게 옹호하는 주장으로는 S. Kagan, *The Limits of Morality* (Oxford, Clarendon Press, 1989)를 보라. Peter Singer, *The Life You Can Save*, chap. 9-10도 보라.

제9장 기후변화

기후변화를 평가하는 기초적인 문서들로는 the Intergovernmental Panel on Climate Change의 평가보고서들이다. 이 책을 저술하고 있는 시점에서 이러한 문서들 중 가장 최신의 것은 2007년에 발간된 *The Fourth Assessment Report*이다. 이 보고서들은 www.ipcc.ch에서 볼 수 있다. Tim Flannery의 *The Weather Makers* (New York, 2001)은 이 문제에 대한 좋은 일반적 개론서이다. 그의 *Now or Never* (New York, 2009)는 더 간략한 개론서이다. 기후변화의 윤리적 측면에 대한 문헌에는 다음 것들이 있다. Stephen Gardiner, *A Perfect Moral Storm* (Oxford, 2011); James Garvey, *The Ethics of Climate Change*, (New York, 2008); 그리고 Jeremy Moss (ed.), *Climate Change and Social Justice* (Melbourne, 2009). 유용한 선집으로는 Stephen Gardiner, Simon Caney, Dale Jamieson and Henry

Shue, eds., *Climate Ethics* (New York, 2010)이 있다.

지구온난화에 의해 이미 야기된 사망자 숫자는 World Health Organization, *The Global Burden of Disease*, 2004, Annex, p. 8에서 나왔다. http://www.who.int/healthinfo/global_burden_disease/GlobalHealthRisks_report_annex.pdf.

Sunderbans: Somini Sengupta의 사라짐에 대해서는, "Sea's Rise in India Buries Islands and a Way of Life", *New York Times*, April 2007을 보라. 기후변화의 있을 것 같은 미래 충격에 대한 예측들은 the Intergovernmental Panel on Climate Change (IPCC), "Summary for Policymakers", in IPCC, *Climate Change 2007: Impacts, Adaptation and Vulnerability* 그리고 *Contribution of Working Group II to the Fourth Assessment Report of the Intergovernmental Panel on Climate Change* (Cambridge, 2007 and online at www.ipcc.ch), pp. 1-22에서 가져왔다. 브라질의 제안에 대해서는 다음을 보라. http://unfccc.int/methods_and_science/other_methodological_issues/items/1038.php. 기후변화의 역사적 책임의 정도에 대해서는 Niklas Höhne et al., *Summary report of the ad hoc group for the modeling and assessment of contributions to climate change (MATCH)*, November 2008, http://unfccc.int /files/methods_and_science/other_methodological_issues/application/pdf/match_summary_report.pdf. 다음도 보라. Michel den Elzen et al., "Analysing countries' contribution to climate change: scientific and policy-related choices", *Environmental Science & Policy*, 8 (2005), pp. 614-636. 본문에서 언급되고 있는 중국 자료는 Chinese Academy of Sciences, Chinese Academy of Social Sciences, Development Research Center of the State Council, National Climate Center, Tsinghua University, *Carbon Equity: Perspective from Chinese Academic Community*, December 10, 2009.

The United Nations Framework Convention on Climate Change은

다음에서 볼 수 있다. http://www.unfccc.int/resource/conv/conv.html. 대기의 이산화탄소가 350ppm을 초과하지 말아야 한다는 제안은 James Hansen, et al., "Target Atmospheric CO2: Where Should Humanity Aim?" *Open Atmosphere Science Journal*, 2 (2008), pp. 217-31에서 이루어졌다. Hansen은 유엔기후변화협약에 대하여 그의 "Cap and Fade," *The New York Times*, December 7, 2009에서 반대논변을 제시하였다.; Paul Krugman은 그의 "Building a Green Economy," *New York Times Sunday Magazine*, April 5, 2010에서 이에 대응하였다.

The German Advisory Council on Global Change가 취한 접근에 대해서는 WBGU, *Solving the Climate Dilemma: The Budget Approach* (Berlin, 2009)를 보라. 이는 http://www.wbgu.de/wbgu_sn2009_en.html 에서 볼 수 있다. Angela Merkel의 연설문 인용은 Potsdam에서 2007년 10월 9일 열린 "Global Sustainability" 심포지엄에서의 그녀의 연설문에서 가져왔다. 사용 가능한 독일어 버전은 'Rede von Bundeskanzlerin Dr. Angela Merkel beim Symposium "Global Sustainability" am 9. Oktober 2007 in Potsdam,' Bundesregierung, *Bulletin* 104-1 10.10.2007, http://www.bundesregierung.de/nn_1514/Content/DE/Bulletin/2007/10/104-1-bk-klima.html. Henry Shue의 구별에 대해서는 그의 "Subsistence Emissions and Luxury Emissions", *Law and Policy*, 15 (1993), pp. 39-59를 보라. 2007년에 이러한 견해와 같은 것에 대한 중국의 옹호에 대해서는 Xinhua news agency, "China urges accommodation to 'emissions of subsistence'" *China Daily*, 2007-08-02.

Museveni 대통령의 언급은 에티오피아의 Addis Ababa에서 2007년 2월에 개최된 the African Union summit에서의 그의 연설문에서 나왔다. Andrew Revkin이 이를 "Poor Nations to Bear Brunt as World Warms", *New York Times*, 1 April 2007에서 보도하였다.

The UN Food and Agriculture Organization의 고기에 대한 세금부과

제안은 그 기관의 보고서인 Livestock in the Balance: The State of Food and Agriculture, 2009 (Rome, 2010), p. 74에 실려 있다.

George W. Bush 대통령의 언급은 Edmund Andrews, "Bush Angers Europe by Eroding Pact on Warming", *New York Times* April 1, 2001로 보도되었으며, 그의 대변인 Ari Fleisher의 언급은 the White House press briefing of May 7, 2001에서 가져왔다.

우리가 기여하고 있는 행위들에 대한 개별적인 책임에 대한 문제에 대해서는 다음 글들이 중요하다. David Lyons, *Forms and Limits of Utilitarianism* (Oxford, 1965); R. M. Hare, "Could Kant have been a Utilitarian?" *Utilitas*, 5 (1993), pp. 1-16; Brad Hooker, *Ideal Code, Real World* (Oxford, 2000); David Schwartz, *Consuming Choices* (Lanham, Md, 2010); Derek Parfit, *Reasons and Persons*, (Oxford, 1984), chap. 3; Christopher Kutz, *Complicity: Ethics and Law for a Collective Age*, (Cambridge, 2000); 그리고 Jonathan Glover, "It makes no difference whether or not I do it", *Proceedings of the Aristotelian Society*, Supplementary Volume XLIX (1975).

제10장 환경

남서 Tasmania의 Franklin 강에 댐을 만들려는 계획에 대해서는 James McQueen, *The Franklin: Not Just a River* (Ringwood, Victoria, 1983)을 보라.

성서 첫 번째 인용문은 Genesis 1:24-8, 두 번째 인용문은 Genesis 9:1-3 이다. 이러한 구절의 의미를 부드럽게 하려는 시도들에 대해서는, 예를 들어, Robin Attfield, *The Ethics of Environmental Concern* (Oxford, 1983) 과 Andrew Linzey, *Christianity and the Rights of Animals* (London, 1987)을 보라. Paul의 말은 Corinthians 9:9-10에서 인용했고, Augustine

의 말은 그의 *The Catholic and Manichean Ways of Life*, trans. D. A. Gallagher and I. J. Gallagher (Boston, 1966), p. 102에서 가져왔다. 무화과 나무에 대한 저주는 Mark 11:12-22, 돼지들의 익사는 Mark 5:1-13을 보라. 아리스토텔레스의 구절은 *Politics* (J. M. Dent and Sons, London, 1916), p. 16에 있고 아퀴나스의 견해들은 *Summa Theologica*, II, ii, Question 64, article 1과 I, ii, Question 72, article 4에 있다.

대안적인 기독교 사상가들에 대해 구체적으로 알려면 Keith Thomas, *Man and the Natural World* (Allen Lane, London, 1983), pp. 152-3과 Attfield, *The Ethics of Environmental Concern* (London, 1929), pp. 246-7을 보라.

Bill McKibben의 *The End of Nature* (New York, 1989)로부터의 인용은 58쪽과 60쪽 이후에서 왔다. 같은 저자의 *Eaarth*, (New York, 2010)도 보라.

Albert Schweitzer의 윤리적 입장에 대한 가장 완전한 진술은 *Civilization and Ethics* (Part II of *The Philosophy of Civilization*), 2d ed., trans. C. T. Campion (2nd edition, London, 1929)이다. 인용문은 pp. 246-7에서 가져왔다. Paul Taylor의 *Respect of Nature* (Princeton, 1986)으로부터의 인용문은 45쪽과 128쪽에서 가져왔다. Taylor에 대한 비판으로는 Gerald Paske, "The Life Principle: a (metaethical) rejection", *Journal of Applied Philosophy*, 6 (1989)를 보라.

내가 이 책의 개정판에서 주장했더 것에 대한 Holmes Rolston의 반론은 그의 "Respect for Life: Counting what Singer Finds of no Account", in Dale Jamieson (ed.), *Singer and Critics* (Oxford, 1999), pp. 247-68에서 볼 수 있다. 같은 책의 나의 반론도 보라.

A. Leopold의 '대지윤리'에 대한 제안은 그의 *A Sand County Almanac, with Essays on Consevation from Round River* (New York, 1970; first published 1949, 1953)에 있다. 인용 구절은 238쪽과 262쪽에서 가져왔다. 심층생태학과 표층생태학 간의 구분을 다루고 있는 고전적인 글은 매우 짤막하다. A. Naess, "The Shallow and the Deep, Long-Range Ecology

Movement", *Inquiry*, vol. 16 (1973), pp. 95-100. 심층생태학에 대한 다른 작업으로는, 예를 들어, A. Naess and G. Sessions, "Basic Principles of Deep Ecology", *Ecophilosophy*, vol. 6 (1984); W. Devall and G. Sessions, *Deep Ecology: Living As If Nature Mattered* (Salt Lake City, 1985). (제10장의 "심층생태학"에서 인용된 구절은 67쪽에서 가져왔다.); Lawrence Johnson, *A Morally Deep World* (Cambridge, 1990); Freya Mathews, *The Ecological Self* (London, 1991); Val Plumwood, "Ecofeminism: an Overview and Discussion of Positions and Arguments: Critical Review", *Australasian Journal of Philosophy*, 64 (Supplement, 1986); 그리고 Richard Sylvan, "Three Essays Upon Deeper Environmental Ethics", *Discussion Papers in Environmental Philosophy*, 13 (1986) (Published by the Australian National University, Canberra). James Lovelock의 *Gaia: A New Look at Life on Earth*은 1979년에 Oxford 대학교 출판사에서 발간되었다. Christopher Stone의 *Earth and Other Ethics* (New York, 1987)은 감각적이지 않은 존재를 윤리적 틀 속에 포함시킨 잠정적인 탐구이다.

원래의 *Green Consumer Guide*는 John Elkington and Julia Hailes (London, 1988)에 의해 서술되었다. 그 이후로, 많은 비슷한 지침처럼, 여러 다른 나라에서 발간되면서 개작이 이루어졌다. 동물생산의 환경적인 사치성에 대해서는 앞의 제8장의 참고문헌들을 보라. 환경윤리에 대한 탁월한 입문서로는 다음을 보라. Dale Jamieson, *Ethics and the Environment* (Cambridge, 2008). Dale Jamieson (ed.), *A Companion to Environmental Philosophy* (Oxford, 2001)은 [환경윤리에 대한] 포괄적인 에세이 선집이다. the online *Stanford Encyclopedia of Philosophy*에 있는 Andrew Brennan의 소논문 "Environmental Ethics"도 보라.

제11장 시민불복종, 폭력, 그리고 테러리즘

Oskar Schindler의 이야기는 Thomas Kenneally의 *Schindler's Ark* (London, 1982)에서 훌륭하게 서술되고 있다. Joan Andrews와 Operation Rescue의 활동은 Bernard Nathanson, "Operation Rescue: Domestic Terrorism or Legitimate Civil Rights Protest?" *Hastings Center Report*, 1989. November/December, pp. 28-32에서 서술되고 있다. 인용된 성서 구절은 Proverbs 24:11에서 가져온 것이다. Gary Leber가 구해진 아이들의 숫자에 대해서 말한 것은 그의 에세이 "We must rescue them", *Hastings Center Report*, November/December 1989, pp. 26-7에 있다. Gennarelli 의 실험과 그에 관련된 사건들에 대해서는 Lori Gruen and Peter Singer, *Animal Liberation: A Graphic Guide* (London, 1987)을 보라. Animal Liberation Front에 대해서는 Philip Windeatt, "They Clearly Now See the Link: Militant Voices", in P. Singer (ed.), *In Defence of Animals* (Oxford, 1985)를 보라. 프랭클린 강의 봉쇄에 대해서는 James McQueen, *The Franklin: Not Just a River* (Ringwood, Victoria, 1983)에서 한 참여자 가 생생하게 서술하고 있다. Peddar 호수를 구하려던 실패한 그 이전의 캠페인에 대해서는 Kevin Kiernan, "I Saw My Temple Ransacked", in Cassandra Pybus and Richard Flanagan (eds.), *The Rest of the World Is Watching* (Sidney, 1990)을 보라. Capitol Power Plant에 대한 항의에 대해서는 Bryan Walsh, "Despite Snow-and Irony-A Climate Protest Persists", *Time*, March 3, 2009를 보라.

Henry Thoreau, "Civil Disobedience"는 여러 곳에 옮겨 실렸다. 그 중의 하나가 H. A. Bedau (ed.), *Civil Disobedience: Theory and Practice* (New York, 1969)인데, 인용된 구절은 이 선집의 28쪽에 실려 있다. 바로 뒤에 있는 인 용문은 R. P. Wolff, *In Defense of Anarchism* (New York, 1970)의 18쪽에서 가져왔다. 양심의 본질에 대해서는 A. Campbell Garnett, "Conscience and

Conscientiousness" in J. Feinberg (ed.), *Moral Concepts* (Oxford, 1969)를 보라.

John Locke는 확정된 법의 중요성을 그의 *Second Treatise on Civil Government*, 특히 section 124-6에서 논하고 있다.

동물실험에 대한 법을 개정하고자 하는 많은 시도에 관해서는 다음을 보라. Richard Ryder, *Victims of Science* (London, 1975). 이러한 맥락에서의 시민불복종의 옹호로는 Pelle Strindlund, "Butchers Knives into Pruning Hooks: Civil Disobedience for Animals", in Peter Singer, *In Defense of Animals: The Second Wave* (Oxford, 2006)을 보라.

교육을 많이 받은 사람에게 다수의 투표권을 주자는 Mill의 제안은 그의 *Representative Government*, chap. 8에 실려 있다. Engels, *Condition of the Working Class in England*, trans. and ed. Henderson and Chaloner, (Oxford, 1958), p. 108로부터의 인용은 John Harris, "The Marxist Conception of Violence", *Philosophy and Public Affairs*, vol. 3 (1974)에서 재인용한 것이다. Harris는 여기에서 소극적 안락사가 폭력의 진짜 형태임을 설득력 있게 논하고 있다. Harris의 책, *Violence and Responsibility* (London, 1980)과 Ted Honderich, *Three Essays on Political Violence* (Oxford, 1976)도 보라. Dave Foreman and Bill Haywood, *Ecodefense: A Field Guide to Monkeywrenching* (Tucson, Ariz., 1987)은 이제 3판(Chico, CA, 1993)이 나왔다.

법에 대한 불복종의 정당화에서 민주주의의 중요성은 나의 *Democracy and Disobedience* (Oxford, 1973)에서 보다 충분히 다루어지고 있다. J. G. Murphy (ed.), *Civil Disobedience and Violence* (Belmont, 1971)은 여전히 유용한 선집이다. H. A. Bedau는 앞에서 언급된 *Civil Disobedience in Focus* (London, 1991) 외에 다른 선집도 편집했다. 시민불복종에 대한 보다 최근의 논의로는 Kimberley Brownlee, "Civil Disobedience", in the online *Stanford Encyclopedia of Philosophy*를 보라.

테러리즘에 대한 읽을거리는 Tony Coady and Michael O'Keefe

(eds.), *Terrorism and Justice: Moral Argument in a Threatened World* (Melbourne, 2002), 그리고 Igor Primoratz (ed.), *Terrorism: The Philosophical Issues* (New York, 2004)에서 찾아볼 수 있다. Primoratz는 the online *Stanford Encyclopedia of Philosophy*의 테러리즘 항목의 저자이다.

제12장 왜 도덕적으로 행위해야 하는가?

이 장의 제목이 잘못된 질문이라고 배격하고자 하는 시도로는 S. Toulmin, *The Place of Reason in Ethics* (Cambridge, 1961), p. 162, J. Hospers, *Human Conduct* (London, 1963), p. 194, 그리고 M. G. Singer, *Generalization in Ethics* (London, 1963), pp. 319-27 등이 있다. D. H. Monro가 윤리적 판단을 *Empiricism and Ethics* (Cambridge, 1967)에서 압도적인 것으로 정의했다. 예컨대, 127쪽을 보라. R. M. Hare의 처방적인 윤리론에 따르면 도덕적 판단을 받아들인다는 것은 행위를 수행한다는 것을 내포한다. 그러나 단지 보편화 가능한 판단만이 도덕적 판단으로 간주되기 때문에, 헤어의 견해는 우리가 압도적인 것으로 보는 모든 판단이 필연적으로 윤리적 판단이라는 결론에 이르지 않는다. 그러므로 헤어의 견해에 따르면 우리의 질문은 의미가 있다. 도덕 용어를 정의하는 데 있어서의 일반적인 문제들과 정의를 다르게 했을 때의 결과에 대해서는 나의 "The Triviality of the Debate over 'Is-Ought' and the Definition of 'Moral'", *American Philosophical Quarterly*, vol. 10 (1973)을 보라.

두 번째 절에서 논의되고 있는 주장들은 다음과 같은 책들에서 뽑은 것들이다. Marcus Aurelius, *Meditations*, bk. IV, par. 4; I. Kant, *Groundwork of the Metaphysics of Morals*, H. J. Paton, *The Categorical Imperative* (London, 1963), pp. 245-6, J. Hospers, *Human Conduct* (London, 1963), pp. 584-93, 그

리고 Gauthier, *Practical Reasoning* (Oxford, 1963), p. 118. 분리된 논의를 요구하는 칸트주의자들의 견해에 대한 탁월한 옹호로는 Christine Korsgaard, *The Sources of Normativity* (Cambridge, 1996)을 보라.

Hume은 자신의 실천이성에 대한 견해를 *A Treatise of Human Nature*, bk. II, pt. iii, sec. 3에서 옹호하고 있다. 이에 대한 T. Nagel의 반박은 *The Possibility of Altruism* (Oxford, 1970)에 실려 있다. Nagel은 그의 입장을 *The View from Nowhere* (New York, 1986)에서 고쳐 진술하였다. 이기주의의 합리성에 대한 Sidgwick의 관찰은 *The Methods of Ethics* (7th ed., London, 1907)의 498쪽에 실려 있다. Parfit의 미래 화요일 무관심을 가지는 사람에 대한 설명은 Derek Parfit, *On What Matters*, (Oxford, forthcoming)에서 인용되었다. 그러나 그가 이러한 가능한 태도를 처음 논의한 곳은 그의 *Reasons and Persons* (Oxford, 1984), p. 124이다. Sharon Street는 "In Defense of Future Tuesday Indifference: Ideally Coherent Eccentrics and the Contingency of What Matters," *Philosophical Issues*, 19 (2009), pp. 273-98에서 Parfit에게 반론하였다. 자신에게 이익이 되는 것을 하는 것의 합리성에 대한 Sidgwick의 입장에 대한 Parfit의 수정은 *On What Matters*, Ch. 6을 보라.

덕 자체를 위해서 덕을 사랑해야 한다는 Bradley의 주장은, 그의 *Ethical Studies* (Oxford, 1876, 1962 재인쇄)의 61-3쪽에 나온다. 같은 입장을 I. Kant, *Groundwork of the Metaphysics of Morals*, chap. 1과 D. Z. Phillips, "Does It Pay to Be Good?", *Proceedings of the Aristotelian Society*, vol. 64 (1964-5)에서 볼 수 있다. Bradley와 Kant는 그들 자신의 견해보다도 '일반적인 도덕적 양심'이라고 그들이 본 것을 설명하고 있다. 칸트 자신은 일반적인 도덕적 양심이라는 견해를 고수했으나, 브래들리는 나중에 *Ethical Studies*에서 도덕생활에 내포된 주관적 만족이 탁월한 역할을 한다는 도덕성에 대한 견해를 지지했다.

왜 우리가 도덕 자체를 위해서 수행된 행위만이 도덕적 가치를 갖는다고 믿느냐에 대한 나의 설명은 *Enquiry Concerning the Principles of Morals*에 나오는 Hume의 견해와 비슷하다. Socrates의 결론 "공정한 사람은 행복하다"는 Plato, *The Republic*, 354a에서 볼 수 있다.

자선기부와 관련하여 언급된 첫 번째 조사는 the Social Capital Community Benchmark Survey, 그리고 두 번째 조사는 the University of Michigan's Panel Study of Income Dynamics에서 나온 것이다. 나는 이러한 내용을 Arthur Brooks, "Why Giving Makes You Happy," *New York Sun*, December 28, 2007에서 가져왔다. 다른 연구들은 Jonathan Haidt, *The Happiness Hypothesis* (New York, 2006), chap. 8에서 볼 수 있다. 두뇌 이미지 연구는 William T. Harbaugh, Ulrich Mayr, and Daniel Burghart, "Neural Responses to Taxation and Voluntary Giving Reveal Motives for Charitable Donations", *Science*, 316 (June 15, 2007), pp. 1622-25에서 보고된 것이다.

Maslow는 "Psychological Data and Value Theory" in A. H. Maslow (ed.), *New Knowledge in Human Values* (New York, 1959)에서 자신의 인격이론을 지지하기 위해 약간의 매우 대략적인 자료를 제시하고 있다. A. H. Maslow, *Motivation and Personality* (New York, 1954)도 참조하라.

정신병질자에 대해서는 H. Cleckley, *The Mask of Sanity* (5th ed., St. Louis, 1976)을 보라. 도움 요청이 환자 자신들에게서가 아니라 친지들에게서 온다는 이야기는 viii쪽에 실려 있다. 행복한 정신병질자로부터의 인용문은 W. and J. McCord, *Psychopathy and Delinquency* (New York, 1956)의 6쪽에서 가져왔다. 정신병질자들이 감옥행을 면하는 능력에 관해서는 R. D. Hare, *Psychopathy* (New York, 1970), 111-12쪽을 보라. 지갑을 잊어버린 정신병질자의 예는 R. D. Hare, *Without Conscience: The Disturbing World of Psychopaths among Us*, (New York, 1993), pp. 58-9에서 나왔다. 내가 이것을 보게 된 것은 Heidi Maibom, "Moral Unreason: The Case of Psychopathy", *Mind & Language*, 20 (2005), pp. 237-57을 보았기 때문이다.

'쾌락주의의 역설'은 F. H. Bradley, *Ethical Studies*의 세 번째 논문에서 논의되고 있다. 심리치료적인인 설명으로는 V. Frankl, *The Will to Meaning* (London, 1971), 33-4쪽을 보라.

자기이익과 윤리와의 관계에 대해서는 Sidgwick, *Methods of Ethics*의 마지막 장과 Derek Parfit의 *On What Matters*, Ch. 6의 논의를 보라.

500만 달러가 넘는 비용의 생일 파티에 대한 자세한 내용은 Andrew Ross Sorkin, "In Defense of Schwarzman", *The New York Times*, July 29, 2007을 보라.

역자 후기

이 책의 저자 피터 싱어Peter Singer는 오스트레일리아 출신으로서, 역시 같은 지역 출신으로 이미 작고한 J. L. 매키에 버금가는 윤리학자로 평가 받고 있으며, 철학계의 신동이라는 애칭도 갖고 있다. 한국에도 한국철학회가 주관하고 명경의료재단이 후원한 다산철학기념강좌에 초대되어 여러 차례 강연을 한 적이 있다.(『이 시대에 윤리적으로 살아가기: 현대사회와 실천윤리』, 철학과현실사, 2008)

그는 현재 미국 프린스턴 대학 인간가치센터의 생명윤리학 석좌교수, 오스트레일리아 멜버른 대학 응용철학 및 공공윤리센터의 명예교수이다. 주요 저서로는 1979년에 처음 출간된『실천윤리학』이외에도 석사학위 논문을 수정, 보완한『민주주의와 불복종』, 그리고『동물해방』,『사회생물학과 윤리』, 최근에 나온『물에 빠진 아이 구하기: 어떻게 세계의 절반을 가난으로부터 구할 것인가』등이 있고, 편저로서 여러 학자의 논문 모음집인『응용윤리학』이 있다.

이 책에서 싱어는 윤리학을 여러 가지 실천적인 주제와 현실적인 문제들에 적용하는 일에 관심을 두고 있다. 그는 오늘날 논란의 대상이 되고 있는 여러 사회적 문제들을 고찰하고 있는데, 예를 들면 인종, 성별, 능력 등에 의한 차별 및 선별, 생명을 빼앗는 일과 구하는 일(임신중절, 안락사와 관련된 의료윤리), 동물의 복지와 권리, 정치적 폭력과 시민불복종, 국제 간의 원조와 자선 등이 그것이다. 그는 이러한 문제들과 관련된 대표적 논변들을 명료하고 생생하게 설명, 평가하고 있으며 자기 자신의 입장 또한 감추거나 독자들에게 강요하지도 않는다.

이러한 현대의 쟁점들은 그 저변에 깔린 윤리학의 이론들, 인간의 본성, 그리고 제권리와 이해관계 간의 상충 등에 대한 보다 기본적인 의견의 불일치나 딜레마에 그 뿌리를 두고 있다고 생각된다. 이 책은 바로 그러한 철학적 차원을 이끌어내어 논의하고, 모든 실천적 문제들에 있어 일관성 있고 설득력 있게 적용될 수 있는 윤리이론을 제시하기 위해 씌어졌다. 이 책은 서두에서 윤리학에 대한 저자의 견해를 분명히 서술하는 것으로부터 시작하여 윤리학의 근거와 인생의 의미 등과 같은 근본적인 주제들에 대한 논의로 끝을 맺고 있다.

이 책은 보다 넓은 일반 독자들을 위해서 의도된 것은 물론이고 철학, 종교, 의학, 교육 및 사회과학 등을 공부하는 학생들에게 실질적인 도움을 주고자 씌어진 것이다. 실제로 싱어는 철학수업에서 널리 이용될 만한 자극적이고도 논쟁적인 방식으로 이 책을 서술하고 있다. 특히 이 책이 최근 윤리학의 발전과정에 있어 중요한 의의를 지니게 되는 것은 그것이 어떤 형태의 공리주의를 부활시켜 현대의 갖가지 도덕적 쟁점들에 적용해 보려는 시도를 하고 있다는 점에서이다. 그러나 이 저술은 대단한 야심의 결과이긴 하나 탁월한 강점 못지않게 심각한 문제 또한 안고 있는 것으로 지적되기도 한다.

1980년경 이 책을 입수하여 일독을 한 뒤 역자는 강한 인상을 받아 학부 강독교재로 채택하여 학생들과 여러 차례 읽은 적이 있었고, 서울대 대학원 윤리학 필독서로 추천하기도 했다. 그러는 가운데 언젠가 우리말로 옮겨 보다 널리 독자들에게 소개하고 싶은 생각이 들어 틈틈이 번역을 해가고 있었다. 그러던 중 김성동 교수가 완역된 원고를 들고 와 감수를 요청하였고, 여러 차례 서로 돌려가며 윤독하는 가운데 수정과 윤문을 거듭하게 되어 드디어는 공역의 형식으로 출판하기로 했다.

원문 자체도 명료하게 서술된 데다 우리말로도 쉽게 읽힐 수 있도록 번역에 최선의 노력을 기울였으나 아직도 미진한 부분이 다소 있을 것으로 생각된다. 이미 앞서 지적한 대로 이 책은 실천윤리학의 모든 부분을 망라하고 있다고 장담을 하기는 어려우나, 사회에서 일어나는 윤리적 제 문제에 대한 보다 합리적인 해결을 추구하는 사람, 그리고 단순히 이론 윤리학만이 아니라 그 현실적인 적용에 관심을 가진 사람, 나아가서는 보다 적극적인 윤리적 실천에의 의지를 가진 모든 이들에게 더할 나위 없이 탁월한 길잡이가 될 것임을 확신한다.

1990년대 초 처음 번역판이 나올 무렵 원고상태에서 꼼꼼히 정독하고 수정에 도움을 준 김상득 선생과 강유원 선생의 노고는 아직도 기억에 생생하다. 지금은 중견학자가 된 이들에게 금번 수정판을 내면서 고마움과 더불어 일편 송구한 마음이 들기도 한다. 새로운 개정판은 큰 틀에선 변화가 없지만 부분적으로 한 장이 교체되고 전반적으로 손질이 이루어진 셈이다. 비윤리가 판을 치는 혼탁한 시대에 좋은 윤리서의 개발에 열정을 보여 주신 연암서가에 진심으로 감사드린다.

2013년 정월 꽃마을에서
역자를 대표하여
황경식 적음

찾아보기

ㄱ

가드너, 비어트리스 Gardner, Beatrice **176**
가드너, 앨런 Gardner, Allen **176**
『가부장제의 불가피성 The Inevitability of Patriarchy』(Goldberg) **74**
가이아 Gaia **442**
『가이아: 지구상 생물에 대한 새로운 시각 Gaia: A New Look at Life on Earth』(Lovelock) **443**
가축 cattle
가축 livestock
가치 value 6, 8, 12, 100, 107, 128-130, 134, 135, 138, 144, 154, 161, 163, 164, 167, 169-171, 175, 195, 199, 201-203, 208, 210, 212-217, 227, 241, 243, 246, 250-252, 256-258, 271, 273, 275, 286-290, 293, 294, 298, 316, 326, 329, 332-334, 354, 357, 364, 395, 407, 412, 417, 418, 421-425, 428, 429, 432, 433, 435-446, 464, 466, 471, 480, 497-500
가톨릭 Catholic 224, 232, 259, 268, 326, 328, 456
간섭주의 paternalism 312, 313, 316
감각 sentience 10, 101, 103, 115, 118, 128-133, 146, 153, 161, 195, 198, 212, 215-217, 246, 248, 271, 276, 426, 429, 431-433, 436, 437, 442-444, 446, 470, 477, 479, 480
감각적 존재 sentient being(s) 131, 132, 153, 195, 198, 215-217, 246, 429, 431-433, 442-444, 446
강 river(s) 327, 380, 392, 416, 417, 419, 429, 430, 432, 436, 450, 458, 461
강간 rape 240, 241
강압 coercion 304, 466
강제 force 53, 67, 90, 106, 125, 131, 144, 242, 360, 361, 463, 466, 468, 473
개 dogs 100, 102, 115, 131, 170, 179, 182, 188, 218, 246, 253, 254, 260, 330
개발도상국 developing countries 339, 355, 336, 359, 368, 393, 476
개발원조 development assistance 369
개별자 individual 189, 205, 257-260, 262, 263, 294, 303, 320, 409, 442
개인 individual 31, 42, 52, 56, 66, 79, 133, 149, 155, 156, 163, 164, 312, 313, 331, 336, 342, 345, 346, 348, 349, 361, 369, 370, 383, 395, 403, 409, 454, 458, 474-476, 483, 494, 497, 513
개인적 권리 individual rights 42, 353
개인주의 individualism 361

갠지스 델타 Ganges delta 381
거울시험 mirror test 188
검약 frugality 444, 445
게나렐리 Gennarelli, Thomas 448, 451, 461, 462, 480
결과주의 consequentialism 23, 27, 221, 327, 347, 352, 353, 377, 406, 408, 409, 411, 413, 472, 477, 479, 480
결정절차 decision-procedure(s) 458, 459, 464
경제성장 economic growth 416, 428
경제협력개발기구 Organization for Economic Cooperation and Development(OECD) 388, 391
계속적인 자아 continuing self 157
계획 plan 160, 181, 183, 189-191, 199, 252, 284, 291, 296, 333, 334, 344, 410, 417
고대 그리스 ancient Greece 37, 275, 335
고래 whales 179
고려의 평등 equality of consideration 77
고릴라 gorillas 126, 177, 273, 440
고양이 cat 100, 115, 134, 188, 218, 254
고용 employment 48, 81, 85, 95, 270, 326, 333, 356, 367, 416, 417, 422
고전적 공리주의 classical utilitarianism 23, 41, 147, 149, 207, 251, 273, 302, 303
고통 pain, suffering 23, 24, 28, 41, 42, 54-58, 67, 76, 101-107, 111-119, 127, 128, 131, 135, 137, 139, 143, 145, 147, 152, 153, 156, 161-164, 166-168, 193, 194, 205, 206, 212, 214-220, 227, 229, 233, 246-249, 268, 280, 281, 283, 285, 286, 289, 290, 297, 301, 303, 305-310, 313, 315, 319, 326, 327, 329, 330, 332, 334, 339, 343, 355, 365, 375, 378, 382, 430, 431, 434, 452, 455, 460, 478, 480,

483, 492, 493, 505, 515
공감 sympathy 229, 239, 435, 478
공격성 Aggression 61, 69-73, 76, 78-80, 85, 135
공동체 community 26, 85, 89, 91, 96, 123, 124, 125, 219, 275, 346, 358, 360, 361, 380, 382, 438, 439, 459, 473
공리주의 utilitarianism 23, 37, 39, 41-45, 101, 148, 151-154, 159, 160, 163, 172, 188, 191-193, 214, 217, 220, 242, 243, 287, 289, 290, 297, 357, 361, 400, 407, 431, 444
공범 원리 complicity principle 408, 409, 413
공장식 농장 factory farms 110, 111, 121, 128, 196, 220, 221, 468
과잉인구 overpopulation 252
교육 education 65, 66, 78, 85, 93, 338-340, 342, 355, 359, 367-369, 408, 456
교토의정서 Kyoto Protocol 390
구달 Goodall, Jane 126, 183, 184
구명정 윤리 lifeboat ethics 363, 364, 372
구조작전 Operation Rescue 449, 461, 463, 469
국가 state 11, 140, 230, 278, 285, 312, 313, 331, 357, 390, 453, 454
『국가론 The Republic』(Plato) 121, 496, 502
국적 nationality 92, 140, 358
국제탄소거래 international carbon trading 395
권리 rights 42, 43, 45, 50, 52, 67, 89, 90, 93, 101, 102, 108, 127, 129-131, 145, 154-157, 160, 161, 176, 186, 192-194, 198, 205, 231-234, 238-242, 246, 250, 251, 259, 260, 267, 271, 274, 275, 282, 287, 288, 296, 299, 302, 304, 311, 318, 319, 347-349, 353, 360, 361, 365, 384, 387, 393, 399, 403,

439, 440, 465, 469, 515

규칙 rule 22, 23, 111, 123, 190, 250, 317, 321, 322, 325, 326, 334, 343, 391, 406-408, 452, 472, 473

규칙공리주의 rule-utilitarian 406, 407

그라츠 대 볼링거 Gratz v. Bollinger 93

그레이 Gray, Jeffrey 82

그루터 대 볼링거 Grutter v. Bollinger 93

그린 Greene, Rita 298

그리스 Greece 37, 144, 275, 335, 418, 420, 442, 443, 502

극단적인 빈곤 extreme poverty 337-339, 341, 354-357, 359, 362, 364-366, 369, 370, 377-379, 403, 497

글로버 Glover, Jonathan 410

긍정심리학 positive psychology 502

기독교 Christianity 24, 37, 144, 145, 232, 275, 276, 336, 361, 419-421

기아 famine, starvation 12, 308, 344, 363, 365, 366, 368

기준 standard(s) 21 32 34-36 77 88 89 111 126 146 149 232 271 333 339 341 350 371-379 388 433 469 516

기회의 평등 equality of opportunity 77-79, 85, 87, 96

기후 피난민 climate refugees 11

기후변화 climate change 11, 12, 14, 201, 210, 217, 349, 381-383, 385, 387, 388, 390-392, 400, 404, 408, 412, 414, 421, 427, 451, 460, 461, 463

긴꼬리원숭이 monkeys 71, 113-115, 139, 179, 188, 218, 254

ㄴ

나베슨 Narveson, Jan 347

나에스 Naess, Arne 438, 439

나치 Nazis, Nazism 8, 22, 55, 95, 238, 278, 331-334, 346, 386, 457, 460, 466, 469, 470

난소암 ovarian cancer 309

난자 egg 141, 201, 225-227, 253, 254, 258, 263-267, 269, 270

남녀 간의 불평등 sexual inequality 84, 85

남녀 간의 차이 sexual differences 68, 69, 71

남녀 간의 평등 sexual equality 68, 85

남녀의 역할 sex roles 70

『남녀차이의 심리학』The Psychology of Sex Differences』(Maccoby & Jacklin) 71

남성 mem 70-76, 85, 96, 182, 269, 292, 337

남성우세 male dominance 61, 62, 73, 74

남아시아 South Asia 388

남자 men 69-73, 239, 292, 336, 419, 512

내부자 insiders 512, 513

네덜란드 Netherlands 282, 303, 306, 320, 341, 392

네이글 Nagel, Thomas 513

노르웨이 Norway 438

노예제도 slavery 29, 30, 56, 103

노직 Nozick, Robert 347, 348, 361, 386

놋설 Nossal, Gustav 323, 333

누넌 Noonan, John 268-270

뉴질랜드 New Zealand 311, 341

뉴턴 Newton, Isaac 67

니츠케 Nitschke, Philip 311, 312

ㄷ

다수결의 규칙 majority rule 462, 463, 465, 466, 469

다운 증후군 Down syndrome 293, 319, 320, 329

다윈 Darwin, Charles 120, 126

단지 의식만을 가진 존재 merely conscious being 161, 162, 206, 217

닭 chickens 110, 139, 189, 220-222, 245, 246, 249, 250

당뇨 diabetes 226

대뇌피질 cerebral cortex 118, 247, 248

대량학살 genocide 331, 333, 469, 472

대법원 Supreme Court 85, 93, 224, 230, 299, 318, 461, 463

대우 treatment 5, 42, 48, 51, 57, 61, 85, 94, 95, 100, 101, 124, 139, 230, 299, 330, 476, 482

대지윤리 land ethic 438, 439

대체 가능성 replaceability 195-198, 201, 204, 220, 292, 297

댐 dams 416, 417, 422, 429-431, 443, 450, 452, 460, 461, 467, 468, 471

덕 virtues 496, 498, 501, 502

데이비스 Davis, Steven 222

덴마크 Denmark 224, 341

도구적 가치 instrumental value 429

도덕성 morality 12, 125, 134, 142, 238, 245, 377, 434, 496, 500

도덕장부 "moral ledger" model 209, 211

도덕적 가치 moral value, moral worth 442, 464, 466 499, 500

도덕적 공동체 moral community 125

도덕적 관점 moral point of view 496, 513

도덕적 권리 moral rights 154

도덕적 규칙 moral rules 321, 322, 325, 472

도덕적 기준 moral standards 21, 32

도덕적 성인 "Moral Saints"(Wolf) 375

『도덕적 심층 세계』 *A Morally Deep World*(Johnson) 441

도덕적 영웅주의 moral heroism 322, 344

도덕적 원칙 moral principles 36, 67, 94, 99, 159, 354, 357

도덕적 위상 moral status 10, 12, 13, 129, 130, 226, 234, 255, 261, 269

도덕적 의미 moral significance 132, 143, 233, 241, 296, 352, 353, 355, 357, 360, 377

도덕적 이유 moral reason 54, 102, 485

도덕적 인격 moral personality 49, 50, 51, 52

도덕적 책무 moral obligation 134, 275, 485

도덕적 추론 moral reasoning 41, 159, 220, 274, 316, 317, 471

도덕적 태도 moral attitudes 46

도덕적 판단 moral judgment 28, 29, 34, 37, 268, 373

도덕적 평등 moral equality 95

도덕적 행위 moral action 496

도덕적으로 의미 있는 구분선 morally significant dividing line 228, 229, 232, 243, 271

도덕적으로 중요한 이익 morally significant interests 442

도움을 받을 권리 right to assistance 361

도킨스 Dawkins, Richard 372

독신생활 celibacy 252, 287

독일 Germany 7, 8, 22, 180, 210, 272, 320, 341, 394, 397, 400, 447, 460, 466, 478

돌고래 dolphins 179, 188, 218

돌보기 taking-care 323, 358
동기 motive 24, 144, 184, 283, 343, 348, 394, 396, 398, 403, 414, 497, 498, 499
동기화 motivation 182, 183, 334, 343, 349, 351, 375, 498, 499, 507, 515
동물 animals 5, 8-10, 100, 101, 103, 105-135, 165, 170-176, 178-196, 205, 206, 211, 212, 215, 217-223, 232, 246, 247, 271, 285, 292, 364, 382, 383, 417, 419-422, 430-432, 438, 448, 452, 455, 460, 465, 466, 468, 469, 476, 479-481, 515
동물권리운동 animal rights movement 117, 466
동물실험 animal experimentation 112-115, 128, 466, 472
동물해방전선 Animal Liberation Front(ALF) 451, 454, 460, 461, 463, 466, 469, 479
동성애 homosexuality 21, 26, 237
동아시아 East Asia 388
동정 sympathy 25, 92, 497, 498, 506
돼지 pigs 103, 138, 139, 172, 184, 188, 189, 194, 218, 222, 245, 246, 249, 250, 420
두뇌유출 brain drain 80
두려움 fear 105, 251, 301-303, 309, 314, 419
드 발 De Waal, Frans 25, 181, 182
드볼 Devall, Bill 440

ㄹ

라이언스 Lyons, David 407
라티머 Latimer, Robert 285
램지 Ramsey, Paul 253, 270
러브록 Lovelock, James 442, 443
레버 Leber, Gary 449, 461, 469

레오폴드 Leopold, Aldo 438, 439
레이건 Reagan, Ronald 318
레크리에이션 recreation 400, 417, 425, 431, 446
로 대 웨이드 Roe v. Wade 224
로버 Lorber, John 329, 331-333, 410
로크 Locke, John 143, 146, 347, 348, 384, 458
롤린 Rollin, Betty 309
롤스 Rawls, John 37, 38, 49-51, 122, 399
롤스턴 Rolston, Holmes 436, 437
루이지애나 Louisiana 314, 315
루크레티우스 Lucretius 198, 204
룩셈부르크 Luxembourg 279, 283, 306, 320, 341
르완다 Rwanda 391, 393
리 Lee, Patrick 12
리 Lee, Ronnie 469
리베이비제이 Re Baby J 319
리쿠르구스 Lycurgus 144

ㅁ

마도프 Madoff, Bernard 513
마르쿼스 Marquis, Don 14, 255-259
마르크스주의 Marxism 28, 29, 474
마일스 Miles, Lyn 177
『마지막 소원 Last Wish』(Rollin) 309
몰디브 Maldives 381
말라위 Malawi 392
매슬로 Maslow, A. H. 504
매춘 prostitution 237
매카시 McCarthy, Joseph 136
매키 Mackie, J. L 550
매튜 Mathews, Freya 441 442

맥코비 Maccoby, Eleanor E. 72, 74
맥키벤 McKibben, Bill 427, 428, 451, 454
머레이 Murray, Charles 47
메르켈 Merkel, Angela 397
멕시코 Mexico 368, 397
멸종 species loss(extinction) 417, 432
모살 murder 475, 476
목숨 life 139, 149, 156, 297, 298, 307, 308, 311, 315, 322, 327, 328, 343, 350, 355, 359, 403, 440, 441, 448, 478
목적 ends 22, 23, 39, 44, 92, 93, 113, 130, 132, 225, 274, 329, 330, 356, 395, 420, 429, 436, 439, 452, 460, 466, 468, 472, 473, 477, 478, 481, 491, 494, 498, 511, 514
무뇌아 anencephalic infants 319
무세베니 Museveni, Yoweri 401
무의미 meaninglessness 179, 198, 232, 307, 334, 435, 483, 508
무의식 상태 unconscious state 205, 206, 308
무지의 베일 veil of ignorance 37
문어 octopus 118, 190
물고기 fish 153, 172, 189, 218, 246, 418, 419, 431
미국 United States 7, 61, 67, 74, 80, 81, 85, 87, 90, 92, 93, 110, 114, 136, 138, 154, 176, 221, 224, 226, 230, 239, 248, 279, 280, 306, 308, 310, 311, 318, 319, 338, 341, 359, 370, 384, 386, 388, 390-394, 397, 402, 403, 426, 435, 436, 438, 439, 448, 449, 451, 453, 461, 463, 469, 472, 478, 504, 515
미국소아과학회 American Academy of Pediatrics 318
미국어치 scrub jays 185
미국의학협회 American Medical Association 318
미국자비협회 Humane Society of the United States(HSUS) 454

미끄러운 비탈길 slippery slope 130, 131, 315, 331
미래 세대 future generations 166, 202, 422, 424-427, 429
미시간 대학교 University of Michigan 93
미학 aesthetics 425, 486
민족 집단 ethnic groups 62, 63, 84, 91, 132, 133, 136
민주주의 democracy 333, 394, 460, 462-464, 466-470, 472, 473
민주주의적 원칙 democratic principles 463
밀 Mill, John Stuart 26, 41, 42, 172, 173, 215, 237, 238, 312, 313, 465

ㅂ

바너 Varner, Gary 190, 191, 223
바더-마인호프 폭력단 Baader-Meinhoff gang 478
바울 Paul(Saint) 420
반자의적 안락사 involuntary euthanasia 283
방글라데시 Bangladesh 363, 364, 368, 381
배고픔 hunger 120, 330, 337, 340, 354, 378, 425
배키 Bakke, Alan 88, 91, 92
범죄 crime 168, 237, 238, 272, 301, 331-333
법 laws 95, 110, 122, 138, 192, 224, 226, 234-237, 244, 248, 264, 279, 299, 301, 305-307, 311, 312, 314, 335, 451-460, 464, 466, 468, 470, 472, 474, 480, 516
법과 질서 law and order 314, 457
베리 Berry, Wendell 451, 454
베트남 Vietnam 381
벤담 Bentham, Jeremy 37, 41, 42, 101, 102, 127, 163, 164, 273, 300
보에스키 Boesky, Ivan 512, 513

보편적 관점 universal point of view 38, 39, 128, 484
보편적 처방주의 universal prescriptivism 32
보편화 가능성 universalizability 37, 42, 126, 206, 357, 484, 486-489
복제 cloning 196, 197, 254
본질적 가치 intrinsic value 217, 252, 300, 429, 439, 440, 441
봉급 salary 76, 81, 82, 356
부 wealth 341, 348, 361
부르키나파소 Burkina Faso 398, 400
부모 parents 11, 69, 71, 78, 115, 139, 144, 157, 166-168, 174, 196, 197, 203, 213, 229, 276, 277, 284, 288-291, 295-297, 299, 318-320, 328, 336, 352, 359, 367, 505
부시 Bush, George W. 136, 226, 253, 299, 402, 403
부정의 injustice 95, 121, 122, 136, 353
부주의한 운전 reckless driving 351
분별 prudence 172, 493, 511
분별없음 imprudence 507
불교 Buddhism 197, 210
불법적인 행위 illegal acts 453, 460, 480
불복종 disobedience 12, 459-461, 465-469, 471-473
불임 infertility 211, 225, 226, 269, 368
불편부당한 관망자 impartial spectator 37, 486, 513
불평등주의 inegalitarianism 55
붉은 여단 Red Brigade 478
브라운 Brown, Bob 450, 451, 454
브라운 Brown, Louise 225

브라질 Brazil 341, 368, 387, 388, 390, 391, 398
브래들리 Bradley, F. H. 496, 498
비감각 우주 Nonsentient Universe 212-216
비공리주의적 가치 non-utilitarian values 129
비자의적 안락사 nonvoluntary euthanasia 284-286, 302
비판적인 도덕적 추론 critical moral reasoning 220
빈곤 poverty 5, 21, 59, 222, 337-342, 347-351, 353-371, 374, 377-379, 383, 392, 394, 395, 398, 400, 403, 404, 410, 425, 478, 482, 497, 498, 503, 507
빈곤한 나라 poor nations 21, 338, 347, 364, 366, 367, 370, 371, 392, 394, 395, 398, 400, 478

ㅅ

사기업 private enterprise 83
사냥 hunting 107, 116, 121, 190, 220-222
사르트르 Sartre, Jean-Paul 38
사망률 death rates 365
『사물의 본성에 대하여』De Rerun Natura (Lucretius) 198
사생활 privacy 304
사슴 사냥 deer hunting 221
사용료 royalties 395
사유 thinking 6, 13, 32, 44, 143, 152, 178, 180, 187, 199, 227, 268
사육방법 farming methods 106
사전 존재적 견해 prior existence view 166-168, 194, 201, 203, 217, 291
사치 extravagance 109, 340, 342, 343, 360, 373, 375, 379, 399, 400, 445

사형 capital punishment 138, 140
사회 society 27-31, 43, 52, 55, 56, 62, 64, 70, 72, 74, 77, 79, 80, 84, 85, 87, 89, 95, 97, 108, 110, 123, 138-140, 144, 168, 237, 238, 275, 289, 322, 329, 335, 336, 339, 349, 350, 359, 444, 454, 458, 460, 464, 467, 470, 474, 475, 477, 480, 497
사회적 조건 social conditions 97
사회적 조건화 social conditioning 70, 71
사회적 지위 social status 77, 79
사회적 평등 social equality(goal) 90, 91
삭스 Sachs, Jeffrey 378
산업혁명 industrial revolution 384, 389
살생 killing, taking a life 137, 147, 149, 158, 160, 162, 175, 187, 192, 193, 219-222, 257, 286, 302, 303, 335, 336
삶의 의미 meaning of life 509
삶의 질 quality of life 199, 204, 287, 319, 323, 327, 328
삼분법 triage 362, 365, 366
상대주의 relativism 28-30
상호성 reciprocity 25, 121, 125
샐웬 Salwen, Kevin 373-375, 378
생각 thinking 82, 83
생명 life 127, 129, 137-140, 144-146, 152-155, 160, 161, 169, 171, 174-176, 186, 187, 197, 205, 206, 212, 213, 216, 219, 220, 222, 226-228, 230-236, 240-256, 258-263, 267, 271-280, 285-288, 294, 296-298, 300, 302, 304, 311, 312, 318, 325, 327-330, 335, 336, 343, 346, 347, 349-351, 356, 365, 378, 379, 386, 432-443, 449, 509
생명에의 권리 right to life 127, 153, 154, 155, 160, 161, 176, 186, 205, 231, 233, 234, 240, 242, 246, 250, 251, 259, 261, 267, 271, 274, 275, 287, 296, 304, 347
생명에의 외경 reverence for life ethic 432, 434, 436, 438, 442
생명윤리 bioethics 141
생명의 가치 value of life 8, 107, 169, 171, 175, 227, 243, 244, 287
생식기술 reproductive technology 253
생태계 ecosystems 431, 432, 438-443
생태학 ecology 438, 441
『생태학적 자아』The Ecological Self』(Mathews) 441
생활방식 lifestyle 108, 110, 112, 202, 402, 404, 411, 412, 508
샤이보 Schiavo, Terri 299
서구문명 Western civilization 126, 144
서구 전통 Western tradition 322, 418
서머스 Summers, Lawrence 47, 73
선더반 Sunderbans 381
선택능력 capacity to choose 159, 454
선호 preferences 26, 32, 39, 40, 42-45, 71, 97, 98, 106, 115, 129, 152-154, 162, 163, 173, 185, 189, 204, 205, 207-217, 260, 273, 282, 286, 294, 297, 311, 313, 360, 366, 372, 396, 419, 431, 491, 493, 509
선호공리주의 preference utilitarianism 10, 42-45, 149, 152-154, 159, 160, 173, 186, 194, 204, 205, 207, 211-313, 215, 217, 251, 257, 273, 302, 303
선호에 대한 차변 견해 debit view of preferences 209, 211, 212, 217
섬들 islands 381

성 sex 21, 22, 28, 46, 48
성서 Bible 418, 420, 449, 471
성차별주의 sexism 48
세계보건기구 World Health Organization 381
세계유산위원회 World Heritage Commission 450
세계은행 World Bank 337, 338
세금 tax 83, 361, 378, 396, 412, 414, 458
세네카 Seneca 276, 281
세션즈 Sessions, George 439, 440
셰익스피어 Shakespeare, William 36, 212
소로 Thoreau, Henry 453, 454, 456, 464
소극적 안락사 passive euthanasia 317, 325, 336
소비 consumption 58, 109, 112, 211, 340, 412, 445, 513, 515
소수자 minorities 11, 48, 86, 90, 91, 94, 95, 335
소크라테스 Socrates 122, 172, 173, 488, 496, 502
솔론 Solon 144
솔트 Salt, Henry 198, 199, 203
쇼펜하우어 Schopenhauer, Arthur 210
수단 means 179, 208, 231, 238, 252, 327, 328, 355, 360, 361, 395, 429, 437, 449, 450, 452, 460-463, 466, 467, 468, 469, 471-474, 476-479, 481, 491
수면상태 sleeping state 247
수용능력 carrying capacity 363
수정란 embryo 10, 13, 140, 141, 157, 174, 197, 225-229, 234, 245, 246, 250, 253-255, 258-271
수화법 American Sign Language 176
숲 forests 39, 181, 212, 387, 388, 416, 422-424, 426, 431-433, 445, 450
쉰들러 Schindler, Oskar 299, 447, 451, 454, 460, 470
슈바이처 Schweitzer, Albert 434-436

슈에 Shue, Henry 400
스리랑카 Sri Lanka 393, 394
스미스 Smith, Adam 37
스웨덴 Sweden 184, 224, 320, 341, 390
스위스 Switzerland 7, 110, 279
스크루턴 Scruton, Roger 191, 223
스테픈 Stephen, Leslie 194, 197, 198
스텝토 Steptoe, Patrick 225
스토아학파 Stoics 281, 487
스티븐슨 Stevenson, C. L. 31
스틴슨 Stinson, Andrew 139
스틴슨 Stinson, Peggy 138
스페인 Spain 224, 320
스피라 Spira, Henry 515, 516
시간감 a sense of time 177
시간에 걸쳐서 존재 existence over time 220
시공간 visual-spatial ability 68, 72-75, 79
시민권 citizenship 358
시민권리 법령 Civil Rights Act 92
시민불복종 "Civil Disobedience"(Thoreau) 453
시민불복종 civil disobedience 447, 449, 460, 466-468, 471-473
시베리아 Siberia 386, 401
시지윅 Sidgwick, Henry 41, 42, 214, 494, 495, 513
시험관수정 in vitro fertilization(IVF) 12, 225, 265, 270
시험점수 Test scores 86, 87
식단 diet 108, 111, 404, 482
식물인간 상태 vegetative state 298-300, 328
식사 diet 108, 110, 120, 183, 339
신경체계 nervous system 118, 119, 247

찾아보기 565

신들 gods 11, 24, 178
『신학대전 Summa Theologica』(Aquinas) 421
실번 Sylvan, Richard 439
실험 experimentation 105, 106, 114-116, 130, 139, 140, 180, 181, 184, 185, 189, 199, 225, 261, 264, 266, 267, 448, 460-462, 470, 472, 480, 503
심리적 차이 psychological differences 75
심장질환 heart disease 226
심층생태학 deep ecology 438-443
『심층생태학 Deep Ecology』(Devall & Sessions) 440
십계명 Ten Commandments 320, 322
쌍둥이 twins 227, 253, 254, 258, 262, 263
쓰나미 tsunami 340

ㅇ

아기 도우 "Baby Doe" 318-320, 329, 330
아르헤니우스 Arrhenius, Svante 390
아리스토텔레스 Aristotle 418, 420, 502
아이들 children 69-72, 78, 98, 108, 124, 165, 167, 174, 188, 197, 201-203, 209, 211, 225, 263, 272, 274, 276, 284, 286, 287, 289, 292, 293, 295, 309, 318, 319, 332, 335, 337-339, 341, 345, 355, 356, 359, 426, 449, 498, 507, 515
아이센크 Eysenck, H. J. 47, 52, 61, 65
아일랜드 Ireland 225, 478
아일랜드공화국군 Irish Republican Army(IRA) 478
아퀴나스 Aquinas, Thomas 361, 420, 421, 502
아파트식 닭장 battery cages 110
아프리카 Africa 67, 86, 96, 100, 124, 188, 210, 358, 364, 367, 374, 391, 392, 398, 401, 434
아프리카계 미국인 African Americans 60, 85, 87,

88, 90
안락사 euthanasia 5, 7, 8, 9, 12-14, 46, 95, 96, 160, 168, 175, 221, 222, 278, 279, 281-286, 290, 299, 301-307, 311-317, 325, 328, 330-336
알렉산더 Alexander, Leo 331, 332
알츠하이머병 Alzheimer's Disease 226, 310
알카에다 Al Qaeda 478
앎 awareness 127-131, 141, 143, 161, 169, 170, 172, 173, 182, 186-188, 191, 192, 206, 218-220, 233, 246, 248, 257, 260, 271, 287, 294, 296, 300, 324, 332
암살 assassination 36, 333, 474, 479
앳킨스 Adkins, Janet 310
앤드루 Andrews, Joan 449-451, 454, 460, 471
야생 wilderness 106, 417, 422-428, 430, 433, 438, 443, 444, 450, 452, 460, 468
야생보존 wilderness Preservation 421
야외 outdoor recreation 111, 417
약속 promises 150, 172, 353, 411, 449, 490, 511
약속의 파기 breaking promises 353
약품 medicine 237, 279, 310, 311, 315
양심 conscience 172, 331, 452-456, 497, 498
양심에의 충실 conscientiousness 497, 498
언어 language 26, 68, 72, 73, 102, 118, 126, 127, 176, 178-181, 186, 191, 419, 435, 436, 499
에드워즈 Edwards, Robert 225
에스키모 Eskimos 336
에티오피아 Ethiopia 342, 365
엘디50 시험 LD50 test 113
엥겔스 Engels, Friedrich 474-476
여성, 여자 women 47, 51, 52, 61, 63, 68-76, 85, 91,

96, 100, 200, 209, 225, 235, 236, 238-242, 246, 249, 252, 253, 258, 261, 263-267, 270, 276, 277, 291-293, 295, 297, 314, 323, 328, 333, 367-369, 449, 456 466
여권주의 feminism 70, 239
여권주의자 feminists 61, 69, 70, 73-75, 239
역차별 reverse discrimination 85
연구 research 72, 79, 116, 131, 180, 181, 206, 218, 221, 226, 233, 237, 253, 303, 320, 337, 345, 378, 388, 390, 391, 406, 414, 470, 502-505, 507
영국 Britain, England, United Kingdom 37, 61, 82, 101, 134, 191, 194, 195, 198, 224, 237, 250, 264, 272, 311, 319, 320, 341, 384, 389, 445, 469, 472, 474
『영국 노동계급의 상태 The Condition of the Working Class in England』(Engels) 474
영국 왕립동물학대방지협회 Royal Society for the Prevention of Cruelty to Animals(RSPCA) 455
영양 nutrition 109, 318, 319, 339, 354, 364, 476
영양결핍성 질병 deficiency diseases 339
영양실조 malnutrition 365, 381, 476
영역속성 range property 49, 51
영혼 soul 232
오늘의 십계명 "The Latest Decalogue"(Clough) 320
오더버그 Oderberg, David 262
오랑우탄 orangutans 126, 177
오리건 Oregon 222, 279, 306, 307
오바마 Obama, Barak 226
오스바트 Osvath, Mathias 184
오스트레일리아 Australia 61, 275, 311, 312, 323, 327, 329, 341, 383, 392-394, 397, 450, 451, 466
오스트레일리아 노동당 Australian Labor Party 450
오염 pollution 326, 327, 346, 387, 41,7 438

오존층 ozone layer 408
온실가스배출 greenhouse gas emissions 385, 391, 394, 395, 404, 413-415, 460
외국원조 foreign aid 307
외부자 outsiders 91
욕구 desires, needs 14, 56, 67, 147, 182, 185, 206-210, 212, 217, 218, 251, 274, 285, 301-305, 402, 432, 439, 458, 491-493, 495, 498, 504, 512
우리는 IQ와 학문적 성취를 얼마나 높일 수 있는가 "How Much Can We Boost IQ and Scholastic Achievement?"(Jensen) 60
우선적인 대우 preferential treatment 48, 85
운동 movement 70, 117, 245, 266, 332, 371, 413, 438, 439, 466, 480
운영이사 Regents 86
울프 Wolff, Robert P. 453, 454, 456
울프 Wolf, Susan 375
워싱턴 주 Washington state 177, 279
원시선 primitive streak 227
원자력 nuclear power 6
윌리엄스 Williams, Bernard 134, 135, 136
유대 전통 Hebrew tradition 418
유럽 Europe 28, 38, 46, 51, 53, 60, 61, 63, 85, 86, 90, 103, 110, 145, 224, 320, 341, 358, 385, 388, 391, 401, 426, 466
유사인격체 near-persons 191, 192
유산 pregnancy loss 227
유아 infants 12, 14, 50, 96, 102, 118, 124, 139, 141, 144, 146, 156, 157, 197, 234, 253, 272, 273, 275-277, 284-292, 294-298, 300, 317-321, 329, 334, 335, 354, 365, 367, 476

찾아보기 567

유아 사망률 infant mortality 354, 365, 367, 476
유아살해 infanticide 156, 271, 273, 275-278, 285, 286, 297, 300
유엔 United Nations(UN) 341, 368, 370, 378, 387, 391, 393, 399, 400
유엔아동기금 United Nations International Children's Emergency Fund(UNICEF) 339
유엔기후변화협약 United Nations Framework Convention on Climate Change 390, 399
유전자 청사진 genetic blueprint 270
유전적 다양성 genetic diversity 60
유전적 차이 genetic differences 62, 78, 79
유전학 genetics 61, 72, 253
육식 meat-eating 106, 195, 196, 197, 222
윤리 ethics 257, 270-276, 281, 286, 302, 312, 317, 320-322, 336, 341, 342, 345, 350, 351, 353-355, 357, 361, 362, 366, 368, 375, 376, 379, 380, 383, 401, 422, 428, 432, 434-436, 438, 439, 441-445, 447, 453-457, 481-492, 494-504, 513-516
윤리 이전 pre-ethical 40, 43
윤리적 관점 ethical point of view 38, 482, 486, 501, 513, 514, 516
윤리적 기준 ethical standards 34-36
윤리적 문제 ethical issues 5, 11, 12, 14, 21, 34, 45, 107, 236, 271, 281, 302, 312, 447
윤리적 판단 ethical judgments 22, 31, 32, 38, 39, 53, 123, 124, 161, 273, 274, 341, 484, 488, 490, 497
음식 food 39, 108, 109, 111-113, 116, 118, 120, 121, 177, 180, 183-185, 188, 189, 191, 194, 195, 220, 222, 322, 328-340, 346, 358, 364, 390, 404, 420, 426, 444, 446, 448, 481, 503

의료기술 medical technology 230, 231, 284, 292, 293, 367
의료시술 medical treatment 363
의무주의자 deontologists 222
의사결정 decision making 43, 275, 431, 458, 459, 464, 468
의사의 도움에 의한 자살 physician-assisted suicide 279-281, 301, 305, 306, 312
의식 consciousness 99, 106, 115, 118, 119, 133, 155, 157, 158, 161-163, 169, 172, 174, 183, 189, 191, 192, 195, 205-207, 214, 216, 217, 219, 227, 229, 233, 234, 245-248, 250, 251, 298, 300, 302, 424, 429, 430, 433, 434, 436, 437, 441-443, 448, 499, 513
의식적인 생명 conscious life 442
의학 medicine 77, 113, 139, 313, 367
『이기적 유전자』The Selfish Gene (Dawkins) 372
이기주의 egoism 483, 489, 490
이기주의자 egoist 511, 514
이모티비즘 emotivism 31
이산화탄소 carbon dioxide 381, 384-387, 389, 390, 393, 394, 397, 404, 405, 411
이상적인 관찰자 ideal observer 38
이성 reason 32, 33, 45, 101, 102, 119, 120, 123, 143, 268, 313, 420, 486, 499
『이성과 인격』Reasons and Persons (Parfit) 409
이익 interests 8, 36-38, 49, 50, 53-57, 59, 60, 67, 76, 79, 80, 82, 88-91, 93, 94, 96, 99-104, 106, 108, 109, 111, 112, 114, 116, 117, 122-124, 127-129, 132, 134, 137, 150, 156, 157, 158, 163, 164, 166, 178, 191, 194, 195, 197, 201, 205, 206, 213, 217-

219, 238, 242, 248, 285, 295, 309, 318, 319, 327,
348, 364, 366, 371, 372, 374, 376, 389, 395, 396,
403, 412, 420-424, 428-433, 438, 441-444, 467,
478, 486, 487, 489, 490, 492, 495-501, 511, 513
이익 평등고려의 원칙 equal consideration of
interests principle 53-60, 66, 88, 96, 99, 100, 108,
109, 112, 115, 116, 118, 127, 128, 137, 358
이중결과교설 doctrine of double effect 315, 326
이집트 Egypt 381
이타주의 altruism 395, 396, 492-494
『이타주의의 가능성 The Possibility of Altruism』
(Nagel) 492, 494
이탈리아 Italy 224, 320, 478
인간 human being 6, 8, 10, 25, 26, 29, 35, 45, 47-
52, 56, 62, 63, 65, 67, 71, 76, 79, 83, 88, 99, 101,
103-109, 112-118, 120, 123, 126-135, 137-146,
152, 157, 159, 161, 170-176, 178, 179, 182, 183,
186-188, 190-192, 196, 197, 211, 215, 219, 221-
223, 225-236, 239-245, 247-256, 258-267, 270,
273, 275, 276, 278, 284-287, 292, 294, 296, 302,
304, 313, 317, 323, 325, 327, 330, 334-336, 338,
341, 348, 349, 361, 365, 371, 372, 375, 380, 381,
382, 390, 393, 418, 420-423, 425, 427, 429-432,
435, 437-440, 443, 453, 457, 459, 471, 476, 479,
488, 496, 502, 504, 506, 510
인간 본성 human nature 83, 371, 372
인간 생명 human life 10, 107, 146, 186, 226, 244,
245, 256, 285, 294, 325, 330
인간 유전자 human genome 62
인간관계 personal relationships 67, 76, 504, 506
인간성 humanhood 141

인간-우주 Peopled Universe 212-216
인간의 편견 "The Human Prejudice"(Williams) 135
인간이 아닌 동물 nonhuman animals 145, 173-
176, 190, 192, 211, 248, 287
인격 person 49-52, 67, 142, 143, 146-149, 151-
155, 158-161, 170, 175, 176, 179, 186-193, 199,
204, 212, 213, 217, 218, 243, 244, 246, 250-253,
257, 261, 264, 266-273, 298, 302, 303, 346, 376,
409, 430, 492, 501, 508
인구분과 Population Division, of UN 399
인구성장 population growth 364, 365, 368, 369, 398
인구조절 population control 252, 275, 366
인도 India 341, 358, 363, 364, 368, 381, 388, 389,
394, 398, 418, 466, 491
인도네시아 Indonesia 368
인종적 불평등 inequality 46
인종적 소수자 racial minorities 86, 94, 95, 335
인종적 차이 racial differences 62
인종적 친화성 racial affinities 358
인종차별 racial discrimination 47, 69, 87, 88, 90
인종차별주의 racism 47, 51, 55, 56, 61, 62, 66, 76
인종차별주의자 racist 47, 48, 51, 52, 65, 67
일본 Japan 275, 341, 466
임신 pregnancy 111, 138, 199, 200, 201, 224, 225,
229, 231, 233-236, 240, 241, 244, 246-249, 252,
255, 261, 263, 265, 266, 268, 269, 276, 291-296,
299, 317, 329, 368, 449, 461
임신중절 abortion 5, 6, 8, 9, 46, 96, 140, 142, 156,
175, 212, 224-228, 233-241, 243-249, 252, 253,
255-257, 259, 261, 268, 271, 276-279, 287, 293,
294, 296, 297, 299, 336, 449, 452, 463, 466, 471,

472, 476, 482
『임신중절과 유아살해Abortion and Infanticide』
(Tooley) 156
임신중절 반대단체 anti-abortion organizations 452
입양 adoption 240, 289, 297
입학 admissions 48, 85-90, 92, 93

ㅈ

자기방어 self-defense 138
자기에 대한 앎 self-awareness 141, 172, 187, 218, 219, 271, 287, 294, 332
자기이익 self-interest 36, 123, 124, 374, 486, 495-500
자발적인 기관 voluntary agencies 370
자비 benevolence 24, 111, 135, 194, 197, 240, 248, 276, 279, 320, 325, 328, 330, 331, 334, 465, 498, 503, 506
자살 suicide 46, 279, 280, 281, 301, 305, 306, 310, 312, 333
자살기계 "suicide machine" 311
자선 기부 charitable giving 370
자손 posterity 372
자아 self 156, 157, 177, 190, 191, 287, 440-442, 494, 504
자아실현 self-actualization 440-442, 504
자아실현적 체계 self-realizing systems 441, 442
자아와 타자 간의 구분 self/other distinction 494
자연 nature 26, 27, 42, 43, 49, 121, 181, 184, 197, 212, 221, 286, 348, 418, 420, 421, 426-429, 433, 434, 439, 444
자연법칙 natural law 37, 120
『자연에 대하여On Nature』(Mill) 26

『자연에 대한 존중Respect for Nature』(Taylor) 435
자연유산 spontaneous abortion 269
『자연의 종말The End of Nature』(McKibben) 427
자원 resource 59, 82, 96, 328, 359, 368, 369, 392, 395, 399, 437
『자유론On Liberty』(Mill) 237
자율성 autonomy 246, 287, 304, 312, 313, 334
자율성 존중 respect for autonomy (principle) 158, 159, 160, 176, 186, 287, 304, 313, 334
자의식 self-consciousness 143, 146, 161, 173, 176, 188, 205, 206, 207, 245, 246, 248, 250-252, 302, 514
자의적 안락사 voluntary euthanasia 282, 301, 305, 307, 313
잘 주기 모임 GiveWell.net 356
장애 disability 12, 14, 50, 51, 56, 77, 85, 94-98, 105, 124, 129-134, 141, 173, 174, 187, 200, 201, 209, 284, 286-289, 291-298, 300, 317, 318, 321, 329, 335, 494
장애아 disabled infants 96, 141
장애인 disabled persons 94-98, 284, 285, 294, 295
재산 property 67, 360, 361, 384, 451, 479, 480, 512
재산권 property rights 360, 361
재클린 Jacklin, Carol N. 71, 72, 74
적극적 안락사 active euthanasia 317
전쟁 war 106, 136, 140, 340, 403, 447, 458, 491
전체론 holism 441, 443
전체적 견해 total view 166-169, 194, 198, 201, 290, 291, 431
절대적 빈곤 absolute poverty 339, 340

절대적 풍요 absolute affluence 340, 341
정당화 justification 139, 151, 190, 196, 203, 219, 220, 232, 234, 237, 239, 240, 242, 243, 248, 261, 276, 279, 281, 282, 286, 293, 297, 298, 301, 302, 312, 313, 315, 316, 318, 324, 327, 336, 345, 358, 369, 387, 401, 402, 413, 419, 424, 452, 454, 455, 460, 466, 468-473, 478, 479, 480, 482, 484, 485, 489-501
정부 government 12, 82, 83, 136, 237, 303, 306, 311, 318, 319, 333, 334, 342, 348, 355, 356, 367, 369-371, 382, 385-387, 390, 392, 394, 395, 404, 411-414, 448, 450, 451, 472, 480
정서 affections 68, 227, 247, 280, 380, 382, 390, 507
정신능력 mental capacities 105, 330
정신병질 psychopaths 504-509, 511
정의 justice 39, 42, 45, 50, 83, 84, 122
『정의론 A Theory of Justice』(Rawls) 49, 399
정자 sperm 141, 201, 226, 253, 258, 263-267, 269, 270
제3세계 국가 third world countries → 개발도상국가 developing countries 355, 476
『제정신이라는 가면 The Mask of Sanity』(Cleckley) 505
제퍼슨 Jefferson, Thomas 67
젠센 Jensen, Arthur 47, 52, 60, 61, 65
조지 George, Robert 12, 259, 260
존슨 Johnson, Lawrence 441, 442
존엄성 sanctity 42, 45
종교 religion 23, 24, 77, 136, 140, 197, 508
종족 species 8, 100, 101, 103, 106-108, 110, 115, 129, 130, 132, 133, 135, 136, 140-144, 146, 160, 170, 176, 187, 218, 221, 244-246, 250, 255, 259, 261, 287, 292, 334, 382, 428, 430-432, 441-443, 469
종족의 구성원 species membership 8, 103, 130, 132, 133, 140-146, 160, 187, 244-246, 250, 255, 259, 261, 287, 292
종족주의 speciesism 99, 103, 104, 105, 107, 108, 110, 112, 115, 116, 130, 134, 145, 169-171, 197, 223, 256, 480
좋은 삶 good life 202, 291, 297, 375, 502
죄 sin 145, 421
죄책감 guilt feelings 430, 456, 504-506
주관주의 subjectivism 30-32
죽게 내버려두기 letting die 325
줄기세포 stem cells 13, 226, 253-255
중국 China 83, 275, 385, 388, 389, 391, 394, 397, 400
중국계 미국인 Chinese Americans 61
중동 Middle East 341, 478
지구 생태계 global ecosystem 442, 443
지구온난화 global warming 5, 6, 109, 202, 382, 383, 385, 389, 390, 392, 401-403, 409, 412, 451
지구정상회의 Earth Summit(Rio de Janeiro) 390
지능의 위계 hierarchy of intelligence 53
지능지수 IQ 64, 88
지성 intelligence 50-52, 76, 115, 143, 465
지적으로 장애가 있는 사람 intellectually disabled humans 129, 131
지진 earthquake 54, 57, 58, 340
진통제 pain relief 280, 308
진화 evolution 25, 26, 43, 62, 118, 119, 121, 215, 272, 359, 372, 497, 509, 510, 514
질병 disease 10, 27, 89, 114, 281, 284, 293, 297,

303, 307, 308, 320, 329, 332, 338-340, 346, 354, 356, 359, 363, 366, 368, 381
짧은꼬리원숭이 apes 71, 115, 177, 178, 185, 187, 188, 191

ㅊ

차별 discrimination 48, 49, 54, 56, 69, 77, 86-90, 94-96, 100, 115, 399
차별시정조치 affirmative action 48, 84, 85, 87, 88-93, 95
창조 creation 26, 126, 145, 157, 167, 208, 253, 414, 419, 426, 247, 446, 477, 509
채식주의 vegetarian 108, 111, 112, 119, 194, 198, 222, 481
책무 obligation 11, 60, 124, 133, 134, 168, 209, 275, 286, 345, 350-352, 358-62, 365, 368, 369, 371, 380, 383, 400, 403, 404, 414, 439, 451, 453, 466, 468, 469, 481, 485
책임 responsibility 80, 120, 221, 222, 300, 308, 324, 326, 344, 346, 347, 351, 360, 369-371, 383, 386-389, 391-393, 399, 400, 403, 404, 408, 409, 411, 414, 419, 448, 456, 474-476, 506
척수손상 spinal cord injuries 226
척추피열 spina bifida 329, 332
체외생존가능성 viability 230
최고한도거래체계 cap and trade system 396, 398, 411, 412
추론 reasoning 5, 6, 33, 40 ,41, 118, 120, 121, 127, 150, 159, 160, 220, 251, 268, 274, 316, 317, 471, 488, 491
출생 birth 229, 230, 232, 274, 275, 286, 288, 291, 293, 294, 296, 297, 329
출생 결함 birth defects 329
출생률 birth rates 367, 369
친생명 Pro Life 245, 254, 256, 266
친족 kinship 376
침팬지 chimpanzees 25, 126, 176-178, 180-184, 187

ㅋ

카가메 Kagame, Paul 392
카토 Cato 281
칸트 Kant, Immanuel 407, 500, 501, 513
캐나다 Canada 80, 235, 285, 341, 389, 393, 397
캐나다 왕립여성지위위원회 Canadian Royal Commission on the Status 235
캘리포니아 대학교 University of California 86
케보키언 Kevorkian, Jack 310, 311
콜롬비아 Colombia 368
콩고민주공화국 Democratic Republic of Congo 365
쾌락 pleasure 246, 332, 431, 434, 445, 492, 496, 499, 510, 511
쾌락주의 hedonism 41, 42, 44, 45, 147, 148, 149, 152, 160, 161, 173, 176, 194, 195, 214, 215
쾌락주의적 공리주의 hedonistic utilitarianism 41, 42 44, 147-149, 152, 161, 173, 176, 194, 214, 215
쿠즈 Kuhse, Helga 12, 13, 327
쿠츠 Kutz, Christopher 408, 409, 411
쿱 Koop, C. Everett 319
쿼터 quota 88, 93, 394, 395, 398-400
퀸런 Quinlan, Karen Ann 328
퀼 Quill, Timothy 308, 309

크라빈스키 Kravinsky, Zell 374, 375
크루그먼 Krugman, Paul 396
큰 바다에 물 한 방울 떨어뜨리기 "drops in the ocean" 355
클러프 Clough, Arthur 320, 321
클렉클리 Cleckley, Hervey 505-508
클로로플루오로카본 chlorofluorocarbons(CFCs) 408, 409
키리바시 Kiribati 381
키플링 Kipling, Rudyard 46

ㅌ

탄소거래 carbon trading 394, 395, 396, 413, 414
탈리도마이드 thalidomide 295
탐욕 greed 150, 512
태국 Thailand 398
태동 quickening 229, 232, 233
태아 fetus 12, 96, 140, 141, 142, 146, 157, 174, 199, 213, 225, 226, 228-234, 236, 238-241, 243-251, 253, 255, 256, 257, 259, 261, 264, 268, 270-27,4 276, 277, 285, 287, 292-294, 296, 329, 334, 471, 476
태아검진 prenatal diagnosis 256, 292, 293, 296, 297, 317
태아의 생명 fetal life 231, 243-246, 249, 253, 271, 272
태아조직 fetal tissue 12
태즈메이니아 Tasmania 417, 427, 450, 451, 461
태즈메이니아 수력발전위원회 Tasmanian Hydro-Electric Commission 461
태즈메이니아야생협회 Tasmanian Wilderness Society 450
테러 terror 478
테러리스트 terrorist 6, 136, 340, 472, 476, 479, 480
테러리즘 terrorism 340, 473, 479
테이삭스병 Tay-Sachs disease 289, 333
테일러 Taylor, Paul 435, 440
토지개혁 land reform 367
톰슨 Thomson, Judith J. 239-243
투발루 Tuvalu 381
툴리 Tooley, Michael 154-157, 161, 163, 176, 192, 205, 251

ㅍ

파킨슨씨병 Parkinson's disease 226
파피트 Parfit, Derek 13, 15, 199-201, 209, 296, 409, 492, 493, 495
팔레스타인 Palestine 478
펀리-휘팅스톨 Fearnley-Whittingstall, Hugh 195
페더 호수 Lake Peddar 461
페퍼버그 Pepperberg, Irene 188
편견 prejudice 46, 74, 94-98, 100, 115, 134, 135, 281, 467, 480, 493
평균수명 life expectancy 354, 476
평등 equality 8, 42, 43, 46-58, 60, 62, 63, 65-67, 73, 77-81, 84, 85, 87, 88, 90-96, 99-104, 106-109, 111, 112, 114-118, 127, 128, 137, 218, 295, 358, 365, 388, 393, 394, 396-398, 400, 401, 440, 442, 465, 482, 493
평등주의 egalitarianism 55, 57-59, 66, 84, 400, 442, 465

『평화의 알약 안내 The Peaceful Pill Handbook』 (Nitschke) 311

평화주의자 pacifists 473, 474, 477

포게 Pogge, Thomas 348

포유류 mammals 25, 26, 118, 123, 359

폭력 violence 7, 131, 242, 331, 458, 459, 464, 472-480

폴란 Pollan, Michael 195, 196, 222

폴란드 Poland, abortion in 447

푸츠, 데보라 Fouts, Deborah 177, 178

푸츠, 로저 Fouts, Roger 177, 178

품위 있는 죽음 death with dignity 280

프랑스 France 224, 320, 341, 425, 477

프랭클린 Franklin, Benjamin 119, 120

프랭클린 강 댐 프로젝트 Franklin River dam project 417, 450, 461

프린스턴 대학 Princeton University 7, 14, 550

플라톤 Plato 9, 24, 121, 144, 275, 502

플레처 Fletcher, Joseph 141, 143

플럼우드 Plumwood, Val 439

피부암 skin-cancer 408

피임 contraception 27, 200, 221, 241, 257, 287, 368, 369

피해자 victim 54, 57, 58, 298

피해자 없는 범죄 victimless crime 237, 238

핑크 Fink, Sheri 315

ㅎ

하나님 God 418, 419, 420

하딘 Hardin, Garrett 363, 364, 366, 372

하버마스 Habermas, Jürgen 38

하이트 Haidt, Jonathan 503

하트 Hart, H. L. A. 207, 212

학문적 자유 academic freedom 7

한계효용 marginal utility 58

한계효용체감의 원칙 declining marginal utility(principle) 58, 59

한센 Hansen, James 386, 390, 395, 396, 411

할인율 discount rate 423, 424

할로 Harlow, H. F. 113, 114

해악 harm 11, 56, 237, 366, 380-383, 389, 402, 403, 408-411, 413, 414, 421, 478

해외원조 overseas aid 347, 351, 358, 368, 369, 371

핵폐기물 nuclear waste 124, 125

햄프셔 Hampshire, Stuart 178-180, 182

행복 happiness 23, 24, 28, 44, 102, 103, 145, 147-149, 156, 159, 163, 166 173, 196-199, 205, 207, 209, 214, 215, 237, 288-291, 378, 425, 429, 458, 496, 502-506, 510, 511, 514

『행복가설 The Happiness Hypothesis』(Haidt) 503

행위공리주의 act-utilitarianism 406, 407

행위와 무위 acts and omissions 321-323, 474-476

허리케인 카트리나 Hurricane Katrina 314, 326

허치슨 Hutcheson, Francis 37

헤른슈타인 Herrnstein, Richard 47

헤어 Hare, R. M. 150, 191, 212, 274, 316, 407, 500, 507

혁명 revolution 28, 477

혈우병 haemophilia 290-293, 296, 297

형질유전 heredity 65

호모 사피엔스 Homo sapiens 133, 140-145, 244,

245, 249, 250, 255, 259, 287, 330
혼수상태 comatose state 284, 285, 298, 300, 310, 327, 328
화석연료 fossil fuels 202, 381, 388, 390, 396, 414, 421
환경 environment 8, 9, 12, 21, 60, 65, 66, 69, 70, 72, 78, 86, 87, 108, 109, 136, 184, 208, 219, 221, 222, 260, 365, 368, 382, 392, 397, 412, 416, 419, 421-423, 426, 428, 431, 438, 439, 444-446, 451

환경윤리 environmental ethic 444, 445
황금률 Golden Rule 37
후기의 임신중절 late abortion 248, 249
후커 Hooker, Brad 407, 408
흄 Hume, David 37, 491, 492, 494, 495
희생자 victim 148, 152, 154, 160, 302, 340, 343-345, 351, 409, 470, 475
히틀러 Hitler, Adolf 61, 238, 469
히포크라테스 선서 Hippocratic Oath 278